2020—2021 中国连锁经营年鉴

China Chain Store Almanac 2020-2021

中国连锁经营协会 编

中国商业出版社

图书在版编目（CIP）数据

2020—2021 中国连锁经营年鉴 / 中国连锁经营协会编. -- 北京 : 中国商业出版社, 2022. 12
ISBN 978-7-5208-2345-6

Ⅰ. ①2… Ⅱ. ①中… Ⅲ. ①连锁经营-中国-2020-2021-年鉴 Ⅳ. ①F721. 7-54

中国版本图书馆 CIP 数据核字(2022)第 223033 号

责任编辑：王　静

中国商业出版社出版发行
（www. zgsycb. com　100053　北京广安门内报国寺 1 号）
总编室：010-63180647　编辑室：010-83114579
发行部：010-83120835/8286
新华书店经销
三河市天润建兴印务有限公司印刷
*
787 毫米×1092 毫米　16 开　26. 75 印张　650 千字
2022 年 12 月第 1 版　2022 年 12 月第 1 次印刷
定价：360. 00 元
*　*　*　*
（如有印装质量问题可更换）

编辑委员会名单

前　言

连锁零售业是国民经济的先导产业和基础产业，是消费拉动经济增长的着力点，也是吸纳就业的蓄水池。新冠肺炎疫情期间，广大连锁零售企业承担了保价格、保质量、保供应的三保任务，为抗疫作出了重要贡献。

2020 年，我国零售业增加值超过 4 万亿元人民币，吸纳全职就业 5761 万人，就业人数在 44 个国民经济部门中排名第三，仅次于农业和批发业；拉动劳动者报酬 10878 亿元。

2020—2021 年，连锁零售行业发展也面临诸多变化和挑战。一方面，受新冠肺炎疫情影响，连锁零售企业的正常经营活动面临较大挑战；另一方面，消费者的消费心理和行为已发生深刻变化。行业竞争日趋激烈，渠道细分明显。

2020—2021 年，中国连锁 Top100 总体销售规模呈下降趋势，从 2. 4 万亿元下降至 2. 3 万亿元，同比下降 2. 8%。但 Top100 连锁企业逆势布局信心依然不减。2021 年，Top100 连锁企业门店总数近 19 万个，同比增长 8. 9%。此外，新冠肺炎疫情推动了消费者的线上购物，2021 年，Top100 连锁企业线上销售规模达 4700 亿元，占总销售额的 20. 6%。Top100 连锁企业通过近几年的线上布局，开展到家、直播、拼团等业务，线上销售成为企业增长的新动能。

2020 年，中国特许连锁 Top100 企业销售规模同比下降 5. 47%，但开店明显加速，头部企业加快市场布局。2020 年，中国特许连锁 Top100 企业门店总数较 2019 年上升 9. 35%，其中加盟店同比上升 9. 95%，直营店同比上升 4%。2021 年，中国特许连锁 Top100 销售规模为 5885 亿元，同比增长 23. 6%，占社会消费品零售总额的 1. 3%；门店总数 36. 6 万个，同比增长 9. 9%；提供就业岗位约 500 万个。调查显示，数字化特许经营运用更为广泛深入，进一步推进特许体系效率提升，促进特许企业间的业态融合与创新。

随着新冠肺炎疫情得到有效防控，我国消费市场正在逐步复苏，消费市场的潜力仍旧不可小视。在双循环新发展格局中，消费被摆在突出位置。连锁零售业除了稳就业、稳市场，更大的意义在于高效连接生产与消费，起到促消费的枢纽作用。连锁零售业要成为拉动消费的新动能，必须提高连锁零售业的整体效率和发展质量。而行业的转型和高质量发展，也需要依托行业头部企业的带动和引领。虽然面临诸多挑战，但连锁零售企业并没有放缓转型创新的步伐，共同推进连锁零售业的高质量发展，为满足消费者对美好生活的追求作出应有贡献。

《2020—2021 中国连锁经营年鉴》坚持以调研内容为主体，记叙严谨、数据翔实、论述客观，力求详尽反映 2020—2021 年中国连锁经营市场的发展状况，直观描述行业的运行环境，为业内人士经营、管理及决策提供高价值的参考和帮助。

在此，谨向参加本书编写的专家、学者、业内人士和编委会工作人员表示衷心的感谢！

中国连锁经营协会理事会主席　杜宝祥　　中国连锁经营协会会长　裴亮

目 录

第一部分 数据统计篇

第二部分 专题报告篇

第三部分　法律法规篇

第四部分　附　录

第一部分

数据统计篇

2020年中国连锁Top100基本情况

根据“2020年行业基本情况及连锁Top100调查”结果，“2020年中国连锁Top100”于2021年6月7日发布。

2020年连锁百强销售规模2.4万亿元，比上一年下降了7.2%，其中52家百强企业销售额同比下降，降幅15.4%。连锁百强销售规模占社会消费品零售总额的6.1%，比2019年下降0.2个百分点。2020年，新冠肺炎疫情给企业经营造成不利影响，同时社区团购的快速扩张也是百强企业销售下降的影响因素。

虽然遭遇了自1997年协会有统计以来百强整体销售首次负增长，但从企业2020年新开门店情况看，连锁百强逆势布局的信心依然不减，2/3的企业门店总数比上一年有所增加。百强企业的门店总数比上一年增长8.2%，专业店、超市和便利店企业门店数同比增长分别为19.5%、8.5%和5.3%，百强企业新开购物中心数量也比上一年增长了8.2%。

2020年，连锁百强有15家企业销售额实现了双位数增长，主要分布在区域龙头企业、社区超市和便利店，包括永辉、易捷、物美、美宜佳、信誉楼、大参林、红旗、钱大妈、佳惠、大张、新星、天福、健之佳、比优特以及国美。

新冠肺炎疫情推动了消费者的线上购物，连锁百强通过近几年的线上布局，开展到家、直播、拼团等业务，线上销售成为企业增长的新动能。2020年，百强企业线上销售规模达到5600亿元，比上一年增长12.0%，占百强销售规模的23.3%。

为抗击新冠肺炎疫情，保证市场供应，零售企业坚持营业，防疫支出以及商品损失、员工补助等费用也相应增加。同时，连锁百强企业2020年的租金和人工费用占比也略有上升（分别占销售总额的2.8%和4.5%）。企业经营利润普遍下滑，超市、便利店、百货购物中心和专业店的净利润率分别为1.6%、1.0%、2.3%和2.2%，同比分别下降0.7、1.5、0.4和6.4个百分点。

虽然支出增加，利润下滑，但百强企业在新冠肺炎疫情期间保供应、保品质、保价格，为抗疫胜利作出了重要贡献。新冠肺炎疫情期间，企业积极捐款捐物，支持抗疫。据不完全统计，百强企业累计捐款超过2.35亿元。

面对新冠肺炎疫情发展的不确定性，企业总体上对2021年表现出较强的信心。百强调查显示，9成企业预计2021年销售额将实现正增长，其中一半企业认为增长率在5%~10%，门店数同比增长在5%以内。同时，四成企业预计线上销售增长将达到30%以上。

附表：

2020 年中国连锁 Top100

（CCFA 2021 年 6 月 7 日发布）

序号	企业名称	2020 年销售规模（含税万元）	销售增长率	2020 年门店总数（个）	门店增长率	备注	
1	苏宁易购集团股份有限公司	41631500	9.9%	9786	19.1%		★
2	国美零售控股有限公司	14075200	10.3%	3421	31.5%		★
3	红星美凯龙家居集团股份有限公司	10801876	-14.0%	476	11.2%		★
4	永辉超市股份有限公司	10453915	12.2%	1172	-18.6%		★
5	高鑫零售有限公司	* 9548600	0.1%	514	5.8%	①	☆
6	华润万家（控股）有限公司	8782800	-7.6%	3261	0.8%	②	★
7	沃尔玛（中国）投资有限公司	8740100	6.2%	429	-2.9%		★
8	中石化易捷销售有限公司	* 8060000	15.1%	27672	0.3%	③	★
9	居然之家新零售集团股份有限公司	6574000	-18.9%	502	16.7%		★
10	物美科技集团有限公司	6291580	26.2%	1589	17.6%	④	★
11	联华超市股份有限公司	5681536	4.0%	3192	-4.8%		★
12	步步高集团	4302278	3.6%	815	4.6%		☆
13	长春欧亚集团股份有限公司	4195819	-12.1%	146	0.7%		★
14	王府井集团股份有限公司	3568040	-10.9%	71	7.6%	⑤	★
15	重庆百货大楼股份有限公司	3442027	-12.2%	309	1.6%		★
16	家家悦控股集团股份有限公司	3160326	9.2%	924	17.0%		★
17	银泰商业（集团）有限公司	2974540	-13.2%	62	0.0%		★
18	天虹数科商业股份有限公司	2963710	1.5%	413	14.7%		★
19	武汉武商集团股份有限公司	2792232	-27.9%	83	-4.6%		★
20	银座集团	2779571	-16.4%	381	-1.8%		★
21	美宜佳控股有限公司	2774864	22.6%	22394	16.4%		★
22	中百控股集团股份有限公司	2771243	-17.1%	1427	6.4%		★
23	利群集团股份有限公司	2712631	-10.7%	557	3.3%		★
24	郑州丹尼斯百货有限公司	2578000	1.8%	527	6.9%		
25	永旺（中国）投资有限公司	2473474	-11.7%	171	-13.6%		★
26	石家庄北国人百集团有限责任公司	2413760	-22.1%	75	0.0%		

续表

序号	企业名称	2020年销售规模（含税万元）	销售增长率	2020年门店总数（个）	门店增长率	备注	
27	烟台振华商业集团有限公司	2284390	-11.5%	156	-2.5%		☆
28	中石油昆仑好客有限公司	* 2200000	6.3%	20200	1.0%	⑥	★
29	世纪华联超市连锁（江苏）有限公司	2195234	6.1%	5469	9.1%		★
30	金鹰国际商贸集团（中国）有限公司	2132278	-10.5%	32	0.0%		★
31	屈臣氏中国	* 2016333	-19.0%	4115	4.3%	⑦	☆
32	山东潍坊百货集团股份有限公司	1923000	-2.3%	742	-2.1%		★
33	信誉楼百货集团有限公司	1812746	13.6%	38	8.6%		★
34	江苏华地国际控股集团有限公司	1724231	0.6%	98	3.2%		★
35	大参林医药集团股份有限公司	1592100	29.7%	6020	26.6%		★
36	成都红旗连锁股份有限公司	1585616	16.8%	3336	8.7%	⑧	★
37	孩子王儿童用品股份有限公司	1548397	7.8%	434	21.9%		★
38	北京迪信通商贸股份有限公司	1532534	-11.8%	1115	-25.1%		★
39	文峰大世界连锁发展股份有限公司	1500012	-15.4%	556	-0.4%		★
40	北京京客隆商业集团股份有限公司	1348400	2.2%	160	-20.0%		★
41	宜家（中国）投资有限公司	1340000	-15.0%	35	9.4%		★
42	广州市钱大妈农产品有限公司	1330000	90.0%	2968	75.1%		★
43	北京华联综合超市股份有限公司	* 1240745	3.5%	173	6.1%		
44	深圳百果园实业（集团）股份有限公司	1200000	0.0%	4786	10.9%	⑨	★
45	百盛商业集团有限公司	* 1122560	-20.8%	43	4.9%	⑩	
46	茂业国际控股有限公司	* 1068889	-30.7%	48	0.0%		
47	广州市广百股份有限公司	1031489	-14.6%	27	-6.9%		☆
48	合肥百货大楼集团股份有限公司	981509	-8.6%	268	5.9%		★
49	中国全家	939281	-6.4%	2967	5.9%		★
50	广州易初莲花连锁超市有限公司	921030	-15.0%	132	16.8%		★
51	山西美特好连锁超市股份有限公司	823364	0.2%	133	60.2%		★
52	大商股份有限公司	* 811695	-62.9%	128	-6.6%		
53	山东全福元商业集团有限责任公司	805800	0.3%	240	-4.4%		★
54	广东嘉荣超市有限公司	793553	7.6%	155	5.4%		★
55	湖南佳惠百货有限责任公司	778521	14.4%	140	12.0%		★
56	河北叁陆伍网络科技集团有限公司	769660	3.2%	1977	2.4%		☆
57	人人乐连锁商业集团股份有限公司	756250	-0.2%	152	5.6%		★
58	河南大张实业有限公司	751338	23.1%	86	19.4%		★
59	柒一拾壹（中国）投资有限公司	716023	-3.1%	2387	11.2%	⑪	★
60	济南华联商厦集团股份有限公司	711861	-23.7%	131	4.8%		☆
61	山东新星集团有限公司	702393	34.6%	486	0.0%		★

续表

序号	企业名称	2020 年销售规模（含税万元）	销售增长率	2020 年门店总数（个）	门店增长率	备注	
62	山东德州百货大楼（集团）有限责任公司	685423	-3.0%	23	15.0%		★
63	青岛利客来集团股份有限公司	678000	-4.6%	51	2.0%		★
64	湖南友谊阿波罗商业股份有限公司	657292	-6.9%	34	112.5%		★
65	阜阳华联集团股份有限公司	655633	-8.5%	728	-7.5%		★
66	新世界百货中国有限公司	* 648652	-34.8%	30	-3.2%	⑫	★
67	罗森（中国）投资有限公司	648644	8.8%	3256	23.8%		★
68	河北美食林商贸集团有限公司	644641	3.8%	624	-3.0%		★
69	福建东百集团股份有限公司	632459	-5.3%	9	0.0%		★
70	新华都购物广场股份有限公司	624469	6.9%	84	-3.4%		★
71	鲜丰水果股份有限公司	597011	6.5%	2100	13.5%		★
72	北京超市发连锁股份有限公司	573791	9.8%	176	8.0%		★
73	十足集团有限公司	565846	6.1%	2349	4.1%		☆
74	哈尔滨新世纪家得乐商贸有限公司	563173	8.3%	73	15.9%		★
75	北京华冠商业科技发展有限公司	562536	-4.0%	74	-2.6%		★
76	哈尔滨地利生鲜农产品企业管理有限公司	557525	-11.4%	356	18.7%	⑬	★
77	成都伊藤洋华堂有限公司	548000	-8.8%	9	0.0%		★
78	西亚超市连锁管理有限公司	547579	-0.8%	48	4.3%		★
79	邯郸阳光百货有限责任公司	538357	-9.5%	169	0.6%		★
80	浙江万风商业集团有限公司	538289	-4.1%	101	1.0%		
81	江苏新合作常客隆连锁超市有限公司	507952	1.8%	1000	-0.7%		★
82	湖北黄商集团股份有限公司	502597	0.8%	155	6.9%		★
83	广东天福连锁商业集团有限公司	487412	20.6%	5808	15.7%		★
84	山西省太原唐久超市有限公司	467302	1.0%	1588	1.5%		★
85	云南健之佳健康连锁店股份有限公司	458602	24.9%	2130	21.6%		★
86	三江购物俱乐部股份有限公司	449921	7.9%	214	3.4%		★
87	十堰市新合作超市有限公司	439932	1.8%	367	-2.1%		△
88	河北惠友商业连锁发展有限公司	434571	0.7%	70	-5.4%		★
89	联盛商业连锁股份有限公司	388378	9.5%	104	1.0%		★
90	新疆汇嘉时代百货股份有限公司	* 384068	-12.8%	20	-4.8%		
91	黑龙江比优特商业集团有限公司	381232	40.3%	45	21.6%		★
92	北京翠微大厦股份有限公司	* 368137	-25.4%	7	0.0%		
93	济宁九龙贵和购物广场有限公司	355004	-13.5%	33	3.1%		★
94	长沙通程控股股份有限公司	328536	-19.4%	70	-9.1%		★
95	安徽商之都股份有限公司	325283	-14.4%	102	1.0%		★
96	北京首商集团股份有限公司	* 314265	-68.4%	474	-2.1%		☆

续表

序号	企业名称	2020年销售规模（含税万元）	销售增长率	2020年门店总数（个）	门店增长率	备注	
97	兴盛社区网络服务股份有限公司	299879	-6.9%	14896	7.9%		★
98	广州友谊集团有限公司	281300	-4.2%	5	25.0%	⑭	△
99	河北宽广控股集团有限公司	277066	-4.1%	109	39.7%		☆
100	唐山百货大楼集团八方购物广场有限责任公司	261967	-15.6%	13	0.0%		★
合计		240715578	-1.1%	177806	8.2%		

注：

1. ★表示企业为中国连锁经营协会会员企业，☆表示其下属公司为协会会员企业，△表示其母公司为协会会员企业。

2. 数字前面带*为估计值。

3. 百强统计采用销售规模（或营业收入）口径，包括线下及线上（仅限自营）含税销售额，即门店含税销售额（或营业收入）、企业批发含税销售额（或营业收入）和商品网络销售额（或营业收入，含自营渠道和在第三方平台的销售额）。其中，门店范围包括直营店、加盟店、以公司品牌输出管理的连锁店。销售规模统计不包括内部交易、企业的批发市场交易额，汽车、加油站及农资等生产资料销售额。

4. 部分企业数据说明：

① 高鑫数据来自2020年第二次中期报告中的“收入”，大润发与欧尚含税销售合计1203亿元。

② 华润销售中，含苏果超市2020年销售额270亿元。

③ 易捷销售额含汽车用品销售，如玻璃水、燃油宝等。

④ 物美销售额含麦德龙，不含重庆商社。

⑤ 王府井调整两年统计口径，将租赁项目销售纳入销售统计。

⑥ 昆仑好客销售额含汽车用品销售，如玻璃水、燃油宝等。

⑦ 屈臣氏销售额估计值为含税人民币销售额。

⑧ 成都红旗的销售数据含关联销售。

⑨ 百果园销售数据仅包含门店销售。

⑩ 百盛商业销售数据为销售所得款项总额，含增值税。

⑪ 柒一拾壹（中国）的统计口径为大陆地区的销售及门店（不包含港澳台），销售数据不包含部分门店的服务性商品收入。

⑫ 新世界百货2020财政年度集团销售总收益为7101.2百万港元。按1∶0.91344的汇率折换成人民币。

⑬ 地利生鲜调整两年统计口径，纳入加盟店。

⑭ 广州友谊2020年未完成与广百股份重组整合，销售额为未税数据。

2021 年中国连锁 Top100 基本情况

根据 2021 年行业基本情况调查结果，中国连锁经营协会（CCFA）于 2022 年 6 月 14 日发布“2021 年中国连锁 Top100”。

2021 年，Top100 连锁企业销售规模近 2.3 万亿元，同比下降 2.8%。门店总数近 19 万个，同比增长 8.9%。

百货、超市、便利店和专业店等零售业四个主要业态的销售额同比增长分别为 10.9%、0.3%、8.7% 和 -17.0%，其门店数同比增长分别为 1.1%、2.3%、8.4% 和 19.1%。

2021 年，Top100 连锁企业中，销售额同比增长的企业有 68 家（上年为 47 家），门店数实现增长的有 60 家（上年为 66 家）。其中，12 家企业销售额、门店数均实现双位数增长，分别是居然之家、美宜佳、大参林、钱大妈、罗森、易初莲花、柒一拾壹、来酷科技、天福、健之佳、寿康永乐、比优特。其中，美宜佳、大参林、钱大妈、天福、健之佳、比优特连续两年实现销售、门店双位数增速。

2021 年，Top100 连锁企业线上销售规模达 4700 亿元，占总销售额的 20.6%。Top100 连锁企业线上销售占比平均值为 8.6%，比上年提高了 1.3 个百分点。

Top100 连锁企业人工成本比上年有所上升，其占销售额的比例从 4.7%提高到 4.9%；租金成本比上年有所下降，其占销售额的比例从 2.7%降至 2.6%。超市和专业店业态企业的净利润率分别为 0.9%和-1.3%，同比下降约 0.4 和 6.4 个百分点；百货和便利店业态净利润率分别为 4.0%和 1.7%，同比上升约 0.9 和 0.2 个百分点。

调查显示，八成以上 Top100 连锁企业预计 2022 年销售额将实现增长，其中一半企业认为增长率在 5%以上。线上销售方面，九成以上 Top100 连锁企业预计将进一步增长，近六成企业预计增长会达到 10%以上。门店拓展方面，占半数的 Top100 连锁企业表示将持续开店，约 1/6 的企业表示将缩减门店数量。

附表：

2021年中国连锁Top100

（CCFA 2022年6月14日发布）

序号	企业名称	2021年销售规模（含税万元）	销售增长率（%）	2021年门店总数（个）	门店增长率（%）	备注		
1	苏宁易购集团股份有限公司	19719900	-52.6	11281	15.3		★	
2	国美零售控股有限公司	14687000	4.3	4195	22.6		★	
3	红星美凯龙家居集团股份有限公司	13737931	27.2	485	1.9		★	
4	居然之家新零售集团股份有限公司	10475878	58.2	566	12.7		★	
5	沃尔玛（中国）投资有限公司	9903600	13.3	396	-7.7		★	
6	永辉超市股份有限公司	9896898	-5.3	1090	-7.0		★	
7	高鑫零售有限公司	9800501	-5.3	602	14.0		☆	
8	华润万家（控股）有限公司	7816771	-11.0	3245	-0.5		★	①
9	物美科技集团有限公司	6988570	11.1	1174	-26.1		★	
10	联华超市股份有限公司	5571381	-1.9	3254	1.9		★	
11	王府井集团股份有限公司	5430670	23.2	91	7.1		★	②
12	长春欧亚集团股份有限公司	4274470	1.9	148	1.4		★	
13	步步高投资集团股份有限公司	4086796	-5.0	748	-8.2		☆	
14	中石化易捷销售有限公司	3540000	0.0	27950	1.3		★	③
15	天虹数科商业股份有限公司	3475278	17.3	434	5.1		★	
16	武商集团股份有限公司	3472661	24.4	84	1.2		★	
17	美宜佳控股有限公司	3407533	22.8	26168	16.9		★	
18	重庆百货大楼股份有限公司	3405587	0.5	304	-1.6		★	
19	银泰商业（集团）有限公司	3377012	13.5	61	-1.6		★	
20	家家悦控股集团股份有限公司	3272508	3.5	1025	10.9		★	
21	银座集团股份有限公司	3100331	11.5	380	1.6		★	
22	利群集团股份有限公司	2875030	6.0	540	-3.1		★	
23	永旺（中国）投资有限公司	2839011	14.8	97	-43.3		★	
24	中百控股集团股份有限公司	2649863	-4.4	1539	7.8		★	
25	郑州丹尼斯百货有限公司	2620000	1.6	562	3.7			
26	世纪华联超市连锁（江苏）有限公司	2568232	17.0	5668	3.6		★	
27	石家庄北国人百集团有限责任公司	2480519	2.8	75	0.0		☆	

续表

序号	企业名称	2021 年销售规模（含税万元）	销售增长率（%）	2021 年门店总数（个）	门店增长率（%）	备注		
28	烟台振华商业集团有限公司	2445726	7.1	156	0.0		☆	
29	金鹰国际商贸集团（中国）有限公司	2397690	12.4	31	-3.1		★	
30	江苏华地国际控股集团有限公司	2325686	34.9	92	-6.1		★	
31	中石油昆仑好客有限公司	2210000	0.0	20150	-0.3		★	
32	屈臣氏中国	2157500	7.0	4179	1.6	*	☆	
33	信誉楼百货集团有限公司	2026422	11.8	40	5.3		★	
34	山东潍坊百货集团股份有限公司	2021800	5.1	757	2.0		★	
35	大参林医药集团股份有限公司	1861313	16.9	8193	36.1		★	
36	广州市钱大妈农产品有限公司	1839000	38.3	3460	16.6		★	
37	文峰大世界连锁发展股份有限公司	1775975	18.4	577	3.8		★	
38	成都红旗连锁股份有限公司	1620211	2.2	3602	8.0		★	④
39	孩子王儿童用品股份有限公司	1528145	-1.3	495	14.1		★	
40	北京迪信通商贸股份有限公司	1260764	-17.7	1052	-5.7		★	
41	北京京客隆商业集团股份有限公司	1230123	-8.8	161	0.6		★	
42	百盛商业集团有限公司	1191680	6.2	46	7.0	※		⑤
43	茂业国际控股有限公司	1154724	8.0	48	0.0	※		⑥
44	广州市广百股份有限公司	1095154	6.2	26	-3.7		☆	
45	罗森（中国）投资有限公司	1047648	61.5	4466	37.2		★	
46	广州易初莲花连锁超市有限公司	1027440	11.6	152	15.2		★	
47	合肥百货大楼集团股份有限公司	1022708	1.1	272	1.5		★	
48	中国大陆全家	955015	1.7	2902	-2.2		★	
49	山西美特好连锁超市股份有限公司	942761	14.5	129	-3.0		★	
50	唐山百货大楼集团有限责任公司	908669	13.6	28	0.0		★	
51	广东嘉荣超市有限公司	835654	5.3	158	1.9		★	
52	山东全福元商业集团有限责任公司	835631	3.7	239	6.2		★	
53	北京华联综合超市股份有限公司	835335	-12.5	168	-2.9	※		
54	河北叁陆伍网络科技集团有限公司	801093	2.4	2153	8.9		☆	
55	柒—拾壹（中国）投资有限公司	793200	10.8	2893	21.2		★	⑦
56	大商股份有限公司	793154	-2.3	122	-4.7	※		
57	河南大张实业有限公司	793012	5.5	93	8.1		★	
58	山东新星集团有限公司	792620	12.8	484	-0.4		★	
59	湖南佳惠百货有限责任公司	757984	-2.6	143	2.1		★	
60	山东德州百货大楼（集团）有限责任公司	745083	8.7	23	0.0		★	
61	湖南友谊阿波罗商业股份有限公司	701248	6.7	59	73.5		★	
62	鲜丰水果股份有限公司	678630	13.7	2230	6.2		★	

续表

序号	企业名称	2021年销售规模（含税万元）	销售增长率（%）	2021年门店总数（个）	门店增长率（%）	备注		
63	青岛利客来集团股份有限公司	667000	-1.6	52	2.0		★	
64	来酷科技有限公司	656786	87.8	228	235.3		★	
65	新世界百货中国有限公司	638916	-1.5	29	-3.3	※	★	⑧
66	济南华联商厦集团股份有限公司	626926	-11.9	112	-14.5		☆	
67	阜阳华联集团股份有限公司	622851	-5.0	662	-9.1		★	
68	浙江万风商业集团有限公司	594117	10.4	108	2.9			
69	十足集团有限公司	587495	3.8	2592	10.3		★	
70	广东天福连锁商业集团有限公司	570516	17.1	6626	14.1		★	
71	北京华冠商业科技发展有限公司	559398	-0.6	77	-3.8		★	
72	邯郸市阳光百货集团	557137	8.0	177	5.4		★	
73	云南健之佳健康连锁店股份有限公司	540377	17.8	3044	42.9		★	
74	湖北黄商集团股份有限公司	533837	6.2	196	24.8		★	
75	成都伊藤洋华堂有限公司	524000	-4.4	10	11.1		★	
76	哈尔滨新世纪家得乐商贸有限公司	522656	-7.2	71	-2.7		★	
77	人人乐连锁商业集团股份有限公司	516222	-31.7	120	-21.1		★	
78	江苏新合作常客隆数科商业有限公司	505200	-0.5	1000	0.0		★	
79	新华都购物广场股份有限公司	503213	-3.1	76	-9.5	※	★	
80	辽宁地利生鲜农副产品有限公司	501964	-10.0	292	-18.0		★	
81	湖北寿康永乐商贸集团有限公司	486941	40.8	276	16.5		★	
82	北京超市发连锁股份有限公司	478594	-16.6	179	1.7		★	
83	山西省太原唐久超市有限公司	471975	1.0	1630	2.6		★	
84	南阳市万德隆商贸有限责任公司	471372	1.6	51	41.7		★	
85	黑龙江比优特商业集团有限公司	447569	17.4	52	15.6		★	
86	济宁九龙商贸集团有限公司	411393	12.4	37	2.8		★	
87	深圳市顺电连锁股份有限公司	410529	6.2	52	4.0			
88	三江购物俱乐部股份有限公司	409013	-9.1	225	5.1		★	
89	联盛商业连锁股份有限公司	406554	4.7	103	-1.0		★	
90	河北惠友商业连锁发展有限公司	403518	6.3	72	-7.7		★	
91	十堰市新合作商贸有限公司	388014	-11.8	366	-0.3		△	
92	广州友谊集团有限公司	359426	20.6	5	0.0		△	
93	长沙通程控股股份有限公司	330108	0.5	67	-4.3		★	
94	安徽商之都股份有限公司	329893	1.4	126	23.5		★	
95	兴盛社区网络服务股份有限公司	324547	8.2	16826	13.0		★	⑨
96	成都联合一百超市有限公司	323856	2.4	1557	8.3			
97	哈尔滨中央红集团股份有限公司	300999	-0.2	399	0.0		★	

续表

序号	企业名称	2021 年销售规模（含税万元）	销售增长率（%）	2021 年门店总数（个）	门店增长率（%）	备注		
98	南京中央商场（集团）股份有限公司	288069	-9.5	16	0.0	※		
99	宽广控股集团有限公司	255238	-7.9	117	6.4		☆	
100	肇庆市昌大昌超级购物广场有限公司	253267	3.2	41	2.5		★	
合计		228662213	-2.8	189610	8.9			

注：

1. ★表示企业为中国连锁经营协会会员企业，☆表示其下属公司为协会会员企业，△表示其母公司为协会会员企业。

2. ＊为估计值。※为年报披露的营业收入数据。

3. 百强统计采用销售规模（或营业收入）口径，包括线下及线上（仅限自营）含税销售额，即门店含税销售额（或营业收入）、企业批发含税销售额（或营业收入）和商品网络销售额（或营业收入，含自营渠道和在第三方平台的销售额）。其中，门店范围包括直营店、加盟店、以公司品牌输出管理的连锁店。销售规模统计不包括内部交易、企业的批发市场交易额，汽车、加油站及农资等生产资料销售额。

4. 受 2020 年低基数影响，百货和专业店业态销售同比表现较好。专业店业态中，去除个别因素影响，Top100 连锁专业店销售额同比增长 20.0%。

5. 部分企业数据说明：

① 华润万家销售中含苏果超市 2021 年销售额 265 亿元。

② 王府井集团销售数据包含首商股份。

③ 中石化易捷销售额为非油品销售。

④ 成都红旗连锁销售数据含关联销售。

⑤ 百盛商业集团销售数据为销售所得款项总额，含增值税。

⑥ 茂业国际销售数据为销售所得款项及租赁收入总额。

⑦ 柒一拾壹（中国）的销售额及门店数不含澳门、香港特别行政区及台湾地区，销售额含税，不含香烟及特殊商品等收入。

⑧ 新世界百货按照港币口径，销售额同比增长 5.2%。

⑨ 芙蓉兴盛门店数为紧密加盟和松散加盟门店总和。

2020 年中国特许连锁 Top100 基本情况

根据“2020 年行业基本情况及特许连锁百强调查”分类汇总及统计分析，中国连锁经营协会（CCFA）于 2021 年 6 月 16 日发布“2020 年中国特许连锁 Top100”（名单见附表）。

参与 2020 年中国特许连锁 Top100 调查的企业包括餐饮、住宿业、汽车后市场、培训教育、房屋中介、家庭服务业、美容与健康、食品专卖、非食品专卖、商务服务与便利店等 10 余类，涉及 50 余个细分业态。

附表：

2020 年中国特许连锁 Top100

（CCFA 2021 年 6 月 16 日发布）

行业/业态	企业名称		2020 年销售规模（万元）	2020 年门店总数（个）	2020 年加盟店（个）
多业态餐饮	百胜（中国）投资有限公司		5370950	10506	1635
	可纳客（上海）餐饮管理有限公司（DQ、棒约翰）		116221	960	430
西式快餐	金拱门（中国）有限公司（麦当劳）	☆	2700000	3787	1515
	天津顶巧餐饮服务咨询有限公司（德克士）		762000	2760	2400
	汉堡王（中国）投资有限公司		456125	1310	270
中式快餐	上海众福餐饮管理有限公司（杨国福）		722272	5979	5970
	杭州味捷品牌管理集团有限公司（牛家人、盖式妈妈）		350000	2173	2144
	无锡爱多餐饮管理有限公司（N 多寿司、型男美蛙）		188342	3001	2987
	江苏和府餐饮管理有限公司		154888	293	19
	快乐蜂（中国）餐饮管理有限公司		150828	356	82
	上海世好食品有限公司		105412	1991	1853
	天津七感和他的朋友餐饮管理有限公司（犟骨头）		60000	477	467
	北京和合谷餐饮管理有限公司		52786	147	45
	长沙市香他她餐饮管理有限公司		50000	651	645
	北京嘉和一品餐饮管理有限公司		36842	93	37
正　餐	中国全聚德（集团）股份有限公司		128033	109	65
	湖南韶山毛家饭店发展有限公司		97500	201	194
	陕西阿瓦山寨品牌投资有限公司		85020	183	181
休闲饮品	上海快乐柠檬餐饮管理有限公司		96813	1142	1046
酒店住宿	华住酒店管理有限公司		1120000	6766	5943
	锦江之星旅馆有限公司	*	989800	9406	8472
	上海如家酒店管理有限公司		502888	4895	4106
	速伯艾特（北京）国际酒店管理有限公司		176446	1094	1091
汽车维修养　护	上海阑途信息技术有限公司（途虎养车）		994700	2494	2338
	驰加（上海）汽车用品贸易有限公司		540000	1650	1645
	浙江快准车服网络科技有限公司		250000	1500	1498
	统一石油化工有限公司		204200	64932	64930

续表

行业/业态	企业名称	2020年销售规模（万元）	2020年门店总数（个）	2020年加盟店（个）
	杭州小拇指汽车维修科技股份有限公司	165760	1036	1033
	博世汽车技术服务（北京）有限公司	160000	405	403
	广东三头六臂信息科技有限公司	120000	2500	2440
	杭州中策车空间汽车服务有限公司	110510	547	541
	广州华胜企业管理服务有限公司	108542	243	80
	北京爱义行汽车服务有限责任公司	35000	247	155
宠物服务	北京派多格科技发展有限公司	241653	5682	5673
	北京旺时代宠物用品有限公司	40854	1936	1616
	上海启宠网络科技服务有限公司	27000	962	879
家政服务	大连好月嫂家庭服务有限公司	15367	413	408
	上海爱君家庭服务有限公司	13777	670	630
洗　染	北京福奈特洗衣服务有限公司	115500	1715	1474
	北京翰诺皮革工艺技术开发有限公司	45003	2132	2128
	北京伊尔萨洗染有限公司	30250	452	443
	上海象王洗衣有限公司	29957	660	639
房屋中介	北京埃菲特国际特许经营咨询服务有限公司（21世纪不动产）	292539	9704	9523
	德佑（天津）房地产经纪服务有限公司	103004	19681	19680
家　装	居然之家新零售集团股份有限公司	899291	535	325
	广州尚品宅配家居股份有限公司	651343	2326	2235
	东易日盛家居装饰集团股份有限公司	344667	243	43
	北京业之峰装饰连锁有限公司	228798	198	92
美容美体	北京植物医生生物科技有限公司	330600	3923	3501
	广州樊文花化妆品有限公司	167309	4000	3854
	深圳唯美度生物科技有限公司	101970	9833	9826
	克丽缇娜（中国）贸易有限公司	94971	4521	4519
	汕头市琪雅化妆品连锁有限公司	26264	3118	3091
健　身	杭州乐刻网络技术有限公司	100384	603	309
	北京光猪体育管理有限公司	20300	179	161
	英睿健康科技有限公司	9500	46	34
	青岛英派斯健康管理有限公司	6500	200	185
眼科	视立美视光科技集团（西安）有限公司	20800	410	400
中医养生	青岛植秀堂养生养颜连锁有限公司	8890	106	103
职业培训	北京青鸟职业教育科技发展有限公司	165256	224	222
	湖南金领伟业职业技能鉴定有限公司	112700	427	425

续表

行业/业态	企业名称	2020 年销售规模（万元）	2020 年门店总数（个）	2020 年加盟店（个）
早教	湖南贝尔安亲云教育有限公司	135600	1128	1120
	北京红黄蓝儿童教育科技发展有限公司	84900	1897	1785
	上海三育教育管理有限公司	35080	900	898
K12	上海松鼠课堂人工智能科技有限公司	200000	3681	3674
	中文未来教育科技（北京）有限公司	65000	546	376
少儿英语	北京倍乐优学教育咨询有限公司	46000	80	47
	北京能动时代教育科技有限公司	22940	198	196
	爱贝企业发展（上海）有限公司	17086	440	429
体能教育	郑州贝体文化传播有限公司	11890	318	203
图文影像	和印数码网络科技有限公司	148936	645	643
	恒晟图文（杭州）有限公司	11780	158	140
水果专卖	深圳百果园实业（集团）股份有限公司	1200000	4786	4780
	鲜丰水果股份有限公司	591189	2000	1782
生鲜专卖	广州市钱大妈农产品有限公司	1161940	2968	2779
休闲食品	三只松鼠股份有限公司	979400	1043	872
	良品铺子股份有限公司	892030	2700	1950
	上海来伊份股份有限公司	402623	3006	635
熟食专卖	绝味食品股份有限公司	527607	12399	12244
	上海紫燕食品股份有限公司	261299	4387	4365
	江西煌上煌集团食品股份有限公司	222600	4239	3843
	廖记食品连锁股份有限公司	93166	742	575
烘焙	上海元祖梦果子股份有限公司	194151	677	119
	深圳市幸福商城科技股份有限公司	130000	549	489
茶叶专卖	中国茶叶股份有限公司	189322	1568	1496
	厦门山国饮艺茶业有限公司	48716	782	762
酒品专卖	广州市富隆酒窖酒业有限公司	44026	229	142
家居用品	特百惠（中国）有限公司	267000	6400	6394
	美克国际家居用品股份有限公司	239325	240	237
文具专卖	上海晨光文具股份有限公司	1313774	9338	8897
五金专卖	湖南李文锁城投资管理有限公司	18000	538	526
服装服饰专卖	浙江森马服饰股份有限公司	2700000	10000	9000
	上海浦东海澜之家服饰有限公司 *	1785000	7371	6537
	爱慕（苏州）投资管理有限公司	448589	2154	430
珠宝首饰专卖	周大生珠宝股份有限公司	4080000	4189	3940
	中国黄金集团黄金珠宝股份有限公司	3378800	3160	2688

续表

行业/业态	企业名称	2020年销售规模（万元）	2020年门店总数（个）	2020年加盟店（个）
母婴专卖	乐友国际商业集团有限公司	240000	667	189
便利店	东莞市糖酒集团美宜佳便利店有限公司	2774864	22394	22272
	柒一拾壹（中国）投资有限公司	716023	2387	549
	罗森（中国）投资有限公司	648644	3256	2391

注：

1. 表中企业名称后面带＊，指数据来源为上市公司年报。
2. 表中企业名称后面带☆，指数据为估计值。
3. 入围标准：以规范性、销售规模、门店及行业覆盖等综合评价。

2021 年中国特许连锁 Top100 基本情况

根据“2021 年中国特许连锁经营行业基本情况调查”统计结果，中国连锁经营协会（CCFA）于 2022 年 5 月 30 日发布“2021 年中国特许连锁 Top100”。

特许连锁 Top100 企业 2021 年销售规模为 5885 亿元，同比增长 23.6%，占社会消费品零售总额的 1.3%。门店总数 36.6 万个，同比增长 9.9%，提供就业岗位约 500 万个。

参与 2021 年度特许连锁行业调查的企业包括餐饮、酒店住宿、汽车后市场、培训教育、房屋中介、房屋装修、美容美发、康体健身、食品专卖、非食品专卖、家庭服务、商务服务以及便利店等 10 余个行业、业态。

附表：

2021 年中国特许连锁 Top100

（CCFA 2022 年 5 月 30 日发布）

<table>
<tr><th>行业</th><th>业态</th><th>企业名称</th><th>主要品牌</th><th>2021 年销售规模（万元）</th><th>2021 年门店总数（个）</th><th>2021 年加盟店（个）</th><th>备注</th></tr>
<tr><td rowspan="22">餐饮</td><td rowspan="5">西式快餐</td><td>百胜（中国）投资有限公司</td><td>肯德基、必胜客等</td><td>6404450</td><td>11788</td><td>1737</td><td>※</td></tr>
<tr><td>金拱门（中国）有限公司</td><td>麦当劳</td><td>3105000</td><td>4388</td><td>856</td><td>*</td></tr>
<tr><td>天津顶巧餐饮服务咨询有限公司</td><td>德克士</td><td>766000</td><td>3060</td><td>2695</td><td></td></tr>
<tr><td>汉堡王（中国）投资有限公司</td><td>汉堡王</td><td>456752</td><td>1379</td><td>306</td><td></td></tr>
<tr><td>CFB 集团</td><td>DQ、棒约翰等</td><td>233581</td><td>1100</td><td>562</td><td></td></tr>
<tr><td rowspan="13">中式快餐</td><td>上海众福餐饮管理有限公司</td><td>杨国福</td><td>758386</td><td>6012</td><td>6008</td><td></td></tr>
<tr><td>杭州味捷品牌管理集团有限公司</td><td>牛家人、粥员外等</td><td>330000</td><td>2261</td><td>2229</td><td></td></tr>
<tr><td>无锡爱多餐饮管理有限公司</td><td>N 多寿司</td><td>281186</td><td>3526</td><td>3512</td><td></td></tr>
<tr><td>快乐蜂（中国）餐饮管理有限公司</td><td>永和大王</td><td>240084</td><td>461</td><td>108</td><td></td></tr>
<tr><td>百福控股有限公司</td><td>和合谷、新辣道等</td><td>238470</td><td>771</td><td>295</td><td></td></tr>
<tr><td>江苏和府餐饮管理有限公司</td><td>和府捞面</td><td>173158</td><td>395</td><td>19</td><td></td></tr>
<tr><td>上海世好食品有限公司</td><td>吉祥馄饨</td><td>121223</td><td>2240</td><td>2097</td><td></td></tr>
<tr><td>北京庆丰餐饮管理有限公司</td><td>庆丰包子铺</td><td>85438</td><td>289</td><td>266</td><td></td></tr>
<tr><td>天津七惑和他的朋友餐饮管理有限公司</td><td>犟骨头</td><td>70000</td><td>494</td><td>484</td><td></td></tr>
<tr><td>北京心有炸念餐饮管理有限公司</td><td>夸父炸串</td><td>65000</td><td>1080</td><td>1028</td><td></td></tr>
<tr><td>北京嘉和一品餐饮管理有限公司</td><td>嘉和一品</td><td>50675</td><td>114</td><td>52</td><td></td></tr>
<tr><td>长沙市香他她餐饮管理有限公司</td><td>香他她</td><td>29407</td><td>630</td><td>624</td><td></td></tr>
<tr><td rowspan="3">正餐</td><td>湖南韶山毛家饭店发展有限公司</td><td>毛家饭店</td><td>98600</td><td>206</td><td>14</td><td></td></tr>
<tr><td>中国全聚德（集团）股份有限公司</td><td>全聚德</td><td>97000</td><td>102</td><td>60</td><td></td></tr>
<tr><td>陕西阿瓦山寨品牌投资有限公司</td><td>阿瓦山寨</td><td>68016</td><td>199</td><td>197</td><td></td></tr>
<tr><td>休闲饮品</td><td>上海快乐柠檬餐饮管理有限公司</td><td>快乐柠檬</td><td>88618</td><td>739</td><td>678</td><td></td></tr>
<tr><td rowspan="4">酒店住宿</td><td rowspan="4">酒店住宿</td><td>华住集团有限公司</td><td>汉庭、全季等</td><td>1278500</td><td>7830</td><td>7092</td><td>※</td></tr>
<tr><td>上海锦江国际酒店股份有限公司</td><td>锦江之星、锦江都城等</td><td>1133913</td><td>10613</td><td>9692</td><td>※</td></tr>
<tr><td>上海如家酒店管理有限公司</td><td>如家</td><td>615309</td><td>5916</td><td>5167</td><td></td></tr>
<tr><td>速伯艾特（北京）国际酒店管理有限公司</td><td>速 8 酒店</td><td>217107</td><td>1063</td><td>1061</td><td></td></tr>
</table>

续表

行业	业态	企业名称	主要品牌	2021 年销售规模（万元）	2021 年门店总数（个）	2021 年加盟店（个）	备注
		旅悦（天津）酒店管理有限公司	花筑、蔚徕等	61532	1537	1495	
汽车后市场	汽车养护维修	山东玲珑轮胎股份有限公司	玲珑轮胎	1857922	34290	34280	
		上海阑途信息技术有限公司	途虎养车	1172426	3853	3658	
		杭州天猫车站科技有限公司	天猫养车	980400	3014	1945	
		驰加（上海）汽车用品贸易有限公司	驰加	550000	1672	1667	
		浙江快准车服网络科技有限公司	快准车服	360000	1816	309	
		杭州小拇指汽车维修科技股份有限公司	小拇指	264527	1227	1224	
		统一石油化工有限公司	统一润滑油	218800	34542	34540	
		广东三头六臂信息科技有限公司	三头六臂	190000	2600	2451	*
		博世汽车技术服务（北京）有限公司	博世车联	172000	515	513	
		杭州中策车空间汽车服务有限公司	中策车空间	120274	602	598	
		广州华胜企业管理服务有限公司	华胜	110205	242	44	
		上海驾捷乐商贸有限公司	佳通轮胎	70000	7500	3880	
		北京爱义行汽车服务有限责任公司	爱义行	40000	185	66	
家庭服务	宠物服务	北京派多格科技发展有限公司	派多格	256991	6002	5996	
		上海启宠网络科技服务有限公司	小佩宠物	60000	1061	1053	
		北京旺时代宠物用品有限公司	圣宠	44940	2129	1745	
	家政服务	上海爱君家庭服务有限公司	爱君家政	17010	603	567	
		大连好月嫂家庭服务有限公司	好月嫂	10317	336	332	
	洗染	北京福奈特洗衣服务有限公司	福奈特	127800	1857	1550	
		北京翰诺皮革工艺技术开发有限公司	翰诺	57393	2361	2354	
		上海象王洗衣有限公司	象王	28593	675	653	
		北京伊尔萨洗染有限公司	伊尔萨	26255	445	439	
房屋中介	房屋中介	北京埃菲特国际特许经营咨询服务有限公司	21 世纪不动产	204052	10149	8891	
		德佑（天津）房地产经纪服务有限公司	德佑	100000	20000	20000	*
房屋装修	家装	居然之家新零售集团股份有限公司	居然之家	1307100	566	326	
		广州尚品宅配家居股份有限公司	尚品宅配	730961	2615	2236	
		东易日盛家居装饰集团股份有限公司	东易日盛	429193	226	36	
		北京业之峰装饰连锁有限公司	业之峰	250000	100	90	

续表

行业	业态	企业名称	主要品牌	2021 年销售规模（万元）	2021 年门店总数（个）	2021 年加盟店（个）	备注
美容美发	美容	北京植物医生生物科技有限公司	植物医生	385400	4396	3952	
		广州樊文花化妆品有限公司	樊文花	208452	4149	3829	
		克丽缇娜（中国）贸易有限公司	克丽缇娜	121754	4722	4720	
		深圳唯美度生物科技有限公司	唯美度	121313	9924	9919	
		汕头市琪雅化妆品连锁有限公司	琪雅	18853	2249	2233	
	美发	珠海市丝域连锁企业管理有限公司	丝域养发	42400	2196	2021	
	中医养生	青岛植秀堂养生养颜连锁有限公司	植秀堂	6779	73	70	
		北京欧美雅洁美容科技有限公司	果草之本	6580	458	456	
康体健身	娱乐	万达宝贝王集团有限公司	万达宝贝王	150000	340	80	*
		郑州贝体文化传播有限公司	卓跃儿童	18650	450	330	
		雪乐山（北京）体育文化有限公司	雪乐山	6000	58	27	
	健身	杭州乐刻网络技术有限公司	乐刻	146027	885	554	
		青岛英派斯健康管理有限公司	英派斯	6557	160	147	
培训教育	职业培训	湖南金领伟业职业技能鉴定有限公司	金领玮业	145050	440	438	
		北京青鸟职业教育科技发展有限公司	北大青鸟	115679	183	181	
	儿童教育	北京红黄蓝儿童教育科技发展有限公司	红黄蓝	85588	1601	1481	
		北京市东方爱婴咨询有限公司	东方爱婴	71760	939	935	
		湖南贝尔安亲云教育有限公司	贝尔安亲	65600	800	793	
		北京罗兰盛世音乐教育科技有限公司	罗兰盛世	12000	503	473	
商务服务	图文影像	恒晟图文（杭州）有限公司	恒晟图文	16153	139	121	
食品专卖	水果生鲜	广州市钱大妈农产品有限公司	钱大妈	1626474	3460	3335	
		鲜丰水果股份有限公司	鲜丰水果	678630	2230	2213	
		湖南绿叶水果有限公司	绿叶水果	151000	1083	1042	
	休闲食品	三只松鼠股份有限公司	三只松鼠	977021	1065	925	
		良品铺子股份有限公司	良品铺子	932361	2974	2067	
		上海来伊份股份有限公司	来伊份	417200	3488	1294	
	熟食	绝味食品股份有限公司	绝味	654862	13714	13546	
		上海紫燕食品股份有限公司	紫燕百味鸡	344582	5173	5148	
		江西煌上煌集团食品股份有限公司	煌上煌	278273	4281	3974	
		廖记食品连锁股份有限公司	廖记棒棒鸡	75000	790	578	

续表

行业	业态	企业名称	主要品牌	2021 年销售规模（万元）	2021 年门店总数（个）	2021 年加盟店（个）	备注
	烘焙	上海元祖梦果子股份有限公司	元祖	256000	712	125	
		深圳市幸福商城科技股份有限公司	幸福西饼	153007	624	545	
	酒品	广州市富隆酒窖酒业有限公司	富隆酒业	53910	228	126	
	茶叶	厦门山国饮艺茶业有限公司	山国饮艺	51984	820	795	
非食品专卖	珠宝首饰	中国黄金集团黄金珠宝股份有限公司	中国黄金	5075767	3721	824	
		周大生珠宝股份有限公司	周大生	4660000	4502	4264	
	服装服饰	浙江森马服饰股份有限公司	森马	2700000	9000	8000	
		海澜之家集团股份有限公司	海澜之家	2018803	7652	6537	※
		爱慕（苏州）投资管理有限公司	爱慕	349365	2048	412	
	文具	上海晨光文具股份有限公司	晨光文具	1760740	8915	8392	
	小百货	名创优品（广州）有限责任公司	名创优品	1012890	5045	5040	
	家居用品	美克国际家居用品股份有限公司	A. R. T.	527468	515	349	
		特百惠（中国）有限公司	特百惠	267000	6400	6394	
便利店	便利店	美宜佳控股有限公司	美宜佳	3407533	26168	25997	
		罗森（中国）投资有限公司	罗森	1047648	4466	3316	
		柒一拾壹（中国）投资有限公司	7-ELEVEn	793200	2893	1122	

注：

1. 备注为※的企业，指数据来源为上市公司年报。
2. 备注为＊的企业，指数据为估计值。

2020 年中国便利店 Top100 基本情况

2021 上半年，中国连锁经营协会（CCFA）针对中国便利店业态开展了“便利店企业基本情况调查”。本调查旨在全面反映中国便利店市场年度发展现状和趋势，为中国连锁便利店企业提供相应数据参考。

2020 全年，便利店行业的店铺数量与销售总额仍实现较为稳定地增长，这在新冠肺炎疫情严重影响下创出的业绩，尤显便利店行业对社会经济的恢复发展、对持续保障城镇居民民生稳定的积极作用和贡献。根据“便利店企业基本情况调查”结果，按照便利店企业截至 2020 年年末的门店总数量，协会发布了“2020 年中国便利店 Top100”。

附表：

2020 年中国便利店 Top100

（CCFA 2021 年 6 月 2 日发布）

序号	公司名称	便利店品牌	2020 年门店数量（个）	备注
1	中石化易捷销售有限公司	易捷	27600	★
2	美宜佳控股有限公司	美宜佳	22394	★
3	中石油昆仑好客有限公司	昆仑好客	20212	★
4	广东天福连锁商业集团有限公司	天福	5808	★
5	罗森（中国）投资有限公司	罗森	3256	★
6	中国大陆全家	全家	2967	★
7	柒一拾壹（中国）投资有限公司	7-ELEVEn	2387	★
8	浙江人本超市有限公司	十足、之上	2358	★
9	厦门见福连锁管理有限公司	见福	2021	★
10	北京便利蜂连锁商业有限公司	便利蜂	2000	★
11	河北叁陆伍网络科技集团有限公司	365	1631	★
12	西安每一天便利超市连锁有限公司	每一天	1618	★
13	深圳市易站连锁股份有限公司	易站	1600	★
14	山西省太原唐久超市有限公司	唐久	1588	★
15	苏宁小店	苏宁小店	1568	★
16	广东合家欢便利店有限公司	合家欢	1522	★
17	山西金虎商业集团股份有限公司	金虎、早早	1436	★
18	湖南佳宜企业管理有限公司	新佳宜	1328	★
19	深圳市中业爱民便利店管理有限公司	中业爱民	1280	★
20	世纪华联超市连锁（江苏）有限公司	世纪华联	1269	★
21	吉林省新天地超市连锁经营有限公司	新天地	1198	★
22	华润苏果超市有限公司	苏果、好的	1100	★
23	四川舞东风超市连锁股份有限公司	舞东风	1086	★
24	上海喜士多便利连锁有限公司	喜士多	1054	☆
25	有家实业有限公司	有家	992	★
26	深圳市家乐通商贸有限公司	家乐通	960	★
27	福建百年万嘉超市管理有限公司	万嘉	957	★
28	上海联华快客便利有限公司	联华快客	921	★

续表

序号	公司名称	便利店品牌	2020年门店数量（个）	备注
29	广东维客佳便利店有限公司	维客佳	898	☆
30	安徽壹度品牌运营股份有限公司	壹度便利	857	★
31	重庆可购商贸有限公司	可购	820	☆
32	上海好德可的便利连锁有限公司	可的、好德	800	★
33	文峰大世界连锁发展股份有限公司	文峰	658	★
34	山东潍坊百货集团股份有限公司	中百便利	636	★
35	安徽邻几便利店有限公司	邻几	631	★
36	新疆早晚八点半贸易有限公司	早晚八点半	580	★
37	河南悦来悦喜商贸有限公司	悦来悦喜	555	★
38	美食林时刻便利连锁有限公司	时刻便利	527	★
39	贵州凯辉天源企业管理咨询有限公司	凯辉	501	★
40	内蒙古一团火商业管理有限公司	一团火	496	★
41	内蒙古利客商业有限责任公司	利客	490	★
42	武汉今天梦想商贸有限公司	Today	480	★
43	山东新星集团有限公司	新星	479	★
44	上海良友金伴便利连锁有限公司	良友金伴、光明、光明里	465	★
45	广东想家便利店连锁有限公司	想家	463	★
46	青岛友客便利连锁管理有限公司	友客	462	★
47	江西省晋利嘉实业有限责任公司	乐豆家	458	★
48	武汉市德盛丰商贸有限公司	可多	449	★
49	青岛可好便利店管理有限公司	可好	435	★
50	河北天天智慧商业连锁股份有限公司	天天便利	418	★
51	莆田市文献便民服务有限公司	文献	409	★
52	中山市及时便利连锁有限公司	及时便利	406	★
53	重庆优客家商贸有限公司	优客家	387	★
54	重庆市一站商贸有限公司	一站	380	☆
55	福建汇宁商业管理有限公司	汇宁	378	★
56	福建省易太商业运营管理有限公司	易太	376	★
57	哈尔滨中央红小月亮超市有限责任公司	小月亮	365	★
58	北京港佳好邻居连锁便利店有限责任公司	好邻居	355	★
59	新疆每日集团有限公司	每日每夜	350	★
60	百世店加科技（中国）有限公司	WOWO	348	★
61	福州六意企业管理有限公司	六意	329	★
62	湖南千惠商贸连锁有限公司	千惠	322	★
63	湖南汇米巴商业管理有限公司	汇米巴	320	★

续表

序号	公司名称	便利店品牌	2020 年门店数量（个）	备注
64	贵州二十四客企业管理咨询有限公司	24 客	315	★
65	山东优同便利店集团有限公司	优同	286	★
66	漳州新南丰商业连锁有限公司	新南丰	272	★
67	云南之佳便利店有限公司	之佳	267	★
68	河南省易事多便利店连锁有限公司	易事多	267	★
69	江苏新合作常客隆连锁超市有限公司	常客隆	264	★
70	惠州市星链快迪零售服务有限公司	快迪	238	★
71	哈尔滨市融惠微利连锁超市有限责任公司	微利	227	★
72	宜宾万家福商贸有限责任公司	万家福	223	★
73	云南万逸之家电子商务有限公司	万逸之家	216	★
74	北京物美便利超市有限公司	物美、多点	214	★
75	天虹数科商业股份有限公司	微喔	210	★
76	青岛利群便利连锁发展有限公司	利群便利	205	★
77	山东统一银座商业有限公司	统一银座	203	★
78	河南正道思达连锁商业有限公司	正道思达	203	★
79	怀化市好伴便利店连锁有限公司	好伴	200	★
80	晋城市神利便利连锁有限公司	神利	200	★
81	本溪市金凯达便利连锁有限公司	金凯达	195	☆
82	福建省高速公路驿佳购有限公司	驿佳购	190	★
83	徐州悦客企业管理有限公司	悦客	188	☆
84	内蒙古悦生活商贸有限公司	安达	186	★
85	贵州勇惠鑫润企业管理咨询有限公司	勇惠	173	★
86	临汾乐客便利超市连锁有限公司	乐客	170	★
87	贵州省喜逢源连锁便利店有限公司	喜逢源	165	★
88	邢台市福美多商贸有限责任公司	福美多	160	★
89	阜阳华联集团股份有限公司	阜阳华联	156	★
90	寿光市润达供应链有限公司	全福元	152	★
91	武汉慕臣便利店连锁有限公司	慕臣	151	☆
92	长沙凯源珊珊商贸连锁管理有限公司	珊珊	148	★
93	湖南家边购实业集团有限公司	家边购	139	★
94	保定市新杰出商贸有限公司	杰出	139	☆
95	大连三寰商业管理有限公司	会有	137	★
96	邯郸市阳光佳佳便利超市连锁有限公司	阳光	127	★
97	湖北黄商超市有限公司（黄商便民事业部）	黄商便民事业部	121	★
98	济南华联超市有限公司	济南华联	106	★

续表

序号	公司名称	便利店品牌	2020年门店数量（个）	备注
99	吉林隆玛特集团有限公司	每日隆	102	★
100	十堰市新合作超市有限公司	新合作	101	★

说明：

1. 备注中，★为中国连锁经营协会会员企业，☆为非会员企业。
2. 本表内容或数据如与企业实际不符，请联系协会社区部核实修正，010-68784995。
3. 本表数据源自企业自报及公开资料整理。
4. 罗森（中国）的门店数包括中百、超市发等区域合作企业的门店，区域企业不再另行排列。

2021 年中国便利店 Top100 基本情况

根据中国连锁经营协会组织开展的“2021 年中国便利店行业基本情况调查”结果，按照便利店企业截至 2021 年 12 月 31 日的门店总数量统计汇总，于 2022 年 7 月 7 日发布“2021 年中国便利店 Top100”。

2021 年，Top100 便利店企业虽然受到各地新冠肺炎疫情不确定、难预测等多点突发、散发的影响，但行业的店铺数量与销售总额仍然实现了较为稳定地增长。调查显示，Top100 便利店企业门店总数量超过 16 万家，同比增长 16.1%。其中，71%的企业门店数比上年实现正增长，而 23%的企业门店数比上年有所减少。此外，拥有 1000 个以上门店的便利店企业达 27 家，比上年增加 3 家；拥有门店 500~1000 个的企业为 22 家，比上年增加 7 家。头部及腰部企业的增长带动了整个便利店行业的稳定发展。

附表：

2021 年中国便利店 Top100

（CCFA 2022 年 7 月 7 日发布）

序号	公司名称	便利店品牌	2021 年 门店数（个）	备注	
1	中石化易捷销售有限公司	易捷	28249		★
2	美宜佳控股有限公司	美宜佳	26168		★
3	中石油昆仑好客有限公司	昆仑好客	20178		★
4	广东天福连锁商业集团有限公司	天福	6626		★
5	兴盛社区网络服务股份有限公司	芙蓉兴盛	5280	③	★
6	罗森（中国）投资有限公司	罗森	4466	①	★
7	成都红旗连锁股份有限公司	红旗连锁	3602	②	★
8	中国大陆全家	全家 FamilyMart	2902		★
9	柒一拾壹（中国）投资有限公司	7-ELEVEn	2893		★
10	十足集团有限公司	十足、之上	2873		★
11	北京便利蜂连锁商业有限公司	便利蜂	2800		★
12	厦门见福连锁管理有限公司	见福	2376		★
13	深圳市易站连锁股份有限公司	易站	2200		★
14	山西省太原唐久超市有限公司	唐久	2165		★
15	河北叁陆伍网络科技集团有限公司	365	1919		★
16	西安每一天便利超市连锁有限公司	每一天	1811		★
17	广东合家欢便利店有限公司	粤合家欢	1623		★
18	壳牌（中国）有限公司	壳牌优选	1600	③	★
19	山西金虎商业集团股份有限公司	金虎、早早	1550		★
20	世纪华联超市连锁（江苏）有限公司	华联盈创	1546		★
21	吉林省新天地超市连锁经营有限公司	新天地	1320		★
22	深圳市中业爱民控股有限公司	中业爱民	1200		★
23	湖南佳宜企业管理有限公司	新佳宜	1191		★
24	安徽壹度品牌运营股份有限公司	壹度便利	1182		★
25	四川舞东风超市连锁股份有限公司	舞东风	1160		★

续表

序号	公司名称	便利店品牌	2021年门店数（个）	备注	
26	福建百年万嘉超市管理有限公司	万嘉便利、便利客	1100		★
27	上海喜士多便利连锁有限公司	喜士多	1080		
28	华润苏果超市有限公司	苏果、好的	970		★
29	上海联华快客便利有限公司	联华快客	950		★
30	有家实业有限公司	有家	936		★
31	安徽邻儿便利店有限公司	邻儿、巷邻	930		★
32	广东维客佳便利店有限公司	维客佳	866		
33	重庆可购商贸有限公司	可购	826		
34	深圳市家乐通商贸有限公司	家乐通	812		★
35	大连春天物业管理有限公司	金叶春天	688	③	★
36	新疆八点半贸易有限公司	八点半	675		★
37	文峰大世界连锁发展股份有限公司	文峰	671		★
38	武汉今天梦想商贸有限公司	Today	668		★
39	江西省晋利嘉实业有限责任公司	乐豆家、马刻	641		★
40	贵州凯辉商业管理有限公司	凯辉	621		★
41	山东潍坊百货集团股份有限公司	中百便利	617		★
42	青岛可好便利店管理有限公司	可好	605		★
43	美食林时刻便利连锁有限公司	时刻便利	591		★
44	青岛友客便利连锁管理有限公司	友客	586		★
45	内蒙古一团火商业管理有限公司	一团火	551		★
46	河南悦来悦喜商贸有限公司	悦来悦喜	528		★
47	仁德立品牌管理（湖北）有限公司	可多、喜顾	519		★
48	广东想家便利店连锁有限公司	想家	515		★
49	内蒙古利客商业有限责任公司	利客	509		★
50	上海好德便利有限公司	好德	485		★
51	山东新星集团有限公司	新星	475		★
52	郑州丹尼斯百货有限公司	丹尼斯	473	③	★
53	重庆优客家商贸有限公司	优客家	459		★
54	山东优同便利店集团有限公司	优同	458		★
55	贵州二十四客企业管理咨询有限公司	24客	456		★
56	河北天天智慧商业连锁股份有限公司	天天便利	455		★

续表

序号	公司名称	便利店品牌	2021年门店数（个）	备注
57	福建省易太商业运营管理有限公司	易太	418	★
58	福建汇宁商业管理有限公司	汇宁	411	★
59	上海良友金伴便利连锁有限公司	良友 BUDDIES、BK24、光明里	407	★
60	新疆每日集团有限公司	每日每夜	400	★
61	福州六意企业管理有限公司	六意	386	★
62	莆田市文献便民服务有限公司	文献、便利巢、快巢	380	★
63	哈尔滨中央红小月亮超市有限责任公司	小月亮	358	★
64	广东世纪及时便利店连锁有限公司	及时便利	341	★
65	湖南汇米巴商业管理有限公司	汇米巴	336	★
66	湖南千惠商贸连锁有限公司	千惠	330	★
67	重庆市一站商贸有限公司	一站	326	
68	云南之佳便利店有限公司	之佳	326	★
69	云南万逸之家连锁股份有限公司	万逸之家	312	★
70	兔悠连锁企业管理（沈阳）有限公司	兔悠便利	304	③　★
71	北京港佳好邻居连锁便利店有限责任公司	好邻居	300	★
72	河南省易事多便利店连锁有限公司	易事多	284	★
73	山东橙子便利生活有限公司	橙子便利	275	★
74	漳州新南丰商业连锁有限公司	新南丰	271	★
75	宜宾万家福商贸有限责任公司	万家福	267	★
76	江苏新合作常客隆连锁超市有限公司	常客隆	264	★
77	哈尔滨市融惠微利连锁超市有限责任公司	微利	246	★
78	晋城市神利便利连锁有限公司	神利	245	★
79	惠州市快迪商业有限公司	快迪	241	★
80	吉林市统泰一网超市有限公司	一网超市	240	③　★
81	徐州悦客企业管理有限公司	悦客	220	
82	北京邻鲜连锁便利店有限公司	多点、物美	212	★
83	青岛利群便利连锁发展有限公司	利群便利	209	★
84	山东统一银座商业有限公司	统一银座	209	★
85	上海可的便利店有限公司	可的	205	★
86	贵州勇惠鑫润企业管理咨询有限公司	勇惠	202	★
87	内蒙古悦生活商贸有限公司	安达	200	★
88	本溪市金凯达便利连锁有限公司	金凯达	193	
89	贵州省喜逢源连锁便利店有限公司	喜逢源	182	★
90	广西旅岛高速公路服务区经营有限公司	旅岛	168	③　★

续表

序号	公司名称	便利店品牌	2021 年门店数（个）	备注
91	邢台市福美多商贸有限责任公司	福美多	163	★
92	寿光市润达供应链有限公司	全福元	162	★
93	大连三寰商业管理有限公司	会有	156	★
94	十堰市新合作超市有限公司	新合作	155	★
95	湖北黄商众益商业运营管理有限公司	黄商超市	152	★
96	广东便宅家投资有限公司	便宅家	150	③ ★
97	保定市新杰出商贸有限公司	杰出	138	
98	湖南珊珊便利有限公司	珊珊	137	★
99	吉林隆玛特集团有限公司	每日隆	135	★
100	邯郸市阳光佳佳便利超市连锁有限公司	阳光	132	★

注：

1. ★表示企业为中国连锁经营协会会员企业，其他为非会员企业。
2. 数据说明：

① 罗森（中国）的门店数包括中百、超市发等区域合作企业的门店，区域企业不再另行排列。

② 本年度红旗连锁按照便利店业态纳入本调查统计中。

③ 本年度新增加芙蓉兴盛、壳牌等 7 家便利店品牌企业。

3. 计入本调查统计汇总的企业门店数量符合如下基本要求：

- 所属门店与企业总部关系为紧密型加盟。
- 所属门店营收为企业总部统一收银结算。
- 所属门店销售商品的总量中须有 80%及以上的商品为从企业总部进货。

4. 本表数据源自企业自报及公开资料整理。
5. 本表内容或数据如与企业实际不符，请联系协会社区部核实修正，010-68784995。

2020年中国超市Top100基本情况

根据中国连锁经营协会“2020年行业基本情况及超市百强调查”结果，“2020年中国超市百强”于2021年7月28日发布。

2020年中国超市百强销售规模为9680亿元，同比增长4.4%，约占全年社会快消品零售总额①的5.5%；超市百强企业门店总数为3.1万个，比上年增长7.4%。其中，大型超市（6000m^{2}及以上）约占门店总数的14.4%，超市（2000~6000m^2）约占12.3%，社区超市（小于2000m^2）约占73.3%。

一、基本情况

超市百强企业总部位于一线城市的有18家，位于省会及计划单列市的有30家，位于三四线城市的有52家。省内发展的有51家，跨省发展的有49家。

超市百强企业规模分布基本稳定，销售额超过百亿元的企业有19家，销售额低于50亿元的企业有64家。前十位百强企业销售额总计达到6047.8亿元，占百强总销售的62.5%。

2020年，超市百强销售额与门店同步实现两位数增长的企业有15家，分别为物美、钱大妈、天虹、河南大张、湖南佳惠、南阳万德隆、黑龙江比优特、深圳美宜多、厦门元初、安德利、生鲜传奇、台州三和、甘肃新乐、广东天和及甘肃东方百佳。销售额同比下降的企业有32家，门店数同比下降的有26家。大部分企业在2020年实现销售、门店正增长。

二、主要经营指标

2020年，超市百强平均平效为14617元/m^2，同比下降654元/m^2。从细分业态来看，大型超市平均平效为13508元/m^2，比上年略有上升；超市为15248元/m^2；社区超市为21740元/m^2。

超市百强就业人数约为110万人，通过减员增效，平均人效达到94万元/人，同比提高1.5万元/人。一、二、三、四线城市人效分别为113.6万元/人、109.6万元/人、85.9万元/人和65.5万元/人；东部地区超市人效为103.8万元/人，中部地区为87.5万元/

① 全年社会快消品零售总额：为当年度的社会消费品零售总额除去金银珠宝、中西药品、家具、建筑及装潢材料、石油及制品、汽车及其他商品当年度的零售额，含限上单位和非限上单位。2020年估算值为176266.44亿元。

人，西部地区为74.9万元/人。超市百强员工的人均工资比2019年提高了4.8%，应付薪酬占销售的比例为6.5%。房租占销售的比例为2.5%。

超市百强平均库存周转天数为40.2天。大型超市库存周转天数为40.6天，超市库存周转天数为41.6天，社区超市库存周转天数为38.3天。超市百强平均毛利率为17.9%。

三、数字化、供应链、自有品牌及线上业务情况

会员数字化。2020年，超市百强数字化会员占会员总数的45.3%，比上年提升14.8个百分点。数字化会员消费金额占会员总消费金额的29.3%，比上年提升6.0个百分点。

供应链建设。超市百强2020年统一配送率平均达62.3%，比上年提升5.6个百分点；配送中心面积占总营业面积的20.5%，增长0.3个百分点。

自有品牌开发。2020年，超市百强平均拥有自有品牌SKU数900余个，销售占比达4.2%。

多模式开展线上零售。超市百强通过提升线上商品SKU数、开展社区团购、直播业务，提升线上销售额。超市百强平均线上单品数由8300余个上升到11000余个；六成企业开展了社区拼团业务，组建了以自有员工为主体的团长队伍，团购销售额占总销售额的0.7%；七成企业开展线上直播业务，直播销售额占企业总销售额的0.1%。直播对超市的意义不仅是销售，还是品牌建设、新品推荐、加盟商教育的有效窗口。

2020年，超市百强开展到家业务的门店覆盖率提升到65.1%，线上销售占比平均达到5.0%。超市百强平均每单履约成本为9.4元，比上年增加2.4元。

附表：

2020年中国超市Top100

（CCFA 2021年7月28日发布）

序号	企业名称	主要品牌	2020年销售规模（含税万元）	销售增长率	2020年门店数（个）	门店增长率	备注
1	高鑫零售有限公司	大润发、欧尚	10598900	0.1%	490	0.8%	★
2	永辉超市股份有限公司	永辉	10453915	12.2%	1172	-18.6%	★
3	华润万家（控股）有限公司	华润万家、华润苏果	8782800	-7.6%	3261	0.8%	① ★
4	沃尔玛（中国）投资有限公司	沃尔玛	8740100	6.2%	429	-2.9%	★
5	物美科技集团有限公司	物美、麦德龙	5879000	55.1%	627	32.0%	★
6	联华超市股份有限公司	世纪联华、联华、华联	5681536	4.0%	3192	-4.8%	★
7	家家悦控股集团股份有限公司	家家悦	2791851	9.3%	868	16.4%	② ★
8	家乐福（中国）管理咨询服务有限公司	家乐福	2733277	-12.6%	228	-2.1%	★
9	步步高集团	步步高	2445137	0.8%	377	6.2%	★
10	中百控股集团股份有限公司	中百仓储、中百超市、中百邻里生鲜、中百好邦、鲜香	2371767	-15.3%	898	-0.1%	★
11	成都红旗连锁股份有限公司	红旗	1585616	16.8%	3336	8.7%	③ ★
12	世纪华联超市连锁（江苏）有限公司	世纪华联	1493685	8.9%	4013	2.8%	★
13	广州市钱大妈农产品有限公司	钱大妈	1330000	90.0%	2968	75.1%	★
14	北京华联综合超市股份有限公司	北京华联	* 1240745	3.5%	173	6.1%	
15	永旺（中国）投资有限公司	永旺	1154655	-6.6%	67	1.5%	★
16	重庆百货大楼股份有限公司	重百、新世纪	1072945	4.7%	184	5.1%	★
17	利群集团股份有限公司	利群	1070462	-5.7%	553	3.4%	★
18	长春欧亚集团股份有限公司	欧亚	1059000	8.5%	146	0.7%	★
19	郑州丹尼斯百货有限公司	丹尼斯	1044974	0.8%	73	9.0%	
20	天虹数科商业股份有限公司	SP@CE天虹超市	922415	15.2%	114	17.5%	★
21	广州易初莲花连锁超市有限公司	卜蜂莲花	921030	-15.0%	132	16.8%	★
22	石家庄北国人百集团有限责任公司	北国超市	884419	-0.7%	47	0.0%	
23	山西美特好连锁超市股份有限公司	美特好	823364	0.2%	133	60.2%	★
24	武汉武商超市管理有限公司	武商超市	806729	-29.4%	71	-6.6%	★

续表

序号	企业名称	主要品牌	2020 年销售规模（含税万元）	销售增长率	2020 年门店数（个）	门店增长率	备注
25	人人乐连锁商业集团股份有限公司	人人乐	756250	-0.2%	152	5.6%	★
26	河南大张实业有限公司	大张、盛德美、长申	751338	23.1%	86	19.4%	★
27	山东潍坊百货集团股份有限公司	佳乐家、中百超市	705612	-3.7%	95	1.1%	★
28	江苏吉麦隆超市管理有限公司	吉麦隆	* 700000	34.6%	94	0.0%	
29	湖南佳惠百货有限责任公司	佳惠	668124	15.0%	89	14.1%	★
30	信誉楼百货集团有限公司	信誉楼	595000	17.6%	38	8.6%	★
31	广东嘉荣超市有限公司	嘉荣 SPAR	592927	8.9%	118	5.4%	★
32	北京超市发连锁股份有限公司	超市发	563896	10.0%	147	6.5%	★
33	哈尔滨新世纪家得乐商贸有限公司	家得乐/CityBazzar	563173	8.3%	73	15.9%	★
34	哈尔滨地利生鲜农产品企业管理有限公司	地利生鲜	557525	-11.4%	356	18.7%	④ ★
35	银座集团	银座超市	556977	-3.3%	85	-6.6%	★
36	北京华冠商业科技发展有限公司	华冠	508261	1.6%	72	-2.7%	★
37	北京京客隆商业集团股份有限公司	京客隆	476146	5.2%	160	128.6%	★
38	济南华联超市有限公司	济南华联	474210	-16.4%	22	0.0%	★
39	南阳市万德隆商贸有限责任公司	万德隆	464061	14.1%	36	12.5%	★
40	江苏新合作常客隆连锁超市有限公司	新合作常客隆	459743	2.0%	746	-0.3%	★
41	三江购物俱乐部股份有限公司	三江购物	449921	7.9%	214	3.4%	★
42	安徽百大合家福连锁超市股份有限公司	合家福	415113	4.8%	194	-2.5%	△
43	新华都购物广场股份有限公司	新华都	406855	6.7%	78	-2.5%	★
44	青岛利客来集团股份有限公司	利客来	372900	-3.1%	47	4.4%	★
45	江苏华地国际控股集团有限公司	大统华	365996	0.5%	70	0.0%	★
46	烟台振华量贩超市有限公司	振华量贩	358724	0.6%	113	-0.9%	★
47	黑龙江比优特商业集团有限公司	比优特	358122	46.2%	43	22.9%	★
48	湖北黄商集团股份有限公司	黄商、黄商生活、三益惠	343623	8.9%	27	8.0%	★
49	武汉中商集团股份有限公司	武汉中商（中商超市）	339379	1.2%	111	48.0%	⑤ ★
50	阜阳华联集团股份有限公司	阜阳华联超市	337700	-2.0%	555	-5.5%	★
51	山东全福元商业集团有限责任公司	全福元	319722	6.0%	69	3.0%	★
52	大商股份有限公司	新玛特、大商	* 285962	-29.5%	35	-2.8%	
53	十堰市新合作超市有限公司	新合作	282151	0.4%	185	0.0%	△
54	河北宽广控股集团有限公司	宽广超市	277066	-4.1%	109	39.7%	☆
55	西亚超市连锁管理有限公司	西亚和美	270197	1.7%	48	4.3%	★

续表

序号	企业名称	主要品牌	2020年销售规模（含税万元）	销售增长率	2020年门店数（个）	门店增长率	备注
56	河北美食林商贸集团有限公司	美食林	265460	5.2%	31	3.3%	★
57	浙江凯虹集团有限公司	华之友	245000	-2.0%	18	5.9%	★
58	福建冠业投资发展有限公司	冠超市	240400	-3.2%	51	6.3%	★
59	肇庆市昌大昌超级购物广场有限公司	昌大昌	240258	5.7%	33	32.0%	★
60	河北惠友商业连锁发展有限公司	惠友	236597	1.0%	51	0.0%	★
61	河北叁陆伍网络科技集团有限公司	365生活超市	234175	-16.5%	335	-2.6%	★
62	深圳市美宜多运营管理有限公司	美宜多	231135	13.0%	305	13.0%	★
63	广东壹加壹商业连锁有限公司	壹加壹	229414	-11.4%	66	-5.7%	★
64	九江联盛超市连锁股份有限公司	联盛	226513	7.4%	57	14.0%	△
65	江西国光商业连锁股份有限公司	国光	* 225429	-10.8%	71	20.3%	⑥ ★
66	江西省绿滋肴实业有限公司	绿滋肴	219534	-9.9%	105	-1.9%	★
67	包头市永盛成百货有限责任公司	永盛成	184100	3.0%	39	0.0%	★
68	北京首航国力商贸有限公司	首航超市	183161	29.7%	48	6.7%	★
69	绥化市华辰商贸有限公司	华辰超市	182188	1.3%	44	4.8%	★
70	厦门元初食品股份有限公司	元初食品	164584	36.1%	173	46.6%	★
71	上海绿地优鲜超市有限公司	G-uper绿地优选	155940	6.6%	93	12.0%	△
72	新疆汇嘉时代百货股份有限公司	汇嘉时代、好家乡	* 141082	-8.0%	11	-8.3%	
73	秦皇岛兴龙广缘商业连锁有限公司	兴龙广缘	138264	2.8%	41	13.9%	★
74	成都邻你生活股份有限公司	邻你	137352	8.9%	29	-9.4%	★
75	山东新星集团有限公司	新星	134921	32.3%	3	0.0%	★
76	安德利工贸有限公司	安德利	134536	18.9%	64	14.3%	★
77	哈尔滨中央红小月亮超市有限责任公司	中央红哈尔信	123279	15.0%	38	5.6%	△
78	安徽生鲜传奇商业有限公司	生鲜传奇	121725	13.8%	176	35.4%	△
79	宜昌北山商业连锁有限责任公司	北山生鲜、北山生活超市	116875	5.3%	119	-1.7%	★
80	徽商集团红府连锁超市有限责任公司	红府	113299	-19.6%	25	-7.4%	★
81	台州市三和连锁超市有限公司	三和、邻大嫂、村村达	108901	10.0%	72	18.0%	★
82	浙江万客隆商贸有限公司	万客隆	108066	19.5%	56	5.7%	★
83	唐山百货大楼集团八方购物广场有限责任公司	八方购物广场超市	103658	-17.7%	7	0.0%	★
84	安徽绿篮子超市有限责任公司	绿篮子	* 100000	11.1%	37	-11.9%	★
85	唐山家万佳超市有限公司	家万佳	99125	4.9%	18	5.9%	★
86	甘肃新乐连锁超市有限责任公司	新乐	95877	14.7%	52	13.0%	★

续表

序号	企业名称	主要品牌	2020年销售规模（含税万元）	销售增长率	2020年门店数（个）	门店增长率	备注
87	山东胜利油田胜大超市有限公司	胜大	92269	-2.1%	75	-11.8%	★
88	邯郸市阳光超市有限公司	阳光	90453	-14.2%	20	0.0%	△
89	山东德百集团超市有限公司	德百超市	87000	-2.2%	15	15.4%	△
90	浙江万风超市有限公司	雄风超市	86924	10.0%	93	2.2%	
91	文峰大世界连锁发展股份有限公司	文峰千家惠、文峰超市	85763	4.5%	14	-6.7%	★
92	济宁九龙贵和购物广场有限公司	贵和	83490	3.0%	17	0.0%	★
93	广东天和商贸集团有限公司	天和超市、顶之选、天和 city	82942	12.5%	20	25.0%	★
94	甘肃东方百佳商贸有限公司	东方百佳	76460	31.4%	21	10.5%	★
95	新疆友好（集团）股份有限公司	友好	* 75620	-43.5%	7	-12.5%	
96	无锡天惠超市股份有限公司	天惠	72670	9.1%	64	0.0%	★
97	浙江人本超市有限公司	人本	68150	12.5%	26	0.0%	★
98	湖州浙北大厦超市有限公司	浙北大厦	67854	7.5%	9	12.5%	★
99	江苏欢乐买商贸股份有限公司	欢乐买	63126	-0.3%	18	0.0%	★
100	嘉峪关西部天地商贸有限责任公司	西部天地、为佳、为佳客乐	60009	-2.1%	50	-2.0%	★
合计			96798577	4.4%	30536	7.4%	

注：

1. ★表示企业为中国连锁经营协会会员企业，☆表示其下属公司为协会会员企业，△表示其母公司为协会会员企业。

2. 数字前面带*为估计值。上市公司前标注*，如无特殊说明，代表销售数据取自年报的营业收入。

3. 百强统计采用销售规模（或营业收入）口径，包括线下及线上（仅限自营）含税销售额，即门店含税销售额（或营业收入）、企业批发含税销售额（或营业收入）和商品网络销售额（或营业收入，含自营渠道和在第三方平台的销售额）。其中，门店范围包括直营店、加盟店、以公司品牌输出管理的连锁店。销售规模统计不包括内部交易、企业的批发市场交易额，汽车、加油站及农资等生产资料销售额。

4. 部分企业数据说明：

① 在华润销售规模中，含苏果超市 2020 年销售额 270 亿元。

② 家家悦因统计口径调整，销售额及门店数增长率基于调整后口径计算。

③ 成都红旗的销售数据含关联销售。

④ 地利生鲜调整两年统计口径，纳入加盟店。

⑤ 武汉中商因统计口径调整，销售额及门店数增长率基于调整后口径计算。

⑥ 江西国光营业收入同比出现下降，主要原因系 2020 年公司执行新的收入准则，联营销售按净额法确认收入，而同期是按全额法确认收入，若按相同口径核算，报告期内营业收入同比增长 3.12%。

2021年中国超市Top100基本情况

根据2021年度超市行业经营情况调查结果，中国连锁经营协会于2022年7月20日发布“2021年中国超市Top100”。

数据显示，2021年Top100超市企业整体经营业绩不乐观。2021年，Top100企业销售规模为9076亿元，比2020年下降2.6%。其中，62家企业销售额出现负增长，负增长的企业数比上年增加近一倍（2020年销售负增长的企业数为32家）；在38家销售额同比增长的企业中有12家实现了两位数增长，分别是沃尔玛、家家悦、钱大妈、世纪华联、卜蜂莲花、美特好、比优特、元初、好特卖、生鲜传奇、万风和东方百佳。

2021年，Top100超市企业门店总数约为3万个，同比增长2.9%。其中，门店数增加的企业有48家，新增门店总计1380个；门店数净增10个以上的企业有15家，分别是高鑫、物美、联华、家家悦、钱大妈、世纪华联、卜蜂莲花、天虹超市、三江购物、元初、中商超市、好特卖、365生活超市、兴龙广缘和万德隆，其中钱大妈净增492个，好特卖净增291个。此外，出现负增长的有37家，比上年增加11家；出现负增长的企业门店数总计减少585个。另有15家企业门店数与上年持平。

2021年，销售额和门店数实现同步增长且增幅在5%以上的企业有11家，包括家家悦、钱大妈、卜蜂莲花、大张、比优特、黄商、元初、好特卖、寿康永乐、365生活超市和万德隆；其中，钱大妈、比优特、元初等3家企业的销售额与门店数连续两年实现“双10%”增长，而上年实现“双10%”增长的企业有15家。

受新冠肺炎疫情等不利因素影响，2021年Top100超市企业客流量和客单价整体呈下降态势，同店可比销售减少，库存周转天数延长。大部分企业的经营业绩弱于2020年。

面对困难和挑战，广大超市企业一方面积极承担社会责任，保供应、保价格、保品质，为抗击疫情，保障居民生活稳定作出突出贡献；另一方面加大创新力度，拓展线上业务，优化商品结构和供应链管理，企业数字化应用不断拓展和深入，精细化水平不断提升，为下阶段乃至未来的发展打下坚实基础。

2021年，Top100超市企业线上销售占比进一步提高，近四成样本企业线上销售占比达6%以上，其中七成以上企业线上占比超过10%。线上销售规模近1000亿元，比上年增长了40%。

企业会员的数字化工作不断深入，数字化会员（可被在线识别触达的会员）占样本企业会员总数的57%，比上年提高了10个百分点。数字化会员消费占样本企业总销售额的39%，比上年提高了5个百分点。自助结账笔数占门店结账笔数的16%，结账金额占企业收银总额的10%。

2021年，Top100企业自有品牌商品销售占比近5%，单品数与销售占比稳步提高。标准化托盘使用量占托盘总数的82%，标准化周转筐的使用量占67%。物流配送效率有所提升，统一配送率为65%，比上年提高了2.6个百分点。

附表：

2021 年中国超市 Top100

（CCFA 2022 年 7 月 20 日发布）

序号	企业名称	主要品牌	2021 年销售规模（含税万元）	销售增长率（%）	2021 年门店数（个）	门店增长率（%）	备注		
1	沃尔玛（中国）投资有限公司	沃尔玛	9903600	13.3	396	-7.7		★	
2	永辉超市股份有限公司	永辉	9896898	-5.3	1090	-7.0		★	
3	高鑫零售有限公司	大润发、中润发、小润发	9800501	-5.3	602	14.0		☆	
4	华润万家（控股）有限公司	华润万家、Ole、华润苏果	7816771	-11.0	3245	-0.5		★	①
5	物美科技集团有限公司	物美、麦德龙	5967163	1.5	1162	4.6		★	
6	联华超市股份有限公司	世纪联华、联华、华联	5571381	-1.9	3254	1.9		★	
7	家家悦控股集团股份有限公司	家家悦、世伴	3138904	12.4	928	6.9		★	
8	中百仓储超市有限公司	中百仓储	2264424	-4.5	880	-2.0		★	
9	家乐福（中国）管理咨询服务有限公司	家乐福	2007473	-26.6	198	-13.2		★	
10	步步高投资集团股份有限公司	步步高	1936562	-20.8	343	-9.0		★	
11	广州市钱大妈农产品有限公司	钱大妈	1839000	38.3	3460	16.6		★	
12	世纪华联超市连锁（江苏）有限公司	华联盈创	1762836	18.0	4102	2.2		★	
13	永旺（中国）投资有限公司	永旺	1091003	-5.5	75	11.9		★	
14	长春欧亚集团股份有限公司	欧亚	1079121	1.9	148	1.4		★	
15	郑州丹尼斯百货有限公司	丹尼斯	1074200	2.8	70	-4.1			
16	利群集团股份有限公司	利群	1040086	-2.8	540	-2.4		★	
17	广州易初莲花连锁超市有限公司	卜蜂莲花	1027440	11.6	152	15.2		★	
18	山西美特好连锁超市股份有限公司	美特好	909771	10.5	129	-3.0		★	
19	天虹数科商业股份有限公司	SP@CE 天虹超市	897749	-0.7	129	13.2		★	
20	重庆百货大楼股份有限公司	重百、新世纪	882876	-17.8	178	-0.6		★	
21	北京华联综合超市股份有限公司	北京华联	835335	-12.5	168	-2.9	※		
22	河南大张实业有限公司	大张、盛德美、长申	793012	5.5	93	8.1		★	
23	北国商城股份有限公司	北国超市	788770	-10.8	46	-2.1		★	

续表

序号	企业名称	主要品牌	2021 年销售规模（含税万元）	销售增长率（%）	2021 年门店数（个）	门店增长率（%）	备注		
24	山东潍坊百货集团股份有限公司	佳乐家、中百超市	703494	-0.3	95	0.0		★	
25	湖南佳惠百货有限责任公司	佳惠	639675	-4.3	92	3.4		★	
26	武汉武商超市管理有限公司	武商超市	638287	-20.9	72	1.4		★	
27	广东嘉荣超市有限公司	嘉荣 SPAR	624411	5.3	117	-0.8		★	
28	信誉楼百货集团有限公司	信誉楼	613592	3.3	40	5.3		★	
29	银座集团股份有限公司	银座超市	541138	-1.9	82	1.2		★	
30	人人乐连锁商业集团股份有限公司	人人乐	516222	-31.7	120	-21.1		★	
31	哈尔滨新世纪家得乐商贸有限公司	家得乐/CityBazzar	511500	-7.0	68	-2.9		★	
32	辽宁地利生鲜农副产品有限公司	地利生鲜	501964	-10.0	292	-18.0		★	
33	北京超市发连锁股份有限公司	超市发	466820	-17.4	149	1.4		★	
34	北京华冠商业科技发展有限公司	华冠	466525	-8.2	75	4.2		★	
35	江苏新合作常客隆数科商业有限公司	新合作常客隆	453118	-1.4	746	0.0		★	
36	黑龙江比优特商业集团有限公司	比优特	421551	17.7	50	16.3		★	
37	三江购物俱乐部股份有限公司	三江购物	409013	-9.1	225	5.1		★	
38	济南华联超市有限公司	济南华联	407750	-14.0	21	-4.5		★	
39	安徽百大合家福连锁超市股份有限公司	合家福	369310	-11.0	178	-1.1		△	
40	湖北黄商集团	黄商、黄商生活、三益惠	364482	5.3	30	11.1		★	
41	青岛利客来集团股份有限公司	利客来	361340	-3.1	48	2.1		★	
42	烟台振华量贩超市有限公司	振华量贩	358986	0.1	115	1.8		★	
43	北京京客隆商业集团股份有限公司	京客隆	349300	-25.3	160	0.0		★	
44	阜阳华联集团股份有限公司	阜阳华联生活超市	329221	-2.5	502	-9.5		★	
45	江苏华地国际控股集团有限公司	大统华	326937	-10.7	63	-10.0		★	
46	新华都购物广场股份有限公司	新华都	310761	-17.0	76	-2.6	※	★	②
47	山东新星集团有限公司	新星	274147	-2.3	9	0.0		★	
48	山东全福元商业集团	全福元	268655	-3.9	71	2.9		★	③
49	宽广控股集团有限公司	宽广超市	255238	-7.9	117	6.4		☆	
50	广东壹加壹商业连锁有限公司	壹加壹	252501	0.8	66	-4.3		★	
51	肇庆市昌大昌超级购物广场有限公司	昌大昌	252191	5.0	34	3.0		★	
52	浙江华之友商贸有限公司	华之友	248500	1.4	19	5.6			
53	大商股份有限公司	新玛特、大商	248412	8.9	33	-5.7	※		④
54	十堰市新合作商贸有限公司	新合作	246426	-12.7	183	-1.1		△	
55	河北惠友商业连锁发展有限公司	惠友	228183	-6.2	56	-5.1		★	

续表

序号	企业名称	主要品牌	2021 年销售规模（含税万元）	销售增长率（%）	2021 年门店数（个）	门店增长率（%）	备注		
56	江西省绿滋肴实业有限公司	绿滋肴	226538	3.2	107	1.9		★	
57	九江联盛超市连锁股份有限公司	联盛	223311	-1.4	66	15.8		△	
58	厦门元初食品股份有限公司	元初食品	221937	33.7	198	14.5		★	
59	江西国光商业连锁股份有限公司	国光	214271	-4.9	69	-2.8	※	★	
60	福建冠业投资发展有限公司	冠超市	210673	-12.4	53	3.9		★	
61	哈尔滨哈尔信连锁超市有限责任公司	中央红哈尔信	179549	0.4	38	0.0		△	
62	武汉中商超市连锁有限公司	中商超市	175438	-1.1	137	23.4		△	
63	上海芯果科技有限公司	好特卖 HotMaxx	166629	618.2	401	264.5		★	
64	绥化市华辰商贸有限公司	华辰超市	163458	-10.3	45	2.3		★	
65	包头市永盛成百货有限责任公司	永盛成	162200	-11.9	39	0.0		★	
66	北京首航国力商贸有限公司	首航超市	161235	-12.0	51	6.3		★	
67	美宜多运营管理有限公司	美宜多	154687	-33.1	140	-47.8		★	
68	湖北寿康永乐商贸集团有限公司	寿康永乐	153200	6.3	105	7.1		★	
69	安徽生鲜传奇商业有限公司	生鲜传奇	151449	24.4	175	-0.6		★	
70	新疆汇嘉时代百货股份有限公司	汇嘉时代、好家乡	143164	1.5	20	0.0	※		⑤
71	河北叁陆伍网络科技集团有限公司	365 生活超市	133030	6.0	223	13.2		★	
72	秦皇岛兴龙广缘商业连锁有限公司	兴龙广缘	132227	-4.4	52	26.8		★	
73	成都邻你生活股份有限公司	邻你	122159	-11.1	27	-6.9		★	
74	南阳市万德隆商贸有限责任公司	万德隆	120087	9.3	33	83.3		★	
75	安徽安德利百货股份有限公司	安德利	114486	-7.1	69	6.2	※	★	⑥
76	安徽省徽商红府连锁超市有限责任公司	红府	113688	0.3	34	36.0		★	
77	辽宁新隆嘉现代农业有限公司	新隆嘉	110721	-6.7	181	-10.0		★	
78	浙江万客隆商贸有限公司	万客隆	109795	1.6	59	5.4		★	
79	唐山百货大楼集团八方购物广场有限责任公司	八方购物广场超市	109600	5.7	7	0.0		★	
80	山东胜利油田胜大超市有限公司	胜大	106924	1.1	76	-3.8		★	
81	台州市三和连锁超市有限公司	三和、邻大嫂、村村达	106783	-1.9	76	5.6		★	
82	湖州浙北大厦超市有限公司	浙北大厦	101900	6.7	9	0.0		★	
83	唐山家万佳超市有限公司	家万佳	101107	2.0	19	0.0		★	
84	浙江万风超市有限公司	万风超市	96486	11.0	104	2.0			
85	安徽绿篮子超市有限责任公司	绿篮子	95400	-4.6	41	10.8		★	
86	山东德百集团超市有限公司	德百超市	88500	1.7	14	-6.7		△	

续表

序号	企业名称	主要品牌	2021年销售规模（含税万元）	销售增长率（%）	2021年门店数（个）	门店增长率（%）	备注		
87	甘肃新乐连锁超市有限责任公司	新乐	86453	-9.8	51	-1.9		★	
88	广东天和商贸集团有限公司	天和超市、顶之选	82083	-1.0	21	5.0		★	
89	甘肃东方百佳商贸有限公司	东方百佳	81516	10.1	33	-5.7		★	
90	四川吉选实业集团有限公司	吉选生活	77593	-10.7	15	7.1		★	
91	新疆友好（集团）股份有限公司	友好	75423	-0.3	7	0.0	※		⑦
92	文峰大世界连锁发展股份有限公司	文峰千家惠、文峰超市	74246	-13.4	14	0.0		★	
93	中国顺客隆控股有限公司	顺客隆	74164	-16.6	68	-4.2	※	☆	
94	济宁九龙商贸集团有限公司	龙贵超市	73000	-12.6	17	0.0		★	
95	徐州乐一买商贸有限公司	欢乐买	71252	8.4	18	0.0		△	
96	无锡天惠超市股份有限公司	天惠	69802	-3.9	60	-6.3		★	
97	邯郸阳光百货有限责任公司	阳光	63997	-29.2	21	5.0		△	
98	嘉峪关西部天地商贸有限责任公司	西部天地、为佳、为佳客乐	62829	-15.2	80	-4.8		★	
99	天津迎宾超市商贸有限公司	迎宾	59243	-5.0	5	0.0		★	
100	浙江人本超市有限公司	人本	57026	-16.3	32	23.1		★	
合计			90763782	-2.6	28502	2.9			

注：

1. ★表示企业为中国连锁经营协会会员企业，☆表示其下属公司为协会会员企业，△表示其母公司为协会会员企业。

2. ※为年报披露的营业收入数据。

3. 超市Top100统计采用超市业态销售规模（或营业收入）口径，包括线下及线上（仅限自营）含税销售额，即超市门店含税销售额（或营业收入）、企业批发含税销售额（或营业收入）和超市商品网络销售额（或营业收入，含自营渠道和在第三方平台的销售额）。其中，超市门店范围包括直营店、加盟店、以公司品牌输出管理的连锁店。销售规模统计不包括内部交易、企业的批发市场交易额，汽车、加油站及农资等生产资料销售额。

4. 部分企业数据说明：

① 华润万家销售中含苏果超市2021年销售额265亿元。

② 新华都销售规模采用零售业务营收口径。

③ 全福元超市业态销售数据口径调整。

④ 大商股份销售规模采用超市营业收入口径。

⑤ 汇嘉时代销售规模采用超市业态营收口径。

⑥ 安德利百货销售规模采用超市业态营收口径。安德利已更名为安孚科技（见2022-078号公告）。

⑦ 友好集团销售规模采用超市零售营收口径。

2020 年中国网络零售 Top100 基本情况

2021 年 5 月 25 日，中国连锁经营协会与德勤中国联合发布“2020 年中国网络零售 Top100”。“2020 年中国网络零售 Top100”显示，尽管中国消费市场于上年深受新冠肺炎疫情打击，但网络零售额不跌反升，数字化技术更将加速线上消费持续向各市场和年龄层渗透。“2020 年中国网络零售 Top100”从线上销售规模、业态种类、地域分布等维度揭示了中国消费品和零售行业的数字化发展态势和发展进程。

一、总体分析

（一）Top100 企业网络销售规模持续增加

2021 年中国网络零售 Top100 企业销售额超过 1.47 万亿元，比 2020 年总体提升 18.5%。2021 年中国网络零售 Top100 企业网络销售门槛从 2020 年的 1 亿元以上提升至 2021 年的 2 亿元以上。其中，网络销售额超过千亿元的企业 2 家，百亿元级企业 10 家，十亿元级企业 35 家，亿元级企业 53 家。

（二）消费品和非电商零售企业数量的占比达到 93%

2021 年中国网络零售 Top100 企业中，7 家是电商企业，非电商企业达到 93 家，非电商企业数量比上年增长 9.4%。其中，消费品企业达到 51 家，网络销售占 Top100 企业网络销售总额的 22.1%，非电商零售企业 67 家，销售占比达 6.2%。

（三）网络零售 Top100 企业地域分布广泛，华北企业网络销售额占比最高

在地域分布方面，2020 年中国网络零售 Top100 企业广泛分布在全国各个地域，2020 年中国网络零售 Top100 企业中首次出现了东北地区企业。从数量来看，华东地区继续领先全国，Top100 企业数量达到 46 家，华北企业 12 家，华南企业 21 家，华中企业 10 家，西部企业 6 家，东北企业 1 家，以及跨国企业 4 家。从网络销售额来看，华北企业网络销售额占比最高达 52%，其次为华东地区企业占比 31.1%，华南地区企业占比 14.4%，跨国企业占比 1.2%，华中、西部、东北地区占比较少，均小于 1%。

二、消费品和零售企业网络销售情况

2020 年中国网络零售 Top100 企业中，消费品企业达 51 家，比上年增加 6%。企业类型包括食品饮料、个人用品和化妆品、服装鞋帽、奢侈品、电子和家电家居五大类。

(一) 网络销售规模分布在亿元级的企业数量最多

在消费品企业中，服装鞋帽企业 21 家，以网络销售额为亿元和十亿元规模的企业为主；食品饮料企业 18 家，网络销售额分布在亿元、十亿元和百亿元级别；个人用品和化妆品企业 4 家，网络销售额均达十亿元级别；电子和家居家电类企业 7 家，网络销售额在百亿元级、十亿元级和亿元级均有分布；奢侈品企业 1 家，网络销售额达到十亿元级别。

(二) 电子和家电家居类企业占消费品企业网络销售额比重最大

从细分领域来看，食品饮料企业 18 家，网络销售额占消费品企业的 11.9%；服装鞋帽企业 21 家，网络销售额占消费品企业的 14.4%；奢侈品企业 1 家，网络销售额占消费品企业的 3.1%；个人用品和化妆品企业 4 家，网络销售额占消费品企业的 4.8%；电子和家电家居企业 7 家，网络销售额占消费品企业的 65.9%。

(三) 华东地区消费品企业网络销售额占比高于其他区域

消费品企业中，华东地区企业数量最多，达 27 家，网络销售额占消费品企业的 32.8%；华南地区企业 11 家，网络销售额占比达 30.4%；华北地区企业 5 家，网络销售额占比达 28%；华中、西部企业分别为 5 家、1 家，华中和西部两地总体网络销售额占比 3.6%；跨国企业 2 家，网络销售额占比 5.2%。

三、零售企业

2020 年中国网络零售 Top100 企业中，零售企业达 49 家，销售额超过 11487 亿元，比上年提升 18.4%。其中，电商企业数量为 7 家，仅占零售企业总数的 14%，其余 42 家为线下零售业态，非电商类零售企业数量较上年提升 13.5%。

(一) 零售企业网络销售额主要集中在十亿元和亿元规模

2020 年中国网络零售 Top100 企业中，从规模来看，电商企业网络销售规模主要分布在百亿元级和千亿元级之间，超市网络销售额主要以亿元级为主，百货企业、专卖店和便利店则全部由亿元级和十亿元级的企业组成。

（二）非电商零售企业达到 67 家，其中超市业态占比达到 5%领先其他实体业态

2020 年中国网络零售 Top100 企业中，电商企业 7 家，网络销售额占零售业态总销售额比例达 92.1%，非电商零售企业中超市企业 42 家，网络销售额占零售企业网络销售额的 7.9%。百货企业 16 家，网络销售额占零售企业网络销售额的 1.6%，专业专卖店企业 5 家，网络销售额占零售企业网络销售额的 0.7%；此外，还包括便利店企业 4 家，网络销售额占零售企业网络销售额的 0.3%。

（三）百货企业在全国各地区分布最广，华东地区超市业态企业最多

从地域分布来看，华东分布的零售企业数量最多，达到 19 家，其次为华南、华北、西部、华中、跨国企业和东北。其中，华东的超市业态企业最多，达到 9 家。电商企业多点开花，在华东、华北、华南和西部都有分布。百货企业在华东、华南、华中、华北和西部企业中均有分布。专业专卖店则主要分布在华东、华南、华北。

（四）非电商零售企业的数字化转型在疫情后出现分化

从非电商零售业态销售数字化程度（网络销售占 Top100 企业营收的比例）来看，专卖店企业销售中的数字化程度相对较高，网络销售占营收比例均大于 20%。超市、百货企业紧随其后，网络销售占比出现了较大的分化。虽然百货和超市企业销售占比超过 20%的企业均未超过半数，但细分领域内头部企业的数字化水平较上年均出现了较大的提升。

附表：

2020年中国网络零售Top100

（CCFA 2021年5月25日发布）

序号	企业名称	2020年网络销售额（万元）
1	北京京东世纪贸易有限公司	65187924
2	苏宁易购集团股份有限公司	23018018
3	广州唯品会信息科技有限公司	9744971
4	美的集团股份有限公司	8600000
5	* 北京小米科技有限责任公司（手机+IOT消费品）	7320047
6	汇通达网络股份有限公司	6128998
7	海尔智家股份有限公司	5220000
8	康成投资（中国）有限公司（大润发部分）	2291664
9	上海壹佰米网络科技有限公司（叮咚买菜）	1400000
10	物美科技集团有限公司	1358000
11	内蒙古伊利实业集团股份有限公司	1234000
12	永辉超市股份有限公司	1045000
13	*雅诗兰黛中国	995753
14	孩子王儿童用品股份有限公司	987922
15	安踏体育用品有限公司	900000
16	三只松鼠股份有限公司	723100
17	* 阿迪达斯中国	700000
18	华润万家（控股）有限公司	590000
19	维达国际控股有限公司	500274
20	良品铺子股份有限公司	452081
21	上海丽人丽妆化妆品股份有限公司	436232
22	恒安国际集团有限公司	430000
23	银泰商业（集团）有限公司	418974
24	李宁有限公司	405412
25	天虹数科商业股份有限公司	356081
26	安琪酵母股份有限公司	328822

续表

序号	企业名称	2020 年网络销售额（万元）
27	蓝月亮集团控股有限公司	317658
28	上海家化联合股份有限公司	297600
29	宁波太平鸟时尚服饰股份有限公司	280000
30	1919 酒类直供	248852
31	*好想你健康食品股份有限公司	240080
32	江西煌上煌集团食品股份有限公司	222600
33	深圳百果园实业发展有限公司	208800
34	海澜之家股份有限公司	204970
35	特步国际控股有限公司	204302
36	北京迪信通商贸股份有限公司	203235
37	新华都购物广场股份有限公司	189245
38	来酷科技有限公司	178332
39	广州尚品宅配家居股份有限公司	162836
40	慕尚集团控股有限公司	149731
41	福建七匹狼实业股份有限公司	146069
42	华帝股份有限公司	144083
43	苏果超市有限公司	137200
44	重庆百货大楼股份有限公司	119800
45	河北叁陆伍网络科技集团有限公司	107735
46	广州市钱大妈农产品有限公司	104800
47	湖南友谊阿波罗商业股份有限公司	102626
48	步步高商业连锁股份有限公司	99006
49	锦泓时装集团股份有限公司	83600
50	*北京三元食品股份有限公司	81933
51	361 度国际有限公司	79150
52	都市丽人（中国）控股有限公司	76368
53	银座集团	75683
54	浙江红蜻蜓鞋业股份有限公司	74819
55	中百控股集团股份有限公司	74487
56	乐友国际商业集团有限公司	70000
57	喜临门家具股份有限公司	67272
58	联华超市股份有限公司	64852
59	利群集团股份有限公司	63891

续表

序号	企业名称	2020 年网络销售额（万元）
60	卡宾服饰有限公司	61248
61	杭州联华华商集团有限公司	60115
62	雅戈尔集团股份有限公司	60005
63	上海来伊份股份有限公司	59393
64	广州酒家集团股份有限公司	58698
65	金健米业股份有限公司	58505
66	重庆谊品弘科技有限公司	58000
67	浙江万风商业集团有限公司	54337
68	浙江奥康鞋业股份有限公司	52199
69	江苏新合作常客隆连锁超市有限公司	51452
70	永旺（中国）	51361
71	洽洽食品股份有限公司	51308
72	哈尔滨地利生鲜农产品企业管理有限公司	48535
73	五谷磨房食品国际控股有限公司	48142
74	金鹰商贸集团有限公司	47900
75	上海晨光文具股份有限公司	47427
76	江南布衣有限公司	46408
77	周黑鸭国际控股有限公司	45823
78	北京京客隆商业集团股份有限公司	45437
79	东莞市糖酒集团美宜佳便利店有限公司	45294
80	江西省绿滋肴实业有限公司	43163
81	上海元祖梦果子股份有限公司	42713
82	广州易初莲花连锁超市有限公司	39918
83	时计宝投资有限公司	39737
84	广东嘉荣超市有限公司	39678
85	欣贺股份有限公司	38548
86	上海百润投资控股集团股份有限公司	38055
87	佛山市海天调味食品股份有限公司	38025
88	三江购物俱乐部股份有限公司	37074
89	罗森（中国）投资有限公司	32432
90	绿地全球商品贸易港集团	32431
91	世纪华联超市连锁（江苏）有限公司	32377
92	安莉芳控股有限公司	32225

续表

序号	企业名称	2020 年网络销售额（万元）
93	武汉武商集团股份有限公司	31015
94	银川新华百货商业集团股份有限公司	30700
95	中源家居股份有限公司	27262
96	金猫银猫集团有限公司	26785
97	千禾味业食品股份有限公司	25997
98	郑州丹尼斯百货有限公司	25000
99	深圳歌力思服饰股份有限公司	24900
100	茂业商业股份有限公司	24143

注：

1. 榜单中零售企业数据为自营网络销售额。

2. 企业名称前标 * 的为通过二手信息估算数值，海外企业数据按照企业年报中国内地或大中华区销售数据估算。如有较大出入，请联系我们。

3. 部分企业数据说明：

① 京东数据来源于 2020 年财报中 Net Product Revenue。

② 苏宁易购数据根据自营商品规模增速估算。

③ 小米按其手机和 IOT 消费品业务的销售估算，不包括平台和互联网服务收入。

④ 按照阿迪达斯年报估算。

⑤ 按照好想你年报估算。

2020 年中国零售电商平台 Top5

（CCFA 2021 年 5 月 25 日发布）

序号	企业名称	2020 年 GMV（万元）
1	阿里巴巴	811900000
2	京东	261250000
3	拼多多	166760000
4	苏宁易购	41631500
5	唯品会	16500000

注：因为各方商品交易总额（全称 Gross Merchandise Volume，GMV）是成交总额（一定时间段内）的意思，多用于电商行业，一般包含拍下未支付订单金额统计口径不一，所以此处以年报数据为排名依据。

2020 年中国时尚零售 Top100 基本情况

根据中国连锁经营协会（CCFA）2021 年 7—8 月开展的“2020 年中国时尚零售百强调查”（以下简称时尚零售百强）显示，虽然有突发新冠肺炎疫情的巨大影响，2020 年中国时尚零售 Top100 总营业收入仍达到 7821.25 亿元，同比增长达 6.7%。从长期看，时尚零售百强的变革创新在深化时尚消费品供给侧结构性改革，助力国家逐步形成以国内大循环为主体、国内国际双循环相互促进的新发展格局，焕发国风国潮，对做大做强中国时尚消费市场发挥着重要的作用。

一、解构三年百强数字，探究市场变化趋势

（一）时尚零售头部企业连续三年逆势增长

2018—2020 年中国时尚零售 Top100 营收变化，如图 1 所示。

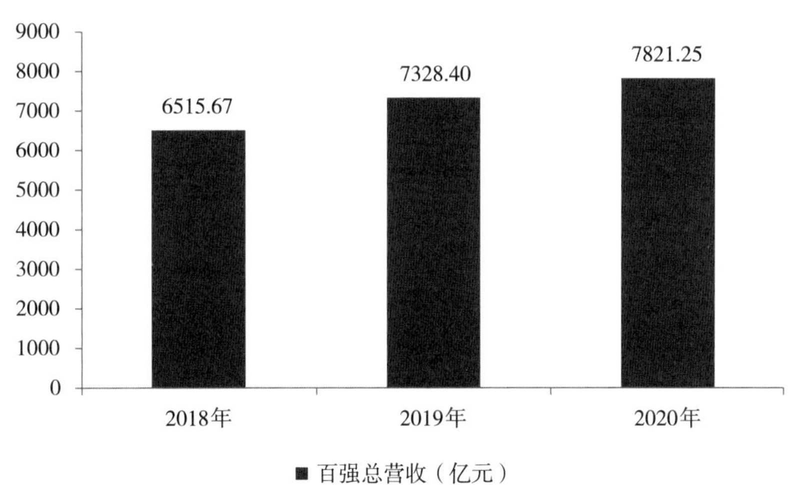

图 1　2018—2020 年中国时尚零售 Top100 营业收入变化

数据来源：2020 年中国时尚零售百强调查，上市公司财报、国家统计局资料，中国连锁经营协会整理。

中国连锁经营协会自 2019 年开展中国时尚零售百强企业统计工作以来的数据显示，2018—2020 年中国时尚零售 Top100 企业总营业收入持续走高，从 2018 年的 6515.67 亿元到 2019 年的 7328.40 亿元，再到 2020 年的 7821.25 亿元。2019 年、2020 年两年的同比增

长率高于同期服装服饰鞋履家纺类、金银珠宝首饰类和护肤美妆个人护理类（以下简称三大品类）限上单位商品零售额的增长率，这彰显了时尚零售头部企业在市场受新冠肺炎疫情影响的不利条件下依然能够保持逆势增长的优势和抗压能力。

（二）国风时尚正当时，国潮消费在升级

近年来，新世代消费群体全面成长，国潮元素逐渐融入服装鞋帽的设计中。在中国时尚零售 Top100 排名前 20 位的企业中，国际品牌在 2019 年占据 6 个席位，而在 2020 年仅占据 4 席。另外，除耐克外，2020 年中国时尚零售 Top100 企业中其他国际品牌排名均有所下降。中国时尚消费市场在扩大中升级，在升级中爆发，服装服饰、运动品、护肤美妆个护等各品类国货的品牌力、知名度、零售力、市场份额均持续增强。

（三）穿、戴、美，拉动时尚零售消费的三匹马

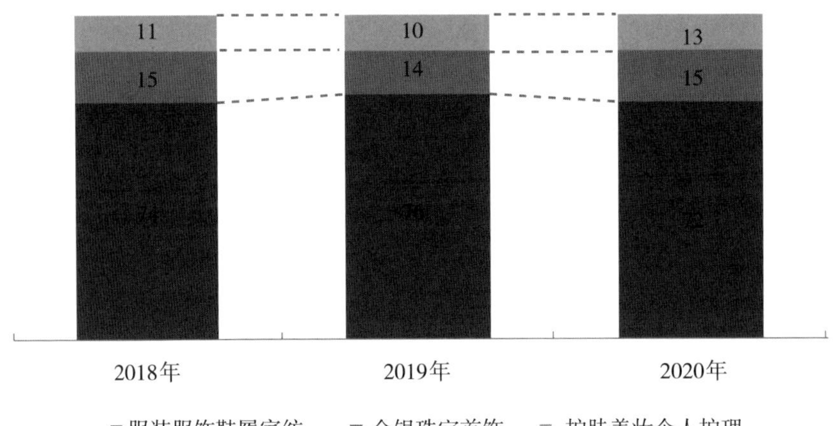

图 2　2018—2020 年中国时尚零售 Top100 企业品类分布

数据来源：中国连锁经营协会。

从品类分布看（见图 2），2018—2020 年服装服饰鞋履家纺、金银珠宝首饰、护肤美妆个人护理规模占比稳定在 6∶3∶1 的比例，2020 年上榜企业个数分别为 72、15、13，与 2018 年、2019 年基本持平。

从营收规模来看（见图 3），服装服饰鞋履家纺类企业受新冠肺炎疫情影响较大，营业收入有小幅下降。金银珠宝首饰类企业、护肤美妆个人护理类企业营业收入增长率分别为 26%和 20%，增长由头部企业营收增长和新上榜企业贡献而来。

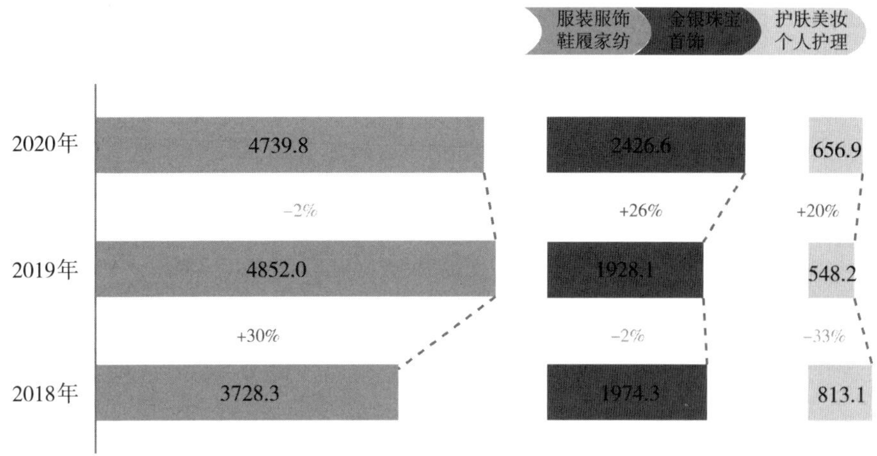

图 3　2018—2020 年三大品类营收规模（亿元）变化

数据来源：中国连锁经营协会。

通过比较三大品类在时尚零售百强营收中的占比和三大品类在全社会零售总额中的占比，我们可以看出服装服饰鞋履家纺类两个占比相近，金银珠宝首饰类在百强营收中的占比明显高于在全社会零售总额中的占比，而护肤美妆个人护理类则是在百强营收中的占比明显低于在全社会零售总额中的占比（见表 1）。这反映了金银珠宝首饰品类的企业集中度更高，头部企业拥有绝对优势；护肤美妆个人护理类企业分散度高、集中度低，企业发展空间广阔。

表 1　　三大品类占比对比表

品类	分类	2018 年（%）	2019 年（%）	2020 年（%）
服装服饰鞋履家纺	百强占比	30. 3	26. 3	31. 0
	三大品类社会零售占比	34. 6	35. 6	29. 1
金银珠宝首饰	百强占比	57. 2	66. 2	60. 6
	三大品类社会零售占比	34. 1	33. 7	33. 2
护肤美妆个人护理	百强占比	12. 5	7. 5	8. 4
	三大品类社会零售占比	31. 2	30. 7	37. 7

数据来源：国家统计局资料，中国连锁经营协会整理。

二、新冠肺炎疫情中，时尚零售百强的结构新特征

（一）高营收、高增长企业透视

集中化趋势加剧，二八分化明显。2020 年中国时尚零售 Top100 排名前 10 的企业中，金银珠宝品牌零售商有 4 家，运动品牌零售商有 5 家，只有优衣库 1 家快时尚企业。周大

福、老凤祥分别以 590.5 亿元和 513.9 亿元连续三年蝉联第一和第二名。排名第 3 位至第 10 位的企业依次为耐克（中国）、周大生珠宝、滔搏国际、安踏体育、阿迪达斯（中国）、中国黄金、迅销（中国）和宝胜国际。

根据收集的调查问卷和上市公司披露的业绩等信息和数据综合分析可知，经过新冠肺炎疫情的考验，时尚零售龙头企业依旧强势，强者愈强特征显著。2020 年中国时尚零售 Top100 中有 19 家企业在中国大陆及港澳台市场的营业收入突破百亿元。2018—2020 年，百强前 20 家企业营收占百强总规模比例持续走高。2020 年，百强前 20 家企业营收总和达到 5533.53 亿元，超过百强总规模的七成（见图 4）。

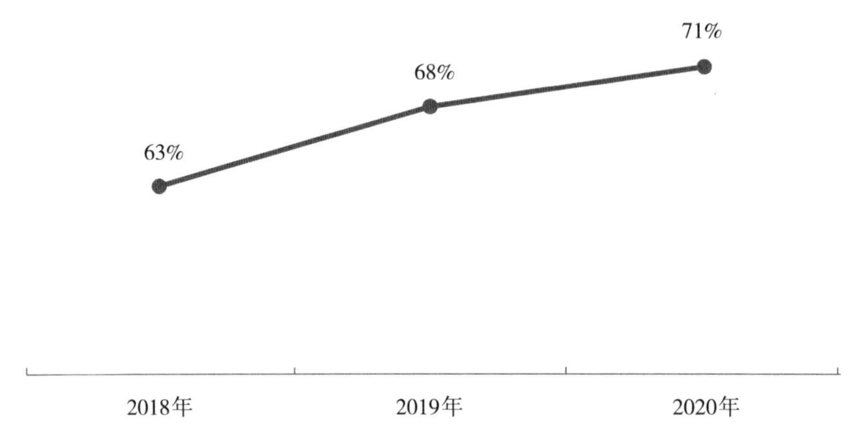

图 4　2018—2020 年中国时尚零售 Top100 前 20 家企业营收占比

数据来源：中国连锁经营协会整理。

新增长引擎发力、护肤美妆个护抢眼。2020 年上半年，受新冠肺炎疫情影响大，损失程度重，但是下半年市场触底反弹快，修复性较为理想。那些基础好、应变快的企业依然保持良好发展态势，时尚零售百强中有 36 家企业营业收入同比取得不同程度增长。增长率前 10 名的企业有：花凝香生物、广州逸仙、安正时尚、行狐集团、贝泰妮生物、赢家时尚、水羊集团、周大福珠宝、珀莱雅化妆品、太平鸟。其中，护肤美妆个人护理类企业占据一半。

新冠肺炎疫情的“鲇鱼效应”，使时尚零售企业认识到须采取多种措施以应对不利的经济环境。推动线上布局、加速数据化转型是企业扭转不利局面的必选方案。企业在新冠肺炎疫情期间加强培训、策划组织多样化活动，为满足疫情后爆发式消费需求蓄力。多数企业同时采取上下游联动构建生态体系和优化盈利差业务的措施。时尚零售企业正向着数字化、智能化、健康化的方向加速发展。

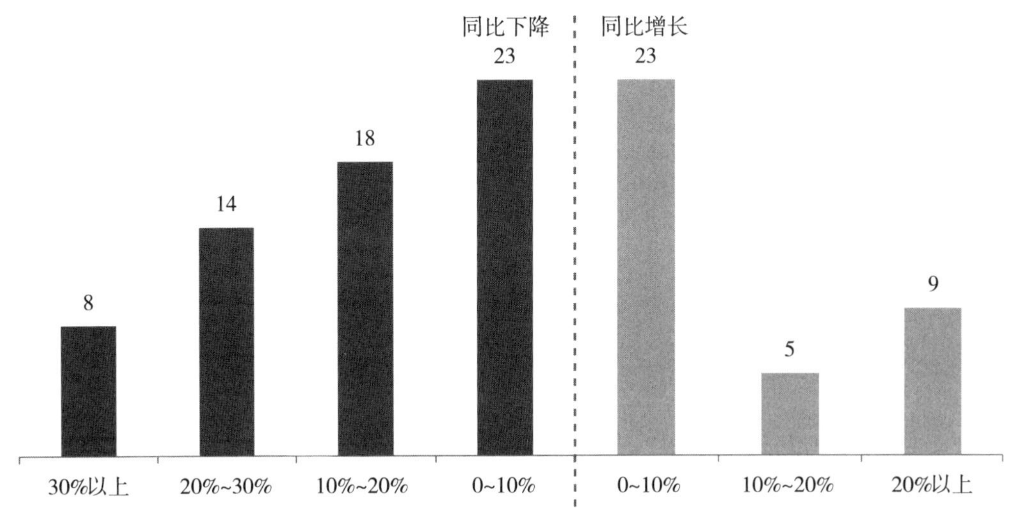

图 5　2020 年中国时尚零售 Top100 企业同比增长率区间分布

数据来源：2020 年中国时尚零售 Top100 调查、上市公司财报资料，中国连锁经营协会整理。

（二）时尚零售百强企业总部地区集中度依然居高

从时尚零售百强总部所在地的分布看，地区集中度依然居高，将近六成企业总部在粤、沪、浙；京、港、苏、闽分别有 10 家左右企业（见图 6）。从城市来看，一线城市最受百强企业的青睐，上海（18）、北京（11）、深圳（10）、香港（10）、广州（9），紧随其后的是厦门、泉州、南京、温州、杭州和宁波。

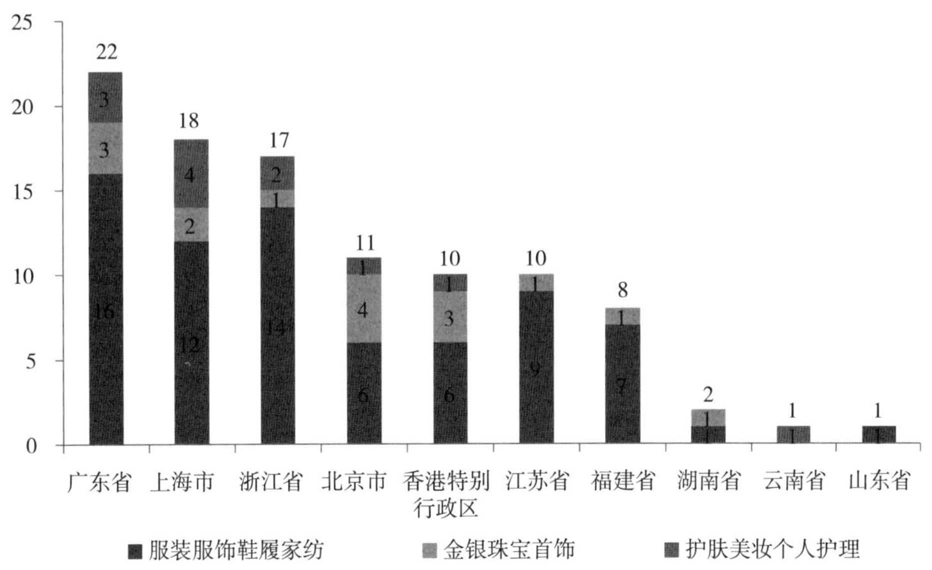

图 6　2020 年中国时尚零售 Top100 企业总部分布

数据来源：2020 年中国时尚零售 Top100 调查、上市公司财报资料，中国连锁经营协会整理。

（三）强压之下的破局之策：线下+线上

新冠肺炎疫情初期停工停产、疫情反复及防疫措施常态化对时尚零售业实体门店的客流、销售带来了较大的影响。2020 年中国时尚零售 Top100 企业中的 70 家企业披露了其门店数，其中有 49 家企业门店数减少，21 家企业门店数增加。

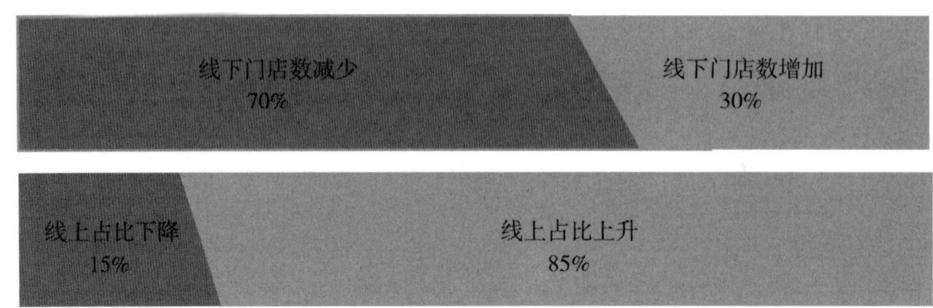

图 7　2020 年中国时尚零售 Top100 线下门店数与线上业务占比变化

数据来源：2020 年中国时尚零售 Top100 调查、上市公司财报资料，中国连锁经营协会整理。

企业在重压之下选择新商业模式是无奈之举，更是必然之路。企业积极加强线上转型，迅速开始直播、私域运营，助力企业恢复业绩。在披露线上营业收入数据的 60 家企业中，51 家企业线上营收占比都有所提升（见图 7）。

（四）护肤美妆、个人护理市场到达新规模，市场需求潜力巨大

近十年，我国护肤美妆、个人护理市场规模持续扩张，2020 年新冠肺炎疫情期间，在“口红效应”的带动下，护肤美妆、个人护理商品最早开始以直播等形式销售，2020 年 4 月便实现了同比正增长，全年录得 9.5%的高增长率。消费者通过海南离岛免税、高端百货、集合店等购买高端化妆品，使得 2020 年中国护肤美妆、个人护理市场到达新规模，也反映出市场潜力巨大。

在 2020 年中国时尚零售 Top100 企业中，护肤美妆专卖店企业的成功有着相似的轨迹：利用社交平台与年轻人深度交流，成功实现线上到线下转化。特别是在疫情改变人们消费习惯时，本土品牌通过直播、私域运营等方式实现弯道超车。

三、后疫情时代如何把握时尚零售市场新趋势

（一）时尚零售消费市场稳健恢复，美好生活需求驱动消费升级

根据国家统计局数据显示，社会消费品零售总额 2021 年 1—7 月累计增长 20.7%，比 2019 年同期增长 8.1%。其中，限上单位服装服饰鞋履家纺类商零售总额 1—7 月累计增长 29.8%，比 2019 年同期增长 2.3%。限上单位护肤美妆个人护理类商零售总额 1—7 月累计增长 23.4%，比 2019 年同期增长 29.5%。限上单位金银珠宝首饰类商零售总额 1—7

月累计增长 52.8%，比 2019 年同期增长 13.1%。

（二）新渠道新电商方兴未艾，用户运营和社群营销尚需打牢基础

2020 年被称为“私域运营元年”，私域注重社交分享和互动，私域属于企业私有的数字化资产，去中心化的模式可直接触达用户群，成为裂变销售的新动力，实现线上拉动线下的消费模式。通过直播链接更多消费者，催生释放消费力，实现了企业、平台、消费者三赢。展望未来，应以“会员即资产”的理念重新定义“私域”“公域”，实现“跨域”“共域”，将“用户运营和社群满意度”作为数字化运营新的工作重心，实施提升时尚零售品牌及其生态和全价值链的整体水平。

（三）数字化促使消费模式发生快、深、大转变，品牌全方位转型时不我待

企业出现了 K 型分化，好的越来越好，差的越来越差。关于挑战：就外部而言主要是不确定性因素。但就企业内部而言，主要是企业自身坚守和创新的能力，比如，对商品力、运营能力、消费者洞察力、通过数字化提高效率的能力等的建设。对于那些坚守商业本质，同时不断变革和创新的企业，最大的机遇就在越来越高频的变化中，变化即机遇。

数字化技术持续提升并广泛应用于商业的各个方面，正在快速、深刻地影响和改变消费模式，社区团购、到家到店、线上平台、直播等购买方式、消费模式处于“百年未有之大变局”。消费端的变化作用于供给端，从用户直连制造（Customer to Manufacture，CTM）到直接面向消费者（Direct to Customer，DTC）。生产方式、销售方式、经营模式、组织形式等都需要与时俱进，跟上消费模式的变化。更为重要的是，时尚零售企业应以创新转型为契机，变被动为主动，从供给侧驱动消费侧的变化，创造新需求从而引领消费。

（四）洞察后疫情时代消费者心智，构建新的商业文明和价值观

社交媒体、数字技术的已经普及和深入应用，在“人人皆是自媒体”的时代中，品牌比以往任何时候都更容易为公众所知和“曝光”。特别是后疫情时代在生理和物理方面，消费者对食品安全与营养、购物环境的卫生、防疫措施执行、场景体验等越来越重视。在文化和价值观方面，消费者展示出更高道德标准且更加挑剔。对商业企业而言，应关注消费者在这些方面的关切。品牌商应投资数据和消费洞察，并开发与中国消费者个人层面相关的独特产品和服务，同时，也必须关注并加强对消费者个人信息的保护，合法处理个人信息。

年轻消费者对商品、零售商和品牌商的选择将会更“非价格敏感化”，影响他们消费决策和行为的因素将更多元化，企业的价值观、社会责任、环境友好等行为都将获得消费者的好感。中国的年轻消费者正在成为促进中国消费的重要力量，同时他们也是推动中国品牌商、零售商向高质量发展的重要力量。因此，时尚品牌零售商在品牌建设上必须有鲜明的消费文化导向和价值主张。

商业的高质量发展需要包括企业的价值观和文化的新商业文明，高质量发展的商业同样也能促进新的商业文明和道德的发展和提升。

附表：

2020 年 CCFA 中国时尚零售 Top100

（CCFA2021 年 9 月 8 日发布）

序号	品类	企业名称	主要品牌	营业收入总和（万元）	同比增长率	上市情况	备注
1	金银珠宝首饰	周大福珠宝集团	周大福珠宝、HEARTS ON FIRE、SOINLOVE、MONOLOGUE、ENZO	☆ 5905283	23.6%	H	★
2	金银珠宝首饰	老凤祥股份有限公司	老凤祥	5139186	4.6%	H	
3	服装服饰鞋履家纺	耐克（中国）	Nike、Nikekids、NikeKL、Air Jordan、Cole Haan、匡威、Bauer Nike Hockey、Umbro	☆ 4357981	7.6%	母	
4	金银珠宝首饰	周大生珠宝股份有限公司	周大生、今生今世、BLOVE	4080000	1.2%	A	★
5	服装服饰鞋履家纺	滔搏国际控股有限公司	滔搏国际是耐克、阿迪达斯、彪马、匡威、威富集团的品牌（范斯、The North Face 及添柏岚）、锐步、阿瑟士、鬼冢虎及斯凯奇品牌在中国的零售合作伙伴	☆ 3600900	新上榜	H	
6	服装服饰鞋履家纺	安踏体育用品有限公司	安踏、安踏儿童、FILA、FILA KIDS、DESCENTE、KOLON SPORT、Amer Sports、Salomon、Arc'teryx、Peak Performance、Atomic、Suunto、Wilson	3551200	4.7%	H	
7	服装服饰鞋履家纺	阿迪达斯（中国）	adidas、adidaskids、adidas Originals、Reebok、adidas neo	3484455	-14.1%	母	
8	金银珠宝首饰	中国黄金集团黄金珠宝股份有限公司	中国黄金	3378653	新上榜	A	★
9	服装服饰鞋履家纺	迅销（中国）商贸有限公司	优衣库、GU、Theory、PLST、Comptoir des Cotonniers、Princesse tam. tam. J Brand	☆ 2883473	-9.3%	母	

续表

序号	品类	企业名称	主要品牌	营业收入总和（万元）	同比增长率	上市情况	备注
10	服装服饰鞋履家纺	宝胜国际（控股）有限公司	YYsports 胜道体育	2544365	新上榜	H	
11	金银珠宝首饰	上海豫园珠宝时尚集团有限公司	老庙黄金、亚一珠宝、DJULA	2180000	8.4%	A	★
12	服装服饰鞋履家纺	百丽国际控股有限公司	BELLE、STACCATO、TATA、73Hours、TEENMIX、BASTO、SENDA、Joy&Peace、Millie's、15mins、TOOMANYSHOES、SKAP、Bata、HushPuppies、Clarks、initial、MOUSSY、SLY、Champion、Cat	2140000	-1.4%		★
13	护肤美妆个人护理	屈臣氏中国	集合店、渠道商	2016333	-19.0%	母	★
14	服装服饰鞋履家纺	斯凯奇（中国）	SKECHERS	1840000	10.8%	母	
15	服装服饰鞋履家纺	海澜之家集团股份有限公司	海澜之家（HLA）、圣凯诺（SANCANAL）、海澜优选（HEILAN HOME）、OVV、黑鲸（HLA JEANS）、男生女生（HEYLADS）、英氏（YeeHoO）	1733401	-18.5%	A	★
16	服装服饰鞋履家纺	浙江森马服饰股份有限公司	森马、巴拉巴拉、Minibalabala、Mar Color、MarcO'Polo、COCOTREE、Jason Wu、PLACE、Hey Junior、GLM、AIKEN	1520491	-21.4%	A	★
17	服装服饰鞋履家纺	李宁有限公司	李宁、中国李宁、李宁 YOUNG、LNG、凯胜、DANSKIN	1423743	4.7%	H	★
18	服装服饰鞋履家纺	波司登国际服饰（中国）有限公司	波司登、雪中飞、冰洁、飒美特	☆ 1352000	新上榜	H	★
19	金银珠宝首饰	周生生集团国际有限公司	周生生、MINTYGREEN、EMPHASIS、PROMESSA、Marco Bicego	1265189	-15.2%	H	
20	服装服饰鞋履家纺	宁波太平鸟时尚服饰股份有限公司	PEACEBIRD 太平鸟女装、PEACEBIRD 太平鸟男装、LEDIN 乐町女装、MATERIAL-GIRL、MINI PEACE 童装、PETIT AVRIL 贝甜童装、PEACEBIRD LIVIN' 太平鸟·巢	938687	18.4%	A	★

续表

序号	品类	企业名称	主要品牌	营业收入总和（万元）	同比增长率	上市情况	备注
21	护肤美妆个人护理	丝芙兰（上海）化妆品销售有限公司	集合店、渠道商	930000	新上榜		★
22	服装服饰鞋履家纺	搜于特集团股份有限公司	潮流前线	861267	-33.4%	A	
23	服装服饰鞋履家纺	深圳影儿时尚集团有限公司	YINER 音儿、INSUN 恩裳、PSALTER 诗篇、Song of Song 歌中歌、OBBLIGATO 奥丽嘉朵、XIIBASKET 十二篮	* 826667	3.3%		
24	服装服饰鞋履家纺	特步国际控股有限公司	特步、帕拉丁、索康尼、盖世威、迈乐	817190	-0.1%	H	
25	服装服饰鞋履家纺	杭州意丰歌服饰有限公司	EIFINI 伊芙丽、SEIFINI 诗凡黎、MM 麦檬、Pure：Moment：纯净时刻	780000	4.0%		★
26	护肤美妆个人护理	上海家化联合股份有限公司	双妹、美加净、六神、高夫、佰草集、玉泽、启初、典萃、汤美星	703239	-7.4%	A	
27	金银珠宝首饰	六福集团（国际）有限公司	Lukfook 六福珠宝、Goldstyle、Dear Q、3D GOLD	☆ 702526	-22.7%	H	★
28	服装服饰鞋履家纺	彪马集团（中国）	PUMA、Cobra 高尔夫、Tretorn	* 592365	1.9%	母	
29	服装服饰鞋履家纺	雅戈尔集团股份有限公司	YOUNGOR、Hart Schaffner Marx、MAYOR、汉麻世家（HANP）、YOUNGOR LADY	566512	1.2%	A	★
30	服装服饰鞋履家纺	赢家时尚控股有限公司	Koradior、La Koradior、Koradior elsewhere、FUUNNY FEELLN、CADIDL、NAERSI、NAERSILING、NEXY. CO	532511	28.4%	H	
31	护肤美妆个人护理	广州逸仙电子商务有限公司	Perfect Diary 完美日记、Little Ondine 小奥汀、ABBY's CHOICE 完子心选、Galénic 法国科兰黎、DR. WU 达尔肤、Eve Lom、Pink Bear 皮可熊	523317	72.6%	N	

续表

序号	品类	企业名称	主要品牌	营业收入总和（万元）	同比增长率	上市情况	备注
32	服装服饰鞋履家纺	361度国际有限公司	361度、361度童装、361度国际线	505556	-8.1%	H	
33	服装服饰鞋履家纺	快尚时装（广州）有限公司	UR（URBAN REVIVO）、UR ACCESSORIES、UR COLLECTION	* 500000	6.6%		
34	护肤美妆个人护理	伽蓝（集团）股份有限公司	美素、自然堂、植物智慧、美素、春夏、珀芙研、COMO	400000	-20.0%		★
35	服装服饰鞋履家纺	罗莱生活科技股份有限公司	廊湾、莱克星顿、内野、罗莱、罗莱儿童、LOVO乐蜗家纺、恐龙生活	397532	0.3%	A	
36	金银珠宝首饰	北京金一文化发展股份有限公司	金一珠宝、越王珠宝、越王古法黄金、捷夫珠宝、捷夫美钻	389618	-63.5%	A	
37	服装服饰鞋履家纺	上海美特斯邦威服饰股份有限公司	Metersbonwe、ME&CITY、Moomoo、ME&CITY KIDS、CH'IN祺	381904	-30.3%	A	★
38	服装服饰鞋履家纺	报喜鸟控股股份有限公司	报喜鸟、HAZZYS（哈吉斯）、Camicissima（恺米切）、lafuma（乐飞叶）、东博利尼、云翼智能、宝鸟	378767	15.7%	A	
39	护肤美妆个人护理	珀莱雅化妆品股份有限公司	珀莱雅、悦芙媞、彩棠、INSBAHA、CORRECTORS	375239	20.1%	A	
40	服装服饰鞋履家纺	马克华菲（上海）商业有限公司	FAIRWHALE、CAMEL ACTIVE、RESHAKE、DEBRAND	* 374500	7.0%		
41	护肤美妆个人护理	北京植物医生生物科技有限公司	植物医生	354804	5.9%		★
42	服装服饰鞋履家纺	爱慕股份有限公司	爱慕（AIMER）、爱慕先生（AIMER MEN）、爱慕儿童（AIMER KIDS）、兰卡文（LA CLOVER）、爱美丽（IMIS）、乎兮（HUXI）、皇锦（EMPERORIENT）、BODY WILD、BECHIC	336223	1.3%	A	★

续表

序号	品类	企业名称	主要品牌	营业收入总和（万元）	同比增长率	上市情况	备注
43	服装服饰鞋履家纺	锦泓时装集团股份有限公司	TEENIE WEENIE、VGRASS、元先	333991	14.7%	A	
44	金银珠宝首饰	广东潮宏基实业股份有限公司	CHJ 潮宏基、VENTI 梵迪、FION 菲安妮	321526	-9.2%	A	
45	服装服饰鞋履家纺	福建七匹狼实业股份有限公司	七匹狼、Karl Lagerfeld	317671	-8.3%	A	
46	服装服饰鞋履家纺	江南布衣有限公司	JNBY、CROQUIS（速写）、jnby by JNBY、LESS、POMME DE TERRE（蓬马）、JNBY HOME	☆ 309943	-7.7%	H	
47	服装服饰鞋履家纺	都市丽人（中国）控股有限公司	都市丽人	305749	-25.1%	H	★
48	服装服饰鞋履家纺	上海水星家用纺织品股份有限公司	水星家纺、百丽丝、水星家纺婚庆馆、水星宝贝、水星 kids、简色生活	302000	1.0%	A	
49	护肤美妆个人护理	杭州花凝香生物科技有限公司	花西子	* 300000	新上榜		
50	护肤美妆个人护理	水羊集团股份有限公司	御泥坊、小迷糊、御 MEN、大水滴、花瑶花、HPH	299743	24.3%	A	
51	服装服饰鞋履家纺	内蒙古鄂尔多斯资源股份有限公司	ERDOS、鄂尔多斯 1980、BLUE ERDOS、erdos KIDS	296356	-10.6%	A	★
52	服装服饰鞋履家纺	安正时尚集团股份有限公司	JZ 玖姿、IMM 尹默、ANZHNEG 安正男装、MOISSAC 摩萨克、FIONA CHEN 斐娜晨	288344	53.2%	A	
53	服装服饰鞋履家纺	深圳市富安娜家居用品股份有限公司	富安娜、维莎、馨而乐、酷奇智、圣之花	287405	3.1%	A	

续表

序号	品类	企业名称	主要品牌	营业收入总和（万元）	同比增长率	上市情况	备注
54	服装服饰鞋履家纺	宁波中哲慕尚控股有限公司	GXG、gxg jeans、gxg. kids、Yatlas、Free-Volt、MODE COMMUTER	286150	-23. 1%	H	
55	服装服饰鞋履家纺	浙江奥康鞋业股份有限公司	奥康、康龙、万利威德、斯凯奇、彪马	273800	0. 4%	A	★
56	服装服饰鞋履家纺	南京圣迪奥时装有限公司	S · DEER	* 270185	-3. 5%		★
57	服装服饰鞋履家纺	中国利郎有限公司	LILANZ、LILANZ 轻时尚（LESS IS MORE）	268100	-26. 7%	H	
58	服装服饰鞋履家纺	九牧王股份有限公司	九牧王、ZIOZIA、FUN	263618	-5. 8%	A	
59	护肤美妆个人护理	云南贝泰妮生物科技集团股份有限公司	薇诺娜、Winona Baby、Beauty Answers、痘痘康、资润	262058	35. 5%	A	
60	服装服饰鞋履家纺	浙江红蜻蜓鞋业股份有限公司	红蜻蜓、红蜻蜓 KIDS	259203	-12. 7%	A	
61	服装服饰鞋履家纺	地素时尚股份有限公司	DAZZLE、DIAMOND DAZZLE、d'zzit、RAZZLE	255580	7. 5%	A	
62	金银珠宝首饰	浙江明牌珠宝股份有限公司	明牌珠宝	250972	-26. 8%	A	
63	服装服饰鞋履家纺	深圳汇洁集团股份有限公司	曼妮芬、伊维斯、兰卓丽、桑扶兰、乔百仕、加一尚品、秘密武器、土豆先生	234295	-8. 8%	A	
64	服装服饰鞋履家纺	好孩子国际控股有限公司	CYBEX、gb、Evenflo	225551	-13. 7%	H	

续表

序号	品类	企业名称	主要品牌	营业收入总和（万元）	同比增长率	上市情况	备注
65	服装服饰鞋履家纺	湖南梦洁家纺股份有限公司	梦洁、寐、梦洁宝贝	221242	-13.4%	A	
66	服装服饰鞋履家纺	江苏红豆实业股份有限公司	红豆	194139	-23.6%	A	
67	服装服饰鞋履家纺	比音勒芬服饰股份有限公司	比音勒芬、威尼斯狂欢节	193760	6.1%	A	
68	服装服饰鞋履家纺	广州红谷皮具有限公司	HOИGU 红谷、Princess Sissi 茜茜公主、yu jiang 御匠	179660	-2.0%		★
69	金银珠宝首饰	恒信玺利实业股份有限公司	I Do、Ooh Dear、香榭之吻	175661	-5.0%	新	★
70	护肤美妆个人护理	广东丸美生物技术股份有限公司	丸美、春纪、恋火	174389	-3.1%	A	
71	服装服饰鞋履家纺	天创时尚股份有限公司	KISSCAT、zsazsazsu、tigrisso、Kiss Kitty、KASMASE、2C、Patricia、MUST HAVE 型录、O bag	166864	-2.3%	A	
72	护肤美妆个人护理	广州樊文花化妆品有限公司	樊文花	160000	新上榜		★
73	服装服饰鞋履家纺	新疆拉夏贝尔服饰股份有限公司	La Chapelle、Puella、7 Modifier、La Babité	153864	-76.9%	H	★
74	金银珠宝首饰	福建省爱迪尔珠宝实业股份有限公司	IDEAL、CEMNI 千年珠宝、克拉美钻石	151432	-22.0%	A	
75	服装服饰鞋履家纺	深圳歌力思服饰股份有限公司	ELLASSAY、Laurèl、Ed Hardy、IRO Paris、self-portrait	145713	-11.8%	A	

续表

序号	品类	企业名称	主要品牌	营业收入总和（万元）	同比增长率	上市情况	备注
76	服装服饰鞋履家纺	千百度国际控股有限公司	千百度、伊伴、太阳舞、米奥、Badgley Mischka、natursun、United Nude	142844	-17.2%	H	
77	服装服饰鞋履家纺	安莉芳控股有限公司	安莉芳、芬狄诗、COMFIT、E-BRA、IVU、安朵、Liza Cheng	137911	-27.5%	H	
78	服装服饰鞋履家纺	佐丹奴国际有限公司	Giordano、Giordano Junior、Giordano Ladies、BSX	134410	-32.2%	H	
79	服装服饰鞋履家纺	朗姿股份有限公司	LANCY FROM25、LIME FLARE、liaalancy、m. tsubomi	129102	-13.6%	A	
80	服装服饰鞋履家纺	卡宾服饰有限公司	Cabbeen、Cabbeen Urban、2AM、Cabbeen Love	128842	1.1%	H	
81	服装服饰鞋履家纺	深圳市安奈儿股份有限公司	Annil 安奈儿	125526	-5.1%	A	
82	金银珠宝首饰	莱绅通灵珠宝股份有限公司	莱绅通灵	122932	-6.8%	A	★
83	服装服饰鞋履家纺	九兴控股有限公司	Stella Luna、What For	120808	-1.0%	H	
84	服装服饰鞋履家纺	贵人鸟股份有限公司	贵人鸟、AND1、PRINCE	115202	-25.6%	A	
85	服装服饰鞋履家纺	浙江乔治白服饰股份有限公司	乔治白、giuseppe	108847	-2.9%	A	
86	服装服饰鞋履家纺	浙江大东鞋业有限公司	大东、宜立、达仕图、达巴	105300	0.0%		★

续表

序号	品类	企业名称	主要品牌	营业收入总和（万元）	同比增长率	上市情况	备注
87	服装服饰鞋履家纺	南京行狐集团有限公司	妖精的口袋、森宿	100000	新上榜		★
88	金银珠宝首饰	北京市千叶珠宝股份有限公司	KEER 千叶珠宝	91473	-26. 9%	新	
89	金银珠宝首饰	深圳市吉盟珠宝股份有限公司	GMOND 吉盟珠宝	91388	新上榜		★
90	服装服饰鞋履家纺	探路者控股集团股份有限公司	探路者（TOREAD）、Discovery Expedition、Toread kids、TOREAD. X	91198	-39. 7%	A	
91	服装服饰鞋履家纺	杉杉品牌运营股份有限公司	SHANSHAN、FIRS、LUBIAM	89969	-13. 2%	H	
92	服装服饰鞋履家纺	哈森商贸（中国）股份有限公司	哈森（HARSON）、卡迪娜（KADINA）、哈森男鞋（HARSON BUSINESS）、诺贝达（ROBERTA）	87459	-18. 1%	A	
93	服装服饰鞋履家纺	希努尔男装股份有限公司	希努尔、普兰尼奥、皇家新郎、润尔	81300	-14. 4%	A	
94	服装服饰鞋履家纺	日播时尚集团股份有限公司	播 broadcast、CRZ、MUCHELL、broadcute、PERSONAL POINT	79742	-26. 3%	A	
95	服装服饰鞋履家纺	金利来集团有限公司	金利来	78242	-24. 0%	H	
96	服装服饰鞋履家纺	起步股份有限公司	ABC KIDS、EXR、QIBUKIDS、miniABC	73955	-51. 5%	A	
97	服装服饰鞋履家纺	利邦控股有限公司	CERRUTI 1881、GIEVES&HAWKES、KENT&CERWEN、D'URBAN	72913	-55. 8%	H	
98	服装服饰鞋履家纺	德津实业发展（深圳）有限公司	DISSONA	71985	新上榜		★

续表

序号	品类	企业名称	主要品牌	营业收入总和（万元）	同比增长率	上市情况	备注
99	护肤美妆个人护理	上海林清轩生物科技有限公司	林清轩	70000	-17.6%		★
100	服装服饰鞋履家纺	华歌尔（中国）时装有限公司	Wacoal 华歌尔、Salute、珀尔西、AMPHI、Remamma	☆　67112	新上榜	母	
合计				78212501	6.7%		

备注：

1. 本榜单为不完全统计，不包含未披露全年营收数据的时尚零售企业。

2. 本榜单数据统计范围为各时尚零售企业在中国地区（包含港澳台地区）的营业收入，剔除非时尚零售类收入；除标注☆的企业，其他企业的营业收入统计范围均为 2020 年 1 月 1 日至 2020 年 12 月 31 日。

3. 备注★的企业为中国连锁经营协会会员企业。

4. 标注 * 的数据源自二手资料预估。如有疑义或问题，请联系中国连锁经营协会更正，010-68784934。

5. 雅戈尔集团股份有限公司营业收入剔除新收入准则影响。

2020 年中国便利店景气指数报告

一、基本情况说明

（一）指数定义

此次发布的为 2020 年中国便利店景气指数报告。

（二）样本范围

2020 年中国便利店景气指数的样本选择以中国连锁经营协会便利店委员会的 70 家企业为主，在每家样本企业中抽取 5～10 家门店作为研究对象，样本门店数量共计 464 个。本次在统计年度指数时，对问卷结构及问题进行了重新设计调整，保证样本问卷的回收率在 85%以上，有效问卷在 95%以上，并以此作为计算便利店景气指数的基本条件。样本企业包括了中国主要标杆型及龙头便利店企业。

（三）计算规则

将问卷中设置的指标分成 5 个量级，对每个指标赋予不同的权重，并将最终调查结果与权重相乘得到最后指数。

某项指数=指标 A÷样本总量×100%×100+指标 B÷样本总量×100%×75+指标 C÷样本总量×100%×50+指标 D÷样本总量×100%×25+指标 E÷样本总量×100%×0

权重量级：100、75、50、25、0

二、2020 年中国便利店景气指数洞察

（一）景气指数基本情况

2019 年便利店行业保持了稳步发展，行业发展的各项指标表现良好。2020 年年初新冠肺炎疫情的暴发为便利店的发展增加了许多不确定性因素。在外部环境和内部因素的双重考验下，便利店需要在模式探索、店型创新、线上业务、数字化转型、商品研发、运营管理、供应链建设等企业战略与核心能力诸多方面实现进一步突破。

1. 总体情况

2020 年中国便利店景气指数为 62. 87，虽高于荣枯线 50. 0，但低于 2019 年的 67. 08，为三年中最低（见图 1）。新冠肺炎疫情对便利店的整体发展产生了较大的影响，同时影响到了行业中的各个方面。

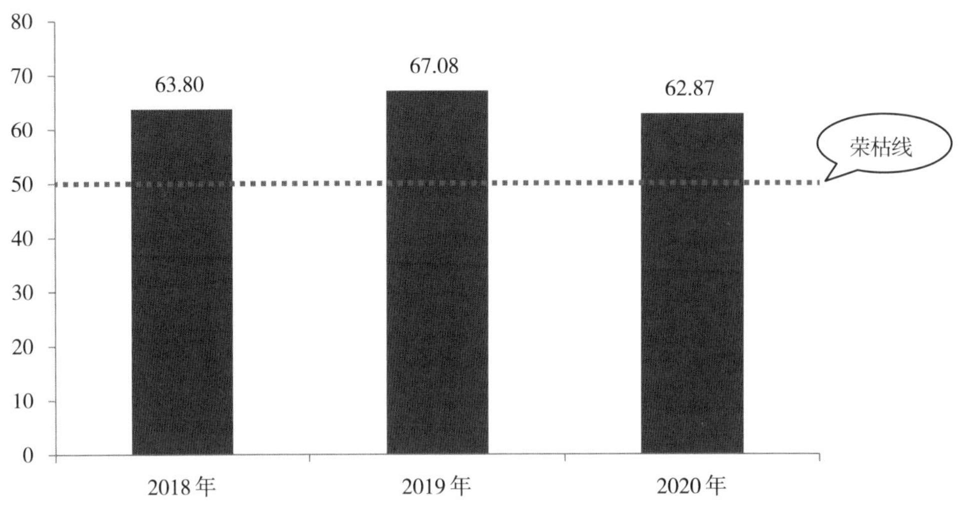

图 1　2018—2020 年中国便利店景气指数

2. 行业各项指数

2020 年中国便利店企业发展指数为 64. 4，营商环境指数为 58. 7，市场竞争指数为 74. 2，人才储备指数为 52. 7，均高于荣枯线 50. 0（见图 2）。企业对于中国便利店行业的发展仍然保持较大的信心，对于门店总量稳步增长，销售总额逐步提高，营商环境持续优化，人才储备不断改善持较为乐观的态度。但受外部因素，如新冠肺炎疫情的影响，对于 2020 年中国便利店企业的发展预期明显调低。

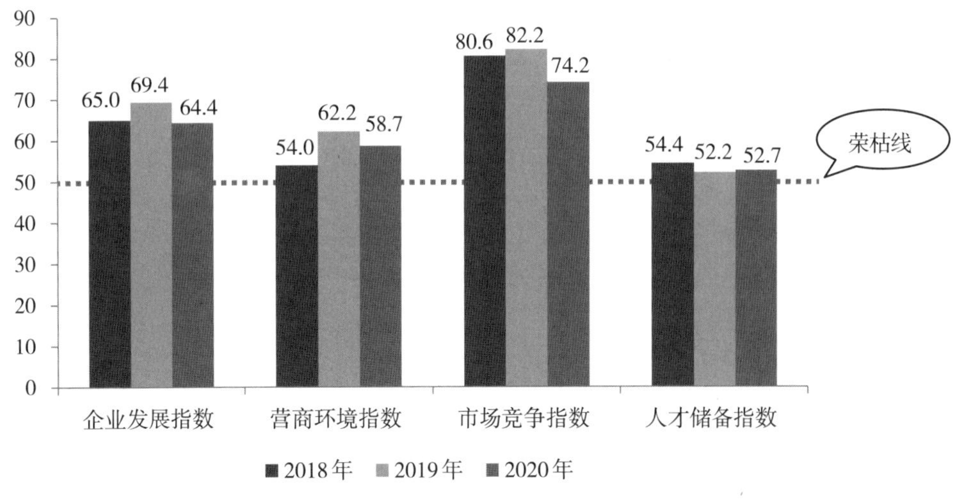

图 2　2018—2020 年中国便利店行业各项指数

从市场竞争指数来看，2019 年是便利店市场竞争最为激烈的一年，市场活跃度非常高，但同时也意味着企业发展机会的减少。2020 年，企业对于便利店市场竞争的预期明显降低，一方面受新冠肺炎疫情影响，企业销售损失较大，更多地将重点转为内部管理，强化基础；另一方面，对市场竞争预期的降低也为部分企业带来了新的发展机遇。

从企业总体发展情况来看，受新冠肺炎疫情影响，企业对 2020 年的发展预期明显调低。仅有 36.4%的企业认为 2020 年企业仍然可以保持较好及非常好的发展。而在 2019 年，有 75.8%的便利店企业认为可以保持良好的发展，明显高于 2020 年（见图 3）。

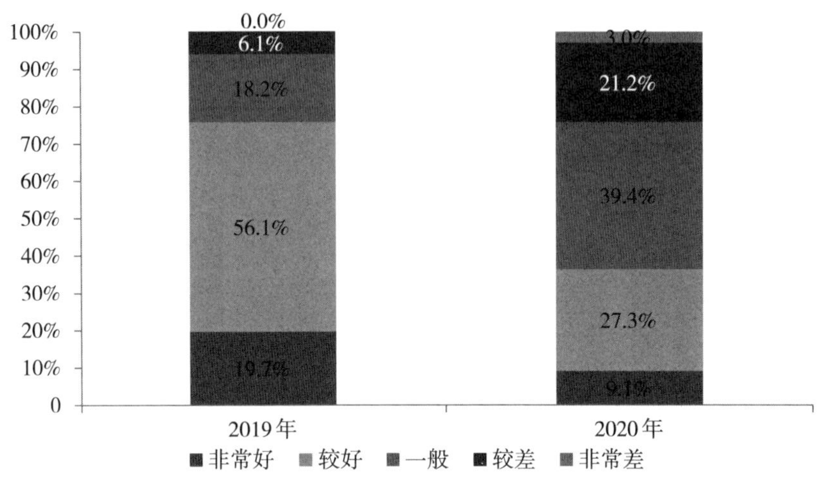

图 3 2019—2020 年中国便利店行业发展预期

3. 门店各项指数

2020 年中国便利店门店销售指数为 53.0，竞争环境指数为 71.9，客单价指数为 68.9，客流量指数为 41.9，店租指数为 58.5，用工费用指数为 60.9，门店招工指数为 62.1，配送指数为 47.2（见图 4）。

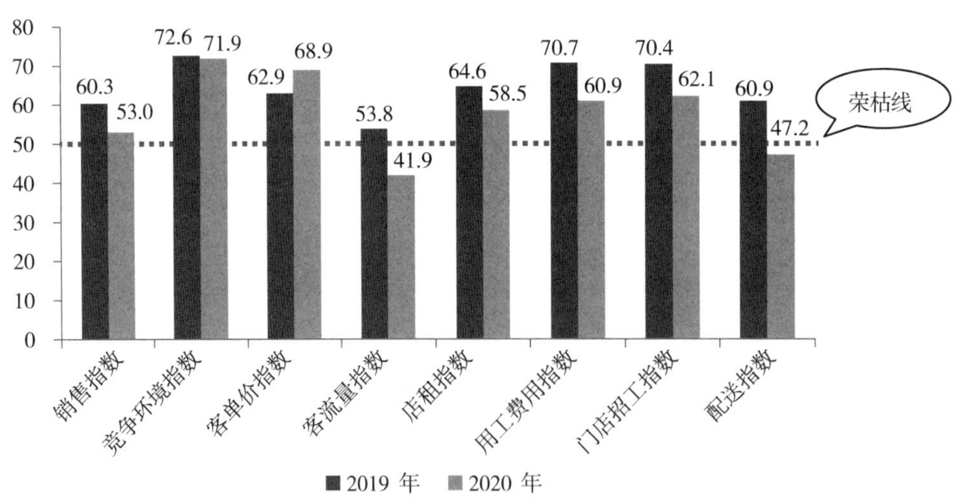

图 4 2019—2020 年中国便利店门店各项指数

2020年中国便利店门店仍然身处较为激烈的竞争环境中，面临着店租、用工费用、招工等各方面的运营压力。新冠肺炎疫情更是加剧了门店的运营压力。由于疫情对消费造成的心理影响，导致门店的客流急剧下降，而且由于便利店上游企业同样受到了疫情影响，造成了无法及时为门店供货，配送效率出现明显下降等情况。

4. 各区域指数

从各区域便利店发展指数情况来看，东北区为54.4，华北区为60.6，华东区为60.4，华南区为61.3，华中区为67.5，西北区为58.3，西南区为65.9，均高于荣枯线50.0。由于各地经济基础、营商环境、消费习惯等诸多因素存在较大的差异，便利店的市场发展条件各不相同，对于未来的发展预期也存在着较大差距。其中，华中区成为诸多区域中发展预期较高的市场。

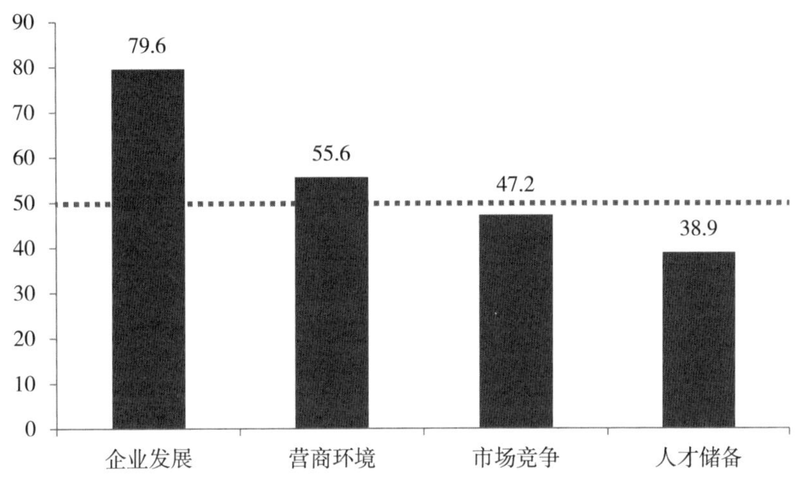

图5　2020年华北区便利店行业各项指数

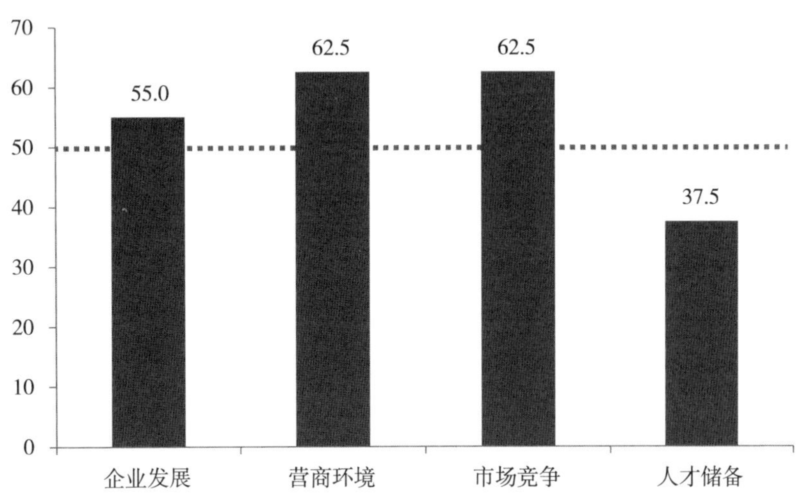

图6　2020年东北区便利店行业各项指数

从各区域的各项指数情况来看，华北区企业发展指数最高（见图 5），除去北京市场竞争比较激烈外，其他省市的便利店市场竞争相对较小，区域垄断性企业较多。但华北区普遍存在着人才储备不足的情况。

东北区由于经济发展速度长期滞后、人口外流情况严重，再加上地理位置偏北、气候比较寒冷等因素影响，便利店发展同样面临着人才储备不足的问题（见图 6）。

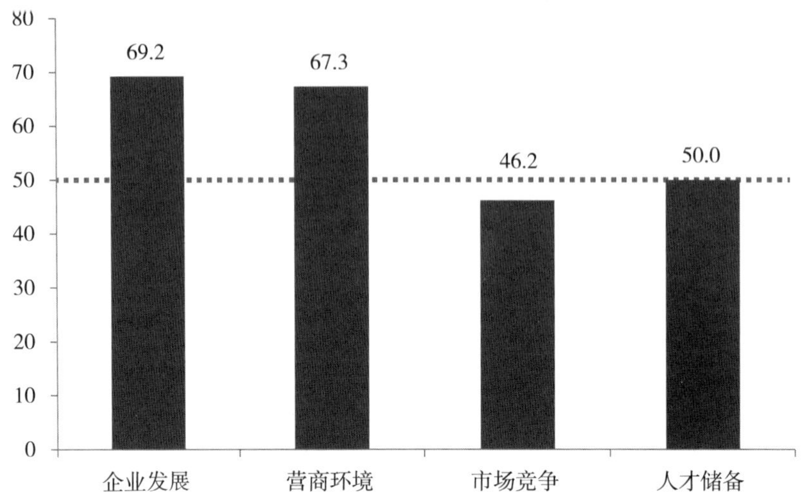

图 7　2020 年华东区便利店行业各项指数

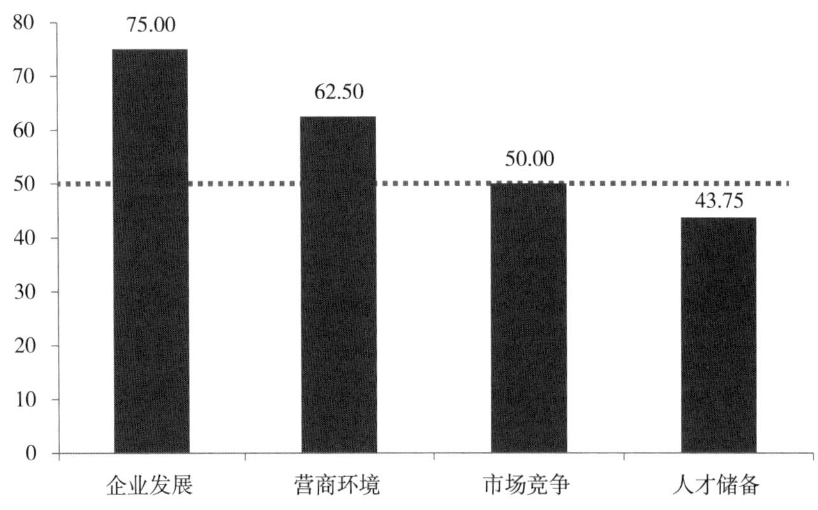

图 8　2020 年华南区便利店行业各项指数

华东与华南区属于便利店发展较为成熟的市场，但由于便利店市场已经接近饱和，对于未来便利店市场发展的预期有限（见图 7、图 8）。

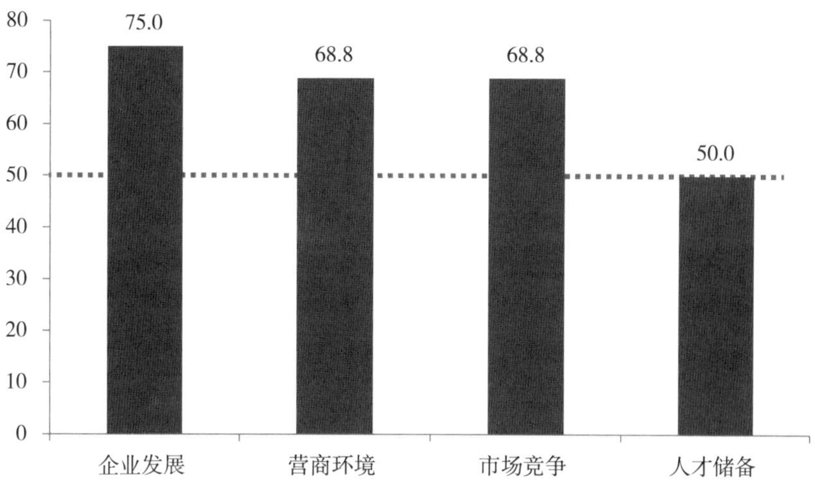

图 9　2020 年华中区便利店行业各项指数

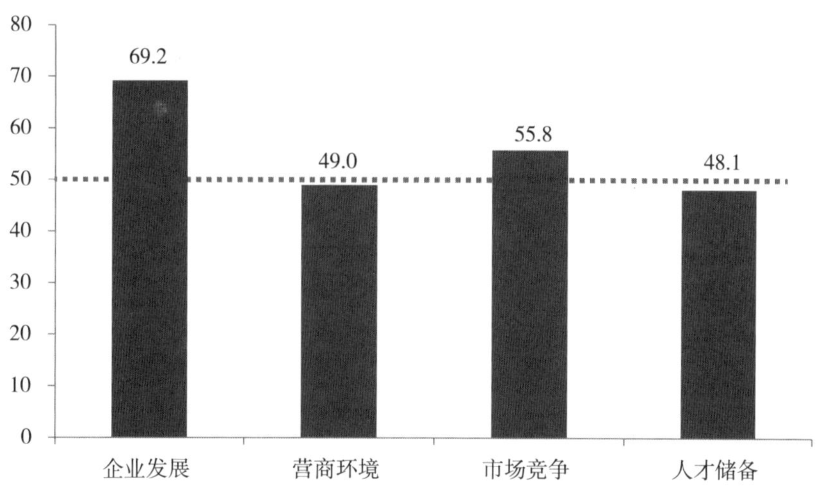

图 10　2020 年西北区便利店行业各项指数

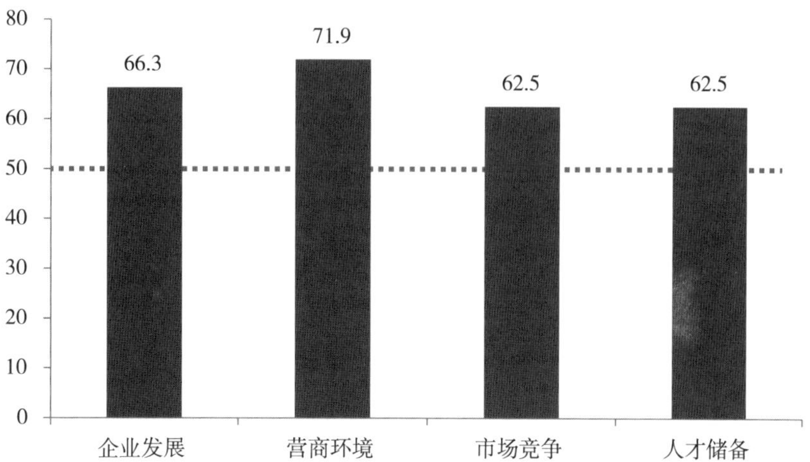

图 11　2020 年西南区便利店行业各项指数

华中区在各个区域中是综合发展指数最高的区域，在经济发展、人口密度、生活习惯、气候条件等方面都非常适合便利店的发展（见图 9）。西北区便利店的发展受经济影响的因素较大（见图 10）。西南区属于市场发展较为成熟，市场预期也较为稳定的区域（见图 11）。

（二）企业发展基本情况

2020 年新冠肺炎疫情的暴发让外部环境出现了许多不确定性，短期内对于整个便利店行业的销售产生了较大的影响，相较于 2019 年便利店行业整体良好的发展趋势，2020 年的整体发展速度略有减缓，但不会影响行业的整体增长趋势。

1. 新开店铺情况

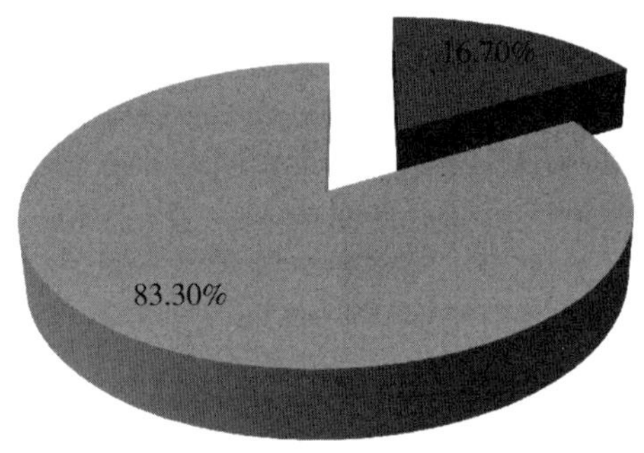

图 12　2020 年便利店企业开店情况

调查显示，2020 年 83. 3%的便利店企业开店数量同比 2019 年实现了不同程度的增长（见图 12）。企业发展规模进一步扩大。

2. 企业销售情况

调查显示，2020 年 90. 0%的便利店企业销售总额同比 2019 年实现了不同程度增长（见图 13）。行业整体运营状况良好。

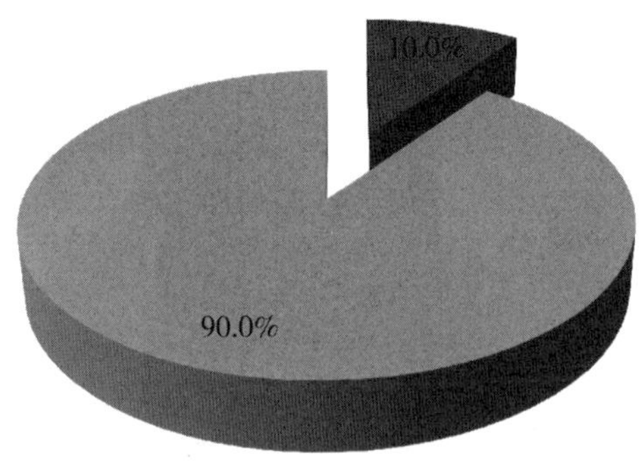

图 13　2020 年便利店企业销售情况

3. 企业开店速度

从开店集中度来看，受新冠肺炎疫情影响，2020 年便利店企业开店计划向 100 家以下集中，企业的开店速度较 2019 年明显放慢（见图 14）。

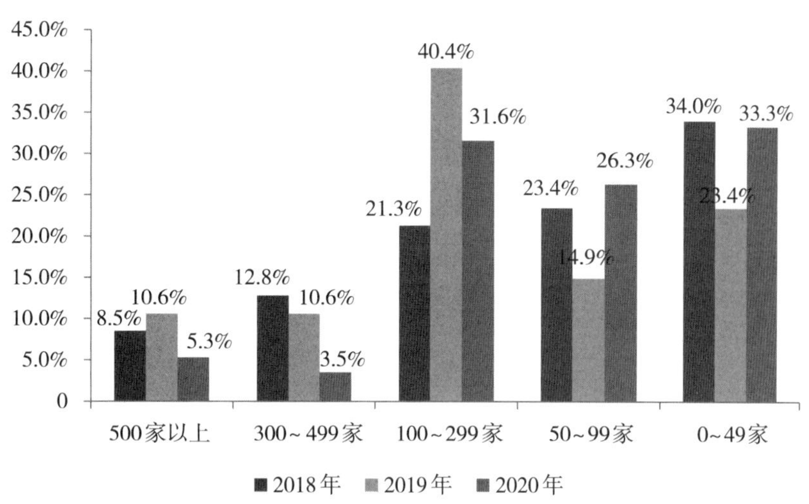

图 14　2018—2020 年便利店企业开店速度情况

（三）新冠肺炎疫情对行业的影响

1. 销售出现不同程度的下滑

新冠肺炎疫情对于便利店的销售产生了很大的影响。调查结果显示，有 86.4%的便利店企业 2020 年第 1 季度销售额比 2019 年同期出现了不同程度的下降（见图 15）。

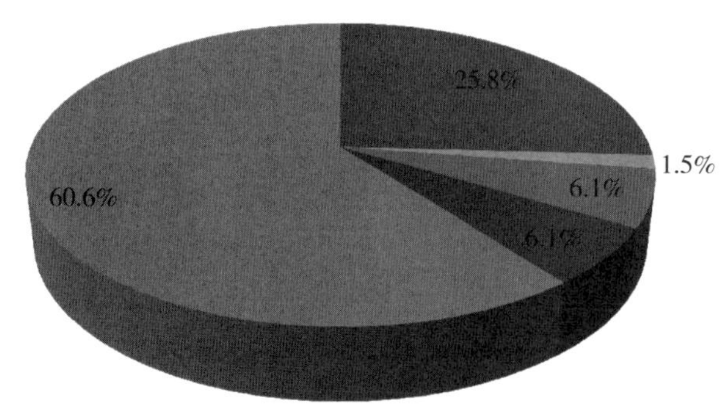

图 15　新冠肺炎疫情对便利店企业销售的影响情况

其中门店位置处于商务办公区的便利店销售影响最大，其次是位于学校、医院的便利店，开设在居民社区的便利店相对受影响较小（见图 16）。

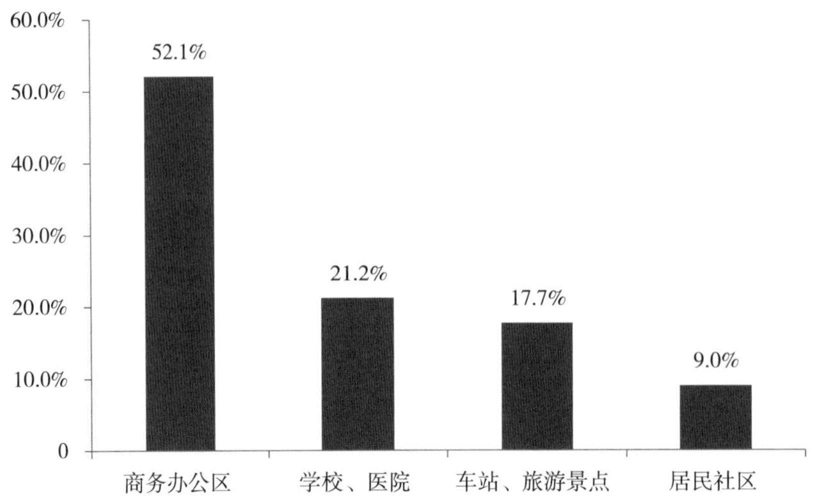

图 16　不同位置的便利店受新冠肺炎疫情影响的情况

2. 开店营业率逐月递增

新冠肺炎疫情暴发初期，全国连锁便利店的门店开业率不足 74%，疫情发展较严重的省市便利店的开店营业率更低。在面对种种危机的困境下，连锁便利店企业积极响应政府复工号召，努力提高门店开店营业率。自 2020 年 1 月以来开店营业率逐月提高，截止到 5 月底开店营业率已经达到 100%（见图 17）。

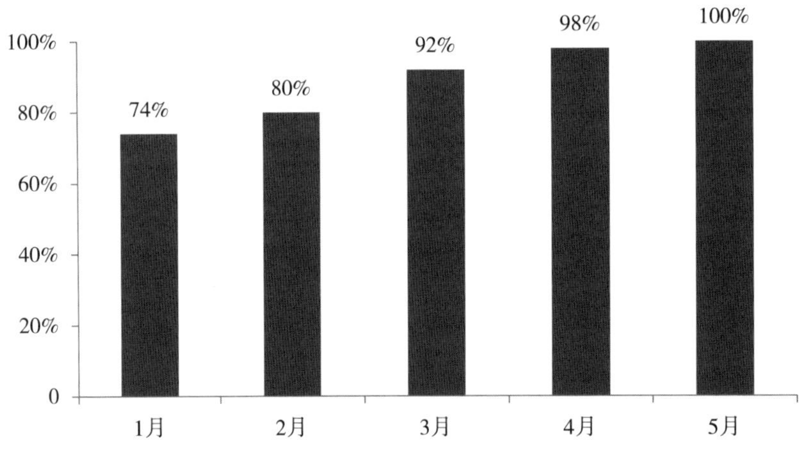

图 17　2020 年 1~5 月便利店门店开店营业率

3. 消费市场恢复尚需时日

受新冠肺炎疫情影响，便利店的客流量出现大幅下降。随着疫情的逐渐控制，客流逐渐回增，但还远未达到同期水平。调查显示，多数便利店企业对于 2020 的消费市场持较为保守的态度（见图 18）。

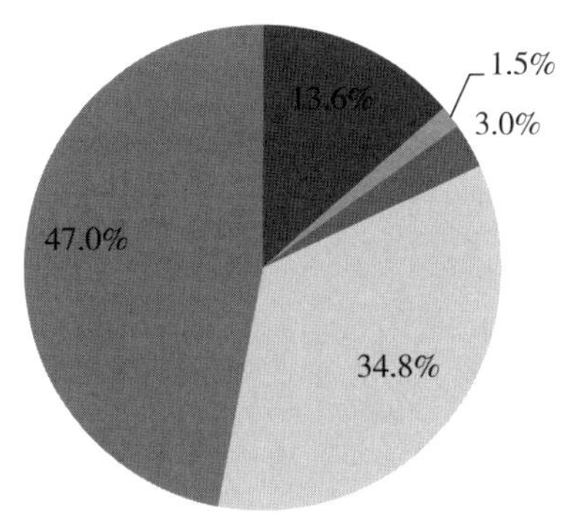

图 18　2020 年便利店企业对消费市场预期情况

4. 应对措施

新冠肺炎疫情发生以来，便利店企业面临着开业困难、客流减少、防疫急需物资短缺等各种困难。在响应政府号召，努力保供应、保质量、稳价格的同时，便利店企业也通过成立应对疫情工作小组、拓展线上业务等开展积极的自救，努力将疫情影响降到最低（见图 19）。

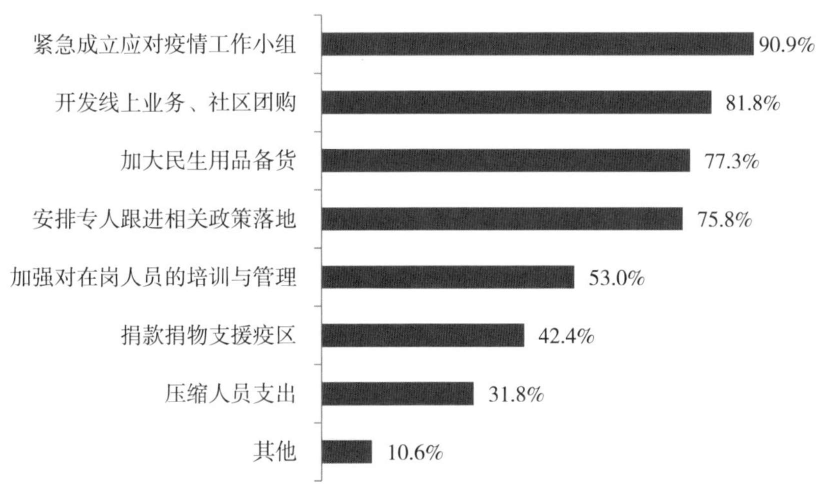

图 19　便利店企业的新冠肺炎疫情应对措施情况

（四）外部因素分析

1. 市场因素

（1）企业的发展策略仍以深耕区域市场为主

从全国范围来看，随着便利店市场竞争的日趋激烈，市场发展空间的日益挤压，多数企业的发展策略选择仍以深耕区域市场为主。以全国布局为发展策略的企业仍然为少数。由于国内各地区域市场消费习惯、营商环境差异性较大，给以全国布局为发展策略的企业带来了极大的挑战。同时，多数企业从自身特点出发，凭借对本地消费市场的了解，从商品开发、供应链建设等方面筑建竞争壁垒，稳步提升自身核心竞争力，为下一步的发展创造条件。

（2）便利店市场竞争依旧激烈

2020 年，新冠肺炎疫情为便利店的发展带来的许多不确定因素，便利店市场竞争依旧激烈，但部分企业也看到了发展机会。其中，有 19.0%的便利店企业认为疫情后便利店企业的市场发展机会较大。这一比例较 2019 年有了明显提升（见图 20）。

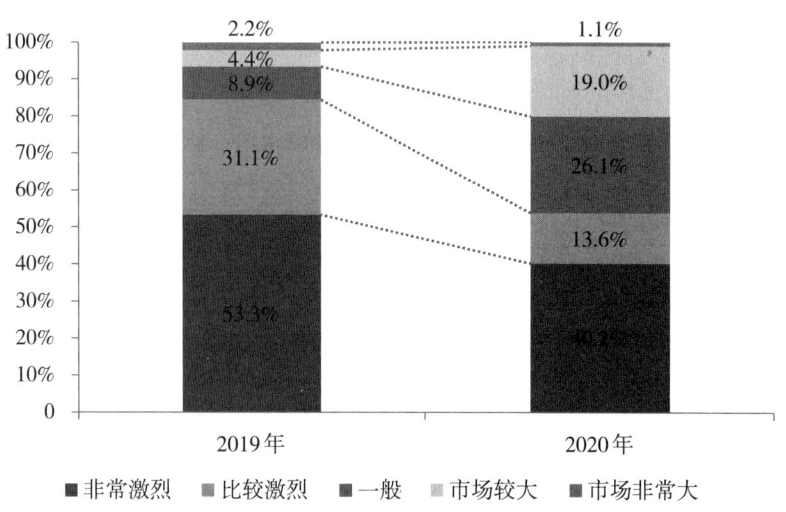

图 20　2019—2020 年便利店市场竞争情况

2. 政策因素

便利店市场营商环境进一步改善。随着国家针对便利店相关政策的出台，便利店营商环境不断改善。调查结果显示，多数便利店企业对 2020 年的市场营商环境有了较高的预期，认为 2020 年市场营商环境更好的企业占比明显增多。

2020 年 1 月，商务部等 13 部门联合印发了《关于推动品牌连锁便利店加快发展的指导意见》。从国家层面，对于零售小业态的发展越来越重视；从地方层面，为各地政府陆续出台相关配套政策措施提供了依据。营商环境的不断优化为连锁便利店的可持续健康发展提供了保证（见图 21）。

3. 资本方面

对于是否引入资本更加理性。相比 2019 年，2020 年便利店企业对于资本的态度变得积极且理性。对于是否引入资本，更多地取决于企业发展的实际需求（见图 22）。

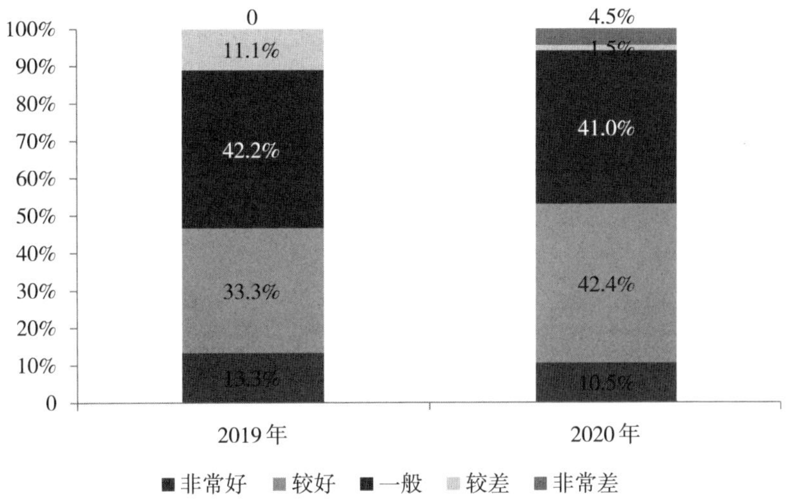

图 21　2019—2020 年便利店营商环境情况

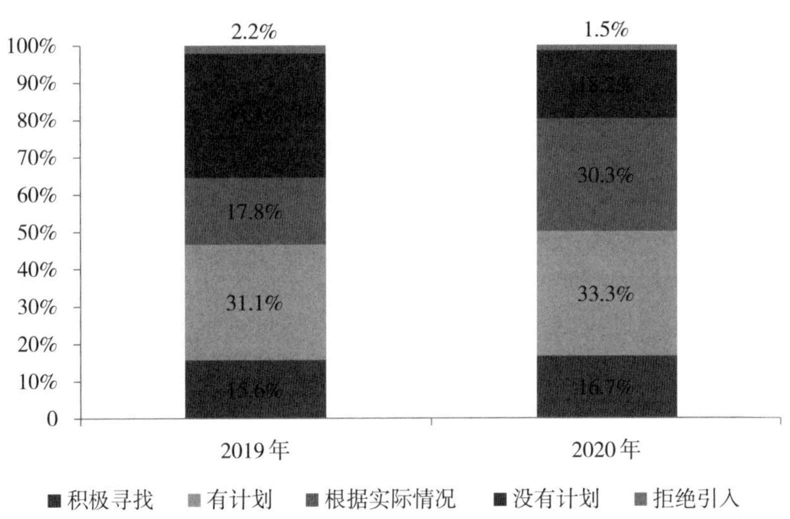

图 22　2019—2020 年便利店引入资本情况

（五）内部因素分析

1. 运营管理

（1）便利店计划加大各项线上业务的开拓

2020 年多数便利店企业非常重视企业线上业务的开拓，计划在 2020 年加大线上业务的投入。调查显示，有 85.2%的门店计划开展线上订单业务；有 67.4%的门店计划尝试开展送货到家业务；有 88.6%的门店计划为店内开展线上引流业务（见图 23）。

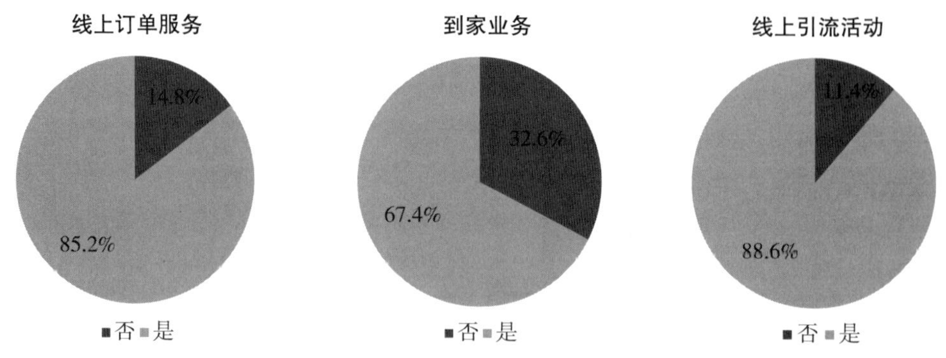

图 23　2020 年便利店线上业务开展情况

（2）房租、人工成本仍是便利店运营的主要压力

除去新冠肺炎疫情因素的影响，便利店的发展压力仍然主要来自房租及人工成本。同时，消费者客流、线上平台的冲击以及资金短缺也为运营带来了较大的威胁（见图 24）。

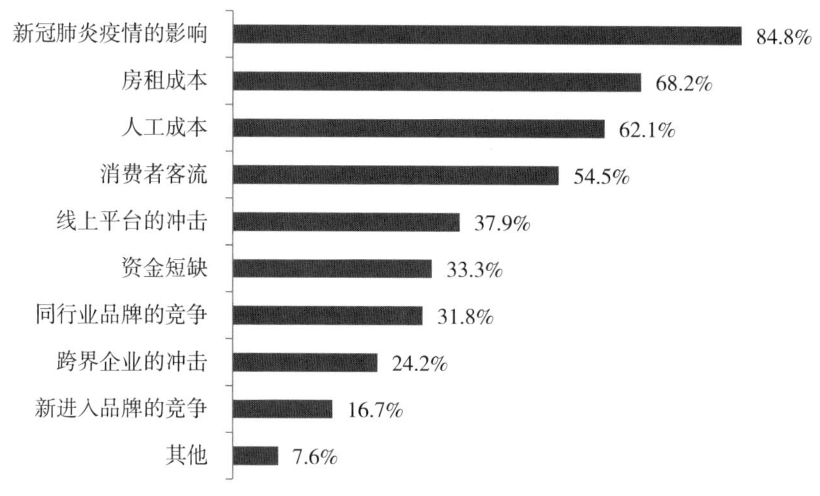

图 24　影响便利店发展的主要因素

在门店经营压力方面，同行竞争表现得更为突出。调查结果显示，影响门店运营的最大因素主要来自同行竞争及消费者变化。其次是政策环境、人工费用（见图 25）。

门店店租方面，2020 年 33. 5%的门店店租出现了不同程度的上涨，店租的上涨对于门店的正常运营带来了极大的威胁。店租成为门店是否可持续运营的最重要因素（见图 26）。

门店用工费用方面，2020 年 41. 0%的门店用工费用小幅上涨，8. 9%的门店用工费用出现了大幅上涨（见图 27）。用工费用的上升，对于 2020 年便利店的运营提出了更高的要求，进一步加大了门店运营的压力。

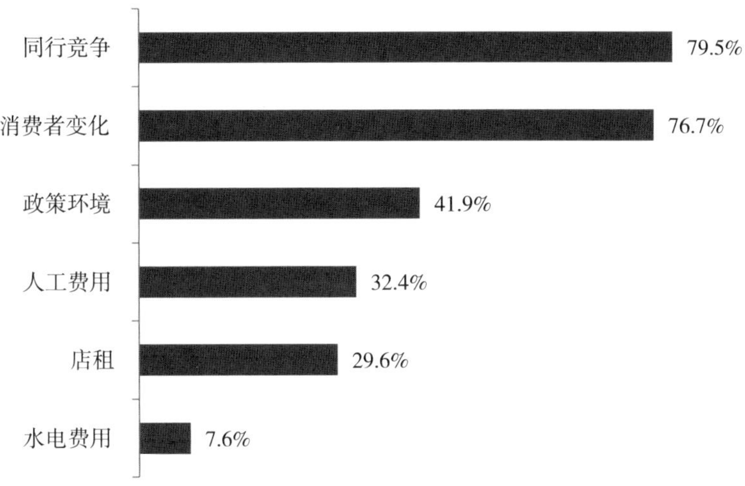

图 25　影响便利店运营的主要因素

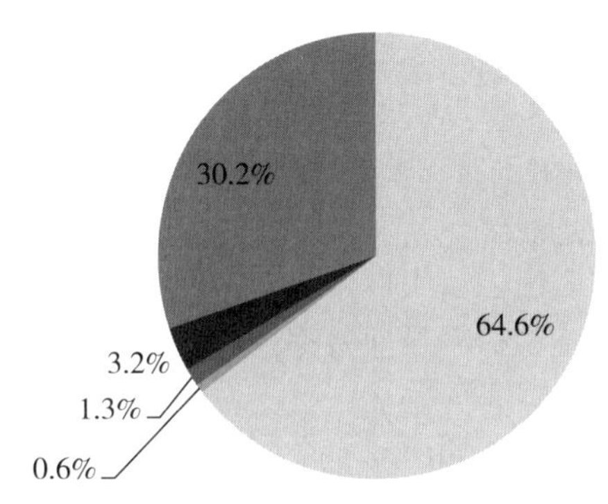

基本不变　小幅下降　大幅下降　大幅提升　小幅提升

图 26　2020 年便利店店租情况

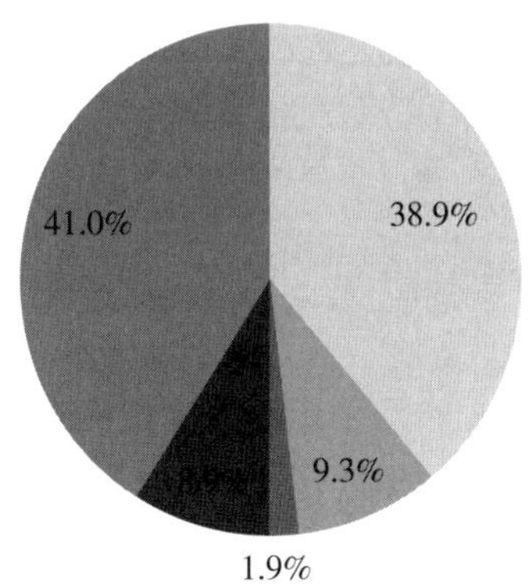

基本不变　小幅下降　大幅下降　大幅提升　小幅提升

图 27　2020 年便利店用工费用情况

2. 企业战略

2020 年有 81.8%的企业把加强内部管理放在了发展战略的首位（见图 28），反映出企业对于加强自身组织建设的看重。

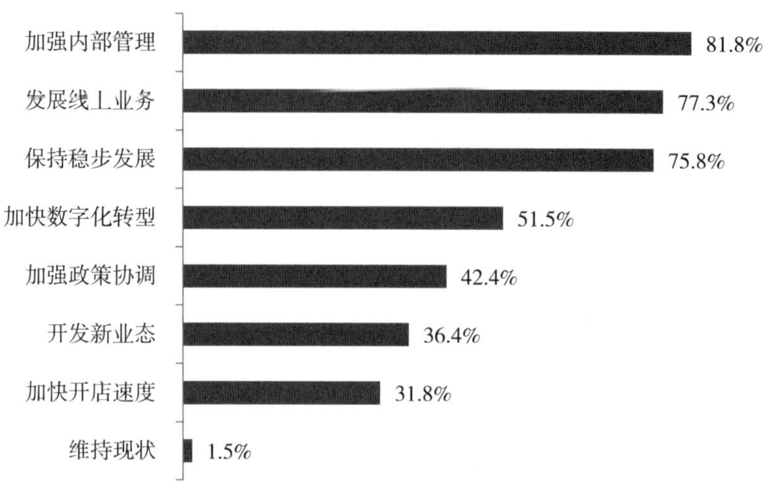

图 28 2020 年便利店企业未来发展战略情况

线上业务的快速增长为便利店提供了发展契机，77.3%的企业把发展线上业务列入计划。创新业务模式，通过数字化转型提升企业效率，提高精细化管理水平，都是便利店在企业发展战略中非常看重的方面。

针对便利店的数字化转型计划，有 66.7%的企业表示 2020 年会继续加大投入，积极促进企业的数字化转型，说明企业数字化已经是大势所趋（见图 29）。

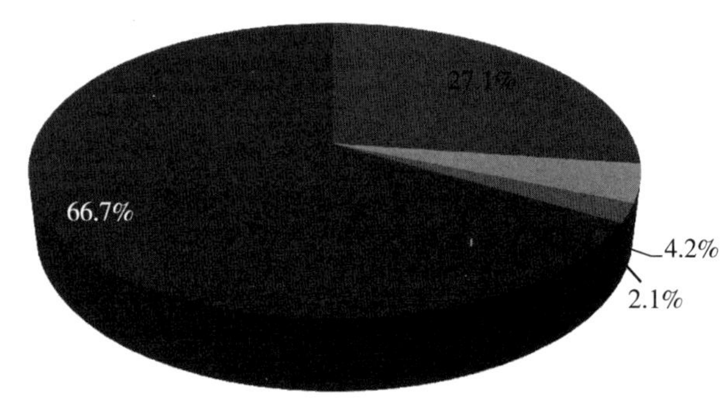

图 29 2020 年便利店企业数字化转型计划

另外，有 42.4%的企业表示 2020 年将会把政策协调列入发展规划中。随着系列便利店支持政策的出台，加强与政府的沟通，通过政策协调为企业争取有利的发展条件也是未来便利店发展过程中不可忽视的发展战略之一。

3. 人才储备

便利店的持续发展急需更多的人才储备。调查显示，相较于 2019 年，2020 年人才储备紧缺的问题变得更加严重，有 24. 2%的便利店企业在 2020 年面临着人才储备比较紧缺的情况（见图 30）。随着便利店行业市场规模的进一步增长，便利店的人才储备情问题将会越发严峻。

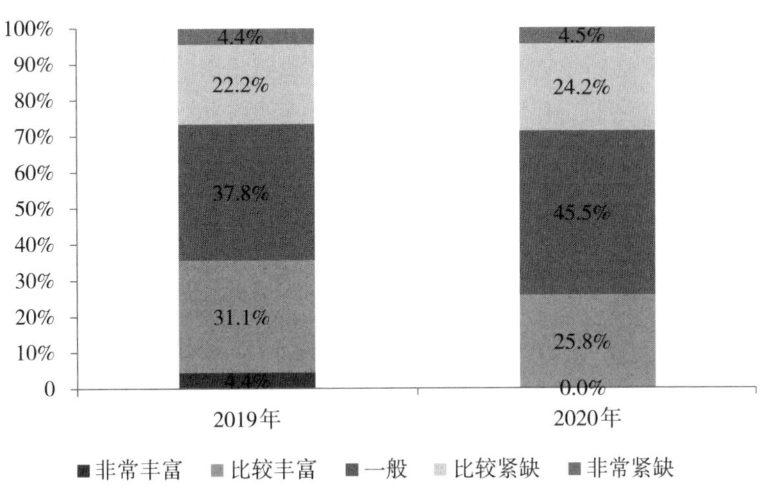

图 30 2019—2020 年便利店企业人才储备情况

4. 商品结构

2020 年，便利店对鲜食品类的重视程度进一步加强，生鲜品类引入尝试增多。调查显示，在商品结构方面，2020 年计划引入鲜食品类的门店占比 78. 4%；计划引入生鲜品类的门店占比 62. 9%（见图 31）。更多的便利店正在尝试生鲜品类的引入，未来发展有待进一步观察。

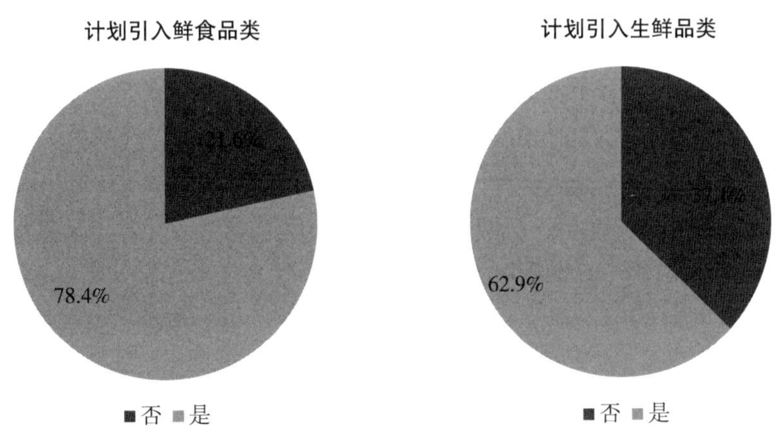

图 31 2020 年便利店企业商品结构情况

2021 年中国城市便利店发展指数报告

为了推动中国便利店行业进一步发展，了解目前便利店行业在国内各区域市场发展的程度，中国连锁经营协会自 2014 年起连续 8 年调查并发布“中国城市便利店发展指数”。

中国城市便利店发展指数的核心数据为各城市便利店的饱和度、门店总量的增速、24 小时便利店的比例及营商环境情况。在此基础上，计算出了各城市的便利店发展指数。其中，厦门、长沙、太原、东莞、广州的便利店发展指数名列前五位。

调查发现，中国各城市便利店的发展呈现出以下几个特点。

一、全国各城市便利店的发展规模整体保持稳定增长

虽然行业受到了新冠肺炎疫情等不确定因素的影响，但大部分城市的便利店规模仍然保持了较为稳定的增长。从调查结果来看，大多数城市的便利店同比 2020 年有了不同程度的发展，但整体发展速度出现放缓，各城市间便利店的发展差异性扩大。具有规模、管理、技术优势的连锁品牌开始整合资源，走全国化路线。

调查发现，2021 年各城市便利店门店数增长整体放缓。门店数负增长的城市占所调查城市总数的 27.8%；门店数增长的城市占所调查城市总数的 62.2%，其中门店数增长超过 5%的城市占到所调查城市总数的 11.1%。大部分城市便利店保持了稳定的发展速度。厦门市的便利店数量增长率达到了 7.1%，是所有城市中最高的，其次是济南和北京。

二、部分三、四线城市便利店的发展已达到成熟市场的水平

从全国范围来看，各城市便利店的发展基本上与各城市自身的 GDP 保持同步。本次调查的城市范围相比 2020 年有了一定扩展。调查发现，中山、惠州、莆田等城市便利店的发展已经非常接近成熟便利店市场的水平，竞争激烈程度不亚于一、二线城市。其面临的问题与一、二线城市基本相同，房租、人力成本的持续高企，便利店的经营压力相对较大。

从调查结果来看，发展潜力较大的城市正在被具有一定实力的连锁品牌迅速占据。大部分一、二线城市便利店市场的发展空间被进一步压缩，发展情况基本上处于规模总量变化不大，开关门店数量总体保持平衡。

三、消费需求变化推动城市便利店服务升级

从全国范围来看，24 小时便利店的比例同比 2020 年有所提高，但是整体比例仍然不

高。随着消费者对于消费的即时性、便利性要求的不断提高，24 小时便利店对于消费者服务的意义逐渐超过了销售机会的意义。便民利民成为便利店服务民生、承担社会责任的一项重要功能。但由于 24 小时便利店的运营成本要高于非 24 小时便利店的运营成本，加上当地气候条件、经济发展、居民消费习惯等因素的影响，在一定程度上制约了 24 小时便利店的发展速度。从服务民生的角度来看，提高 24 小时便利店的比例是提升城市居民服务质量，便民利民的一个有效途径。

四、各城市便利店的发展需进一步的政策支持

2021 年 7 月 20 日，商务部办公厅等 11 部门联合印发《城市一刻钟便民生活圈建设指南》。其中在业态配置要求方面提到了重点发展品牌连锁店，提高品牌连锁化覆盖率，鼓励便利店、药店视情况延长营业时间。鼓励“一店多能”。这是国家层面为了推动服务民生方面持续推出的政策支持。不仅可以进一步优化便利店营商环境，推动便利店品牌化、连锁化发展，而且还将政策支持进一步落到实处，推动便利店的持续健康发展。

另外，地方政府对便利店配套政策的落地也是促进便利店健康发展的保证。城市配套政策的支持可以为便利店提升服务质量提供有力的保障。从全国来看，各城市针对便利店的政策支持差异较大，还需要进一步深化和落实。

备注：

1. 调查范围

本次调查的城市共计 39 个，其中包括 26 个省会及首府城市、4 个直辖市、4 个计划单列市和 5 个其他城市。

2. 调查方法

2021 年度在对各城市便利店门店总量的调查采用了与 2020 年相同的方法。采用企业反馈的调查问卷与百度地图搜索相结合双向验证的方式。另外，城市人口数量采用了国家统计局公布的第七次人口普查的数据。因此，各城市的便利店门店总量与城市门店饱和度会有一定程度的修正和调整。

3. 计算方法

总指数=增长率指数×30%+饱和度指数×40%+24H 指数×10%+营商环境指数×20%

增长率=（门店总量/上年门店总量-1）×100%

饱和度=该城市总人口数/该城市门店总量

24H 比例=该城市 24H 门店总量÷该城市门店总量

4. 赋值方法

增长率指数：按照调查计算出的增长率从高到低排序，降序赋值 100~50。

饱和度指数：按照调查计算出的饱和度从高到低排序，降序赋值 100~50。

24H 指数：按照调查计算出的 24H 比例从高到低排序，降序赋值 100~50。

营商环境指数：按照调查出的好、较好、良好、一般、较差、差排序，降序赋值 100~50。

排　名

城市	总得分
厦门市	92.0
长沙市	91.2
太原市	90.2
东莞市	87.7
广州市	85.0
深圳市	84.5
北京市	83.0
上海市	83.0
中山市	83.0
西安市	82.0
成都市	81.0
惠州市	81.0
南京市	80.0
杭州市	80.0
石家庄市	78.5
福州市	78.5
海口市	76.5
武汉市	76.0
南昌市	75.0
温州市	74.5
天津市	73.0
济南市	72.5
莆田市	72.5
呼和浩特市	72.0
南宁市	72.0
乌鲁木齐市	71.0
沈阳市	71.0
重庆市	70.0
贵阳市	70.0
大连市	70.0
昆明市	69.5
兰州市	69.5
哈尔滨市	68.0
长春市	68.0
郑州市	68.0
青岛市	67.0
合肥市	67.0
西宁市	64.0
银川市	63.0

增长率

城市	增长率（%）
厦门市	7.14
济南市	6.54
北京市	5.78
西安市	5.26
莆田市	4.00
福州市	3.57
南昌市	3.33
海口市	2.31
南京市	2.04
杭州市	1.92
深圳市	1.82
兰州市	1.79
昆明市	1.67
合肥市	1.64
石家庄市	1.50
南宁市	1.41
长沙市	1.05
青岛市	0.87
武汉市	0.67
广州市	0.62
贵阳市	0.50
太原市	0.47
成都市	0.40
上海市	0.31
重庆市	0.27
东莞市	0.14
温州市	0.00
呼和浩特市	-0.91
长春市	-0.91
乌鲁木齐市	-1.00
大连市	-1.43
郑州市	-1.96
哈尔滨市	-2.60
沈阳市	-2.86
中山市	-3.03
西宁市	-4.55
天津市	-4.76
惠州市	-5.00
银川市	-5.41

饱和度

城市	饱和度（人/店）
东莞市	2073
长沙市	2093
太原市	2456
中山市	2761
深圳市	3136
惠州市	3180
厦门市	3443
广州市	3491
南京市	3726
上海市	3856
乌鲁木齐市	4095
成都市	4171
海口市	4321
杭州市	4774
郑州市	5040
呼和浩特市	5302
沈阳市	5310
天津市	5546
福州市	5718
莆田市	6174
西安市	6476
长春市	6975
温州市	7364
贵阳市	7484
石家庄市	7882
武汉市	8163
银川市	8169
青岛市	8683
北京市	9199
南昌市	10089
大连市	10798
西宁市	11752
南宁市	12141
济南市	13146
哈尔滨市	13346
昆明市	13869
合肥市	15113
兰州市	15296
重庆市	17327

24H 比例

城市	24H 比例（%）
成都市	79.7
上海市	77.5
莆田市	76.9
福州市	75.9
海口市	75.2
广州市	74.8
南宁市	69.4
北京市	67.2
长沙市	66.7
南京市	64.0
东莞市	62.4
温州市	61.5
杭州市	60.0
天津市	56.0
重庆市	54.1
武汉市	53.0
惠州市	52.6
乌鲁木齐市	50.5
贵阳市	50.0
南昌市	48.4
合肥市	48.4
厦门市	40.0
西安市	40.0
呼和浩特市	38.5
太原市	37.0
石家庄市	37.0
大连市	36.2
郑州市	36.0
深圳市	35.7
青岛市	34.5
沈阳市	29.4
济南市	28.6
中山市	25.0
昆明市	24.6
兰州市	21.1
西宁市	19.0
哈尔滨市	16.0
长春市	15.4
银川市	11.4

营商环境

城市	业者评价
北京市	好
武汉市	好
南昌市	好
厦门市	好
西安市	好
太原市	好
石家庄市	好
大连市	好
哈尔滨市	好
成都市	较好
长沙市	较好
上海市	较好
福州市	较好
广州市	良好
南宁市	良好
东莞市	良好
温州市	良好
杭州市	良好
天津市	良好
重庆市	良好
呼和浩特市	良好
深圳市	良好
沈阳市	良好
济南市	良好
昆明市	良好
郑州市	良好
青岛市	良好
长春市	良好
银川市	良好
中山市	良好
莆田市	一般
惠州市	一般
海口市	一般
南京市	一般
乌鲁木齐市	一般
贵阳市	一般
合肥市	一般
兰州市	一般
西宁市	一般

2021 年中国汽车后市场连锁企业 Top40 基本情况

根据“2021 年中国汽车后市场连锁企业基本情况调查”统计结果，中国连锁经营协会（CCFA）于 2022 年 7 月 19 日发布了“2021 年中国汽车后市场连锁企业 Top40”。

2021 年，汽车后市场连锁 Top40 企业拥有门店总数 16 万个，其中拥有 1000 个以上门店的 19 家。

Top40 企业分布的省、直辖市有上海（9 家）、北京（8 家）、浙江（8 家）、广东（4 家）、江苏（3 家）、山东（2 家）、天津（1 家）、福建（1 家）、安徽（1 家）、湖北（1 家）、河南（1 家）、河北（1 家）。

参与此次汽车后市场调查的样本企业成立时间在 10 年以上的有 15 家，成立时间在 20 年以上的有 9 家，成立时间在 5~10 年的有 13 家。

附表：

2021 年中国汽车后市场连锁企业 Top40

（CCFA 2022 年 7 月 19 日发布）

序号	企业名称	品牌名称	成立时间（年份）	2021 年门店总数（个）	备注
1	杭州天猫车站科技有限公司	天猫养车	2018	3014	★
2	广东三头六臂信息科技有限公司	三头六臂	2015	2600	★
3	浙江快准车服网络科技有限公司	快准车服	2015	1816	★
4	驰加（上海）汽车用品贸易有限公司	驰加	2008	1672	★
5	北京好修养科技有限公司	好修养	2015	1502	★
6	广州百援精养汽车信息技术有限公司	百援精养	2016	1500	
7	杭州小拇指汽车科技服务有限公司	小拇指	2004	1227	★
8	上汽通用汽车有限公司	车工坊	2016	1104	
9	斯泰兰蒂斯（武汉）经营管理有限公司	欧洲维修	2016	1100	
10	京车会（北京）汽车服务有限公司	京车会	2021	1082	
11	北京车爵仕汽车科技有限公司	车爵仕	2003	1002	★
12	中石化易捷澳托猫有限公司	易捷澳托猫	2016	982	★
13	德师傅（北京）汽车销售服务有限公司	德师傅	2015	610	
14	杭州中策车空间汽车服务有限公司	中策车空间	2012	602	★
15	杭州车奇士汽车维修有限公司	车奇士	2006	578	
16	博世汽车技术服务（北京）有限公司	博世车联	2009	515	★
17	优玖（苏州）信息科技有限公司	吾行养车	2016	500	
18	芜湖金桔科技有限公司	车贝健	2018	477	
19	山东优配车联电子商务有限公司	优配车联	1991	450	
20	上海车享家科技服务有限公司	上汽车享家	2014	300	★
21	上海比邻美车堂汽车美容有限公司	美车堂	2005	296	★
22	广州华胜企业管理服务有限公司	华胜	1998	242	★
23	南京好快全汽车科技有限公司	好快全	2018	210	
24	广州市集群车宝汽车服务连锁有限公司	集群车宝	2013	200	
25	河北百顺汽车科技服务有限公司	百顺养车	1998	196	★
26	北京爱义行汽车服务有限责任公司	爱义行	1995	185	★
27	安途生（天津）汽车维修服务有限公司	安途生车养护	2011	180	★

续表

序号	企业名称	品牌名称	成立时间（年份）	2021 年门店总数（个）	备注
28	杭州耐乐科技有限公司	耐乐快修	2015	166	
29	苏州汽车人汽修管理有限公司	大师钣喷	2014	138	★
30	新查里科技（杭州）有限公司	车将领	2019	129	★
31	北京兔师傅汽车科技有限公司	兔师傅	2015	102	★
32	河南小李补胎服务有限公司	小李补胎	2000	85	★
33	统一石油化工有限公司	统一润滑油	1993	34542	① ★
34	山东玲珑轮胎股份有限公司	玲珑轮胎	1975	34290	★
35	浦林成山（上海）轮胎销售有限公司	浦林成山	1976	25611	★
36	邓禄普轮胎销售有限公司	邓禄普轮胎	2004	16000	
37	佳通轮胎（中国）投资有限公司	佳通轮胎	1993	7500	★
38	上海一嗨汽车租赁有限公司	一嗨	2006	9000	★
39	海湾石油（中国）有限公司	海湾石油	1995	4600	★
40	厦门正新橡胶工业有限公司	正新轮胎	1967	4000	

注：

1. ★ 标企业为中国连锁经营协会会员。

2. ① 序号 33~40 的企业为产品品牌特许企业与汽车租赁连锁企业。

第二部分

专题报告篇

零售业对我国经济社会的影响评估

作为商品流通的终端环节，零售业是国民经济的先导产业和基础产业，是消费拉动经济增长的着力点，也是吸纳就业的蓄水池。本报告从宏观视角出发，基于宏观经济数据、就业数据、收入数据以及中国连锁经营协会 2018—2020 年度连锁百强调查数据，采用非竞争型投入产出模型来测算、分析零售业对我国 GDP、就业以及居民收入的影响。

“十三五”时期，我国零售业稳步增长，年均名义增速 3.4%，2020 年零售业规模超过 4 万亿元人民币，约占 GDP 的 4.07%，在 44 个行业中位列第 8。零售业广泛吸纳社会就业的基础性作用显著，但整体能力有所下降且从业人员收入偏低。2019 年吸纳全职就业 6150 万人，较 2018 年下降 60 万人，约占全国总就业的 8.2%，位列所有行业第 3。2020 年受新冠肺炎疫情冲击，全行业吸纳全职就业下降至 5761 万人，占全国就业的比重也下降至 7.7%；在居民收入持续增长的背景下，行业人均劳动者报酬由 2018 年的 35050 元上升至 2020 年的 41972 元，在 44 个行业中位居第 39 位。

零售业对经济社会的拉动效应相对偏低，行业发展受宏观环境及其他行业发展等外部因素的影响较高，行业自我拉动能力较弱。零售业对经济的完全拉动约为 GDP 的 2.0%，其中对本行业增加值的拉动约占 68.7%，且本行业增加的 60.1%依靠其他行业拉动。零售业对就业的完全拉动约为全国总就业的 3.6%，其中对本行业就业的拉动约占 85.7%，本行业就业的 60%依靠其他行业拉动。零售业对居民劳动者报酬的完全拉动约为劳动者报酬总额的 2.3%。零售业对租赁和商务服务以及房地产等服务业的拉动效应最强，受食品和烟草以及交通运输设备业的影响最大。

一、零售业对我国经济社会的影响评估结果总览

（一）零售业增加值超四万亿元，行业减速扩张

“十三五”时期批发和零售业增加值年均名义增速为 7.2%，较“十二五”时期降低 6.4 个百分点。受新冠肺炎疫情影响，2020 年批发和零售业增加值为 95686 亿元，同比名义增长 0.037%。根据国家统计局公布的 2018 年中国 153 行业投入产出表，零售业增加值占批发和零售业增加值的 43.24%，据此比例，2018 年零售业增加值为 38446 亿元，2020 年约为 41379 亿元，同比名义增长 0.04%（见表 1）。

表 1　　“十三五”时期零售业增加值及名义增速

时间（年）	增加值（亿元）	名义增速（%）
2016	38057	8.9
2017	41894	10.1
2018	38446	-8.2①
2019	41364	7.6
2020	41379	0.04

数据来源：wind 数据库，国家统计局，中国 2017 年和 2018 年投入产出表。

我国商品消费增速有所放缓。随着居民收入水平持续提高，我国居民消费由商品消费为主向商品消费与服务消费并重升级。商品消费增速呈现放缓态势。2019 年我国社会消费品零售总额为 41.2 万亿元，同比增长 8.0%；2020 年在新冠肺炎疫情冲击下降至 39.2 万亿元，同比下降 8.0%；“十三五”时期年均增速为 5.4%，较“十二五”时期下降 8.9 个百分点。

（二）零售业吸纳就业超六千万，但吸纳能力有所下降

零售业是我国吸纳就业最多的行业之一，但就业吸纳能力呈下降趋势。新冠肺炎疫情暴发之前，零售业吸纳全职就业超过 6000 万人。据测算显示，2018 年和 2019 年分别吸纳就业 6210 万人和 6150 万人，约占全国总就业的 8.2%，在国民经济 44 个行业中是除了农业和批发业之外吸纳就业第三多的行业。受新冠肺炎疫情冲击，2020 年零售业全职就业下降至 5761 万人，占全国就业的比重下降至 7.7%，在居民收入持续增长的背景下，行业人均劳动者报酬由 2018 年的 35050 元上升至 2020 年的 41972 元，在 44 个行业中位居第 39 位，如表 2 所示。

表 2　　2018—2020 年零售业吸纳就业人数及行业平均劳动者报酬

时间（年）	就业（万人）	占全国总就业的比重（%）	行业平均劳动者报酬（全职）（元）
2018	6210	8.2	35050
2019	6150	8.2	37924
2020	5761	7.7	41972

数据来源：国家统计局，国家信息中心。

在与零售业关联程度较高的行业中，农业是我国就业规模最大的行业，2019 年行业吸纳就业 1.87 亿人，占全国总就业的 24.7%，远高于其他行业；批发业的规模也略高于零售业，2019 年占全国总就业的比重为 9.4%，高于零售业 1.2 个百分点。食品和烟草业，信息传输、软件和信息技术服务业，租赁和商务服务业占全国就业的比重均低于零售业，如图 1 所示。

① 2018 年零售业增加值快速下降原因在于批发零售业内部结构的大幅调整。2018 年，零售业在批发和零售业中的占比下调，因此导致零售业名义增速出现负值，为-8.2%。

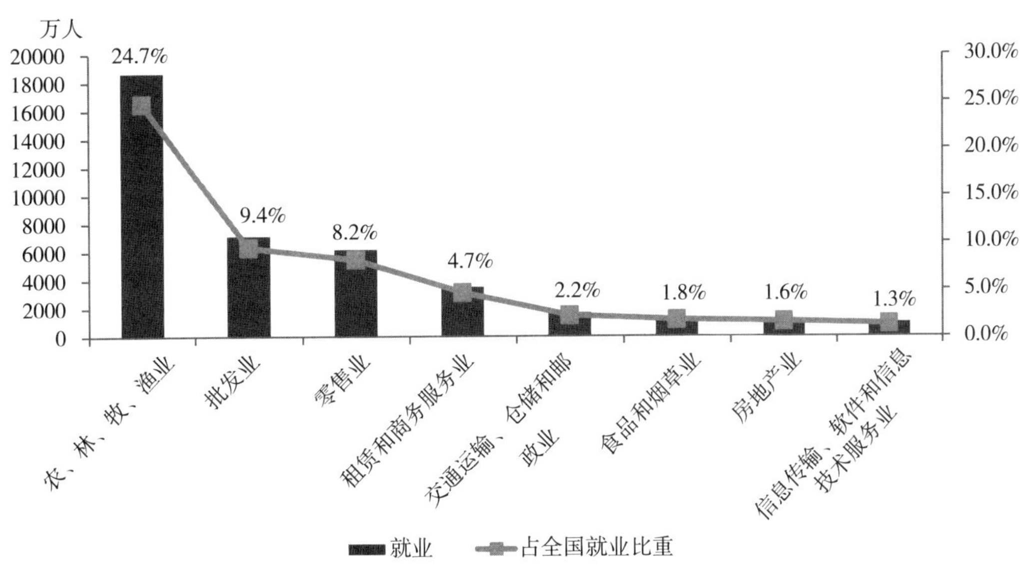

数据来源：国家统计局，国家信息中心。

图 1　2019 年我国主要行业就业规模对比

我国零售业规模在全国 44 个行业①中位居第 8 位。在与零售业关联程度较高的行业中，农业和房地产业是我国规模最大的两个行业，2020 年行业增加值分别为 81104 亿元和 74553 亿元，占 GDP 的比重分别约为 8.0%和 7.3%；批发业及交通运输、仓储和邮政业的规模也略高于零售业，占 GDP 的比重分别为 5.3%和 4.1%；食品和烟草业，信息传输、软件和信息技术服务业，租赁和商务服务业占 GDP 比重均低于零售业（见图 2）。

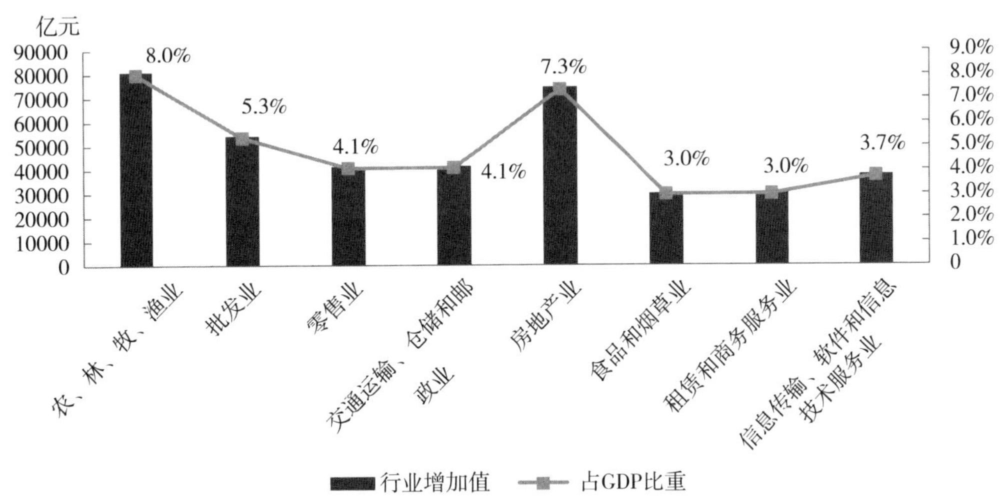

图 2　2020 年我国主要行业规模对比

数据来源：国家统计局，国家信息中心。

① 44 个行业分类参见附件 3。

超级市场是零售业吸纳就业的主要业态。根据国家统计局数据显示，其他综合零售、超级市场零售和医药及医疗器材专门零售吸纳的就业在零售业中位居前三位，2019 年其就业比重分别为 28. 1%、22. 3%和 18. 4%。与 2018 年相比，超级市场零售的就业比重小幅下降 0. 1 个百分点，其他综合零售和医药及医疗器材专门零售的比重则分别增长 2. 0 和 2. 2 个百分点。根据零售业总就业及就业结构，测算得到 2019 年其他综合零售、超级市场零售和医药及医疗器材专门零售吸纳的就业分别为 1728. 5 万人、1369. 9 万人和 1129. 8 万人。2020 年受新冠肺炎疫情冲击，以上三类零售业态就业分别下降 109. 3 万人、86. 6 万人和 71. 5 万人，不同业态的就业人数及其占比如表 3 所示。

表 3　　2020 年零售业不同业态的就业人数

业态	就业（万人）	占零售业的比重（%）	业态	就业（万人）	占零售业的比重（%）
便利店零售	149. 5	2. 6	文化、体育用品及器材专门零售	125. 7	2. 2
超级市场零售	1283. 3	22. 3	医药及医疗器材专门零售	1058. 3	18. 4
百货零售	301. 9	5. 2	汽车、摩托车、燃料及零配件专门零售	329. 5	5. 7
其他综合零售	1619. 2	28. 1	家用电器及电子产品专门零售	240. 2	4. 2
食品、饮料及烟草制品专门零售	229. 0	4. 0	五金、家具及室内装饰材料专门零售	19. 5	0. 3
纺织、服装及日用品专门零售	391. 0	6. 8	货摊、无店铺及其他零售业	14. 0	0. 2

数据来源：国家统计局，国家信息中心。

（三）零售业对经济的拉动整体偏低

1. 零售业对经济的拉动效应约占 GDP 的 2%

2020 年零售业直接拉动 GDP14039 亿元，间接拉动 GDP 6394. 6 亿元，对 GDP 的完全拉动效应为 20433. 6 亿元，约占 GDP 的 2. 0%，且直接拉动效应为总效应的 68. 7%。

2020 年零售业约拉动本行业全职就业 2298. 8 万人，拉动其他行业全职就业 380 万人，共拉动全职就业 2678. 8 万人，约占全国总就业的 3. 6%，且直接拉动效应约占总效应的 85. 8%。

2020 年零售业拉动本行业劳动者报酬 8057. 2 亿元，拉动其他行业劳动者报酬 2820. 8 亿元，共拉动劳动者报酬 10878. 0 亿元，约占全国劳动者报酬总额的 2. 3%，且直接拉动效应约占总效应的 74. 1%。

2. 零售业对租赁和商务服务业以及房地产业等服务业的拉动效应最大

房地产业，金融业，租赁和商务服务业，交通运输、仓储和邮政业以及信息传输、软件和信息技术服务业是零售业增加值间接影响最大的前五个行业，2020 年零售业对这五个行业增加值的拉动效应为4404.7亿元，约占零售业间接效应的68.9%。

租赁和商务服务业，农林牧渔产品和服务，房地产业，交通运输、仓储和邮政业以及批发业是零售业就业间接影响最大的前五个行业，2020年零售业拉动这五个行业的全职就业约237.0万人，约占零售业间接拉动就业的61.9%。

租赁和商务服务业，金融业，交通运输、仓储和邮政业以及房地产业是零售业劳动者报酬拉动最大的前四行业，2020年零售业拉动以上行业劳动者报酬约1793.1亿元，约占零售业间接拉动效应的63.6%。

3. 零售业受食品和烟草以及交通运输设备业的拉动效应最大

食品和烟草，交通运输设备业，计算机、通信和其他电子设备，纺织服装鞋帽皮革羽绒及其制品是对零售业增加值、就业以及劳动者报酬拉动效应最大的四个制造业，2020年这四个行业拉动零售业增加值约6774.1亿元，约占零售业增加值的16.8%；拉动零售业就业约1109.2万人，约占零售业就业的19.3%；拉动零售业劳动者报酬约3887.7亿元，约占零售业劳动者报酬的16.8%。

二、零售业对经济的完全拉动效应约为GDP的2.0%

（一）零售业直接拉动GDP约14000亿元

根据支出法GDP核算，基于2018年投入产出表行业结构，时间序列的宏观消费，投资以及进出口数据，采用时间序列模型估算得到2018—2020年零售业国内最终消费（消费）、固定资本形成总额（投资）以及货物和服务净出口（出口），如表4所示。

表4　2018—2020年零售业的消费、投资和出口额（亿元）

年份	消费		固定资本形成总额		出口	
	金额	占全国比重（%）	金额	占全国比重（%）	金额	占全国比重（%）
2018	9870.6	2.1	3581.3	0.9	7453.8	4.3
2019	11953.1	2.2	3710.8	0.9	7741.3	4.3
2020	10785.7	2.0	2827.0	0.9	6557.6	3.5

数据来源：国家统计局，国家信息中心。

零售业的直接拉动效应仅为本行业增加值的33.9%。2018年、2019年和2020年零售业对GDP的直接拉动效应约为13863.7亿元、15521.2亿元和14039.1亿元，分别占本行业增加值的36.1%、37.5%和33.9%（见表5）。

零售业消费对本行业增加值的贡献率约为17.3%。2018年和2019年零售业消费分别拉动本行业增加值6546亿元和7927亿元，分别占行业增加值的17.0%和19.2%。2020年受新冠肺炎疫情冲击，零售业增长整体放缓，消费有所下降，拉动本行业增加值为7153亿元，名义同比下降9.8%，占行业增加值的比重回落至17.3%。

零售业出口对本行业增加值的贡献率约为10.5%。2018年和2019年零售业出口分别拉动本行业增加值4943亿元和5134亿元，分别占行业增加值的12.9%和12.4%。2020年受新冠肺炎疫情冲击，零售业增长整体放缓，出口大幅下降，拉动本行业增加值为4349亿元，名义同比下降15.3%，占行业增加值的比重回落至10.5%。

零售业固定资本形成对本行业增加值的贡献率约为6.1%。2018年和2019年零售业固定资本形成分别拉动本行业增加值2375亿元和2461亿元，分别占行业增加值的6.2%和6.0%。2020年在新冠肺炎疫情冲击下，虽然零售业增长整体放缓，但零售业固定资本形成小幅上升3.1%，拉动本行增加值2538亿元，名义同比增长3.1%，占行业增加值的比重上升至6.1%。

表5　零售业对GDP的直接拉动效应及增加值构成（亿元）

年份	零售业对本行业增加值的拉动	其他行业拉动的零售业增加值	零售业增加值
2018	13863.7	24582.1	38445.8
2019	15521.2	25842.8	41364.0
2020	14039.1	27340.1	41379.2

数据来源：国家统计局，国家信息中心。

（二）零售业拉动其他行业的增加值超6000亿元

零售业对其他行业的拉动体现为零售企业从事商品销售、零售管理以及财务管理活动时对其他活动的成本支出，进而带来相应行业增加值的增长。

零售业拉动其他行业的增加值超过6000亿元。2018年、2019年和2020年零售业对其他行业增加值的拉动分别为6314.6亿元、7069.6亿元和6394.6亿元。其中零售业消费的间接拉动效应分别为2981.4亿元、3610.5亿元和3257.9亿元，零售业出口的间接拉动效应分别为2251.4亿元、2338.3亿元和1980.7亿元，零售业固定资本形成的间接拉动效应分别为1081.8亿元、1120.9亿元和1156.0亿元，消费的间接效应约占总间接效应的一半，2018—2020年分别为47.2%、51.1%和46.1%。

房地产业，金融业，租赁和商务服务业，交通运输、仓储和邮政业以及信息传输、软件和信息技术服务业是零售业影响最大的前五个行业，2020年零售业对这五个行业的拉动效应为4404.7亿元，约占零售业间接效应的68.9%；批发业受到的间接效应约占零售业间接效应的2.9%左右，位列所有行业第六位。

零售业完全拉动GDP的2%。2018年、2019年和2020年零售业分别完全拉动GDP（直接效应+间接效应）20178.3亿元、22590.8亿元和20433.7亿元，分别约占GDP的2.2%、2.3%和2.0%，且直接拉动效应约占总效应的68.7%，说明零售业对GDP的拉动主要在本行业。

（三）食品和烟草是对零售业增加值贡献最大的制造业

食品和烟草，交通运输设备业，通信设备、计算机和其他电子设备，以及纺织服装鞋帽皮革羽绒及其制品是对零售业增加值拉动效应最大的四个制造类行业，2020年这四个行业拉动零售业增加值约6774.1亿元，约占零售业增加值的16.8%。此外，建筑业[①]对零售业的拉动约占零售业增加值的16.0%。以上四个行业的具体拉动情况如下：

食品和烟草对零售业增加值的拉动体现在食品和烟草商品从生产商到消费者手中所需的零售服务支出，食品和烟草行业的扩张会拉动零售业增加值的增长。测算显示，2018年食品和烟草拉动零售业增加值约2026.9亿元，2019年和2020年分别增长至2239.1亿元和2678.9亿元，约占零售业增加值的6.5%。

交通运输设备业对零售业增加值的拉动体现在交通运输设备从生产商到最终消费者手中所需的零售服务支出，交通运输设备业的扩张会拉动零售业增加值的增长。测算显示，2018年交通运输设备业拉动零售业增加值约2031.5亿元，2019年和2020年分别增长至2118.3亿元和2254.1亿元，约占零售业增加值的5.4%。

通信设备、计算机和其他电子设备对零售业增加值的拉动体现在通信设备、计算机和其他电子设备从生产商到最终消费者手中所需的零售服务支出，通信设备、计算机和其他电子设备业的扩张会拉动零售业增加值的增长。测算显示，2018年通信设备、计算机和其他电子设备业拉动零售业增加值约1054.6亿元，2019年和2020年分别下降至974.2亿元和976.2亿元，约占零售业增加值的2.4%。

纺织服装鞋帽皮革羽绒及其制品对零售业增加值的拉动体现在纺织品从生产商到最终消费者手中所需的零售服务支出，纺织服装鞋帽皮革羽绒及其制品的扩张会拉动零售业增加值的增长。测算显示，2018年纺织服装鞋帽皮革羽绒及其制品拉动零售业增加值约1015.6亿元，2019年增长至1097.9亿元，2020年下降至864.9亿元，约占零售业增加值的2.1%。

三、零售业完全拉动全国3.6%的全职就业

（一）零售业直接拉动2200万人全职就业

零售业直接拉动本行业39.9%的就业。2018年、2019年和2020年零售业约拉动本行业就业2270.0万人、2541.4万人和2298.8万人，分别占本行业全职就业的36.6%、41.3%和39.9%（见表6）。

零售业消费对本行业就业的贡献率约为20.3%。2018年和2019年零售业消费分别带动本行业1071.8万人和1297.9万人全职就业，分别占行业总就业的17.3%和21.1%。2020年受新冠肺炎疫情冲击，零售业增长整体放缓，对就业的带动效应减弱，约带动本行业就业1171.2万人，名义同比下降9.7%，占行业总就业的比重回落至20.3%。

零售业出口对行业就业的贡献率约为12.4%。2018年和2019年零售业出口分别带动本行业809.4万人和840.6万人全职就业，分别占行业总就业的13.0%和13.7%。2020年受新冠肺炎疫情冲击，零售业增长整体放缓，出口大幅下降，对就业的带动下降至712.1万人，名义同比下降15.2%，占行业增加值的比重回落至12.4%。

---

① 建筑业由于其上下游行业多且联系紧密，对各行业的拉动效应较大，具有较强的一般性，因此，在下文对行业的特定分析中，不再单独说明。

零售业固定资本形成对本行业就业的贡献率约为 7.2%。2018 年和 2019 年零售业固定资本形成分别带动本行业 388.9 万人和 402.9 万人全职就业，分别占行业总就业的 6.3%和 6.6%。2020 年在新冠肺炎疫情冲击下，零售业增长放缓，但固定资本形成总额小幅上升带动全职就业增长至 415.6 万人，名义同比增长 3.1%，占行业增加值的比重上升至 7.2%。

表 6　　零售业对就业的直接拉动效应及构成（万人）

年份	零售业对本行业就业的拉动	其他行业对零售业就业的拉动	零售业总就业
2018	2270.0	3940.4	6210.4
2019	2541.4	3608.7	6150.1
2020	2298.8	3462.6	5761.4

数据来源：国家统计局，国家信息中心。

（二）零售业拉动其他行业全职就业约 380 万人

零售业间接拉动 380 万人全职就业，消费是主要的拉动因素。2018 年、2019 年和 2020 年零售业分别拉动其他行业全职就业约 378.3 万人、423.5 万人和 382.9 万人。其中消费间接拉动就业分别为 178.6 万人、216.3 万人和 195.1 万人，分别占就业间接拉动效应的 47.2%、51.1%和 50.9%；出口间接拉动就业分别为 134.9 万人、140.1 万人和 118.6 万人，固定资本形成间接拉动就业分别为 64.8 万人、67.1 万人和 69.2 万人（见表 7）。

表 7　　零售业对就业的间接拉动效应（万人）

年份	零售业消费拉动的其他行业就业	零售业投资拉动的其他行业就业	零售业出口拉动的其他行业就业	零售业对就业的间接拉动效应
2018	178.6	64.8	134.9	378.3
2019	216.3	67.1	140.1	423.5
2020	195.1	69.2	118.6	382.9

数据来源：国家统计局，国家信息中心。

租赁和商务服务业，农林牧渔产品和服务，房地产业，交通运输、仓储和邮政业以及批发业是零售业就业间接影响最大的前五个行业，2020 年零售业拉动这五个行业的全职就业约 237.0 万人，约占零售业间接拉动就业的 61.9%。

零售业对就业的完全拉动效应约占全国总就业的 3.6%。2018 年、2019 年和 2020 年零售业分别完全拉动就业（直接效应+间接效应）2648.3 万人、2964.9 万人和 2681.8 万人，分别约占全国总就业的 3.5%、3.9%和 3.6%，且直接拉动效应约占总效应的 85.7%。

（三）食品和烟草是拉动零售业就业最大的制造业

食品和烟草，交通运输设备业，通信设备、计算机和其他电子设备，以及纺织服装鞋帽皮革羽绒及其制品是对零售业就业拉动效应最大的四个制造业，2020 年这四个行业拉动零售业就业约 1109. 2 万人，约占零售业就业的 19. 3%。此外，建筑业约拉动零售业就业 1057. 9 万人，约占零售业就业的 18. 4%。以上四个制造业具体拉动情况如下：

食品和烟草对零售业就业的拉动体现在食品和烟草商品从生产商到消费者手中需要零售服务的投入，进而拉动零售业的就业。测算显示，2018 年食品和烟草拉动零售业就业约 331. 9 万人，2019 年和 2020 年分别增长至 366. 6 万人和 438. 6 万人，约占零售业就业的 7. 6%。

交通运输设备业对零售业就业的拉动体现在交通运输设备从生产商到最终消费者手中需要零售服务的投入，进而拉动零售业的就业。测算显示，2018 年交通运输设备业拉动零售业就业约 332. 6 万人，2019 年和 2020 年分别增长至 346. 9 万人和 369. 1 万人，约占零售业就业的 6. 4%。

通信设备、计算机和其他电子设备对零售业就业的拉动体现在通信设备、计算机和其他电子设备从生产商到最终消费者手中需要零售服务的投入，进而拉动零售业的就业。测算显示，2018 年通信设备、计算机和其他电子设备拉动零售业就业约 172. 7 万人，2019 年和 2020 年分别下降至 159. 5 万人和 159. 8 万人，约占零售业就业的 2. 8%。

纺织服装鞋帽皮革羽绒及其制品对零售业就业的拉动体现在纺织品从生产商到最终消费者手中需要零售服务的投入，进而拉动零售业的就业。测算显示，2018 年纺织服装鞋帽皮革羽绒及其制品拉动零售业就业约 166. 3 万人，2019 年增长至 179. 8 万人，2020 年下降至 141. 6 万人，约占零售业就业的 2. 5%。

四、零售业完全拉动全国 2. 3%的劳动者报酬

（一）零售业直接拉动劳动者报酬超 8000 亿元

零售业直接拉动劳动者报酬超过 8000 亿元。2018 年、2019 年和 2020 年零售业分别拉动本行业劳动者报酬 7956. 5 亿元、8907. 7 亿元和 8057. 2 亿元，约占本行业劳动者报酬总额的 36. 6%。

零售业消费直接拉动劳动者报酬超过 4000 亿元。2018 年、2019 年和 2020 年零售业消费分别拉动本行业劳动者报酬 3756. 6 亿元、4549. 2 亿元和 4104. 9 亿元，约占行业劳动者报酬总额的 17. 3%。

零售业出口直接拉动劳动者报酬超过 2000 亿元。2018 年、2019 年和 2020 年零售业出口分别拉动本行业劳动者报酬 2836. 8 亿元、2946. 2 亿元和 2495. 7 亿元，约占行业劳动者报酬总额的 13. 0%。

零售业固定资本形成直接拉动劳动者报酬约 1500 亿元。2018 年、2019 年和 2020 年零售业固定资本形成分别拉动本行业劳动者报酬 1363. 0 亿元、1412. 3 亿元和 1456. 5 亿元，约占行业劳动者报酬总额的 6. 3%。

（二）零售业间接拉动劳动者报酬约 2800 亿元

零售业间接拉动劳动者报酬约 2800 亿元，消费仍是主要拉动因素。2018 年、2019 年

和 2020 年零售业拉动其他行业劳动者报酬分别为 2785.6 亿元、3118.6 亿元和 2820.8 亿元。其中零售业消费间接拉动劳动者报酬分别为 1315.2 亿元、1592.7 亿元和 1437.1 亿元，约占劳动者报酬间接拉动效应的一半。

租赁和商务服务业，金融业，交通运输、仓储和邮政业以及房地产业是零售业劳动者报酬拉动最大的四个行业，2020 年零售业拉动以上行业劳动者报酬约 1793.1 亿元，约占零售业间接拉动效应的 63.6%。

零售业完全拉动劳动者报酬约 1 万亿元。2018 年、2019 年和 2020 年零售业分别完全拉动劳动者报酬（直接效应+间接效应）10742.0 亿元、12026.3 亿元和 10878.0 亿元，约占全国劳动者报酬总额的 2.3%，且直接拉动效应约占总效应的 74.1%。

（三）食品和烟草是拉动零售业劳动者报酬最大的制造业

食品和烟草，交通运输设备业，通信设备、计算机和其他电子设备，以及纺织服装鞋帽皮革羽绒及其制品同样也是对零售业劳动者报酬拉动效应最大的制造业，2020 年这四个行业拉动零售业劳动者报酬约 3887.7 亿元，约占零售业劳动者报酬的 16.8%。此外，建筑业拉动零售业劳动者报酬 3707.8 亿元，约占零售业劳动者报酬的 16.0%。

其他行业对零售业劳动者报酬的拉动体现在行业生产活动需要零售服务的投入，对其服务支付的劳动者报酬，主要行业对零售业劳动者报酬的拉动如表 8 所示。

表 8　　主要行业对零售业劳动者报酬的拉动（亿元）

行业	2018 年	2019 年	2020 年	占零售业劳动者报酬的比重（%）
建筑业	3471.3	3597.0	3707.8	16.0
食品和烟草	1163.2	1285.0	1537.5	6.6
交通运输、仓储和邮政业	1165.9	1215.7	1293.7	5.6
通信设备、计算机和其他电子设备	605.3	559.1	560.3	2.4
纺织服装鞋帽皮革羽绒及其制品	582.9	630.1	496.3	2.1

数据来源：国家统计局，国家信息中心。

五、零售业高质量发展的政策建议

作为国民经济的基础性行业，零售业是形成新发展格局的重要环节，是满足人民对美好生活需求的重要载体，也是全面促进消费、实现流通价值的重要途径，在对外交流合作中发挥着重要平台和窗口作用，也将会在推动经济社会高质量发展中发挥更加重要的支持作用，尤其是在形成强大国内市场过程中其基础性作用将更为凸显。对畅通国内、国际经济循环来说，推动零售业高质量发展至关重要。

（一）"十四五"时期我国消费趋势判断

"十四五"时期，我国进一步释放内需特别是居民消费潜力，全面促进消费，顺应消费升级趋势，提升传统消费，培育新型消费，适当增加公共消费，创造更具吸引力的营商环境，建设若干具有全球影响力的国际消费中心城市，使消费成为推动经济中长期平稳发展的基础性力量。在就业、收入、社保等持续改善的背景下，我国消费升级将持续加快，国内消费市场不断壮大，与国际市场的联系更加紧密，消费对经济增长的作用将更加突出，超大规模市场优势将进一步显现。

1. 促进消费升级的中等收入群体快速成长

党的十九届五中全会通过的《中共中央关于制定国民经济和社会发展第十四个五年规划和二〇三五年远景目标的建议》，把提高人民收入水平，扩大中等收入群体规模作为重要政策目标。按国家统计局绝对收入标准计算，我国拥有约 4 亿人以上的中等收入群体①，是全球规模最大、最具成长性的中等收入群体。2021 年，人社部公布的《人力资源和社会保障事业发展“十四五”规划》提出，以高校和职业院校毕业生、技能型劳动者、小微创业者、农民工等为重点，不断提高中等收入群体比重。力争“十四五”末把中等收入群体占总人口的比重提高至 40%左右，将有助于缩小收入差距，扩大消费需求，促进消费升级和提高经济增长的韧性。中等收入群体中较高收入者对产品和服务供给质量将不断提出更新需求。招商银行和贝恩公司联合发布的《2021 中国私人财富报告》显示，2020 年，中国可投资资产在 1000 万元人民币以上的中国高净值人群数量达 262 万人，预计到 2021 年年底，将增至近 300 万人。其中，年轻群体创富速率加快，40 岁以下高净值人群已经成为高净值群体的中坚力量，占比从 2019 年的 29%升至 2021 年的 42%，他们更看重质量和性价比，追求时尚和品牌，乐于尝试新鲜事物，将成为消费品质升级的主要拉动力。预计月可支配收入在 1 万元以上的中等收入群体及高收入群体可能将在“十四五”期间突破 1 亿户，对消费增量的 70%以上均来自这一群体。这一群体对产品质量、品质、品牌的需求日益提升，更加追求健康绿色的生活方式，对享受型消费的品质要求也更加个性化多样化，充分发挥消费大市场的规模效应和集聚效应，在经济发展基础上释放更大的消费潜力。

2. 居民消费呈现个性化、多元化和加速升级趋势

消费既是社会生产的起点，也是社会再生产的终点。随着居民收入增加和全面促进消费政策落地见效，居民消费不断向着个性化、差异化、多元化发展，居民消费支出结构持续改善，呈现由生存型消费为主向发展型和享受型消费转变的态势。一是在“吃”类消费中，大米、馒头等主食消费明显减少，熟食、外食、饮料和甜品等食品支出显著增长，成为食品类消费升级的方向；二是居民健康理念升级，由“治病”为中心转向以“健康”为中心，居民消费支出中保健服务支出占比不断提升且药品支出比例显著下降；三是消费向舒适、个性和自我能力提升方向转型。随着 Z 世代等新一批消费主体的成长，人们的消费方式和消费理念正在不断改变。CBNData 发布的《2020“Z 世代”消费态度洞察报告》显示，2020 年中国 Z 世代人口约 2.6 亿人，消费支出超过 4 万亿元人民币，约占全国家庭总消费支出的 13%。“十四五”期间私人交通和教育娱乐文化支出比重将显著上升，特别是在教育支出中，可选性消费的补习费支出保持高速增长，在教育费用中的占比明显增加。这些消费新趋势要求以客户需求为根本的零售企业做到快速响应，精耕细作供

① 所谓中等收入群体，通常是指三口之家年收入在 10 万到 50 万元人民币的人群。

应链服务，加大商业模式创新，重构上下游生态体系，加快实现零售行业的顺势发展和逆势生长。

3. 数字化催生消费及零售业态模式变化

移动设备、社交媒体、在线支付和数字视频的快速兴起，推动消费者打破消费地域局限，消费市场将从一、二线城市加速下沉，低线城市的消费潜力将在数字化消费场景和方式下加速释放，带动新的消费趋势，创造良好的商机，不断催生出消费的新模式和新业态。与此同时，不同层级城市的消费分化将加强。一、二线城市居民消费更加追求品质化和个性化，居民消费与市场销售的渠道、方式、理念更加多元化；品牌化消费依然是三、四线城市居民消费的重点，更低线的城市居民则仍处于大众消费阶段，对汽车、家电等耐用品需求较高。

（二）零售业发展面临的风险和挑战

无论是科技变革、政策调整还是消费者理念转变，都会给零售业的发展带来机遇和挑战，促使零售业不断做出适应性改变。作为商品与服务抵达消费者的“最后一公里”，零售业尤其是实体零售业面临着内外环境复杂变化的冲击和消费新趋势带来的挑战。

1. 我国零售业增加值比重在持续下降，不利于消费驱动的供需循环畅通

与美国和日本相比，我国零售业增加值占 GDP 的比重偏低。2020 年我国零售业增加值占 GDP 的比重为 4.07%，较 2016 年下降 1.03 个百分点，下降趋势显著，有可能会成为制约商品与服务消费循环畅通的关键环节。2019 年日本和美国零售业增加值分别占 GDP 的 5.86%和 5.44%，分别高于中国 1.67 和 1.25 个百分点，2020 年美国零售业增加值占比上升至 5.75%，高于中国 1.68 个百分点（见表 9）。

表 9　　　中国、日本和美国零售业增加值在国民经济中的比重对比（%）

年份	中国	日本	美国
2016	5.10	6.08	5.63
2017	5.04	6.01	5.56
2018	4.18	5.78	5.44
2019	4.19	5.86	5.44
2020	4.07	-	5.75

数据来源：国家统计局，wind 数据库。

2. 我国零售业发展受外力影响较大，不利于形成稳定的供应链体系

零售业对本行业的拉动作用有限。测算显示，零售业增加值的三分之二和就业的 60.1%均由其他行业拉动得到，行业对自身的支撑力较弱。一旦宏观环境变化导致其他行业特别是建筑业，食品和烟草，交通运输设备业，通信设备、计算机和其他电子设备，以及纺织服装鞋帽皮革羽绒及其制品业减速增长，零售业本身以及对经济的拉动效应均显著放缓，零售业在供应链中的脆弱性将会显现，或将影响国内产业链和供应链的安全稳定。

3. 零售业经营成本持续攀升，不利于行业健康、可持续发展

经营成本持续上升是当前零售业面临的普遍问题。商务部重点流通企业调查数据显

示，67.1%的企业表示经营成本偏高主要是来自人力成本、租金成本和融资成本的挑战。作为劳动密集型行业，零售业吸收就业的同时背负了较重的人工成本。零售行业的用工成本长期处于上升趋势，过去10年零售企业的人力成本上涨了一倍多，其中超市的人工成本占到整体费用的30%～40%。对零售业健康发展来说，控制人效变得至关重要。此外，一些零售企业基础配套及商业设施老化陈旧，客流采集、数据分析、营销引流等前沿技术快速更迭，企业转型升级所需进行的硬件改造与技术应用带来新的成本上升。

4. 零售业从业人数下降，平均劳动者报酬较低，不利于发挥就业蓄水池作用

当前实体零售依然是零售业的主要内容，也是吸纳零售就业的重要蓄水池。在资本推动下，网络零售的快速发展促使实体零售面临一定程度的萎缩，网络商城、直播带货、社区团购等新业态给以线下场景为主的实体店零售带来颠覆性的冲击。特别是叠加新冠肺炎疫情对消费意愿和消费行为的冲击影响，以门店经营为主的实体零售业面临的风险挑战短期难以消除，或将面临重大且永久的业务损失。

相对而言，以门店销售和服务为主要工作内容的零售业行业技术含量不高，就业门槛相对较低，但吸纳就业人员规模较大，通常是新就业者或兼职人员就业的第一站。据统计，90%以上的零售业就业为低教育水平的私营和个体。行业附加值低且劳动力受教育程度也偏低使得行业平均劳动者报酬较低。2018年行业平均劳动者报酬仅为35050元，在全国44个行业中位列第39名。2020年吸纳全职就业5761万人，比2018年减少449万人。实体零售业面临人才流失的风险，显然不利于发挥零售业就业蓄水池的作用，也不利于实现高质量的就业。

（三）零售业高质量发展的政策建议

作为经济发展的支柱产业，零售业是国民经济正常循环的支撑要素，是与消费端紧密相连的经济业态，在构建新发展格局中具有重要的战略意义和现实意义，尤其在贯通生产、分配、流通、消费各环节，加快形成强大国内市场和培育完整内需体系中扮演着不可或缺的角色。加快推动零售业高质量发展，亟须加强政策支持，推动零售业数字化转型，加快上下游全链条标准化建设，加强零售业人才培养，完善从业人员保障体系等。

1. 加大对实体零售商数字化基建补贴力度

鉴于很多实体零售企业受新冠肺炎疫情冲击较大，在数字化转型方面缺少财税、金融、市场等政策支持，实现全流程数字化、智能化改造尚面临诸多困难。建议加快传统零售业的数字化转型，加大零售行业数字基础设施建设，平衡零售行业线上线下业务模式，支持零售企业以效率提升为目标，全面提升供需衔接畅通水平，提高资源优化配置效率。具体做法是，可加大零售行业的数字化基建补贴，对零售企业参与“上云用数赋智”行动提供数额不等的补贴，助力整个行业加速数字化改造，全面提升整个零售行业线上线下融合发展水平。通过减税等隐形补贴支持零售企业积极探索社区拼团、到家服务、网上直播等新兴业务模式，促进零售业线上线下深度融合发展，建成线上线下深度融合的零售系统，增强商品丰富性和消费者黏性。

2. 把准公益性超市纳入惠民乐业保障体系

围绕减少中间环节、降低物流成本，建立健全微利惠民的公益性超市体系建设，把更多的中小微社区超市纳入惠民便民服务保障体系，充分发挥中小微实体零售店稳定物价和

保障民生的基本作用。通过政府与市场共同发力、公益性与市场化结合方式，依托大型连锁超市的影响力，通过税收、社保、租金和人才等方面的政策支持，建立社区全覆盖、基地直采直供的公私合作的民生消费配送网点，进一步缩短供应链周期，实现原产地与消费者的无缝对接，提升以社区零售驱动的安全高效的供应链管理模式，保障食品药品安全的同时，提高供应链的运营效率，增强社区“一对一”和“面对面”的精准服务能力。

3. 加快零售业上下游全链条标准化系统建设

积极推进技术、产品、质量等标准化系统建设及应用，统一不同零售企业的采购、营销、门店运营、供应链、客户服务等数字化系统的标准，打通线下线上标准化数据壁垒，实现上下游高效、安全的数据共享。通过制定和推广全行业统一的系统接口，实现从生产到消费全产业链的数字化和智能化协同，为零售企业、品牌商以及制造商等供应链各参与方创造更多的价值，推动从资本价值驱动向顾客价值驱动转变。面向农产品及生鲜食品，重点围绕提升农产品层次、增加农产品覆盖面、高起点建立健全面向市场消费环节为主的农产品标准体系，积极开展农产品标准化试点示范，促进标准化与技术创新、产业发展同步。此外，加强与物流服务的衔接，鼓励零售企业加大冷链物流节点建设，扩大冷链物流网络，增强冷链物流节点的多温层仓储管理、流通加工、售后服务、保税、宅配与快递以及运输配送功能，提升零售业的附加值，并进一步推动企业向价值链高端延伸。

4. 全面提升零售从业人员技能素质及收入水平

随着零售数据化、科技化的要求，零售专业人才需求量会逐步增加。为此，要加大政策支持力度，进一步完善零售行业职业素养和技能标准，可设立零售行业教育培训基金，加强零售职业技能人才培养，专门用于提高零售业从业人员就业技能和职业素质；建立完整的零售业人才评估体系，提高从业人员专业水平；建立完善的综合绩效考核机制，充分发挥员工的主观能动性；建立完善的员工晋升机制，优化企业年龄结构，最大限度地留住高水平的专业人才，夯实行业基础。

5. 健全零售业灵活用工的保障体系

根据零售业、生活服务业作业强度及其时间频度周期性和波峰波谷的特点，将灵活用工时长调整为每天不超过 6 小时，每周不超过 24 小时，并允许企业为非全日制员工单独购买工伤保险，允许使用“共享用工”的用人单位单独为共享人员缴纳工伤保险，并对用人单位给予适当的税收减免、金融支持或就业岗位补贴。建议将零售业、生活服务业纳入“不定时工作制和综合计算工时工作制”准许范围，以缓解劳资关系和降低企业用工风险；在现有法律制度框架体系下，适当放开灵活用工并准确界定其法律性质，明确灵活用工的劳资各方主体之间的法律关系，全面保障非全日制员工工作权益。

附件 1：零售业行业界定

国民经济行业分类（GB/T 4754-2017）		所有经济活动的国际标准行业分类（ISIC Rev. 4）	
52	零售业		
521	综合零售		
5211	百货零售	4719	其他非专门商店的零售
5212	超级市场零售	4711	以销售食品、饮料或烟草为主的非专门商店的零售
5213	便利店零售	4711	以销售食品、饮料或烟草为主的非专门商店的零售
5219	其他综合零售	4711	以销售食品、饮料或烟草为主的非专门商店的零售
522	食品、饮料及烟草制品专门零售		
5221	粮油零售	4721	专门商店中食品的零售
5222	糕点、面包零售	4721	专门商店中食品的零售
5223	果品、蔬菜零售	4721	专门商店中食品的零售
5224	肉、禽、蛋、奶及水产品零售	4721	专门商店中食品的零售
5225	营养和保健品零售	4721	专门商店中食品的零售
5226	酒、饮料及茶叶零售	4722	专门商店中饮料的零售
5227	烟草制品零售	4723	专门商店中烟草的零售
5229	其他食品零售	4721	专门商店中食品的零售
523	纺织、服装及日用品专门零售		
5231	纺织品及针织品零售	4751	专门商店中纺织品的零售
5232	服装零售	4771	专门商店中服装、鞋靴和皮革制品的零售
5233	鞋帽零售	4771	专门商店中服装、鞋靴和皮革制品的零售
5234	化妆品及卫生用品零售	4772	专门商店中药品和医疗用品、化妆品及盥洗用品的零售
5235	厨具卫具及日用杂品零售	4773	专门商店中其他新产品的零售
5236	钟表、眼镜零售	4773	专门商店中其他新产品的零售
5237	箱包零售	4771	专门商店中服装、鞋靴和皮革制品的零售
5238	自行车等代步设备零售	4763	专门商店中体育设备的零售
5239	其他日用品零售	4759	专门商店中家用电器、照明设备和其他家用物品的零售
524	文化、体育用品及器材专门零售		
5241	文具用品零售	4761	专门商店中书籍、报纸和文具的零售
5242	体育用品及器材零售	4763	专门商店中体育设备的零售
5243	图书、报刊零售	4761	专门商店中书籍、报纸和文具的零售
5244	音像制品、电子和数字出版物零售	4762	专门商店中音乐和录像产品的零售
5245	珠宝首饰零售	4773	专门商店中其他新产品的零售
5246	工艺美术品及收藏品零售	4773	专门商店中其他新产品的零售
5247	乐器零售	4759	专门商店中家用电器、照明设备和其他家用物品的零售
5248	照相器材零售	4773	专门商店中其他新产品的零售

续表

国民经济行业分类（GB/T 4754-2017）		所有经济活动的国际标准行业分类（ISIC Rev. 4）	
5249	其他文化用品零售	4764	专门商店中游艺用品和玩具的零售
525	医药及医疗器材专门零售		
5251	西药零售	4772	专门商店中药品和医疗用品、化妆品及盥洗用品的零售
5252	中药零售	4772	专门商店中药品和医疗用品、化妆品及盥洗用品的零售
5253	动物用药品零售	4772	专门商店中药品和医疗用品、化妆品及盥洗用品的零售
5254	医疗用品及器材零售	4772	专门商店中药品和医疗用品、化妆品及盥洗用品的零售
5255	保健辅助治疗器材零售	4772	专门商店中药品和医疗用品、化妆品及盥洗用品的零售
526	汽车、摩托车、零配件和燃料及其他动力销售		
5261	汽车新车零售	4510	汽车销售
5262	汽车旧车零售	4510	汽车销售
5263	汽车零配件零售	4530	汽车零件和附件的销售
5264	摩托车及零配件零售	4540	摩托车及有关零件和附件的销售、修理与保养
5265	机动车燃料油零售	4730	专门商店中汽车燃料的零售
5266	机动车燃气零售	4730	专门商店中汽车燃料的零售
5267	机动车充电销售		
527	家用电器及电子产品专门零售		
5271	家用视听设备零售	4742	专门商店中音像设备的零售
5272	日用家电零售	4759	专门商店中家用电器、照明设备和其他家用物品的零售
5273	计算机、软件及辅助设备零售	4741	专门商店中计算机、外部产品、软件和电信设备的零售
5274	通信设备零售	4741	专门商店中计算机、外部产品、软件和电信设备的零售
5279	其他电子产品零售	4741	专门商店中计算机、外部产品、软件和电信设备的零售
528	五金、家具及室内装饰材料专门零售		
5281	五金零售	4773	专门商店中其他新产品的零售
5282	灯具零售	4759	专门商店中家用电器、照明设备和其他家用物品的零售
5283	家具零售	4759	专门商店中家用电器、照明设备和其他家用物品的零售
5284	涂料零售	4752	专门商店中金属、油漆和玻璃的零售
5285	卫生洁具零售	4752	专门商店中金属、油漆和玻璃的零售
5286	木质装饰材料零售	4753	专门商店中地毯和小地毯、墙纸和地面铺设物的零售
5287	陶瓷、石材装饰材料零售	4752	专门商店中金属、油漆和玻璃的零售
5289	其他室内装饰材料零售	4752	专门商店中金属、油漆和玻璃的零售
529	货摊、无店铺及其他零售业		
5291	流动货摊零售	4781	在售货摊和市场进行的食品、饮料和烟草产品的零售
5292	互联网零售	4791	通过邮购商行和因特网进行的零售
5293	邮购及电视、电话零售	4791	通过邮购商行和因特网进行的零售

续表

国民经济行业分类（GB/T 4754-2017）		所有经济活动的国际标准行业分类（ISIC Rev. 4）	
5294	自动售货机零售	4799	其他不在商店、售货摊和市场进行的零售
5295	旧货零售	4774	旧货的零售
5296	生活用燃料零售	4773	专门商店中其他新产品的零售
5297	宠物食品用品零售	4773	专门商店中其他新产品的零售
5299	其他未列明零售业	4799	其他不在商店、售货摊和市场进行的零售

资料来源：国家统计局。

附件 2：数据和方法

报告主要数据来源

- 国家统计局发布的 2018 年竞争及非竞争型投入产出表。
- 国家统计局发布的全国 GDP、居民消费、政府消费、固定资本形成的时间序列数据，2018—2020 年分行业增加值；海关总署发布的货物进出口时间序列数据以及外汇管理局发布的服务进出口时间序列数据。
- 《中国统计年鉴》和《中国劳动统计年鉴》中 2018—2020 年全国分三次产业及城乡就业，中国城镇分行业就业，全国私营和个体就业以及城镇私营和个体就业。
- 中国连锁经营协会 2018—2020 年度连锁百强调查数据。

报告研究方法

（1）本报告基于全国 GDP、消费、固定资本形成、出口和进口总值以及 2018 年的部门结构，采用时间序列模型估算 2019 年和 2020 年 42 部门的消费、固定资本形成、出口和进口值，并基于 2018 年部门结构，将零售业从批发和零售业中拆分出来，餐饮业从住宿和餐饮业中拆分出来，最终得到 44 部门的消费、固定资本形成、出口和进口值；（2）基于 2018 年竞争型投入产出模型和进口矩阵，得到 2018 年 44 部门非竞争型投入产出模型；（3）基于 2018—2020 年全国三产、城乡以及城镇单位，私营和个体的就业，采用 2018 年 44 部门增加值结构以及城镇单位就业结构，估算得到 2018—2020 年全国 44 部门的就业；（4）基于以上数据，采用非竞争型投入产出需求模型测算零售业最终需求对我国及分行业 GDP（增加值），就业以及居民收入的影响。

零售业对经济（GDP，就业，劳动者报酬）的拉动作用

作为国民经济的支柱行业之一，零售业对经济的拉动是通过零售企业在商品销售、零售管理以及财务活动过程中对其他活动的消耗来实现的，如零售企业需要租赁房屋、购买零售活动所需的机器设备及相关材料、通过运输活动将商品从生产商运送到零售处、商品装卸、供应水电暖气、购买员工制服、培训员工以及行政人员出差办公等活动。这些活动支出既是零售企业的成本，也是活动对应行业的产出。因此，零售业在不断扩张时，对其他活动的需求增多，进而拉动其他行业的发展，并进一步推动 GDP、就业以及居民收入的增长。根据投入产出模型，零售业对经济的直接拉动效应是指零售业最终需求对本行业增加值（就业或居民收入）的拉动；零售业对经济的间接拉动效应是指零售业最终需求对其他行业增加值（就业或居民收入）的拉动，零售业对宏观经济的总影响等于直接影响与间接影响之和。同时，所有商品都需要通过销售或批发活动从生产商到消费者手中，因此，零售也是其他行业生产活动的成本环节之一，其他行业的扩张同样会拉动零售业的发展，即其他行业最终需求拉动零售业增加值，进而拉动就业和居民收入。换言之，零售

业增加值（就业或居民收入）既可由本行业最终需求拉动得到，也可由其他行业最终需求拉动得到。综上所述，以增加值为例，我们得到行业增加值的构成如附表 1 所示，行业增加值的平衡关系如下：

零售业增加值（VA1）=零售业直接拉动效应（A1）+其他行业间接拉动效应（B2）

其他行业增加值（VA2）=零售业间接拉动效应（A2）+其他行业直接拉动效应（B1）

零售业对 GDP 的完全拉动效应（A）=零售业的直接拉动效应（A1）+零售业的间接拉动效应（A2）

其他行业对 GDP 的完全拉动效应（B）=其他行业直接拉动效应（B1）+其他行业间接拉动效应（B2）

国家 GDP=零售业增加值（A）+其他行业增加值（B）

附表 1　　行业增加值构成

	零售业最终需求	其他行业最终需求	合计
零售业	零售业直接拉动效应（零售业对本行业增加值的拉动）（A1）	其他行业间接拉动效应（其他行业对零售业增加值的拉动）（B2）	零售业增加值（VA1）
其他行业	零售业间接拉动效应（零售业对其他行业增加值的拉动）（A2）	其他行业直接拉动效应（其他行业对本行业增加值的拉动）（B1）	其他行业增加值（VA2）
合计	零售业完全拉动效应（零售业对所有行业增加值的拉动）（A）	其他行业完全拉动效应（其他行业对所有行业增加值的拉动）（B）	国家 GDP

附件 3：基于投入产出表的我国 44 个行业分类

序号	行业	序号	行业
1	农林牧渔产品和服务	23	金属制品、机械和设备修理服务
2	煤炭采选产品	24	电力、热力的生产和供应
3	石油和天然气开采产品	25	燃气生产和供应
4	金属矿采选产品	26	水的生产和供应
5	非金属矿和其他矿采选产品	27	建筑
6	食品和烟草	28	批发业
7	纺织品	29	零售业
8	纺织服装鞋帽皮革羽绒及其制品	30	交通运输、仓储和邮政
9	木材加工品和家具	31	住宿
10	造纸印刷和文教体育用品	32	餐饮
11	石油、炼焦产品和核燃料加工品	33	信息传输、软件和信息技术服务
12	化学产品	34	金融
13	非金属矿物制品	35	房地产
14	金属冶炼和压延加工品	36	租赁和商务服务
15	金属制品	37	研究和试验发展
16	通用设备	38	综合技术服务
17	专用设备	39	水利、环境和公共设施管理
18	交通运输设备	40	居民服务、修理和其他服务
19	电气机械和器材	41	教育
20	通信设备、计算机和其他电子设备	42	卫生和社会工作
21	仪器仪表	43	文化、体育和娱乐
22	其他制造产品和废品废料	44	公共管理、社会保障和社会组织

2020—2021 年连锁超市经营情况报告

本报告基于 2020 年超市业态的发展情况，根据中国连锁经营协会调研数据从企业层面和门店层面对经营的关键指标进行统计分析，从企业销售规模、门店规模、企业总部所在区域、企业主营业态四个维度（部分指标提供城市级别维度）计算行业平均值，为超市企业提供经营指标对标基准。

2020 年是特殊的一年，在新冠肺炎疫情中，超市企业克服重重困难，坚持正常营业，既承担了企业的社会责任，也取得了不错的销售业绩。

中国连锁经营协会行业调查数据显示，超市企业 2020 年销售呈现先高后低态势，全年保持正增长；超市百强企业的门店数量保持增长，增长最快的是小型社区店；企业毛利率有所提升，但净利润率有所下降；同店可比销售增速下降。

新冠肺炎疫情对超市业态的销售整体带来正向影响，促进了线上零售的发展。进入后疫情时代，实体超市不改持续升级趋势。头部企业依然快速发展，集中度进一步上升；随着需求分化、人口结构变化，超市门店定位进一步细化；超市加快品类结构调整，扩展 3R 产品的广度和深度，强化自有品牌商品建设；线上线下融合进一步深入；社区超市单店效率提升，绿色、可持续发展理念贯穿日常管理。

一、超市企业经营表现

2020 年中国超市 Top100 销售规模为 9680 亿元，同比增长 4. 4%，约占全年社会快消品零售总额[①]的 5. 5%。

（一）2020 年销售先高后低，全年保持正增长

2020 年 5 月中旬之前，大部分企业采取居家办公，人们回归居家用餐，生鲜和食品需求转移至零售端；非必要零售渠道关闭，使得超市受益；重点上市龙头企业在 2020 年第一季度同店增速普遍在 10%以上。进入第二季度，随着复工复产的推进，超市行业面临着更复杂的不利因素，同店销售走弱。

① 全年社会快消品零售总额为当年度的社会消费品零售总额除去金银珠宝、中西药品、家具、建筑及装潢材料、石油及制品、汽车及其他商品当年度的零售额，含限上单位和非限上单位。2020 年估算值为 176266. 44 亿元。

表 1 商业贸易分行业核心财务指标

品类	营收同比增长（%）			利润同比增长（%）			经营现金流同比增长（%）		
	2020 年第三季度	2020 年第四季度	2021 年第一季度	2020 年第三季度	2020 年第四季度	2021 年第一季度	2020 年第三季度	2020 年第四季度	2021 年第一季度
商业贸易	7.3	14.1	38.2	-50.7	-630.9	195.2	766.6	42.6	-0.3
百货	-40.5	-46.9	36.4	-3.9	-4462.4	302.0	70.6	20.0	132.0
超市	-4.3	-7.4	-9.0	40.8	186.5	-79.1	71.8	155.1	-47.9
多业态零售	-20.3	-37.0	11.2	2.3	-199.4	372.3	43.6	6.2	1096.6
专业连锁	-1.3	6.8	12.6	-81.1	-75.1	441.8	106.2	-48.2	55.7
一般物业经营	-17.4	-66.1	18.0	-60.8	-83.6	112.3	71.6	-46.2	6.8
专业市场	-12.7	-7.6	26.4	-26.4	-90.4	55.0	-148.2	404.1	166.3
贸易	34.9	58.1	86.3	33.8	-15.7	105.1	266.0	137.0	-94.5

数据来源：华金证券①。

新冠肺炎疫情对消费能力的负面影响开始体现，尤其是对低收入群体；新冠肺炎疫情反复，对海鲜、水鲜、冰鲜销售产生负面影响；重点商超品类价格走弱，尤其受上年同期水果价格高基数影响；生鲜电商高速发展，社区团购带来冲击，竞争加剧。

从 2020 年第三、第四季度看，零售行业延续了 5 月中旬以来的低迷态势，且第四季度降幅扩大，多数企业门店同店比为负；2021 年上半年，超市板块受到上年同期基数较高、新冠肺炎疫情反复和社区团购冲击带来的门店客流和同店收入下降、新租赁准则的影响，超市企业规模增长和利润双双承压（见表 1）。

（二）2020 年门店数量依然增长，社区店扩张最快

2020 年中国超市 Top100 企业门店总数为 3.1 万个，同比增长 7.4%。其中，大型超市（6000m^2 及以上）约占总门店数的 14.4%，超市（2000~6000m^2）约占 12.3%，社区超市（小于 2000m^2）约占 73.3%。

超市 Top100 净增的 2095 个门店中，钱大妈一个品牌独占 1273 家，新增门店较多的企业有红旗（266）、世纪华联（110）、京客隆（90）、地利（56）、元初（55）、美特好（50）、生鲜传奇（46），这些新增门店绝大部分是贴近社区、以经营生鲜食品为主的社区型门店。

（三）毛利率提升，净利润率有所下降，企业盈利能力更加分化

2020 年，样本超市整体毛利率提升，由 2019 年的 17.9%提升 1.1 个百分点，达 19.0%。因防疫防护、人员加班补贴等刚性支出，净利润率有所下降，从 1.2%下降到 1.1%。对比 2019 年企业毛利率和净利率分布，两者分化都有所加大（见图 1、图 2）。西部企业、销售小于 10 亿元的企业平均净利润率下降较为显著。

① 《商贸零售行业年报季报小结及前瞻：超市百货电商各有掣肘，持续关注化妆品及免税机遇》。

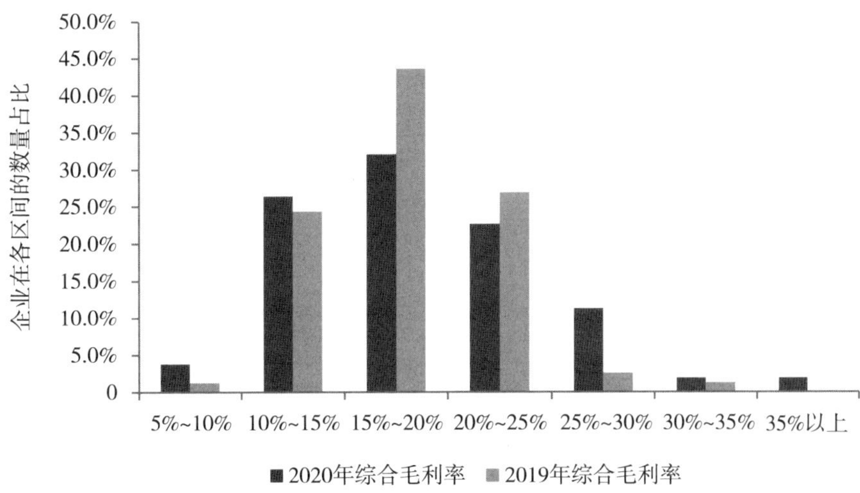

图 1　2019—2020 年行业综合毛利率分布

数据来源：中国连锁经营协会（CCFA）。

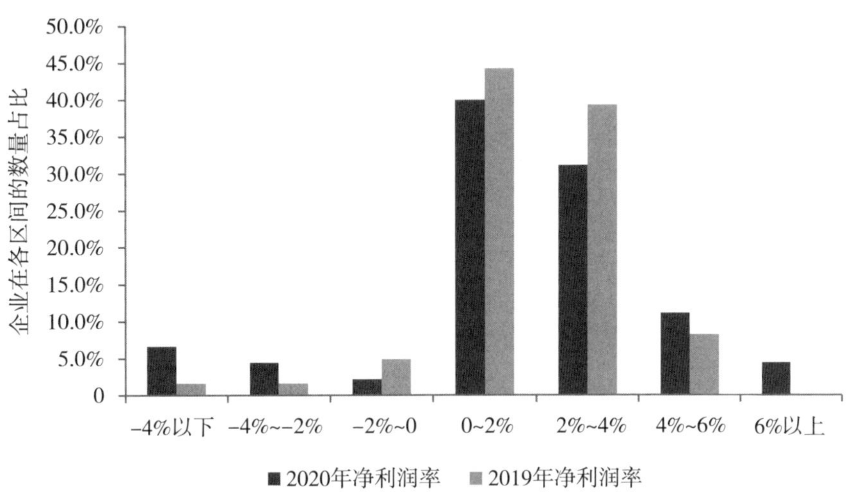

图 2　2019—2020 年行业净利率分布

数据来源：中国连锁经营协会（CCFA）。

（四）同店可比销售增速放缓，业态分化

2020 年，超市企业同店可比销售增长整体放缓，平均增长率为 4.1%，增长主要来源于三线城市。大型超市和超市同店可比销售在三线城市表现最好，社区超市在四线城市表现最好。从细分业态维度看，大型超市和社区超市增长较快，超市增长最慢（见图 3）。

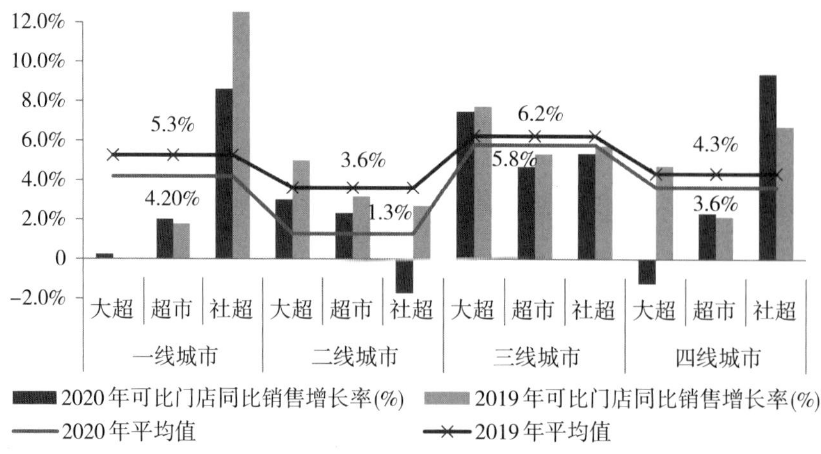

图 3　超市细分业态各级城市同店可比销售增长率及平均值（%）

数据来源：中国连锁经营协会（CCFA）。

二、超市企业发展特点及趋势

（一）头部企业依然快速发展，集中度进一步上升

超市 Top100 销售和门店数依然保持正向增长，但增长速度放缓①。快消连锁 Top100（2019 年调整为超市 Top100）前 10 名占百强企业销售份额持续提升，2020 年达到 62.5%（见图 4）。其具体销售规模及门店数如表 2 所示。

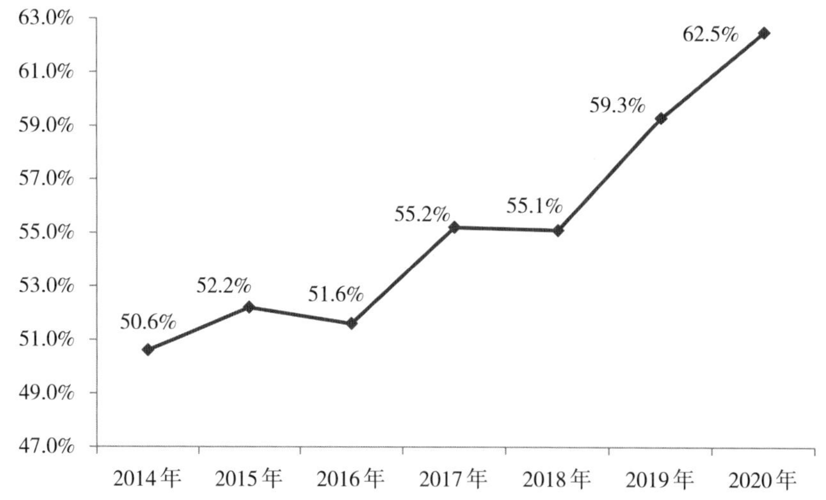

图 4　快消品连锁 Top100（超市 Top100）前 10 名企业销售额占比

数据来源：中国连锁经营协会（CCFA）。

注：2019 年，上榜企业调整为主营业务为超市的企业，榜单更名为超市 Top100。

① 比较 2014 年到 2020 年连续上榜企业的发展情况，销售额基本保持稳定，门店数略有增长。

表 2　　2020 年中国超市 Top100 中前 10 名企业销售规模及门店数

序号	企业名称	主要品牌	2020 年销售规模（含税万元）	销售增长率（%）	2020 年门店数（个）	门店增长率（%）
1	高鑫零售有限公司	大润发、欧尚	10598900	0.1	490	0.8
2	永辉超市股份有限公司	永辉	10453915	12.2	1172	-18.6
3	华润万家（控股）有限公司	华润万家、华润苏果	8782800	-7.6	3261	0.8
4	沃尔玛（中国）投资有限公司	沃尔玛	8740100	6.2	429	-2.9
5	物美科技集团有限公司	物美、麦德龙	5879000	55.1	627	32.0
6	联华超市股份有限公司	世纪联华、联华、华联	5681536	4.0	3192	-4.8
7	家家悦控股集团股份有限公司	家家悦	2791851	9.3	868	16.4
8	家乐福（中国）管理咨询服务有限公司	家乐福	2733277	-12.6	228	-2.1
9	步步高集团	步步高	2445137	0.8	377	6.2
10	中百控股集团股份有限公司	中百仓储、中百超市、中百邻里生鲜、中百好邦、鲜香	2371767	-15.3	898	-0.1
合计			60478283	4.6	11542	-1.0

（二）超市门店适应需求多元化，定位进一步细分

在需求日益多元化背景下，依靠门店快速复制单业态、单品牌、标准化发展的做法难以为继。

1. 店型细化，从聚客大店到便利性小店

我国超市业态形成了大型超市+超市+社区超市的格局。大型超市和超市占据核心商圈，覆盖 5~20 公里和 3~5 公里的商圈，社区超市临近各居民区，覆盖 1~3 公里的商圈，填补空白和销售薄弱区域。每家超市企业也根据所在城市商圈、物业的特点，配置面积大小不等、功能定位不一的各类型门店。从超市的调查数据看，实体超市新开门店越来越多向主营生鲜食品的小型社区门店转型，面积从两三百平方米到一两千平方米不等，平均面积约 900 平方米。目前超市 Top100 企业门店中七成是小型社区门店。

2. 定位细化，从一站购物到特定人群的品质生活满足

超市品牌定位细化，通过门店的面积、商品结构的差异设定、装修风格和配套设施的匹配来满足不同客群的需求。例如，以大型超市起家的大润发，近两年尝试中润发、小润发门店模型，以适应不同场景的需求。大润发还与盒马鲜生合作开发盒小马，并最终购买全部股权。华润万家按照可支配收入、年龄、地域等因素先后推出了萬家 MART、萬家 CiTY 等创新业态品牌。中百集团围绕“城市一刻钟便民生活圈”“社区·邻里·家”的概念，结合社区超市特点，重新细化顾客群，大力优化商品结构，推出平价生鲜店、Z 时代青春店和邻里生活店等新店型。

会员店开发及大型门店会员店改造，从普适性的一站购物到针对会员的品质生活满足。山姆会员店的良好业绩与 Costco 落地中国的成功，为寻求转型的大型超市门店指明了方向。盒马、永辉、物美、家乐福、华联等纷纷试水仓储会员店（见表 3）。

会员店国内目前以两种形式运营，一种是以付费会员为服务对象，以山姆、Costco、麦德龙 PLUS 为代表，另一种是以永辉为代表的无须付费的会员店。二者都是通过精简商品 SKU、精准客群定位、加大自有品牌商品占比提升门店吸客能力及客单价。从现有反馈看，大型超市改造后的门店销售业绩得到提升。

表 3　　部分仓储会员开店情况

时间	品牌	店址
2019 年 8 月	Costco	上海闵行区
2020 年 10 月	盒马 X 会员店	上海浦东新区
2021 年 5 月	永辉仓储店	福州市仓山区
	Fudi 仓储会员店	北京朝阳区
2021 年 6 月	华联仓储会员店	兰州城关区
	盒马 X 会员店	北京大兴区、上海闵行区
	永辉仓储店	北京昌平区
	麦德龙 PLUS 会员店	北京丰台区、成都成华区
2021 年 7 月	山姆会员店	广州天河区
	永辉仓储店	沈阳铁西区、石家庄长安区

（三）超市加快品类调整，强化 3R 商品[①]、自有品牌商品

随着人口结构变化及销售渠道的分散化，满足一站式购物的大众品类已不适应多元化需求。随着门店定位的细化，商店的品类结构、规格、贩卖数量也随之调整。最明显的变化就是 3R 商品及自有品牌商品数量增加。

1. 扩充 3R 商品

随着家庭小型化，一人户及二人户的小家庭比例接近五成（见图 5），在家做饭的经济性日益弱化。3R 产品很好地满足了消费者对三餐制作的便利性需求。

早在盒马鲜生以零售+餐饮运营之前，一些区域零售商已经在卖场内设置了现制现售、小吃等档口，但没有所谓 3R 商品售卖，盒马鲜生的加持使得这一需求被越来越多的企业关注，并迅速作出应对。

零售企业在加大 3R 商品占比的同时，也增加了与餐饮相关的服务，一是直接将餐饮企业具有 SC 认证的产品作为商品进行销售，加大 3R 产品品类的宽度与深度；二是与餐饮企业联营，由餐饮企业在门店内提供餐饮服务；三是邀请餐厅厨师到店进行现场制作，提升烟火气及体验感；四是在门店自建餐厅。

① 3R 商品：即食商品 ready to eat、即热商品 ready to heat、即烹商品 ready to cook。

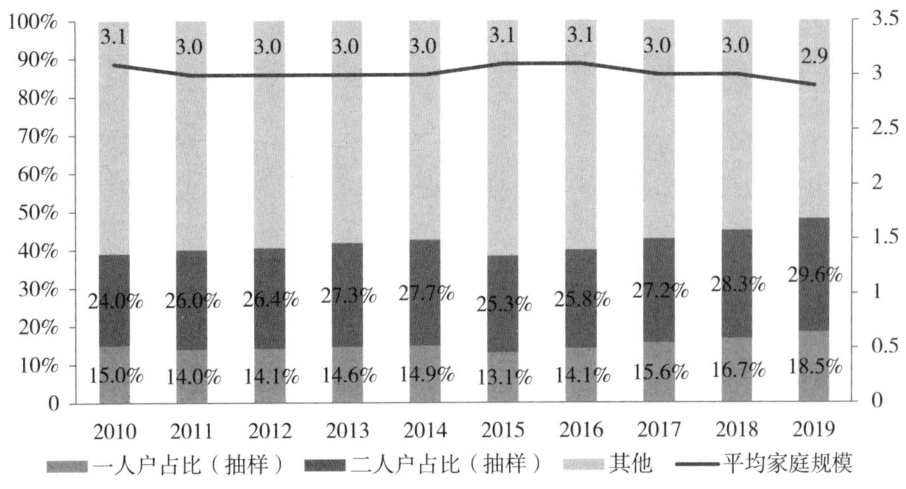

图 5　2010 年以来我国一人、二人户家庭占比走势

数据来源：国家统计局。

自 2013 年开始，居民人均食品、烟酒消费支出占总支出的 30%左右，这 30%的支出包含餐饮和零售两个场景。美国餐饮协会 2019 年报告数据显示，美国人均食品消费中，51%的金额花费于餐饮业，而这一比例在 1955 年仅为 25%。美国餐饮业的持续增长除因人口数量增长外，更多是因为人均餐饮支出的上升。

2. 自有品牌商品 SKU 数及销售占比上升

2020 年，中国超市 Top100 企业平均拥有自有品牌商品近 900 个，销售占比 4. 3%，商品 SKU 数及销售份额持续增长（见图 6）。

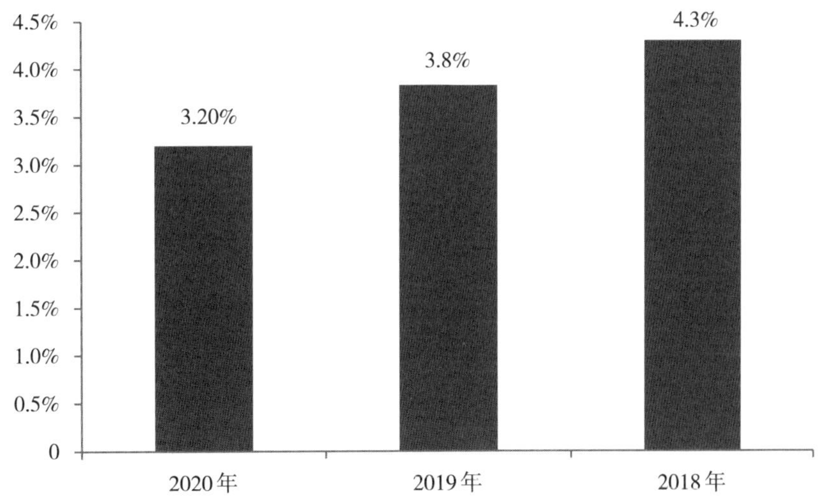

图 6　2018—2020 年中国超市 Top100 自有品牌商品占总销售额的比例

数据来源：中国连锁经营协会（CCFA）。

国内零售商中，永辉、沃尔玛（含山姆会员店）、华润万家、麦德龙、物美、盒马、大润发、家乐福等企业在自有品牌方面都走在行业的前列，但大部分中小零售商仍处于摸索与观望阶段。

根据《2021 年中国自有品牌行业发展白皮书》数据，2017—2020 年，中国自有品牌市场总体保持快速增长，增速始终高于快速消费品整体，其中，食品一直驱动着自有品牌整体增长（见图 7）。

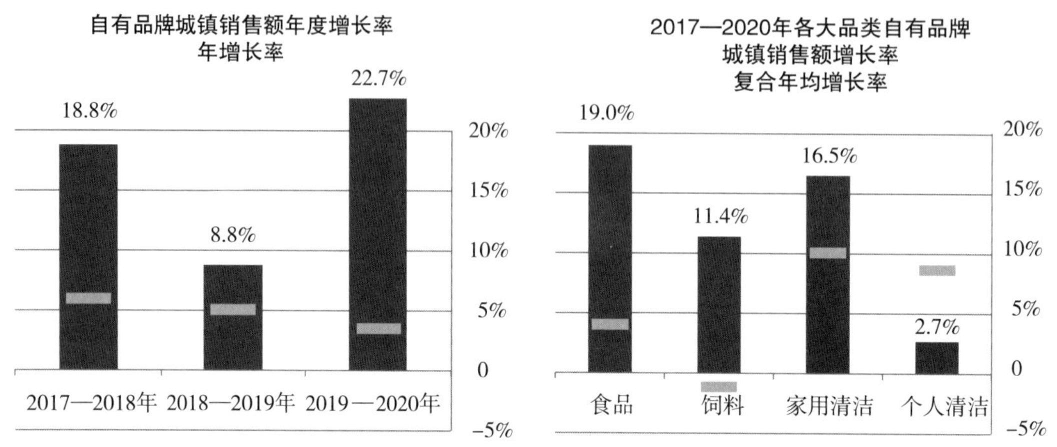

图 7　自有品牌城镇销售增长率

数据来源：《2021 年中国自有品牌行业发展白皮书》，达曼国际咨询。

（四）社区团购逐步规范，社团模式值得探索

2018 年开始高速发展后又迎来快速洗牌的社区团购业务，在 2020 年新冠肺炎疫情的催化下，再次成为各电商巨头的投资重点，2020 年投融资金额创新高，达到 171.7 亿元①。

资本扩张下的社区团购给实体零售业带来负向冲击，多家上市公司解释业绩表现不佳时频频提到平台发起的社区团购的影响。中国连锁经营协会制定团体标准《社区电商仓配食品安全管控指引》和《社区电商商户入驻食品安全管控指引》以引导社区电商的健康发展。

2020 年 12 月 22 日，国家市场监管总局联合商务部召开规范社区团购秩序行政指导会，阿里、腾讯、京东、美团、拼多多、滴滴 6 家互联网平台企业参加。会议提出互联网平台企业应严格遵守“九不得”，包括不得通过低价倾销等方式滥用自主定价权、不得利用数据优势“杀熟”等。九不得的出台让市场经营秩序得以恢复。社区团购企业从快速拉新向控损盈利转变。2021 年以来，社区团购业务整合、收缩，同城生活申请破产、橙

① 《调查现实中的“社区团购”与资本江湖中的“社区团购”》，新华每日电讯．潘晔、郑生竹、朱程、杨绍功。

心优选搬迁总部、食享会转型社区零食便利店、京喜拼拼七省关停。但美团优选、多多买菜、叮咚买菜等头部品牌还在正常运营。

“预售+自提”的社区团购模式对减少损耗、提高运营效率自带优势，也被众多实体零售企业使用，实体超市门店在社区团购运营上具有更多的成本优势（见表4）。

表4　　各渠道UE（单位经济效益）模型

	某前置仓	某仓店一体	某社区团购平台	某社区生鲜店	某生鲜超市
毛利率	25%	25%	20%	18%	22%
租金	1.14%	1.17%	—	6.25%	2.81%
店内员工费用	4.24%	4.06%	—	8.00%	8.58%
配送成本	10%	11.41%	—	—	—
仓储物流	7%	1.09%	9%	2.00%	1.41%
折旧费用	0.51%	1.56%	—	2.00%	1.54%
水电费用	0.91%	0.52%	—	2.78%	1.44%
营销费用	5%	—	—	—	2.64%
平台费用	-3.44%	—	—	—	
团长佣金	—	—	10%	—	—
全链条履约成本	28.80%	23.25%	9.00%	21.03%	18.42%
净利率	-3.79%	1.75%	1%	-3.03%	3.73%
总结	最后一公里配送与前置仓成本居高不下	最后一公里配送与店内成本居高不下	团长和仓配是主要成本，履约费用率大幅优化	店面租金和店内员工费用为主要成本	店面租金和店内员工费用为主要成本

数据来源：招商证券。

（五）线上线下融合进一步深入

从2012年企业逐步触网到2020年新冠肺炎疫情加速实体零售企业线上化，网络直播、社区团购等新模式被加速应用，实体零售企业线上销售额也一直提升。

1. 数字化技术投入持续增加

2020年，超市Top100线上销售规模为500多亿元。绝大部分企业投入智能硬件及软件系统的金额超过200万元。企业投入最多的是营销系统、会员系统和进销存系统。在未来，多数企业将选择继续追加数据分析、营销和会员系统。

2. 自助收银逐渐普及

企业也逐步使用无人设备替代重复性工作。目前，企业应用最多的是自助收银系统，其次是服务机器人。

移动支付的普及为自动收银提供了基础。样本企业近七成门店使用自助收银设备，自助收银金额占销售的比例进一步上升至8.6%，自助结账的笔数占总交易笔数的14.5%。

购买数量相对少、金额相对低的订单更多地走自助收银通道。

3. 数字会员快速增长，线下会员占比稳定

随着线上线下业务融合，会员数字化持续推进中。2020 年，数字化会员占全部会员的 45.3%，比上一年提升近 15 个百分点。数字化会员占全部会员销售额的 50.2%，数字化会员显示出更高的消费能力。

调查数据显示，2019—2020 年超市业态平均会员销售占比稳定在 55%上下。2020 年，会员销售占总销售的 55.6%，其中线下销售占 53.2%，线上销售占 2.4%，线下依然是会员的首选渠道，但销售占比有所降低，比 2019 年下降了 1.6 个百分点。会员线下客单价平均为 84.9 元/单，线上平均客单价为 75.8 元/单。

4. 线上零售占比逐步上升

（1）到家业务成为企业线上零售的标配

2020 年，样本超市企业线上销售额逾 500 亿元，占总销售额的 5.6%，同比增速达到 110.6%。所有样本企业都开展了线上零售业务，可以提供到家服务的门店数达到六成以上，到家业务客单价为 77.8 元。

（2）前置仓持续增加，独立仓依然探索

设立前置仓的企业主要基于已有门店进行改造。前置仓数量由 2019 年占总店数的 29.1%增长为 2020 年的 52.6%。其中，独立仓作为配送节点的补充，仅有不到三成企业设立。

从现有数据看，2020 年独立仓日均客单价平均为 38.6 元/单，单个独立仓日均线上订单数平均为 329 单，独立仓订单量有所增长。

（3）超市自营社区团购业务逐步成长

相比 2019 年，开展社区团购的企业增加到六成多，社区团购所占份额、每年开展的促销次数都得到提升。从抽样数据看，社区团购占总销售的比例约为 2.5‰，平均每年促销 60 余次。超市和社区超市企业利用商圈优势，拼团业务占比高于大型超市和混合经营业态。对销售规模相对较小的企业来说，拼团业务依然是较为有效的线上销售工具，将近占网络销售的三成。团长全部由自有员工担任成为主流操作模式。

（4）七成企业尝试线上直播

在线上分流持续加强的情况下，超市企业也不断尝试各种营销方式。相较 2019 年的数据，2020 年开始尝试直播业务的企业增加了近两成（见图 8）。直播业务销售额占总销售的比例不到 1‰。直播对于超市的意义不仅是销售，还是品牌建设、商品推介、加盟商教育、消费者交流的有效窗口。

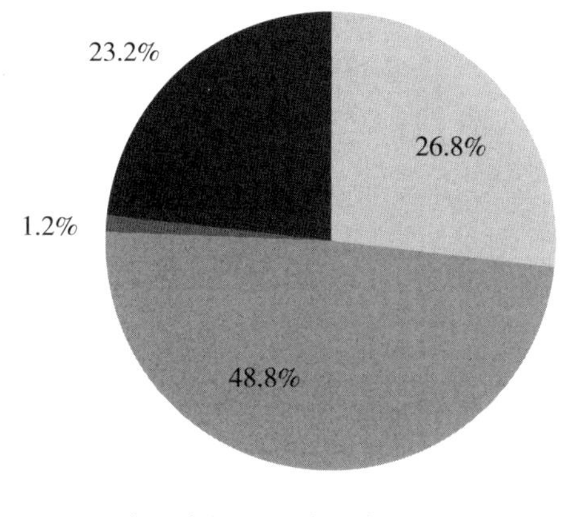

图 8　2020 年企业开展线上直播业务情况

数据来源：中国连锁经营协会（CCFA）。

（六）门店表现分化，社超门店效率提升，绿色、可持续发展理念贯穿日常管理

2020 年，社区超市虽然人均营业面积有所下降，但人效依然提升，整体经营效率得到了改善；大型超市平均单店面积扩大、销售额下降、净利率下降，通过减员降低的人力成本不能弥补房租成本上涨带来的压力；超市虽然单店销售上升，但和大型超市面临同样的困境，净利率下降更多；小型社区店快速发展。

在门店运营管理过程中，企业不仅重视减少食物损失和浪费、提高能源绩效、减少包材的耗费、限塑减塑等提升效率的绿色运营措施，对可持续农产品采购与销售、供应商公平交易、员工权益保障等推动企业可持续、健康发展的企业责任也高度认同。

三、超市企业具体经营指标

（一）样本概况

样本企业与超市 Top100 高度重合，部分样本是超市 Top100 企业的分公司、子公司或超市事业部。样本门店来自金牌店长申报数据，亦属于超市 Top100 企业。报告中所有数据均为 2020 年数据，除非特殊说明或标注。

1. 销售规模分布

81 家企业销售规模低于 100 亿元，64 家企业低于 50 亿元。超市样本企业主体由 10 亿~100 亿元企业组成（见图 9）。样本企业与超市 Top100 高度重合。

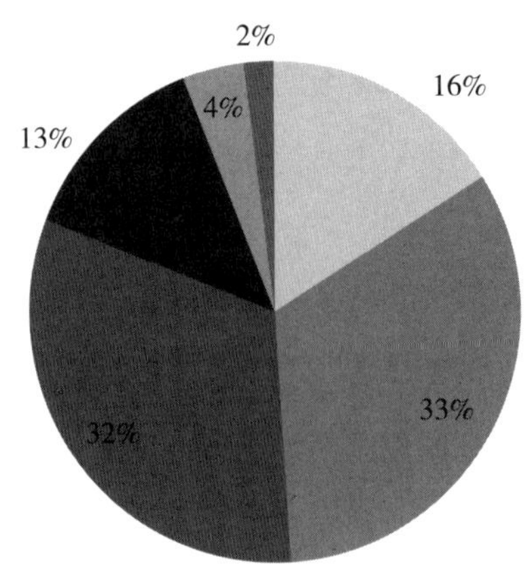

图 9　2020 年超市样本企业销售规模分布

数据来源：中国连锁经营协会（CCFA）。

2. 地域分布

样本企业总部主要分布在一、二、三线城市，对比 2019 年，2020 年一、二、三线城市的企业销售规模平均值均有所增长，四线城市销售规模下降。

2020 年，省内发展依然是主流，但数量较 2019 年减少 5 家，为 49 家。覆盖 20 个及以上省级区域的企业有 9 家，较 2019 年减少 1 家，由麦德龙并入物美所致。

东部沿海地区省份和直辖市拥有最多超市总部，门店覆盖范围最广；中部次之；西部数量最少，平均销售规模最小，门店覆盖范围也最少。天津、海南、广西、贵州、云南、西藏、青海、宁夏、陕西 9 个地区暂时无超市总部进入超市 Top100 榜单。

（二）行业主要运营指标

与 2019 年相同部分：根据企业规模、门店规模、企业总部所在城市级别、东中西部区域、企业性质、业态细分类型等维度对经营关键指标进行统计分析，具体维度说明见附件。

与 2019 年不同部分：取消企业性质对比维度，外资样本变少，部分指标缺少数据，使得结果不能较为准确地反映行业客观情况；根据门店面积大小，将超市拆分为三类，大超市（≥6000m^2）、超市（2000~6000m^2）、社区超市（<2000m^2），每个分类对应相同的经营指标。因样本企业与去年有所不同，会导致平均值与 2019 年产生偏差。

（三）企业运营指标

平均人效略有提升，客单价普遍提升，来客数普遍下降，超市细分业态平效分化，库存周转保持稳定，工资占销售的比例略有上升，租金占销售的比例保持稳定，线上生鲜业务占比下降，供应链持续优化，标准化托盘广泛使用。

附件：指标统计维度说明

本报告按照销售规模、门店规模、企业总部所在区域、企业业态分类对经营中的关键指标进行统计分析。因2020年样本与2019年有所不同，各维度指标处理结果与2019年会有所差别，但不影响判断变化趋势。

1. 销售规模

将样本企业按照0亿~10亿元、10亿~30亿元、30亿~100亿元、100亿元以上分为四档。

2. 门店规模

门店规模分为四档：0~50家门店、51~100家门店、101~500家门店、501家门店及以上。

3. 企业总部所在区域

区域按照东部、中部、西部进行划分。

东部地区（包括11个省级行政区）：北京、天津、河北、辽宁、上海、江苏、浙江、福建、山东、广东、海南。

中部地区（包括8个省级行政区）：黑龙江、吉林、山西、安徽、江西、河南、湖北、湖南。

西部地区（包括12个省级行政区）：四川、重庆、贵州、云南、西藏、陕西、甘肃、青海、宁夏、新疆、广西、内蒙古①。

4. 企业总部所在城市级别

企业总部所在城市也按照一、二、三、四线城市予以划分，因企业以连锁模式经营，门店覆盖范围难免超出总部所在城市的级别，因此调研问卷中增加了门店主要经营区域的城市级别维度。

一线城市：直辖市、广州、深圳。

二线城市：省会城市、副省级城市共15个，即省会城市、大连、青岛、厦门、宁波。

三线城市：地级市。

四线城市：县级市。

5. 企业业态分类

样本企业都以超市为主营业态，经营的门店类型可细分为大型超市（$\geq 6000m^2$）、超市（$2000\sim6000m^2$）和社区超市（$<2000m^2$）等多种类型。为便于比较，将样本企业分为大型超市、超市、社区超市和多种超市业态混合经营的混合企业四类。

6. 数据来源

企业数据来源于超市Top100调查问卷，样本门店数据和行业数据来自金牌店长调查问卷。

---

① 东部、中部和西部三个地区的划分始于1986年，由全国人大六届四次会议通过的“七五”计划正式公布。1997年，全国人大八届五次会议决定将重庆设为中央直辖市，并划入西部地区的范围，这样，西部地区就由原来的9个增加到10个省（直辖市、自治区）。2000年国家制定的在西部大开发中享受优惠政策的范围又增加了内蒙古和广西。另外，国家还把湖南的湘西地区、湖北的鄂西地区、吉林的延边地区也划为西部地区，享受西部大开发中的优惠政策。

加快推进公募 REITs 出台 以充分发挥购物中心保就业促消费作用并促进长期良性发展的报告

新型冠状病毒肺炎的暴发，让中国购物中心行业和其经营租户受到了不同程度的冲击。中国连锁经营协会（以下简称 CCFA）在经过对会员企业的广泛深入调研、与相关行业专家访谈研讨的基础上，形成了《加快推进公募 REITs 出台以充分发挥购物中心保就业促消费作用并促进长期良性发展的报告》，针对疫情对国内购物中心经营和资产证券化产品造成的影响，结合国际商业不动产公募 REITs 产品的对比分析，在境内基础设施领域公募 REITs 试点正式起步的背景下，希望推进国内购物中心公募 REITs 产品及中长期金融相关扶持政策的落地，助力购物中心破局。

一、购物中心对消费市场的贡献

根据 CCFA 调研测算，截至 2019 年年底，全国购物中心总数达到近 5600 家（见表 1），年销售额约为 68000 亿元，提供直接就业岗位近 850 万个。如同时将百货、大卖场等转型的购物中心以及社区商业统计在内，总数达到 9000 多家。2019 年，中国社会消费品零售总额为 411649 亿元，除汽车和实物商品网上零售以外的消费品零售额为 287021 亿元。2019 年，全国购物中心年销售额占社会商品零售总额（除汽车和实物商品网上零售以外）中的城市社零总额（扣除乡镇消费）的 40%左右。

表 1　各类型购物中心 2019 年存量

购物中心类型	占比	截至 2019 年年底存量（家）
都市型	32%	1792
地区型	48%	2688
社区型	15%	840
奥特莱斯型	5%	280
总量	100%	5600

数据来源：中国连锁经营协会，商务部《购物中心业态组合规范》定义的四大类型购物中心。

以行业头部企业之一印力集团为例，2020 年其下属 107 个购物中心主要以服务于普通老百姓的区域型购物中心为主，年销售额达 300 多亿元，服务消费者近 6 亿人次。其位于南京的某中小型购物中心，建筑面积 7.7 万平方米，2019 年客流 1064 万人次，年销售额约为 6.5 亿元，项目税收贡献近 1 亿元（不含个人所得税及延伸经济活动带来的税收贡献），项目直接支持的就业人数约 1350 人（不含延伸支持的就业人数），大型购物中心的数据会更高。

综观美国成熟购物中心的市场经验，美国购物中心发展源于 20 世纪 20 年代，至今已有百年历史。自 20 世纪 90 年代初至今已经进入成熟稳定期。近 40 年来，美国购物中心零售额占全美国零售总额的比重稳定在 40%左右。购物中心已经成为居民消费和社交的重要场所之一。

受新冠肺炎疫情影响，2020 年第一季度，我国社会消费品零售总额为 78580 亿元，同比名义下降 19.0%。购物中心作为最重要的消费场所之一也受到了较大的影响。

二、新冠肺炎疫情对购物中心经营的整体影响

（一）2020 年春节期间受影响最为严重：总体开业率仅为 40%，销售额减少高达 1000 亿元以上

参与本次调查的 15 家企业旗下的购物中心总数达 1100 多家，调研涉及的购物中心春节期间开业率约为 40%。其中一线城市开业率优于二、三线城市开业率，开业率随城市等级依次下降，一线城市开业率约为 70%，二、三、四线购物中心开业率逐步降至约 35%。据统计，仅 2020 年春节期间，购物中心内餐饮、时尚零售、休闲娱乐的销售额损失高达 1000 亿元以上，购物中心销售额整体同比减少 80%以上。

（二）全国购物中心平均客流逐步回暖，一线城市回暖率较差

2020 年 1 月 20 日至 2 月 29 日，全国购物中心客流与基于未发生新冠肺炎疫情情况下的预测值相比大幅下降。2 月下旬以后，全国购物中心逐步恢复正常营业，但是消费者对于作为公众场所的线下购物中心持谨慎态度，信心不足，导致客流短期内较难恢复。截至 3 月底，购物中心客流回暖率仅为 44%，周末回暖效果不佳，报复性补偿消费并未出现。4 月 28 日对比 3 月 31 日，从全国来看，4 月全国购物中心客流回暖指数上升 14%，回暖率已达 68%，回暖形势向好。重点关注一线城市，上海市回暖率由 3 月的 59%上升到 78%，北京市 4 月回暖率为 47%，虽然上升了 9%，但整体依然排名垫底，回暖迹象不明显。5 月 1 日，全国购物中心平均客流回暖率达到 65.3%。新一线城市平均客流回暖率为 60.1%，二线城市为 67.9%，三线及以下城市为 70.8%。

（三）休闲娱乐业态受新冠肺炎疫情影响最大，餐饮其次，时尚零售“三无三高一不稳”尤为突出

自新冠肺炎疫情发生至 5 月，受访购物中心电影院、健身房、KTV、儿童娱乐等休闲娱乐业态全部处于暂停营业状态。初步估算全国的线下休闲娱乐业损失或超过百亿元，这意味着线下休闲娱乐业态的相关经营者 2020 年上半年的收益都可能折损。

连锁餐饮企业作为劳动密集型企业，也面临着生死存亡的巨大挑战。根据 CCFA《新

冠肺炎疫情对中国连锁餐饮行业的影响调研报告》对 71 家企业旗下 201 个餐饮品牌共 61593 家门店调查显示，样本企业 2020 年 1—2 月平均开店率仅为 35%，各类损失总额占 2019 年年销售额的 5%。在房租支出上，2020 年前两个月 67.9%的样本企业表示租金有所下降；样本企业的购物中心店减免房租天数从 7 天到 2 个月不等，平均减免房租为 12 天。在薪酬支出上，截至 2 月底，5.6%的样本企业表示已开始裁员；53.5%的样本企业降薪，总薪酬支出环比减少。从 2020 年 3 月 1 日算起，5%样本企业账上没有现金支撑运营；79%的样本企业表示依靠自有现金无法支撑再过 3 个月；16%的样本企业现金流储备丰厚，能支撑 6 个月以上。连锁餐饮企业和购物中心是共同成长起来的。在此次调查中，72%的样本企业认为，本企业在购物中心店受到新冠肺炎疫情的影响更大，持续时间也更长。

CCFA 对协会时尚零售企业开展的《受新冠肺炎疫情影响等相关情况摸底调查》显示，时尚零售企业（包括服装鞋履、珠宝首饰、化妆品、眼镜配饰、家居、书店等）无客流、无现金流、无足够的防疫物资，库存、人力成本、租金成本高，供应链物流不稳定是突出且普遍存在的问题。受访时尚零售企业实体门店 2020 年春节期间平均约 70%处于停业状态。客流的骤减带来销售的断崖式下滑，受访企业春节期间销售平均下滑达 88%。以服装为主要代表的时尚零售行业，每季换新，受季节变化影响较大。于线下渠道而言，新冠肺炎疫情暴发让冬季服装清货错过了春节档，而大部分品牌春季服装也已于春节期间上新，2—3 月正值春装销售黄金时间，实体店铺客流销售骤降，造成春季服装的库存积压。库存的增加，产生时间成本和机会成本，降低现金周转率，耗费人力、物力，占用仓储，增加管理成本。库存消化不出去导致缺少现金流，直接影响下个季度的采购与良性周转。珠宝首饰作为非必需品，在此时销售也有巨大压力，预计要 3~6 个月才能恢复。

时尚零售产业线下疲软，企业借助直播带货、小程序、社交电商“云逛街”等方式打造线上购物场景和流量池。更有企业推出邮寄到家、先试后买、全程包邮的购物模式直接触达消费者，打通了一条新型的购物渠道。时尚零售企业对数字化渠道的加码将在新冠肺炎疫情后的中长期稀释购物中心作为线下消费和体验场所的功能，购物中心作为实体零售最不可被线上商业所取代的业态，受新冠肺炎疫情损害严重。

根据商务部《购物中心业态组合规范》定义的四大类型购物中心的业态组合，休闲娱乐、餐饮、购物（包含时尚零售）类租户占都市型、地区型、社区型和奥特莱斯型购物中心业态配比的 90%以上（见表 2）。新冠肺炎疫情对在营各业态租户的冲击将直接影响到上述四类购物中心的经营。

表 2　　各类型购物中心业态配比

购物中心类型	购物	餐饮	休闲娱乐	服务
都市型	70%~85%	10%~20%	5%~10%	低于 5%
地区型	50%~70%	20%~30%	10%~20%	—
社区型	40%~60%	20%~35%	5%~15%	5%~10%
奥特莱斯型	85%~95%	低于 10%	低于 5%	—

数据来源：中国连锁经营协会，根据商务部《购物中心业态组合规范》定义的四大类型购物中心。

（四）购物中心失血的同时还在献血，租金减免总额超过百亿元

购物中心没有客流，商户没有销售，导致商家无力支付购物中心的租金和物业管理费。为稳定品牌商户共克时艰，全国超过 100 家商业地产企业推行减、免租金政策，超过 2100 个购物中心、百货参与。减免方式分为免除、减半两种：租金减半企业超 60%，免租天数超过 15 天（减租 50%按免租半天计算）的购物中心超过 50%。依据相关企业公开公布的信息测算，截至 2019 年 12 月，购物中心为租户减免租金总额已超百亿元。另外，购物中心同时还在承担员工工资、银行信贷、利息、能耗等压力，其基础运营成本因体量和所在城市等级不同而不同，一线城市购物中心的运营成本约占总收入 35%。某家受访的上海新开业购物中心表示，新冠肺炎疫情期间租金收缴率极低的情况下，每月运营成本却高达 160 万元。购物中心压力巨大，负重前行。

新冠肺炎疫情给购物中心租户带来严重打击，由于客流短期内难以恢复，仍有不少品牌租户呼吁继续延长减免租金时间，未来还可能出现众多解除租赁合同的纠纷。根据非典时期的司法实践的意见及判例，基本可以认为，如商业物业的承租人未因政府部门采取的应对新冠肺炎疫情的行政措施而无法继续履行租赁合同的，则不能以不可抗力为由，主张解除租赁合同或免除疫情期间的租金。但受到间接影响的承租人，可以根据公平原则，要求减免部分租金或迟延缴纳租金。因此，租赁和租金压力的影响会持续相对较长的一段时间，给购物中心带来中长期不稳定性和潜在风险。新冠肺炎疫情结束后，多种业态聚集的购物中心将面临品牌较大调整，整个购物中心或将面临新一轮的商家洗牌，因为租户退租或丧失经营能力导致的空置率提高，空置成本及未来招租成本将大幅增加。租户更替还将涉及较大的时间成本及导致装修免租期等问题，未来现金流或将出现阶段性偏离预期的现象。同时大量商家将取消今年的开店数量，并借机关闭已持续亏损商铺转而寻求现金流自保。毫无疑问，新冠肺炎疫情之后，各品牌商家的拓店意愿将会降至非常低的水平，2020 年上半年新筹备中的购物中心招商率、开业率不容乐观。经过此次疫情，购物中心和品牌租户可能产生长期乃至永久性分化，经营管理能力较差的购物中心将会面临更大的压力。

三、新冠肺炎疫情对购物中心金融和资产证券化产品的影响

（一）购物中心估值短期受冲击明显，第一季度商业地产大宗交易额锐减

对于稳定运营期的购物中心而言，净营业收入（Net Operating Income，NOI）和资本化率（Cap Rate）是被资本市场普遍接受的公允估值方法，是项目估值最重要的两个指标。租金收入（包括固定租金和抽成租金）是 NOI 的重要组成部分。受新冠肺炎疫情影响，购物中心内的商户经营不善会影响未来的续租率以及租金收益，租户空置率整体可能还会持续提升，购物中心年内净现金流会整体下行，这些因素都会造成估值下降。

新冠肺炎疫情不仅仅导致购物中心短、中期净营业收入受到影响，还会对相对稳定不变的“价格锚”——资本化率产生影响。资本化率=安全利率+项目风险溢价，风险溢价源于投资人对于购物中心未来趋势的看法。假设其他外界因素恒定不变，新冠肺炎疫情导致未来购物中心风险越大，风险溢价越大，资本化率越高，则项目估值越低。

据世邦魏理仕统计，2019 年第一季度国内商业物业大宗交易金额超过人民币 530 亿元，而 2020 年 1—2 月国内商业地产大宗交易成交金额约为 300 亿元人民币，预计第一季度数据将明显低于上一年。根据戴德梁行数据，2019 年国内商业不动产大宗交易额约达人民币 2800 亿元，其中商业零售类物业（包含购物中心和百货）成交金额占比 31. 9%，成为除写字楼以外成交占比最高的物业类型。过去 10 年中，商业零售类物业（包含购物中心和百货）的年度交易金额平均超过 670 亿元人民币，约占国内商业不动产大宗交易总成交金额的 31. 2%。新冠肺炎疫情的不确定性增加了投资市场的观望和避险情绪。《2020 中国商业地产投资意向调查报告》显示，69%的受访者表示他们将暂缓决策至疫情情况明朗，再加上商务活动的短期冻结，减少了国内购物中心大宗交易的投资需求，大宗资产流动性整体降低，市场活跃度锐减（见图 1）。

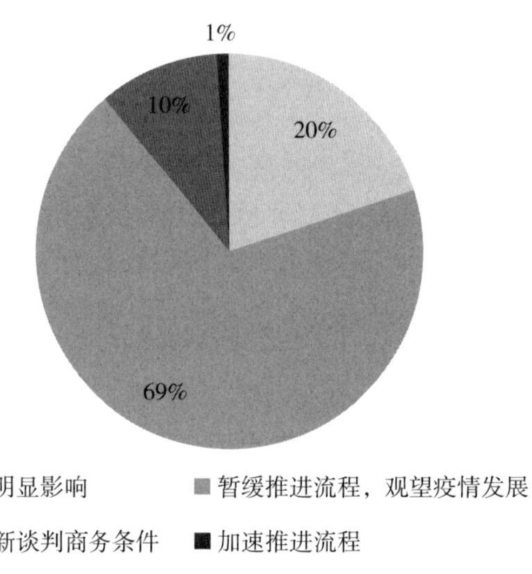

图 1　新冠肺炎疫情对正在洽谈的投资项目推进的影响

数据来源：戴德梁行，中国连锁经营协会整理。

（二）新冠肺炎疫情对国内商业不动产资产证券化产品的影响

截至 2020 年 5 月，国内并没有标准化的公募 REITs。以类 REITs、CMBS、CMBN 为代表的资产证券化产品已经成为国内包括购物中心在内的商业不动产领域直接融资的核心工具之一。根据公示数据，截至 2019 年 12 月底，国内已发行的类 REITs 产品共 68 单，底层物业资产共计 195 处，发行金额累计 1402. 81 亿元；CMBS 产品 102 单，底层物业资产共计 178 处，发行金额累计 2517. 3 亿元；CMBN 发行产品 22 单，底层物业资产共计 50 处，发行规模 309. 0 亿元。

截至 2020 年 5 月，国内在存续期的 176 单国内商业不动产资产证券化产品中，零售类型产品 53 单，占市场存量单数的 30. 1%。从底层物业类型来看，零售类资产的数量也最多，合计 193 处，占物业数量总数的 45. 6%。零售类型产品业态在 2019 年继续扩展，奥特莱斯型购物中心于年内首次成功发行资产证券化产品。购物中心、百货作为零售类型产品最主要的细分业态，已经成为国内商业不动产资产证券化产品中最重要的底层物业选择类型之一（见图2）。

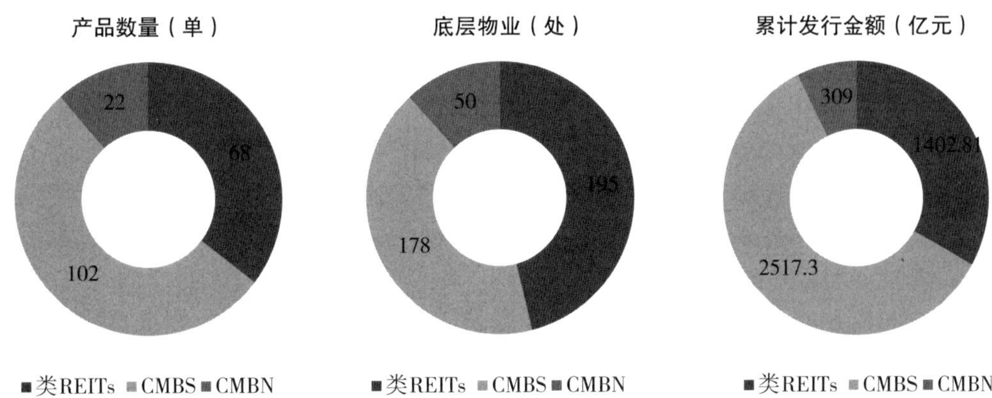

图2　2019年国内累计发行资产证券化产品

数据来源：戴德梁行，中国连锁经营协会整理。

受访购物中心企业、投资机构表示，新冠肺炎疫情对现有购物中心资产证券化产品的影响主要体现在以下几个方面：

首先，对于购物中心资产证券化项目来说，投资人的收益来源于购物中心运营产生的现金流，主要包括商户支付的租金和小部分联营、自营的收入。运营收入下滑将带来一系列连锁反应。一方面购物中心销售、客流大幅下滑，影响严重的会导致业态、品牌经营困难，购物中心空置率增大；另一方面运营方自发减免商户租金，这些影响都导致收入大幅缩水，经营收益降低。由于类REITs产品通常设置触发条款，即年度净物业收入低于预测值的80%触发回购或处置，新冠肺炎疫情期间租金减免或收缴率下滑导致证券化产品底层现金流下降，进而导致专项计划层面出现证券本息兑付缺口，大概率或触发专项计划预设的产品提前终止机制。对于轻资产运营企业形势可能更加严峻，以轻资产租金收益权为底层资产的ABS产品，发行企业除支付ABS期间利息，还需支付上游业主方租金，现金流压力更大。

其次，购物中心资产证券化产品本质上应该是以资产为导向，与原始权益人的风险是分离的，但是实际上我国资产证券化市场普遍倾向于主体信用的投资逻辑。疫情很大概率会促使关联人在计划端或者资产端提供以差额支付为代表的增信措施，从而使得相关产品的兑付双重依赖于入池的基础资产和集团信用。因疫情及防控措施引起某个项目风险，此类单一流动性风险导致的违约，如果存在多个金融机构、多笔其他融资合同交叉违约条款，将引爆挤兑的风险。

最后，新冠肺炎疫情可能会在短期内影响投资人对购物中心相关产品的投资信心。疫情会加速行业分化，投资者将更加关注购物中心的项目运营能力。运营能力强的企业在风险偏好下降背景下更凸显价值，其管理的物业价值也更被认可，有利于其资产证券化产品发行；但运营能力差的企业则会加速被淘汰出市场。

（三）商业不动产公募 REITs 在国际市场的表现

REITs 最早于 1960 年诞生于美国，据不完全统计，截至 2019 年 3 月末，美国发行公募 REITs 产品共 255 只，总股权市值超过 1 万亿美元，近 8000 万美国民众间接持有 REITs。美国成为全球规模最大、最为成熟的 REITs 市场。在亚洲市场，REITs 主要在日本、新加坡发展较为迅速，其中日本为亚洲最大的 REITs 市场。截至 2019 年 12 月 31 日，亚洲市场上活跃的 REITs 共计 178 只，总市值达 2924 亿美元，同比增长约 25%。

从美国市场的经验来看，1996 年到 2016 年，美国经历了两次经济危机。在此期间，美国 REITs 取得了近 700%的收益，而同期 S&P500 收益低于 400%。国际公募 REITs 具备长期相对稳定的分红收益。

相较于新冠肺炎疫情对国内商业不动产资产证券化产品底层资产冲击的直接影响，国外标准 REITs 产品表现出较为稳定的抗风险能力。疫情对日本商业地产的负面冲击巨大，但是从资本市场上看，代表日本商业地产的 REITs 投资指数在 2020 年 1—2 月跌幅仅为 4.35%（见图 3），表现优于同期 MSCI 股票指数的跌幅。而在日本市值排名前三的龙头 REITs 中，Japan Retail Fund Investment Corporation（JRF）是一只专做零售物业的 REITs。从理论上讲，零售物业受疫情影响应该最大，但 JRF 在 2 月的股价跌幅仅为 2.75%，远远跑赢相关大盘指数，再加上 JRF 长期稳定的股息回报率，都反映出投资界对其抗风险能力的认可。

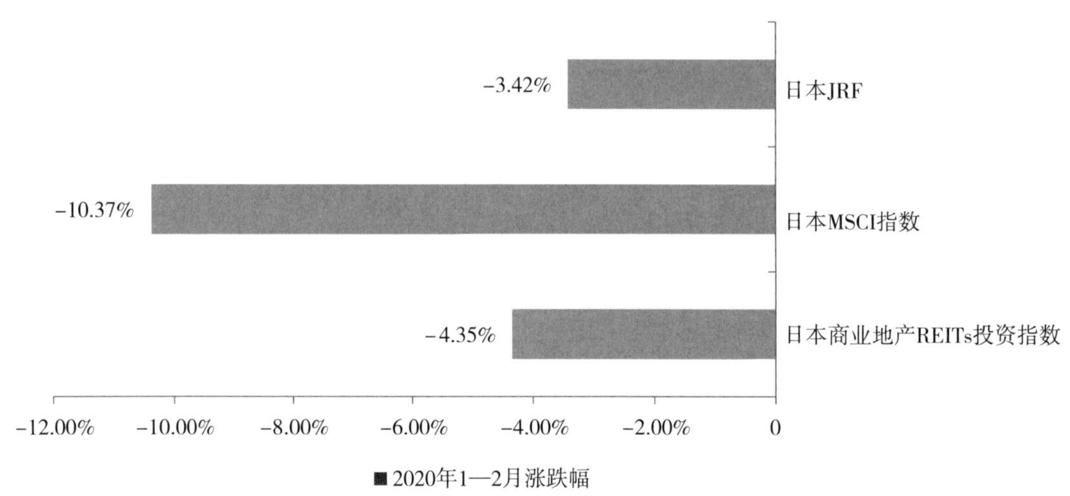

图 3　日本 REITs 投资指数与股票指数对比

数据来源：公开数据，中国连锁经营协会整理。

截至 2020 年 5 月，新加坡交易所共有 42 只 REITs 产品（S-REITs），其中砂之船房地产投资信托（持有 4 处奥特莱斯）、北京华联商业信托（持有 7 处购物中心及奥特莱斯）和凯德商用中国信托（持有 13 处购物中心）是主要持有中国内地购物中心的 S-REITs 产品（见表 3）。截至 2020 年 3 月 17 日，亚太地区交易所上市且所有收入均来自中国的 150 只房地产股票，其股本回报率中值为 9%，债务股本比中值为 83%（见图 4）。相比之下，新加坡交易所的3只主要持有中国购物中心的S-REITs均保持较高的股本回报率和较低的债务股本比，其单位现金流也高于150只房地产股票的每股现金流中值。尽管新冠肺炎疫情冲击了国内购物中心的销售额和租金收益，专注中国购物中心投资的3只S-REITs产品依然保持着稳健的基本态势和强劲的增长潜力。

表3　持有国内购物中心的S-REITs产品

新加坡REITs持有的内地物业一览				
新加坡REITs	物业名称	城市	城市级别	业态
北京华联商业信托	北京八达岭奥特莱斯	北京	一线	零售
	北京华联万柳购物中心	北京	一线	零售
	华联成都空港购物中心	成都	二线	零售
	华联大连金三角店	大连	二线	零售
	华联合肥蒙城路购物中心	合肥	二线	零售
	华联合肥长江西路店	合肥	二线	零售
	华联西宁花园店	西宁	三线	零售
凯德商用中国信托	凯德Mall大峡谷	北京	一线	零售
	凯德Mall双井店	北京	一线	零售
	凯德Mall望京店	北京	一线	零售
	凯德Mall西直门店	北京	一线	零售
	凯德Mall七宝店	上海	一线	零售
	广州乐峰广场	广州	一线	零售
	凯德广场新南店	成都	二线	零售
	凯德新民众乐园店	武汉	二线	零售
	凯德广场学府	哈尔滨	二线	零售
	凯德广场埃德蒙顿	哈尔滨	二线	零售
	凯德广场雨花亭	长沙	二线	零售
	凯德Mall二七店	郑州	二线	零售
	玉泉区商场	呼和浩特	三线	零售
砂之船房地产投资信托	重庆北部新区奥特莱斯	重庆	二线	零售
	重庆璧山奥特莱斯	重庆	二线	零售
	合肥奥特莱斯	合肥	二线	零售
	昆明奥特莱斯	昆明	二线	零售

数据来源：新交所，中国连锁经营协会整理。

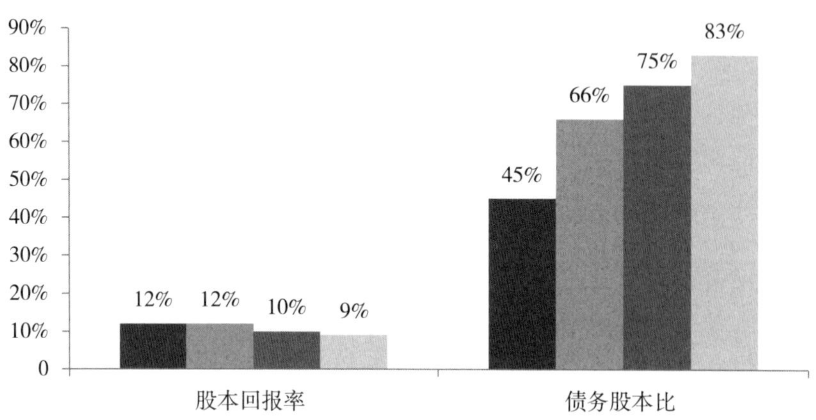

图 4　S-REITs 和亚太地区房地产股票股本回报率及债务股本比

数据来源：Bloomberg、上市公司财报，中国连锁经营协会整理。

四、加速推进商业不动产公募 REITs 全面落地

（一）国际公募 REITs 对比国内现有资产证券化产品的优势

1. 国际公募 REITs 为购物中心投资人提供明确的退出渠道

目前，国内不动产大宗交易市场，资产退出方式主要是资产或股权转让。而对于类 REITs 等资产证券化产品，本质更多体现为债务融资，由于原始权益人提供了各种外部增信，不能视为一种退出方式。如何退出一直以来都是困扰持有不动产的房地产企业、基金的一大难题。而国际公募 REITs 是真正的权益产品，不需要过多的外部增信措施，可作为商业不动产明确的退出方式，有效解决持有型不动产资产规模大、资金沉淀时间长、资金回流慢的问题。有助于吸引更多资金参与不动产投资、盘活市场资金，还将推动商业运营机构专注商业运营管理、整体推动国内商场运营质量提升。企业通过 REITs 实现成熟资产的变现及资金回笼，以回笼资金进行不动产的再投资，将资产培育运营成熟后再通过公募 REITs 平台提出，实现资金的滚动利用，加快循环投资效率，提升企业 ROE 水平。

2. 购物中心持有者能通过发行公募 REITs 顺利募集到权益级资金

目前国内类 REITs 属于私募产品，符合条件的市场投资者有限，而且流动性远远不足，这也造成国内类 REITs 产品发行权益级份额困难较多。而国际公募 REITs 真正实现了公开发行、公开市场流通，灵活性更高，对不动产提供一个更好的投资渠道，兼具稳定分红与长期增值收益，投资门槛明显低于国内类 REITs，有利于投资者的积极认购，也有利于产品的发行与成立。

3. 公募 REITs 发行后，可更好优化企业财务结构

国内类 REITs 产品本质是一种债性融资工具，通常原始权益人提供流动性支持、差额补足或暗兜等各类增信，大多数类 REITs 产品底层资产出表困难，不利于原始权益人的财务结构优化。而国际 REITs 实现了底层资产权属的真正转移，原始权益人转变为基金管理人和运营管理人，有助于原始权益人优化财务结构。

4. 公募 REITs 弱化主体信用依赖程度，更重视购物中心项目自身质量及运营状况

投资公募 REITs 的收益来源一是股价（基金净值）变动带来的资本利得，二是每年的分红派息，对于分红派息的收益直接来源于底层不动产的经营收入。因此区别于偏债型的类 REITs 产品，公募 REITs 的发行对于发行人的主体信用依赖程度较低，更依赖于资产自身质量及运营状况。国际公募 REITs 注重其投资属性，通过投资优质、高回报率的底层资产为其持有人带来持续的回报，这也是国际公募 REITs 得以推行的重要原因。

5. 国际公募 REITs 有较多的税收优惠政策

国内的类 REITs 在资产重组及设立环节面临较高的税务成本，并且类 REITs 存续阶段还面临双重征税的问题。在资产取得、持有环节，国际公募 REITs 有较多税收优惠。税收优惠，尤其是避免双重征税的影响，有利于保障投资人的投资收益（见表 4）。

表 4　　国际标准公募 REITs 和国内类 REITs 产品对比

	国际标准 REITs	国内类 REITs
组织形式	公司型	专项计划+私募基金　双层结构
资金募集	公募	私募
底层物业多样性	多元化	单一
投资门槛	较低	较高
运营管理	对物业进行主动管理	参与度较低的被动管理
交易流动性	较好	较差
资产所有权转让	真实出售	资产所有权不发生转移
收益来源	租金收入+资产增值	固定收益，租金收益为主
收益分配	同股同权，高比例分红	优先级固定收益+劣后级剩余收益
期限	永续，无具体到期期限	有存续期
税收优惠政策	达到条件即免税	无税收优惠政策：需要缴纳土地增值税、契税等
退出机制	证券交易	融资人对私募基金份额有优先回购权

资料来源：公开信息，中国连锁经营协会整理。

（二）国际商业不动产公募 REITs 推出的背景及效果

公开数据显示，在全球 22 个国家中，有 17 个国家是在经济低迷或者下行背景下推出了 REITs，根本原因在于 REITs 市场的建设对于经济的发展有着至关重要的作用，能够引领经济走出危机、摆脱低迷，乃至为经济的持续发展提供新动能。

从国际经验看，美国重要的 REITs 法案都是在 GDP 增速及资产价格增速下降的背景

下出台的；日本 REITs 出台之前，国债收益率、GDP 增速、房价增速持续下降长达十年；从中国香港经验来看，REITs 相关条例出台的背景是长期的经济增长乏力与资产价格下行，最后在 SARS 疫情的倒逼下，REITs 登上了历史舞台。

从效果来看，REITs 市场的出现及快速发展降低了不动产市场投资门槛，起到了活络市场的作用，从而提振了投资者对经济增长的信心。在美国市场，1990—2005 年年均复合增速高达 44%，1993—2002 年 REITs 年平均股息率达 6.96%（高于十年期国债的 5.86%）。在日本市场，从 2001 年第一只 J-REIT 出现起便保持高速增长，2001—2007 年 REITs 规模年均复合增速高达 57%。

（三）经济下行和新冠肺炎疫情影响倒逼国内商业不动产公募 REITs 推出市场

2020 年 4 月 30 日，中国证监会、国家发改委联合发布《关于推进基础设施领域不动产投资信托基金（REITs）试点相关工作的通知》（以下简称《通知》），并出台配套指引。基础设施 REITs 短期看有利于广泛筹集项目资本金，降低债务风险，是稳投资、补短板的有效政策工具；长期看有利于完善储蓄转化投资机制，降低实体经济杠杆，推动基础设施投融资市场化、规范化健康发展。根据《通知》，基础设施 REITs 此次聚焦于新基建、交通、能源、仓储物流、环境保护、信息网络、园区开发七大领域。《通知》的出台标志着境内基础设施领域公募 REITs 试点正式起步，长期以来备受关注的不动产投资信托基金破冰落地。

兼具不动产属性与零售属性的商业地产已经进入存量管理时代，受访购物中心企业、投资机构、行业专家认为，购物中心公募 REITs 已经逐渐具备了推出市场的时机。国内购物中心类 REITs、CMBS、CMBN 产品已经取得了比较稳定的发展，市场规模逐渐扩大，发行人及投资人的认可程度也逐渐提高，在此背景下推出购物中心公募 REITs，更易于各市场参与主体接受。继基础设施 REITs 试点之后，积极推动以优质购物中心项目为底层物业的商业不动产公募 REITs 落地将具有积极意义和巨大的促进长期良性发展的重大作用。

1. 公募 REITs 是导入良性外部权益资金的高效通道之一

当前房地产企业持有大量的优质商业不动产，但盘活渠道非常有限且多为债务融资，昂贵的融资成本和激进的杠杆比例已经对国内购物中心的存续经营造成了较大负面影响，甚至开始影响物业的可持续经营。而在整体降杠杆背景下，历史遗留的高杠杆负债亦难以通过借新还旧的方式来维系，亟须引入新的外部权益资金进场来缓释杠杆风险，让购物中心能留存足够的利润来培养内生增长能力，提高内在价值，进而再形成良性的投融资循环。同时为投资人提供更多更优质投资标的选择，激发市场活力。

2. 公募 REITs 有利于倒逼开发商提升资产管理和存量运营转型能力

购物中心是经营性物业，具备创造现金流能力。推进购物中心公募 REITs 有利于倒逼开发商提升资产管理能力和向存量运营转型，降低和提前对冲未来城镇化进入成熟阶段后住宅市场需求大幅回落带来的资产贬损风险。同时有利于引导不动产投资进入价值投资的时代通道。

3. 公募 REITs 对因疫情导致资金承压的不动产企业意义重大

新冠肺炎疫情暴发以来，众多商业不动产公司纷纷推出减免租金措施，在承担企业社会责任的同时，携手租户共渡难关。商业不动产运营的特点是资产重、回收期长、现金流敏感，全年10%的租金收入损失对任何一个同类企业都绝不轻松。因此，尽快推行商业不动产公募REITs，并明确将购物中心纳入其中，对积极承担企业社会责任的公司而言，既是一种认可，也是一种推动和鼓励。

（四）关于解决商业不动产公募REITs推出市场过程中的主要困难和障碍的建议

商业不动产公募REITs作为稳定分红的投资产品，有利于增加居民对不动产的长期投资渠道，避免对住宅投资的依赖，降低炒房的投机力量。监管层需要消除“推出公募REITs等同于重新放水房地产行业”的顾虑，商业不动产公募REITs才具备市场化推广的意义和规模化推广的可能性。具体建议如下：

第一，制定匹配的法律法规及配套政策，结合基础设施REITs试点经验出台针对性的公募REITs法规。根据《通知》，基础设施REITs“在现行法律法规框架下，在重点领域以个案方式先行开展基础设施REITs试点”。

首先，建议从房地产相关法律制度入手，进一步明确REITs在产权登记上的合法地位和产权转移的相关程序；其次，建议完善我国房地产价值评估和房地产信用评级法律制度；最后，建议借鉴国外标准化REITs相关制度，结合试点经验出台针对性的公募REITs法规。

第二，完善现有税收法规，为重组设立和持有运营环节设置合理的税筹通道。与CMBS及其他ABS产品不同，REITs和类REITs都需要实现权属转移，即从原始权益人手中转移到资管产品名下。因此不论REITs产品采取股权转让方式或是资产转让方式取得底层资产，都将被征收股权转让企业所得税或契税和土增税。由于大多数项目取得时间较早或开发成本较低，与转让价格相比原值明显偏低，股权转让企业所得税或契税和土增税金额较高。而且，对企业来说将底层资产转让给REITs再扣除相关税费、债务的净得金额，未必比直接取得经营性物业贷款的金额高出多少，对重视现金流的商业不动产经营企业吸引力有限。建议参照国际经验，未来在REITs相关立法文件中就REITs的所得税及土地增值税等列出特别的规定，从而刺激REITs在国内的发展。

第三，以优质购物中心项目作为底层资产试点，循序渐进推动标准化REITs的落地。国外标准化REITs以公司型为主，组织结构稳定性强、交易结构简单，对于投资人而言也是便于投资。但是就我国现阶段而言，想短期内推出公司型的标准化REITs尚不现实。因此，建议从我国现有的类REITs交易模式出发，在现有契约型模式基础上，逐步试点推动优质购物中心项目为底层资产的公募REITs的发展，待未来法律、税收等配套政策完善时再全面推出公募REITs。

第四，国内房地产估值过高，租金收益率偏低，不能满足投资人的期望，但若发行规模偏低，则又难以满足发行人的期望。一方面需要相应的政策约束提高租售比，另一方面需要加强优秀的资产管理人的培养，增强商业运营能力。

第五，尽快加强投资者教育以及推出REITs的造势。国内了解并愿意投资REITs产品的投资者并不多，要尽量避免发生REITs产品发行遇冷的情形，进而影响今后其他REITs产品的发行以及打击企业推出REITs的积极性。

2020 年中国便利店发展报告

现阶段，随着疫情防控得力，我国消费市场逐步复苏，对经济增长的拉动作用也在逐步回升。从我国消费市场的宏观发展趋势来看，人口结构变化、居民收入提升、国家政策支持、科技进步和绿色发展等因素将推动和塑造未来消费市场发展。“十四五”规划明确提出，形成强大国内市场构建新发展格局。预计未来，发展新型消费模式、助力消费升级和促进消费下沉、国货崛起、提升消费服务水平、加快物流体系建设等趋势将为零售行业带来新的变化与增长点。

消费市场的变化也对便利店提出了新的要求。商务部于 2019 年和 2020 年针对便利店未来的发展做出了具体部署。便利店作为小型零售业态的主要发力者，在政策的支持下将迎来新的发展。未来，便利店将向 5 个方向进行转型，分别是：升级结构连锁化、以自主品牌个性化吸引流量、打造数字化经营闭环、扩大便利店服务半径以及整合供应链和提高物流管理体系。

中国连锁经营协会联合毕马威（中国）发布便利店年度调查报告。本次报告基于对 89 家便利店企业（含石油系）在 2020 年的经营情况所发放的调查问卷得出，对包括市场规模、利润率、商品结构、加盟体系以及数字化等方面做了定量分析。

一、现状综述

本报告中所使用数据主要是基于中国连锁经营协会对 89 家便利店企业（含石油系）所发放的调查问卷分析得出，聚焦参与调研的企业在 2020 年的经营情况，对包括市场规模、利润率、商品结构、加盟体系以及数字化等方面做了定量分析。按照销售规模统计，参与调研的企业主要以年销售额为 10 亿~50 亿元人民币、5 亿~10 亿元人民币以及 1 亿~3 亿元人民币居多，占据总样本的 25%、23%和 20%；其余调研样本企业销售规模为 3 亿~5 亿元、小于 1 亿元、大于 100 亿元和 50 亿~100 亿元，分别占据调研样本的 14%、9%、5%和 3%。按照门店规模统计，门店总数为 100~300 个和 300~500 个的企业占据调研样本的 50%，其余样本的门店规模为小于 100 个、500~1000 个、1000~2000 个和大于 2000 个，占比分别为 13%、14%、9%和 14%（见图 1）。

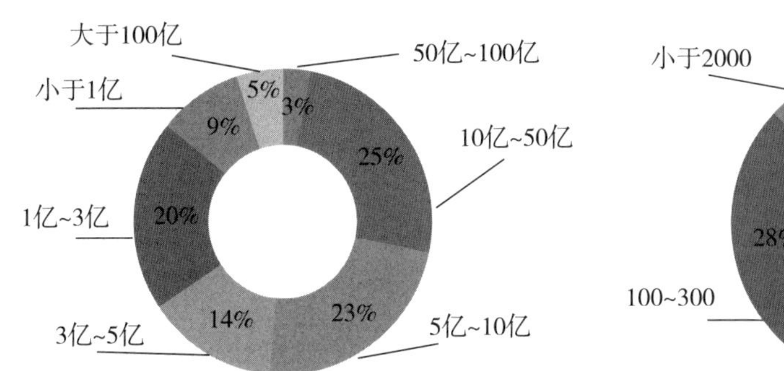

图 1 调研样本企业分布（按年销售额和门店数量）

数据来源：2020 年 CCFA 便利店调研，毕马威（中国）分析。

（一）便利店行业发展现状

1. 便利店销售规模

近几年来，随着中国实体零售市场的发展，便利店得到高速的增长。数据显示，2013—2019 年，便利店的实体销售额较其他零售行业处于最快的增长水平，平均增速达到 18%左右，高于其他零售行业近 16 个百分点（见图 2）。①

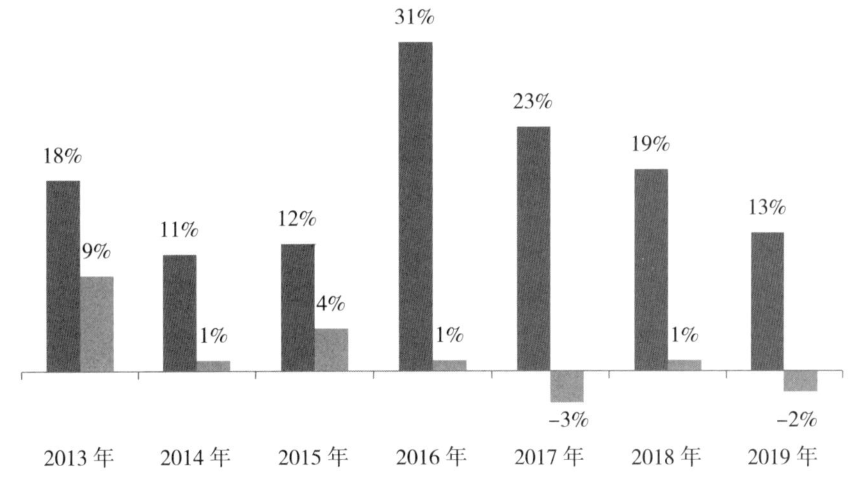

图 2 2013—2019 年中国实体零售销售额增速

数据来源：2013—2020 年 CCFA 便利店调研，国家统计局，毕马威（中国）分析。

① 零售行业增速除去便利店企业，仅包括小型超市、大型商超、百货商店的销售额增速。

2020 年，全国品牌连锁便利店销售额为 2961 亿元，其中传统便利店为 2716 亿元。整体销售规模上升，增速受新冠肺炎疫情影响略有下滑，但仍然达到 6.2%的增速。传统便利店企业中，规模前 10 的头部企业与小规模企业增长分化：头部企业已取得超行业增速，其销售额增速达 12.6%，而其他企业在 2020 年受新冠肺炎疫情等因素影响，销售额增速为-2.1%（见图 3）。

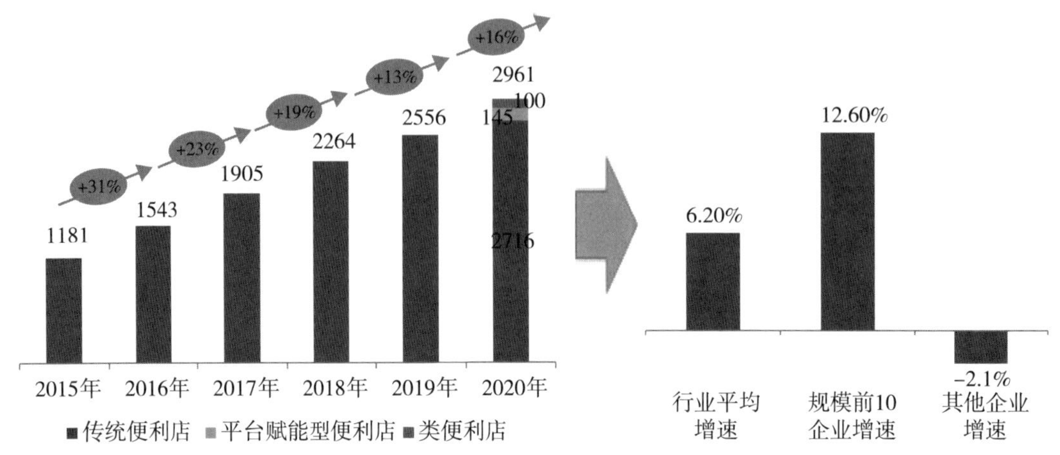

图 3　全国品牌连锁便利店销售额（亿元人民币）与增速①

数据来源：2013—2020 年 CCFA 便利店调研，毕马威（中国）分析。

2. 便利店门店规模

从门店规模看，2020 年中国便利店门店规模达到 19.3 万家，其中传统便利店 14.4 万家，增速为 8.9%，基本维持 2019 年水平。其中，规模前 10 的企业门店数量增速放缓，其增速低于行业平均水平，为 6.7%，但其他企业的门店数量贡献较高，增速达 15.4%。2020 年传统便利店门店数量前 10 的企业新开门店为 6500 家，占总新开门店的 45%。主要以本土品牌和日系品牌为主，其中易捷、美宜佳、昆仑好客门店数量排名前 3；天福，罗森，全家，7-ELEVEn，十足、之上，见福，便利蜂位居其后（见图 4）。

3. 便利店营业表现

受新冠肺炎疫情影响，2020 年便利店单店单日销售额较 2019 年略有下降，达 5167 元人民币。调研显示，2020 年客单价较 2019 年的 16.3 元上升至 18.1 元，但由于单日来客数下降较大，导致了便利店单店单日营收下降（见图 5）。

① 传统便利店企业包括直营便利店、加盟便利店、加油站型便利店；平台赋能型便利店指收到互联网企业或其搭建平台赋能的非传统连锁型便利店企业；类便利店指销售品类和服务与便利店相似的小型零售店、生鲜店、水果店、药妆店等。

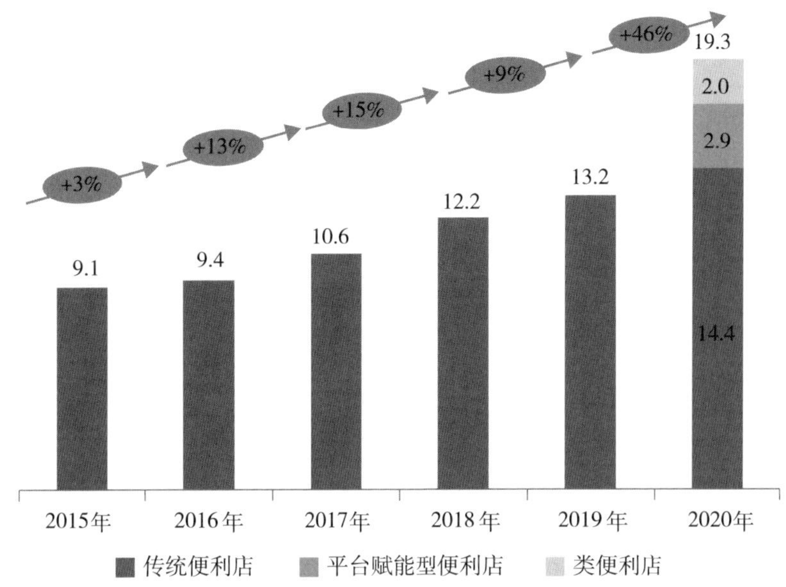

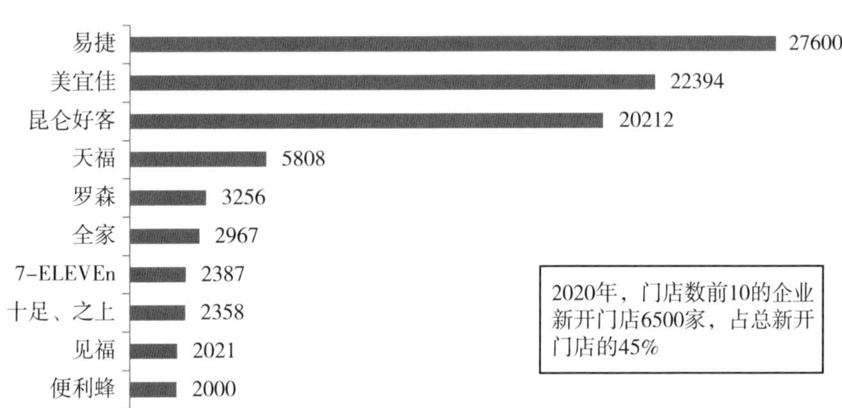

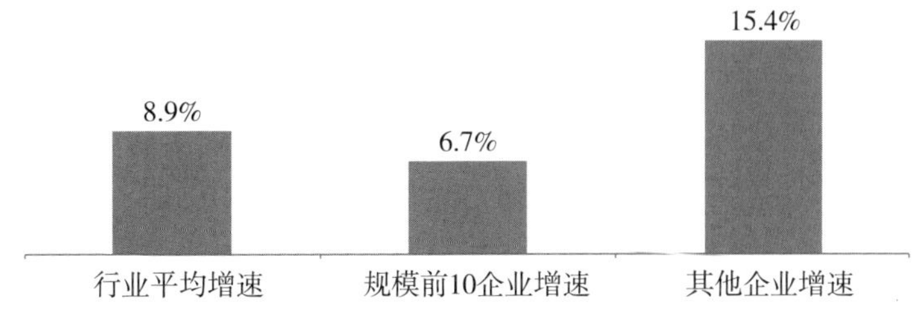

图 4　全国品牌连锁便利店销售额与增速

数据来源：2013—2020 年 CCFA 便利店调研，毕马威（中国）分析。

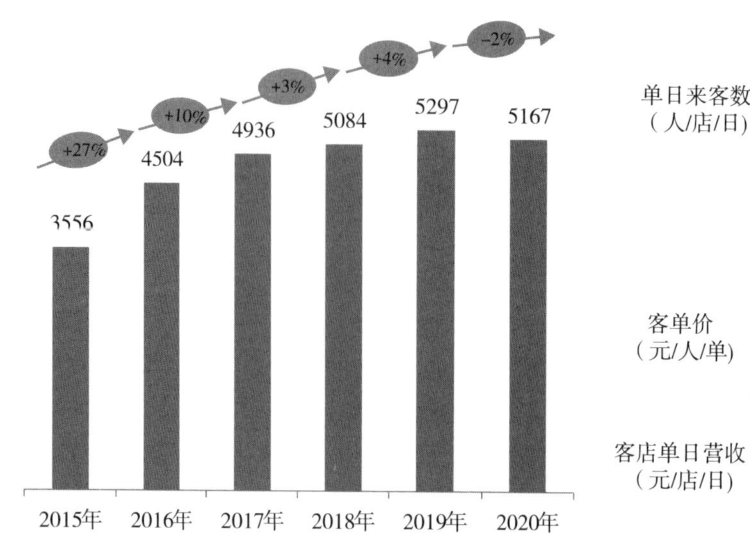

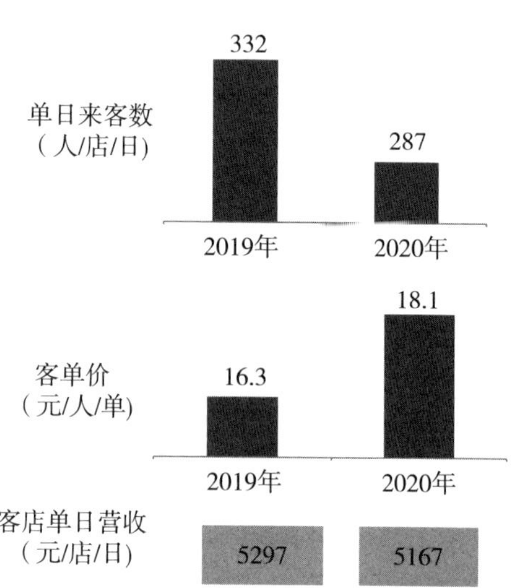

图 5　全国品牌连锁便利店单店日营收

数据来源：2013—2020 年 CCFA 便利店调研，毕马威（中国）分析。

2020 年样本企业平均坪效为 63 元/平方米/天，相较于 2019 年的 69 元/平方米/天略有下滑。下滑原因主要是受新冠肺炎疫情影响，加之多品牌企业开店和低线城市扩张，使得很多品牌的单店模型仍处于探索阶段。此外，2020 年营收排在前 20%的头部企业与营收排在后 20%的企业坪效差距显著，差距可达 30 元/平方米/天。

4. 便利店收入贡献表现

从营业时间内的销售贡献看，10：00—22：00 的 12 小时为消费的最主要时段，较 2019 年整体提升了 1.8%。从各类销售占比情况来看，鲜食商品得到了企业和消费者的重视，整体销售贡献提升了 2%。其中，2020 年规模前 10 的非石油系企业鲜食销售占比为 11%，鲜食商品越发成为便利店的商品结构中重要的一环（见图 6）。

5. 便利店盈利表现

从调研样本企业的盈利水平来看，新冠肺炎疫情并未对行业整体的盈利性造成较大负面影响，样本企业的毛利及净利水平均有提升，较 2019 年分别提升了 0.7%和 0.8%。其中，坪效排在前 20%的头部企业，有更高的盈利表现，其毛利率为 28%、净利率为 5%。从样本企业的费用间构成来看，其职工薪酬与房租占成本费用的比例最大，占总费用的六成以上。其他费用中数字化投入占比为 4.5%，较 2019 年略有提升，企业数字化投入进一步加码（见图 7）。

6. 便利店区域分布和门店类型概况

调研数据显示，2020 年便利店单个企业平均覆盖省份约为 2.7 个，较 2019 年增长 35%。从城市布局来看，2020 年平均覆盖城市约为 14.3 个城市，较 2019 年增长 24%。便利店企业的地理位置覆盖整体进一步扩张（见图 8）。

样本企业不同时间段的收入贡献

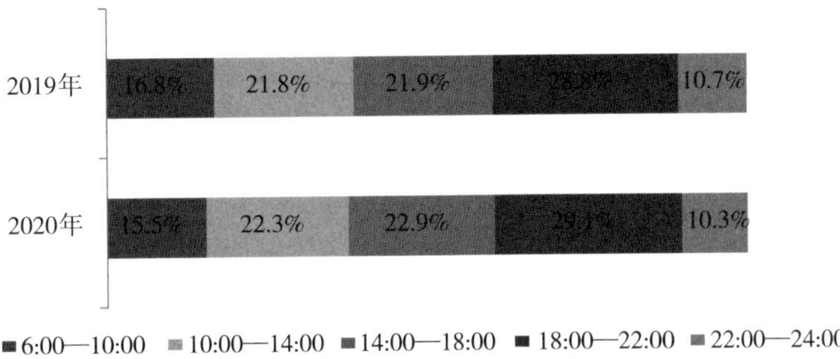

样本企业各品类销售占比

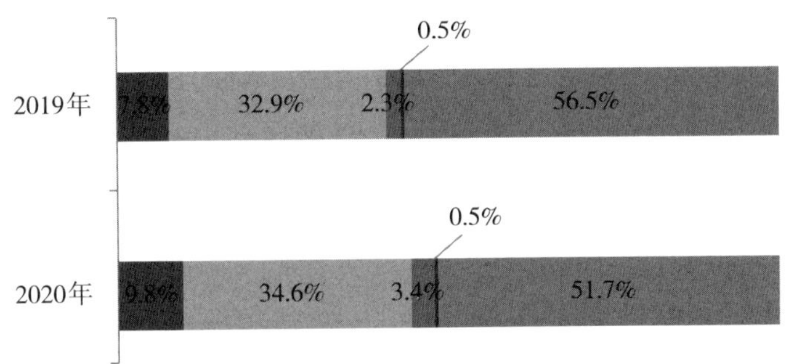

鲜食商品销售占比　香烟销售占比　生鲜商品销售占比　咖啡销售占比　其他品类

图 6　样本企业收入贡献（按时间段和品类）

数据来源：2013—2020 年 CCFA 便利店调研，毕马威（中国）分析。

样本企业利润水平

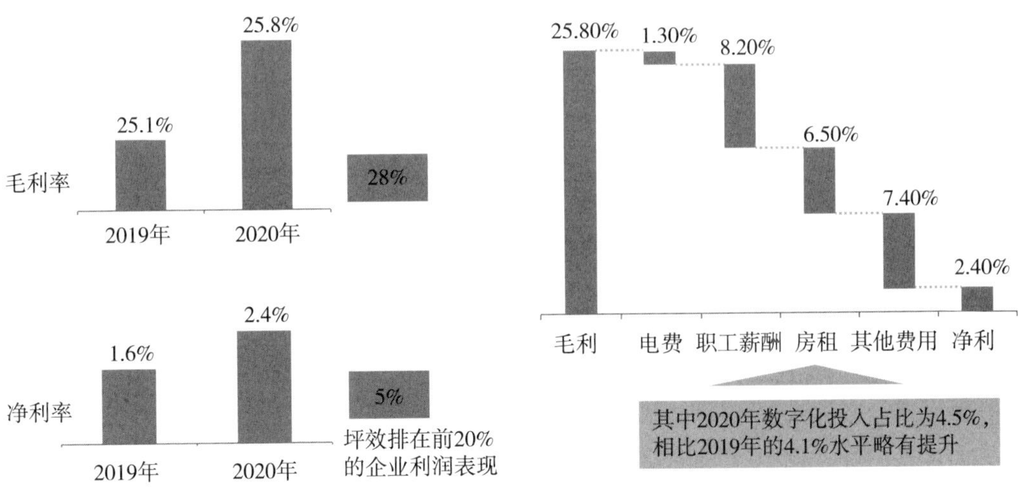

图 7　样本企业利润水平及主要费用构成

数据来源：2013—2020 年 CCFA 便利店调研，毕马威（中国）分析。

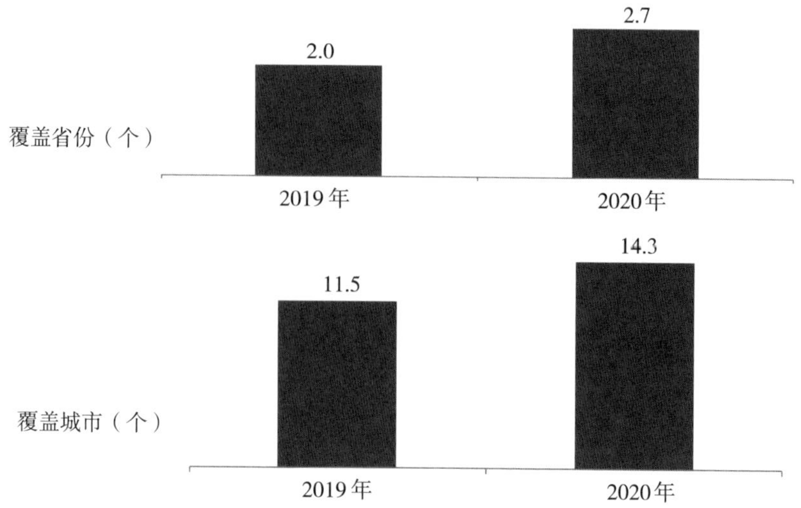

图 8　单个企业平均覆盖城市和省份数量

数据来源：2013—2020 年 CCFA 便利店调研，毕马威（中国）分析。

从企业门店类型分布来看，社区型的门店占样本的 52.7%，较 2019 年大幅增长 22.3%。其次是商务办公型的门店占比为 20.3%，较 2019 年小幅提升 2.2%。但特定商圈型和其他类型的门店占比均有所下滑（见图 9）。整体而言，门店类型向以近场型业态为切入点的社区型门店拓展，便利店离消费者越来越近了。

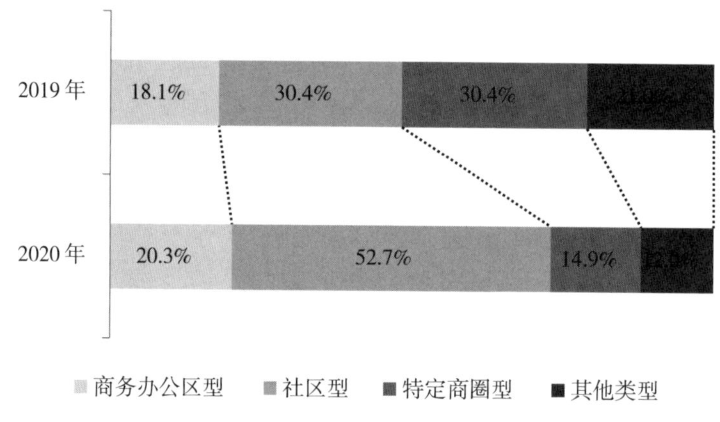

图 9　样本企业不同门店类型分布

数据来源：2013—2020 年 CCFA 便利店调研，毕马威（中国）分析。

7. 便利店人员管理概况

2020 年便利店样本企业的人事费用率整体维持稳定，保持在 10.4%左右。此外，便利店企业对培训投入加大，培训成本占比 2019 年提升了 0.2%。同时，便利店企业提高了人均薪酬增长，较 2019 年增长了 1.5%。在用工方面，便利店企业使用更为灵活的用工模式，其比例上升了 2.4%。因此，在人事费用率整体维持稳定的情况下，便利店企业通过更高的培训成本投入、更高的人均薪酬增长与更灵活的用工模式，使得基层与管理层员工年自然流失率较 2019 年均有所下降，下降比例分别为 1.8%和 0.4%（见图 10）。

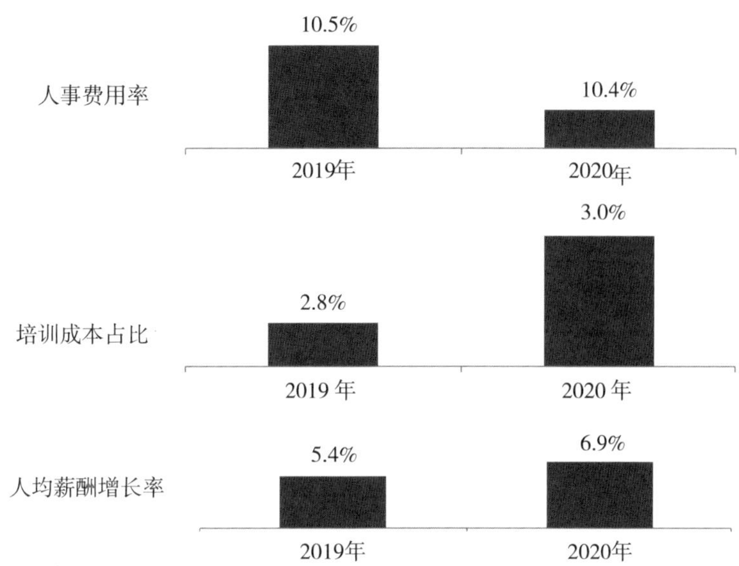

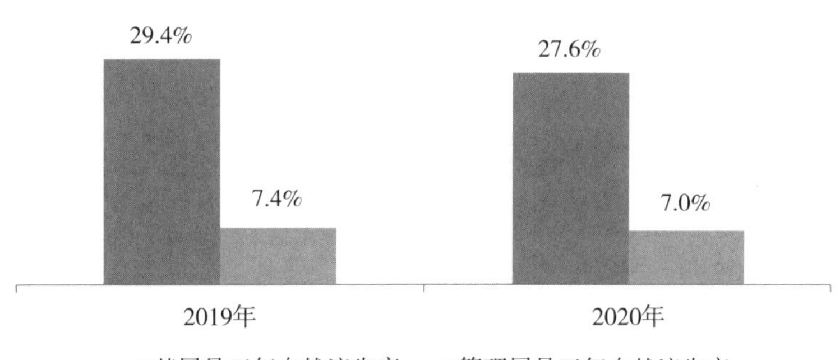

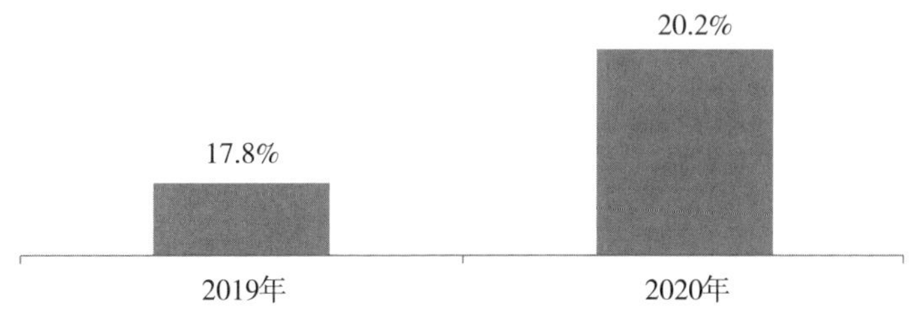

图 10　样本企业人力资源投入、样本企业员工年自然流失率和样本企业灵活用工比例

数据来源：2013—2020 年 CCFA 便利店调研，毕马威（中国）分析。

8. 便利店会员营销概况

近几年来便利店企业愈加重视会员体系的建设工作。据调研统计，2020 年参与调研的企业中，已经有 73%的企业建立了会员体系，较 2017 年增长了 33%。其中有会员体系的企业，其会员销售占比保持小幅度的提升，目前达到了 23%。对比样本企业的会员与非会员客单价，会员的客单价较非会员提升约 50%。可预计的是，未来会员体系发展将成为支撑便利店企业增长的重要举措（见图 11）。

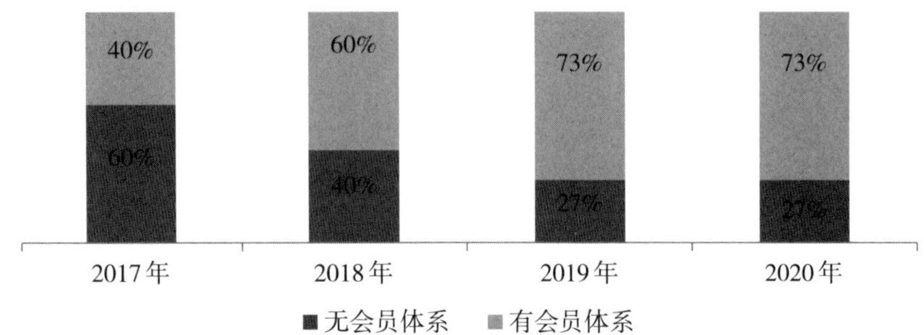

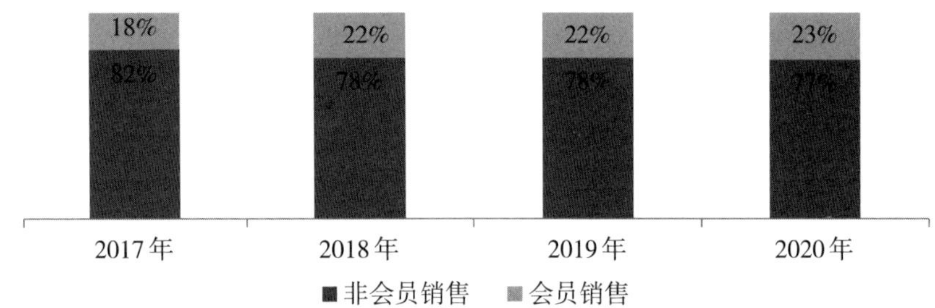

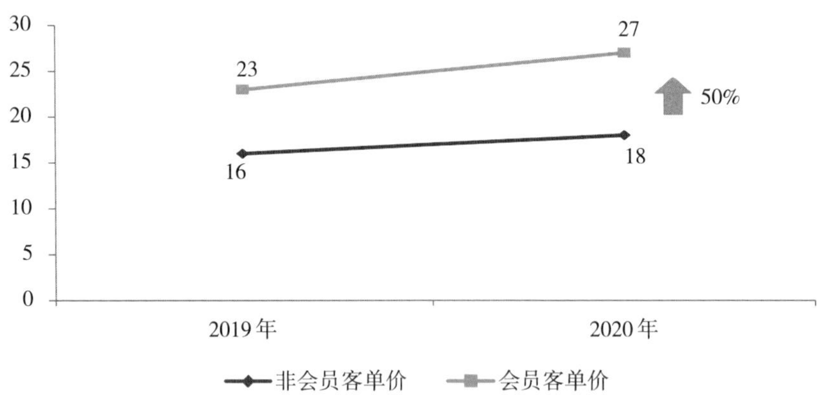

图 11　样本企业有会员体系比例、有会员体系样本企业会员销售占比、样本企业会员与非会员客单价对比

数据来源：2013—2020 年 CCFA 便利店调研，毕马威（中国）分析。

9. 便利店线上业务概况

自 2016 年起，越来越多的便利店开通了线上业务，而新冠肺炎疫情期间更是进一步催化了线上业务的发展。据统计，参与调研的有 73%的企业已经开通了线上业务，较 2019 年提升了 11%。但是，线下业务销售占比仍是销售的主要来源，占比为 93%。线上业务整体规模较小。

从线上业务开通渠道来看，主要以移动端、与第三方平台合作的形式为主。其中，移动端销售占比达 92%，远超过 PC 端销售；有 85%的样本企业已与第三方平台合作，仍有 15%的样本企业未与第三方合作。除此之外，有 70%的样本企业布局社区团购业务，以寻求多元的业务增长点（见图 12）。

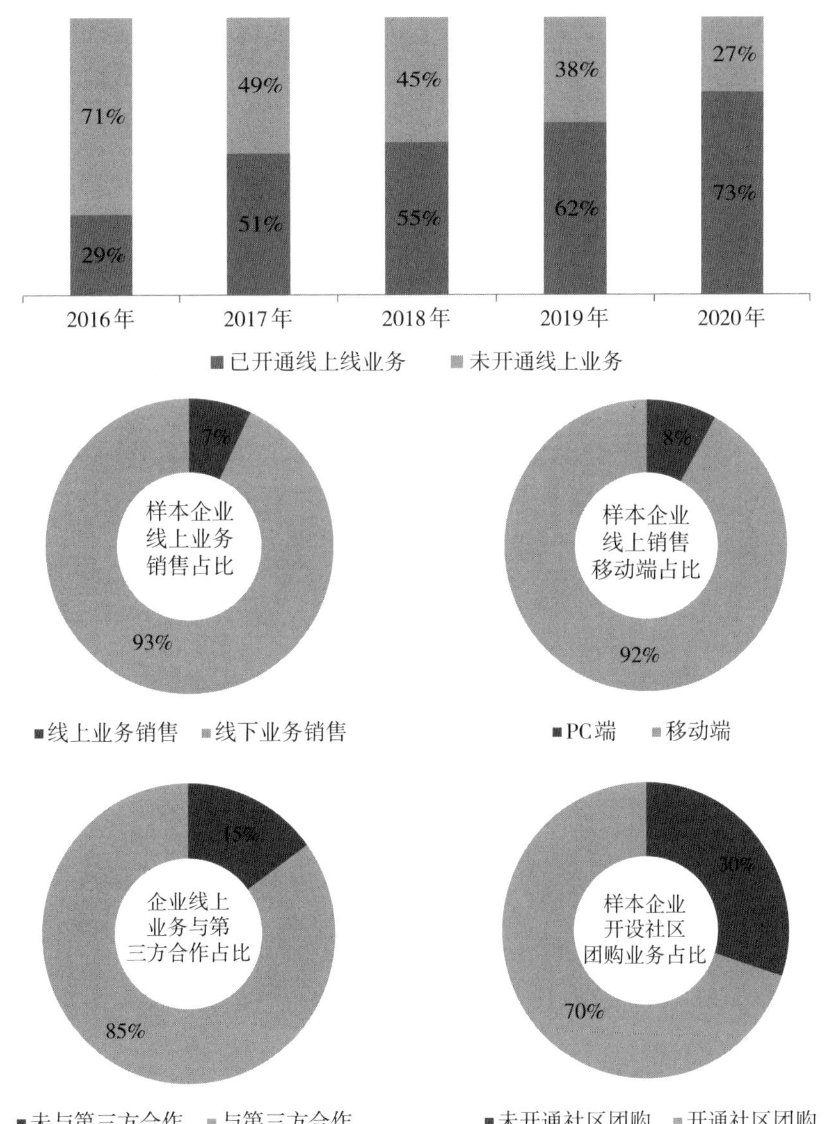

图 12　样本企业线上业务开通比例与开通渠道情况

数据来源：2013—2020 年 CCFA 便利店调研，毕马威（中国）分析。

10. 新冠肺炎疫情对便利店影响

新冠肺炎疫情对便利店企业造成了额外的资金压力。据调研统计，新冠肺炎疫情期间便利店企业的疫情防控支出总额达 5255.97 万元，人员的加班费支出总额达 6700.66 万元。同时，便利店企业因疫情防控而闭店，造成的损失达 1.5 亿元。

但在受到额外成本压力的同时，便利店企业仍履行着企业的社会责任：新冠肺炎疫情期间便利店企业累计捐助物资、现金共 1440.8 万元。其捐助资金约占样本企业总体净利润规模的 1%。

（二）金牌店长调研

此次便利店企业调研中，首次发起了“金牌店长”的评选活动。在参与评选的 50 家企业提名的店长中，评选出了 2020 年度的 96 位既具有良好的教育、从业背景又具有丰富的运营经验的“金牌店长”。从门店的城市区域分布、销售与盈利、人员团队等维度进行金牌门店的特点分析，总结出金牌门店的特点：首先，从门店分布与经营表现来看，金牌门店主要集中在二线以上城市并集中于住宅区，经营面积平均为 103 平方米，单店 SKU 约为 2533 个，客流、客单量表现出色等。其次，从门店销售和成本结构来看，鲜食核心品类的收入占比为 17.8%，远高于整体样本企业的平均水平；毛利率水平与整体样本企业的水平接近，但净利率普遍低于 15%；以正式员工为主要用工途径，其中金牌门店正式员工平均数量约为 5 人，平均工资为 51752 元/人/年（见图 13）。

图 13 金牌门店特点

数据来源：2020 年度 CCFA 便利店金牌店长及门店调研，毕马威（中国）分析。

1. 金牌店长主要特点

调研数据显示，96 位金牌店长主要为女性，占比约为 77.1%。年龄主要在31~50 岁，学历主要为高中和大专。这些金牌店长在本企业的工作时间大致在 1~10 年（见图 14）。

金牌店长性别分布

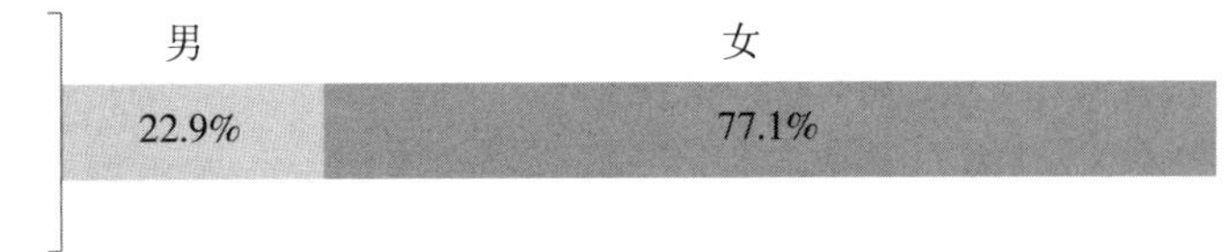

金牌店长年龄分布

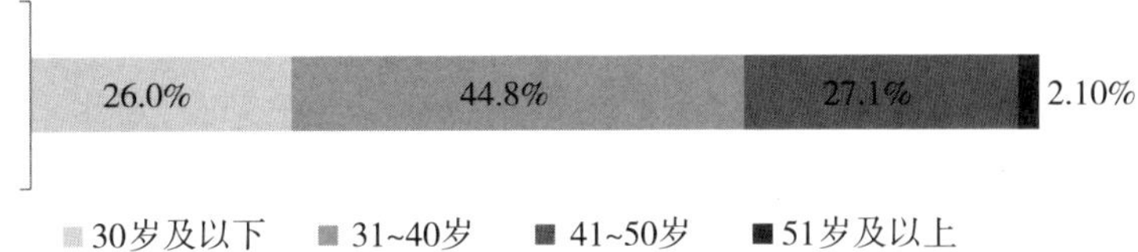

金牌店长学历分布

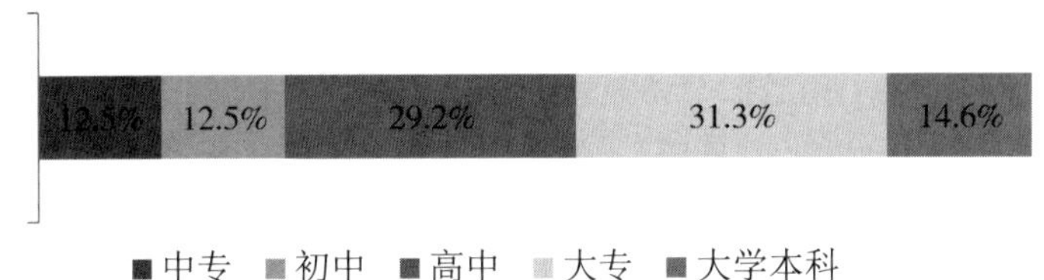

金牌店长在本企业工作时间情况

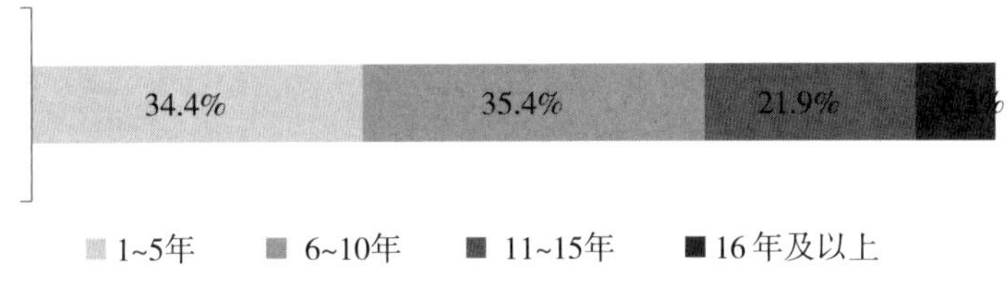

图 14　金牌店长主要特点

数据来源：2020 年度 CCFA 便利店金牌店长及门店调研，毕马威（中国）分析。

2. 金牌门店城市分布和性质

从金牌门店分布的城市来看，主要集中在二线及以上城市，约占样本的 84.1%。其中，新一线城市体现出了更强的活力，金牌门店在新一线城市占比为 35.1%。开业 0~5 年的新店被评选为金牌门店的比例最大，为 46.8%；其次是 6~10 年，占比为 30.9%。此外，根据门店性质，金牌门店中直营的占比最高为 81.9%，远高于加盟的占比。因此，新的门店一定程度上更受消费者喜欢，直营门店在品质控制方面有效且可靠，也是门店获得消费者认可的关键（见图 15）。

3. 金牌门店区域分布和门店经营

据调研统计，有 43.4% 的金牌门店分布在住宅区，其次在商务楼宇，占比约为 30.3%。这进一步说明近场型业态和社区流量在便利店企业经营中愈加重要。此外，金牌门店多为 24 小时营业、门店的经营面积在 200 平方米以下的标准店型，其 SKU 数量集中在 1000~3000 个（见图 16）。

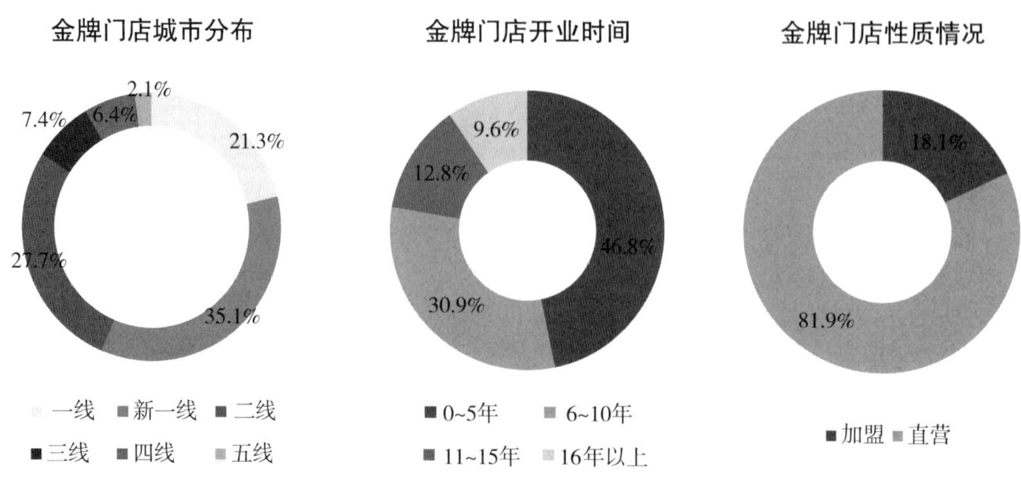

图 15　金牌门店主要概况

数据来源：2020 年度 CCFA 便利店金牌店长及门店调研，毕马威（中国）分析。

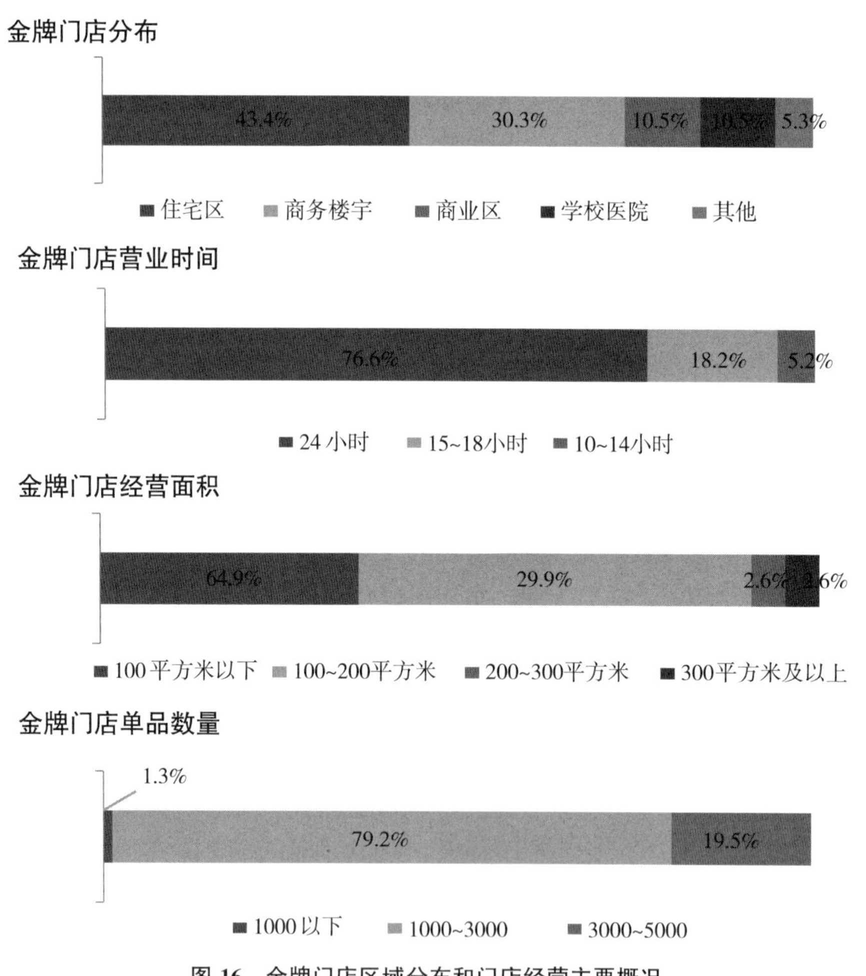

图 16　金牌门店区域分布和门店经营主要概况

数据来源：2020 年度 CCFA 便利店金牌店长及门店调研，毕马威（中国）分析。

4. 金牌门店销售与收入贡献表现

调研结果显示，金牌门店单日收入基本均维持 5000 元以上，半数以上门店日收入超过 1 万元。从销售的品类来看，香烟与鲜食贡献了大部分收入，其中鲜食核心品类的收入占比远高于样本企业整体水平。金牌门店的客单价以 15～20 元居多，占比约为 30%。此外，门店日客流以 350～500 人次/天居多（见图 17）。

金牌门店销售收入及构成（元/天）

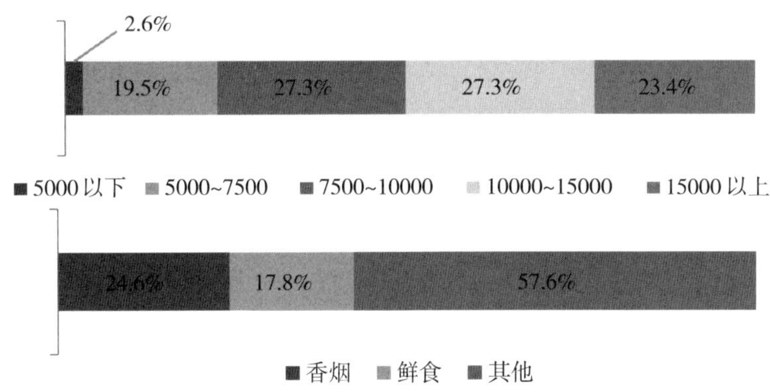

金牌门店客单价（元）

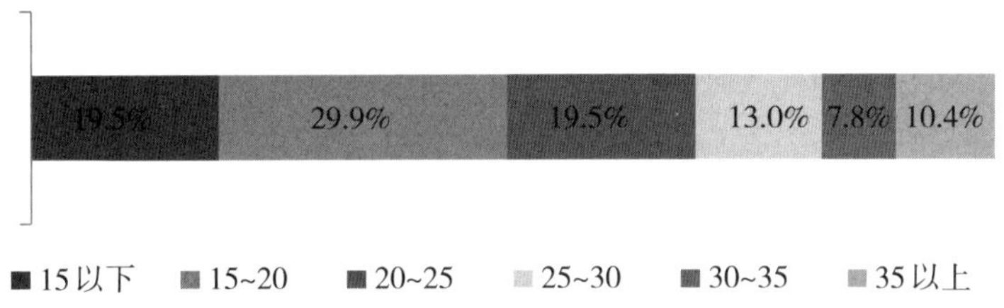

金牌门店日客流（人次/天）

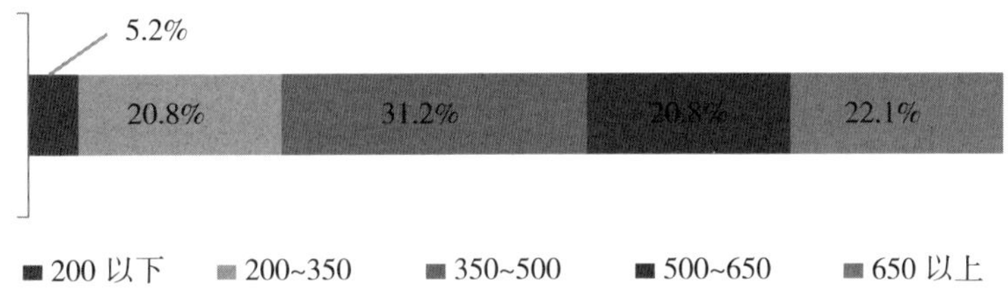

图 17　金牌门店销售与收入贡献表现

数据来源：2020 年度 CCFA 便利店金牌店长及门店调研，毕马威（中国）分析。

5. 金牌门店盈利表现

金牌门店毛利率集中在 20%～25%，与行业整体 26%的水平接近。在金牌门店中，有近一半门店毛利水平超过 25%。在金牌门店净利率方面，超过八成的门店表现在 15%以下（见图 18）。

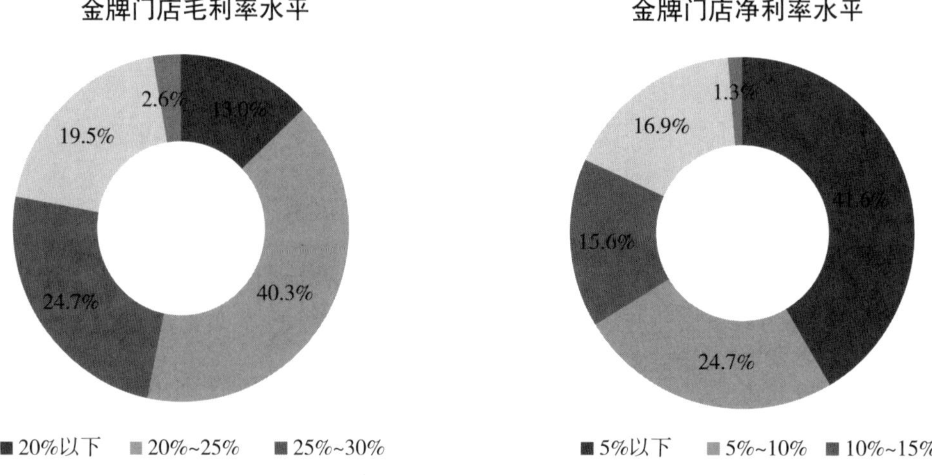

图 18 金牌门店毛利率和净利率水平

数据来源：2020 年度 CCFA 便利店金牌店长及门店调研，毕马威（中国）分析。

6. 金牌门店人员团队情况

金牌门店正式员工数量主要集中在 3 至 6 名。其中，正式员工成本为 82.9%，要高于灵活用工成本。但正式员工的员工用时要比灵活用工多出 4 倍多。门店仍以正式员工为最主要用工途径，以保证门店整体服务质量（见图 19）。

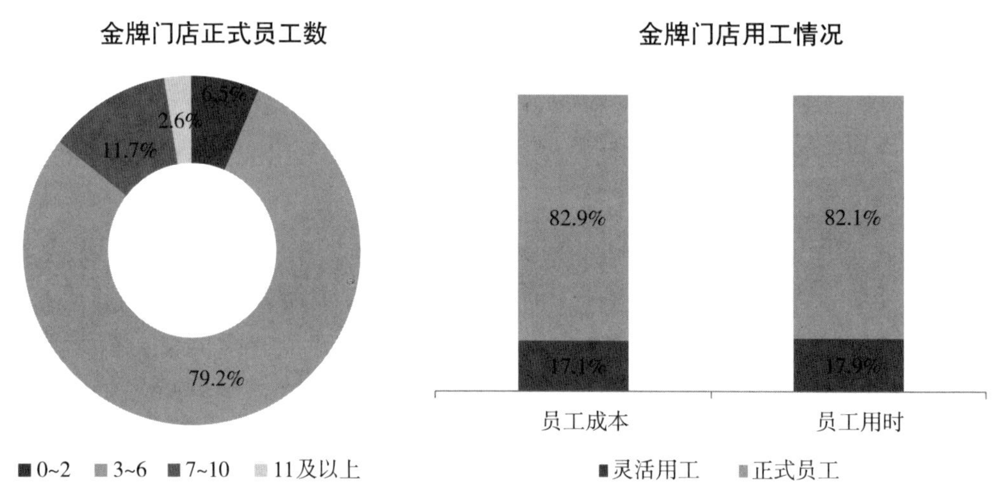

图 19 金牌门店正式员工数及用工情况

数据来源：2020 年度 CCFA 便利店金牌店长及门店调研，毕马威（中国）分析。

二、便利店行业发展趋势

在与领先便利店企业深度调研、交流的基础上，我们总结出便利店企业的四大核心发展趋势：购物便捷性、场景化运营、品类升级与数字化驱动。

在购物便捷性方面，现阶段消费市场中不同的消费群体提升了围绕购物便捷性的多方面需求，尤其以年轻客群为核心的消费群体，表现出多种多样的消费需求。未来便利店整体以满足年轻客群的即时性需求为主，包括对服务需求的探索，注重社区、近场型购物场景的加速拓张，探索线上线下等多方面消费者触达。

在场景化运营方面，关注线下门店场景化体验与业务经营、改造门店、增加食品消费区等，以提升消费场景体验，增加消费者触点，进一步提升消费复购频率。

在品类升级方面，围绕核心需求一日三餐、下午茶等开发以鲜食、自有品牌等在内的核心品类。能力搭建与升级实现品类结构的灵活化，更新迭代与核心优势品类建设，进一步提升客单水平、毛利表现等。

在数字化驱动方面，通过数字化能力建设提升运营效率为行业大势所趋，通过会员体系构建增加会员转换复购客单，打造以消费者为中心的营销及品类供应链升级等，实现运营效率提升，进一步实现降本增效，并提升收入和利润水平。

（一）购物便捷性

调研数据显示，在2017年单身、独居和已婚年轻夫妇、孩子已搬离的老夫妇的家庭占比分别为16%和27%，且15年间的年复合增长率均呈正增长，说明中国家庭规模越来越趋向于小型化发展。而中国家庭小型化的发展趋势可助力便利店需求增长（见图20）。

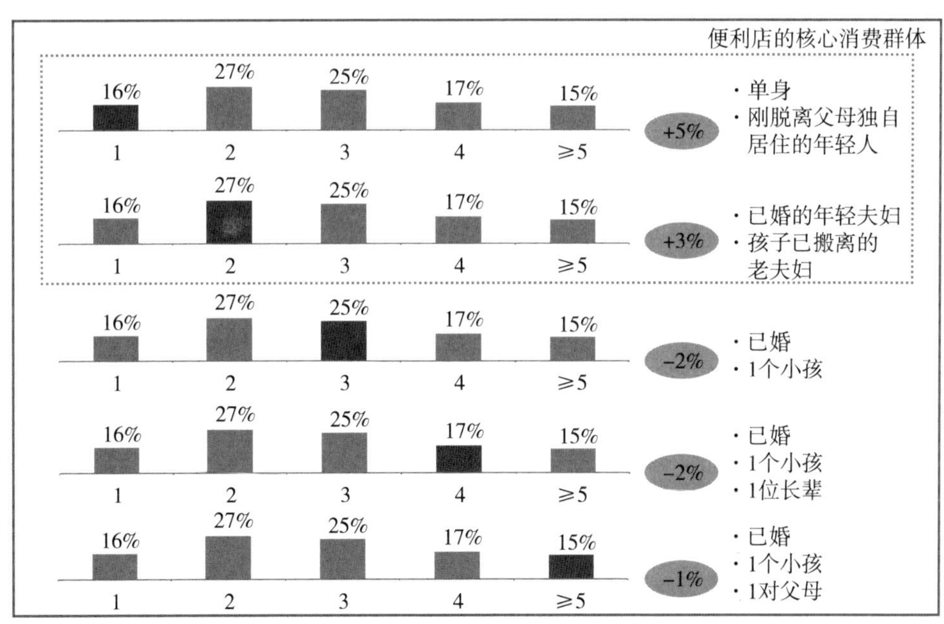

图20　中国家庭规模（2017年）

数据来源：毕马威（中国）分析。

从便利店消费客群来看，以广东某便利店企业为例，80%的现有消费者年龄在 18～30 岁，主要是在 CBD 工作的年轻白领。其中，57%的消费者是女性，她们喜欢在用餐时间和下午茶时间享用甜点和小吃。因此，30 岁以下客群，尤其是女性客群，也在成为便利店消费的主力人群，便利店让她们的即时性需求得到了满足（见图 21）。

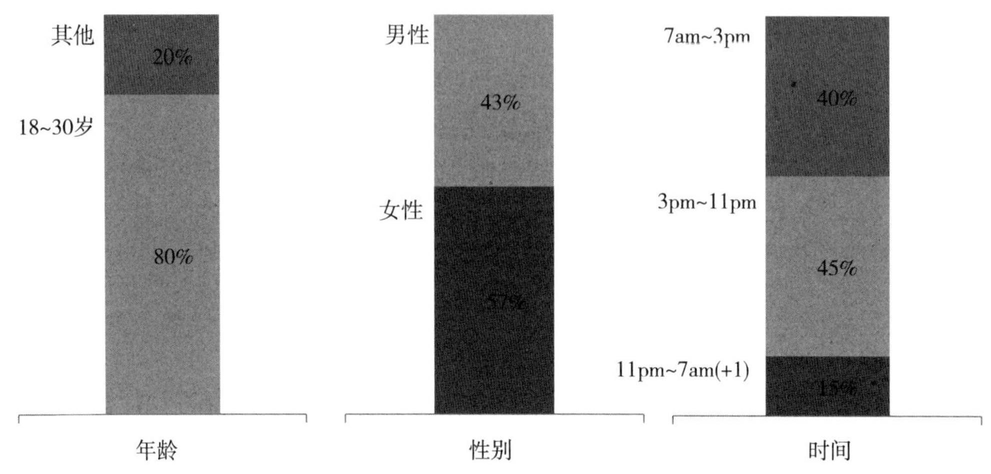

图 21　广东某便利店消费者概况

数据来源：毕马威（中国）分析。

现阶段，中国的消费趋势主要以消费服务、消费者分级、消费方式融合和健康的消费理念为主。具体来看，首先，59%的消费者表示，购买的不仅是商品，更是一种服务和体验。因此，随着收入的提高，消费不再局限于有形的商品，无形的服务消费重要性凸显。其次，在消费升级的背景下，消费降级也同时存在。不同收入群体的消费者存在分级差异，而消费升级形成差异化的消费需求，消费者更加关注品质与性价比。再次，消费渠道愈加朝向线上线下一体化趋势发展。据数据统计，68%的消费者每周至少进行一次线上消费，52%的消费者每周至少光顾实体店一次。最后，健康的消费理念在消费者中越来越普及。据统计，超过 65%的消费者表示正在追求更健康的生活方式，66%的消费者愿意为更天然的成分多付钱。

综上所述，目前中国消费者的核心需求主要围绕便利、及时性、短保、一日三餐、美食、健康安全等。不同的消费群体提升了围绕购物便捷性的多方面需求，包括对服务的需求、同时存在的消费升级和消费降级、全渠道融合和消费者更为健康的消费理念。这些消费理念变化和发展趋势将带动便利店场景化运营、品类革新和迭代。

（二）场景化运营

从便利店运营角度看，不同时间段和不同客群的消费需求与需求水平存在不同的变化。如年轻人群、上班族的需求主要集中在早上买咖啡、午餐、晚餐等。而中老年人主要集中在买香烟、中饭、给小孩买零食等（见图 22）。便利店企业可通过围绕由一日三餐、下午茶等演化出的扩展性需求，打造诸多日常消费场景带动消费者复购，并将消费场景在时间维度进行纵向深化。

目前多数便利店已经在消费的时间维度方面进行了多样化的场景运营。以见福便利店为例，通过聚焦一日三餐场景，打造多元餐食服务，以达到塑造消费者心智的目的：推出6.6元早餐系列（1杯美式咖啡+1个肉包+1个茶叶蛋）和中餐、晚餐9.9元便当，一天26元左右即可搞定一日三餐。同时，推出“美识家”、“咖沸”和“羡食生活”等自有品牌，聚焦烘焙、咖啡、便当的场景消费。邻几便利店是另一个在场景化运营方面的典型案例，其探索多元化的生活服务场景来提升消费者黏性：为顾客提供早餐、午餐、下午茶点、晚餐、宵夜等，解决顾客“一日五餐”的需求。同时，邻几会提供一些额外的生活服务，形成差异化的运营场景，例如，提供免费充电业务、提供体重秤和镜子等。

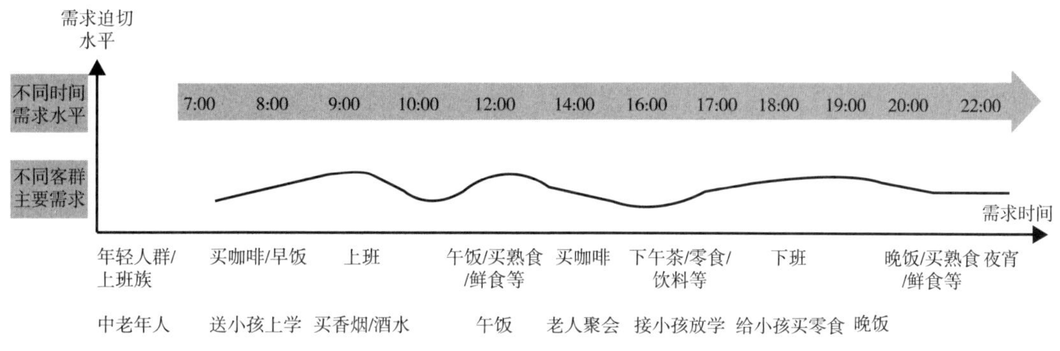

图22 便利店消费场景

数据来源：企业访谈，毕马威（中国）分析。

从便利店布局角度看，目前中国低线城市的消费潜力大：低线城市的人口占比为70%，存在广阔蓝海。其中，二线及以下城市年轻消费者占比约为25%，但消费增长贡献大，约为60%。可预见的是，未来低线城市的消费潜力将进一步被挖掘，便利店企业也会进一步瞄准低线城市市场，加速渠道下沉，将场景在空间维度进行横向铺开。

近几年来，便利店扩张速度快，但便利店在进行渠道下沉时也有一定的难度，美宜佳董事长张国衡对于行业整体渠道下沉趋势表示：“一、二线城市的便利店市场趋近于饱和，市场竞争激烈；低线城市的市场饱和度较低，市场存在增长空间，品牌化便利店规模同样存在较大提升空间，很多便利店品牌开始布局下沉市场，但是从一、二线城市转向下沉市场存在一定发展瓶颈；下沉市场的消费者需求和一线城市的消费者需求有所不同。”因此，打磨门店模型、保证新开门店质量及因地制宜是扩张的关键。

例如，唐久便利店和罗森便利店在向下沉渠道扩张时，采用了不同的扩张策略，均有良好的成效。唐久便利店是以保证生产效率和商品品质为前提进行扩张，走稳扎稳打路线：唐久进入新城市的时候，先开50到100家直营店；打造配送中心、鲜食工厂、烘焙工厂，直营店开始盈利后再开放加盟，一个城市只有10%～20%是直营店，其余为加盟店；在城市选择方面，最小以太原为标准，城市人口在400万以上才值得投入；需要具备可以容纳1000家门店（4000人/店的密度）。

罗森便利店则是根据区域的不同，进行差异化运营调整：在扩张时，罗森会针对各个地区的竞争态势，对不同的店铺运营方式有不同的考量，再根据不同地区进行差异化运营；此外，在店铺外观、促销手段等方面都会进行差异化的运营。

（三）品类升级

便利店作为直接面向消费者的端口，不仅为消费者提供商品，还需要真正形成服务消费者采购核心商品的能力，进而提高消费者对便利店的忠诚度和黏性。便利店企业可从建立差异化、定制化和创新化的服务来打造核心商品能力。

首先，便利店企业可从打造差异化的商品和服务入手。目前，家庭经营式的小规模商店在低线城市高密度分布，同质化的产品和服务是市场存在的普遍现象。因此，便利店仅有“便利”是不够的，无法使企业从高度竞争的市场中脱颖而出。以国际经验来看，即食产品和自有品牌产品是便利店的关键差异化因素，它们推动了流量提升并提高了利润率。其次，打造定制化的商品和服务也是增加便利店企业竞争力的途径之一。具体来说，便利店企业在品类升级中，可以客户为中心，运用数字化手段、客户忠诚度与满意度计划、整合 SKU 产品组合等根据地点和目标客户群提供定制化的商品和服务。最后，创新化的商品和服务也是增加便利店企业核心竞争力的重要因素之一。比如，以客户为中心对鲜食等核心品类进行研究、开发，进一步提升消费者黏性。同时，充分结合消费者需求、产品特性等，不断对门店产品做迭代升级，塑造品牌形象、建立消费者心智。

在便利店租金成本、人力成本不断增加的情况下，保证商品利润率是便利店营运的重要指标。调研发现，自有品牌和鲜食商品越来越受到消费者的关注，尤其是鲜食商品成为便利店的主要销售构成之一。此外，自有品牌产品一般 40%~50%的毛利率或将成为未来重要的毛利贡献来源。因此，自有品牌与鲜食商品是未来便利店的核心发力品类，便利店可以进一步探索提升其相应比例以提升利润表现。

在此背景下，众多便利店企业纷纷布局自有品牌产品。

以见福便利店为例，通过自有品牌开发反哺便利店扩张：在核心竞争力打造上投入大量资源，建立烘焙厂、便当厂以发展自有品牌。同时强化与其他品牌的合作，如与三得利合资做咖啡，与安井合作冻品等。未来见福还将进一步实现品牌扩张，与传统老牌、领先便利店合作，做好产品研发，建立起自身的产品研发能力与配套制度、流程，沉淀为门店扩张的核心竞争力。

唐久便利店在自有品牌打造上也有成效，主要是以投入鲜食与烘焙工厂来进行品类升级，严抓商品品质，以品质吸引消费者，提高复购率。并从采购转向研发，了解原料配料，关注健康问题等。此外，唐久在严把质量关的情况下，通过大数据以及消费者购物习惯了解消费者偏好，并与生产厂商一起沟通、研发、试吃，以达到保证产品质量、满足消费者需求的目的。

综上所述，在年轻化的客群结构与多变的需求之下，打造具有差异化竞争力的商品及运营能力是便利店企业发展的核心竞争力，尤其以鲜食为代表的核心品类实现差异化、以客户为中心定制化及产品不断迭代的创新化。

（四）数字化驱动

随着数字技术在各行各业的应用，便利店企业也越发注重数字化能力的打造，围绕客户、产品、运营支撑，打造数字化运营、以客户为中心的销售营销、以客户为中心的供应链等，实现企业整体降本增效。新佳宜总经理伍敏谊和邻儿董事长刘忠建都表示以数字化驱动企业发展是行业大势所趋。伍敏谊总经理表示以数字化降低成本效果并实现规模化复制："将门店的执行力和现场管理通过数字化技术改进，门店统一性明显提升，未来还将持续加大数字化投入，数字化投入产出也会越来越高，降低成本效果也将更加明显，可以实现规模化复制。"刘忠建董事长提出以数字化贯穿企业运用和管理体系："加强数字化管理，科技赋能门店订单、作业管理、会员管理等已经成为一大趋势，邻儿未来也将进一步加强数字化建设，提高会员管理能力、客户服务能力和员工效率。"

具体来看，加强数字化能力建设，可在客户、产品和运营支撑三个层面完善企业整体管理体系。在客户方面，便利店企业可通过数字化，进行客群分析并挖掘潜在消费趋势，为选品提供客户基础。同时，通过会员体系加强客户黏性，挖掘会员习惯、进行定向推广等。在产品方面，数字化驱动建立精细化品类管理体系，以完善产品角色、定价、状态管理。此外，通过有效的货架管理提升 SKU 层面的坪效运营。在运营支撑方面，用数字化技术打造更精细化的供应链管理，精准订单周期，提升供应链服务水平。同时，健全的数字化体系，可使企业更有效地与线上接口，以提升线上表现，并能更灵活地布置线下渠道，捕获销售线。

从消费者端来看，目前便利店行业发展受到数字化的全面渗透，消费者的消费认知被数字媒体广泛影响，企业通过在营销端的数字化布局实现更广的消费者覆盖与更深的消费者影响。在 2020 年 6 月艾瑞的调研数据中，众多品牌在内容营销、电商广告、信息流广告等方面增加广告投入较大。同时，直播、短视频、社交媒体、电商成为品牌线上营销投放的主要形式，持续影响消费者和积累品牌兴趣人群（见图 23）。因此，未来营销方式的数字化和多元化为便利店企业提供了新的营销推广思路与获客途径。

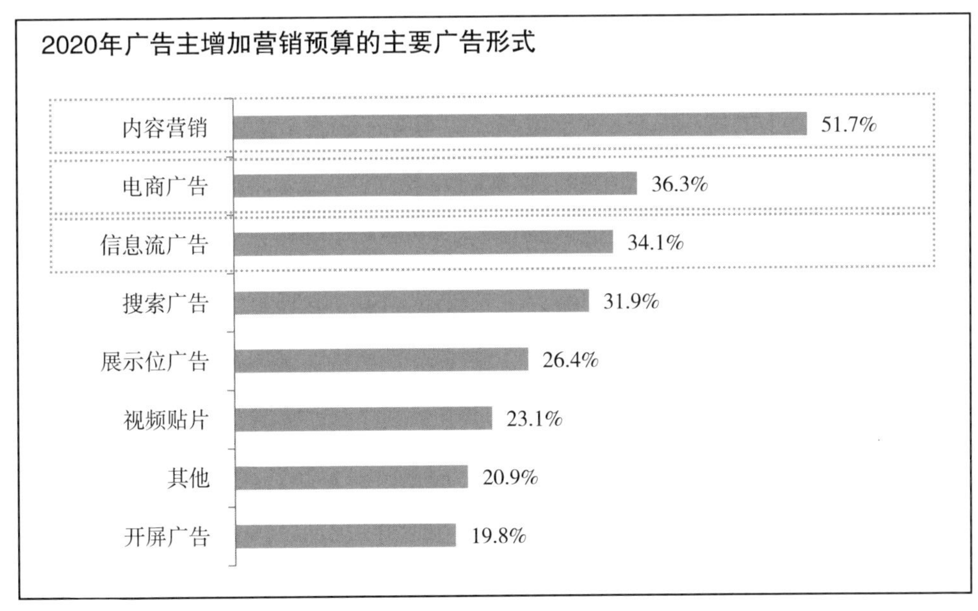

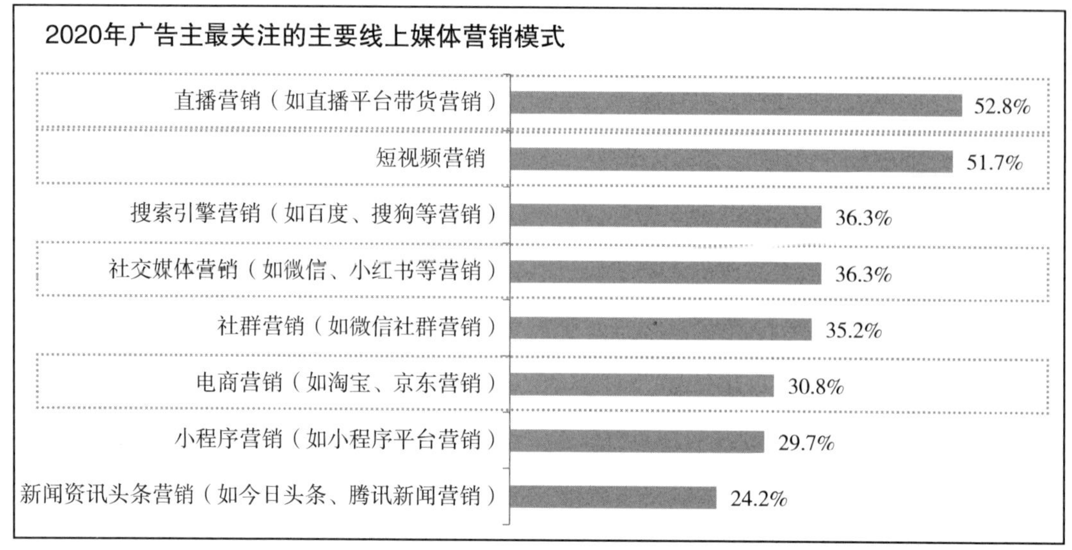

图 23　2020 年中国新媒体营销策略

数据来源：iResearch《2020 年中国新媒体营销策略白皮书》，毕马威（中国）分析。

在数字化驱动发展的大趋势下，目前市场领先零售企业正利用数字化手段提升门店表现、客群管理、运营效率。

在门店表现方面，新佳宜通过数字化赋能，在门店管理的销售预测方面用了单店单品的算法，对短保产品进行预测，提高鲜度、增加销售。同时，通过数字化技术改进门店的执行力和现场管理水平，进一步提升门店的统一性与标准化管理。

在客群管理方面，罗森运用数字化手段，将收集到的会员数据进行分析，描绘精准会员画像，进行相应的针对性营销，并且应用到商品开发中。未来还将围绕消费者的不同购买场景进行商品与数字化手段开发，如店内购买商品、外送商品、预约购买商品等。

在运营效率方面，邻儿通过数字化手段提升员工工作效率和行为规范。同时，进一步做好信息化系统，使未来部门与供应商可及时了解店铺需求，快速进行商品采购和生产，提升整体的供应链效率。

总的来看，店铺运营是支撑未来便利店企业的核心，未来 3~5 年，以运营能力提升为驱动的可持续发展将是便利店企业聚焦的重要发展方向。见福董事长张利、罗森（中国）总裁三宅示修、唐久董事长杨文斌提出，要在门店扩张、商品迭代和数字化能力建设三个方面来提升整体的店铺运营水平。

在门店扩张方面，张利董事长表示，未来亟须进行规模化和可复制的扩张模式，需要将战略目标和战略资源相匹配，紧密加盟是未来发展大趋势，松散加盟和全直营不是特许加盟应有的特征，通过输出品牌、产品、资本、管理机制保障战略目标的实现。只有做好直营店才能实现向外推广，提高效率。因此，未来便利店企业可建好直营店，明确标准体系。未来以加盟店形式形成规模化扩张，并与加盟商形成良好的合作关系。同时，深挖下沉市场的消费蓝海，深化已有区域布局的同时，积极探索向外拓展，向低线城市渗透。在向低线城市渗透时，需要结合不同市场特性，充分了解不同线级城市、地区消费者需求，来调整扩张模式与布局策略。

在商品迭代方面，三宅示修总裁表示，灵活、有竞争力的商品迭代会是罗森的发展方向。未来，罗森应将联合国可持续发展目标（SDGs）作为未来的发展方向，包括持续在自有品牌（PB）以及优质的服务上下功夫。未来便利店企业可以核心商品能力铸就竞争基础，比如提高鲜食、自有品牌、网红商品的研发、引进能力，并探索与供应商的合作模式，协同厂家进行产品研发，进一步沉淀出核心商品打造的方法论。打造商品管理与服务能力是提升商品竞争力的另一个重要途径，便利店企业可提升商品调整频率，及时淘汰滞销品、引入引流、热门的优秀产品。同时，注重便利店服务意识，把握服务顾客的业态本质，提高顾客消费体验。

数字化能力建设是行业重点发展方向之一，杨文斌董事长表示，未来将会更深入地运用数字化手段实现降本增效。未来将通过大数据以及科技手段了解消费者消费习惯，如优惠券可以精准投放，通过对商品的数据分析，不断地优化商品结构，通过数字化工具的运用，降低管理成本，提高生产效率。未来便利店企业可利用数字化手段提升门店管理、挖掘消费者价值以及完善供应链能力。在门店管理上，数字化赋能优化商品结构，实现更高客户消费水平与黏性，同时提升对服务能力的监控，实现门店表现提升。同时，加强数字化建设，提高会员管理能力、客户服务能力、员工效率。此外，强韧的供应链体系也是零售企业核心竞争力之一，因此进一步打造数字化、柔性、扁平的供应链，降低供应链的成本尤为重要。

新冠肺炎疫情对中国连锁餐饮行业的影响调研报告

新冠肺炎疫情暴发后，我国连锁餐饮企业作为劳动密集型企业，面临着生死存亡的巨大挑战。为系统评估疫情对行业的影响，中国连锁经营协会（以下简称 CCFA）于 2020 年 2 月 29 日至 3 月 3 日，面向 CCFA 连锁餐饮委员会成员企业开展在线调查，各企业积极参与，共回收有效调查问卷 71 份，填表人中 30.9%为品牌创始人。现将调查结果整理为《新冠肺炎疫情对中国连锁餐饮行业的影响调研报告》，以期能够通过相关数据，反映行业诉求，为相关部门制订行业扶持政策或行业振兴计划提供参考。

一、样本企业分析

（一）综述

本次调查连锁餐饮集团企业 71 家，回收有效问卷 71 份，涵盖餐饮品牌 201 个。样本企业门店总数 61593 个，覆盖中国 31 个省、直辖市、自治区及港澳台地区的 1300 个县市，其中直营店 28149 个，直接解决就业 130 余万人。样本企业中 14.1%为上市公司。样本企业 2019 年销售额总计约 1966 亿元（上市公司按照 2019 年前三季度季报估算）。

（二）样本企业以大型企业为主

按照国家统计局《统计上大中小微型企业划分办法（2017）》的规定，样本企业中，年销售额大于 1 亿元且从业人员大于 300 人的“餐饮业大型企业”占比为 88.7%。

仅从销售规模上看，2019 年样本企业销售规模的占比如表 1 所示。其中，销售额小于 1 亿元的占比为 5.6%，销售额大于 1 亿元小于 10 亿元的占比为 53.5%，大于 10 亿元的占比为 40.8%（见表 1）。

表 1　　样本企业 2019 年销售规模的占比

	规模≤1 亿元	1 亿<规模≤10 亿元	规模>10 亿元
样本企业的占比	5.6%	53.5%	40.8%

（三）样本企业多业态、多品牌、多模式经营

样本企业平均经营品牌数为 2.8 个。39.4%样本企业只经营一个品牌，60.6%样本企

业为多品牌经营。通过分析样本企业填报的 3 个主力品牌（如有）的业态分类，49.3%样本企业经营快餐品牌，42.3%样本企业经营正餐，18.3%样本企业经营火锅，另有 15.5%样本企业经营休闲饮品。具体的品牌所在业态分布如图 1 所示。

52.1%样本企业旗下有加盟店，47.8%样本企业旗下全部为直营店。

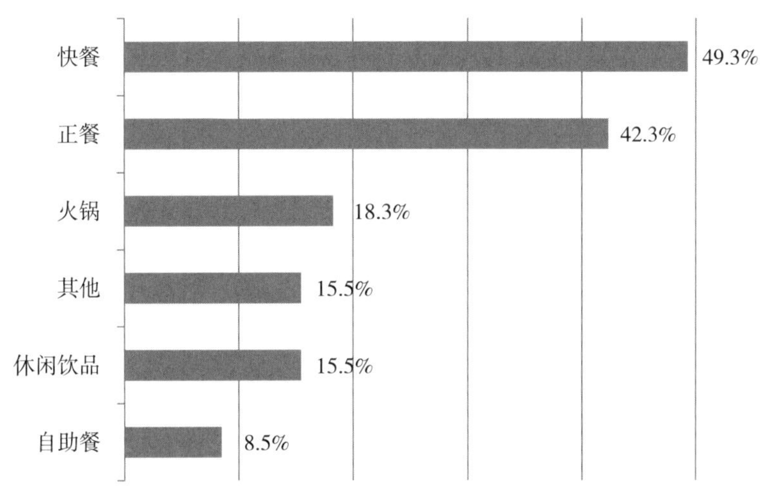

图 1　样本企业旗下品牌的业态分布

二、新冠肺炎疫情影响分析

新冠肺炎疫情对餐饮企业经营产生重大影响，2020 年 1 月、2 月，餐饮企业面临“闭店、整体营收大幅下滑”“刚性支出”“现金流紧张”“上市公司市值下降”等困境，疫情进展的不确定性带给企业深深的焦虑与无力感。但各餐饮企业快速开展积极的自救互助行动，通过增加外卖、共享用工等多种措施，减轻了疫情的冲击。

本调查以样本企业 2020 年 1 月和 2 月核心经营指标的同比、环比为基础，从餐饮企业营收、刚性支出和现金流状况三个方面，描述样本企业 2020 年年初的生存状况。

（一）餐饮企业营收大幅下滑

1. 销售额整体下滑

受新冠肺炎疫情影响，2020 年 1—2 月餐饮企业的营业额和净利润大幅下滑。从表 2 中可看出，2020 年 1 月销售额同比降幅集中在 0~30%，有 8.0%样本企业实现正增长；2 月，随着亏损面扩大和亏损加剧，大部分样本企业销售下降 80%~100%，同比正增长的样本企业为零（见表 2）。

表 2　　**2020 年 1 月和 2 月销售同比变化分布**

销售同比变化区间	1 月企业占比	2 月企业占比
-100%～-90%	0.0%	40.6%
-90%～-80%	1.6%	28.1%
-80%～-70%	3.2%	9.4%
-70%～-60%	1.6%	9.4%
-60%～-50%	3.2%	1.6%
-50%～-40%	3.2%	0.0%
-40%～-30%	7.9%	1.6%
-30%～-20%	25.4%	0.0%
-20%～-10%	28.6%	1.6%
-10%～0%	17.5%	7.8%
0%～10%	4.8%	0.0%
10%～20%	1.6%	0.0%
20%～30%	1.6%	0.0%
总计	100.0%	100.0%

2. 开业门店的比例持续低位徘徊

为了防止疫情扩散，很多餐饮企业主动或被动关店，样本企业 2020 年 1 月平均开店率为 37.6%，2 月平均开店率为 33.3%。

（二）各类支出的总金额占比惊人

企业日常经营中的刚性支出以店面租金和员工薪酬为主，为春节储备的食材损失、员工食宿支出以及疫情所需各类防护用品等也成为企业的支出。此次调查对以上支出金额进行了细致的统计、分析。

1. 租金的支出

租金是餐饮企业的刚性支出之一。样本企业租金支出及减免情况差异较大。总体上看，根据 2020 年 1 月和 2 月数据对比，67.9%的样本企业租金（含街边店和购物中心店等）有所下降，其余 32.1%样本企业表示租金没有变化。在租金下降的企业中，超过六成企业被减免金额小于应付租金的 20%。

连锁餐饮企业和商场/购物中心是共同成长起来的。在此次调查中，72%样本企业认为，本企业在商场/购物中心店受到疫情的影响会更大，持续时间也将更长。在商场/购物中心店的租金减免调查中，30%样本企业表示业主尚未发布减免房租的通知。在收到业主方减免房租通知的样本企业中，存在两个差异点：一是减免房租天数的差异较大，从 7 天到 2 个月不等，平均减免房租为 12 天；二是减免的项目存在差异，有的是租金和物业费都减免，有的是租金减半等。

2. 员工薪酬支出

员工薪酬是餐饮企业主要支出之一，裁员、员工自然流失、降薪酬等形式是企业减少薪酬支出的常见方法。新冠肺炎疫情之下，企业需要多种方法降低运营成本。

调查显示，截至2020年2月底，有5.6%样本企业明确裁员，其余94.4%企业没有裁员计划。在企业员工总人数的环比调查中，有25.3%样本企业员工人数有所减少，说明有两成多企业虽然没有裁员，但员工存在自然流失，企业总人数已经有所下降。部分企业表示，由于2月底很多餐厅作为外卖店没有完全复工，很多员工还未返岗，因此，人数会随着疫情发展有所变化。

此外，2020年2月员工薪酬总额的环比统计显示，有53.5%样本企业明确表示员工薪酬支出环比减少，其余的样本企业表示薪酬支出没有变化，但是部分企业会采取薪酬缓发的形式减少当下支出。

3. 损失金额占销售比显示1—2月企业损失惊人

除房租和薪酬支出外，连锁餐饮企业其他各类损失及额外支出一样不容小觑，包括食材的损失、员工食宿的额外支出、各类抗疫防护用品及耗材的支出等。通过对企业反馈具体损失金额的汇总分析，2020年1月样本企业各类支出和损失总金额占2019年全年销售额的平均值为4.3%；2月损失总额的占比进一步扩大，达5.6%。2020年1月和2月样本企业各类支出和损失的总金额占2019年销售总额的9.9%，按照餐饮业平均数据来看，这几乎与2019年全年利润相当。

4. 以加盟为主的样本企业损失偏少

进一步分析样本企业中开展加盟模式的损失金额，2020年1月各类支出和损失总金额占2019年全年销售额的平均值为4.0%；2月损失总额的占比平均值为4.7%。相对于直营店，以加盟为主的连锁餐饮企业，在房租和人力支出上都会少一些。

（三）新冠肺炎疫情下餐饮企业现金流状况

1. 企业现金流普遍紧张

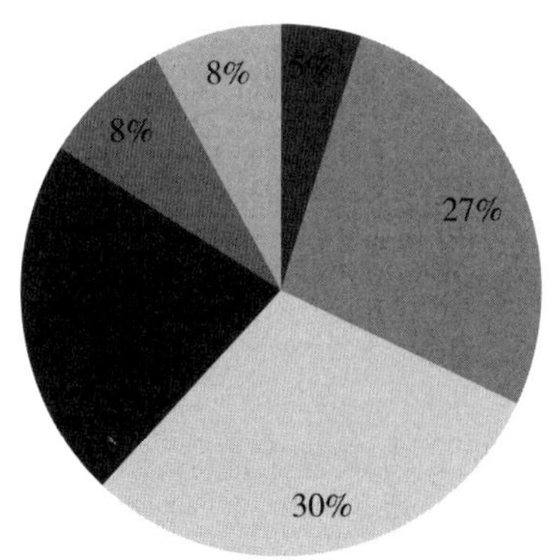

图2　2020年3月1日起企业自有现金流可支撑的时长（月）

调查数据显示，如果新冠肺炎疫情还将持续，5%样本企业账上已经没有现金能够支撑企业继续经营。79%样本企业表示，从2020年3月1日算起，依靠自有现金无法再支撑 3 个月；有 16%的企业现金流储备丰厚，能支撑 6 个月以上（见图 2）。

2. 企业信贷状况

调查数据显示，86%样本企业寻求银行授信或贷款，以缓解或为可能出现的现金流枯竭做准备，有 14%样本企业表示不需要贷款（见图 3）。

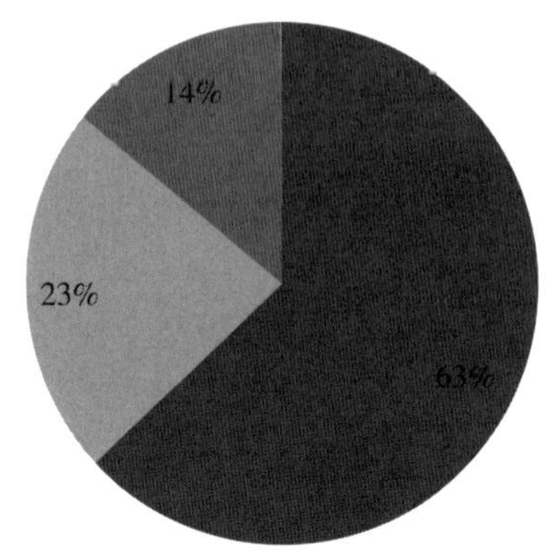

图 3 样本企业对贷款的需求状况

在没有贷款需求的企业中，四成样本企业反馈，已经有金融机构主动联系放贷事宜，这些企业都是 2019 年销售额在 10 亿元以上的规模型餐饮企业。

在需要贷款但尚未联系金融机构的企业中，有 25%的样本企业现金流可以支持 1 个月；31%样本企业账上现金可以支撑 2 个月；31%样本企业账上现金可以支撑 3 个月；仅有 13%样本企业能够支撑 12 个月以上，有充足的现金储备，贷款是它们的备选方案。

已经联系贷款事宜的样本企业表示，获得银行贷款的方式主要有两种，不动产抵押和过往流水授信。样本企业中，抵押贷款的比例稍高一点占 52%，信用贷款占 48%。

3. 优惠贷款政策惠及四成企业

2020 年 2 月 20 日央行公布的一年期 LPR 为 4. 05%。在人民银行重点保障名单内的企业，可下浮优惠利率，精准投放，例如，某行对于重点保障名单内的某企业提供专项贷款的利率为 1. 65%。截至 3 月 15 日，金融机构累计发放优惠利率贷款共 1114 亿元，对支持企业复工复产发挥了重要作用。

样本企业认为餐饮企业能够享受到银行贷款政策红利的占比只有 43%；有 40%样本企业直接反馈，认为餐饮企业无法享受优惠利率贷款；另有 17%样本企业表示依据相关优惠政策，自评本企业不符合条件（见图 4）。

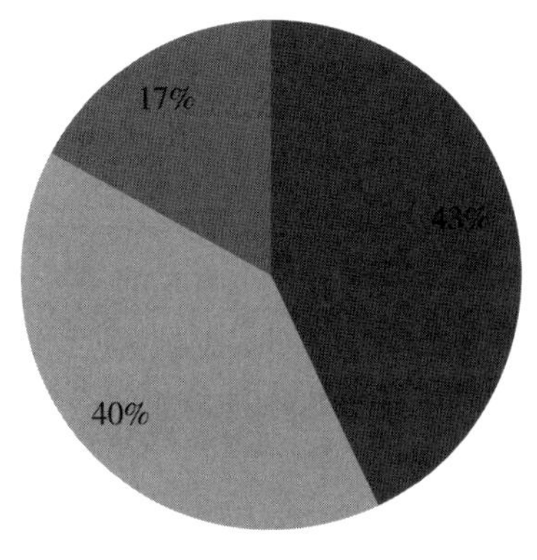

图 4　餐饮企业享受优惠贷款政策的占比

4. 获批贷款延期与企业规模有相关性

申请贷款延期与企业的规模有一定关系。规模偏小的餐饮企业，获取贷款延期偏难。尤其是在疫情这种突发事件的冲击下，本身贷款需求就有大量增长的情况下，中小规模企业获取资源处于劣势。虽然金融机构作为经营货币的企业，有扩大规模的诉求，但对风险的安全边际要求也高。本次调查中，部分样本餐饮企业获取贷款延期的申请被拒绝，它们的销售规模都低于 6 亿元。

规模越大的餐饮企业，贷款延期越容易。从表 3 可以看出，10 亿元以上的样本餐饮企业中有 73.3%的企业可以继续延期贷款。随着销售规模的增大，可延期的比例逐步增高。而在所有可以延期的企业中，10 亿元以上的企业几乎占有一半的比例（见表 3）。

表 3　　申请贷款延期的企业规模占比

企业规模	可延期企业各规模占比	不可延期企业各规模占比	可延期企业占同规模申请延期企业的比例
规模≤1 亿元	13.0%	13.3%	50.0%
1 亿<规模≤10 亿元	39.1%	60.0%	52.6%
规模>10 亿元	47.8%	26.7%	73.3%
合计	100.0%	100.0%	

（四）上市企业股价和市值的下跌

新冠肺炎疫情影响了餐厅营收，更影响了资本市场。美股两次大熔断后，泰国、菲律宾、韩国、巴基斯坦、印尼、巴西、加拿大股市均触发“熔断”。对比 2020 年 1 月 18 日和 2020 年 3 月 13 日的数据，样本企业中所有上市公司的市值和股价都有所下降。

三、企业积极应对疫情

（一）经营面临的主要困难

新冠肺炎疫情暴发后，样本企业反馈的核心困难是无法正常开展堂食，即便部分餐厅正式复工，开了堂食，顾客也非常少，销售额非常低，处于持续亏损状态。

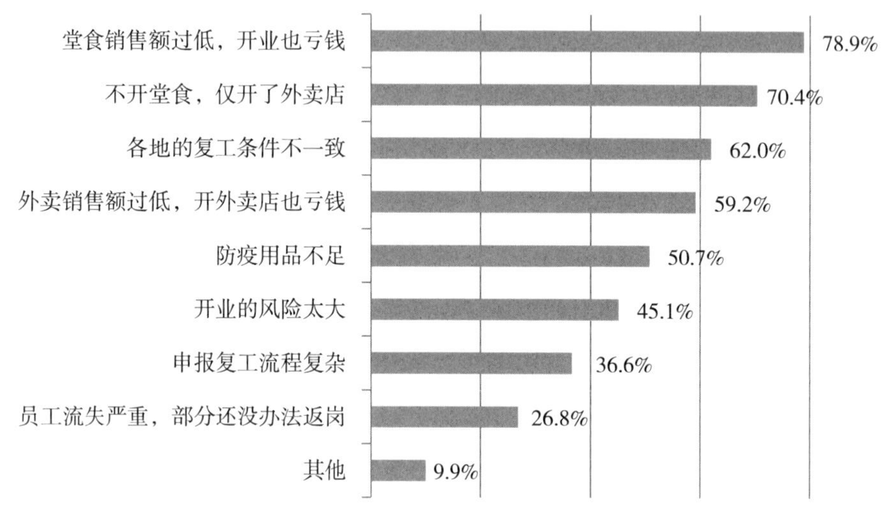

图 5 企业在经营上的困难

超过六成的样本企业表示各地恢复营业的条件不一致；超过三成企业表示，有部分地区的申报复工流程复杂；五成企业表示如果全面复工，给员工和顾客用的防疫用品不足；另有将近一成的企业反馈，在复工的节奏上，餐饮企业的自主权很小（见图 5）。

（二）应对措施综述

新冠肺炎疫情发生以来，各餐饮企业开展了多种方式积极自救。调查显示，98. 6%样本企业紧急成立了应对疫情的工作小组，部署系列应对措施。73. 2%样本企业捐款捐物，支援战疫一线的医务工作者。33. 8%样本企业推出加盟商扶持政策，占全部加盟企业的近七成（见图 6）。

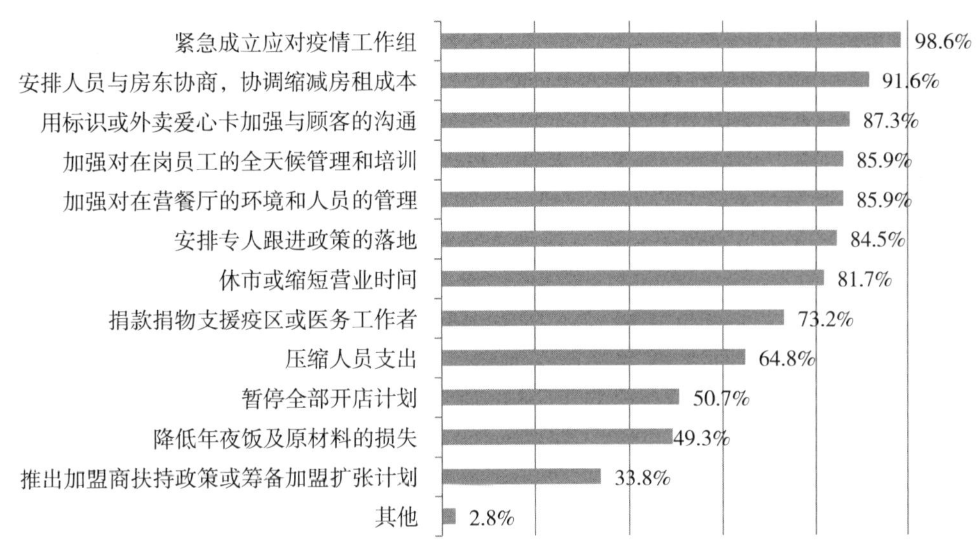

图 6　企业应对新冠肺炎疫情的综合措施统计

（三）多举措增加销售

新冠肺炎疫情之下，外卖成为各家餐饮企业实现销售额的重要手段。调查显示，91.6%样本企业在疫情期间发力外卖产品；73.2%样本企业尝试拓展团餐外卖业务；样本企业还不同程度地探索用无人车配送、无接触配送服务以及外卖“安心卡”的方式，为顾客提供更安心的服务；另有超过四成样本企业出售食材、半成品餐食以及预包装食品，一方面降低食品原材料储备的损失，另一方面增加销售额（见图 7）。

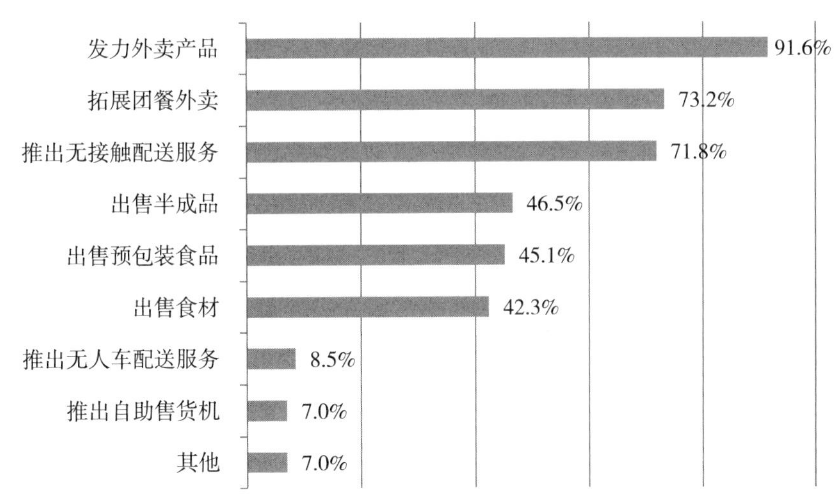

图 7　企业采取多种举措增加销售额

1. 外卖渠道多样

从整体上看，与外卖平台合作是样本企业的首选，98.6%样本企业在外卖平台上开店；五成样本企业有自己的微信小程序；19.8%样本企业有自己的 App；电话做外卖的样本企业比例超过三成。

从细分来看，不同销售规模的连锁餐饮企业外卖渠道构成相似。相对而言，10 亿元以上规模企业外卖渠道更加普及、多样，在除平台外的渠道开发上比例更高；1 亿~10 亿元规模的企业中，近四成提供电话呼叫外卖业务；此外，有一成的企业提到，通过微信群营销、挖掘私域流量和开通外卖窗口的方式做外卖或外带食品。

2. 外卖平台是企业外卖主渠道

样本企业 2019 年外卖销售额占本企业全年总销售额的比例为 0.05%~47%，平均占比为 16.7%。对 94%的样本企业来说，95%以上的外卖销售额通过外卖平台实现；仅 6%的样本企业 App 和小程序发挥作用，贡献了全年销售额的 1%~5%。

针对外卖平台上具体扣点的调查显示，同一品牌不同餐厅，在同一个外卖平台上签订的扣点不一样，个别品牌不同餐厅的扣点差异达 5%；两家外卖平台对签订独家的商户都会给予一定的优惠扣点，因此部分样本企业只提供了一个外卖平台的扣点。具体来看，两家外卖平台餐厅自配送的扣点为 5%~8%，平台配送的扣点为 12%~25%。对比样本企业 2020 年 1 月和 2 月外卖平台上扣点的具体数值发现，两家外卖平台的扣点基本没有变化。

3. 外卖销售的补偿十分有限

新冠肺炎疫情发生后，诸多餐饮企业发力无接触式外卖，尽量减少销售损失。但从外卖占总销售的比例看，样本企业 2019 年平均外卖占比仅为 16.7%，通过外卖补偿销售作用有限。

表 4　　2020 年 1 月、2 月外卖销售同比企业数量占比分布

线上销售同比变化区间	1 月企业数量占比	2 月企业数量占比
-100%~-80%	9.7%	19.1%
-80%~-60%	9.7%	20.6%
-60%~-40%	8.1%	11.1%
-40%~-20%	6.5%	11.1%
-20%~0%	40.3%	6.3%
0%~20%	22.6%	12.7%
20%~40%	3.1%	4.8%
40%~60%	0.0%	4.8%
80%~100%	0.0%	3.2%
>100%	0.0%	6.3%
总计	100.0%	100.0%

具体分析，2020 年 1 月样本企业外卖销售额同比平均下降 22.8%，有 74.3%样本企业外卖同比下降。2 月外卖同比下降 20.6%，同比为负的样本企业数量占比减少，从 74.3%下降到 68.3%，其中 6.3%样本企业外卖同比销售超过 100%，呈现快速增长态势。

同比超高增长的原因与2019年同期没有全面开展外卖相关（见表4）。

（四）尝试多种类型的跨界合作

在拓展销售渠道、降低刚性成本上，各餐饮企业开展了多种类型的跨界合作，探索共享新机制。58.6%的样本企业与外部开展供应链方面的合作，51.7%的样本企业探索员工的跨界合作（见图8）。多种类型的跨界合作探索共享新机制。

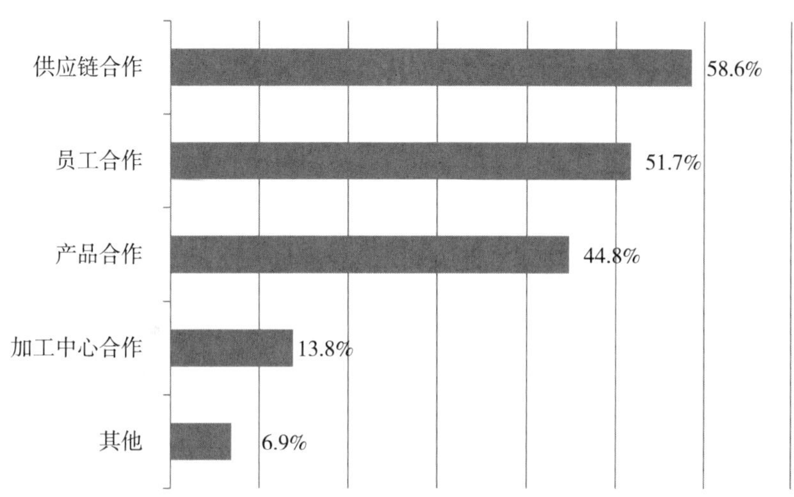

图8　多种类型的跨界合作探索共享新机制

（五）多种方式缓解现金流压力

66.2%样本企业通过向银行申请贷款缓解企业现金流压力。8.5%样本企业表示完全没有资金紧张的状况。18.3%样本企业选择其他方式缓解现金流压力，包括与供货商协商延迟付款、海外总部申请融资、提前解冻银行存款和金融理财工具、启动供应链金融等（见图9）。

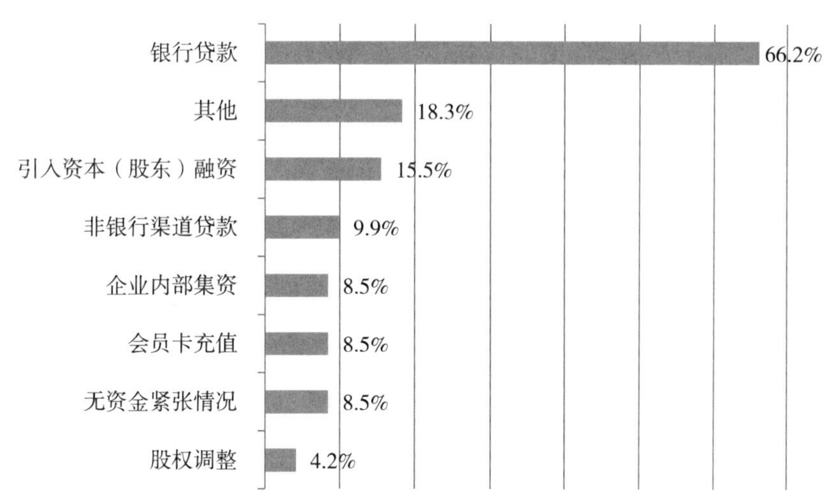

图9　多种方式缓解现金流压力

2021 年中国连锁餐饮行业报告

一、中国大餐饮行业总体现状及发展趋势

（一）市场概况

中国餐饮市场一直健康成长，市场规模从 2014 年的 2. 9 万亿元增长至 2019 年的 4. 7 万亿元，年复合增长率达 10. 1%。由于新冠肺炎疫情的影响，餐饮市场规模 2020 年下滑 15. 4%至 4. 0 万亿元，但是预计之后行业将重新健康成长，2024 年市场规模可达到 6. 6 万亿元（见图 1）。

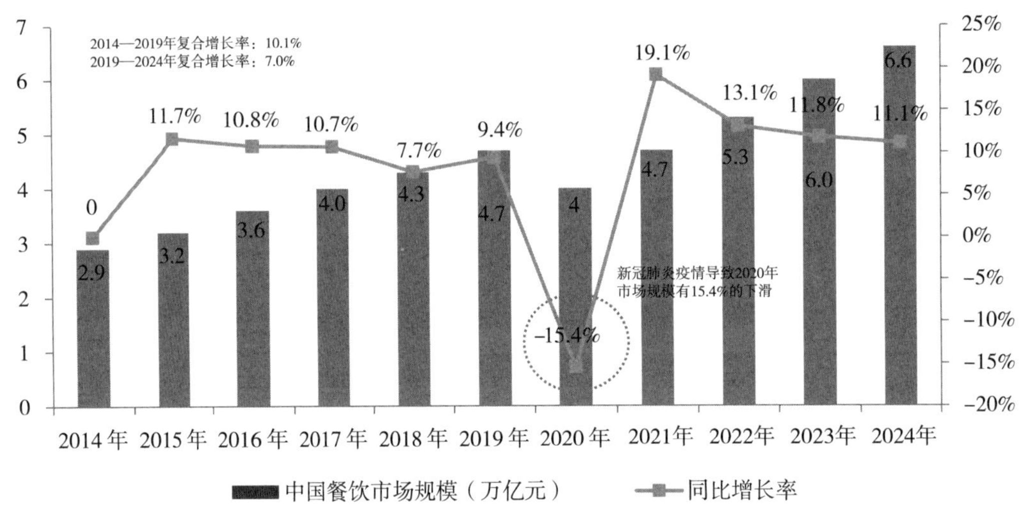

图 1　中国餐饮市场规模

中国餐饮业按菜式可以分为中餐、西餐及其他菜式三个细分市场，分别占比 79. 4%、15. 2%和 5. 4%（2019 年）。中餐市场规模由 2014 年的 2. 3 万亿元增至 2019 年的 3. 7 万亿元，年复合增长率为 9. 2%。西餐市场规模自 2014 年的 0. 3 万亿元增至 2019 年的 0. 7 万亿元，年复合增长率为 12. 8%（见图 2）。

根据央广网、红餐网披露的数据，我国餐饮市场门店数在波动中上升，截至 2020 年，我国餐饮门店数量达到 653 万家，同比 2019 年下降 11%，主要是新冠肺炎疫情导致了部分中小型餐饮企业离场。

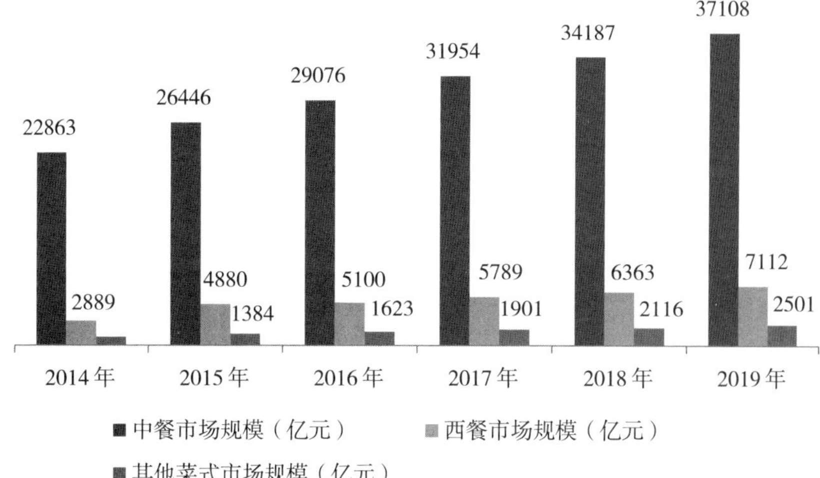

图 2 中国餐饮行业按菜式划分的市场规模

对于作为个体的餐饮品牌，能够持续加速开店是较为稀缺的能力。从部分大型餐饮行业龙头公司每年净新增门店的数据中可以看出，无论是已经上市的餐饮企业，还是未上市的头部餐饮企业，其每年净新增门店数基本保持在一个相对稳定的水平，很难在下一个自然年度开出更多的门店。究其原因，主要是各餐饮企业的组织能力无法每年都保持很大的进步。因此，一般来说，餐饮企业在一个自然年度开出了多少门店，其组织能力对应的就是开出这个自然年度门店数的水平，无法验证其下一个自然年度能够开出更多的门店。而组织的不断迭代又涉及内部不同部门利益的协调、组织扩容后的管理稀释等问题，这也是限制餐饮企业最后能否实现全国规模连锁和跨区域扩张的核心问题。从表 1 可以看出，能够做到不断增加每年净新增门店数，进而使门店数量持续高增长的中餐公司在行业中极为罕见。

海底捞是一个案例，公司做到了每年净新增门店数的不断增长。海底捞在 2018 年之前经历了 24 年的发展，在这期间它在全国范围内一共开设了 466 家门店；自 2018 年上市后到 2021 年上半年，海底捞在近 3 年的时间内就增加了约 1100 家门店，且每年的门店净新增数均有不小的提升。2020 年整个餐饮行业受新冠肺炎疫情影响较大，但是并没有影响海底捞扩张的脚步，仅 2020 年一年海底捞就增加了 500 多家门店。海底捞能做到门店的不断加速增长，其强大的组织能力是背后最重要的支撑，管理团队已经验证了自身通过组织的搭建取得的做产品、做单店、做扩张这三项带领公司走向成功的能力。但是，作为一个经营大店正餐业态模型的公司，海底捞仍需关注开店节奏和新店的经营爬坡情况。在竞争激烈的中餐领域，一旦开店过快使得门店整体经营效益下滑，将影响公司整体的战略布局和盈利能力。此外，在新冠肺炎疫情不确定的情况下，需求端的恢复存在较大的不确定性，过快地开店有可能稀释品牌稀缺度从而降低消费者对品牌的黏性，进一步影响公司的整体经营效率。海底捞也注意到了开店过快的问题，宣布在 2021 年年底前关停约 300 家经营未达预期的门店。

表 1 **部分龙头餐饮企业各年度门店净新增数（家）**

企业名称	2007 年	2008 年	2009 年	2010 年	2011 年	2012 年	2013 年	2014 年	2015 年	2016 年	2017 年	2018 年	2019 年	2020 年
海底捞										30	97	193	302	530
呷哺呷哺						87	64	58	100	85	101	148	136	179
喜茶												88	227	304
奈雪的茶												111	172	164
九毛九											34	66	95	45
百胜（中国）							517	472	461	386	421	501	716	1306
绝味								441	985	752	1129	862	1039	1445
周黑鸭								79	173	137	249	261	13	454
海伦司													90	99
太兴											16	17	20	8
味千	90	105	83	110	154	−1	−25	33	4	−23	54	62	33	−77
唐宫			2	5	5	11	12	9	−2	−7	7	3	0	−5
同庆楼													5	2
大家乐		−3	3	−37	30	13	4	0	−133	4	−7	5	2	8
广州酒家												1	1	6
大快活		19	−7	6	2	8	13	−8	4	6	8	12	4	13
合兴集团						88	35	−15	30	15	46	43	38	−17
唐宫（中国）			2	5	5	11	12	9	−2	−7	7	3	0	−1
国际天食						14	11	20	36	−12	−6	−22	−13	−27

注：本表内的净新增门店数等于新一年报告期末门店总数减去前一年报告期末门店总数。

（二）行业发展格局

中国餐饮行业连锁化率和集中度的提升空间较大。目前国内餐饮行业竞争格局非常分散。根据美团披露的数据，2018—2020 年国内餐饮连锁化率分别为 12.8%、13.3%和 15.0%，行业连锁化率在逐年提升。分城市线级来看，一线、新一线、二线城市的餐饮连锁化率高于三、四、五线城市，主要是由于更大的连锁餐饮企业会优先布局一、二线城市；2020 年，随着新冠肺炎疫情带来的行业整合，一线城市的餐饮连锁化率也突破了 20%。

目前美国和日本的餐饮连锁化率分别达 54%和 49%，而中国餐饮连锁化率不到 20%，较美国和日本仍有提升空间。从餐饮品牌的集中度看，中国餐饮品牌 CR5（前五企业集中度，下同）仅约 2%，而美国和日本 CR5 分别达到 15%和 14%，中国较成熟市场有较大差距，且中国餐饮市场 CR5 除海底捞外均为西式餐饮（见图 3）。

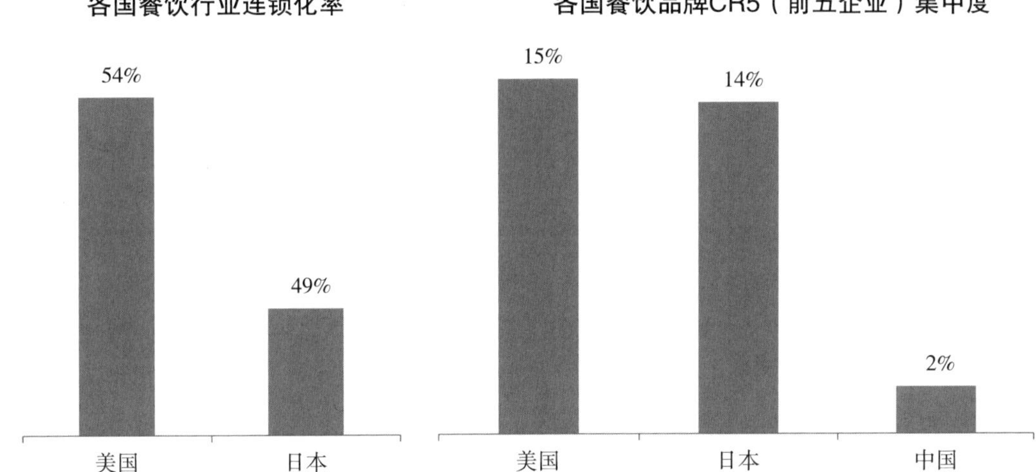

图 3　各国餐饮行业连锁化率和集中度

从中西餐特点的对比看，中国餐饮集中度低、连锁化/迅速扩张难的主要原因是品类标准化难度高（其中的重要原因包括中餐的素材、菜系、菜品极其丰富，烹饪手法、工序复杂等）、公司治理能力不强（多为家族企业，现代化管理企业较少）、口味区域性较强难以全国推广（见表 2）。

表 2　　中美餐饮市场对比

	中国	美国
市场	2019 年，中国餐饮市场 4.7 万亿元人民币	2019 年，美国餐饮市场 8540 亿美金，约合 5.5 亿元人民币
标准化难度	食材多元，烹饪要求复杂，烹饪难度大 标准化难度高	以汉堡、比萨等主食产品为主，食材简单、烹饪难度低 标准化难度低
公司治理	历史上，龙头企业多为国企（全聚德）或家族企业（真功夫），没有现代化治理结构；近年来出现创新型管理龙头公司（海底捞）	历经百年发展，餐饮龙头企业多为职业经理人 以现代化管理模式管理

续表

	中国	美国
口味的区域性	全国化较难，各地区口味均有差异，川菜是口味打穿全国的代表，川菜正餐市场约 5000 亿元人民币	汉堡、比萨等食品及口味基本可以做到 100%渗透

从品类看，中国餐饮业菜系丰富，消费者可选项极多；在众多菜系中，火锅是所有中式餐厅中市场规模最大的品类，川菜在所有品类中排名第二（见图 4）。

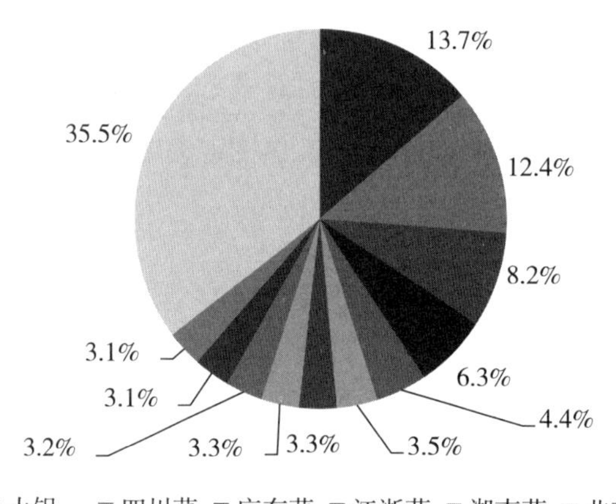

图 4　中国餐饮业菜系丰富

从用户的消费场景看，聚餐是最主要的到店就餐场景。根据美团点评统计的用户各场景用餐比例，朋友/同事/同学聚会、追求口味享受和解决日常餐饮是日常用餐最主要的三个场景，分别占 31. 2%、17. 0%和 16. 3%（见图 5），周一至周四中午、周末晚上在外用餐比例更高（见图 6）。

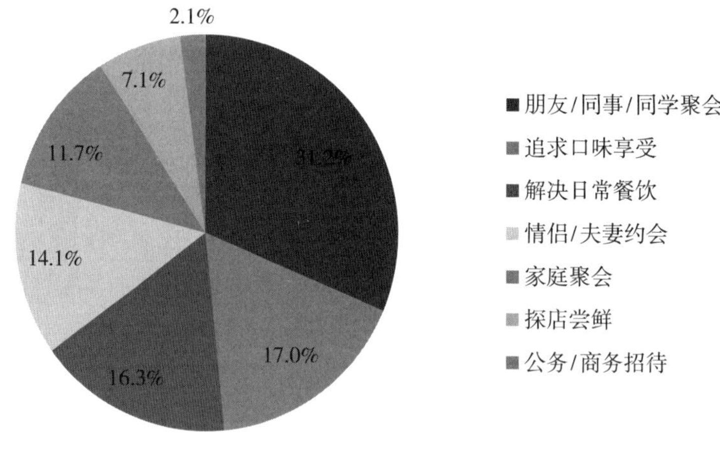

图 5　用户各场景用餐比例

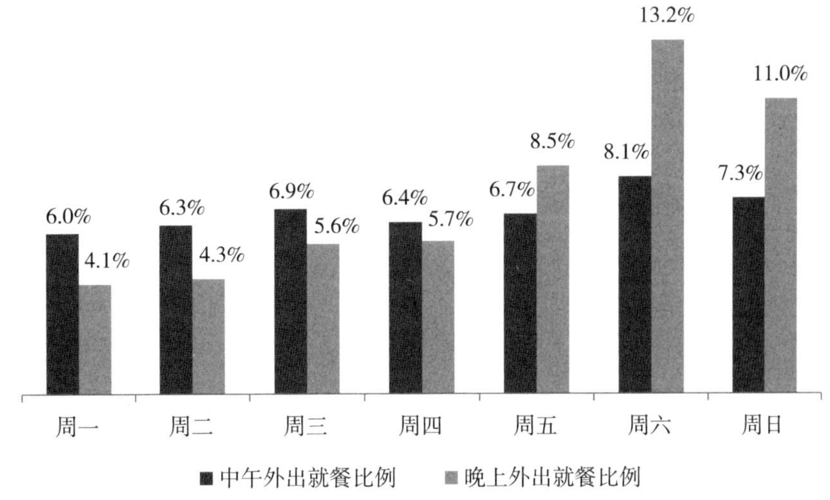

图 6　用户更多选择哪个时间段进行外出就餐

根据消费者就餐关注要素调研，当前消费者在选择餐厅时最关注的前三大要素是菜品口味、餐厅性价比和内部就餐环境。菜品口味占比达 71.7%，明显高于其他要素，可见当前消费者外食的最主要需求还是追求口味（见图 7）。对于餐饮企业来说，找到自己独特的口味定位并在消费者心智中埋下这个口味的“种子”，对餐厅的成功至关重要。不过，餐饮作为一个品牌老化风险比较高、品牌迭代比较快的行业，企业比较容易落入“中等规模陷阱”，即企业在不断开店扩张的过程中，新的有独到口味的其他品牌门店的出现，对已存在的连锁企业将是一种威胁。因为在这个阶段，连锁企业一般专注于组织的建设，其产品的持续迭代能力在内部又成了一个优先级不是最高的事项。因此，餐饮企业在不断扩张自己门店数量的同时，也需要对产品进行持续的更新和升级，保证自己不会达到一定规模之后难以再继续扩张。

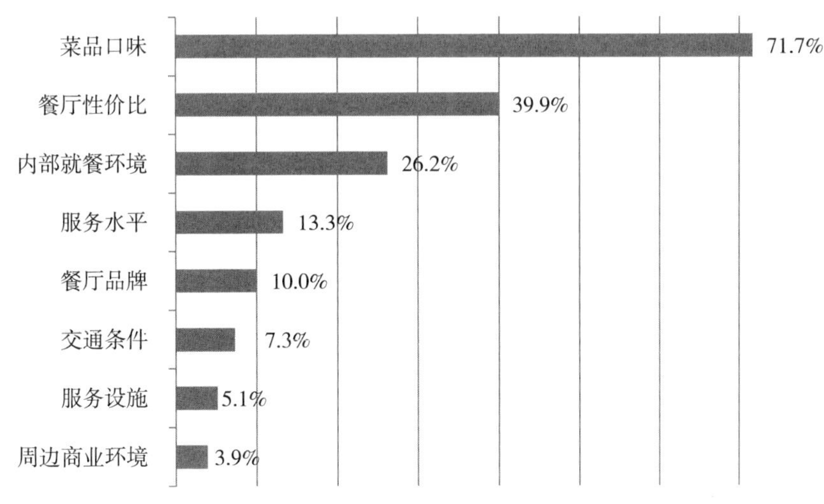

图 7　消费者选择餐厅最关注的就餐要素（2019 年）

根据美团点评统计的消费者最爱口味数据，辣、清淡/本味和鲜是消费者最喜欢的 3 个口味，喜欢辣口味的消费者占 41.8%，喜欢清淡/本味口味的消费者占 23.7%，喜欢鲜口味的消费者占 20.3%（见图 8）。可以明显看到，辣是一个被更多消费者共同接受的口味。

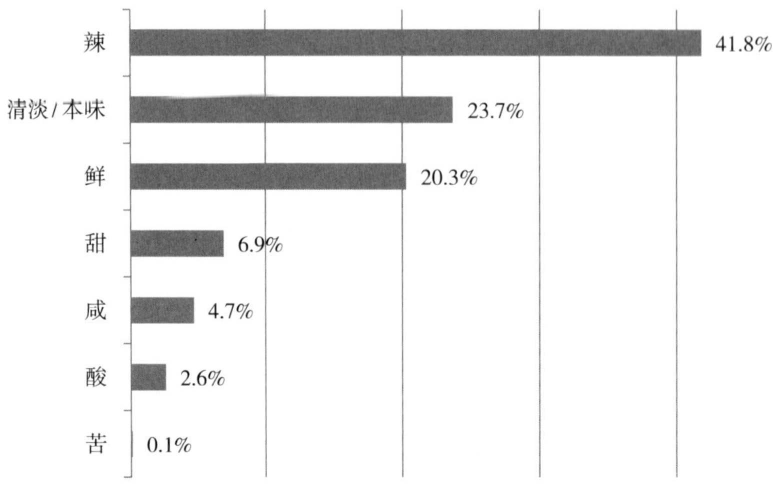

图 8　美团点评统计的消费者最爱口味

从消费热度也可以验证，从 2013 年至 2020 年，川菜逐渐完成了对全国消费者的覆盖。也就是说，依靠川菜对全国各区域的渗透，其主要味型辣味也实现了对广大消费者味蕾的占领。

（三）外卖的发展成为驱动行业发展的一个新要素

受益于年轻人的线上消费倾向，中国外卖行业不断快速增长。2020 年中国外卖餐饮市场规模达到 6646 亿元，同比增长 15.0%（见图 9）。

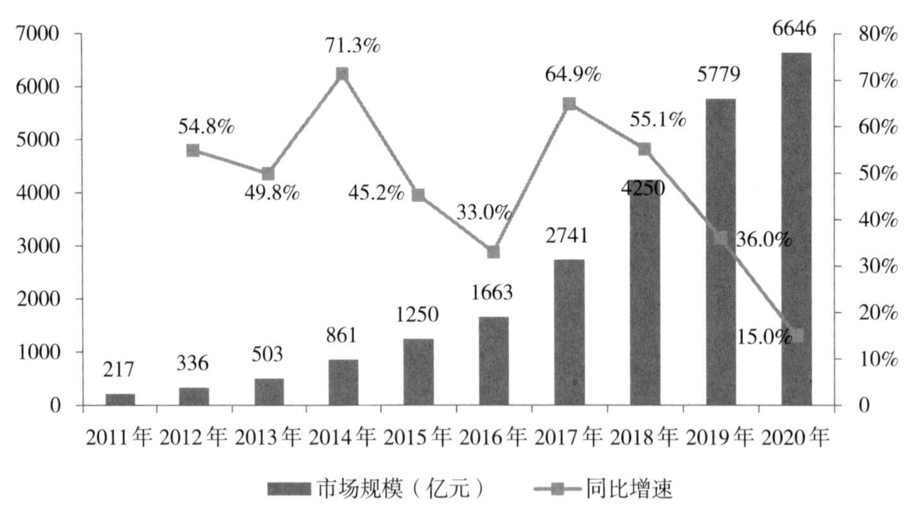

图 9　中国外卖餐饮市场规模

根据《中国餐饮大数据 2021》，受新冠肺炎疫情的影响，部分时段内外卖行业负增长，但消费者在疫情得到控制后更多地通过外卖进行餐饮消费。2020 年，餐饮线上订单整体保持高速增长，除疫情影响特别严重的 2—4 月，其他各月同比均实现正增长，且订单量同比增长在 2020 年第四季度基本维持在 70%以上，在 12 月甚至实现了 107.9%的翻倍增长。外卖的强劲增长也给了餐饮门店一个扩展自身收入、触达更多消费者的机会。根据实地调研，部分传统餐饮门店的外卖比例已经能够达到 50%甚至更高。

（四）餐饮行业的创始人需要全面的经营能力；近年来餐饮行业的人才密度快速提升，但仍存在人才短缺的问题

1. 餐饮企业创始人需要拥有的三个重要能力

餐饮企业是餐饮市场中最重要的驱动力和推动者。研究发现，现代连锁餐饮企业的发展和成长需要经历不同的阶段，即一般一开始公司通过定义一个菜系品类或单品开出一家门店并进行经营；为了赚取更多的利润，公司开始开设分店，逐步扩张；在扩张的过程中，创始人会发现在开出数家门店后，自己的精力已经不足以管理，即开始设置初步的内部组织和职位，如店长、招聘、培训、采购等，慢慢形成多家门店的管理能力；接着，公司在继续扩张的同时，不断加强自己的连锁组织水平，将连锁能力化为内部的后台组织，常态化每年开出一定数量的新门店并实现盈利；最后，当公司运营一段时间，消费者对菜品失去了原有的新鲜感，又需要公司重新调整、研制新的菜品，以迎合消费者对口味和新鲜感的需求。

在上述各个发展阶段，对餐饮企业的创始人提出了较高的要求，即做成一个连锁餐饮企业，一般需要打造极致单品的能力、单店模型打造能力、门店扩张能力三个重要能力，且在不同发展阶段不断提升自己，否则仅具备其中一种能力很难持续在餐饮行业取得成功。第一，对于打造极致单品的能力，要求餐饮企业创始人通过极致单品的差异性获得在市场竞争中的优势，使得门店盈利，且在消费者对上一代产品新鲜感消退前陆续打造出消费者喜爱的新的差异化产品；第二，对单店模型的打造能力，即餐饮企业创始人要从做一个产品的能力中走出来，做一个自上而下均由员工运营的单店，使得生意从小作坊的运营模式变为可复制的标准化模式；第三是门店的扩张能力，一方面，需要创始人搭建一套连锁组织，负责整个公司的采购、培训、营销、拓店、巡店等职能，另一方面，需要餐饮企业创始人在不同区域形成相同品质的供应链，真正把企业做成一个连锁组织（见图 10）。也就是说，餐饮企业的创始人需要在企业的不同发展阶段实现更多维度的自我迭代和突破，才有可能做成大的连锁企业。餐饮企业做大、做强的难度很大。

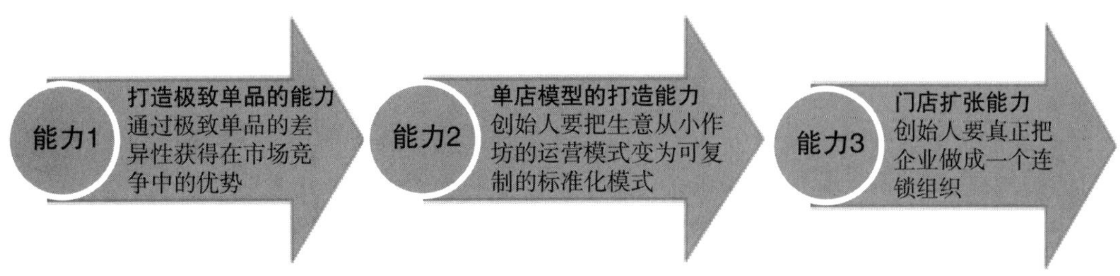

图 10　餐饮企业创始人需要拥有的三个重要能力

2. 近年来餐饮行业的人才密度快速提升，但仍存在人才短缺的问题

以麦当劳、肯德基、星巴克为代表的西式快餐/饮品企业进入中国约 30 年，其中前 15 年为测试模型、业务开展模式的探索阶段；最近 15 年特别是最近 10 年，进入快速发展阶段。而这 10 年的快速发展，培养了一批餐饮连锁领域的专业人才。此外，中餐领域如海底捞的师徒制管理方式，不但帮助海底捞快速培养了大量人才，同时还让海底捞门店实现了快速扩张。这些培养出来的餐饮连锁领域的人才基本都进入能力的成熟期以及职业路径的转型期，这为整个行业大大提升了连锁人才密度，也能够帮助有良好发展势头的餐饮企业快速了解和掌握先进的连锁运营模式，更快地完成连锁化转型。随着餐饮行业本身规模的不断增长以及在连锁化率不断提升后，整个餐饮行业由于规模优势盈利能力的不断提升，会有各行各业越来越多的优秀人才进入餐饮行业，进一步促进餐饮行业的发展，实现行业发展的正向循环。

尽管餐饮行业人才密度在快速提升，但仍存在专业人才短缺的问题。2021 年我国餐饮市场规模达 4.7 万亿元，国内餐饮行业的直接从业人员在 2000 万人左右，预计 2024 年餐饮市场总体量将达到 6.6 万亿元。对比来看，餐饮从业人员可能需要 2800 万人，3~4 年的时间内行业需要新增约 800 万人就业，这个扩张速度很有可能让人才的培养跟不上市场的快速发展。中餐历史上行业从业人员学历、文化水平和收入普遍不高，虽然现在越来越多的高学历人士进入餐饮行业，但高学历人士对于餐饮行业的实践同样需要时间和经验的积累。餐饮行业的飞速发展与行业人才的短缺已经是餐饮行业最大的痛点之一。目前餐饮企业人才方面主要存在以下几个问题：经验丰富的店长级人才离职率偏高，而这些店长级人才又是拓店过程中公司非常重要的资源；整体人才薪酬福利对比外卖、快递等行业缺乏竞争力；工作中重复、辛苦的事项较多，员工较难在工作中持续成长。人才是餐饮企业的核心竞争力之一，如何能够突破餐饮行业的常规经营模式，打造能够持续自我迭代、有战斗力的组织是餐饮行业重要的需求和努力的方向。

（五）社交媒体对于餐饮业的发展是一个重要助力

近年来，以微博、小红书、抖音、快手为代表的新媒体快速发展，餐饮企业也逐步利用这些新社交媒体的发展红利进行推广和营销，同时可以迅速做菜品打爆和宣传，这对餐饮企业和行业的发展来说也是一个重要的助力。

（六）数字化变革正在发生

在移动互联网时代，餐饮行业像所有传统行业一样，面临着这个时代赋予的新的机遇与挑战。结合移动互联网时代的特色，餐饮企业在数字化运营端需要投入更大的精力。当今顾客的消费习惯和了解信息的渠道已经发生了很大改变，数字化可以更直接、清晰地捕捉到顾客的消费行为并获取营销数据，帮助餐饮企业降低获客成本。

数字化运营能力已经变成了衡量一个餐饮企业实力的重要维度之一。传统的只依赖顾客进行堂食消费的经营模式太过被动，企业只有实现数字化转型和升级，才能提升效率并增加抗风险能力。目前头部餐饮企业已在数字化升级上发力并吃到红利。

根据 CCFA 对 60 家头部连锁餐饮企业的调研，在众多数字化技术当中，餐饮企业最为关注的是大数据、人工智能以及物联网（见图 11），这些技术目前在餐饮行业中已经被

广泛运用并初具成效。大数据有助于精确餐饮行业市场定位，成功的品牌离不开精准的市场定位，通过分析和调研市场数据，企业可以更好地对自己的品牌进行定位。大数据还可以帮助企业充分了解市场信息，掌握竞争者动态，知晓行业竞争格局。企业可以通过消费者档案数据分析顾客的消费行为和价值取向。通过收集微博、微信、各类论坛、评论等数据，企业可以了解消费者的消费行为、价值取向、新的消费需求和企业产品的质量问题，以此来改进和创新产品，或者进行更为合理的菜单定价。人工智能让机器人和 AI 系统可以给顾客带来更好的用餐体验，而物联网技术可以赋能餐饮企业精简供应链进而降低成本。

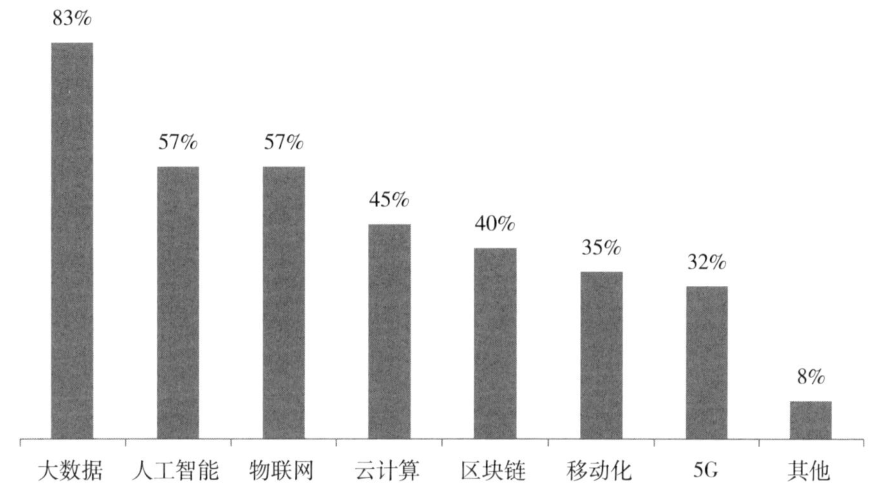

图 11 企业认为比较值得关注的数字化技术

根据 CCFA 对 60 家头部连锁餐饮企业的调研结果，超过 68%的企业已经充分认识到了数字化转型的必要性，有不到三分之一的企业认为自己在大数据的探索和应用层面获得了实质性的成果，但是大部分企业对于数字化转型还在尝试阶段（见图 12）。

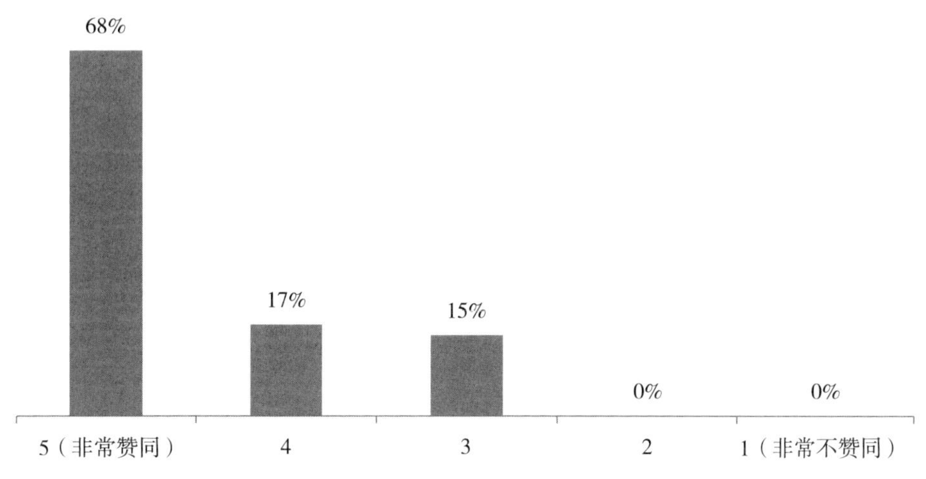

图 12 企业赞同数字化转型的程度

在调研问卷中，企业最希望得到的数字化助力为“会员与引流”和“价格优化与营销和促销”等前端方面的数字化需求。其次才是“菜单研发”、“门店选址与开发”、“采购预测及补货”、“中央厨房管理”和“门店运营”等后端供应链数字化需求，可见当下餐饮企业仍旧对获客、创收维度更为看重。但是我们也相信未来随着客流量恢复到新冠肺炎疫情暴发前的水平，越来越多的餐饮企业将会把数字化重心逐渐由“吸引顾客”转向“做强自身”。

根据 CCFA 的调研结果，餐饮企业认为它们在数字化转型的过程中最明显的阻碍为：组织的数字化文化与绩效管理不到位、员工对于数字化的认知与能力不足、客户行为与习惯的显著变化及团队的数字化能力跟不上。

综上所述，数字化作为移动互联网时代的重要特征，餐饮行业和企业已经开始关注并在一定程度上拥抱了这一变化，在可见的未来，新一代的数字化基础建设将成为餐饮业的发展方向。

（七）餐饮的资本化也正在如火如荼地进行

基于外卖对餐饮门店收入的增益、餐饮行业更多地应用新社交媒体推爆单品、基础设施的完善使得标准化更加容易，餐饮的资本化正如火如荼地发展。如图 13 所示，从融资金额看，2018 年以前餐饮行业的投融资呈现了整体增长的趋势，自 2018 年开始投融资热度逐渐下降，但是在经历 2020 年新冠肺炎疫情后资本热情再度高涨。截至 2021 年 8 月，中国餐饮行业投融资金额 439. 1 亿元，已经达到 2020 年的 2 倍。从融资数量看，2015 年是餐饮行业投融资交易笔数的巅峰，此后一直呈下滑趋势；2021 年交易金额超越 2020 年，但是交易笔数下滑，说明当前资本在餐饮行业的投资更加偏向单笔金额较大的有一定规模的餐饮企业。

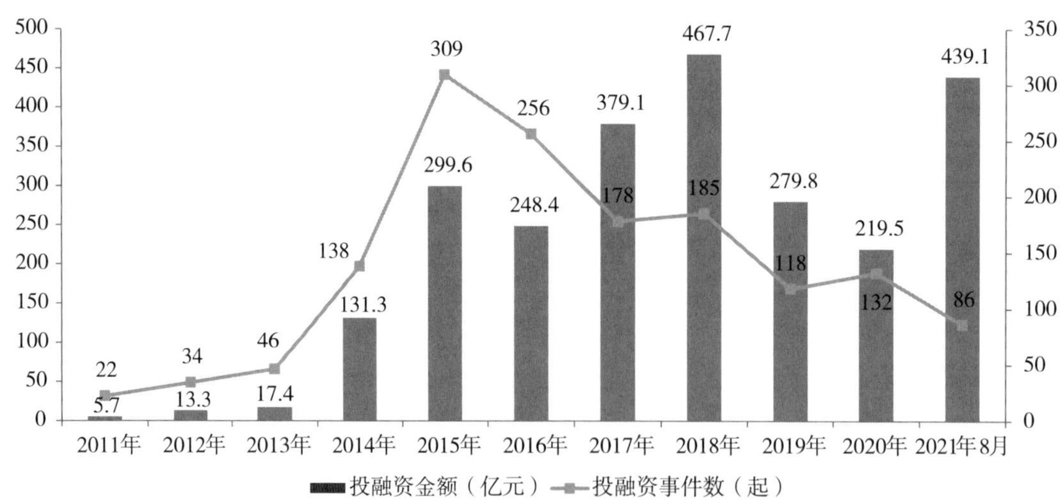

图 13 2011—2021 年中国餐饮行业投融资事件数量与金额

从融资轮次分布可以看到，与 2019 年相比，餐饮行业投融资在 2020 年和 2021 年最主要的特征是 B 轮、战略投资以及其他后期投资占比有明显提升；Pre-A 轮、A 轮等早期投资占比有所下降（见图 14）。

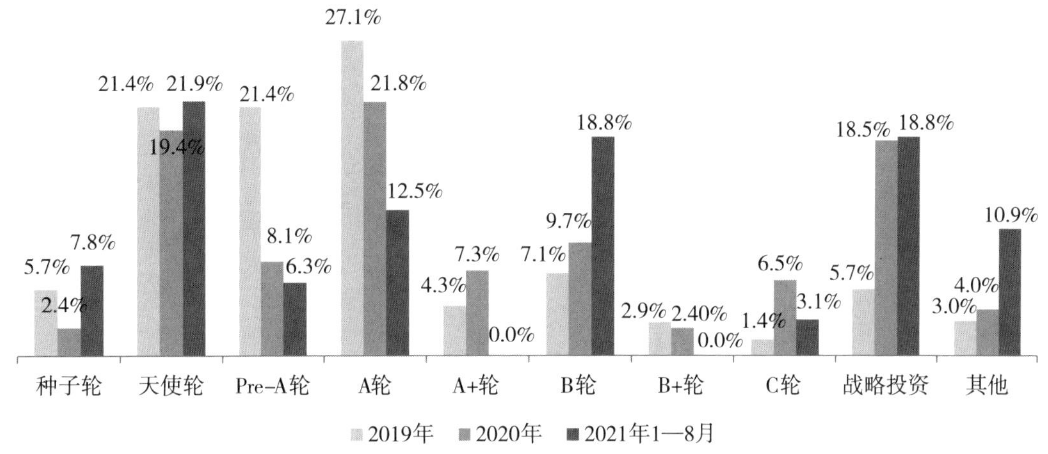

图 14　2019—2021 年中国餐饮行业融资轮次分布

从细分赛道看，按融资事件数排名，小吃快餐、咖啡、茶饮 3 个赛道最受一级市场追捧；按融资金额排名，茶饮、咖啡、火锅分别占行业 2021 年 1—7 月融资金额的 40. 5%、15. 7%、13. 1%。

在私募融资市场中，随着越来越靠后期的单笔高金额投资的出现，在市场中也能比较清晰地看到，未来 5 年的时间里，可能会有一批净利润达数千万元甚至上亿元的餐饮行业公司完成上市，餐饮行业有可能引领一波消费行业的 IPO 潮流。

二、供给端的整合与发展

（一）中国餐饮供应链的链条复杂

虽然我国餐饮市场总量看起来比较大且未来还有较好的发展空间，但是餐饮行业整体产业集中度和连锁化率并不高，这与我国餐饮供应链的发展模式、管理水平滞后有很大关系。

我国餐饮供应链一般包括 6 个节点，供应链本身就非常复杂，环节多且各环节均承担了相应的职能，比较碎片化且难以整合。我国餐饮供应链具体包括了产地、经纪人、产地一批、销地一批、销地二批、终端渠道 6 个节点（见图 15），每个节点有 2%~30%的加价率，供应环节复杂。

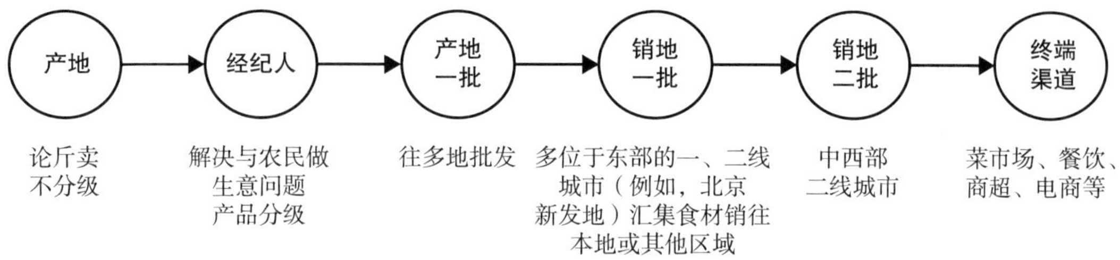

图 15　餐饮供应链各环节加价率

（二）作为餐饮供应链的代表，我国冷链物流虽处于起步阶段，但已经开始进入加速发展期

1. 相对于成熟市场，我国冷链行业仍处于起步阶段和发展初期

与成熟市场相比，我国的冷链物流行业起步较晚。例如，美国的冷链物流建设起步早，在 19 世纪上叶就已经发明了冷冻机，在 20 世纪 30 年代美国食品冷链体系就已经初步建成。随着 20 世纪 50—70 年代高速公路的建设，美国冷链物流体系迅速发展。目前美国已经形成了采购、生产、加工、储藏、运输、配送一体化的冷链体系，可以提供很好的食材供应链服务。

我国冷链物流行业处在起步阶段，从冷链物流设施设备、冷藏物流技术和管理水平、冷链物流的整体规划等方面来看与欧美发达国家相比均有一定差距。我国冷链物流行业始于 20 世纪 60 年代，发展时间晚于发达国家。从冷链物流渗透率来看，相比美国和日本市场，中国的冷链渗透率还有很大的提升空间。国内各类冷链食材品类中，冷冻食品、水产品的冷链渗透率最高，均超过 60%，但是相比发达国家的 80%～100%的冷链渗透率依旧有一定差距（见图 16）。

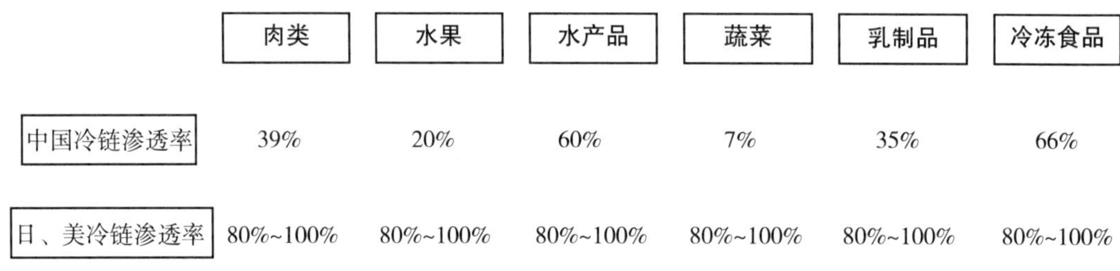

	肉类	水果	水产品	蔬菜	乳制品	冷冻食品
中国冷链渗透率	39%	20%	60%	7%	35%	66%
日、美冷链渗透率	80%~100%	80%~100%	80%~100%	80%~100%	80%~100%	80%~100%

图 16　中国和日、美冷链渗透率对比

相对于成熟市场，我国冷链食材渗透率低的原因主要体现在以下两个方面：

在供给侧：冷链物流基础设施依然薄弱。国内的冷链物流概念刚刚兴起，在此之前的“冷链物流”主要是冻库和棉被车，而非现代标准的三温、四温冷库，市场上有大量的需求没有被满足。我国每千人冷库保有量仅有 143 立方米，而对比美国、日本，该指标分别达到 440 立方米和 277 立方米。相较欧美农产品平均腐损率 5%，我国各类食材腐损率均在 10%以上，果蔬腐损率达 30%（见图 17），侧面反映出当下冷链物流的基础设施比较薄弱。

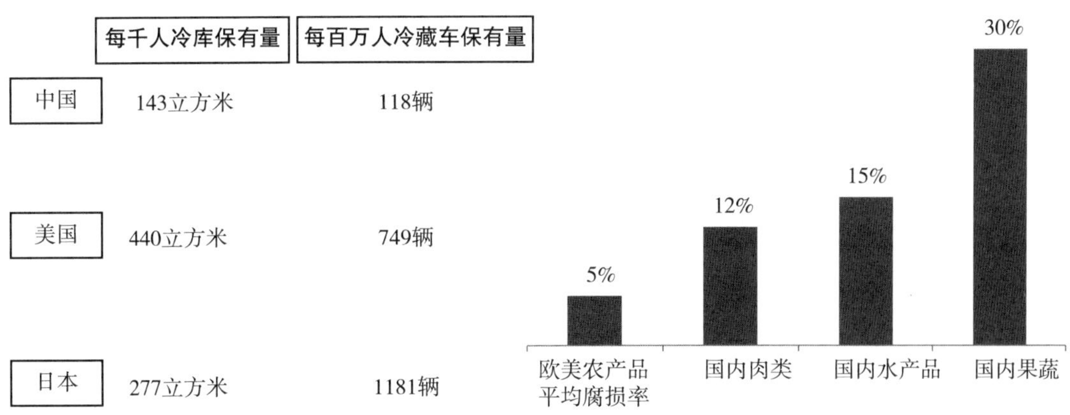

图 17　供给侧：冷链基础设施依然薄弱

在需求侧：下游对冷链食材的需求当前与成熟市场相比较低。国内餐饮渠道连锁化率不到 20%，市场依然以独立中小餐饮为主，与日本、美国相比有较大差距；中小餐饮业主对食材的要求相对较低，且出于成本的考量不使用冷链物流运输。从国内食材的零售渠道看，菜市场仍然占近 50%的份额。菜市场的小商贩出于成本的考虑也会较少使用冷链运输。从消费端来看，部分传统消费习惯也导致了国内冷链食材消费较发达国家依然有一定差距。以猪肉为例，国内猪肉消费以价格更低廉的热鲜肉为主，而需要冷链物流的冷鲜肉则仅占 32.5%，较发达国家的 90%有较大差距（见图 18）。

目前我国农产品冷链运输率不到 20%，而欧美发达国家达到 80%～90%。我国已有的冷藏容量不足，大量的肉类、水产品、奶制品和豆制品未满足冷链需求。冷链物流建设的落后在一定程度上制约了食材供应链的发展。

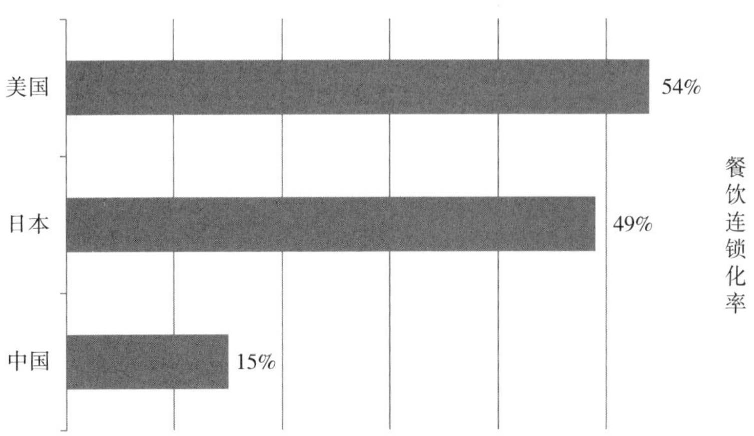

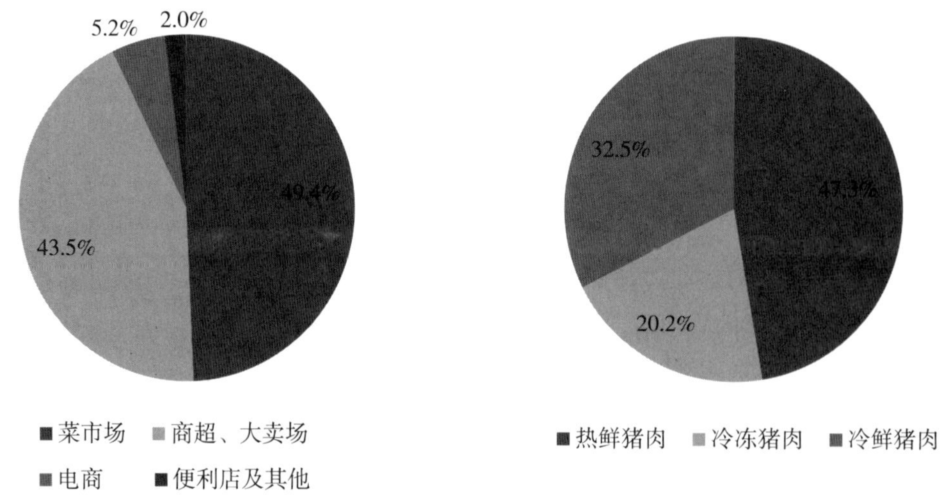

图 18　需求侧：下游对冷链食材需求较低

2. 随着餐饮市场的发展和资金的流入，我国冷链行业已经进入加速发展期

尽管对比欧美国家，中国冷链物流的渗透率还有较大差距（见图 19、图 20、图 21），但是近年来随着中国餐饮行业的不断发展及其连锁化率的不断提升，中国冷链物流行业在不断发展，2019 年市场规模达 3780 亿元，2014—2019 年复合增速达 20.3%，呈现出高速增长的趋势，有效推动了我国餐饮供应链的整体发展。

从投融资市场看，资金方也开始认识到冷链行业的重要性，不断在行业中进行投入，这也成为推动行业继续良性发展的重要支撑。运联智库的资料显示，2020 年中国物流产业整体融资事件有 100 起，融资总额为 457 亿元，其中生鲜冷链领域的融资事件有 12 起，金额占比达到 15.7%（见表 3）。

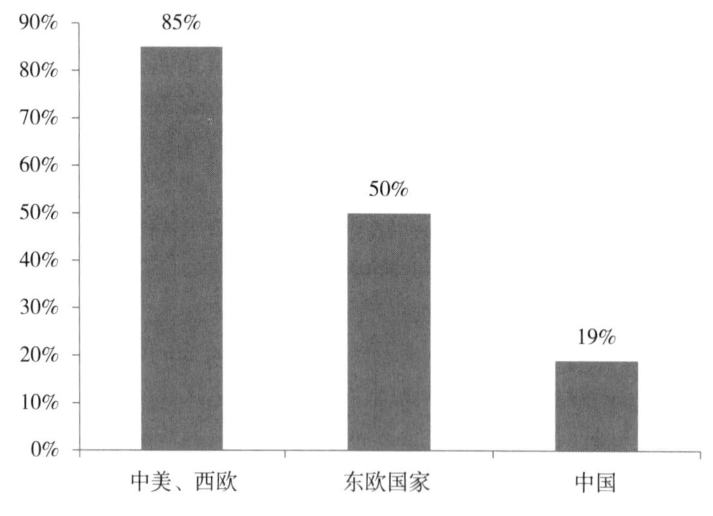

图 19　国内外冷链应用率对比

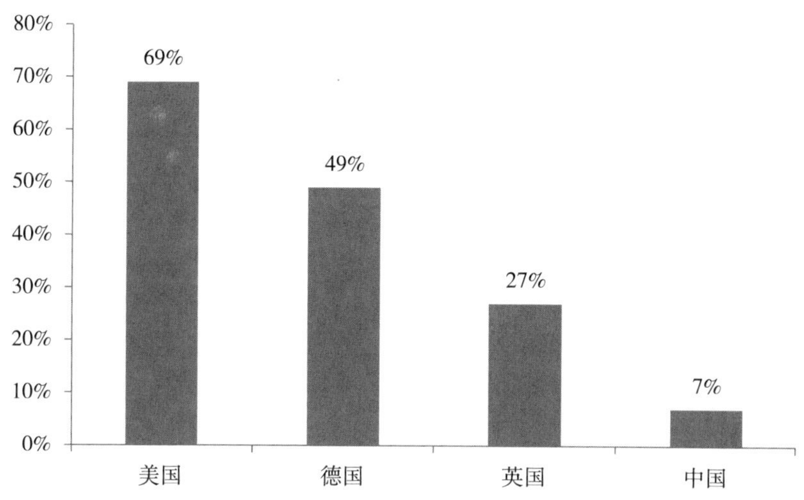

图 20　国内外人均冷库容量对比

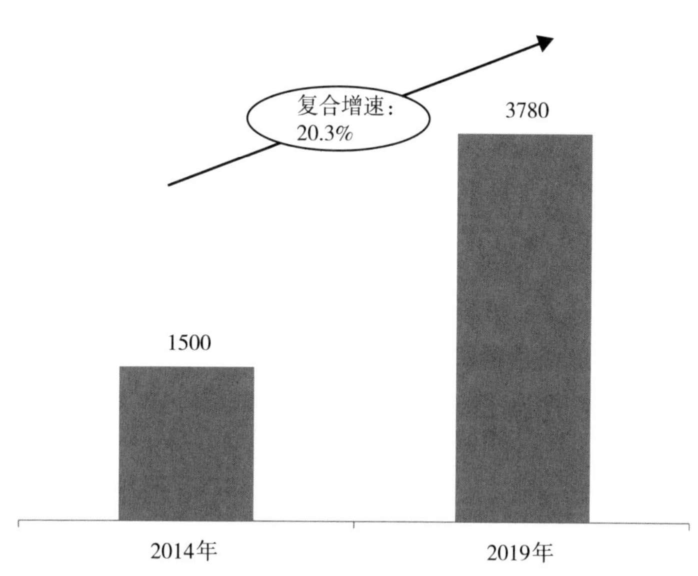

图 21　中国冷链物流市场规模（亿元）

表 3　2020 年中国冷链物流行业主要投融资规模

	物流行业	生鲜冷链领域	占比
融资事件数（起）	100	12	12.0%
涉及金额（亿元）	457	72	15.7%

近年来，冷链物流已经成为商业和资本的必争之地，2020 年发生了多起投融资事件，冷链设施、网络布局、信息技术是资本关注的热点（见表 4）。

表 4　　2020 年中国冷链物流行业主要投融资事件

时间	企业名称	轮次	金额	投资方
2020 年 12 月 14 日	瑞云冷链	天使+轮	未披露	磐霖资本跟投，招商局
2020 年 11 月 20 日	蓝海宏业	被收购	未披露	创投跟投
2020 年 11 月 10 日	小码大众	战略投资	数千万人民币	嘉里物流
2020 年 7 月 14 日	万泽冷链	新三板定增	3349 万人民币	韵达股份领投
2020 年 5 月 11 日	雪链物联网	A+轮	未披露	莱芜财金控股有限公司
2020 年 4 月 30 日	小码大众	A+轮	未披露	隐山资本
2020 年 4 月 29 日	九曳供应链	战略投资	未披露	住友商事亚洲资本
2020 年 4 月 2 日	中央冷藏	股权转让	2047 万人民币	远洋资本
2020 年 4 月 2 日	中央冷藏	被收购	1.37 亿人民币	獐子岛
2020 年 3 月 1 日	蜀易信	种子轮	20 万人民币	福友资本
2020 年 1 月 2 日	壹号食品	战略投资	数亿人民币	美团

3. 多种因素推动着冷链行业的整合和发展

近几年我国餐饮连锁化率逐步提升，连锁餐饮对冷链食材的需求主要体现在三个方面：连锁餐饮需要冷链运输来整体提升食材的品质；由于连锁餐饮一般跨地域经营，且整体采购规模较大，企业可以通过采用冷链食材来降低运输中的腐损率，进而降低成本（所节省的食材损耗成本超过冷链物流成本）；连锁餐饮出于品控和降低店面运营成本等原因，更多地采用预制菜，增加了对冷链的需求，部分头部中餐快餐公司预制食品的占比接近 100%。

在渠道端，商超、新零售开始蚕食菜市场份额，同样提升了对供应链品质的要求。在食材的零售渠道中，菜市场的份额逐年下降，由商超和新零售渠道替代（见图 22）。后者对冷链食材的需求量更大，主要由于：通过冷链整体提升食材的品质和可展示性；由于集中采购规模较大，可以通过采购冷链食材降低腐损率，进而降低整体成本；参考日本、美国等发达国家，基本已不存在菜市场，商超渠道占据生鲜销售 80%以上份额，未来新零售渠道的比例将进一步提升。近年来，产地仓、农超直配等新模式发展迅速，这些新的销售模式对冷链依赖度高：一方面，农超直配模式中，农户跳过农业合作社、中间批发商等，直接和下游商超签订协议，直接供应农产品。该模式将生产方和市场直接连接，形成产销一体化链条，实现农户、商家、消费者共赢。农超直配模式对冷链管理控制和产品标准化管理有极其严苛的要求。另一方面新零售的出现极大地缩短了产地与消费者之间的供应链条，产地直发模式应运而生（见图 23）。该模式凭借着强大的时效保障和优质的食品鲜度迅速地占据了消费者心智，整体链条溯源能力极强，较普通快递在生鲜品控上更有优势。要发挥产地直发模式的优势，就要依赖冷链物流的能力。

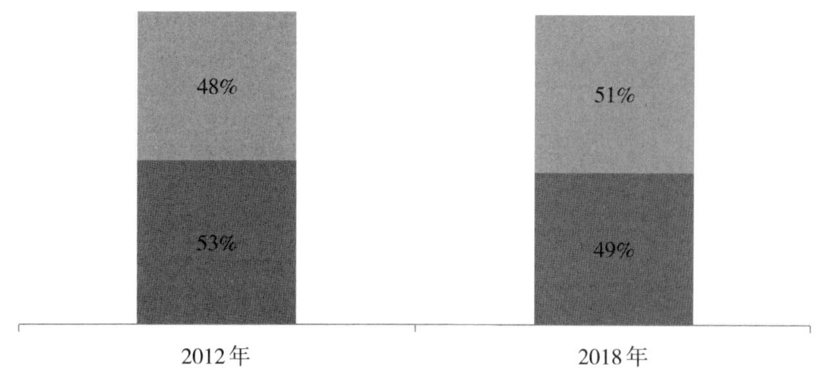

图 22　商场、新零售等渠道的比例在提升

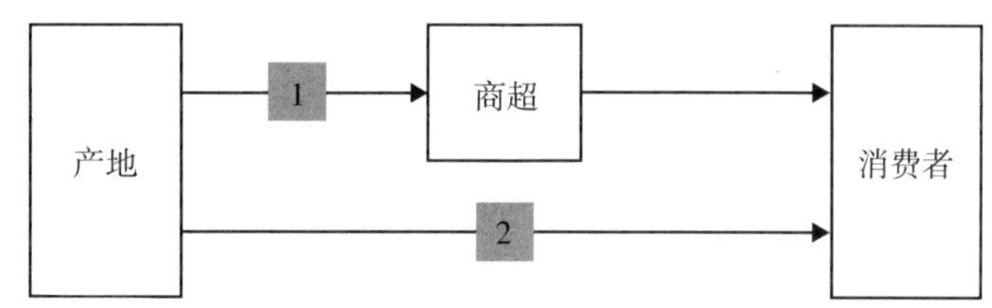

图 23　产地与消费者之间的供应链条在缩短

（三）预制菜和中央厨房是提升餐饮效率的重要供应链环节

中国餐饮行业面临逐步增长的成本、费用的挑战，这也倒逼了供应链的发展和革新。从农产品批发价格指数、CPI、房租价格指数、劳动人口供给四个维度看，中国餐饮行业的成本和费用一直在不断提升（见图 24、图 25）。

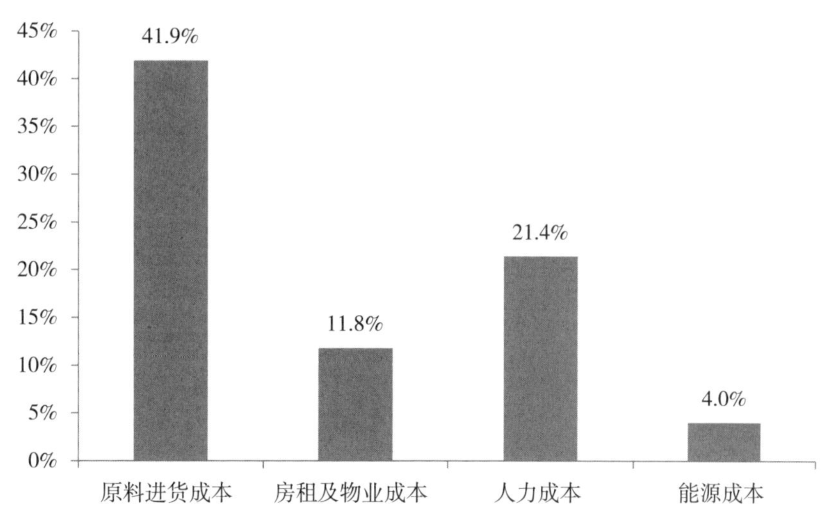

图 24　2019 年餐饮行业各项成本占营业收入的比重

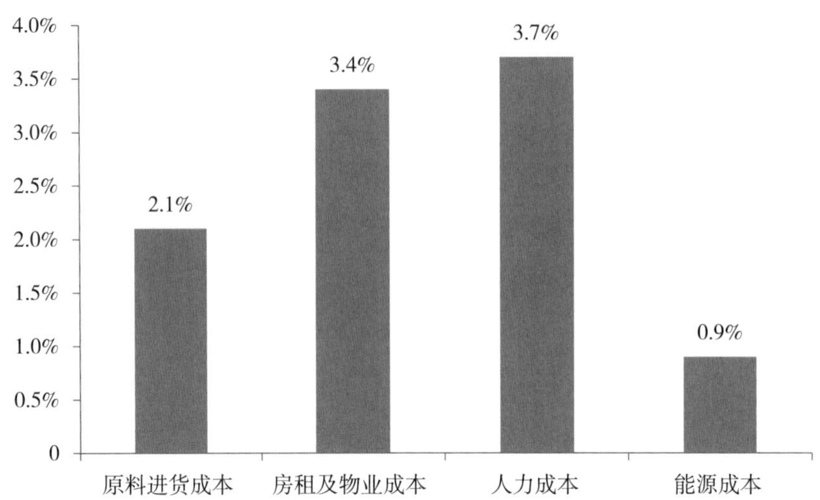

图 25　2019 年餐饮行业各项成本同比变动

随着原材料、租金、人工等成本逐渐上涨，餐饮企业的利润越来越低，因此餐饮企业去厨师、去厨房化的意愿在不断增加。从海外连锁餐饮龙头麦当劳、肯德基等餐饮企业的经验看，连锁化扩张主要依靠中央厨房和预制食品的布局来降低食材原料配送成本、人力成本和租金成本。

出于节约成本的考量，预制菜和中央厨房行业将不断发展。预制菜可以有效减少 B 端餐饮店的人工成本和后厨面积，随着外卖订单的增加，可以提升门店的坪效，同时促进供应链的发展。根据中金公司研究部的测算，一家 20 平方米主要经营外卖、日均 80 单、实际客单价 35 元的餐饮门店，在采用预制菜后，食材成本从 30%提升到了 36%，人工成本、租赁成本和营运费用的下降可以覆盖食材成本的提升，门店利润率从 3%提升到了 4%（见图 26）。因此，通过采用预制菜可以帮助餐饮店提升利润率水平。对于规模更大的连锁餐饮企业，预制菜可以更显著地降低成本和提升利润。根据中国饭店协会的调研，目前国内超过 74%的连锁品牌有自建中央厨房。前瞻研究院的数据显示，中央厨房具有独立场所集中完成食品成品或半成品制作并配送，保障菜品新鲜并降低采购配送成本，可以减少约 70%从业人员、节约 30%配送成本。

科目	金额（元）	占比
营业额	120000	100%
满减后实收额	84000	70%
食材成本	36000	30%
平台扣点	24000	20%
销售毛利额	24000	20%
人工工资	10000	8%
租赁费用	6000	5%
营运费用	4800	4%
费用小计	20800	17%
门店利润	3200	3%
相关信息	门店面积：20平方米	租金：10元/平/日

⇨

科目	金额（元）	占比	变动比例
营业额	120000	100%	
满减后实收额	84000	70%	
食材成本	43200	36%	6pct
平台扣点	24000	20%	
销售毛利额	16800	14%	-6pct
人工工资	5000	4%	-4pct
租赁费用	4500	4%	-1pct
营运费用	3600	3%	-1pct
费用小计	13100	11%	
门店利润	3700	4%	1pct
相关信息	门店面积：15平方米	租金：10元/平/日	

图 26 外卖餐饮店采用预制菜利润变化情况

（四）在餐饮供应链中，各环节已经涌现出市场参与者

与美国相比，我国暂时未出现像 Sysco 一样市占率达到 16%（2020 财年）、年营收超 600 亿美元的龙头企业，全年营收超过 100 亿元的企业也很少。相较于美国成熟的供应商，国内餐饮供应链公司体量偏小、处于发展早期，不管是从产品 SKU 数量还是配送中心数量来看，中国龙头企业与美国龙头企业差距都较大。

在餐饮供应链各细分赛道中，优质的企业已经开始出现。拥有中央厨房和产品研发能力的蜀海供应链已逐渐成为该细分行业龙头；在 B2B 互联网电商平台中，美菜网、快驴等拥有独立仓储物流和配送体系的企业已是领先起跑者；在垂直餐饮供应链平台，如望家欢、功夫鲜食汇、锅圈食汇、安井、三全、千味央厨等公司都是细分行业的头部玩家。

例如，蜀海成立于 2011 年 6 月，是集研发、采购、生产、餐厨、运输、销售为一体的餐饮供应链服务企业。蜀海对上游供应商集中采购并通过自有的中央厨房对部分食材进行分拣、初加工和部分深加工，再制作成半成品。半成品可以有效降低餐饮企业人力和房租成本，提高后厨作业效率并提升利润率。蜀海最早为海底捞供应食材起家，随着企业发展逐渐向其他餐饮企业提供服务。蜀海提供丰富的商品品类，除了米面粮油、调味干货等多个品类，还有专门的团队负责采购食材并进行严格的质检。蜀海已在全国自建了 7 大物流中心，拥有超强的物流配送体系。目前蜀海的餐饮客户还包括九毛九、新白鹿、青年餐厅、韩时烤肉、丰茂烤串等餐饮企业，甚至对部分企业提供定制化服务，量身打造特色菜品。蜀海已经帮助众多餐饮品牌实现了供应链的综合服务和效率提升。

（五）中国餐饮数字化变革正在发生

中国餐饮的数字化变革正在发生，使得餐饮企业的组织建设与经营效率日渐提高。中

国餐饮的数字化为门店的标准化管理带来了新的工具。在供应链管理、预约消费、门店收银、会员运营、连锁能力、培训服务等方面，已经逐步发展起来成熟的企业，帮助门店的管理从人工向数字化转型。当门店的数字化程度足够高后，其对人工的依赖将被有效降低，餐饮门店熟练运用上述工具后，连锁的难度也会相应下降，在连锁组织的搭建上可以减轻创始团队的压力。有一点需要特别说明的是，以往餐饮企业较难上市的核心原因是供应链采购及门店收银大多采用现金收款，较难进行合规梳理，而电子支付等手段的大比例应用也解决了这一难题，使得餐饮企业的合规性实现了质的提升。

三、需求端的进化与革新

在需求端，我们看到近年来最大的变化是一人户、二人户家庭占比的上升和“Z 世代”正逐步成为消费市场的主力军。中国家庭规模的不断缩小使得在家做饭的规模经济效益逐步降低，这为外食市场增加了很多新的需求。随着越来越多“Z 世代”用户的成长，餐饮市场的需求也会跟随“Z 世代”人群需求的变化而发生改变。

（一）一人户、二人户家庭占比持续上升

根据人口普查和人口抽样调查的数据，近年来全国家庭规模逐步缩小，一人户、二人户家庭占比持续上升。2010 年，一人户、二人户家庭分别占全国家庭总数的 15%和 24%，到了 2019 年，该比例分别提升至 18%和 30%。平均家庭规模从 2010 年的 3. 1 人下降到了 2019 年的 2. 9 人。一人户家庭占比的提升主要是因为独居年轻人和独居老人的比例在不断上升（见图 27）。

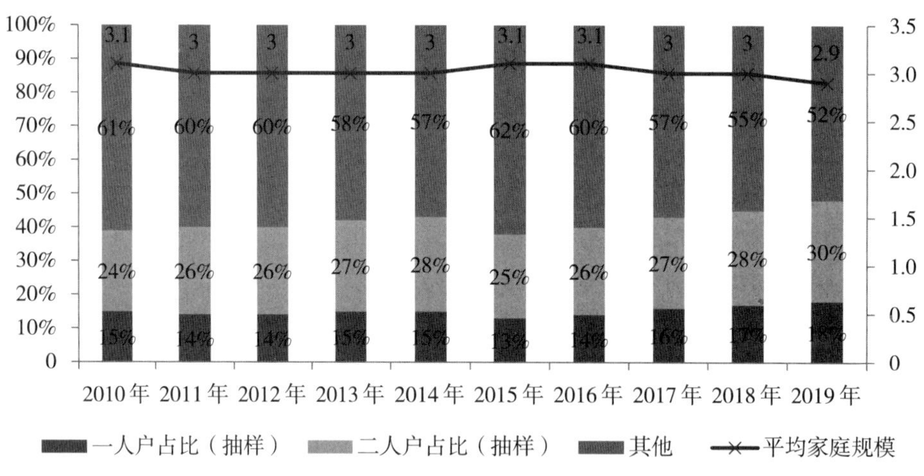

图 27　2010—2019 年我国一人户、二人户家庭占比走势

（二）“Z 世代”用户给餐饮行业带来了改变

相对于之前的消费者，“Z 世代”用户可支配收入更高且正逐步成为消费市场的主力

军。“Z世代”指出生于千禧年前后的人群，一般泛指1995—2009年出生的人群，即“95后”和“00后”。中国的社会环境在这一时期发生了巨大且密集的变化，对“Z世代”的价值观和行为产生了直接的影响。中国过去20年的经济发展提供了优越的消费基础、信息科技革命赋予了“Z世代”更多元的信息渠道和更开放的心态，国力的提升给予这个群体更强的文化自信心，而家庭结构的变迁使得几代人的财富在“Z时代”群体上进一步聚焦，增强了他们的消费能力。

从整体来看，98%的“Z世代”用户拥有智能手机，获得第一部手机的平均年龄为10岁。“Z世代”正逐步成为消费市场的主力军，“Z世代”线上用户规模已达到3.2亿，在全网用户中占比近30%（见图28）。“Z世代”有着追求猎奇、潮流、酷炫，注重体验的消费观念，且比上一代消费者有更加鲜明的个性表达需求。

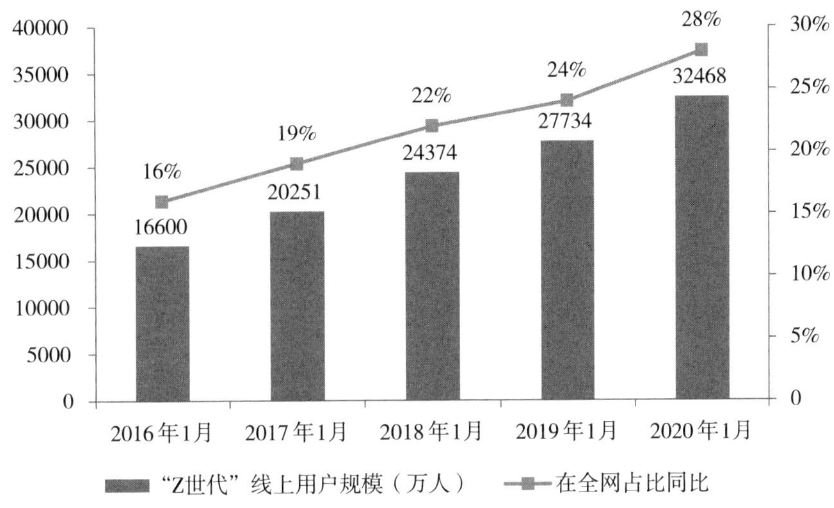

图28　“Z世代”用户规模变化

具体来看，在中国餐饮行业的消费者中，“Z世代”消费者占比迅速提升，由2016年的29.1%提升至2020年的39.6%，更多“Z世代”消费者的加入会给需求端带来新的变化（见图29）。

当前“Z世代”的收入来源主要依靠父母支持，其他零散的收入较少，但是占据中国总人口近1/4比例的“Z世代”的消费力很高。国家统计局的数据和《“Z世代”消费力白皮书》显示，“Z世代”每个月的可支配收入达3501元，远高于中国人均2561元的月可支配收入，更强的购买力使得“Z世代”正成长为未来的消费主力。

总体来说，“Z世代”无疑是蕴含着巨大消费潜力的群体，他们在餐饮领域的消费占比越来越高，同时他们对金钱和时间的分配习惯体现出了与过往代际消费者不同的特征，而这背后反映的是“Z世代”所属年代的烙印。“Z世代”明显区别于过往代际的消费态度和购买习惯及其对餐饮行业的影响主要体现在以下几点。

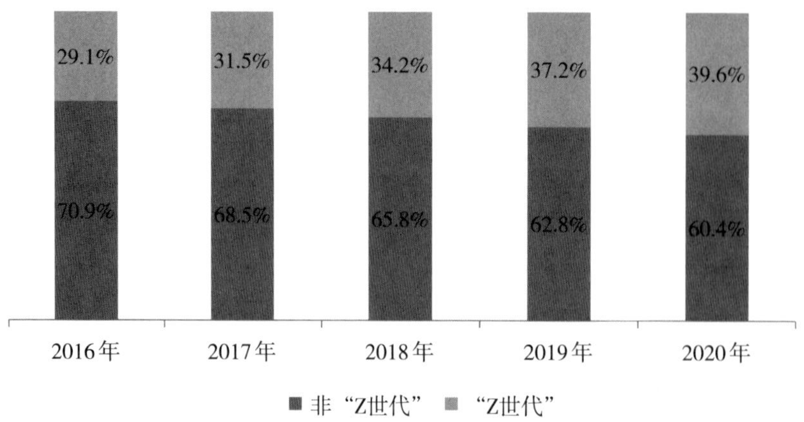

图 29　中国餐饮市场中消费者占比

1. 信息爆炸：“Z 世代”每天接收各种渠道的信息推送，小红书、大众点评、B 站等测评成为选择餐厅的新标准

公开数据显示，“Z 世代”被信息爆炸所包围，平均每天会在至少 5 个平台上看 68 个视频，44%的“Z 世代”至少 1 小时检查一次自己的社交媒体，对于手机和线上平台的黏性极高。“Z 世代”接触信息渠道更多元化，有大量机会在小红书、B 站、抖音等平台被“种草”美食。他们消费前会习惯先去社交平台，如大众点评、小红书、B 站等获取餐厅信息并做多方面对比，再去熟人圈做二次确定，如能得到正面反馈则会极大地提高消费成功率。

基于新社交媒体在“Z 世代”中的影响力，餐饮企业越来越多地应用这些媒体进行菜品、吃法、品牌的宣传。当前比较知名的餐饮企业均在小红书做了大量的笔记投放，以善于和年轻人沟通的太二酸菜鱼为例，其小红书笔记数已达 110 万+。此外，餐饮企业会通过社交媒体打造爆款 SKU，有了爆款 SKU 的加持，能够大大缩短菜单长度，通过减少 SKU 的菜单实现优秀的单店销售，从而精简供应链的管理，最后实现全链条的效率最优。

2. 颜值经济：“Z 世代”比上一代消费者更加注重餐厅、菜品的颜值，打卡留念成为“Z 世代”的习惯，也因此诞生了一批新茶饮、网红餐厅

颜值调性是“Z 世代”的普遍追求，在产品基本的功能性得到满足且难以形成区分度的当下，“Z 世代”将注意力放到了外观和设计上。根据相关调研，有 35%的“95 后”认为自己追求颜值调性，具体表现形式就是对事物外观的看重，喜欢追求好看、时尚、有风格的设计。而只有 21%的“80 后”认为自己追求颜值调性（见图 30）。

在就餐方面，“Z 世代”比上一代消费者更加注重餐厅、菜品的颜值，打卡留念成为 Z 世代的习惯，而一批新的茶饮、网红餐厅恰好精准满足了“Z 世代”消费者的颜值需求，实现了产品和品牌的迅速打爆和扩张。根据相关调研，“Z 世代”群体认为自己愿意去网红店消费，主要的原因是装修风格新颖、多人打卡晒图和产品设计独特（见图 31）。说明大量“Z 世代”愿意去网红店打卡，主要还是因为餐厅、菜品的颜值和受到营销“种草”。

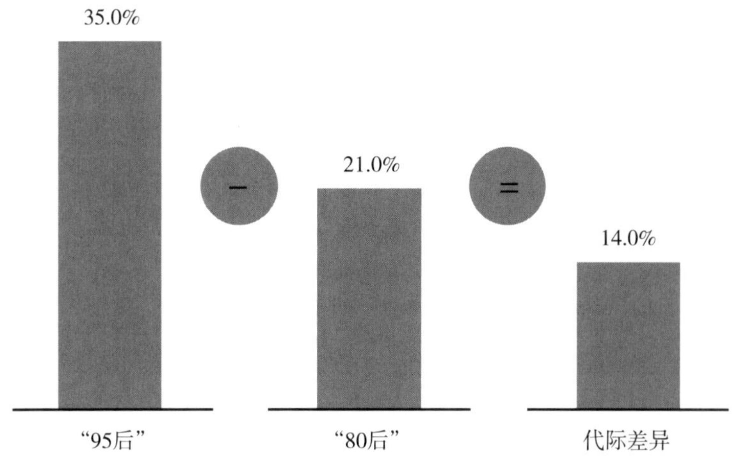

图 30　消费者追求颜值调性的代际差异

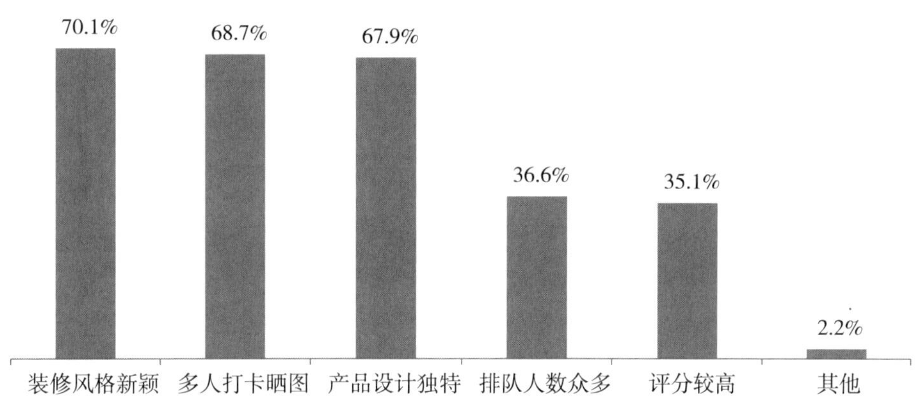

图 31　2021 年中国“Z 世代”群体认为网红店存在的特点分布

3. 养生一族：“Z 世代”对健康饮食的重视程度不断提升，低卡即食食品和健康餐的需求因此暴涨

当下，年轻人对健康的重视程度不断提升，超半数的年轻人已经在关注脱发/掉发、视力减弱等健康水平下降信号，肥胖体重增长、运动能力下降、免疫力下降、听力减弱/耳鸣等事项也是年轻人非常重视的健康信号（见图 32）。在对待健康养生的态度上，九成以上的年轻人已有养生意识，其中 33%的年轻人已经很注意养生并已经有所行动，24%的年轻人有养生意识并准备开始行动，40%的年轻人已经具备了养生意识只是目前还没有准备开始行动（见图 33）。也就是说，虽然 Z 世代群体年龄较为年轻，但是该群体对养生还是有比较强的预备意识。

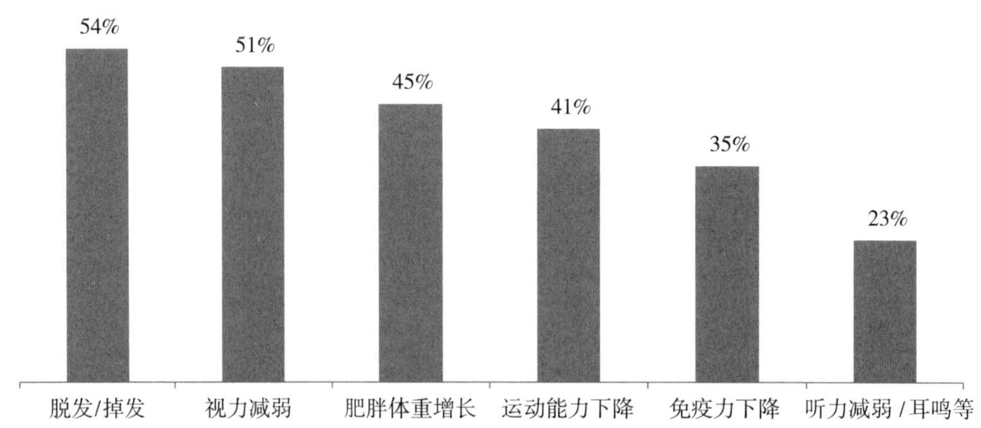

图 32 "90 后"出现的健康状况下降信号

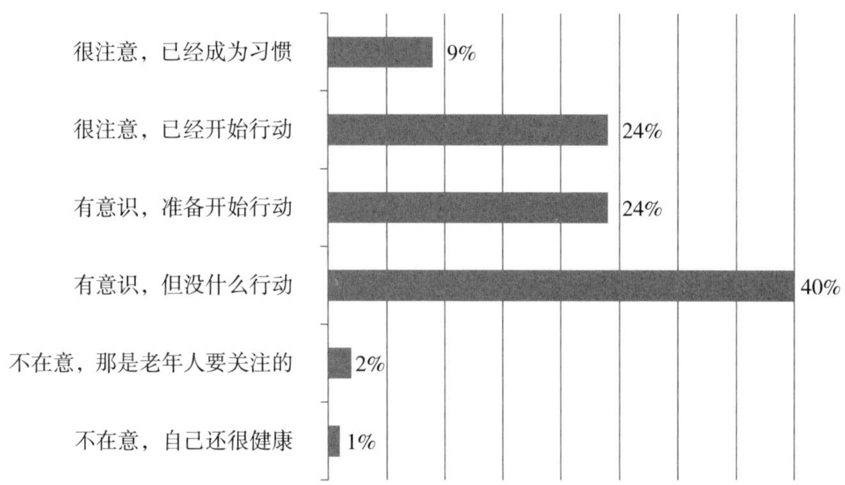

图 33 "90 后"对待健康养生的态度

在关注养生的背景下，即食食品以"低负担"为标签切入"Z 世代"消费市场。比如，某低卡即食食品品牌以少油、少盐的常温即食鸡胸肉切入健康即食赛道成为细分赛道规模较大的公司；再如，某 0 糖 0 卡概念饮料，成立 4~5 年就能够取得超过 50 亿元的收入。这些公司瞄准的就是"Z 世代"的消费者，迎合他们乐于接受新鲜事物、追求健康饮食的特征。在实地调研中，我们也可以看到，主打健康概念的各种健康餐外卖、餐饮门店不断涌现，特别是在写字楼下的该类型门店在日常用餐时间大多会出现排队购买的现象。

4. 社交需求：社交场景成为"Z 世代"餐饮消费的重要关注点

"Z 世代"对于消费最主要的需求，已从产品需求转换为目前的社交需求。根据头豹的调研数据，有 60%的"Z 世代"追求圈内的归属感，有 55%的"Z 世代"表示会为了维系朋友之间的共同语言而消费。与颜值的需求相似，若餐厅有值得分享的设计、装修和布局，"Z 世代"也会打卡并在朋友圈分享（见图 34）。年轻人对餐饮消费环境的要求越来越多地变成了该环境能够实现自身社交圈的存在感和认同感，以及能够方便分享和展示自己的定位和价值。

社交驱动：65%

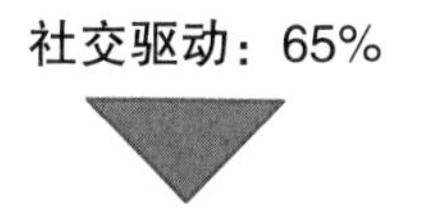

· 60%的“Z世代”追求圈层内的归属感
· 55%的“Z世代”表示为维系朋友之间的共同语言而消费

自我塑造：46%

· 54%的“Z世代”表示会尝试与自己风格相近的品牌
· 38%的“Z世代”愿意为打造自身人设而投资

悦己体验：50%

· 55%的“Z世代”认同消费是为了享受生活
· 35%的“Z世代”愿意为兴趣或体验支付高溢价

图 34 “Z 世代”消费驱动力

5. “懒人”餐饮：自热、速冻和即食食品成为热门

随着快节奏的都市生活让人们的压力越来越大，年轻人变得越来越“懒”和“宅”。为了服务这个不断扩大的群体，越来越多的使消费者足不出户就可享受购物、餐饮、娱乐的服务应运而生。懒人经济的背后是“Z 世代”年轻人全新的生活理念，他们愿意为了节约时间成本和实现便利舒适的生活付费，同时也更看重、追求方便快捷的生活方式。

目前懒人经济已经覆盖了年轻人生活的方方面面。淘宝 2018 年 12 月发布的《懒人消费数据》报告显示，2018 年中国人为偷懒花了 160 亿元，同比增长 70%。其中“Z 世代”的“懒需求”增长最快，同比增长 82%。而在“懒”这个属性的人群渗透率上，“Z 世代”比上一个代际的人群提升了 8%（见图 35）。可以说，新一代的年轻人是更“懒”、更追求便利的一代。

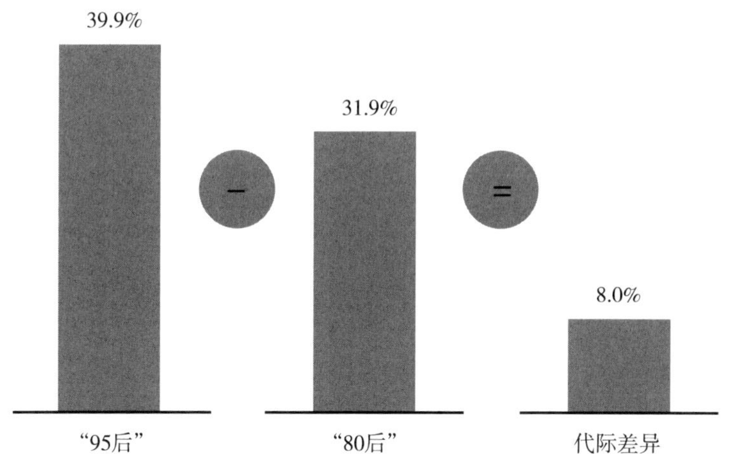

图 35 “懒”标签渗透率对比

随着懒人经济的快速发展和新冠肺炎疫情的影响，近几年自热食品非常受“Z 世代”消费者的喜爱。例如，海底捞推出的自热火锅、自嗨锅推出的自热食品等都受到了年轻消

费者的青睐。天猫 2019 年的数据显示，在自热火锅的消费群体中 18~24 岁的人群占到 47.8%，25~29 岁人群占到 19.6%，大学生和刚入职场的白领阶层占比合计近五成。对于传统的餐饮门店，部分门店已经将自己的产品进行标准化、包装化销售，也取得了不俗的表现，有的门店有近六成的销售额来自包装的方便食品而不是堂食。

除了自热食品外，速冻食品也深受"Z 世代"消费者的青睐。比起花半个小时做一顿饭，速冻食品方便快捷，很好地满足了消费者"懒"的属性。相关数据显示，在 2020 年 2 月到 11 月，天猫平台上的速冻食品平均销售额同比增长 431%，受益于年轻人的人群属性变化，该品类实现了跨越式发展。

出生于城市化进程加快的时代，生活在服务业和生活设施便利的都市，"Z 世代"对便利性的追求明显高于其他世代，因此"Z 世代"已经成为外卖消费主力军。美团点评数据显示，2018 年线上餐饮消费者中"90 后"占比 51%，远高于其在总人口中的占比（见图 36）。2019 年上半年外卖订单中，20~24 岁用户订单占比 22%，25~30 岁用户订单占比 38%（见图 37），"80 后""90 后"的外卖消费频次远高于"60 后""70 后"。

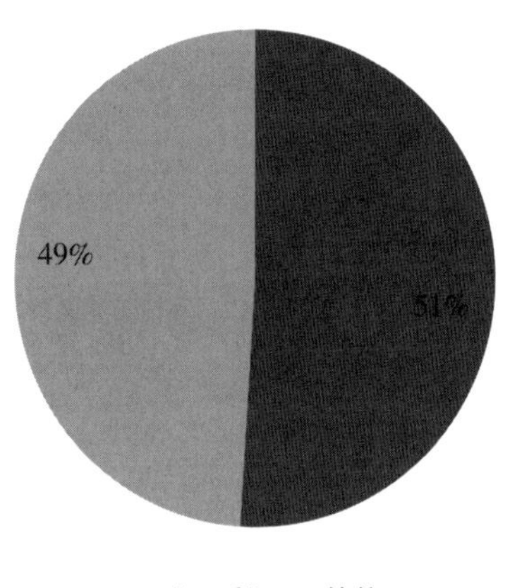

图 36　2018 年"90 后"在线上餐饮消费者中的占比过半

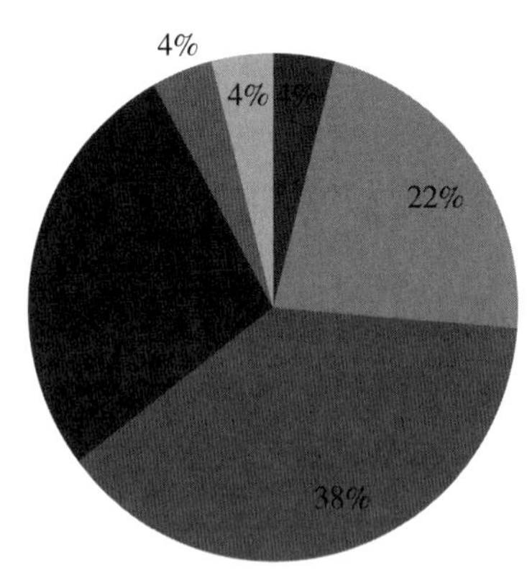

图 37　2019 年美团外卖消费者年龄构成

6. 注重消费体验

“Z 世代”用户在追求颜值、养生、社交、懒的同时，也会注重消费本身带来的体验。根据头豹的调研数据，有 35%的“Z 世代”愿意为自己的兴趣或体验支付高溢价，有 55%的“Z 世代”认同消费是为了享受生活。

零点的研究显示，“Z 世代”喜欢一站式体验，他们更倾向去综合了餐饮、娱乐、购物的综合社区型商圈进行消费。近年来，商场、超市、休闲购物中心越来越多，其配套的餐饮入驻比例在逐步增加，知名的餐饮品牌，如海底捞、外婆家、绿茶等都选择在购物中心开店，享受了综合业态带来的红利。

7. 认可中国制造，国潮当道

支持国产消费品是“Z 世代”体现自身爱国情怀的一种方式，过去 20 年的社会环境变迁提高了“Z 世代”的民族文化自信心，他们不偏好海外品牌，国货和中国风正在成为一种新的生活方式。根据一项调研数据，53%的年轻人认为海外品牌不再是一个加分项，对于部分类目的国产品牌，“Z 世代”已经有充分的信任。

近几年“Z 世代”国潮服饰的消费热度提升明显，例如，服装行业中的李宁，其国潮设计受到了众多年轻人的追捧。

“Z 世代”对于国潮消费的热情使得各个行业都能够受益。在餐饮行业中，含有国潮元素的门店设计、产品类别也更符合“Z 世代”的审美，近年来国潮风格的餐饮门店频频出现。

附件：

1. 中国餐饮上市公司示例：2020 年年底、2021 年上半年销售额和门店数

单位：亿元人民币

企业品牌名称	2020 财年营收	2021 财年上半年营收	2020 财年门店数	2021 财年上半年门店数
百胜（中国）	539.2	323.5	10506	11023
麦当劳（中国）	–	–	近 3000	
海底捞	287.0	201.6	1298	1597
大家乐	56.8	–	473	–
呷哺呷哺	54.6	30.5	1201	1226
绝味	52.8	31.4	12399	13136
广州酒家	32.9	12.3	26	29
奈雪的茶	30.6	21.3	491	578
九毛九	27.2	20.2	381	419
太兴集团	23.6	12.8	213	223
大快活	22.4	–	172	–
周黑鸭	21.8	14.5	1755	2270
稻香控股	20.2	10.9	128	115
味千（中国）	18.2	10.4	722	707
合兴集团	15.9	8.8	580	590
同庆楼	13.0	7.9	58	58
唐宫（中国）	11.1	7.1	68	64
海伦司	8.2	8.7	351	471
全聚德	7.8	4.8	117	–
国际天食	6.4	3.9	59	52
西安饮食	4.1	2.6	–	–

2. 数据来源及参考资料

（1）数据来源

Wind 数据库、餐宝典、新消费智库、腾讯 & 瞭望智库、中国食品工业协会烘焙专业委员会、Euromonitor、Quest Mobile、中国烹饪协会、中金公司研究部、前瞻研究院、国家统计局、央广网、红餐网、美团点评、广发证券发展研究中心、弗若斯特沙利文、辰智食客日记、中国餐饮大数据、餐宝典、智研数据中心、中信建投、益索普研究、第一财经、IT 桔子、中国饭店协会、运联智库、各餐饮上市公司年报、海底捞招股书等。

（2）参考资料

· CCFA《餐饮行业数字化调研报告》

· CCFA、美团《2021 中国餐饮加盟行业白皮书》

· 华兴资本《“Z 世代”研究》

· 中国连锁经营协会《2021 新茶饮研究报告》
· 中国饭店协会、新华网《2020 中国餐饮业年度报告》
· Quest Mobile《“Z 世代”线上消费意愿调研》
· 易观《“90 后”健康养生大揭秘》
· 青山资本《“Z 世代”的时间和金钱都去哪儿了》
· 零售圈《2021 预制菜行业现状与发展前景深度解读》
· 头豹《2021 年中国新式餐饮行业研究报告》
· 奈雪的茶、CBNData《2020 新式茶饮白皮书》
· 锐思锐拓《青年文化白皮书》
· 资本市场法律点评、沙利文、番茄资本、穆棉资本《餐饮公司境内外私募融资及上市手册》
· 天风证券《餐饮行业深度报告：对标美国市场，探索餐饮产业链的掘金机会》
· 天风证券《餐饮行业专题研究报告：中国餐饮供应商的机会在何处》
· 安信证券《餐饮行业深度报告：剖析餐饮零售化全景，实现 5 万亿元到 15 万亿元跃升》
· 海通证券《餐饮行业深度报告：展店空间广阔，供应链加速整合》

2020 年中国生活服务业就业指数报告

我国生活服务业就业领域广阔、就业规模庞大，劳动密集型行业众多，吸纳大量就业人口。基于国家统计局《生活性服务业统计分类（2019）》及“中国蓝领就业景气指数”，中国连锁经营协会（CCFA）联合 58 同城招聘研究院推出“2020 年中国生活服务业就业指数报告”，旨在通过分析招聘大数据变化，研究生活服务业就业景气发展趋势，以人力资源视角洞察生活服务业生产经营状态，积极寻找支持行业发展的对策，稳定及促进生活服务业就业吸纳能力。

一、生活服务业概况

（一）生活服务业定义

生活服务业是指满足居民最终消费需求的服务活动。2019 年，国家统计局印发《生活性服务业统计分类（2019）》通知，将生活服务业分为十二大领域：居民和家庭服务，健康服务，养老服务，旅游游览和娱乐服务，体育服务，文化服务，居民零售和互联网销售服务，居民出行服务，住宿餐饮服务，教育培训服务，居民住房服务，其他生活性服务①。如表 1 所示。

截至 2020 年，58 同城招聘平台上共有 1000 多个职位，涉及生产、生活服务业的多个领域。基于国家统计局对生活服务业的定义及细分领域分类，经中国连锁经营协会与 58 同城招聘研究院专家共同商讨，选定平台上 349 个职位作为生活服务业研究对象。其中，招聘需求为周期内生活服务业相关职位招聘人数，求职需求为周期内投递生活服务业相关职位的求职者数，本报告周期为 2020 年第一季度至 2021 年第一季度。除注明来源的数据或信息外，均来自 58 同城招聘大数据平台。

表 1　　国家统计局《生活服务业统计分类（2019）》

居民和家庭服务	健康服务	养老服务	旅游游览和娱乐服务
包括居民服务，如家政服务、洗染服务、理发及美容服务等；居民用品及设备修理服务；其他居民和家庭服务，如搬家服务等	包括医疗卫生服务，如医院服务、基层医疗卫生服务等；其他健康服务，如互联网医疗服务、健康体检服务等	包括机构养老服务、社区养老服务、居家养老服务、社会看护与帮助服务等	包括旅游游览服务，如公园景区服务；旅游娱乐服务，如室内娱乐服务、游乐园等；旅游综合服务，如旅游咨询、导游等

① 其他生活性服务：包括“物流快递服务”“居民法律服务”“居民金融服务”等八个中类。该领域招聘及求职需求九成左右为“物流快递服务”，故本报告用“物流快递服务”代替“其他生活性服务”进行分析。

续表

体育服务	文化服务	居民零售和互联网销售服务	居民出行服务
包括体育竞赛表演活动；电子竞技体育活动；体育健身休闲服务；体育场地设施服务；其他体育服务等	包括新闻出版服务；广播影视服务；居民广播电视传播服务；文化艺术服务等	包括居民零售服务，如百货零售、超市零售等；互联网销售服务，如电子商务平台开展的零售服务	包括居民远途出行服务，如铁路出行服务；居民城市出行服务，如城市轨道交通服务、出租车客运服务（含网约车服务）
住宿餐饮服务	**教育培训服务**	**居民住房服务**	**其他生活性服务**
包括住宿服务，如旅游饭店、民宿服务等；餐饮服务，如正餐、外卖送餐服务等	包括正规教育服务，如学前教育等；培训服务，如文化艺术培训、家政服务培训等	包括居民房地产经营开发服务；居民物业管理服务；房屋中介服务；房屋租赁服务等	包括居民法律服务；居民金融服务；居民互联网服务；物流快递服务等

资料来源：国家统计局。

（二）生活服务业画像

1. 业务发展：不断扩大，职位更加丰富、专业

随着生活服务业发展，就业市场上相关职位种类的数量呈现多样化，职位内容涉及领域也更加专业化。与五年前相比，生活服务业相关职位种类的数量增长25.54%，几乎每年都会有新职位出现，如近两年出现的老年健康评估师、游戏陪练、社群健康助理及社区网格员等。

2. 供需情况：物流快递及养老服务供需双增，旅游游览和娱乐服务受影响最大

与2019年相同，物流快递服务、住宿餐饮服务及居民零售和互联网销售服务位居2020年生活服务业招聘及求职需求前三，占比将近七成，供需两端排名有所不同。2020年生活服务业细分领域招聘及求职需求分布如图1所示。

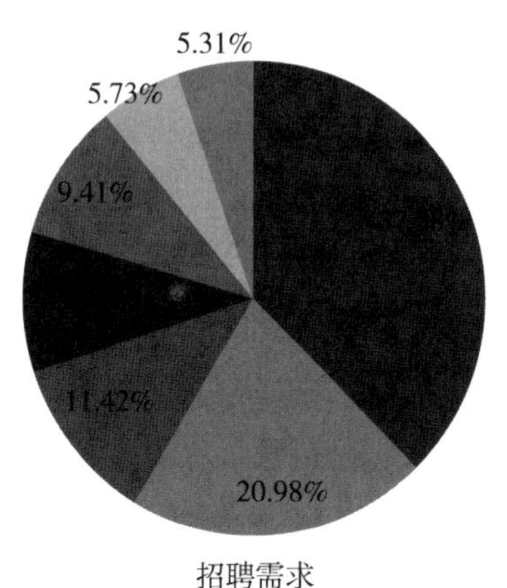

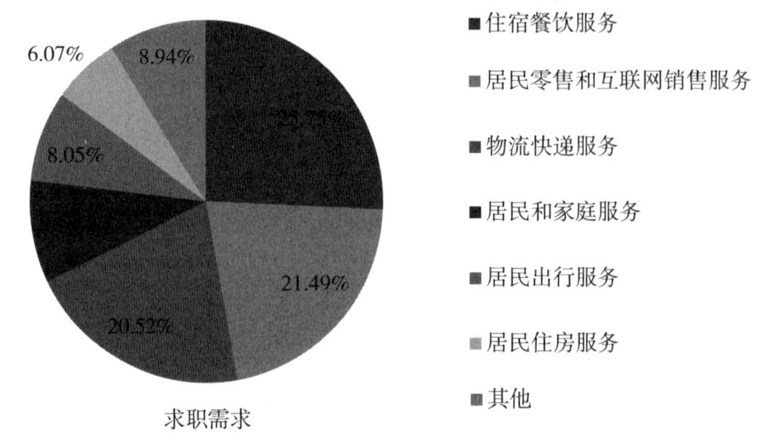

图 1　2020 年生活服务业细分领域招聘及求职需求分布

其他：文化服务、教育培训服务、体育服务、健康服务、养老服务及旅游游览和娱乐服务。

与 2019 年相比，2020 年生活服务业细分领域供需两端变化存在一定差异，仅物流快递服务及养老服务领域招聘和求职需求表现为双增长，其他九个细分领域招聘及求职需求均呈现双下降，且招聘需求降幅较求职需求大。

具体来看，新冠肺炎疫情期间为保障民生发挥重要作用的物流快递服务招聘需求较 2019 年增速最大；随着老龄化加速，养老服务需求凸显，招聘及求职需求增速均较为显著；旅游游览和娱乐服务受新冠肺炎疫情影响严重，供需两端降幅均最大。2020 年生活服务业细分领域招聘及求职需求同比变化如图 2 所示。

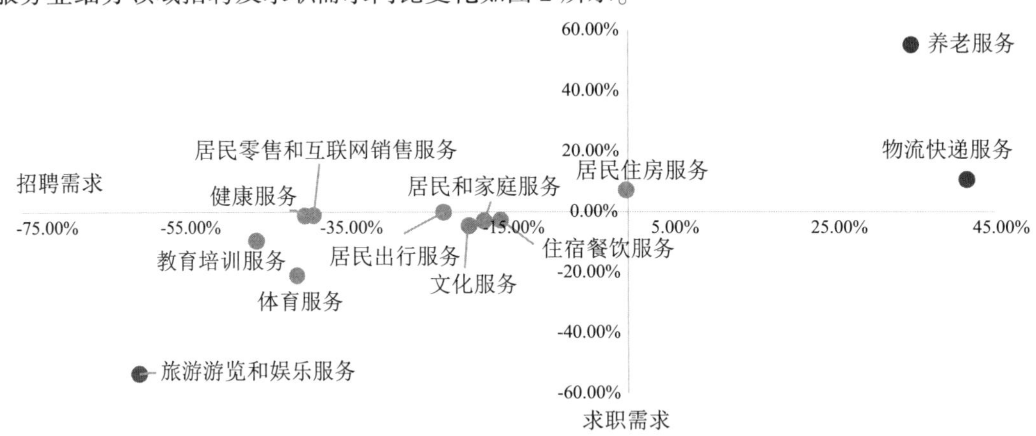

图 2　2020 年生活服务业细分领域招聘及求职需求同比变化

3. 地域特征：成都居招聘需求首位，求职者更偏爱深圳；供需均有下沉趋势

在地域特征上，2020 年生活服务业招聘及求职需求旺盛省份普遍为经济或人口大省，东部省份活跃度更高，广东省延续 2019 年态势，居供需首位，优势地位明显。

成都居 2020 年生活服务业招聘需求首位。近年，成都围绕打造国际消费中心城市品牌不断努力，推进发展“夜间经济”、“周末经济”和“首店经济”等新消费场景，商业资源聚集度高，营商环境好。成都零售商协会数据显示，2020 年成都新增落户“首店”

386 家，位居全国第三。与此同时，成都人口众多，消费潜力大，第七次人口普查数据显示，成都常住人口首次突破 2000 万大关，居全国第四位，加之良好的消费氛围，拉动生活服务业招聘需求。2020 年生活服务业招聘需求 Top10 城市如图 3 所示。

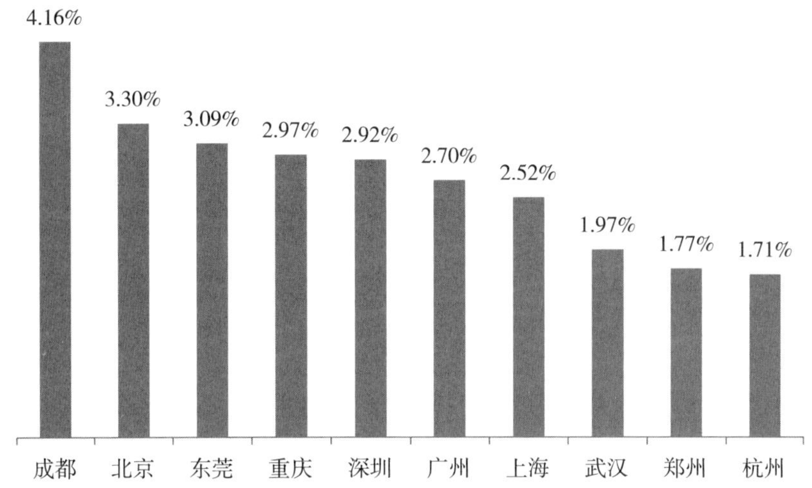

图 3　2020 年生活服务业招聘需求 Top10 城市

注：城市排名涉及 58 同城招聘平台 362 座城市，各城市百分比表示该城市 2020 年招聘需求占总招聘需求比重。

数据来源：58 同城招聘研究院。

在求职者偏好城市上，2020 年生活服务业求职需求最高的城市为深圳，较 2019 年上升一位。近些年深圳以其开放性、包容性及多元性吸引了大量求职者，全国第七次人口普查数据显示，深圳常住人口增加 714 万，增量位居全国第一。2020 年生活服务业求职需求 Top10 城市如图 4 所示。

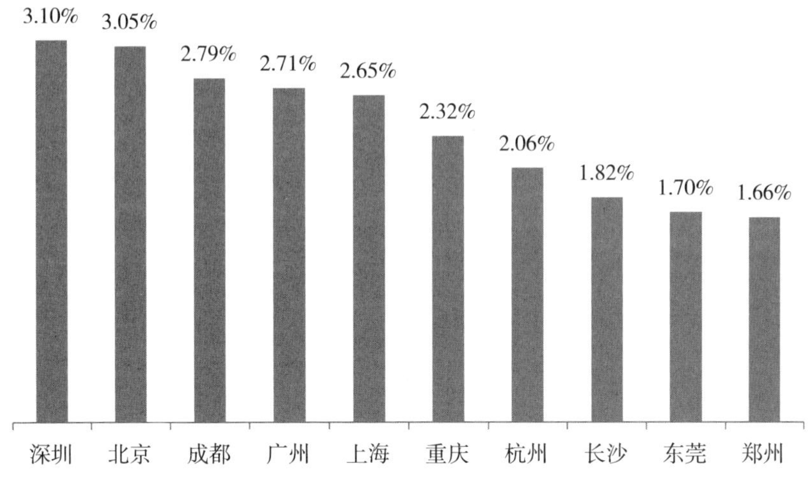

图 4　2020 年生活服务业求职需求 Top10 城市

注：城市排名涉及 58 同城招聘平台 362 座城市，各城市百分比表示该城市 2020 年求职需求占总求职需求比重。

数据来源：58 同城招聘研究院。

另外，疫情对不同等级城市①生活服务业供需的影响有所差异。招聘需求上，得益于良好的营商环境及经济基础，一线及新一线城市振荡较小，二线及以下城市面临的挑战更严峻，变化幅度相对较大；求职需求上，一线城市受影响较大，2020 年为同比下降趋势，而受求职意愿、政策引导本地就业及企业业务下沉等影响，三线及以下城市基本为增长状态。

除此之外，不同等级城市招聘及求职需求占比变化显示出生活服务业有一定下沉趋势。其中，成都、重庆、杭州、武汉及西安等新一线城市生活服务业招聘及求职需求占比均最大；二、三及四线城市招聘及求职需求占比均较 2019 年有所提升，求职需求占比涨幅更大。2020 年不同等级城市生活服务业招聘及求职需求变化如图 5 所示。

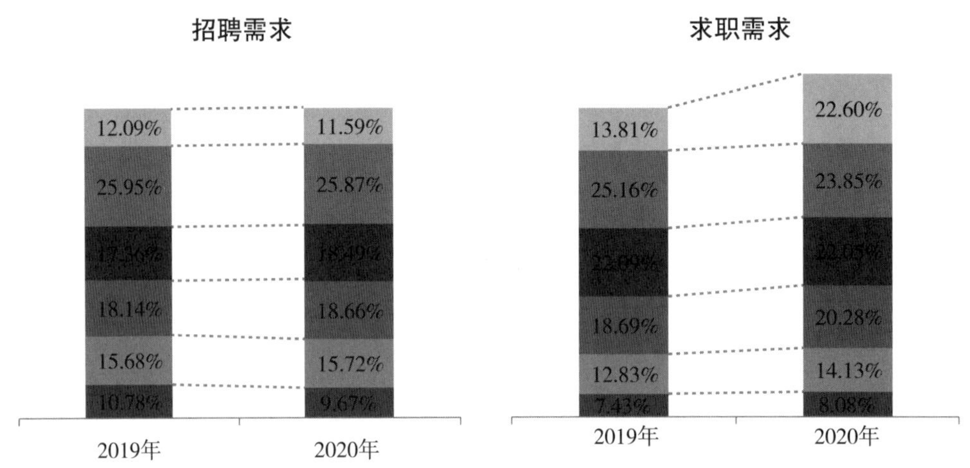

图 5　2020 年不同等级城市生活服务业招聘及求职需求占比及变化

注：图中百分比表示不同等级城市招聘/求职需求占总招聘/求职需求比重。

数据来源：58 同城招聘研究院。

4. 求职者画像：视频主播更吸引年轻、高学历求职者，保姆吸纳大龄就业

聚焦求职者，2020 年生活服务业求职者男性略高于女性，并以年轻、低学历求职者为主。具体来看，生活服务业求职者男女比例为 6∶4；七成多为 34 岁以下；超五成学历为高中、初中及以下。2020 年生活服务业求职者画像如图 6 所示。

对比传统及新兴线上、平台职位求职者发现，由于各职位对求职者工作经验、体力等要求不同，考虑工作时间、薪酬等因素，各职位对不同年龄求职者吸引力表现不同。2020 年应聘视频主播、服务员及店员/营业员职位的求职者相对更年轻，而保姆则相对年长，送餐员及快递员年龄分布基本与平台整体求职者一致。2020 年生活服务业传统及新兴线上、平台职位求职者年龄比较如图 7 所示。

① 等级城市：参考《第一财经》2020 年 5 月发布的《2020 城市商业魅力排行榜》进行城市等级划分，除宜城、沂州及兴安 3 座城市外，涉及 58 同城招聘平台 334 座城市。

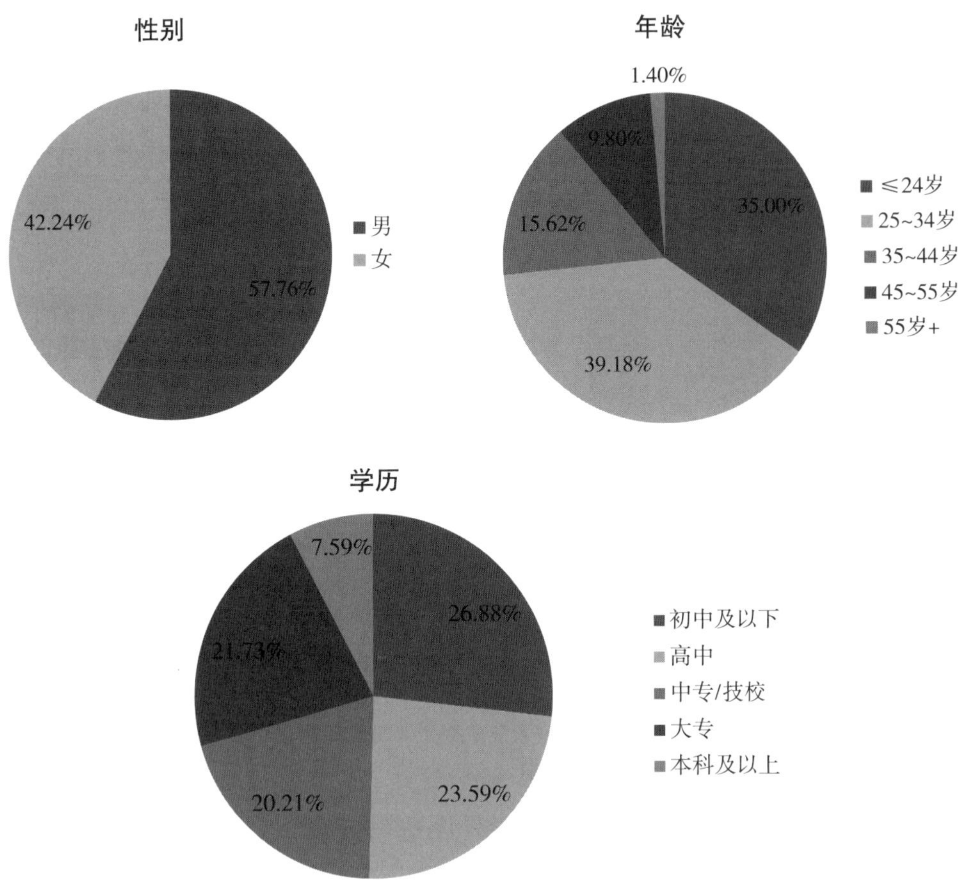

图 6　2020 年生活服务业求职者画像

数据来源：58 同城招聘研究院。

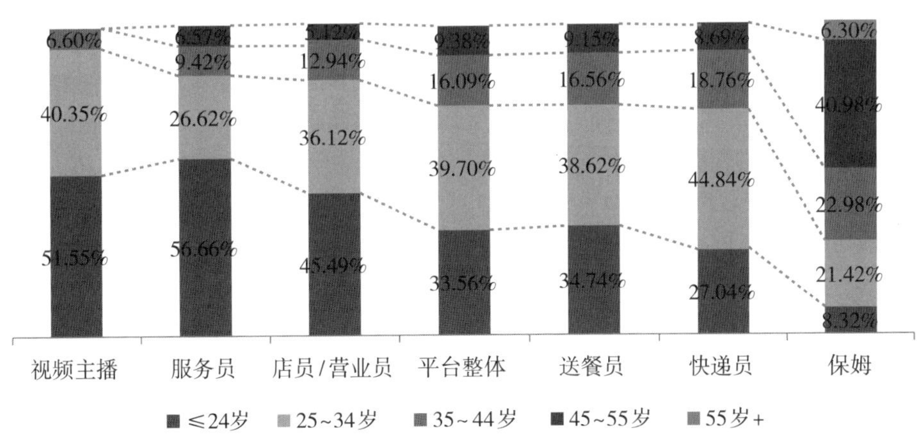

图 7　2020 年生活服务业传统及新兴线上、平台职位求职者年龄比较

注：图中百分比表示各职位不同年龄求职者占该职位比重。

数据来源：58 同城招聘研究院。

在学历方面，视频主播高学历求职者比重最大，保姆最低。具体来看，视频主播职位大专及以上学历求职者较平台整体求职者比重高 6.58 个百分点；而保姆职位则较平台整体低 15.46 个百分点，二者差距最大；店员/营业员大专及以上求职者较平台整体低 2.23 个百分点，差距相对较小；快递员及送餐员高学历求职者比重较平台整体低 11 个百分点。2020 年生活服务业传统及新兴线上/平台职位求职者学历比较如图 8 所示。

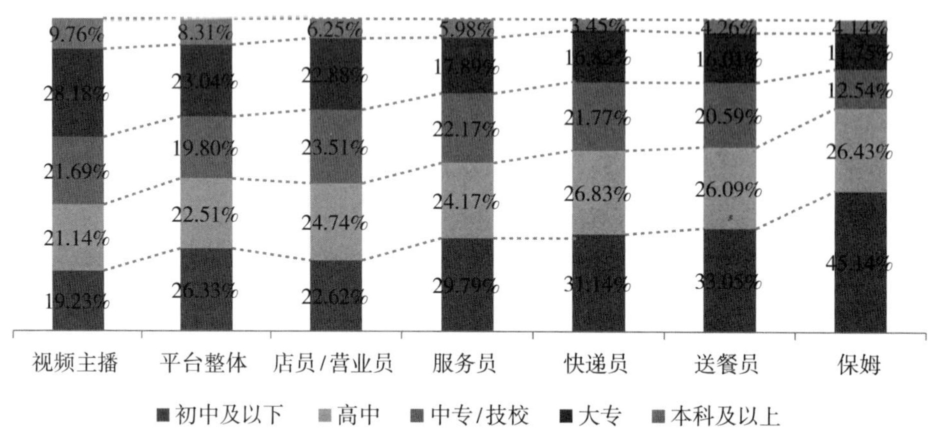

图 8　2020 年生活服务业传统及新兴线上、平台职位求职者学历比较

注：图中百分比表示各职位不同学历求职者占该职位比重。

数据来源：58 同城招聘研究院。

二、生活服务业就业指数分析

（一）生活服务业就业指数背景

“2020 年中国生活服务业就业指数报告”基于“中国蓝领就业市场景气指数”理论模型生成。“中国蓝领就业市场景气指数”为中国人民大学中国就业研究所与 58 同城历时三年多研究后联合发布，主要关注新时期产业工人、生活服务业基层从业人员就业景气程度，为招聘需求与求职需求之比，即本报告中“蓝领指数”。据此，生活服务业就业指数为周期内生活服务业招聘需求与求职需求之比，即生活服务业就业指数=招聘需求/求职需求。

就业指数通常以 1.00 为基准。就业指数为 1.00 时，表示供需两端处于相对均衡状态；就业指数比 1.00 越大，表示就业市场用工缺口越大；就业指数比 1.00 越小，则表示求职竞争更激烈。对就业指数的了解有利于企业直观地理解就业市场，理性看待用工环境变化；对指数的长期关注则有助于企业深入理解季节性、长期就业市场变化，及时做出用工安排与调整。

本报告中运用生活服务业就业指数反映行业人才供需关系。运用供需两端同比、环比数据反映生活服务业就业市场变化，还运用一些切片数据描述行业画像。

（二）生活服务业就业指数分析

1. 整体情况：生活服务业招工缺口日益增大

2016—2021 年，生活服务业就业指数整体高于蓝领就业指数，即生活服务业企业招聘更加困难，面临的缺工问题更严峻。除此之外，对比生活服务业就业指数及蓝领就业指数走势可以发现，除 2021 年第一季度外，二者变化趋势基本一致，通常在招聘需求旺盛的第二季度或求职者“返乡”的四季度达到当年最大，即每年第二或第四季度招工最难。

聚焦 2021 年第一季度，受春节后求职者“返工”影响，蓝领就业指数较 2020 年第四季度有所回落，与前几年变化趋势一致；生活服务业求职需求虽有所增长，但招聘需求回暖速度大于求职，拉动就业指数上扬，企业招聘缺口加大。2016—2021 年生活服务业就业指数与蓝领就业指数比较如图 9 所示。

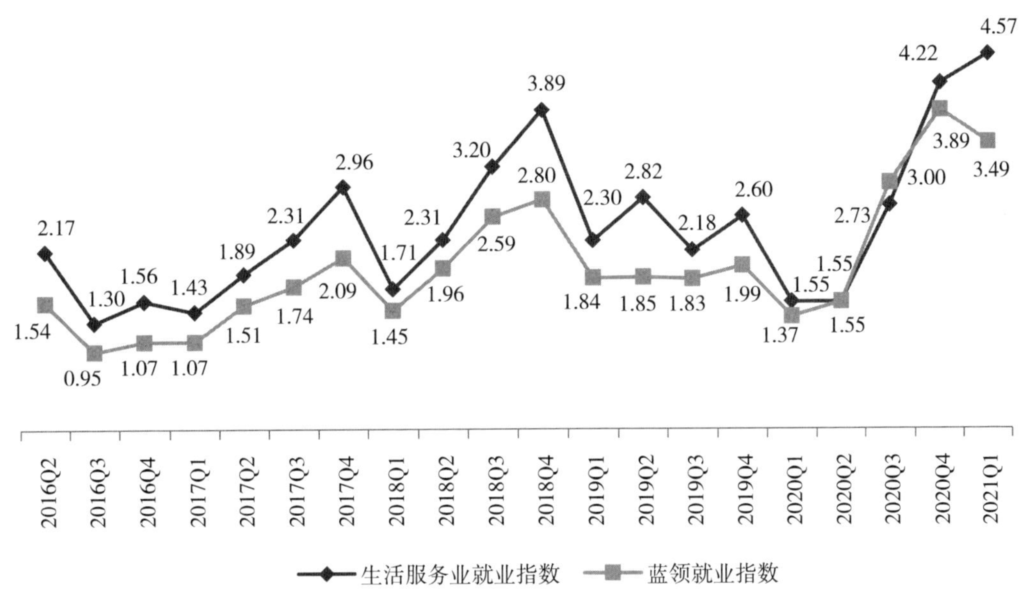

图 9　2016—2021 年生活服务业就业指数与蓝领就业指数比较

数据来源：58 同城招聘研究院。

2. 典型职位：月嫂、视频主播、快递员及送餐员职位缺口大

2020 年，生活服务业 15 个典型职位①中，月嫂职位就业指数最大，用工最紧缺，保姆缺口同样较大，居第四位。受居民生活水平提升、消费观念转变及人口老龄化等影响，“一老一小”相关市场尤其高品质家政服务需求旺盛，虽然求职需求也有所增长，但依旧无法满足招聘需求；受新冠肺炎疫情影响，视频主播、快递员及送餐员等线上职位招聘需求旺盛，就业指数处于较高水平；而服务员、促销/导购员、美容师等接触型职位招聘需求有所减少，就业指数相对较小，但仍高于 1.00，存在一定用工缺口；货运司机、店长/

① 典型职位：结合生活服务业五个典型细分领域业务发展特征、招聘/求职需求活跃度等进行筛选。

卖场经理及厨师/厨师长则处于 1.00 以下，尤其是店长/卖场经理及厨师/厨师长，求职者竞争相对激烈。2020 年生活服务业 15 个典型职位就业指数分布如图 10 所示。

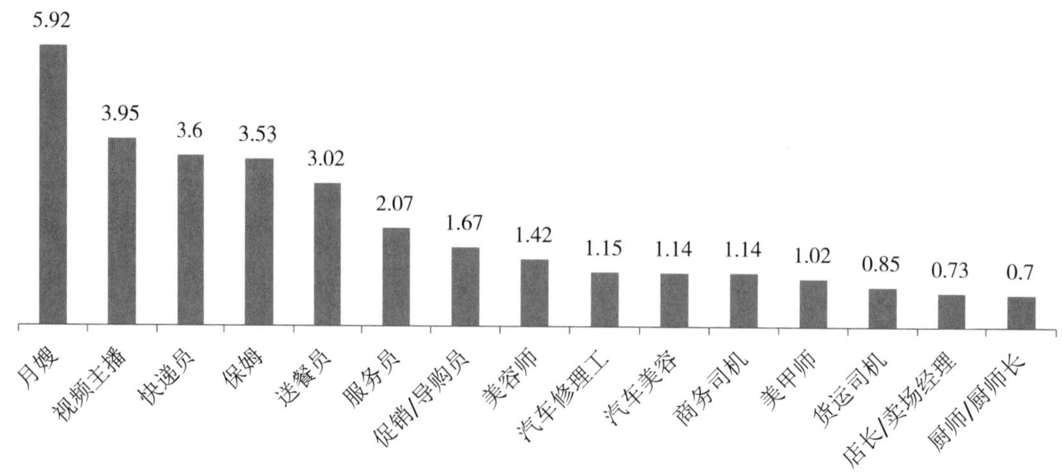

图 10　2020 年生活服务业 15 个典型职位就业指数分布

数据来源：58 同城招聘研究院。

3. 活跃城市：廊坊招聘需求激增，东莞、成都缺工形势严峻

聚焦生活服务业招聘及求职需求活跃城市，2020 年供需两端 25 座活跃城市①就业指数均值为 5.34，较 2019 年（4.92）有所扩大。

具体来看，廊坊、东莞、保定、成都、天津、重庆及武汉就业指数高于活跃城市均值，其中，廊坊在京津冀一体化战略布局下区位优势凸显，叠加基础建设、大型企业入驻等因素，招聘需求激增，但其对求职者吸引力尚不足，就业指数最大；与廊坊类似，保定及天津同样存在较大供需缺口，与廊坊一样，保定及天津进入招聘需求 TOP20，但未进入求职需求 TOP20；东莞及成都则受自身经济发展、人口基数效应以及良好的营商环境等因素影响，生活服务业招聘需求较为旺盛，虽然依托生活成本相对较低等优势对求职者有一定吸引力，但仍无法满足招聘需求，就业指数处于高位水平，缺工形势严峻；西安、杭州、宁波及长沙等城市招聘、求职需求均较旺盛，就业指数相对较小。2020 年生活服务业 25 座活跃城市就业指数如图 11 所示。

① 25 座活跃城市：2020 年生活服务业招聘或求职需求 Top20 城市，其中 15 座城市为供需两端均进入 Top20，10 座城市为招聘或求职需求 Top20。

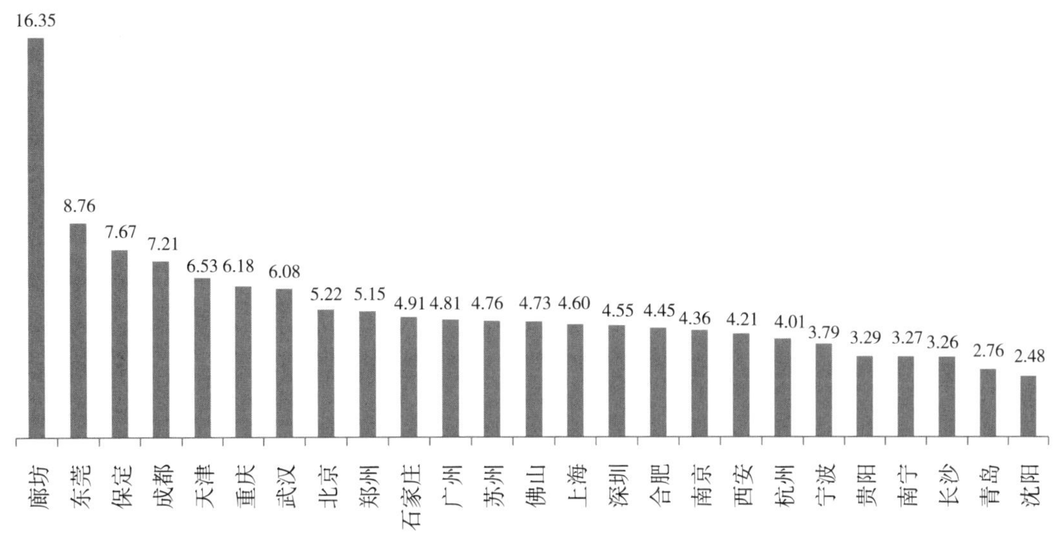

图 11　2020 年生活服务业 25 座活跃城市就业指数分布

数据来源：58 同城招聘研究院。

三、展望及建议

（一）生活服务业是我国吸纳初级劳动力的重要产业，缓解招工难刻不容缓

随着生活服务业业态的不断丰富、新职业的不断涌现，带动吸纳大规模初级劳动力就业。然而，近年来招工难问题日益显著，从外部因素看，互联网平台型企业在提供竞争力的薪酬、灵活的用工方式、更容易完成的工作内容、更多的就业机会等方面都更加吸引求职者；从内部因素看，传统服务业是典型的劳动密集型行业，现代企业经营理念与职业化发展程度不够，资本和技术带动行业发展的同时，企业经营管理水平与员工职业化程度都在提升中，但仍无法与行业的快速发展完全匹配。生活服务行业人力资源管理理念的落后与能力不足已经明显制约行业发展，从根本上解决“招工荒”问题需要内外兼修。

针对上述问题，企业内部应重视基层团队领导力水平提升，降低劳动力流失比例，薪酬设计上重视技能人才激励，并给予通道，同时建立尊重技能与经验积累的岗位价值评价导向。外部应在行业政策制定方面加强引导企业多提供高质量就业机会，重视技能激励与职业发展。

（二）生活服务业需求升级加速劳动力转型升级，精准化职业教育成为关键

我国制造业的转型升级过程中释放出大量劳动力流向服务业。服务业扮演了承载初级劳动力就业的重要角色。近几年，生活服务业消费需求发展迅猛，更多领域都呈现出专业化发展态势，对劳动力专业化能力升级的迫切性由此可见。职业教育是系统解决劳动力升级的重要手段，但国内服务业尤其是当前专业要求高的新型服务业态，如高端家政、养老护理等领域专业人才储备不足，由于师资力量较薄弱、技能培养周期长、实践成本高等因

素的制约，无法快速输出高质量匹配需求的人才。现代化、知识型服务人才培养需要更加精准化的职业教育体系，一方面需要运用大数据客观、及时预测人才缺口情况与胜任力需求；另一方面需要根据精准需求配置人才培养所需要的软件与硬件资源，还要协同政府、行业协会、教育机构、企业共建技能人才培养与认证机制，在职业认知宣传、教育资源投入、人才技能评价与任职资格动态认证四个关键环节上进行精准化、专业化实施，确保有效、可持续培养行业缺口技能人才。中国连锁经营协会自 2020 年上线的公益微课培训项目，旨在为消费领域各行业提供不同层面、不同专业的体系化微课程，是精准化职业教育的有益尝试。

（三）后疫情时代人才流动格局的改变促使生活服务业亟须实施雇主品牌战略

受新冠肺炎疫情冲击、城镇化发展、返乡创业等多因素叠加影响，劳动力流动格局出现颠覆性改变。具体表现在求职者找工作的地域半径在缩小，一线城市的升级定位阻挡了基层劳动力的规模性涌入；灵活用工方式适应了当下年轻劳动力的求职偏好与企业降本增效的需求，传统用工方式的招工更加困难。

生活服务业领域中多个行业的经营特点决定了无法完全替换为灵活用工方式，加之人力资源雇佣成本的优化空间挑战较大，全行业基层岗位用工难问题已经显著制约经营发展。2020 年，全国多个地方政府主动出击，不远千里到外省开展劳务对接工作，在一定程度上缓解了当地复工复产用工荒的问题。但从行业有序经营发展的角度着眼，更多企业亟待转变人才引进理念，将雇主品牌营销与推广工作作为企业经营发展战略的首要位置，像直播带货一样做出直播带岗，运用线上线下多渠道主动建设、推广雇主品牌，吸引更多求职者。

调查显示，更多求职者的理想工作选择因素是可持续发展，可获得职业技能，具有竞争力的薪酬。企业需要在雇主品牌建设与推广方面重点传递出招聘职位的可持续发展空间，如何获得职业能力，并适时借助线上渠道与求职者互动，多维度传递企业与岗位的吸引力，便可显著加大人才吸引力。

第三代特许连锁企业消费者数据应用报告

一、特许连锁企业消费者数据的价值认知

互联网通过人和人的互动、人和平台的互动、平台与平台的互动、实时生产海量数据。这些数据汇聚在一起，能够获取到消费者的消费行为、关注点和兴趣点、归属地、移动路径、社会关系链等一系列有价值的信息，影响着消费者的购买需求和购买行为，在企业运营中发挥越来越多的作用。

对于特许连锁企业的经营者而言，消费者数据的价值备受关注，在本次研究中，100%参与调研的连锁经营者均认为消费者数据是品牌拓展的核心竞争力。这种竞争力主要表现在以下四个方面（见图1）。

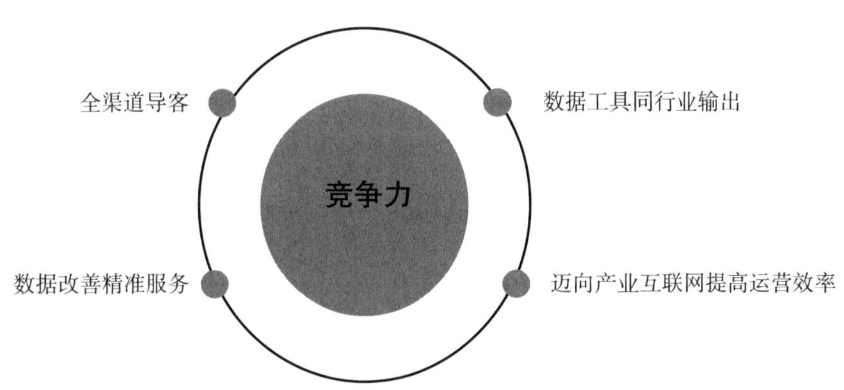

图1　消费者数据应用为特许连锁企业贡献的4大竞争力

第一，对于非刚需类零售，利用消费者数据实现全渠道导客。例如，休闲食品连锁企业的核心产品是大众化、非刚需的零售商品，多渠道触达消费者用户、覆盖场景对于业绩增长非常重要，不能仅仅依靠到访门店的消费者。通过线上自营App、微信小程序或者第三方渠道等各类渠道积累的消费数据和会员数据，可以为企业持续带来客流增长，如休闲食品行业的某领头企业就通过消费者数据逐步实现全渠道导客。该企业近年拓展加盟商速度很快，一方面门店通过利用品牌方提供全渠道导客工具和服务获得明显高于同行业的业绩增长，另一方面品牌也通过此类案例强化自己的第三代特许连锁企业的独特价值，即显著区分于第一代提供品牌授权和供应链为主、第二代提供品牌供应链和管理规范为主，到现在通过数据化经营工具和服务获得双赢。

第二，消费者数据的积累对企业的经营动作已经产生正面作用。对于生活服务行业如洗衣行业，顾客是泛会员制，在某知名连锁洗衣企业的实践中，会员数据已经纳入数据中心，通过分析消费者的消费行为，可以指导品牌统一的活动、促销等经营动作。对于该企业的加盟商而言，积极拥抱消费者数据应用的门店已经开始获得业绩突破，通过触达更广范围的用户、在同行业门店饱和竞争的区域，实现持续拓客、更精准的对客服务、支撑业绩增长。

第三，特许连锁企业可以通过多门店消费者数据汇集、共通共用带来聚集效应。例如，在某知名高尔夫会所企业的运营中，消费者数据已经引导企业成立了专门业务团队进行运营，其研发的球场数字化运营系统已经开始输出给行业其他会所和球场使用。同样，房产中介行业某头部企业也已经在布局，消费者数据共享可以打通房、客、人资源，避免单一门店少量客户房源孤立作战的情况。

第四，对于有技术门槛的产业型特许连锁企业而言，将消费者数据与供应链端进行整合，对于发挥数字化运营的价值非常必要。例如，汽车后市场服务，对于这类有一定专业门槛的行业，数字化运营不仅要关注 toC 的导流、线上体验，更要关联多个车型的整车故障诊断标准、关键零部件、消耗品等整车厂商和部品供应商的数据库，具备显著的产业互联网特点，实现难度大，当然对于提高运营效率的价值也更高。某头部汽车连锁服务企业的负责人在访谈中提到，对于他们而言，产业互联网首先要关注产品（车型、车辆、零部件）本身的数字化，以及供应链资源的整合，下一步是对 C 端用户的特质数据的应用。

二、特许连锁企业消费者数据积累和应用的现状

特许连锁企业使用数字化运营工具实现门店运营和消费者数据积累方面，在本次调研中，48.6%的企业使用自有工具进行数字化运营，51.4%的企业使用第三方工具，多数企业已经开始尝试应用此类工具，但在数据采集、处理及应用等具体实践上，还存在诸多待改善之处。特许连锁企业消费者数据积累和应用现状如图 2 所示。

（一）数据运营工具：收银工具、会员营销工具普及率较高

从数据化运营工具的使用类型来看，收银工具的运用最为广泛，达到 80%；其次是会员营销工具，为 68.6%；再次才是其他工具，如供应链工具，为 48.6%，数字化办公工具，为 45.7%；而对于数据融合挖掘工具和智慧门店工具运用最少，仅为 20.0%和 22.8%（见图 3）。

其中，企业通常使用的会员营销系统表现为有赞微商城 33.3%、美团收银 20.8%、百果园营销系统 12.5%，其他会员营销系统如智美一站式数字营销平台、如家多元化酒店共享小程序等工具使用比例均低于 10%。同时，有 45.8%的企业使用的数字化经营工具未包含在知名会员营销系统工具中，数字化经营工具市场呈现多元化趋势。

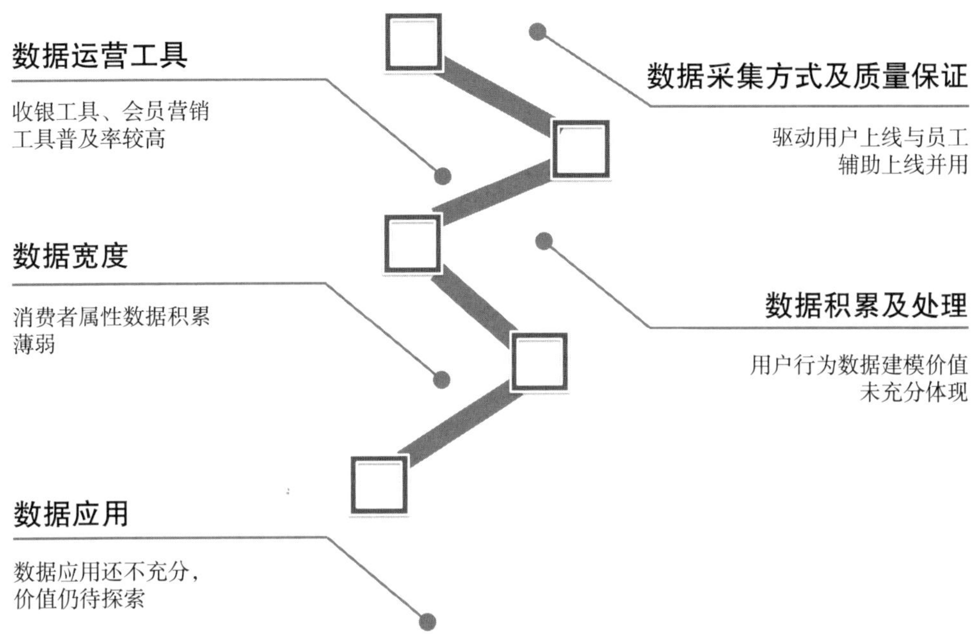

图 2　特许连锁企业消费者数据积累和应用现状

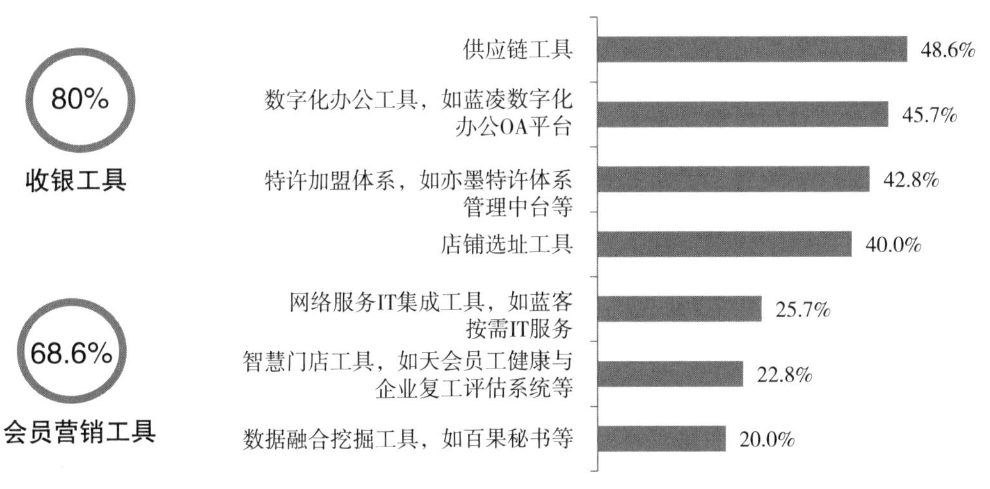

图 3　特许连锁企业数字化运营工具使用率 Top2 及其他工具

（二）数据采集方式及质量保证：驱动用户上线与员工辅助上线并用，实现数据上线留痕

企业在数据采集方面，通常使用以下三种采集方式促使和保证消费者完成消费者数据在线化（见图 4）。

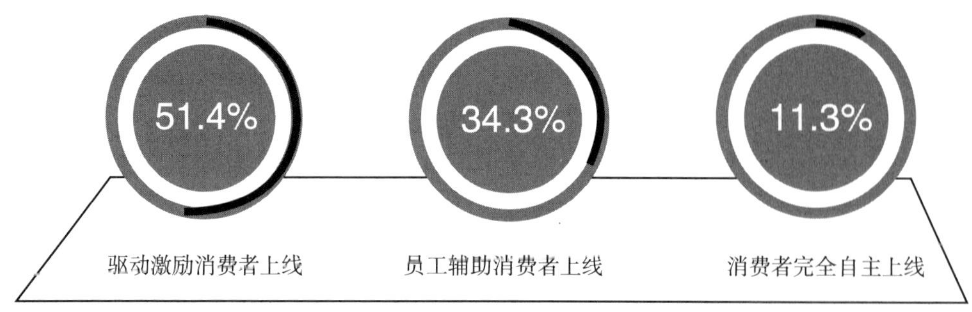

图 4 企业消费者数据上线的三个路径排序

第一，驱动和激励消费者上线 51. 4%。某洗衣行业的头部企业负责人提到，他们目前使用红包激励各店长，鼓励客户扫码使用，暂时忽略目前存在的抽样偏差和数据效度，重在培养顾客使用直达交互渠道的习惯。

第二，员工辅助消费者上线 34. 3%。对于汽车连锁服务等行业而言，这种是刚需但即时性不强的业务，客户更加习惯跟销售顾问联系，所以目前由销售顾问把客户发起的预约等录入系统。但还有大量客户不预约进店，这样容易丢失部分消费者数据。

第三，消费者完全自主上线 11. 3%。在具体应用中，某洗衣行业的头部企业负责人表示，每个门店布局“门店码”和每件洗护衣物的“一衣一码”，顾客可扫码反馈门店体验。这样通过购买行为信息采集，建模生成标签，可以保证消费者数据比较准确。

在数据采集方面，门店的积极配合至关重要。通常在起始阶段，加盟门店容易把采集数据的工作当作负担或任务来应付，看不到积累数据将来可能产生的价值。企业可采取的做法，一是企业高层管理者要保持一定力度的自上而下推广，二是要借助直营店体系快速摸索出好的方法，在积累数据的战略目标和方法可行性上达成最优，再向直营店推广并给予加盟店东/店长一定的激励，多方措施并举驱动门店积极参与到采集数据的链条中来。

（三）数据宽度：消费者属性数据积累薄弱

企业对于消费者数据的采集宽度主要表现在对于消费者属性数据、消费数据和体验数据三个方面。

首先，消费者属性数据（年龄、职业、住址等基本社会学信息）目前的采集程度一般，仅有 17. 2%的被访经营者表示采集程度达到中等偏上，而 48. 6%认为采集程度一般，34. 3%认为采集程度中等偏下。

其次，虽然移动支付手段的普及可以为企业带来更多消费数据（购买行为、消费内容、参与活动等）的积累，但受访企业经营者也仅有 22. 8%认为目前采集程度较好，51. 4%认为采集程度中等偏下。例如，对于不动产经纪这类特定行业而言，对客服务还未发展到精细的、与个体服务匹配的阶段。

最后，消费者体验数据的反馈渠道完善程度一般及较差的占比为 82. 9%，导致体验数据的采集有限。

（四）数据积累及处理：用户行为数据建模，价值未充分体现

从企业目前的数据积累角度来看消费者数据情况，首先消费者属性数据和消费属性数

据的积累受企业业务影响明显，例如，休闲食品类线上转线下的企业，依托线上电商运营和线下同步运营积累大量会员数据，而洗衣服务等强线下门店运营企业则表示数据积累多集中于电话和姓名，对于家庭结构、职业、住址等其他社会属性数据积累十分有限。其次，消费者体验数据方面积累情况较好，34.3%的受访企业表示企业目前有大量数据积累，并根据业务场景进行分环节、多触点评价的积累；对于数据的集成有限是主要问题，40%的企业有大量数据积累，但数据集成度有限；仅有25.7%的企业反馈渠道在线化时间短，数据积累有限。

对于数据的处理，利用标签形式对消费者数据进行运用可以较为准确地对消费者进行分层和画像处理，有助于企业通过消费者细分进行经营。本次调研发现，42.9%的受访企业表示对于消费者数据标签建模的应用可达到中等偏上水平，25.7%的受访企业认为达到中等水平，34.3%的受访企业认为达到中等偏下水平。从价值认知角度来看标签建模处理方式，现有应用价值指数48.5，未来估计价值指数43.7，未来投入力度指数43.1。由此可见，在本次受访企业中，目前经营者对标签建模价值认知度一般，且投入倾向有限。

（五）数据应用：数据应用还不够充分，价值发挥潜力很大

消费者数据的应用程度可以反映目前企业对于数据的应用情况，而受访经营者对于数据的应用价值的认知可以从侧面反映出在经营者眼中消费者数据未得到充分挖掘和利用的情况。在本次参与调研的受访企业中，认为消费者属性数据、消费数据、体验数据的应用程度达到中等偏上的企业分别占65.7%、54%和54.5%；认为消费者属性数据和消费数据的应用价值发挥在中等偏上的企业分别占49%和48.6%。

由此可见，对于受访企业而言，消费者属性数据应用相对较多，目前价值发挥跟消费数据相差不大，即属性数据需要更加深挖的同时，消费数据的应用方式和应用程度有待提升。

消费者体验数据的有效反馈，既能够保证企业及时解决消费者问题，提高企业产品或服务，也能够通过数据积累分析和改进企业经营。31.4%的受访企业目前已经对反馈数据进行标签化的处理和分析，28.6%已实现应用数据反馈管理生产、运营环节，但真正实现从数据反馈到薪酬绩效评估的完整经营闭环管理的企业仅有8.6%，因此还有很大的进步空间。

（六）标杆企业实例分享

通过访谈、总结较典型的企业实例发现，传统行业、服务行业、新零售行业等对于数据的应用除了具有上述共性以外，也有明显因经营方式不同带来的差异。

第一，以针对商品的线下服务为主的企业，对于会员数据和商品跟踪数据的利用更加看重。

据某洗衣行业的头部企业负责人表示，由于顾客是泛会员制，已经根据会员消费行为数据建立了数据中台。数据采集平台分为：针对C端用户的App、微信小程序；针对店长的App“店长宝”；每个门店有“门店码”，顾客可扫码反馈门店体验；一衣一码，顾客可扫码反馈衣物体验。数据采集方式是通过会员、收衣信息系统对接，实现数据实时录入更新。

对于数据的应用主要是：会员消费行为数据（包括品类、频率、渠道、金额、单次数量）等可用于分析会员用户消费习惯；衣物上有一衣一码，记录衣物处理加工的工序、工艺、经手的员工身份，可追踪全流程各环节服务质量、回溯问题；一衣一码交给顾客，拆装使用时可进行扫码反馈本件衣物体验。

该企业认为对于消费者数据未来的应用，通过每一件送洗衣物录入信息，除了常规收衣录入，收集衣物品牌，未来还可以用作标签建模和跨界营销。

第二，以针对客户提供线下服务为主的企业，更加在意通过数据带给会员更好的服务体验和完成销售流程的打通。

某知名高尔夫会所企业的负责人认为，目前企业的数字化运营工具是围绕会员的体验建立的轻量顾客工具。

数据的应用从会员体验来看是推广无接触式服务，把开卡、结账过程中的消费都搬到线上；对于销售流程的应用体现在通过数据实时监控业绩目标及缺口，指引门店动作。高尔夫会所类似酒店，有硬件资源，有固定员工，构成固定成本。每家店每天的盈亏平衡点容易找到，一天中动态关注，店长选择不同的活动去促进销售，动态定价，可以实现全店员工都去对客销售。

例如，东方高尔夫的负责人谈到未来的数据应用，认为实现客户端工具更加轻量化和高适用性，以及促使客户主动分享消费偏好是重点关注方面。

第三，具有强电商属性的企业，对于消费者数据可以使用原有的线上会员系统，因此实现人货场数据的打通是企业的重点关注对象。

例如，对于某休闲食品企业而言，企业目前线上会员、门店会员、“门店+会员”的人均贡献为 1∶5∶7。对于消费者数据，除了消费数据以外，集中着力于两点。一是私域流量和公域流量的打通，与品牌产生过交互和交易的私域流量池，用来建立和测试活动效果，比如，给偏好吃辣的客户推新品噜啦串串香，如果效果好就可以到天猫、点评上去推给偏爱吃辣的潜在客户，通过私域流量输出群体特征和对应的活动产品。二是尝试赋能到门店应用。目前在整体运营和营销方面应用较好，也把会员分配到门店做精准服务。尝试把人、货、场数据打通，如利用店的类型（购物中心店、社区门店、交通枢纽店、超外店等）、门店顾客结构、多品类货品（儿童零食、健身零食等类别标签）的动销数据，用模型指导不同类型的店动态组货和活动策略。

三、特许连锁企业消费者数据应用的痛点

通过本次调研和分析可以发现，特许连锁经营企业在消费者数据应用方面主要面对的痛点表现在以下四点（见图 5）：

第一，数据中台亟待探索的方面。目前，特许连锁经营企业对于数据中台的建设和使用多处于起步阶段。企业在数字化过程中，通常会使用多个数字化工具，产生多个数据源，在对这些数据源进行应用的时候，往往需要数据中台来操作。如图 6 所示，目前受访企业中 25.7%已建立数据中台（基本成熟阶段），其余为已建立数据中台（摸索阶段）或还未建设数据中台。

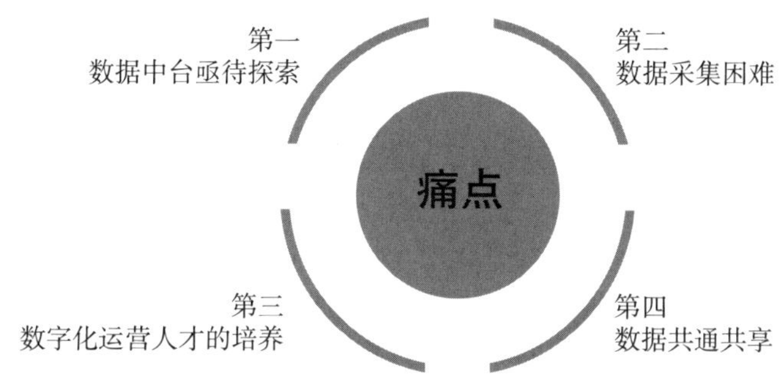

图 5　特许连锁经营企业消费者数据应用痛点

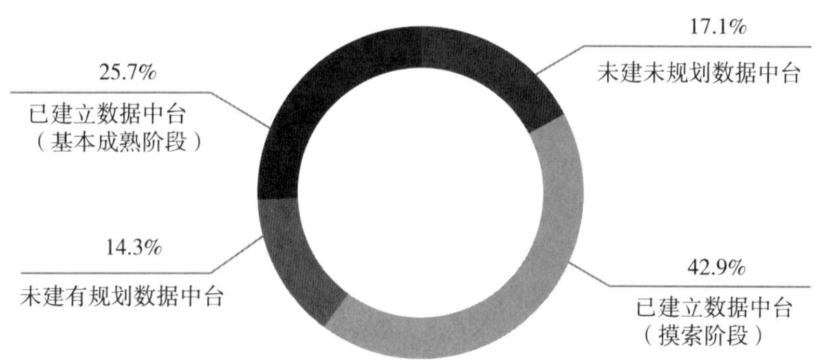

图 6　特许连锁企业消费者数据中台建设情况

第二，由业务特性带来的数据采集困难。对于提供线下洗衣服务等传统企业而言，利用会员的属性标签，通过送洗行为、衣物信息可建立标签模型，但是这项工作耗时久、难度大。而对于服务业，了解客户偏好信息特别重要，但是让工作人员花时间采集这些信息行不通，服务人员的时间是最大的固定成本，要想办法驱动顾客自己分享偏好信息。

第三，数字化运营人才的培养方面。数字化运营工具的开发和相应人才的培养，最大的问题是相应的人才需要既懂技术又懂业务，才能真正设计出符合业务逻辑和使用习惯的工具。例如，某知名连锁休闲健身行业的负责人提到的，服务行业的基层员工教育程度不高，工具不能复杂，但是技术公司喜欢把工具做得复杂，做了 5 年一直在做减法，简化线上流程。

第四，数据共通共享方面。数据的应用和分析，人货场数据的打通，线上线下数据、内部外部数据的共享和应用是企业面临的主要痛点。例如，某汽车连锁服务企业负责人表示，在利用用户行为信息、车辆档案信息、智能生成标签方面，感觉做起来复杂，投入产出比较低，需要外部支持。

四、特许连锁企业总部和门店消费者数据的共通共享共用情况分析

（一）门店对应用数据的现状及需求：数据采集效果提升是第一步

根据本次调研来看，对于受访企业的特许连锁企业门店而言，目前总部应用包括支付工具在内的各种数字化运营工具，因此认为采集消费者数据便利度较高的占60%，主动性较高的占60%，相比较而言，采集效果相对一般，认为采集效果较高的占57.2%。其中，采集效果不好主要体现在，不能较完整地采集到已消费用户的数据。这部分数据采集效果不好的原因主要是业务特征带来的消费特征尚未与技术工具完全结合，就像洗衣行业这类以线下业务为主，交易中对于消费者属性数据涉及较少，导致数据采集有限并不足以用来分析指导业务的情况并不少见。

在受访企业的经营者中，认为门店利用系统工具运营私域消费者的便利性较高的占60%，主要的不便利来自工具的操作和交互方式不适用，以及对于已有的线下消费者进行数字化转化的过程不畅通；主动性较高的占54.3%。认为门店主动性不高的经营者中，62.4%认为激励私域消费者完成购买后在线反馈不主动，50%认为将私域消费者信息录入到系统工具这步不主动，如对于一些传统行业的门店，有些是在老社区，对数据智能应用的依赖度不高，采集数据的主动性也不高。在受访企业中，认为门店使用数据进行私域运营效果较好的占51.4%，效果较差的地方主要表现在通过线上推广运营有效实现线下引流和跟线下服务形成良性互动。

（二）总部支持门店应用数据：多举措指导门店采集数据

在本次调研中，受访企业认可消费者数据经营可以为企业品牌带来价值，尝试各种举措在门店采集数据。如图7所示，目前特许连锁企业总部支持门店应用数据的举措运用最广的有对门店进行数据工具使用指导（74.3%）、定期收集门店数据应用情况反馈（71.4%）和协助门店进行数据工具推广（71.4%）。

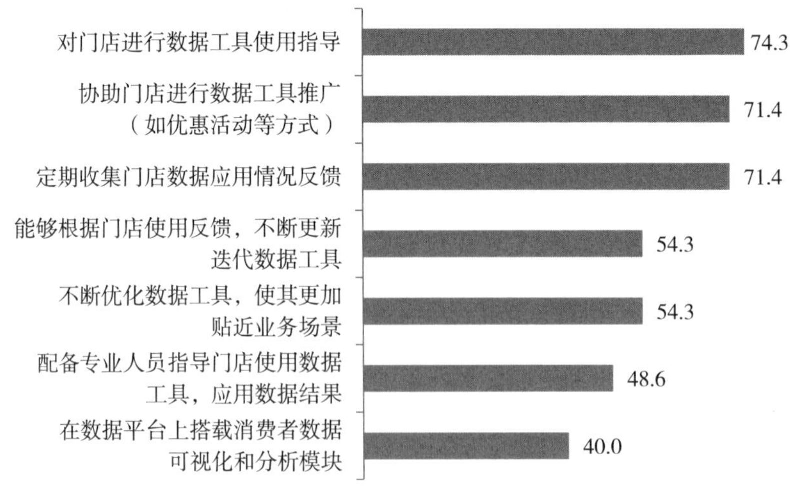

图7 特许连锁企业总部支持门店应用数据的举措（%）

五、人货场数据综合应用：企业意识充分，效果仍需提升

对于本次调研中的受访企业而言，85.7%受访企业的经营者认识到门店数据、消费者数据、服务/产品内容数据之间关联和应用的重要性，51.4%的企业认为本企业数据关联的程度较好（见图8）。

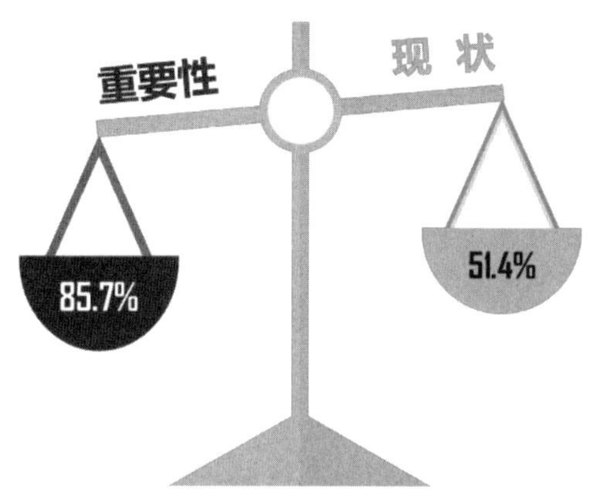

图8 数据打通应用价值的认知与效果现状

目前人货场数据的应用现状呈现出三种情况。一是数据中台已经建立并且相对成熟，能够对人货场数据进行较好的综合应用，并且正在进行更加深入的挖掘和探索。标杆企业已经能够通过数据应用，把会员分配到门店做精准服务。同时，尝试利用店的类型（购物中心店、社区门店、交通枢纽店、超外店等）、门店顾客结构、多品类货品（儿童零食、健身零食等类别标签）的动销数据，用模型指导不同类型的店动态组货和活动策略，如良品铺子等休闲零食行业就在对此进行尝试。二是由于企业业务的特殊性，更加注重销售人员利用线上数据与消费者互动。如高尔夫会所场景下，更加注重人对场内服务单品的偏好。三是在人货场中，对于货的利用更加注重供应链和前端服务的实时共通。如汽车连锁服务企业，认为消费者更需要服务商的方案，因为有限的偏好选择往往是性价比驱动，那么就需要同步整合供应链资源，如果了解了偏好而没有资源可以满足，则是无效的。

六、消费者数据应用的趋势及支持需求

（一）数据应用的趋势：追求数据驱动门店人效提升

据本次调研发现，门店对于数据应用的需求主要来源于两个方面。

其一，更加了解消费者，拥有较为完善的消费者数据，进行消费者画像和细分，为精细化运营提供帮助。

其二，销售、反馈系统的完善，可以结合绩效考核系统，实时提高销售人员行为，为门店带来更高的人效。因此，门店往往需要更加符合业务逻辑的数字化运营工具的帮助，

来完成数据的采集和应用。例如，一些汽车连锁服务企业，对于加盟店长，有专门的App，把数据结果、业绩目标、活动信息等推送给店长；对于员工，把工作内容的工时标准化，与员工技术级别挂钩，实现了员工的工时分解、薪酬在线。这样可以帮助店长充分配置员工、使用员工资源，提高单店运营绩效。

（二）数据应用的支持需求

受访企业对于企业数据应用所需要的支持，优先度最高的是消费者数据（37.1%），其次是门店经营数据（34.3%），再次是后台管理数据（20%），最后是供应链数据（8.6%）。就应用优先度最高的消费者数据而言，目前企业需要支持的需求表现在：首先，标签、偏好等数据的采集需求最高，占比62.9%；其次，对于数据查看和可视化方面的需求占比57.1%；最后，在数据库规划，业务模型研发和敏捷计算模块，数据即时反馈，数据指导业务（如干预策略内容），业务架构和顶层设计，数据存储、清洗和更新等方面均有需求（见图9）。

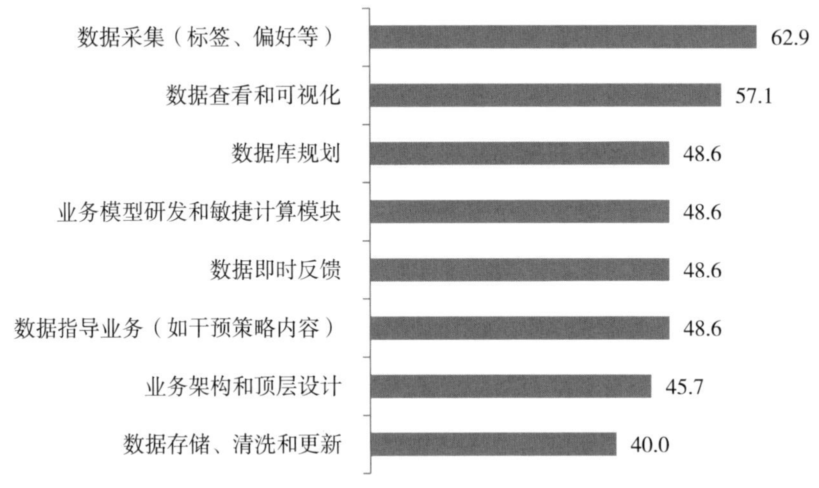

图9　特许连锁企业消费者数据应用方面所需支持（%）

在对于消费者数据应用的未来发展的期望方面，期望最大的依然集中于消费者数据相关方面，其中，“基于已有消费者分析，实现对潜在消费者的精准触达”占比最高达38.9%，“培养消费者使用习惯，实现消费者主动在线”和“数据工具真正下沉门店和消费者，实现消费者数据与业务高度结合”，均占比28.6%。利用企业数据支持企业经营和门店经营也是受访企业的期望点，关注“实现消费者端和经营端互动，提高员工人效”和“总部实现对各个门店汇总数据的分析，并能对单个门店输出指导建议”的企业均占比25%，“有效利用消费者数据，实现在线闭环管理”占比22.2%。正如福奈特的负责人提到的，尤其是在对手、其他商圈门店重视线上运营的情况下，如果加盟门店不重视线上运营，不能提供更便捷的取送服务、更好的用户服务体验，就会面临竞争的压力。

可以看出，在第三代特许连锁经营模式中发展的企业，总部与加盟商和门店的关系不仅是实体生意的连接，更加入了数据系统与终端的关联，数据的连接和循环通路需要建构、梳理并不断强化。品牌与加盟商在实体生意方面的合作，与数据化工具越来越密不可分，加盟门店既是数据采集的重要源头，也是数据应用于业绩提升的最终落脚点。持续提高加盟店东、店长积极主动参与消费者数据应用、不断深入推进数字化经营的能力，是第三代特许连锁企业发展模式与时俱进的独特价值。

附件：研究方法及样本说明

（一）定量样本情况

本次调研采用线上定量问卷发放形式，共回收有效问卷 35 份。

参与调研的企业经营者所在行业包括旅游、酒店、餐饮 45.7%，科教文卫 11.4%，交通、运输、物流 2.9%，其他行业 40%。企业规模以 5000 人以上的企业为主，如附图 1 所示。经营者所在部门：核心管理部门 54.3%，运营部门 20%，市场研究部门 8.6%，技术部门 5.7%，其他部门 11.4%。

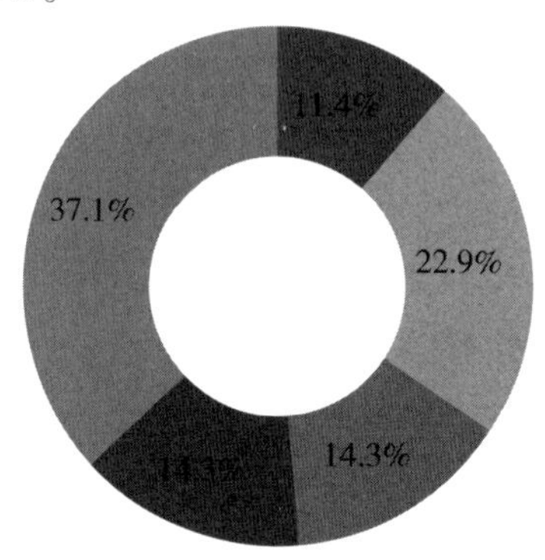

附图 1 被访连锁企业员工规模

（二）定性样本情况

本次研究调查走访了中国连锁经营协会特许经营分会委员企业，其中定性访问 5 家不同行业头部企业，它们是福奈特、21 世纪不动产（中国）、东方高尔夫、华胜、良品铺子等。

2020 年中国零售行业企业供应链研究报告

《2020 中国零售行业企业供应链研究报告》由普华永道中国可持续战略和运营团队与中国连锁经营协会（CCFA）联合发布。本次调研工作对中、美零售行业企业进行跟踪性对比研究，着重分析新冠肺炎疫情对其供应链运营构成的具体影响，并进行拓展研究，进一步关注供应链领导力和供应链下沉现状，为建立完善的供应链评估体系提供强有力的保障，充分迸发零售市场活力，为实现经济高质量发展注入新动力。

本次调研共收集了来自 32 家在中国内地市场经营的头部零售企业和品牌商企业的供应链运营相关数据，包括家乐福、沃尔玛、中粮、欧莱雅、伊利等大型连锁企业和品牌制造商企业，通过分析其供应链运营 KPI 数据，比较中、美不同业态和品类企业的供应链运营指标，对经历新冠肺炎疫情冲击的企业在供应链订单履行周期、库存周转天数、缺货率、仓储物流成本占比的数据进行分析和解读。本报告还新辟供应链领导力调研和供应链下沉专题，深入了解品牌商企业和零售企业当前及未来其供应链可能面对的挑战、机遇、改善办法等方面，并且探讨供应链下沉对零售市场带来的机会，为探究零售行业企业在供应链管理中所面临的挑战给出了相应的建议。本报告最后从数字化转型、供应链下沉、管控治理等方面提供一系列建议，希望本次调研成果能助零售企业决胜下一个 10 年。

一、报告摘要

（一）研究方法

1. 调研目的

本次报告通过收集 32 家在中国市场经营的零售企业和品牌商企业的供应链运营 KPI 数据，比较中、美不同业态和品类企业的供应链运营指标，对经历新冠肺炎疫情冲击的企业在供应链订单履行周期、库存周转天数、缺货率、仓储物流成本占比等方面的 KPI 数据进行分析和解读。同时，通过问卷调研针对供应链领导力及供应链下沉展开分析。综合 KPI 数据分析和专题调研，探究零售行业企业在供应链管理中所面临的挑战，并给出相应的建议。

2. 调研对象

本报告主要针对覆盖多种业态的消费品零售企业和提供商品的品牌制造商企业。

3. 调研内容

本报告中涉及商品品类包括生鲜、冷冻、食品饮料和非食品四大类，供应链订单履行周期、库存周转天数、缺货率、仓储物流成本占比等四个维度的情况。

4. 数据收集

本报告收集的数据为2019年及2020年全年数据（2019年1月至2020年12月）。

（二）供应链KPI一览

表1 供应链KPI一览

KPI分类	KPI指标	指标含义	KPI适用性	
			零售企业	品牌商企业
供应链可靠性	R_1—客户完美订单履行率（%）	所有订单按时足量无损交货的比例（零售企业针对线上业务）	√	√
	R_2R_3—客户订单按时满足率（%）	所有订单按承诺时间交货的比例，无足量要求（零售企业针对线上业务）	√	√
	R_4—客户退货率（%）	在售后服务规则内，发生退货的退货金额占总销售额的百分比	√	√
	R_5R_6—仓库缺货率（%）	针对仓库和DC，因缺货导致的未能按时足量交付的订单的比例	√	√
	R_7R_8—供应商采购订单满足率（%）	门店或DC下达的供应商采购订单的按时交付的比例	√	
响应速度	L_1—订单履行周期（天）	订单从下单至收货所需的时间（零售企业针对线上业务）	√	√
资金效率	A_1—库存周转天数（天）	包括DC/仓库，门店等成品库存（品牌商企业还应包括原料和半成品）	√	√
供应链成本	C_1—销货成本占比（%）	销货成本（COGS）占收入的比重（含采购、生产加工成本+正常退货或损耗带来的成本）	√	√
	C_2—仓储物流费用占比（%）	仓储和物流费用占收入的比重	√	√

二、零售企业供应链KPI对标发现

（一）研究范围及样本概览

本报告选取了24家中国零售企业样本进行供应链KPI研究，样本企业的规模分布存在差异，不同规模的样本企业布局品类相差不大。规模在50亿元及以下企业有10家，占比42%；规模在51亿~100亿元的有7家，占比29%；规模在100亿元以上企业共有7家，占比29%，其中，200亿元以上的企业共有4家，其中2家为综合类业态，经营多品类产品，2家企业主营品类为食品饮料、非食品类等（见图1）。

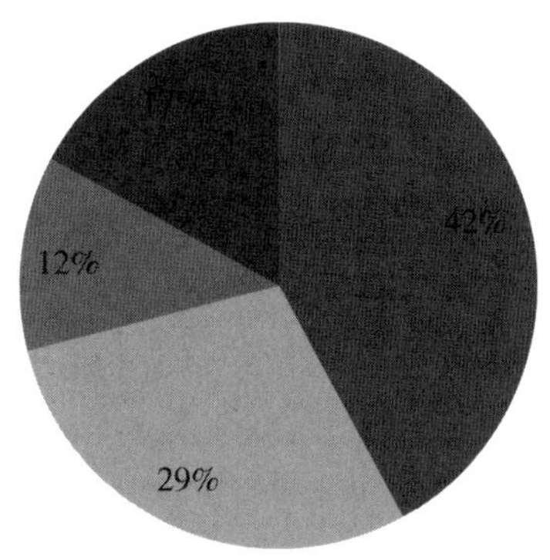

图 1　样本企业按规模分布

（二）零售企业关键发现

1. 线上订单履行周期

2020 年，在新冠肺炎疫情影响下，线下零售企业纷纷转型加码线上业务，线上订单履行周期随线上业务受重视程度而进一步缩短，未来应着力提升交付质量。

（1）零售企业线上业务占比上升

零售企业电商业务占比升高 8.2%，对应门店收入占比下降（见图 2）。在出行受限、减少聚集等因素的影响下，零售企业纷纷加码线上业务。

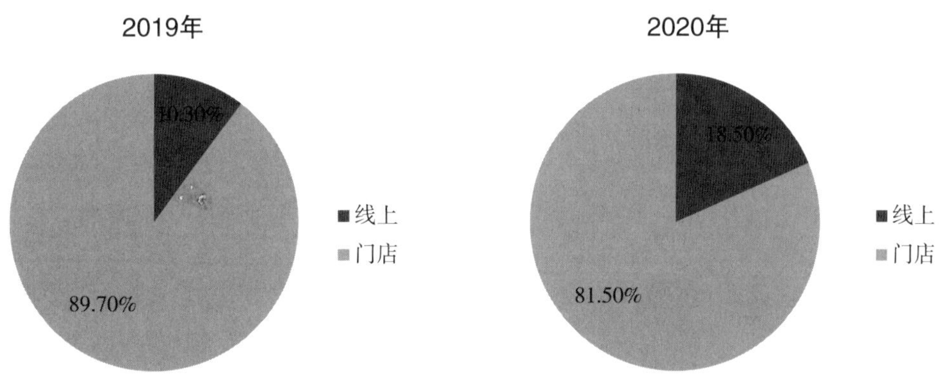

图 2　零售企业各渠道收入占比变化

（2）各品类线上订单交付周期缩短，整体提升明显

生鲜类产品的订单履行周期最快，中位值由 1.3 天降低至 1 天。生鲜类尤其鱼肉类受保质期及新鲜度要求影响，客户对订单送达的即时性需求很高。

其次为冷冻类产品，其订单履行周期中位值从 1.6 天减少了 0.35 天。

食品饮料类产品的订单周期中位值略有下降，为 2 天。通常不需要特殊配送设施，但仍有保质期要求，订单周期长。

非食品类样本企业的线上订单履行周期仍为最久，中位值为 2. 25 天，但相比 2019 年降低了 0. 55 天，下降幅度最大（见图 3）。

线上业务随比重增加而受到重视，如物美开发多点，大润发、欧尚等接入电商，如饿了么、淘鲜达和天猫超市，利用互联网技术提升交付速度。

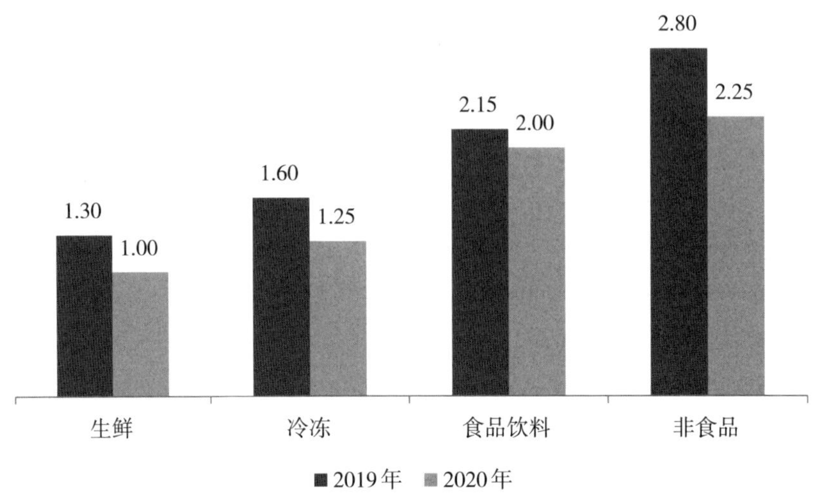

图 3　样本零售企业线上订单履行周期分布变化情况

（3）零售企业完美订单满足率降低，退货率升高

样本中零售企业线上完美订单满足率略有下降，从 98%下降至 94%；退货率增加了 3 倍，从 0. 6%升至 2. 4%（见图 4）。

线上业务增长和交付速度加快的同时，完美订单率下降明显，退货率升高，未来应着力提升交付质量。

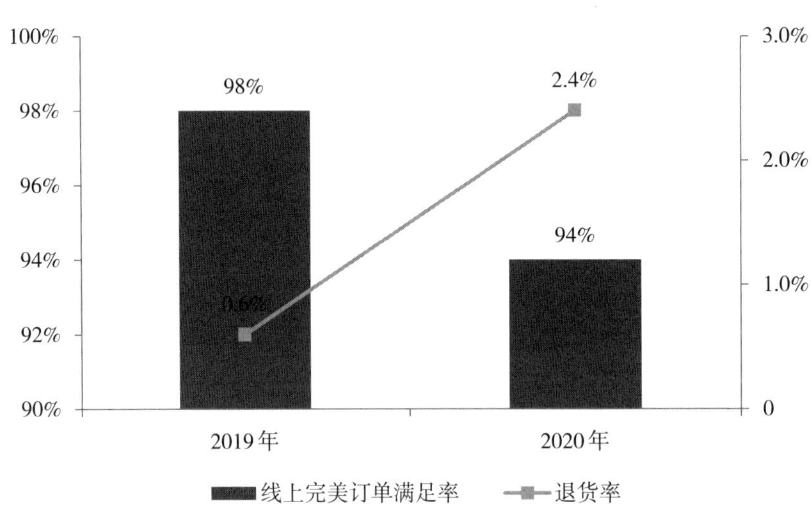

图 4　线上完美订单满足率及退货率变化情况

2. 库存周转天数

新冠肺炎疫情对零售企业的食品饮料及非食品类产品的库存周转天数影响较大，除电商外，各业态库存周转普遍变慢，尤以大中型超市为甚（见图5）。

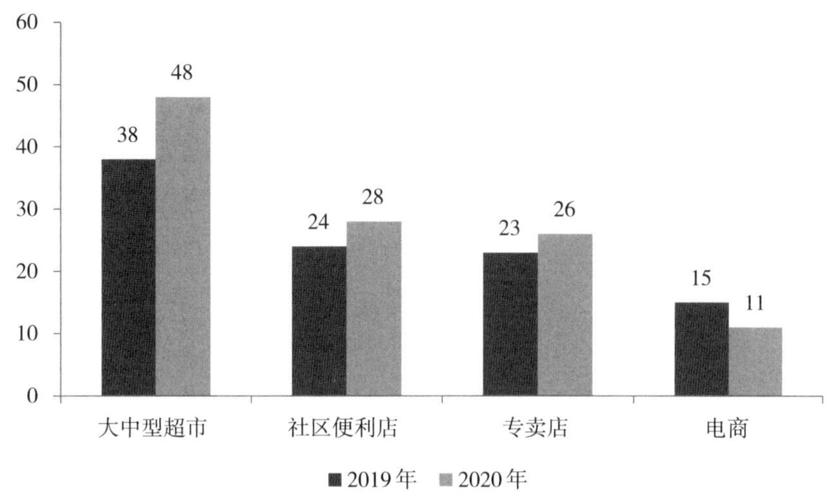

图5 零售企业库存周转天数（按业态）

2020年，不同品类库存周转天数差距呈扩大趋势：整体来看，样本企业库存周转天数有所上升，速度变慢，效率变低。其中生鲜品类周转速度依然保持最快，降低至5天；其次为冷冻品类，与2019年基本持平；食品饮料和非食品类周转天数最久，中位水平显著提升，分别为39天和63天。

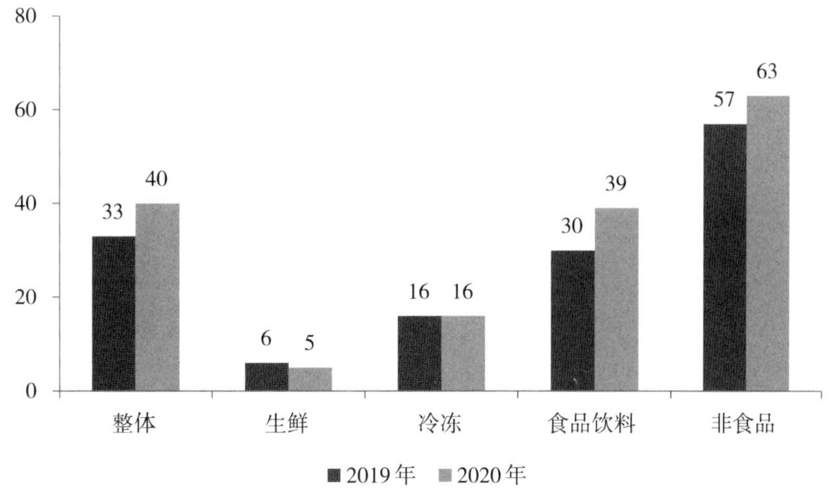

图6 零售企业库存周转天数（按品类）

2020年，食品饮料和非食品类库存周转变慢明显。生鲜、冷冻品类属于日常刚需，且生鲜保质期短，叠加新冠肺炎疫情外出就餐减少，在家做饭增多，库存周转受影响较小，与 2019 年持平。外出购物受限，叠加新冠肺炎疫情不确定性等因素，导致家庭支出收紧直接影响食品饮料和非食品类销售，库存周转变慢。

所有样本企业中，2020 年，库存周转天数整体分布差距拉大，但中位数为 27 天与平均数 28 天更为接近。电商库存周转天数从 15 天缩短为 11 天，保持最快的库存周转；库存周转天数最久的企业业态仍为大中型超市，增长至 48 天。

对比 2019 年可以发现，除电商外，各业态库存周转变慢。经营不同品类的电商企业，其库存周转天数差异大（3~30 天），但中位数比 2019 年有所下降。部分大中型超市在新冠肺炎疫情期间响应政策，采取关闭局部区域、缩短营业时间和人流控制等手段，库存周转受较大影响。

3. 仓库缺货率

新冠肺炎疫情下，生产型企业开工不足、跨省市物流受限等因素导致多个品类的供应商订单交付能力下降（见图 7），带动冷冻、食品饮料等品类的零售商缺货率上升明显。

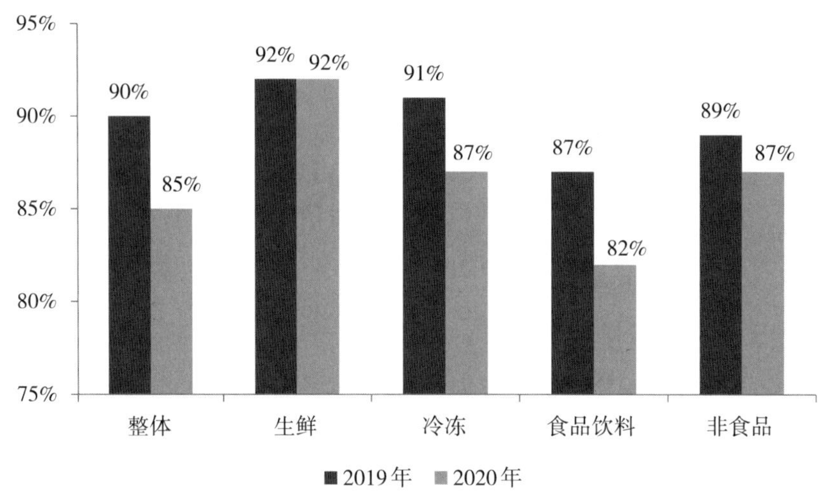

图 7　供应商采购订单满足率变化情况

不同品类的零售企业仓库缺货率有所差别，生鲜品类和非食品类变化较小，冷冻品类和食品饮料受影响程度最大（见图 8）。冷冻和食品饮料类产品的供应商订单满足率下降明显：多数生产型企业因物流受限、停工停产等原因，订单交付水平下降。生鲜类产品多为本地采购且为民生保障项目，受影响甚微。

冷冻和食品饮料类产品的缺货率上升明显：新冠肺炎疫情初期，消费者在冷冻、食品饮料类产品的囤货行为，进一步推高品类缺货率。非食品类因需求下降，采购订单满足率和缺货率变化都不明显。

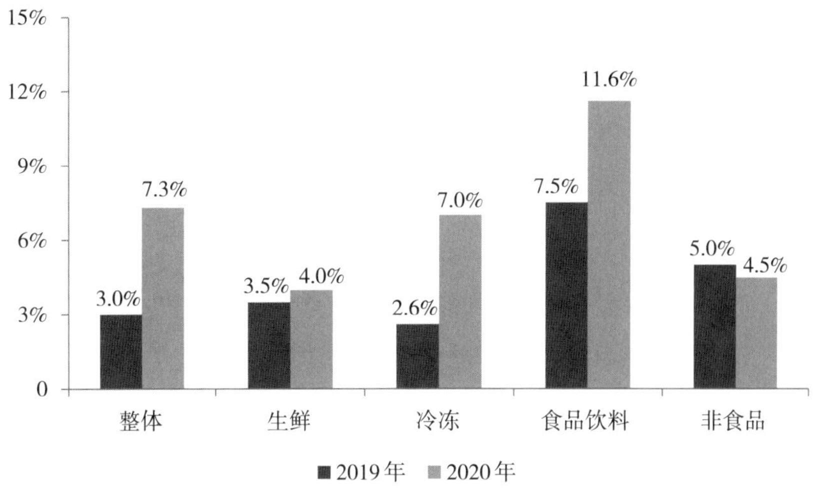

图 8　零售企业仓库缺货率变化情况

4. 仓储物流费用占比

2020年，零售企业的仓储物流成本占比全面提升，中大规模企业在成本控制上优于小企业，便利店与专营店因仓储网络复杂，成本控制难度高。

仓储物流成本占比整体上升，中大规模企业控制较好（见图9）。受新冠肺炎疫情影响，2020年零售业营收下降明显（同比第一季度下降20%，年度4%），导致仓储物流成本占比整体上升。中大规模企业通过整合仓库、优化运输等手段，提升物流效率，仓储物流成本得到有效控制。

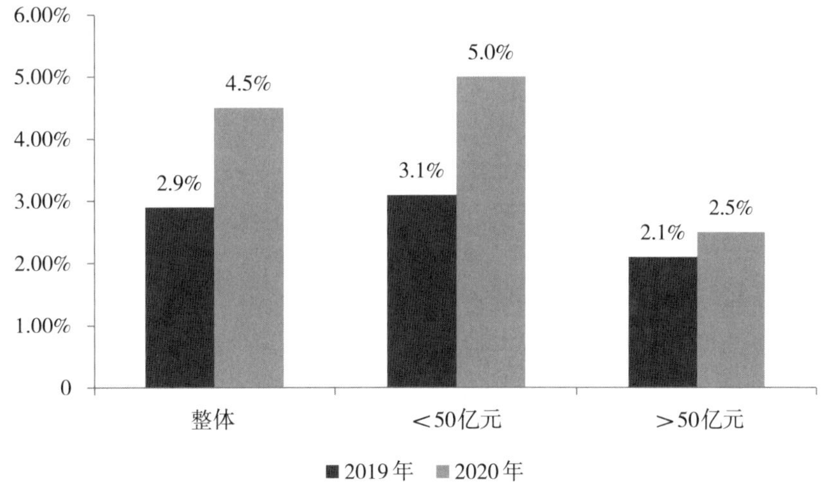

图 9　仓储物流成本占比（按企业规模）

社区便利店与专卖店的仓储物流成本控制较差。大中型超市普遍采用相对简单的仓储物流网络（层级和节点少），外租仓库较少，仓储物流成本基数低，占比上升不明显。社区便利店与专卖店仓储物流网络复杂，成本控制难度高，每 10 亿元营收对应的仓库数量比大中型超市高 3~4 倍（见图 10）。

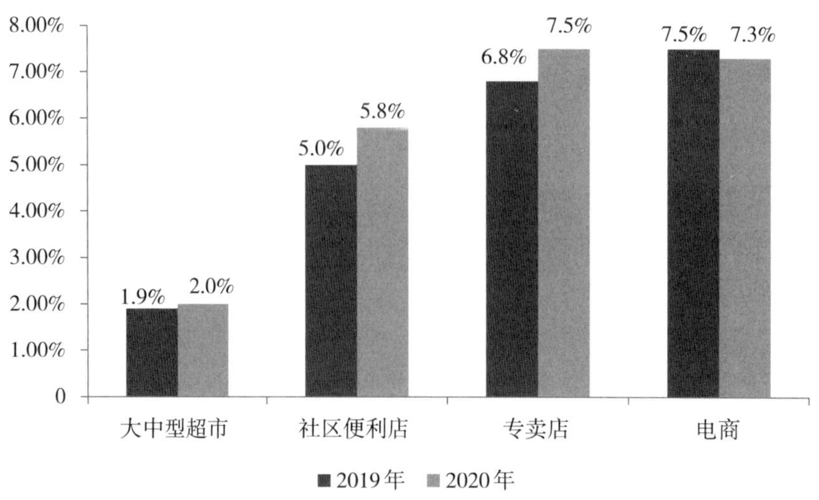

图 10　仓储物流成本占比（按业态）

三、品牌商企业供应链 KPI 对标发现

（一）研究范围及样本概览

本次调研样本涵盖 8 家品牌商企业，其中 2020 年营业总收入在 100 亿元以上的企业占比为 75%（见图 11），多数企业销售单一品类，布局在非食品和食品饮料行业。

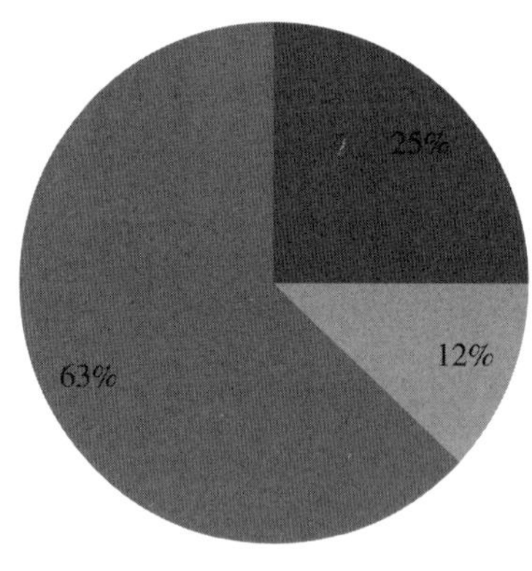

图 11　样本企业按规模分布

规模大于100亿元的品牌商企业以非食品和食品饮料为主。在规模大于200亿元的企业中，2家企业为非食品企业（洗护日化），2家企业为食品饮料企业，1家企业为冷冻和食品饮料企业。规模为101亿~200亿元的企业，其销售品类为非食品。在规模为51亿~100亿元的企业中，全部为食品饮料企业。

四大品类中，多数样本企业仅销售单一品类，在非食品类和食品饮料类布局。8家样本企业中有3家布局非食品类，5家在食品饮料布局，其中1家经营冷冻和食品饮料产品（见图12）。

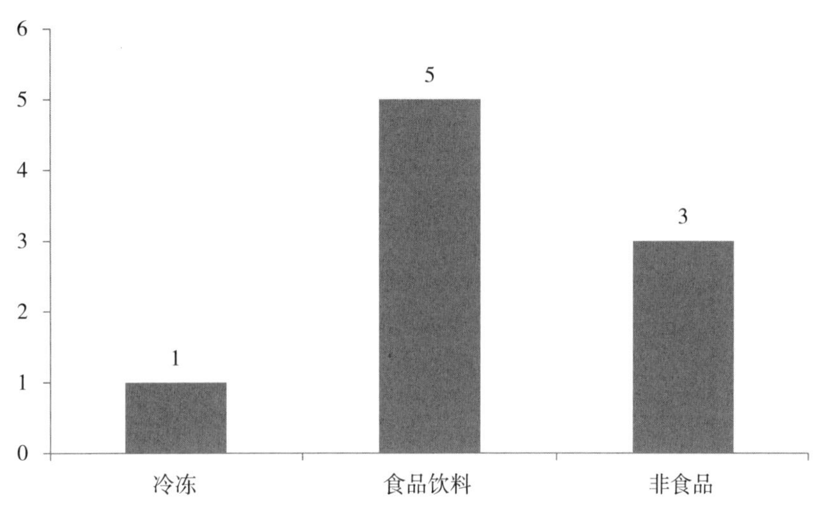

图12 样本企业按品类分布

（二）品牌商企业关键发现

1. 订单履行

中、美品牌商企业订单周期有所上升，两国差距逐渐拉大。中国品牌商企业订单周期3.6天，比2019年延长了0.4天，相较之下美国同行业为6.2天，比2019年延长了2天。主要由于工厂复工缓慢、物流运力不足、检验检疫程序等多种因素叠加，中、美品牌商的订单履行周期都有所上升，美国企业更为严重。

2. 库存管理

中国品牌商企业库存周转天数显著增长，整体高于美国同行业水平。2020年，中国品牌商企业库存周转天数为57天，美国同行业库存周转天数为42天，较2019年分别延长了25天和33天。一方面由于新冠肺炎疫情和贸易不确定性带来的供应链中断，企业有意提高部分原料的安全库存；另一方面销售受阻订单减少，中、美企业库存周转天数均大幅上升。

3. 缺货管理

部分企业策略调整影响供应商管理，美国缺货率反超中国企业。整体来看，美国品牌商企业平均缺货率略高于中国2%的平均缺货率，达到2.2%，相比2019年增加了0.7%，而中国增加了0.3%。由此可见，部分企业通过生产策略调整，降低需求和订单不确定性带来的成品库存压力，间接引起缺货率小幅上升。

4. 供应链成本

中国品牌商企业供应链管理略受影响，但总体情况仍好于美国。据调查，中国品牌商仓储物流成本占比为 3%，比美国同行业企业低 0.2%，两者相较 2019 年分别增加了 0.4%和 0.2%。研究发现，新冠肺炎疫情对品牌商仓储物流成本占比影响较小，主要驱动为营收减少。

四、供应链领导力调研

（一）影响供应链卓越性的三个最重要的因素

为应对日新月异的消费者需求，各大企业认为在 2021—2022 年应具有预测未来销售的能力以及快速响应需求变化的能力可以有效提升供应链卓越性，同时数字化转型带来的低成本同样受到企业重视。

在本次调研中，在影响供应链卓越性的因素方面，32 家企业针对 2020 年以及 2021—2022 年两个时间段发表了不同看法，对于两个时间段的影响因素重要性方面有相似性，但也出现了差异明显的选择（见图 13、图 14）。

根据调研结果，品牌商企业和零售企业对“具有预测未来销售的能力”及“具有快速响应需求变化的能力”两个因素对供应链卓越性影响很大，而更多的零售企业认为“低成本”对其供应链卓越性影响巨大。

其中，大部分企业相信 2020 年及 2021—2022 年，“具有快速响应需求变化的能力”都是影响供应链卓越性的重大因素，在消费者需求加速分化的趋势下，零售企业供应链需要更快地响应核心客群的变化能力。

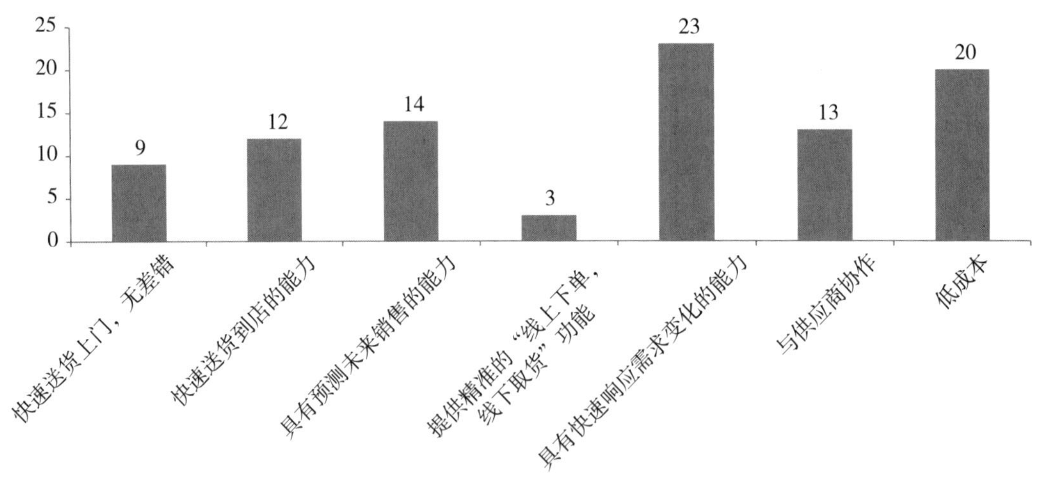

图 13　2020 年影响供应链卓越性的因素

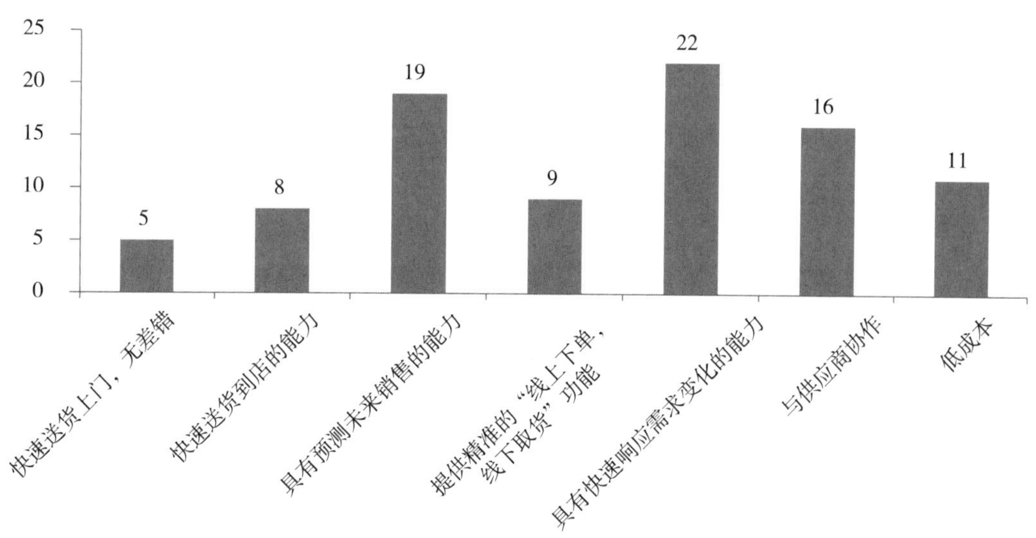

图 14 2021—2022 年影响供应链卓越性的因素

针对“具有预测未来销售的能力”因素，相比 21%的企业认为其在 2020 年占据重要地位，63%的企业相信其在 2021—2022 年会扮演更重要的角色。新冠肺炎疫情影响下，零售行业对未来充满了不确定性，但随着新冠肺炎疫情逐渐得到有效控制以及经济市场复苏，零售业在 2021—2022 年需要科学预测，提升效率和准确性、可靠性。

相反，随着市场复苏，认为“低成本”更加重要的企业比例在 2021—2022 年会由 2020 年的 25%骤减至 9%，零售行业应更多地考虑低成本的供应链模式，如减少库存、降低仓储物流成本。

各大企业应在 2021—2022 年加速其供应链数字化转型的布局以应对需求变化、加强销售能力预测提前规划仓储物流，以此来适应日新月异的消费者需求。

（二）受调研企业供应链将面临的三大挑战

数字化转型和计划体系造成的供应链端到端的可视化不高以及预测不准确的挑战首当其冲，供应链的运营成本因后疫情时代的不确定性同样被认为会对企业供应链造成挑战。

针对供应链面对的三大挑战调研，品牌商企业和零售企业对“预测不准确，需要改进”高度重视，都认为“供应链端到端的可视化不高”和“降低供应链的运营成本”为即将面临的重大挑战（见图 15、图 16）。

其中，“供应链端到端的可视化不高”在 2020 年及 2021—2022 年皆被认为供应链较为重要的挑战。2020 年在 19 家认为该问题为挑战的企业中，53%的企业认为该挑战为目前的重中之重。对于 2021—2022 年的发展，40%选择该问题的企业认为其为最重大的挑战，线下零售市场的分散，与渠道建立协同预测与补货机制，用数字化赋能渠道数据可视性，加强端到端的可视化能力越发凸显。

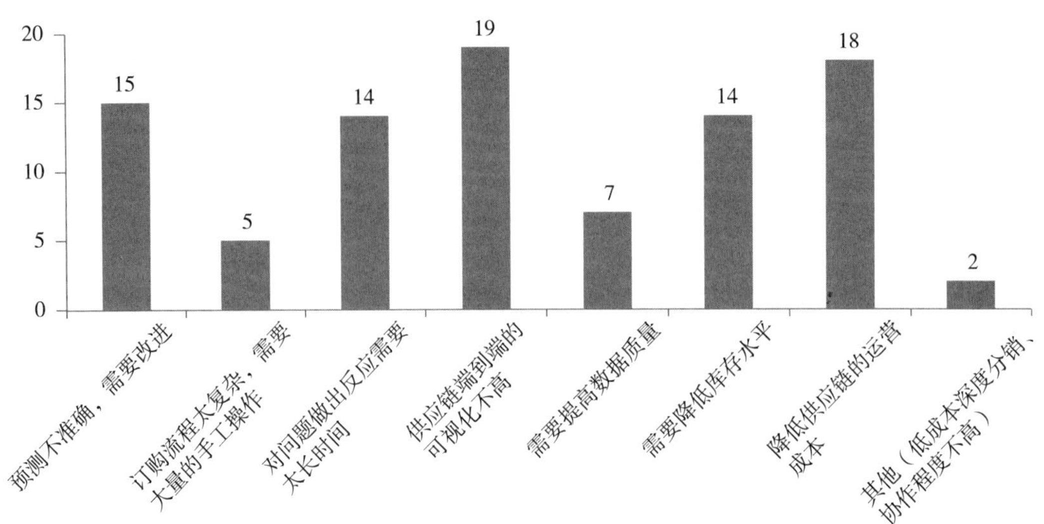

图 15　2020 年受调研企业供应链将面临的挑战

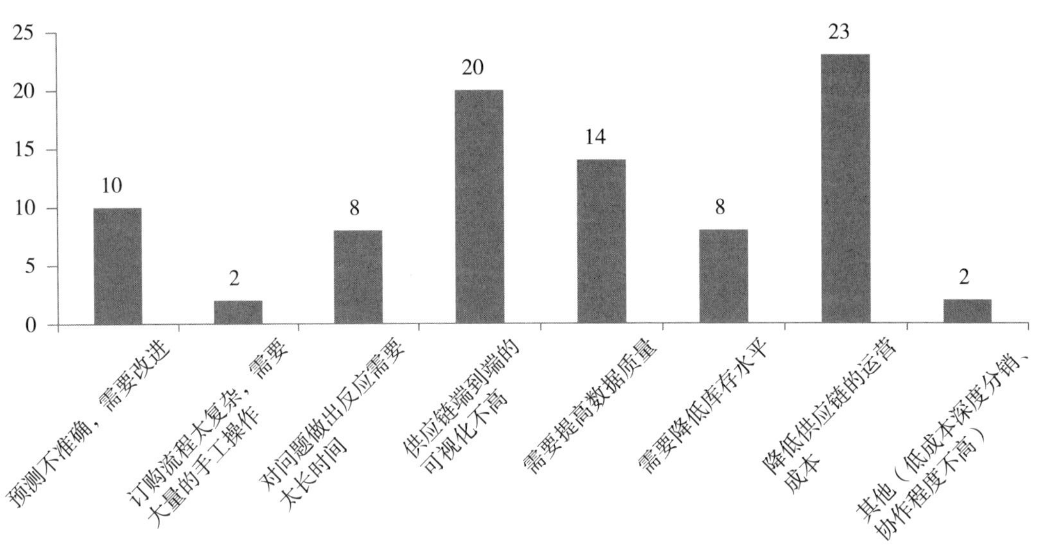

图 16　2021—2022 年受调研企业供应链将面临的挑战

选择“预测不准确，需要改进”为重要挑战的企业中，有 40%的企业认为其为 2020 年最重大的挑战，而有 80%的企业认为在 2021—2022 年“预测不准确，需要改进”为最大的挑战，代表零售企业对于后疫情时代的供应链不确定性表示重视。

相反，在认为“降低供应链的运营成本”为重要挑战的企业中，有 39%的企业认为 2020 年市场下，降低运营成本为最重大的挑战，而仅有 13%的企业认为该项挑战在 2021—2022 年为最重大挑战。在 2021—2022 年，随着营业额的复苏，企业希望针对需求预测有更好的解决方案。

数字化转型和计划体系造成的挑战首当其冲。由于渠道种类复杂、链条长、合作伙伴成熟度参差不齐等原因，渠道数据可视度有限。需求预测不准确，展望期较短，对长周期物料采购如原料战略采购的灵活性有一定限制。

（三）改善公司供应链执行力的三大措施

零售业需要前瞻性地规划仓储网络迎合渠道的多样性。企业认为利用工具系统“更实时监控端到端供应链”“改善涵盖多个渠道的预测”，同时“发展真正有效的内部协作”可以有效改善公司供应链执行能力（见图 17）。

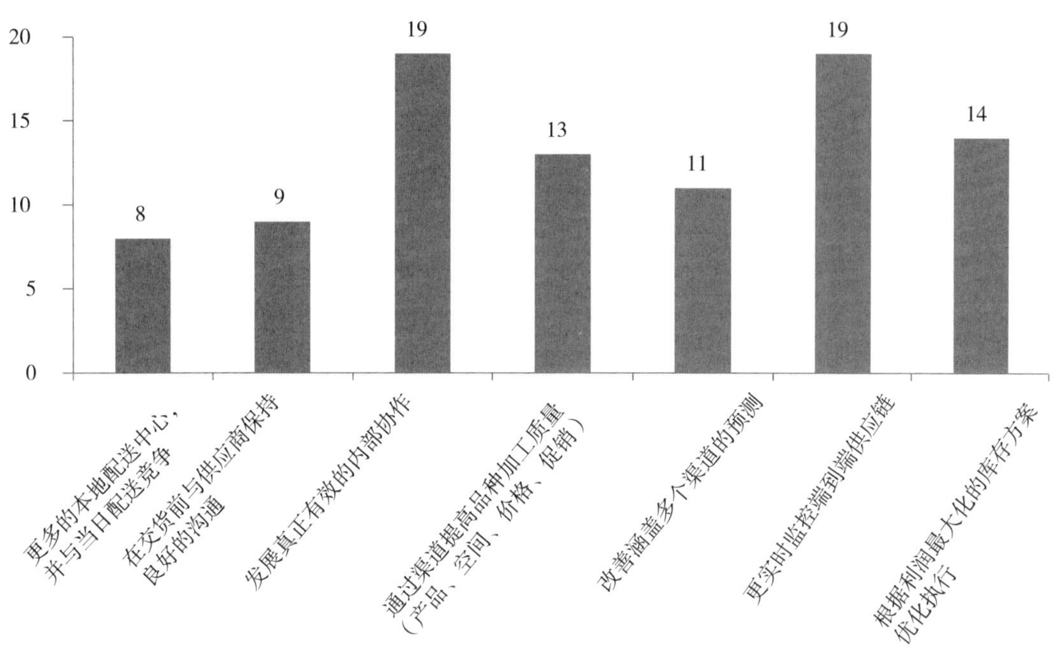

图 17 2020 年改善公司供应链执行力的措施

此次调研中，品牌商企业及零售企业认为“发展真正有效的内部协作”、“改善涵盖多个渠道的预测”以及“更实时监控端到端供应链”会有效提高公司供应链的执行能力（见图 18）。

超过半数的公司认为“更实时监控端到端供应链”可以提高公司供应链执行能力。选择该机会的公司中，21%的企业认为其为最有可能提高公司供应链层面的执行能力，该项数据在 2021—2022 年的调研中提高至 29%。受访企业普遍认为该项变化可以提高供应链层面的执行能力，但对其重要性保有怀疑态度。

相反，选择“发展真正有效的内部协作”的公司中，68%的企业相信在 2020 年提高内部协作能力可以从根本上提高公司供应链的执行能力，鉴于由新冠肺炎疫情引发的离职潮以及人才市场的动荡，在处理完 2020 年内部协作上的问题之后，在 2021—2022 年该内容的重要性相对降低。仅有 23%选择该项措施的公司认为其为最重要的改善方式，尤其品牌商企业对于内部协作稳定性有更大的信心。

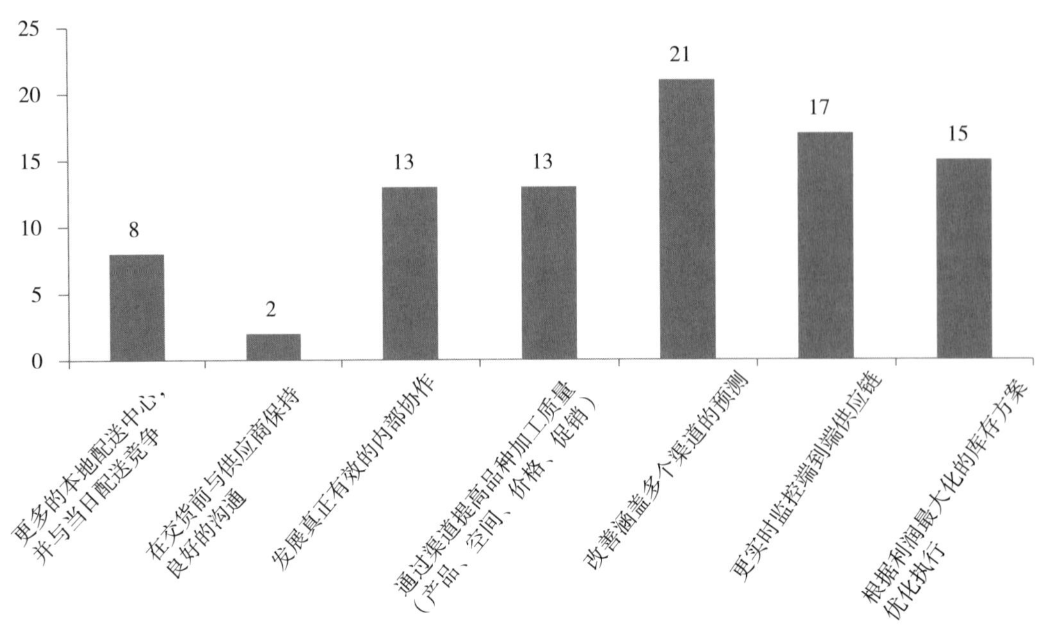

图 18　2021—2022 年改善公司供应链执行力的措施

在调研中，11 家公司相信“改善涵盖多个渠道的预测”可以提高供应链执行能力，而 21 家公司认为其可以在 2021—2022 年提供给公司供应链执行方面有效的帮助。

零售业需要前瞻性地规划仓储网络迎合渠道多样性。利用工具系统提升预测能力和监控执行能力，结合可靠数据，建立科学的需求预测模型以提高预测的准确性，进而可考虑推出为渠道进行自动补货，进一步加强渠道管控力度。

（四）提高公司供应链绩效的三个最重要的措施

受科技更新影响，参与调研的企业相信自动化配送中心以及可视化供应链可以为企业供应链绩效提供重要帮助，而传统的根据实际需求调整库存依旧在提高公司供应链绩效角度扮演重要角色。

此次调研中，在提高公司供应链绩效最重要的措施，零售企业及品牌商企业对“根据实际需求调整库存”、“配送中心更加自动化”以及“整个供应链的实时可视化”表现了高度重视（见图 19、图 20）。

有 56%的企业相信“整个供应链的实时可视化”可以在 2020 年市场显著提高公司供应链的绩效，78%的企业相信该项调整可以在 2021—2022 年对公司供应链绩效提供有效改善。在这些企业中，33%的企业认为其为当下最重要的调整点，36%的企业认为在 2021—2022 年最重要的调整为可视化调整。随着 5G 时代来临，可视化可以为企业提供更直观的检测、调控能力，从而对供应链绩效实现内控方面的显著帮助。

“配送中心更加自动化”同样被半数左右的企业选择为提高公司供应链绩效的措施。在选择该措施的企业中，33%的企业选择其为 2020 年最重要的改善措施，36%的企业认为在 2021—2022 年该项措施可以有效提高公司供应链绩效。更加智能、现代化的自动配送中心成为零售行业供应链在三年内的重大需求，在无人配送环节进行迭代更新成为各大企业的需求。

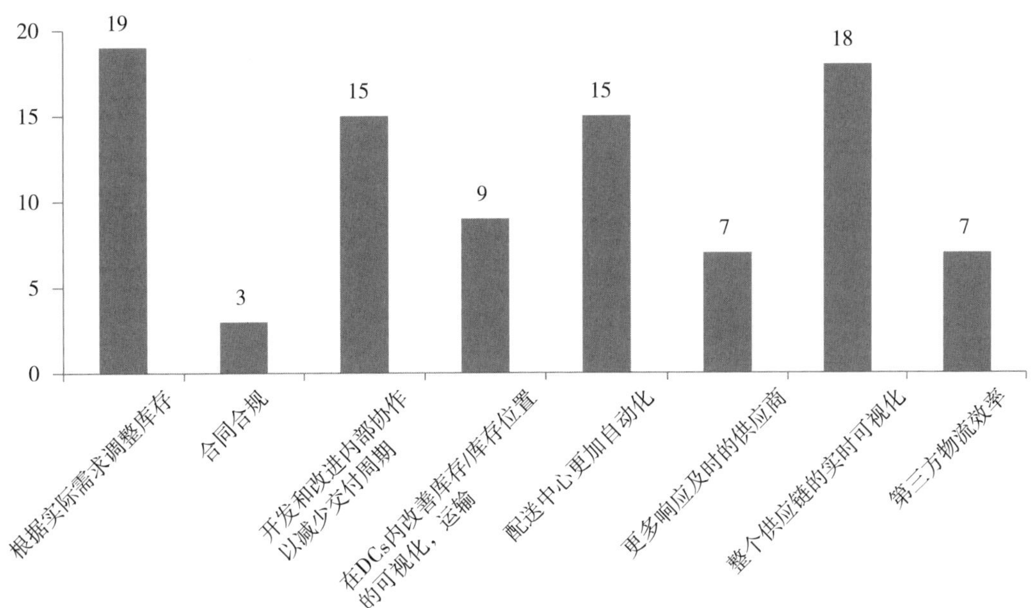

图 19　2020 年提高公司供应链绩效的重要措施

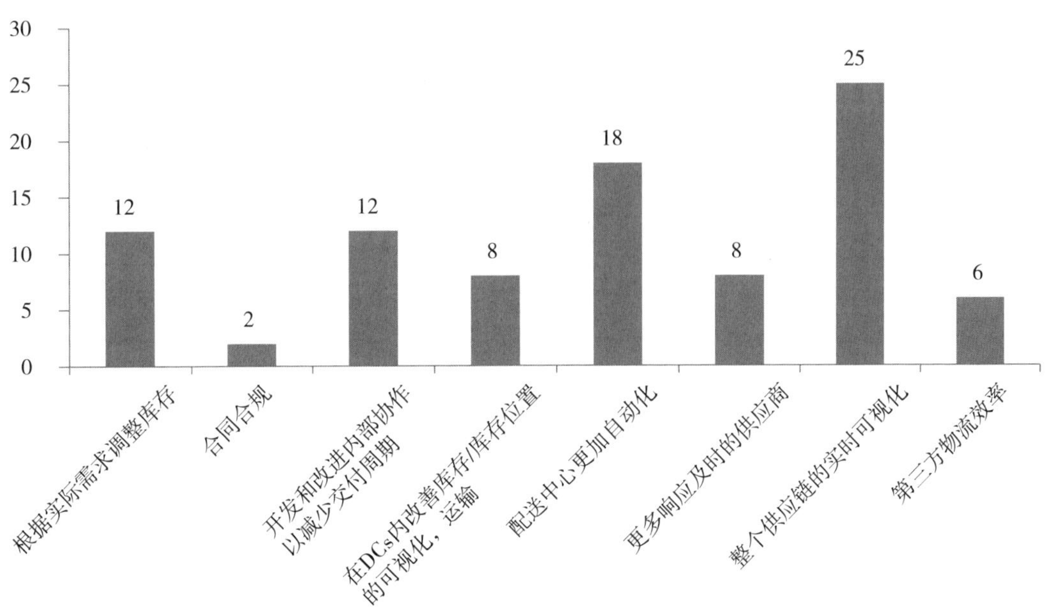

图 20　2021—2022 年提高公司供应链绩效的重要措施

在选择“根据实际需求调整库存”为提高公司供应链绩效措施的企业中，47%的企业认为该项举措在当前环境下最为重要，50%的企业认为其在 2021—2022 年会扮演最重要的角色，根据实际需求调整库存并未受到科技更新、新冠肺炎疫情等宏观市场因素影响，为企业供应链绩效比较重要的影响因素。

（五）在供应链执行方面，公司将面临的三大运营挑战

参加调研的企业认为，其供应链执行方面的运营挑战与数字化、自动化息息相关，端到端的可视化，物联网、无人机、机器人等新技术的融合都是企业 2020 年面临的挑战，如何降低直接对消费者的成本同样也是企业所关注的运营挑战。

在供应链执行方面，品牌商企业及零售企业认为“降低直接对消费者的成本”以及“对端到端供应链的可视化不够”是 2020 年及 2021—2022 年公司将面临的重大运营挑战。而显然零售企业在 2021—2022 年对“无人机、物联网、机器人等新技术的融合”更为重视（见图 21、图 22）。

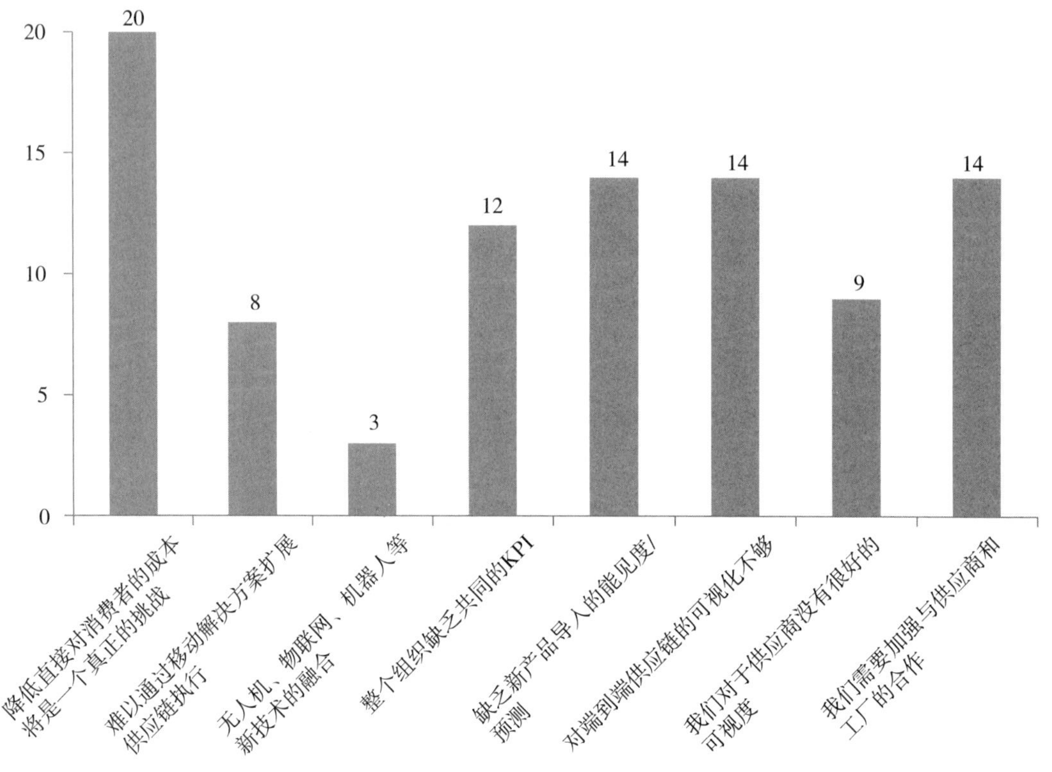

图 21　2020 年在供应链执行方面，公司面临的运营挑战

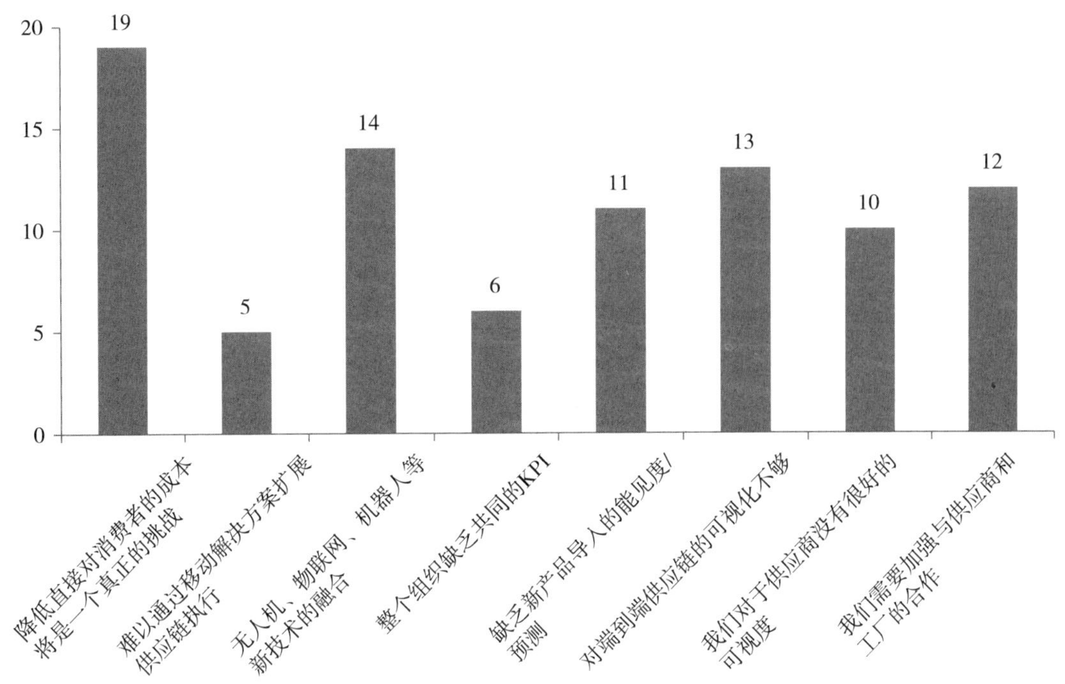

图 22　2021—2022 年在供应链执行方面，公司面临的运营挑战

选择“降低直接对消费者的成本”为供应链执行方面运营挑战的企业中，55%的企业认为在 2020 年是最大的挑战，68%的企业认为其在 2021—2022 年会成为最大的挑战，降低成本以提高利润是企业运营之本。但是在当前快速消费时代，企业需要通过良好的运营去抓住消费者的意愿、引起消费者的注意，而降低运营成本则成了牺牲品，在竞争日益激烈的市场中，不只当前，未来更需要对运营的有效性及运营成本的控制做出良好的平衡关系。

2020 年仅有 3 家企业认为“无人机、物联网、机器人等新技术的融合”为重要运营挑战，而 14 家企业认为其在 2021—2022 年将成为重要的运营挑战，更多的企业认为随着科技发展以及对配送中心等的自动化，如何将物联网与运营联动、提高无人机及机器人的使用将会成为公司面临的运营挑战。

在选择“对端到端供应链的可视化不够”的企业中，14%的企业认为 2020 年已经面临可视化不够的挑战为最重大挑战，而 31%的企业认为在 2021—2022 年该项挑战会成长为企业运营的最大挑战。供应链的可视化目前是很多短板，亟须予以重视。

在供应链更加自动化、数字化的今天，企业认为面临对供应链执行方面的运营挑战也与自动化、数字化相关，加速企业供应链数字化转型，增强信息系统和机制流程等手段，对于整个供应链体系至关重要。

五、供应链下沉专题

（一）供应链下沉专题调研背景

下沉市场物流建设维系不易，中小企业仓储成本挑战突出

整体来看，2020 年企业受新冠肺炎疫情影响营收下降明显，导致仓储物流成本占比上升。中国企业进行了快速的线上调整，从 11%提升至 18.5%，利用互联网提升订单响应时间，电商部分比海外市场表现出色。与此同时，库存周转天数、缺货率都较 2019 年大幅度提升。

供应链下沉的话题也受到广泛关注，随着电商加速发展，加上新农村的建立和城镇化的发展，大力加强基础设施的建设，为供应链下沉提供了保障。一方面，供应链下沉和快递进村，为全国消费者，尤其低线城市消费者享受同等时效的物流服务提供了便利；另一方面，发挥技术和一体化供应链优势，通过完善基础设施建设、深化物流服务渗透，进一步拓宽当地农产品和产业带上行渠道，助力区域经济发展。

仓储物流是供应链的核心环节，也是供应链下沉的关键所在。此次调研全面收集零售企业、品牌制造商企业在头部城市、一线城市、新一线城市、新二线城市、新三线及以下城市的门店/仓库覆盖率、门店/仓库密度，生鲜冷库覆盖度（产地/供应商到仓库冷链覆盖度、仓库到门店或终端客户冷链覆盖度）、自建生鲜冷链占比等指标，旨在分析解读不同企业在各省市门店覆盖率与仓储物流的现状，为企业整合仓库、优化运输，进而提升物流效率，有效控制仓储物流成本提供建议。

（二）供应链下沉专题调研关键发现

1. 南北方消费习惯差别带来零售企业下沉程度差异

零售企业在全国各省的门店分布基本与居民人数和居民可支配收入变化相符，但存在较明显的南北方差异，对比同等收入水平和人口数量的省份，南方省份的连锁零售行业更发达（见图 23、图 24）。

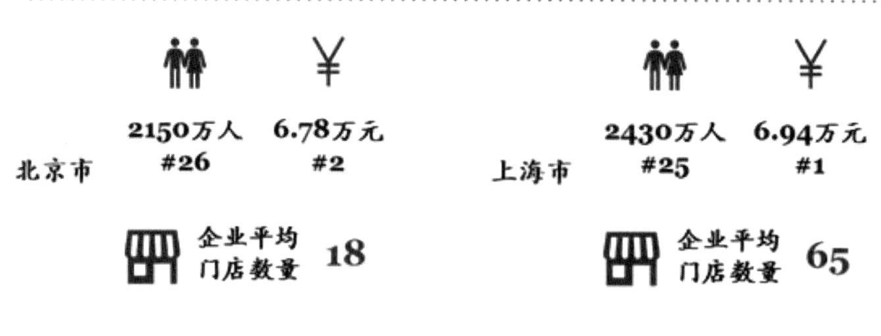

图 23　直辖市南北方差异示例

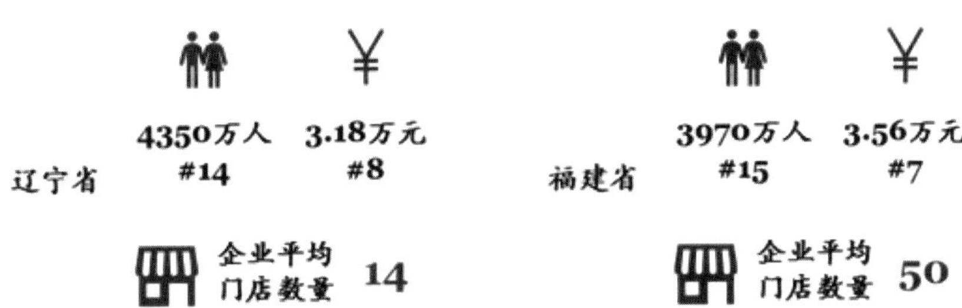

图 24　典型省份南北方差异示例

2. 收入水平驱动，新一线在供应链下沉上追赶头部城市

样本企业在头部城市和新一线城市的门店密度差距不明显，企业在新一线城市进行选择性布局，三线以下城市因为门店密度低，使用自建冷链的比例大幅低于高线城市。

随着城市等级降低，企业门店的城市覆盖率和冷链的城市覆盖率也逐次递减（见图 25）。

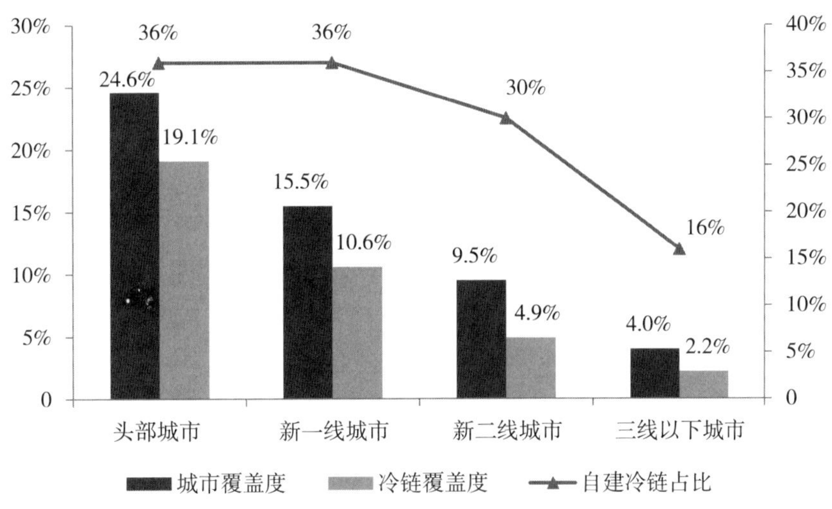

图 25　样本企业在不同等级城市覆盖率及冷链覆盖

样本企业在头部城市、新一线、新二线、三线以下的城市覆盖率和冷链覆盖率同步递减，三线以下的城市自建冷链占比大幅低于高线城市，三线以下城市因为门店密度低，使用第三方冷链更有成本优势。

3. 受成本制约，电商和便利店在低线城市的下沉更充分

相较开设超市，仓储网点和便利店的单体投入更小，试错成本低，电商依靠仓储网络拥有更高的城市覆盖率，便利店依靠高比例加盟和较低的开店成本在低线城市的覆盖率超

过大中型超市。

4. 零售企业在各省的平均门店数量与居民消费能力呈现出较好的关联性

头部城市及新一线城市（共 19 个城市）门店数量占比近四成（见图 26、图 27），样本企业在头部城市的平均门店数量与密度远高于低线城市样本企业（见图 28）。

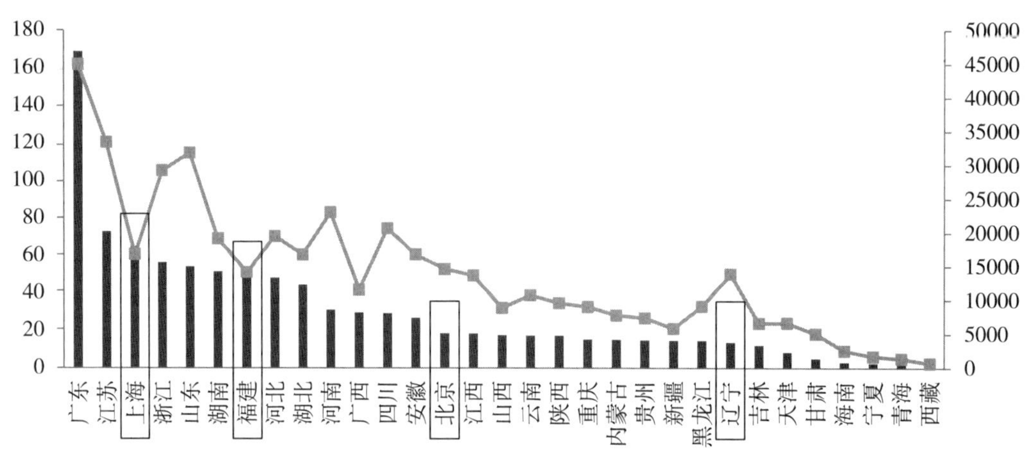

图 26　样本企业在各省平均门店数量分布

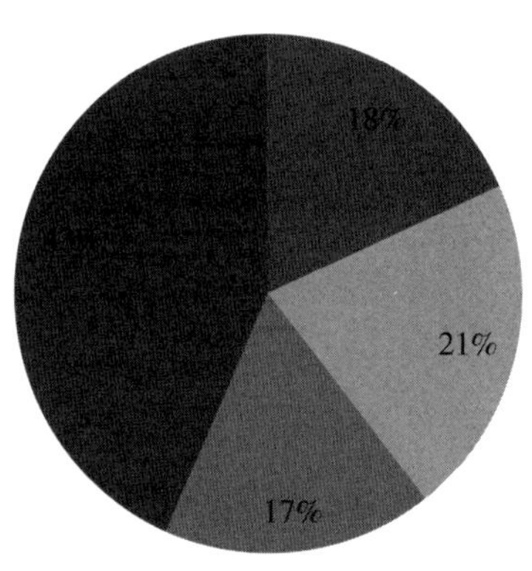

图 27　门店数量分布

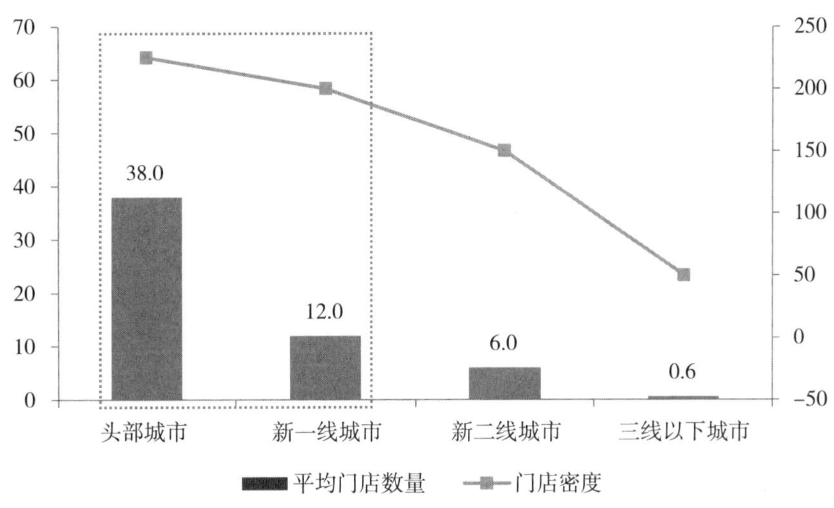

图 28　样本企业平均门店数量与密度＊

＊ 城市覆盖度＝门店覆盖到的城市/该等级的城市总数

＊ 门店密度＝企业门店数量/门店覆盖城市数量

＊ 冷链覆盖率＝冷链覆盖到的城市/该等级城市总数

从门店密度看，企业在新一线的门店密度和头部城市差距不大，一方面，部分新一线的消费水平上升接近头部城市（苏州、杭州），带动连锁零售发展；另一方面，企业在新一线布局门店时，有明显的侧重，并非遍地开花。

电商依靠仓储网络拥有更高的城市覆盖率，便利店依靠高比例加盟和较低的开店成本在低线城市的覆盖率超过大中型超市（见图 29）。

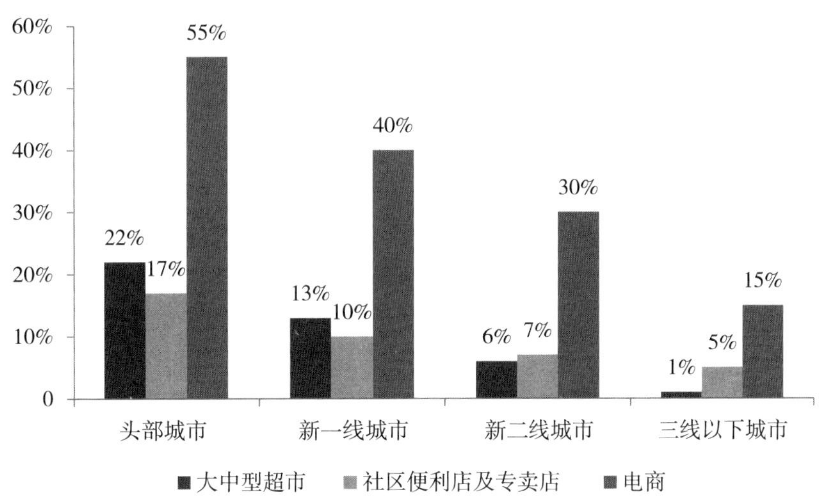

图 29　不同业态的样本企业的城市覆盖度

电商企业在各等级城市都有较高的覆盖度，电商以区域仓（中心仓）—城市仓—前置仓模式对多线城市进行覆盖，开设配送网点的成本远低于开设门店，特别对于低线城市，渗透优势明显。

在低线城市，社区便利店城市覆盖率反超大中型超市，社区便利店较大中型超市单店成本低且加盟比例高，在低线城市扩张优于大中型超市。

六、中国零售行业企业供应链现状总结与建议

（一）总结

1. 新冠肺炎疫情影响下的零售行业供应链的现状

新冠肺炎疫情给中、美零售企业和品牌商企业带来系统性的、持续的、深远的影响，同时也凸显供应链管理的重要性。未来，能够在供应链的管理水平、反应速度、风险防范等方面领先的企业将拥有更强的市场竞争力。同时，零售企业和品牌商企业都充分重视新冠肺炎疫情影响下供应链的不确定性，希望进一步加强需求和供给端的预测能力。

2. 零售企业及品牌商积极应对新冠肺炎疫情及国际贸易不确定性带来的冲击

透过运营指标，我们看到国内的零售企业和品牌商企业积极尝试在经营战略、运营模式、品类策略和科技上作出改变和创新，来减低新冠肺炎疫情和国际贸易不确定性等带来的对业务和供应链的冲击。同时，国内零售企业及品牌商企业响应 5G 时代的转变，积极打造数字化布局，以建设更高效的供应链运营网络。

3. 供应链下沉趋势

在内循环政策导向、居民收入水平提升和结构优化的多重影响下，国内零售企业的供应链下沉趋势明显，低线城市在指标上拉近与头部城市和一线城市的距离，冷链、物流等基础设施建设是进一步下沉的关键。与此同时，随着渠道的不断下沉与裂变，保证供应服务水平，提升订单满足率是供应链的重中之重。应通过引进新系统、新模式和智能化设备来实现降本增效的目的。

（二）给企业的建议

1. 敏捷供应链转型，响应新生代需求

“90 后”以及“00 后”逐渐成为消费主力的同时，对零售行业科技化、信息化的需求也更胜以往。投资智慧物流已经成为企业提高供应链端到端敏捷性最重要的方法之一。数字化赋能渠道数据可视性，通过流程机制和数字化手段加强各级渠道的管控和进销存等数据的可靠性，为供应端提供可靠输入。同时，提高需求预算准确性，建设“一致性”需求计划，利用预测工具模型，将需求预测作为经销商、销售和市场等部门的考核元素。

2. 深耕供应链下沉，布局二、三线城市

下沉市场囊括国内近 70%的人口，近年来“小镇青年”逐渐成为不可或缺的消费力量。零售企业将供应链布局在二、三线城市，可以有效降低因供应链产生的成本，并且可以做到迅速支援下沉市场的经营。社区团购作为本地生活服务市场的重要赛道，零售企业及品牌商企业需要打造长渠道、强管控，深耕渠道下沉能力，提高二、三线及县级城市经销商数量以实现分销业务的快速拓展。

3. 重风险防范意识，强管控治理模式

新冠肺炎疫情对国内零售企业和品牌商企业带来了深远的影响。企业应加强其对未来销售的预测能力，并提高风险防范意识来保持行业地位，明确供应链战略方向和发展目标，如降低供应链成本、提升服务水平、自建仓储物流、建设智能化柔性生产等，并设计关键能力提升路径图。

中国连锁企业用工情况报告

连锁企业用工具有劳动密集型的特点。随着我国经济进入新常态，人口红利逐渐消失，移动互联等新技术和新商业模式的快速涌现，以传统用工形式为主的行业用工结构正在发生转变，平台化及共享员工等灵活化用工模式逐渐涌现，不少连锁企业正加速研究和探索多元化的用工模式，以顺应新形势下企业发展的需要。

基于此，中国连锁经营协会联合翰德人力集团，围绕我国连锁企业的用工情况进行研究，并发布本报告。本报告采用定性和定量研究相结合的方法，通过问卷与访谈的形式，面向 100 余家连锁企业开展调研，了解连锁企业的用工现状、困境与主要诉求。

当前，连锁企业在用工方面普遍面临着基层员工流失率偏高、用工成本压力大、用工模式偏单一化、招人留人难等挑战。结合我国用工政策与连锁企业的发展趋势，本报告旨在为连锁企业用工提出优化建议。未来连锁企业用工将向“四转四化”的方向转变，建议企业在以传统全日制用工为基础的前提下，开展更加多元化的用工模式探索，适当将灵活用工的比例和适用范围进一步延展，在强化劳动关系管理、建立长效激励机制、开拓晋升通道、夯实培训体系等方面构建更加和谐的用工关系。

一、样本情况

（一）参与问卷调研企业信息

共有 130 余家企业参与调研，收回有效问卷 111 份。从企业主营业态看，受访企业主要以超市（28.70%）、百货店及购物中心（11.31%）、餐饮（17.39%）、便利店（10.43%）和专业店（10.43%）为主（见图 1）。

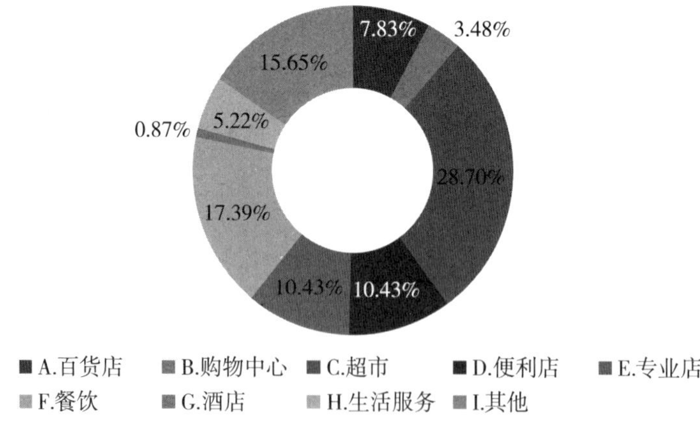

图 1　受访企业业态分布情况

从企业所有制形式上看，受访企业所有制形式以民营（67.83%）为主（见图2）。

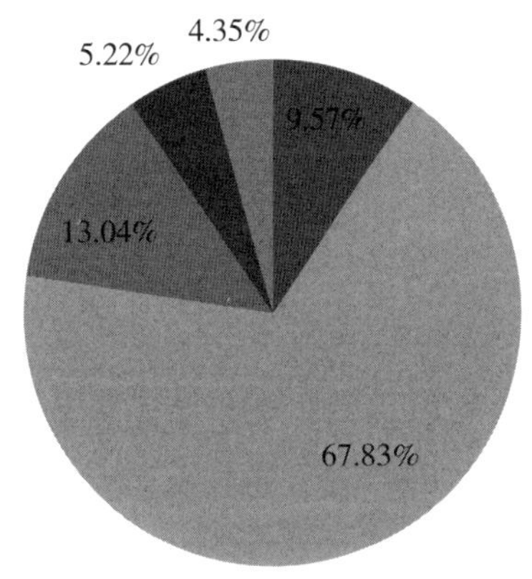

图2　受访企业所有制形式分布情况

从企业人员规模看，受访企业多为大型连锁企业，自有员工数量较多，小微企业较少（见图3）。

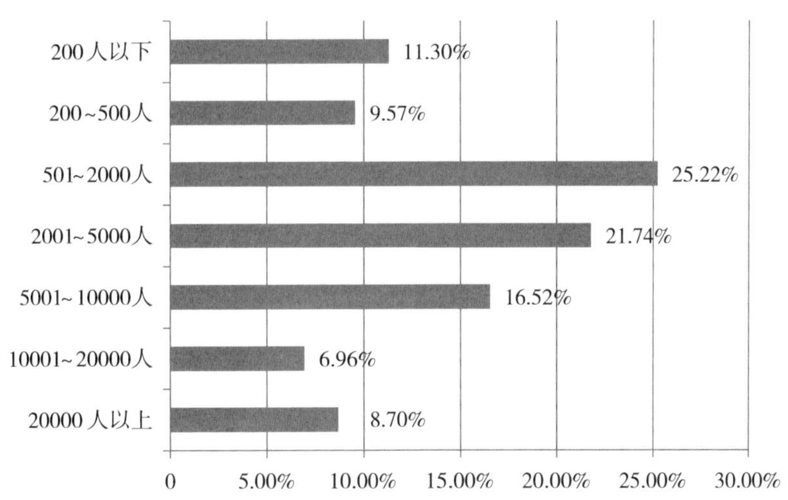

图3　受访企业2019年自有员工数量统计

（二）参与访谈企业信息

根据企业所属业态和规模的不同，共选取了13家代表性连锁企业，针对用工情况进行深入访谈。

表 1　　参与访谈企业名单

序号	企业名称	主营业态
1	永辉超市股份有限公司	超市
2	步步高商业连锁股份有限公司	超市
3	新世界百货投资（中国）集团有限公司	百货
4	永旺（中国）投资有限公司	购物中心
5	国美零售控股集团	专业店
6	柒一拾壹（中国）投资有限公司	便利店
7	星巴克企业管理（中国）有限公司	餐饮
8	王品（中国）餐饮有限公司	餐饮
9	云南云海肴餐饮管理有限公司	餐饮
10	北京嘉和一品餐饮管理有限公司	餐饮
11	北京金掌勺餐饮有限公司	餐饮
12	北京红黄蓝儿童教育科技发展有限公司	生活服务
13	北京福奈特洗衣服务有限公司	生活服务

二、连锁企业用工的现状与挑战

（一）基层员工流失率偏高，店长和一线基层岗位用工缺口偏大

调研显示，受访企业自有员工的总体年流失率（年末离职人员/平均在职人员）为 17.5%，其中管理人员的年流失率为 7.5%，基层员工的年流失率为 27.9%（见图 4）。薪酬福利（45.22%）是员工离职的主要原因，晋升空间（16.52%）也成为员工离职的重要风险点（见图 5）。基层员工的流动性偏高，为企业的网点加速扩张带来挑战，同时也使人员招聘、人员培养和人才梯队建设等面临一定压力。

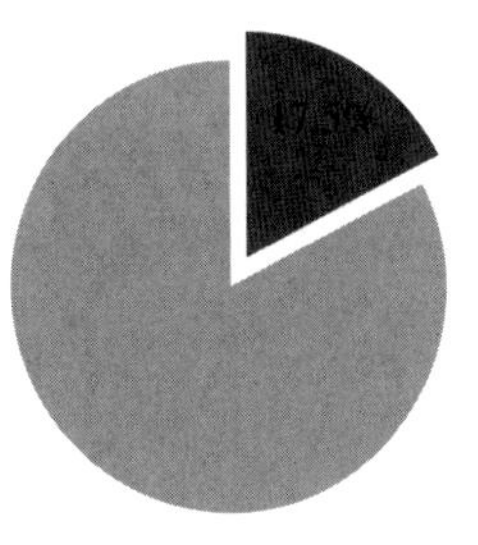

总体年流失率

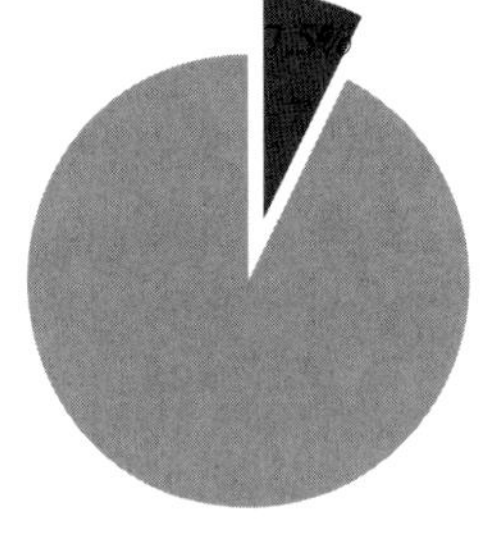

管理人员年流失率

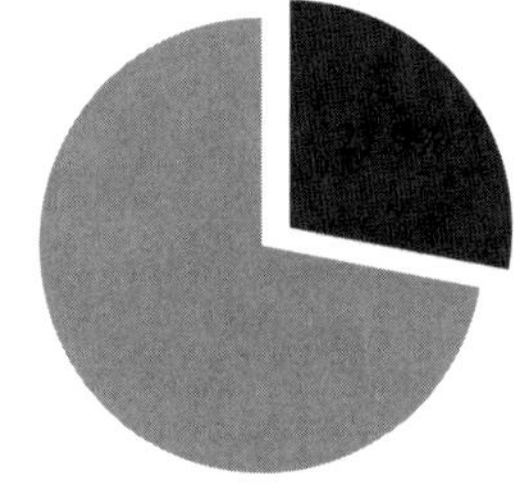

基层员工年流失率

图 4　受访企业自有员工年流失率统计

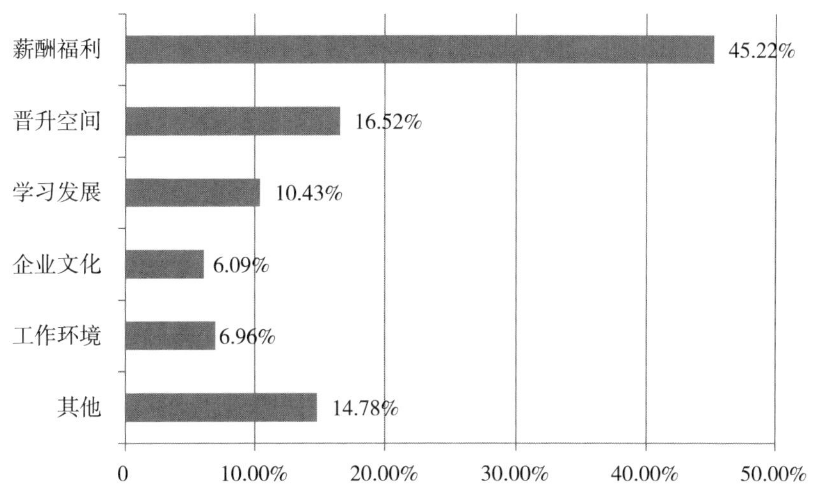

图 5　受访企业员工离职的主要原因统计

流失率偏高会导致出现一定的用工缺口。根据协会与德勤联合发布的《2019 中国连锁零售业人才供需及新职业新岗位发展研究报告》，门店基层员工和门店管理岗位员工是连锁企业需求量最大的岗位群。本次调研数据显示，店长和一线岗位用工缺口较明显，分别为 38. 26%和 75. 65%，这主要是由店长和一线基层岗位的用工需求量大以及员工的流失率偏高导致的。同时，企业也存在一定的营销岗位用工缺口（27. 83%）（见图 6），这与近年来数字化发展助推企业加大对新媒体运营和数字化营销的投入有一定关联，营销岗位的用工需求量总体呈上升趋势。

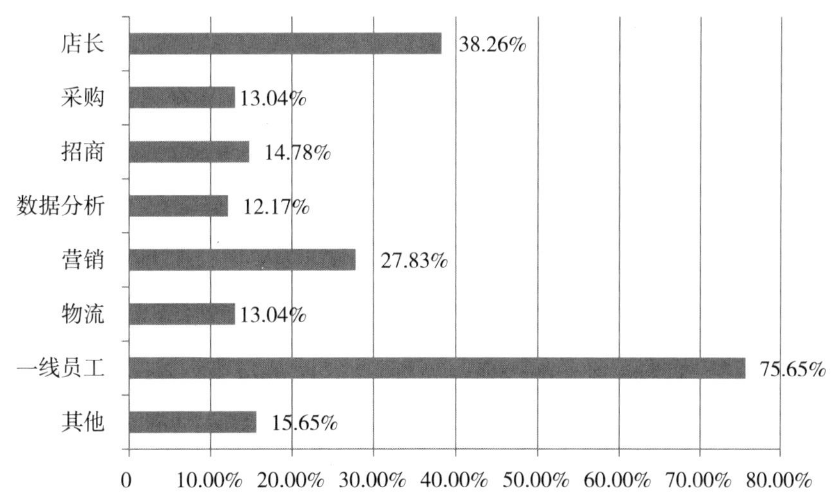

图 6　受访企业存在用工缺口的岗位统计

流失率偏高会无形中增加了企业的招聘频次、招聘成本和人力资源的管理难度。调研显示，受访企业对关键岗位的招聘达成率（入职人数/计划招聘人数）为 76. 70%（见图

7)。半数以上(51.30%)的受访企业将人员招聘作为人力资源管理的一大痛点(见图8),其中很重要的一个原因是部分岗位员工的流失率偏高,导致出现重复招聘等情况。

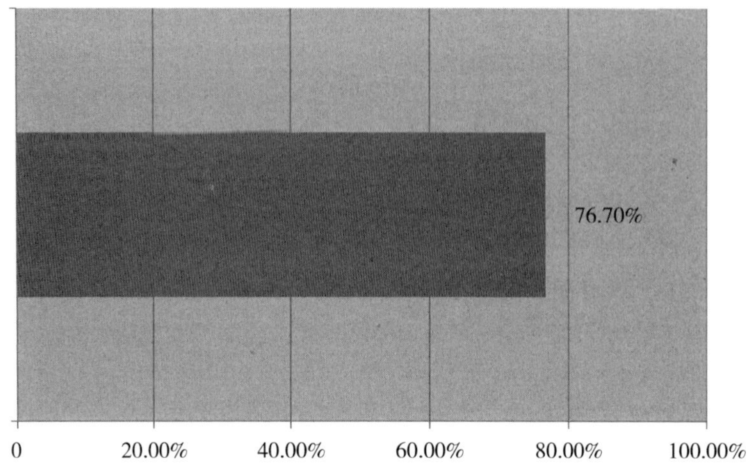

图 7　受访企业关键岗位招聘达成率统计

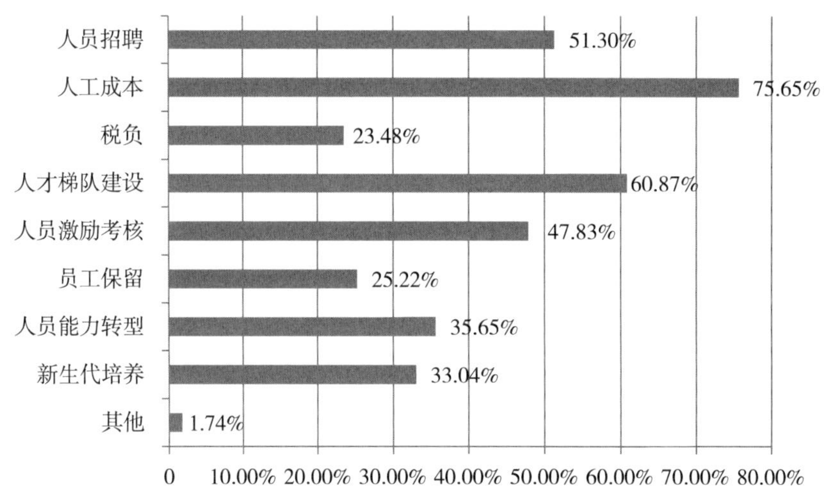

图 8　受访企业面临的用工问题统计

调研发现,受访企业的从业人员基本是以“80 后”“90 后”为主导(见图 9、图 10),年轻员工的就业本身具有不稳定性的特点,这也是导致员工流失率偏高的原因之一。“80 后”“90 后”群体在就业选择上与老一辈的员工有着本质的不同。由于家庭的财富积累等方面更具优势,年轻员工的就业选择机会更多,也会更加考虑自身的职业偏好,这就会造成员工的频繁离职。

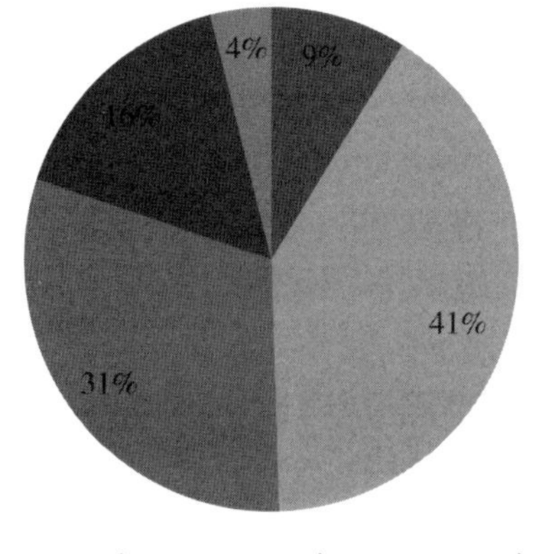

图 9 受访企业管理人员（总部、区域、门店）年龄统计

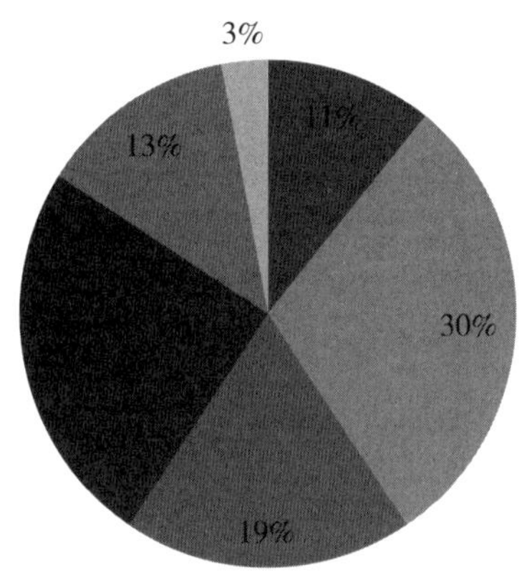

图 10 受访企业门店人员年龄统计

对于年轻员工的工作特性方面，调研显示，“90 后”员工在工作中具有“渴望被认可”（78.26%）、“勇于自我表现”（73.91%）、“敢于挑战”（63.48%）、“富有创新意识”（59.13%）的突出特点，但他们在“专长型，聚焦擅长领域”（18.26%）、“合作意识”（21.74%）、“善于沟通”（28.70%）技能等方面还有待提升（见图 11）。对他们自身而言，“平等尊重”（80.87%）、“价值认同”（69.57%）和“工作环境”（64.35%）是其在工作中较为看重的方面（见图 12）。某种程度上他们对精神层面的诉求更高，单纯的物质层面激励并不能对他们产生好的效果。基于此，对新生代员工的管理方式调整以及对他们的长期职业培养与发展需引起企业的重视和关注。

调研显示，员工的流失率偏高还会影响企业建立长期稳定的社保缴费关系，增加企业的社保缴费风险。由于员工的流动性高，企业无法同员工建立长期稳定的雇佣关系，导致部分企业存在一定程度的社会保险缴费合规性问题。

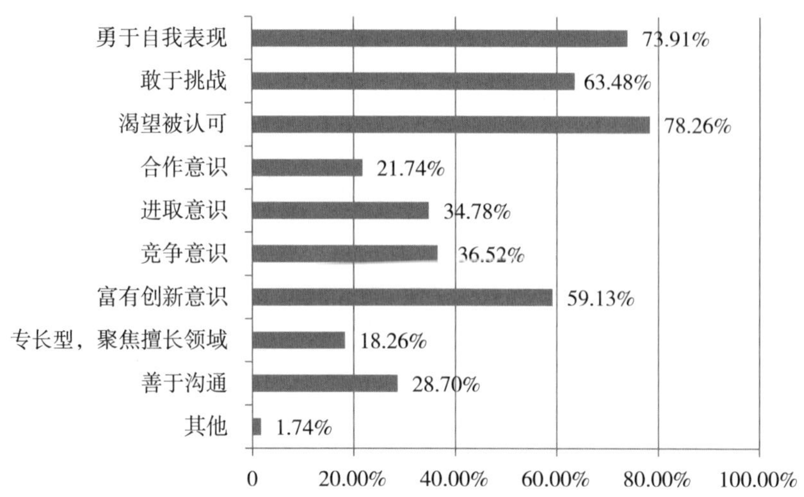

图 11　新生代员工（“90 后”）在工作中的突出特点统计

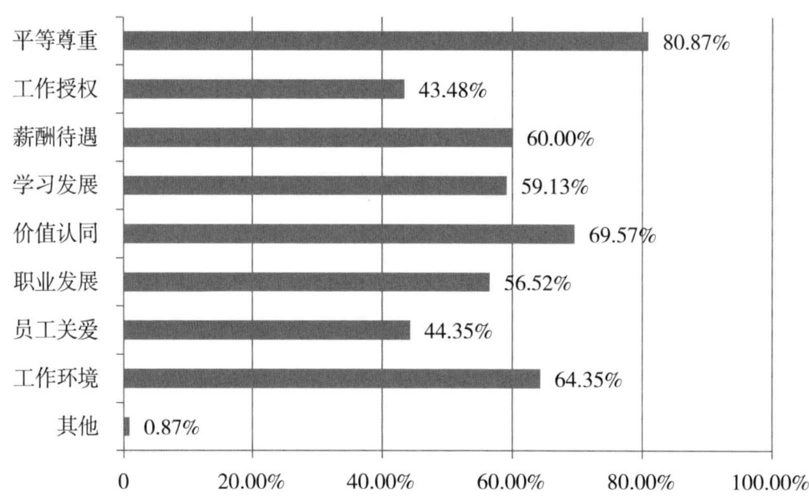

图 12　新生代员工（“90 后”）在工作中更看重的方面调研

（二）人工成本压力是企业用工的首要痛点

调研显示，现阶段大多数连锁企业都承受了较高的人工成本压力。人工成本压力（75. 65%）成为企业用工方面的首要痛点（见图 8）。人工成本压力主要来自员工的工资年度增长（87. 83%）和五险一金缴纳（83. 48%）（见图 13）。

调研显示，员工的频繁流动本身会增加企业的招聘和管理成本，流动性高还会导致企业与员工之间难以建立稳定的社保缴费关系，造成社保缴费困难。依法缴费的压力被很多企业认为是非常重的负担，而人工成本高也可能造成部分企业通过不正当手段规避用工成本的情况发生。

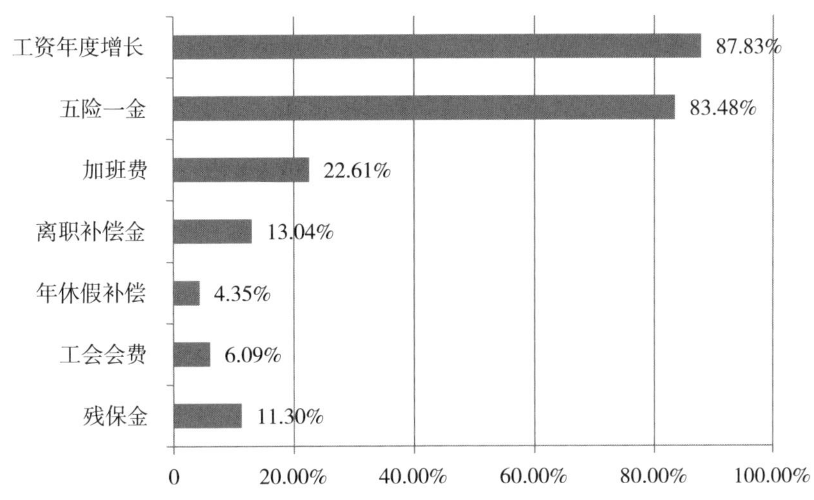

图 13　受访企业人工成本压力的来源统计

国家对于工资的年度增长有法律指标，即基于最低工资标准的上调，连锁企业需每年上调一线员工的工资，而密集型用工必然会带来高昂的用工成本。同时，基于社会平均工资的上调，也带来社保缴费的压力，因为社会保险缴费的最低基数是同社会平均工资的一定比例挂钩的。根据《国税地税征管体制改革方案》，从 2019 年 1 月 1 日起，各项社保费由税务部门统一征收。据不完全统计，如果合规缴纳社保，个人和企业五险成本占到用工成本的 40%左右。不少企业呼吁，希望通过政府和金融机构的成本补贴、降低或减免税费等途径来减轻自身成本压力。此外，连锁企业对于政策申请手续便捷化、降低手续费成本等也有较高诉求。

调研显示，导致企业成本压力的另一个隐性原因是连锁企业偏单一化的用工模式，即以传统全日制用工模式为主的用工模式。在此模式下，“社保入税”政策的施行使企业必须按照员工实际工资额缴纳社保费，同时又无法有效地享受灵活用工的相关优惠政策，导致负担过重。在新冠肺炎疫情期间，国家为减轻企业负担，合理分担企业稳岗成本，积极出台相关就业救助政策，但对于具有劳动密集型特点的连锁企业而言，普惠性政策的实施成效并不显著，不少企业呼吁国家需出台更具针对性的特惠政策，以帮助其应对高成本的用工问题。

（三）企业员工整体的受教育程度偏低

调研显示，受访企业员工的受教育程度总体偏低。其中管理人员（含总部、区域和门店）学历水平是本科及以上的人员占比不足四成（38%），门店员工学历水平是专科以下的人员占比近六成（59%）（见图 14、图 15）。与金融、IT、建筑等其他行业的从业群体受教育程度相比，连锁企业大部分一线岗位和部分管理岗位并没有学历层面的入职门槛，这与行业的社会认可度偏低、基层岗位流失率偏高以及职业化程度不高有一定关系。

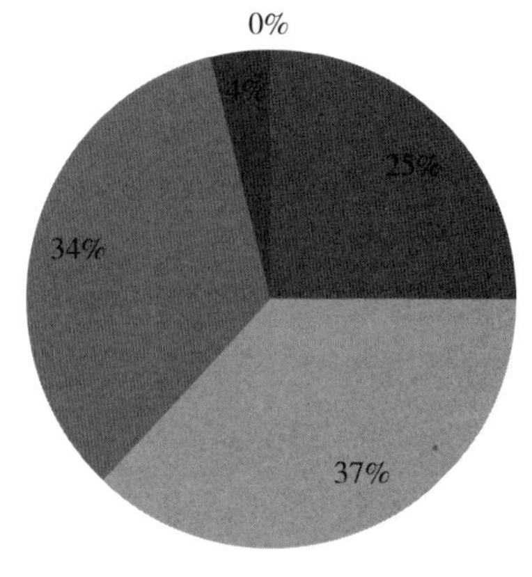

图 14 受访企业管理人员（总部、区域、门店）学历水平统计

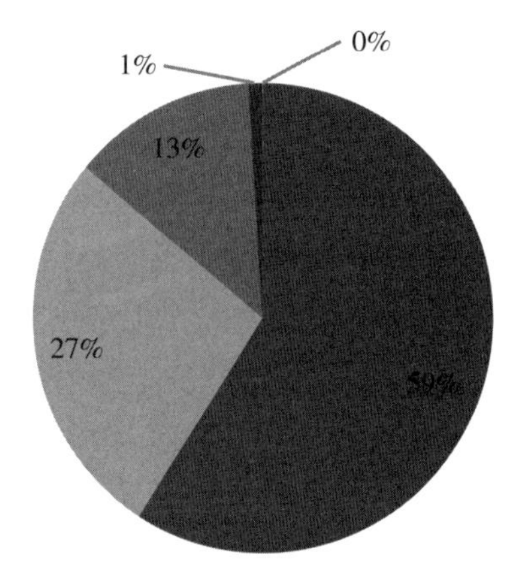

图 15 受访企业门店员工学历水平统计

结合 CCFA 开展行业校企合作与人才培养的痛点以及本次调研内容，连锁从业人员的低职业化主要源自三个方面：

一是在院校人才培养方面，开设连锁经营管理专业的院校大多以高职院校为主，本科院校尚没有开设完全对口的专业，专业建设的不足会一定程度上影响行业人才供给量和供给质量的不足。

二是在职业归属方面，在 2015 版的国家职业分类目录中，对应连锁企业工作的只有“商品营业员”岗位，门店管理和运营等岗位以及相关岗位标准缺失，这也导致相关职业标准和培训体系建设不足。2020 年 2 月，“连锁经营管理师”新职业被纳入国家职业分类目录，标志着从国家层面对这一职业的关注和肯定，也为今后的行业人才选用和培养明确了方向。

三是部分岗位的社会认同感低，部分员工很难随工龄增长提升个人价值的社会认同。同时，企业针对各岗位的细分评价标准与培养体系不完善，员工较难拥有一项专业技能，员工在企业的发展空间和职业成长性受限。此外，适应行业专门的人才职业培训政策供给不足也是造成低职业化现象的客观原因。

（四）企业以直接雇佣的全日制用工模式为主

调研显示，现阶段我国连锁企业以直接雇佣的传统全日制用工模式为主，辅以适当的劳务派遣、外包和非全日制用工模式。29.57%的受访企业采用全部直接签订劳动合同的用工方式，28.70%的受访企业采用“劳动合同+劳务派遣+外包”的组合用工方式（见图16）。企业灵活用工量占比较少，近半数受访企业（47.83%）的灵活用工量占用工总量的比例不足5%（见图17），用工灵活性偏低。但同时不少企业均存在灵活用工的需求并在积极尝试。总体上，连锁企业用工正向着多元化的方向发展。

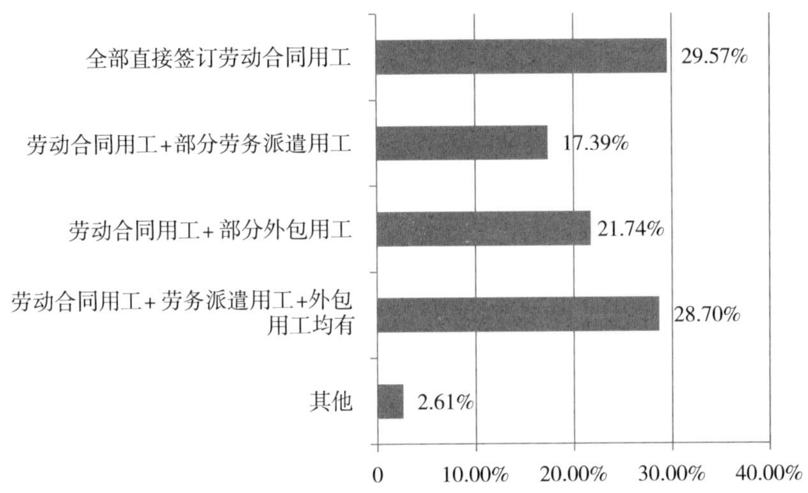

图16　受访企业用工模式统计

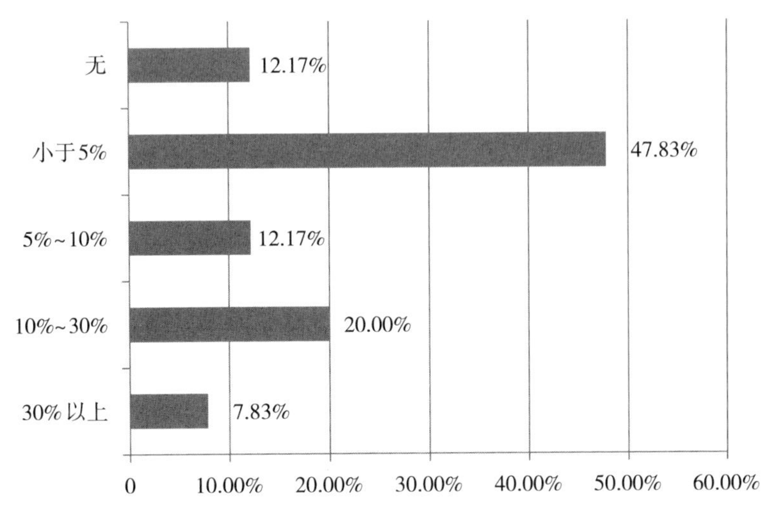

图17　受访企业灵活用工量占用工总量的比例

在灵活用工方面，当前绝大多数的连锁企业灵活用工集中在基础岗位，如收银、保洁、促销、设备维保等。灵活用工主要体现在雇佣形式、工作时间、服务形态等方面的灵活。调研显示，企业的用工形式以小时工（75.65%）、劳务外包（45.22%）等为主（见图 18），六成企业（60.87%）表示平台化用工适合自身的某些业务，其中 15.65%的受访企业已经开展了平台化用工，17.39%的受访企业对平台化用工持积极观望状态，而 24.35%的受访企业则对此持否定态度（见图 19）。

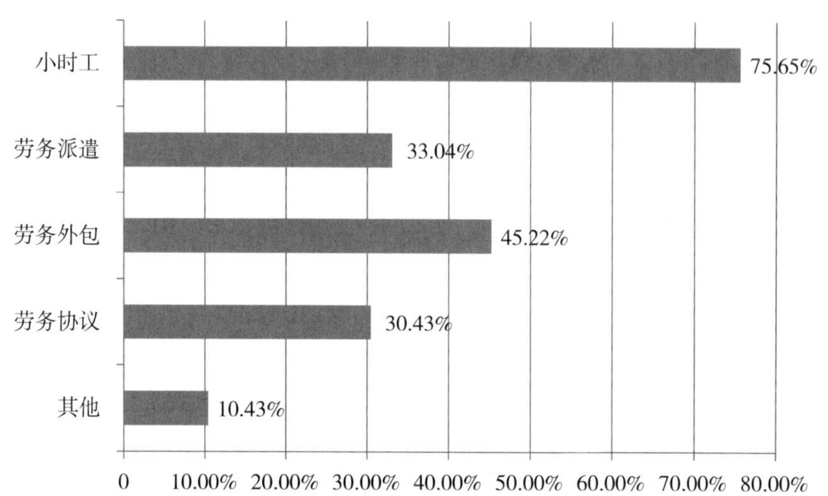

图 18　受访企业灵活用工形式统计

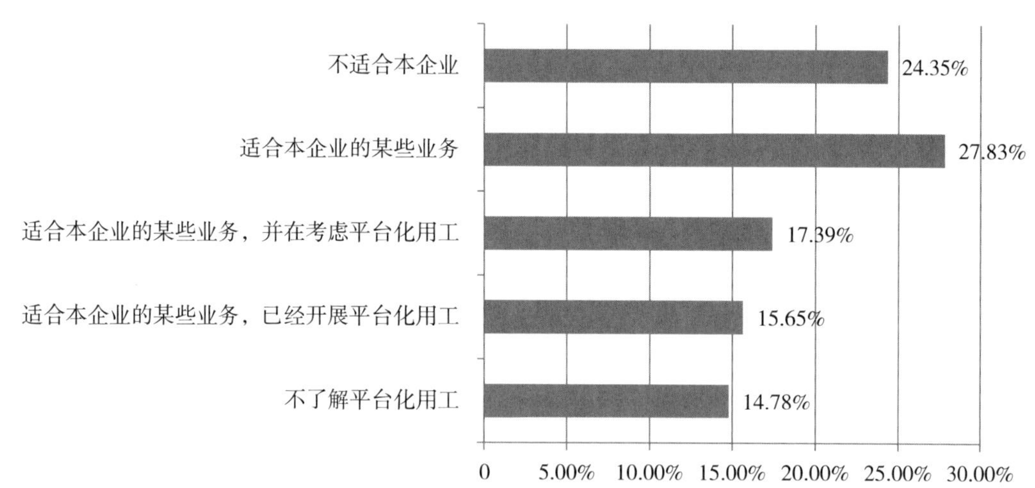

图 19　针对受访企业是否适合开展平台化用工的调研统计

尽管企业以直接雇佣的传统全日制用工模式为主，但不少企业都通过采用非标准工时制度来提升员工工作时间的灵活性，其中 84.35%的受访企业已经对部分岗位用工实施了综合工时（见图 20），73.91%的受访企业尝试了不定时工时（见图 21）。出于用工灵活性和效率提升的考虑，34.78%的受访企业采用了自动化的解决方案来替代基础岗位用工

（见图 22），47.83%的受访企业已经采用了一人多岗的用工方式（见图 23）。

调研发现，连锁企业在灵活用工管理方面还面临一定的挑战，主要体现在小时工招人难（42.61%）、派遣员工的临时性、辅助性、替代性问题（35.65%）、派遣和外包员工的企业融入感低（26.96%）等方面（见图 24）。部分企业表示，新冠肺炎疫情期间的共享员工只是某种程度上的用工借调，并非真正意义上的共享用工，灵活用工仍需从行业标准、平台供需匹配及保障员工权益等方面进行优化。

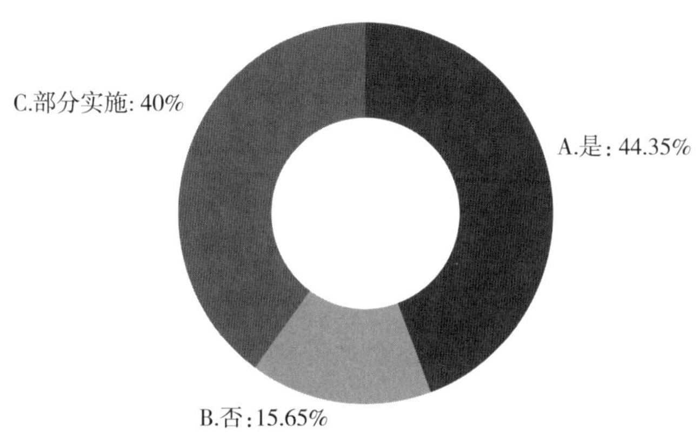

图 20　受访企业采用综合工时的统计

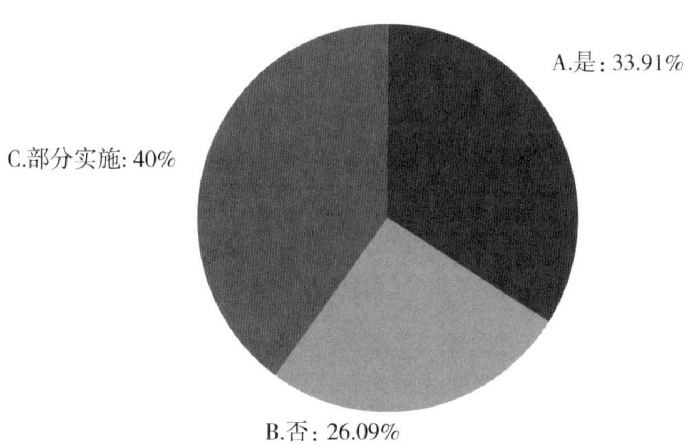

图 21　受访企业采用不定时工时的比例

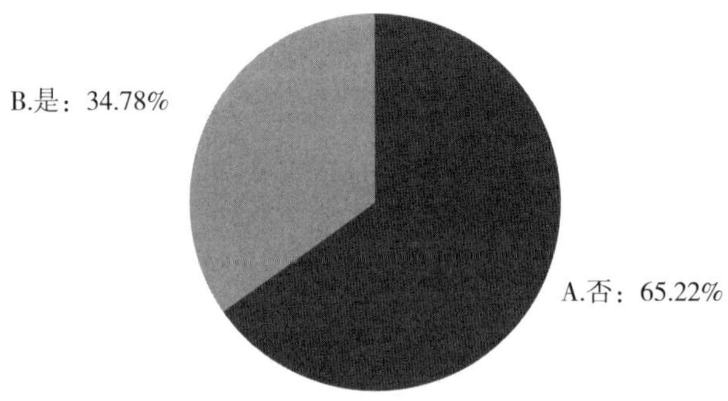

图 22　受访企业是否使用自动化解决方案替代基础岗位用工的统计

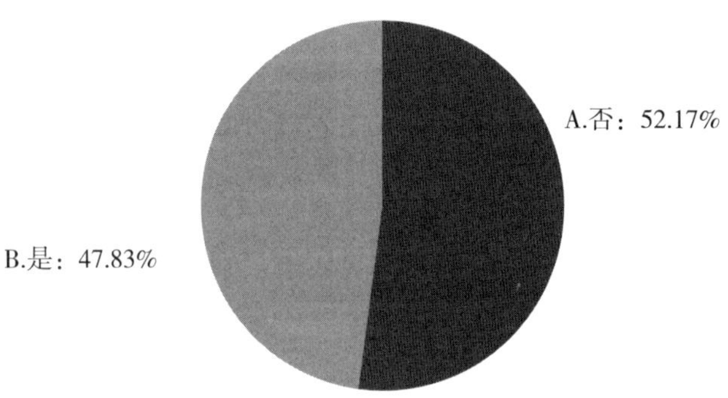

图 23　受访企业是否采用一人多岗的用工形式的统计

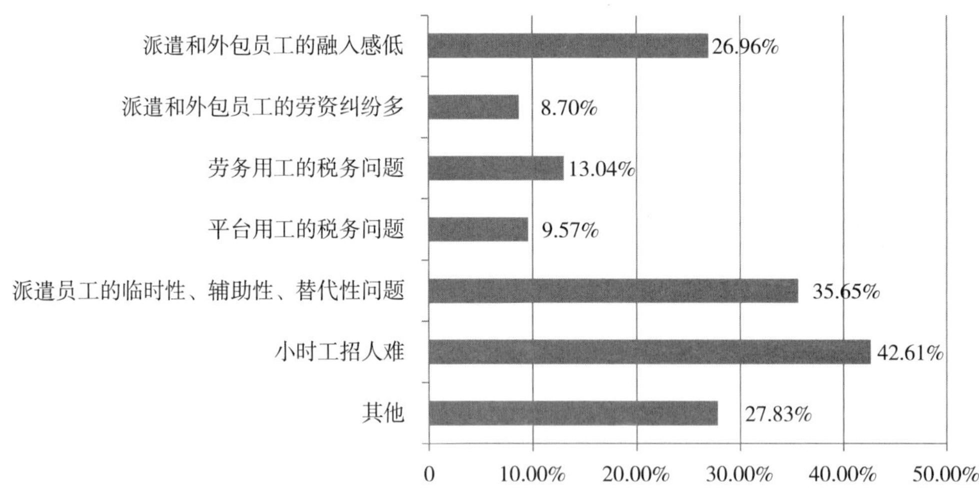

图 24　受访企业灵活用工存在的问题

（五）劳动关系解除是企业劳动争议的最大焦点

调研显示，在劳动关系方面，劳动关系解除理由（66.96%）是受访企业产生劳动争议的最大焦点（见图 25）。受访企业的劳动争议主要表现在几个方面，除“员工解除纠纷”（51.30%）外，还包括“经济补偿金纠纷”（26.09%）、“社保缴费纠纷”（22.61%）以及加班费纠纷（21.74%）等（见图 26）。

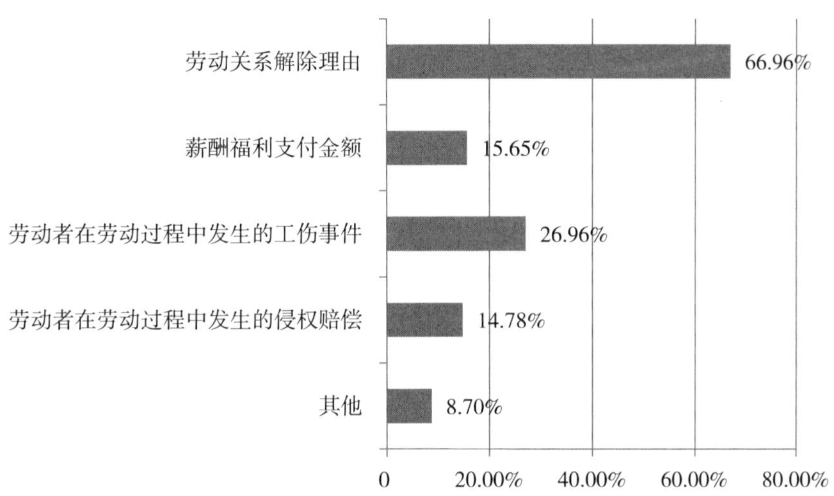

图 25　受访企业劳动争议的焦点

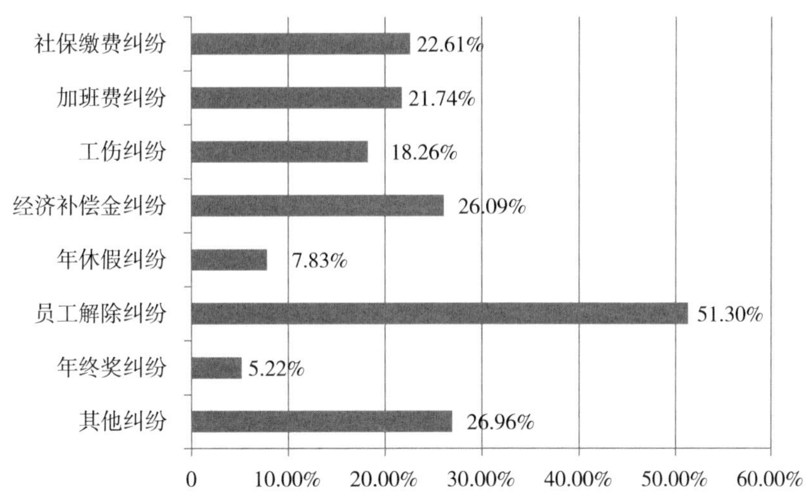

图 26　受访企业劳动争议的主要表现形式

根据翰德人力此前对企业劳动者诉讼请求的数据统计，连锁企业常见的劳动争议主要涉及工资、经济补偿金、劳动关系确认、加班费、未签订书面劳动合同的二倍工资支付、违法解除劳动合同的赔偿金支付、社会保险待遇等方面。对于商超和餐饮业态的企业，由工资产生的劳动争议均是较为突出的（见图 27、图 28）。

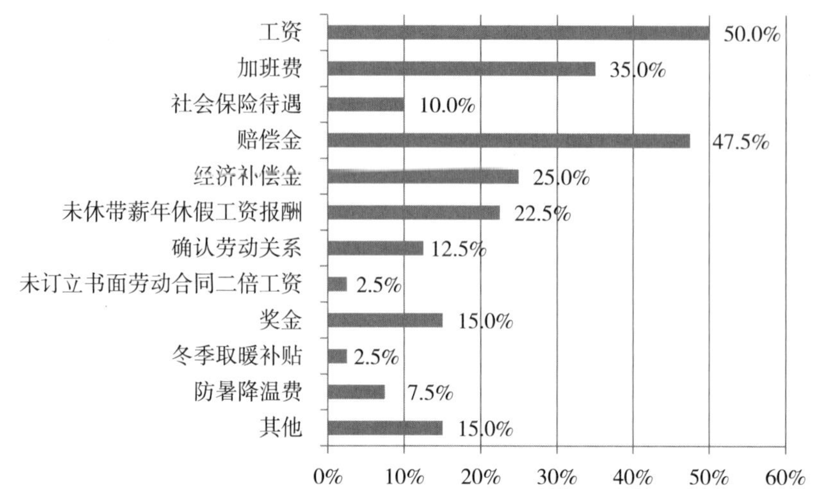

图 27 商超业态企业劳动者诉讼请求统计

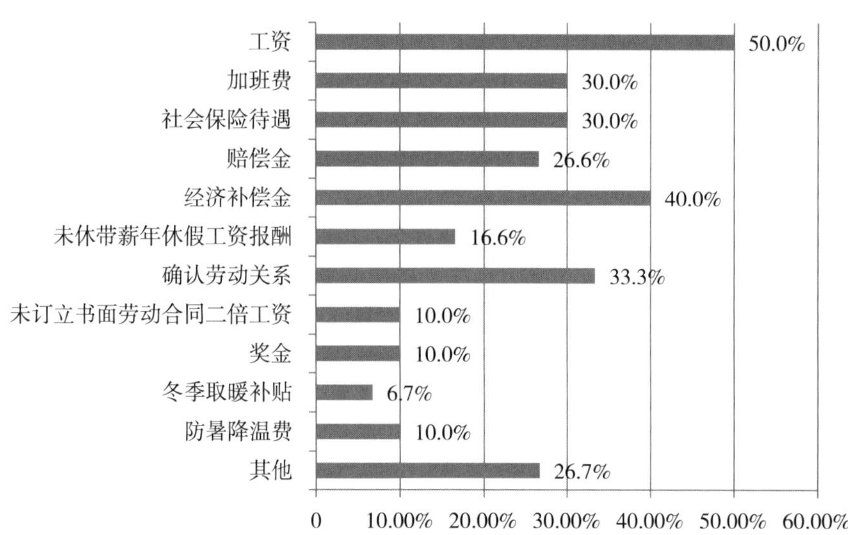

图 28 餐饮业态企业劳动者诉讼请求统计

调研显示，部分企业还存在一定比例的事实劳动关系或口头劳动合同的情形。同时，企业的劳动合同条款内容不具体、不清晰，欠缺操作指引性等问题较为普遍，部分企业也并未完全按照合同内容履行。总体上看，企业劳动合同对劳动关系的规范、调整功能较弱。

根据翰德人力掌握的灵活用工诉讼统计数据，工资（53.3%）、社会保险待遇（43.3%）、赔偿金（43.3%）以及劳动关系确认（43.3%）是常见的劳动争议焦点（见图 29）。从政策环境看，适应新业态、新零售需求的灵活用工政策供给不足也是导致企业劳动争议多的原因之一。

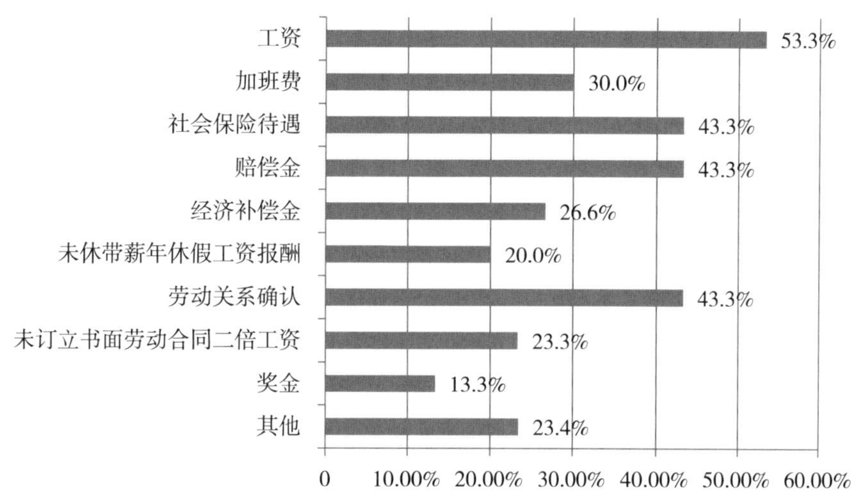

图 29 连锁业灵活用工者诉讼请求统计

此外，企业用工的高流动和高成本本身就会给自身的用工带来风险。从流动性看，稳定的雇佣关系下，用工风险是较小的。

三、连锁企业用工趋势预测及优化建议

（一）连锁企业用工趋势

1. 用工由统一化转向分层化

鉴于现阶段连锁企业承受的用工成本压力以及从业人员的职业化程度偏低的现状，未来企业的用工关系有望从统一化向分层化转变。分层化是指面向不同层级的员工，在员工的流动性、收入结构、用工形式、管理方式等方面采用不同的策略和有针对性的细分化管理方式。

在流动性方面，流动性并非越低越好，而是要关注企业人才的绩效回报率与企业经营回报率的对比，对各岗位保有一定的流动性有利于企业促进内部人才良性循环和有序竞争。流动性意味着要设定岗位的动态考核标准和淘汰率，当某些员工个人绩效和综合能力成长速度与组织发展不匹配时，则予以必要的调岗或淘汰。对于企业高管、核心岗位人员与专家型人才的流动性需重点关注，在人才保留方面下足功夫。

在收入结构方面，调研显示，薪酬福利水平是导致人员离职的重要原因。对企业而言，可针对不同层级的员工采取多样化的收入分配方式。在实现同样的薪酬水平下，充分使用国家及地方政府出台的各类小微企业、高级人才的税收奖励政策，要考虑工资薪金的劳动性所得税与经营所得税的边际税率问题。对于企业核心高层、中层骨干与高端人才，可采取增加经营工资收入之外的其他收入，在分配中也要注重将个人绩效与企业经营绩效进行强黏合，可采取内部合伙制或持股等方式，实现企业利益与员工利益的捆绑。

在用工形式方面，鉴于企业人工成本的压力和提能增效的发展方向，在以直接雇用的全日制用工基础上，有望基于岗位工作的核心程度、管理难度和事务性工作量等，适当提升灵活用工的比例，探索平台化用工的可能性。重点是要考虑外部采购和自营的经济效益比对。对于骨干人才，要基于可培养性为其提供足够的管理和专业方向上升通道。对于部分基础岗位和替代性较强的岗位，可采取“用而不养”“即用即走”的思路，将人力管理分为基于劳动关系与绩效提升的精益化管理与基于经营结果与企业目标的经营化管理，将经营化管理部分作为企业核心竞争力自营，将劳动关系与能效管理交给合资人力资源公司进行专业化管理，追求成本效益与价值的最大化。

在管理方式层面，企业将不断追求劳动效率与劳动成本的优化，构建内部人力资源市场化机制和内部经营化的服务体系，提供经营性人才方向上的晋升通道，帮助通过市场化的机制筛选将优秀人才留存在企业持续“供血”。包括注重企业文化的打造与员工文化认同，构建科学合理的人才培养体系、轮岗机制与双阶梯（管理、技术）晋升路径，为员工拓宽发展空间，优化中长期激励机制，强化人员劳动关系管理与规避用工风险等，重点是通过有效的分层管理方式帮助核心人才拥有更大的内驱力，获得更好的成长与职业成就感，从而助推其为组织创造效能。

2. 用工由雇员化转向经营化

雇员化的特点是以严格的程序和技术要求为目的，建立高服从性与依附性关系，而经营化的实质是增加职工薪金收入，但不一定是必须给予高工资。连锁企业经营化可从以下方面改进：第一，适当提高薪酬福利待遇，避免员工因薪酬问题频繁离职。第二，经营化的方向可以是合作制、承包制、合伙制。为激发员工工作的积极性，零售、餐饮等业态的企业均可考虑采取分润模式，将企业利益与员工利益进行捆绑。例如，让每位员工都可以持有一定比例的股票，将员工收入、员工关怀践行到管理实践中，还可考虑增加职工经营工资收入之外的其他收入。

3. 人力资源管理由企业化转向品牌化

企业的品牌力不仅对消费者具有吸引力，对从业者来说同样具有正向拉动作用。品牌力建设非一日之功，从吸引行业人才从业和人员保留的角度看，连锁企业应长期注重、强化打造自身统一、规范的品牌形象与品牌声誉，在运营管理、商品管理、价格管理、商品陈列、服务管理等方面实行统一的管理标准和模式，并注重企业品牌形象与文化建设，增强员工对企业的认同感、归属感，达到吸引劳动者的效果。

4. 行业定位由雇主化转向平台化

雇主化是人力资源管理，平台化则是人力资本经营，基本逻辑是“用而不招”“招而不养”“培而不雇”。建议企业从以下四个方面推进转型：第一，充分利用智能时代的新技术，适应当前新业态的用工环境；第二，通过第三方采购形式避免与员工产生直接的劳动关系；第三，同员工建立合伙人机制，实行分润模式；第四，尝试共享员工，避免不必要的辞退。企业经营困难时，在雇主化下应该辞退员工，但是平台化经营后不一定辞退，例如，新冠肺炎疫情期间，无法妥当安置的员工可以与其他机构共享。

（二）连锁企业用工优化建议

1. 以全日制为基础，针对不同业态和岗位特性探索多元化用工

从宏观环境看，未来我国的人口红利将逐渐消失。国家统计局数据显示，2019 年，我国 15~64 周岁的劳动年龄人口为 98914 万人，占总人口比重的 70.65%。我国 15~64 周岁人口总量已连续 6 年下降（见图 30）。随着 20 世纪 50 年代出生高峰队列陆续超出劳动年龄，未来我国的劳动年龄人口将会加速减少，劳动力缺口将逐步放大。

调研显示，现阶段连锁企业普遍采用的以直接雇用的全日制用工模式发展时间较长且较为成熟，这种模式本身具有增加员工认同感、归属感以及降低流动性的优势。因此，建议企业未来的用工模式仍以全日制用工为主，并不断规范全日制的用工方式，充分开发人力资源，提升工作效率，使其更好地为企业服务。

鉴于劳动力缺口的放大会对连锁企业的用工模式产生长远影响，建议企业着眼未来，根据各业态和岗位特性的不同，更加积极地探索多元化用工模式。例如，对于零售、餐饮业态部分基层密集型从业岗位人员，可适当减少直接雇用的人员数量，尝试使用派遣用工、小时工、劳务外包等其他用工形式。例如，云海肴、嘉和一品等连锁企业均采用了外包等用工模式。而对于医药、幼教等专业技能性较强的岗位，建议采用直接雇用的方式，避免人员流失和重复招聘。针对企业大部分一线基础岗位以及其他通过短期培训即可上岗的岗位，建议增加灵活用工的比重。

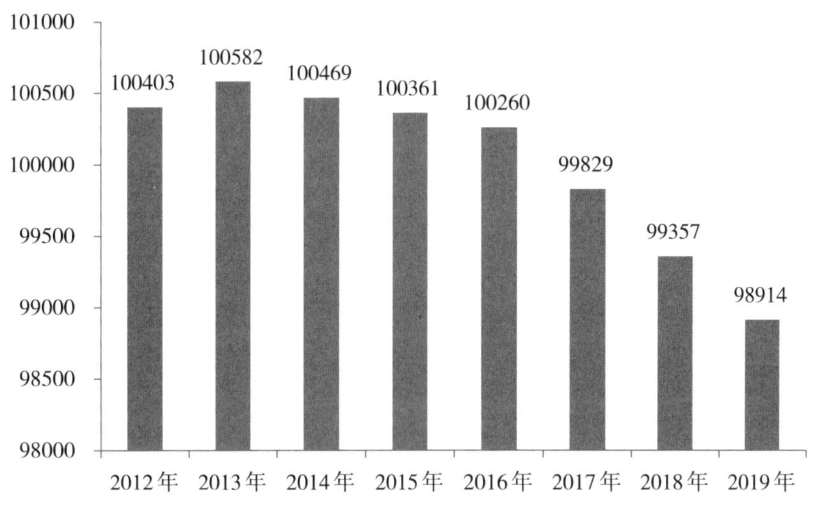

图 30　2012—2019 年我国 15~64 岁人口数量统计（单位：万人）

未来，连锁企业对灵活用工的诉求将从短期内应对季节性、周期性人员需求变化以及缓解企业人员招聘难、流失率高等问题向着企业长期的人员结构调整、降低人工成本、提高劳动生产率方向转变。基于此，连锁企业灵活用工的适用岗位层级将不断延展，涉及更多高端专业人才和具备专项业务技能的劳动者层面。

2. 平台化用工需重点关注信息对称性、宣传渠道和公信力

随着我国平台经济、共享经济等新经济模式的快速发展，以滴滴出行、美团为代表的平台用工模式和大量灵活就业岗位涌现，越来越多的劳动者根据自己的兴趣、技能、时间，以弹性就业者的身份参与。本次调研显示，平台用工形式在受访企业中适用、正在考虑实施和已经实施的占比达到 60.87%，表明连锁企业具有开展平台化用工的潜力。为应对人工成本压力，建议企业考虑引入平台化用工模式。雇主通过与平台签署人力资源服务合同，不与劳动者产生直接的劳动关系，只为其缴纳工伤保险。

在平台化用工中，企业需从提升信息对称性、多渠道宣传招聘信息、提升公信力等方面予以优化。首先是信息的对称性。由于部分基层岗位的用工要求不高，不少企业存在对基层岗位招工信息描述过于简单和粗放的情况，如招聘促销员、洗碗工等，导致从业人员在应聘时未能有效及时捕捉关键信息，没有做到对企业本身和岗位要求的充分了解，导致了双方信息的不对称性，这会造成人员流失和招聘效率低的问题。其次是招聘渠道的拓展。随着微信、抖音等新媒体工具的应用范围更加广泛，传统招聘渠道的效力有所减弱，企业需重点关注新生代的信息获取偏好，并将用工需求在新媒体中予以鲜活体现。最后是提升公信力。平台化用工中，可以设立双方互评机制，通过劳动者在平台的好评率提高企业的公信力，为企业招募更多优秀人才积累口碑。

3. 开发适合企业自身的内部共享和外部共享用工模式

共享员工，其本质是满足不同用工主体之间阶段性用工紧缺或冗余，在尊重员工本人意愿、多方协商一致的前提下，将闲置劳动力资源配置给有缺口的用工主体，从而实现一定范围内人力资源的优化配置。这里有两个层面：其一是企业内部的人力资源共享；其二是在企业与企业之间的劳动力共享，是使用而不占用人的用人方式。

调研显示，国美、步步高、永辉等企业均已在本企业内努力探索适合自身的共享员工策略。例如，某企业在新冠肺炎疫情期间建设自有灵活用工平台，累计调配上万名员工，力求达到工作内容的标准化和任务化，在完成流程标准化后即实现了片区内的员工共享。再如，某企业在构建内部共享机制时，要求所有员工会收银、会计量、会理货、会拣货、会订货。而这“五会”就使企业可以实现线上、线下的员工共享。

此外，用人单位还可与劳动者构建合作伙伴关系。在面临薪资压力或人员冗余的情况下，将部分员工由第三方机构租借给其他公司，实现劳动者的人力资源共享。2020 年 9 月，人力资源社会保障部办公厅印发《人力资源社会保障部办公厅关于做好共享用工指导和服务的通知》，表明国家已经从政策层面开始支持企业间开展共享用工，对阶段性减免社保费、稳岗返还政策按规定继续实施，加强对共享用工的就业服务。此外，从尊重劳动者知情权、依法变更劳动合同、维护劳动者在共享用工期间的合法权益等方面规范了用工方式。这对于连锁企业开展更为广泛的跨业态、跨企业共享用工模式是一大利好。

需要说明的是，在开展跨业态和跨企业间员工共享时，从提升工作质量与效率的角度，建议用工企业要考虑解决员工意愿和能力的问题。首先是意愿问题，即在招聘时公开自身的目标和诉求，例如，新冠肺炎疫情期间某超市企业在招募员工时以“逆行者”强化对员工责任感、使命感的要求，使得员工的匹配度较高。其次是能力问题，尽量通过短期且标准化的岗前培训帮助员工快速建立上岗能力。

4. 强化劳动合同管理，预防劳动争议风险

规范员工关系管理可以为企业避免不必要的劳动争议，维护企业形象，吸引员工加入。为此企业需从以下两个方面进行改进：第一，强化劳动合同管理。对于固定合同用工，自用工之日起，与劳动者订立书面劳动合同，建立劳动关系，用人单位和劳动者必须依法参加社会保险并缴纳相应的费用。劳务派遣、劳务外包、非全日制用工、小时工等作为连锁企业用工形式的重要补充，在实践中需要注意法律规定的人员比例、同工同酬、适用岗位等问题。同时企业需制定劳动合同管理制度，有关条款必须明确、具体，涉及员工的劳动条件、考核标准、奖惩标准及违约责任等规定应尽可能细化，做到可评估、可操作。第二，预防劳动争议风险。首先，对企业中停薪留职、自动离职的员工，应作相应的劳动合同终止、解除或变更手续，并按照相关规定做好人事档案的转移工作，避免纠纷及可能的经济损失。其次，与需要继续聘用的员工及时续订劳动合同，依法辞退不再需要的员工，并按照法律规定给予员工经济补偿。

5. 多维度提升用工管理水平

在提升用工管理水平上，建议企业从文化认同、培训体系建设、薪酬激励、开拓晋升渠道等多方面予以优化。

在文化方面需增强员工的认同感。例如，伙伴文化可作为行业标杆，将员工视为合作伙伴，通过良好的沟通了解员工的发展及家庭情况。在这种氛围中，有助于员工形成对企业的归属感并更好地融入。

在培训方面，建议企业建立不同层级和岗位的分层员工培养计划，针对不同岗位员工的工作与成长需要，配以必要的理论和实操培训，以增强员工职业技能水平为目标，强化职业技能的标准化程度，提升培训的针对性。

在激励方面，需采用多元化的收入分配组合，并构建企业中长期激励机制，实现个人利益与企业利益的一体化。合理的晋升渠道可以为企业留住人才。年轻员工对职业发展十分看重，需为其搭建更大的发展平台，对经验丰富且资历较深的员工，建议企业充分尊重和认可他们的职业成就，并激发其发挥在企业中传帮带的作用。

建议企业设置双阶梯晋升机制，即纵向是技术路径，鼓励具备专业技能的员工在专业领域发展，逐步提升职称。横向是管理路径，鼓励部分员工实现向管理阶梯的转变。在两条路径的平行层级中，相同级别的人员具有同样的地位、报酬和奖励。这就使得走技术阶梯的员工能与管理人员享有平等的发展机会和发展空间。同时，这种双阶梯机制允许技术人员自行决定其职业发展方向，他们可以继续沿着技术阶梯发展，也可以转入管理阶梯发展。

2020 年中国连锁企业人力资源关键指标报告

当前，我国连锁企业的人力资源管理工作面临的挑战主要体现在人员招聘、人工成本以及人才梯队建设等方面。受 2020 年新冠肺炎疫情的影响，连锁企业运营环节出现了新变化、新特征，企业转型升级步伐加快，不少连锁企业的经营业绩出现下滑，这对人力资源管理提出了更高要求，提升组织效能与赋能员工持续创造价值成为企业的人力资源管理工作所需承担的重要职能。

基于此，中国连锁经营协会围绕企业员工年自然流失率、人均薪酬、人效水平、人事费用率、灵活用工占比和培训成本占比六类指标开展分业态调研，形成超市、便利店、食品专卖店、非食品专卖店、百货及购物中心、专业店（家电、家居）、酒店、餐饮业态的参考性行业人力资源关键指标。希望为连锁企业更好地开展行业人力资源管理提供对标参考，契合新形势下的企业人力资源管理工作转变，持续推动人力资源管理水平与效能提升。

一、调研方法与指标释义

（一）调研方法

本报告采用基于企业样本数据与国家行业统计数据定量分析的方法。企业样本数据主要通过问卷调研（210 家）和上市公司（98 家）年报公开披露数据整理计算两种方式获得（见图 1、图 2、表 1）。国家行业统计数据主要通过国家统计局及《中国统计年鉴》（2013—2020 年）公开数据整理计算获得。

表 1　　统计指标的数据

统计指标	数据
有效样本数量	308 家
样本业态分布	超市、便利店、食品专卖店、非食品专卖店、百货及购物中心、专业店（家电、家居）、酒店、餐饮 8 个业态
样本销售规模	2020 年度总销售规模约 2.1 万亿元（约占 2020 年社会消费品零售总额的 5.36%），其中销售规模为 100 亿元以上的企业占比约为 18.28%
样本从业人数	约 206 万人
百强入围情况	75 家企业入围“2020 年中国连锁 Top100”榜单，20 家企业入围“2020 年中国特许连锁 Top100”榜单

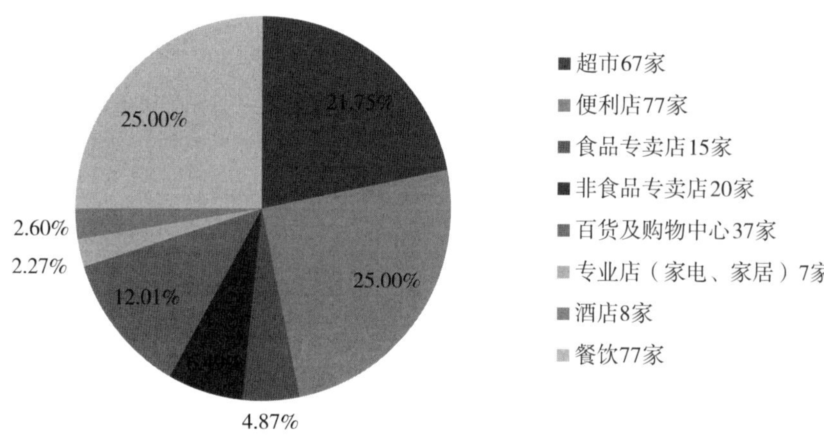

图 1　样本企业业态分布数量及占比统计

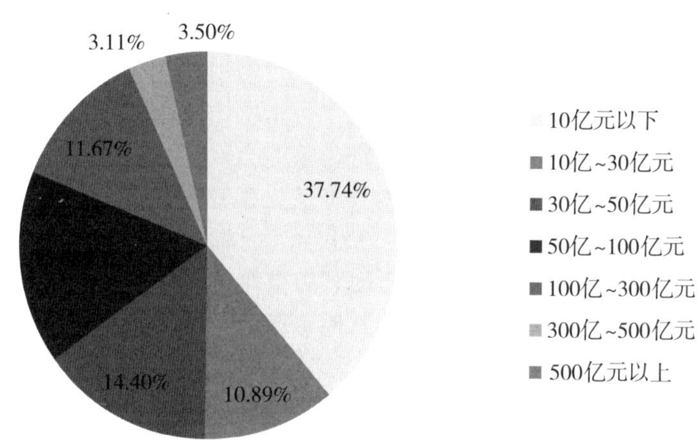

图 2　样本企业年销售规模分布统计

（二）指标释义

基于 8 个业态各自的样本池统计的人力资源指标覆盖以下六类指标。

员工年自然流失率：年度自然流失自有员工数量/年度总自有员工数量×100%。

人均薪酬增长率：（本年度人均薪酬水平-上一年度人均薪酬水平）/上一年度人均薪酬水平×100%。

人效水平：年度总销售额/年度总自有员工数量。

人事费用率：年度总人事成本/年度总销售额×100%，其中，总人事成本＝招聘成本+薪酬福利成本+培训成本+解除成本。

灵活用工占比：年度灵活用工数量/年度总用工数量×100%。

培训成本占比：年度总培训成本/年度总人事成本×100%。其中，总培训成本＝讲师课酬+课程建设+培训项目实施+设备设施+组织运营。

二、行业数据发现

综合各业态调研结果，关于连锁企业人力资源指标的总体状况如表 2 所示。

表 2　　受访企业 2019—2020 年人力资源关键指标总体调研统计

序号	关键指标	2019 年	2020 年	
1	基层员工年自然流失率	31.86%	31.51%	下降
2	管理层员工年自然流失率	8.67%	8.04%	下降
3	灵活用工占比	13.72%	14.73%	上升
4	人效增长率	-	-15.87%	-
5	人均薪酬增长率	-	-3.62%	-
6	人事费用率	11.28%	12.22%	上升
7	培训成本占比	2.66%	2.79%	上升

（一）员工年自然流失率

2019—2020 年，连锁企业基层员工的总体年流失率基本保持在 25%~30%，管理层员工的总体年流失率基本保持在 7%~10%。2020 年，受新冠肺炎疫情等外部环境的影响，多数企业的员工流失率同比出现小幅下降，便利店企业基层流失率降幅相对明显。从业态来看，餐饮业态企业的员工流失率相对高于其他业态企业（见表 3）。

表 3　　各业态受访企业 2019—2020 年员工年自然流失率统计

业态	总体流失率			基层流失率			管理层流失率		
	2019 年	2020 年		2019 年	2020 年		2019 年	2020 年	
超市	19.18%	18.90%	下降	-	-	-	-	-	-
便利店	-	-	-	29.40%	27.60%	下降	7.40%	7.00%	下降
食品专卖店	-	-	-	21.53%	21.61%	上升	8.47%	7.02%	下降
酒店	-	-	-	29.86%	28.54%	下降	7.60%	7.50%	下降
餐饮	-	-	-	36.12%	37.92%	上升	10.65%	9.45%	下降

（二）灵活用工占比

2019—2020 年，连锁企业的灵活用工占比总体呈上升态势，主要是企业优化用工结构和控制成本等原因导致的。餐饮、便利店业态企业的灵活用工占比相对高于其他业态。便利店、酒店业态的灵活用工同比增福较显著（见表 4）。

表 4 各业态受访企业 2019—2020 年灵活用工占比统计

业态	2019 年	2020 年	
超市	11.49%	11.96%	上升
便利店	17.80%	20.20%	上升
食品专卖店	9.79%	8.73%	下降
酒店	11.88%	14.40%	上升
餐饮	19.12%	19.80%	上升

（三）人效水平

2020 年，连锁企业的人效水平大多出现不同程度的同比下降，主要是由于企业经营业绩下滑所导致的。百货及购物中心业态的人效水平同比降幅较显著（见表 5）。

表 5 各业态受访企业 2019—2020 年与 2019 年各行业人效水平（万元/人）统计

业态	2019 年	2020 年		2019 年行业
超市	94.55	94.61	上升	87.77
便利店	–	66.02		59.35
食品专卖店	121.93	112.87	下降	127.79（专卖店）
非食品专卖店	131.50	142.01	上升	127.79（专卖店）
百货及购物中心	248.31	139.30	下降	172.47（百货）
专业店（家电、家居）	201.55	194.93	下降	264.96（专业店）
酒店	31.87	29.64	下降	23.87
餐饮	39.47	32.18	下降	23.90

注：2019 年各行业人效水平根据《中国统计年鉴》（2020 年）数据整理计算获得。

（四）人均薪酬增长率

2020 年，各业态连锁企业的总体人均薪酬增长率呈现分化。超市、便利店业态企业的人均薪酬水平呈现较好正增长态势，而百货及购物中心、餐饮业态同比降幅较明显（见表 6）。

表 6 各业态受访企业 2020 年人均薪酬增长率统计

业态	2020 年	
超市	3.30%	上升
便利店	6.90%	上升
食品专卖店	0.54%	上升

续表

业态	2020 年	
非食品专卖店	0.87%	上升
百货及购物中心	-5.60%	下降
专业店（家电、家居）	-1.83%	下降
酒店	-3.67%	下降
餐饮	-6.66%	下降

（五）人事费用率

2020 年，餐饮、酒店业态企业的人事费用率相较其他业态高。百货及购物中心、酒店业态企业的人事费用率同比增长较显著（见表 7）。

表 7　各业态受访企业 2019—2020 年人事费用率统计

业态	2019 年	2020 年	
超市	8.01%	8.07%	上升
便利店	10.50%	10.40%	下降
食品专卖店	8.77%	9.04%	下降
非食品专卖店	11.13%	11.27%	上升
百货及购物中心	7.78%	12.55%	上升
专业店（家电、家居）	15.05%	14.48%	下降
酒店	18.88%	23.13%	上升
餐饮	21.53%	22.56%	上升

（六）培训成本占比

2019—2020 年，连锁企业的培训占比基本保持稳定。餐饮、便利店业态企业的培训成本占比同比呈上涨态势（见表 8）。

表 8　各业态受访企业 2019—2020 年培训成本占比统计

业态	2019 年	2020 年	
超市	2.18%	1.60%	下降
便利店	2.80%	3.00%	上升
食品专卖店	6.96%	6.82%	下降
餐饮	3.93%	4.21%	上升

（七）各业态具体情况

1. 超市

（1）员工年自然流失率：2020年，受访超市企业总体员工年自然流失率平均为18.90%，与2019年（19.18%）的流失率基本持平。

（2）灵活用工占比：2020年，受访超市企业灵活用工占比约为11.96%，与2019年（11.49%）基本持平。

（3）人效水平：2020年，受访企业人效水平总体较2019年小幅增长，同比平均增幅为1.60%（见表9）。部分超市企业在2020年尝试通过减员的方式增效。约六成企业2020年的自有员工数量同比减少。受访超市企业自有员工数量平均减少2.15%。

据CCFA“2020年中国超市Top100”统计数据，超市Top100 2020年平均人效水平达到94万元/人。一、二、三、四线城市人效分别为113.6万元/人，109.6万元/人，85.9万元/人和65.5万元/人。东部地区超市人效为103.8万元/人，中部地区为87.5万元/人，西部地区为74.9万元/人。

表9　受访超市企业2019—2020年人效水平均值

	2019年	2020年
人效水平（单位：万元/人）	94.55	94.61

2012—2019年，我国超市、大型超市和仓储会员店业态的总体人效水平呈上涨趋势，三个业态年均复合增长率分别为5.62%、3.08%和3.38%（据国家统计数据整理计算获得①），仓储会员店人效水平明显高于其他超市业态（见图3）。

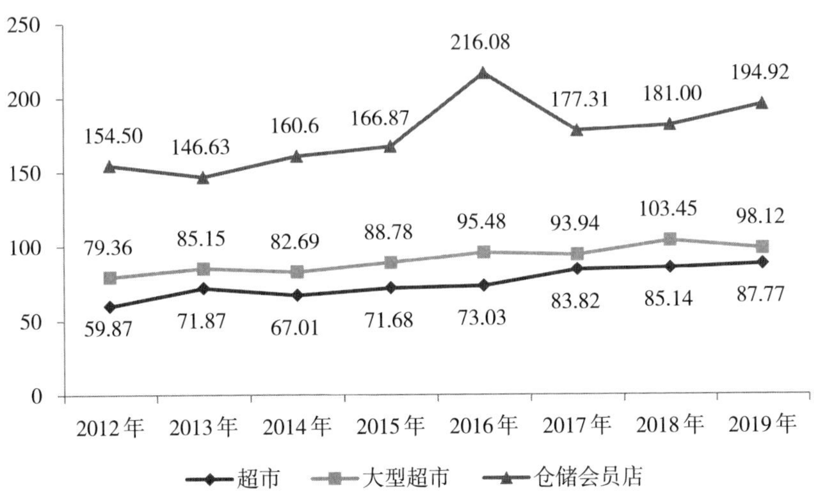

图3　我国超市行业2012—2019年总体人效水平（单位：万元/人）

数据来源：根据《中国统计年鉴》数据整理计算获得。

① 计算方法说明：超市、大型超市、仓储会员店业态2012—2019年的社会总体人效水平是根据《中国统计年鉴》数据，以相应业态年度总商品销售额除以年度从业总人数计算得出。

（4）人均薪酬增长率：受访超市企业 2020 年总体人均薪酬水平实现同比正增长，平均增长率约为 3. 30%。超过六成（64. 29%）的受访超市企业 2020 年人均薪酬增长率超过该企业的销售增长率。

（5）人事费用率：2020 年，受访超市企业人事费用率平均值约为 8. 07%，与 2019 年（8. 01%）基本持平。

（6）培训成本占比：2020 年，受访超市企业的培训成本占比总体减少，平均降幅约为 0. 58 个百分点（见表 10）。

表 10　受访超市企业 2019—2020 年培训成本占比统计

	2019 年	2020 年
培训成本占比	2. 18%	1. 60%

2. 便利店

（1）员工年自然流失率：2020 年，便利店业态受访企业基层员工年自然流失率平均为 27. 60%，比 2019 年（29. 40%）的流失率略有下降。2020 年，便利店业态受访企业管理层员工年自然流失率平均为 7. 00%，同 2019 年（7. 40%）基本持平。东北、华北、华南地区的便利店受访企业的基层员工年自然流失率相对较高。

（2）灵活用工占比：2020 年，受访便利店企业灵活用工占比约为 20. 20%，比 2019 年（17. 80%）增长约 2. 4 个百分点。

（3）人效水平：2020 年，受访便利店企业人效水平约为 66. 02 万元/人。2012—2019 年，我国便利店业态的总体人效水平保持相对平稳增长，年均复合增长率约为 6. 70%（据国家统计数据计算获得①）（见图 4）。

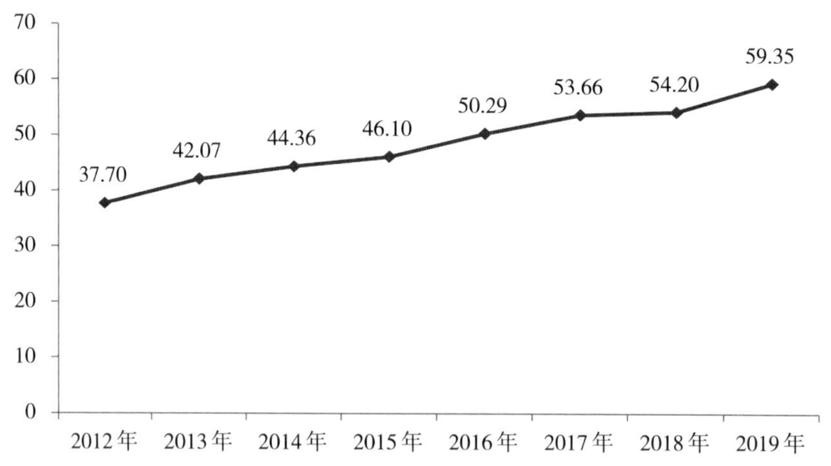

图 4　我国便利店行业 2012—2019 年总体人效水平（单位：万元/人）

数据来源：根据《中国统计年鉴》数据整理计算获得。

① 计算方法说明：便利店业态的社会总体人效水平是根据《中国统计年鉴》数据，以该业态年度总商品销售额除以年度从业总人数计算得出。

（4）人均薪酬增长率：2020 年，受访便利店企业的人均薪酬水平较 2019 年有较大提升，平均增长率约为 6.90%。受访全国性便利店企业较区域性便利店的人均薪酬增长率增长较快，约为 7.96%。

（5）人事费用率：2020 年，受访便利店企业人事费用率平均值为 10.40%，同 2019 年（10.50%）基本持平。受访便利店企业 2020 年人事费用率同比平均下降 1.7 个百分点，另有约三成（29.82%）受访企业人事费用率同比增长。

（6）培训成本占比：2020 年，受访便利店企业的培训成本占比较 2019 年小幅增长，平均增幅约为 0.2 个百分点（见表 11）。

表 11　　受访便利店企业 2019—2020 年培训成本占比统计

	2019 年	2020 年
培训成本占比	2.80%	3.00%

3. 食品专卖店

（1）员工年自然流失率：2020 年，受访食品专卖店企业基层员工年自然流失率平均为 21.61%，与 2019 年（21.53%）的流失率基本持平。2020 年，受访食品专卖店企业管理层员工年自然流失率平均为 7.02%，比 2019 年（8.47%）下降 1.45 个百分点。

（2）灵活用工占比：2020 年，受访食品专卖店企业灵活用工占比约为 8.73%，比 2019 年（9.79%）略有下降。

（3）人效水平：2020 年，受访食品专卖店业态企业总体人效水平较 2019 年略有下降，受访企业人效水平均值下降 2.34%（见表 12）。约 75%的受访食品专卖店企业 2020 年的自有员工数量较 2019 年有所减少。受访企业自有员工数量平均减少 1.25%。

表 12　　受访食品专卖店企业 2019—2020 年人效水平均值

	2019 年	2020 年
人效水平（单位：万元/人）	121.93	112.87

2012—2019 年，我国专卖店业态的总体人效水平年均复合增长率为-0.23%（据国家统计数据计算获得①）（见图 5）。

（4）人均薪酬增长率：受访食品专卖店企业 2020 年人均薪酬水平与 2019 年基本持平，平均增长率为 0.54%。

（5）人事费用率：2020 年，受访食品专卖店企业人事费用率总体约为 9.04%，与 2019 年（8.77%）基本持平。受访食品专卖店企业 2020 年人事费用率同比平均增长 0.21 个百分比。

（6）培训成本占比：2020 年，受访食品专卖店企业的培训成本占比与 2019 年基本持

① 计算方法说明：专卖店业态的社会总体人效水平是根据《中国统计年鉴》数据，以该业态年度总商品销售额除以年度从业总人数计算得出。

平（见表13）。

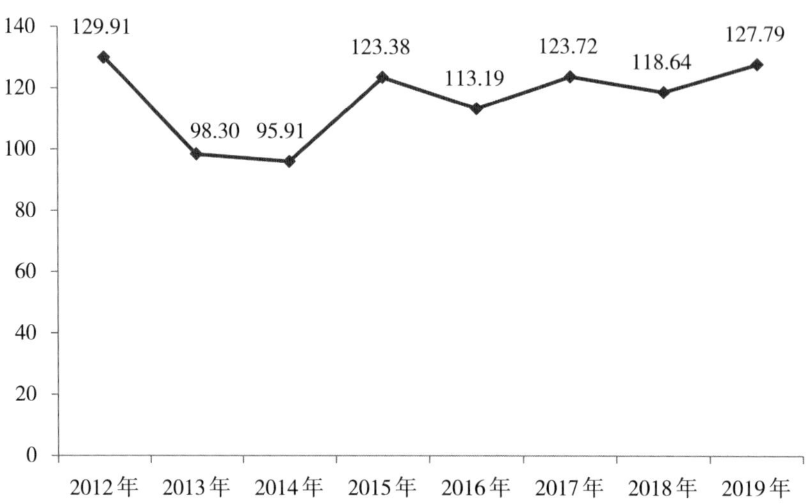

图5　我国专卖店行业2012—2019年总体人效水平（单位：万元/人）

数据来源：根据《中国统计年鉴》数据整理计算获得。

表13　　受访食品专卖店企业2019—2020年培训成本占比统计

	2019年	2020年
培训成本占比	6.96%	6.82%

4. 非食品专卖店

（1）人效水平：2020年，受访非食品专卖店企业人效水平比2019年平均下降4.35%（见表14），55.56%的企业人效水平同比下滑。约六成（61.9%）受访企业的自有员工较2019年有明显减少。受访企业自有员工数量平均减少10.35%。

表14　　受访非食品专卖店企业2019—2020年人效水平均值

	2019年	2020年
人效水平（单位：万元/人）	131.50	142.01

（2）人均薪酬增长率：2020年，受访非食品专卖店企业人均年薪酬水平比2019年略有增长，平均增长率为0.87%。

（3）人数费用率：2020年，受访非食品专卖店企业人事费用率平均值为11.27%，与2019年（11.13%）基本持平。约半数受访非食品专卖店企业的人事费用率同比增长。

5. 百货及购物中心

（1）人效水平：2020年，超过九成（91.4%）的受访百货及购物中心企业人效水平同比下滑。与2019年相比，受访企业人效水平平均下降36.75%（见表15），高于其他业态的人效水平降幅，这主要是由于该业态企业受新冠肺炎疫情影响普遍较大，销售额出现明显下滑所导致。

表 15　受访百货及购物中心企业 2019—2020 年人效水平均值

	2019 年	2020 年
人效水平（单位：万元/人）	248.31	139.30

2012—2019 年，我国百货业态的总体人效水平呈上涨趋势，年均复合增长率为 4.41%，其中 2017—2019 年的总体人效水平增速较快，年均复合增长率达到 12.86%（据国家统计数据计算获得①）（见图 6）。

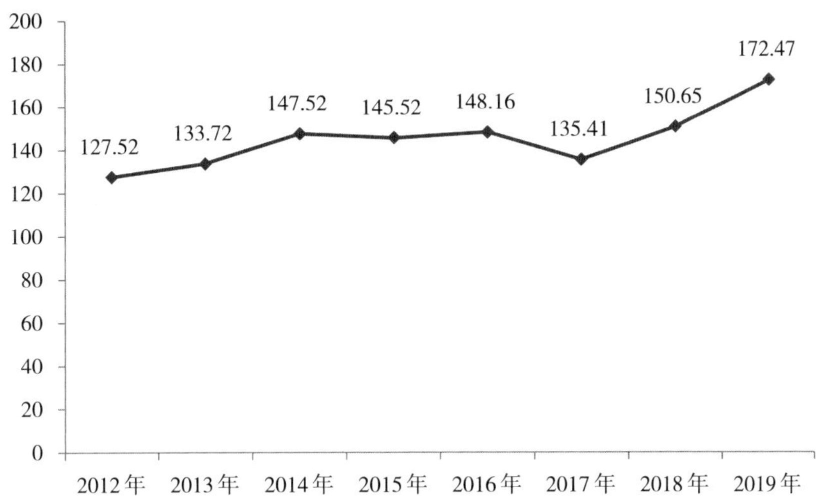

图 6　我国百货行业 2012—2019 年总体人效水平（单位：万元/人）

数据来源：根据《中国统计年鉴》数据整理计算获得。

约七成受访百货及购物中心企业 2020 年的自有员工数量较 2019 年有所减少。受访企业自有员工数量平均减少 3.11%。

少数受访企业依托数字化技术，通过建立内部跨业务单元、跨部门的人力资源共享模式来提升人效。通过梳理部分岗位的工作清单，将岗位工作以任务标准化在线上呈现，为员工赋予多个技能标签，员工可自愿接单完成任务并获得收益，平台内的非自有员工也可充分参与。通过此举，企业可优化岗位人员配置效率，更好地应对人员需求波峰波谷变化。

（2）人事费用率：2020 年，受访百货及购物中心企业人事费用率均值约为 12.55%，较 2019 年（7.78%）有较大增长，平均增长约 4.77 个百分点。

（3）人均薪酬增长率：2020 年，百货及购物中心业态受访企业经营业绩下滑明显。

① 计算方法说明：百货业态 2012—2019 年的总体人效水平是根据《中国统计年鉴》数据，以该业态年度总商品销售额除以年度从业总人数计算得出。

人均薪酬水平受经营业绩影响出现同比下降，平均降低 5.60%。

近九成（89.19%）受访企业 2020 年人均薪酬增长率超过本企业销售增长率，约七成（70.27%）受访企业 2020 年人均薪酬增长率超过本企业的利润增长率。

6. 专业店（家电、家居）

（1）人效水平：2020 年，约七成（71.43%）的专业店（家电、家居）受访企业人效水平同比下降（见表 16）。受访企业人效水平同比平均下降 8.99%。

表 16　　受访专业店（家电、家居）企业 2019—2020 年人效水平均值

	2019 年	2020 年
人效水平（单位：万元/人）	201.55	194.93

2012—2019 年，我国专业店业态的总体人效水平年均复合增长率为 3.43%，其中 2015—2019 年的总体人效水平增长较快，年均复合增长率达到 8.54%（据国家统计数据计算获得①）（见图 7）。

约六成专业店（家电、家居）受访企业 2020 年的自有员工数量较 2019 年有所减少。受访企业自有员工数量平均减少 9.70%。

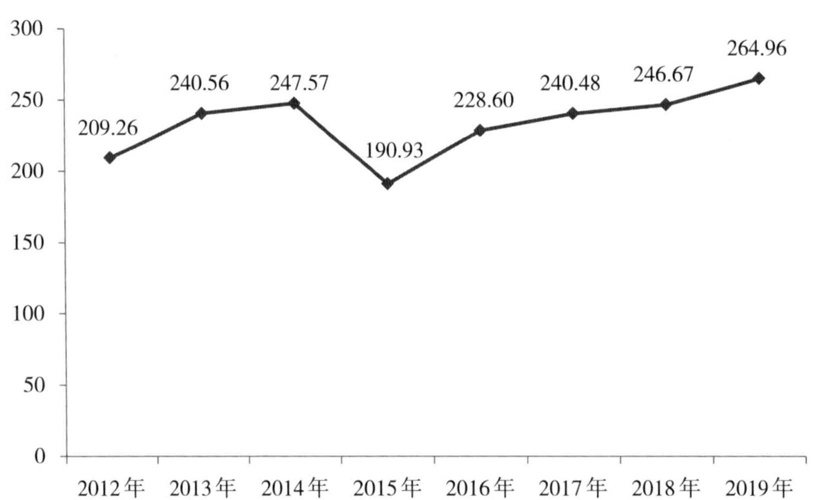

图 7　我国专业店行业 2012—2019 年总体人效水平（单位：万元/人）

数据来源：根据《中国统计年鉴》数据整理计算获得。

（2）人均薪酬增长率：2020 年，受访专业店（家电、家居）企业经营业绩下滑明显。受访企业中，人均薪酬水平同比下降，平均减少 1.83%。

（3）人事费用率：2020 年，受访企业人事费用率平均值为 14.48%，与 2019 年

① 计算方法说明：专业店业态的总体人效水平是根据《中国统计年鉴》数据，以该业态年度总商品销售额除以年度从业总人数计算得出。

（15.05%）基本持平。

7. 酒店

（1）员工年自然流失率：2020 年，受访酒店企业基层员工年自然流失率平均为 28.54%，比 2019 年（29.86%）的流失率略有下降。2020 年，受访酒店企业管理层员工年自然流失率平均为 7.50%，同 2019 年（7.60%）基本持平。

（2）灵活用工占比：2020 年，受访酒店企业灵活用工占比约为 14.40%，比 2019 年（11.88%）增长约 2.5 个百分点。

（3）人效水平：2020 年，受访酒店企业的人效水平平均下降 4.74%（见表 17）。

表 17　　受访酒店企业 2019—2020 年人效水平均值

	2019 年	2020 年
人效水平（单位：万元/人）	31.87	29.64

2012—2019 年，我国酒店业态的总体人效水平增长较为平稳，年均复合增长率为 5.17%（据国家统计数据计算获得①）（见图 8）。

近九成（87.5%）受访酒店企业 2020 年的自有员工数量较 2019 年有所减少。受访企业自有员工数量平均减少 3.58%。

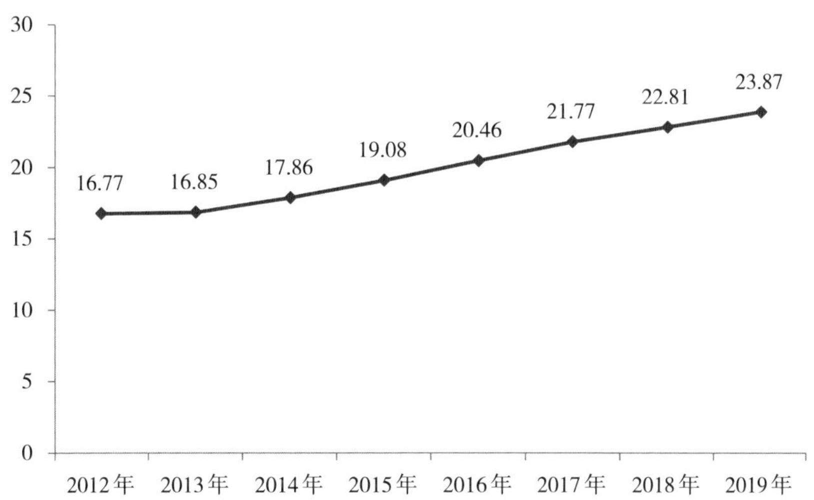

图 8　我国住宿行业 2012—2019 年总体人效水平（单位：万元/人）

数据来源：根据《中国统计年鉴》数据整理计算获得。

（4）人均薪酬增长率：2020 年，酒店业态受新冠肺炎疫情因素影响较大，受访酒店企业经营业绩下滑明显。其 2020 年人均薪酬水平较 2019 年有所下降，平均减少 3.67%。

① 计算方法说明：酒店业态的总体人效水平是根据《中国统计年鉴》数据，以该业态年度总营业额除以年度从业总人数计算得出。

（5）人事费用率：2020 年，受访酒店企业人事费用率平均值为 23. 13%，比 2019 年（18. 88%）有一定增长，平均增长约 5. 5 个百分点。

8. 餐饮

（1）员工年自然流失率：2020 年，受访餐饮企业基层员工年自然流失率平均为 37. 92%，比 2019 年（36. 12%）的流失率略有下降。2020 年，酒店受访企业管理层员工年自然流失率平均为 9. 45%，同 2019 年（10. 65%）基本持平。

（2）灵活用工占比：2020 年，受访餐饮企业灵活用工占比约为 19. 80%，与 2019 年（19. 12%）基本持平。

（3）人效水平：2020 年，餐饮业态受新冠肺炎疫情影响较大，约 87. 5%的受访企业人效水平同比下滑（见表 18）。与 2019 年相比，受访企业人效水平总体下降约 14. 76%。

表 18　　受访餐饮企业 2019—2020 年人效水平均值

	2019 年	2020 年
人效水平（单位：万元/人）	39. 47	32. 18

约六成餐饮企业 2020 年的自有员工数量较 2019 年有所减少。受访企业自有员工数量平均减少 4. 58%。

2012—2019 年，我国餐饮业态的总体人效水平年均复合增长率约为 4. 02%，其中正餐、快餐的人效年均复合增长率约为 3. 63% 和 1. 74%，饮料及冷饮人效水平增长较快，年均复合增长率约为 8. 99%（据国家统计数据计算获得①）（见图 9）。

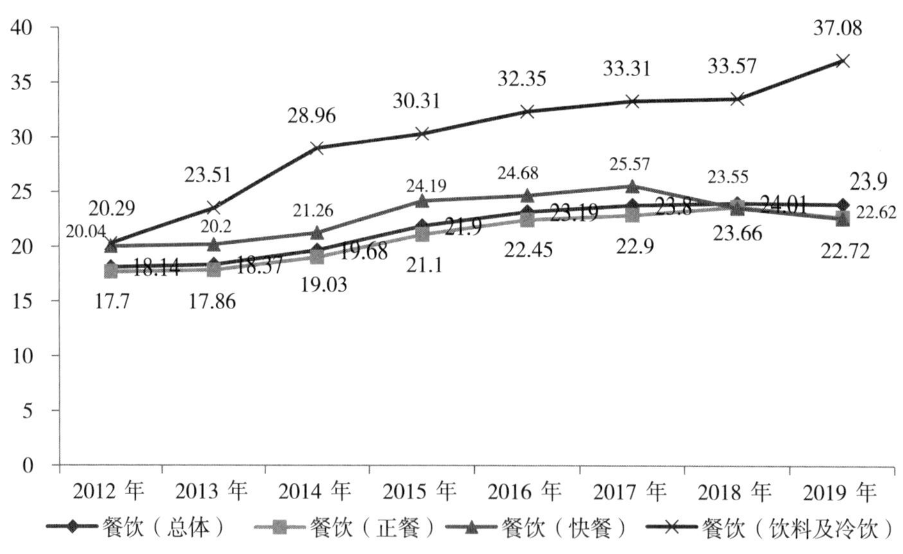

图 9　我国餐饮行业 2012—2019 年总体人效水平（单位：万元/人）

数据来源：根据《中国统计年鉴》数据整理计算获得。

① 计算方法说明：餐饮（总体）、餐饮（正餐）、餐饮（快餐）、餐饮（饮料及冷饮）业态 2012—2019 年的总体人效水平是根据《中国统计年鉴》数据，以相应业态年度总营业额除以年度从业总人数计算得出。

（4）人均薪酬增长率：2020 年，餐饮业态受新冠肺炎疫情因素影响较大，受访企业经营业绩总体呈下滑趋势。2020 年人均薪酬水平较 2019 年有所下降，平均降低 6.66%。

（5）人事费用率：2020 年，受访餐饮企业人事费用率平均值为 22.56%，比 2019 年（21.53%）小幅上涨。受访餐饮企业 2020 年人事费用率同比平均增长约 2.35 个百分点。

（6）培训成本占比：约三成（31.15%）的受访餐饮企业将加强员工培训作为 2020 年重点推进的五项工作之一。约四成（39.34%）的受访餐饮企业在 2020 年已享受到人员培训相关的国家补贴政策。具体培训成本占比统计见表 19。

表 19　　受访餐饮企业 2019—2020 年培训成本占比统计

	2019 年	2020 年
培训成本占比	3.93%	4.21%

超市场景下消费者的健康信息需求调研

在食品零售端，与健康食品消费直接相关的两个因素：一是消费者的健康食品消费意愿，二是零售一线工作人员的食品健康素养。在传统意义上，影响消费者食品消费的最主要因素是价格，但在消费升级的时代背景下，其他因素如“美观”“健康”等也逐渐对消费者的食品消费行为产生了影响。如今，增加消费场景中的健康信息供给，被视为一种潜在的、会对消费者食品消费行为产生影响的因素。在这种背景下，课题组设计消费者健康食品消费意愿影响因素调研，旨在了解以下两个问题：一是健康信息的供给是否会对消费者的食品消费行为产生影响，二是何种形式的健康信息供给能够让消费者高效获取健康信息。

通过实地走访、问卷调查、深度访谈等研究方法了解不同类型超市中消费者的健康信息供给方式，初步探究目前消费者可能的健康消费需求、意向及行为，基于访谈内容构建消费者健康消费模型，提出可供其他超市借鉴及推广的有效策略和方法。问卷部分，量表题主要参考5级李克特量表（5-point Likert scale）进行设计，而数据处理部分，课题组采用SPSS 26.0对回收的问卷数据进行处理，其中排序题赋值方法采用第一赋值6分，第二赋值5分，依此类推。

为了更好地研究和对比仓储超市、综合卖场、社区超市、生鲜超市等不同类型超市的消费者对健康信息的期待和需求，课题组于2021年6月至8月对永旺超市、家乐福超市、七鲜超市、7Fresh等进行深度访谈、实地考察，并在各超市通过线上和线下的方式同步发放问卷。

一、问卷研究结果

（一）问卷调查总体情况

2021年6月至8月，清华大学国际传播研究中心课题组线上线下同步发布问卷，对消费者线下超市的消费情况进行调查。此次调研总计回收1051份问卷。课题组对问卷调查进行了统计分析，一是为了了解消费者对线下超市购物的态度和选购商品的偏好，二是为了了解消费者对健康信息的关注以及对健康超市的态度情况。

（二）调查对象基本情况

通过对1051份问卷进行描述性分析发现，参与此次问卷调查的女性消费者多于男性消费者，女性人数占总人数的63%（见图1）；调查对象年龄多为18~35岁，共占72.2%，18岁以下的消费者占1.1%，36~45岁的消费者占16.8%，46~55岁的消费者占

6.8%，56岁及以上的消费者占3.0%（见图2）。

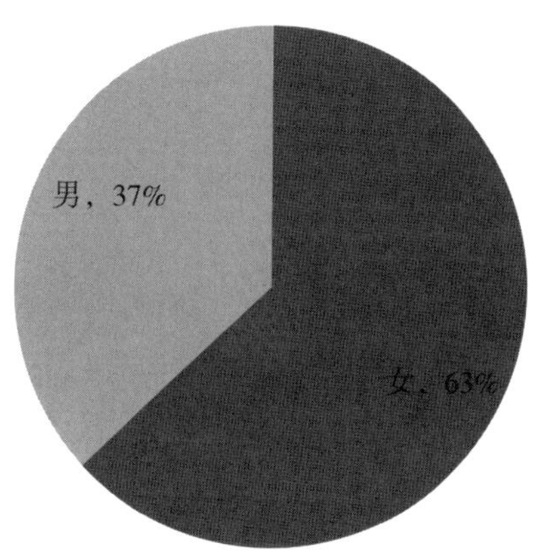

图1 调查对象性别分布

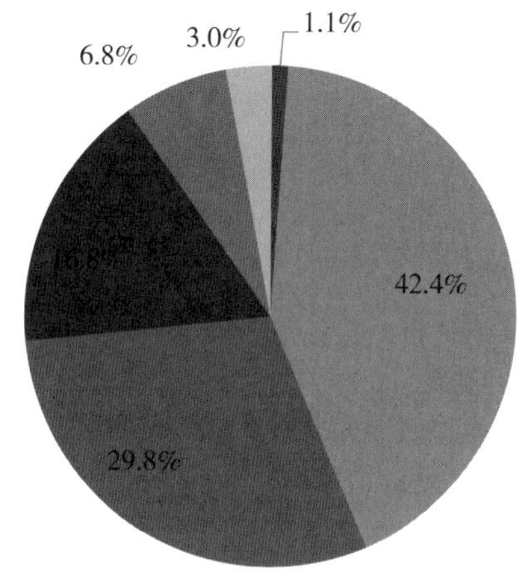

图2 调查对象年龄分布

调查对象多为大学专科或本科以上的高学历人群，49.9%的消费者学历为大学专科或本科，33.6%的消费者学历为硕士及以上，12.8%的消费者学历为高中或中专，3.7%的消费者学历为初中及以下（见图3）。其中，调查对象在职业分布上，多为学生（36.1%）、白领（18.6%）和事业单位人员（19.8%），只有少数的其他职业者（11.1%）和自由职业者（6.7%），以及极少数的家庭主妇（2.6%）、已退休人员（2.4%）、个体经营户（2.4%）和保姆（0.4%）（见图4）。

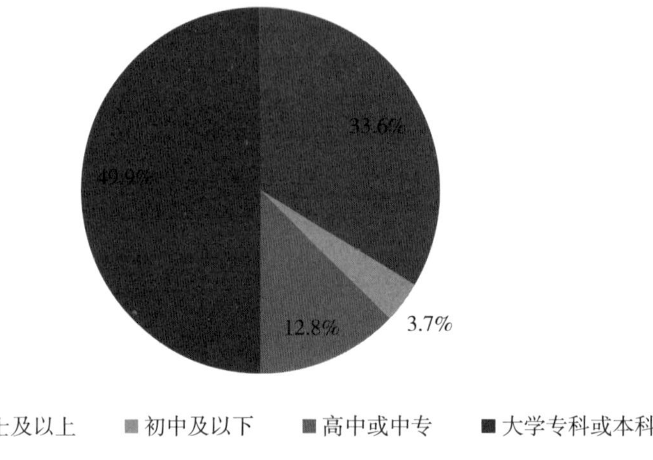

图 3　调查对象学历分布

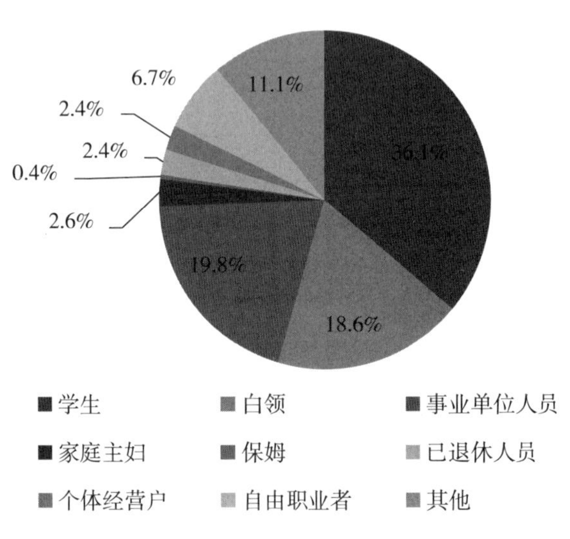

图 4　调查对象职业分布

在调查对象家庭情况分布上，37.2%的消费者有小孩，62.8%的消费者没有小孩（见图 5）；调查对象的主要家庭角色为儿女，占总调查人数的 61.0%，其他主要家庭角色为爸爸（13.6%）、妈妈（19.7%），只有少数消费者的家庭主要角色是爷爷/姥爷（1.7%）、奶奶/姥姥（4.0%）（见图 6）。

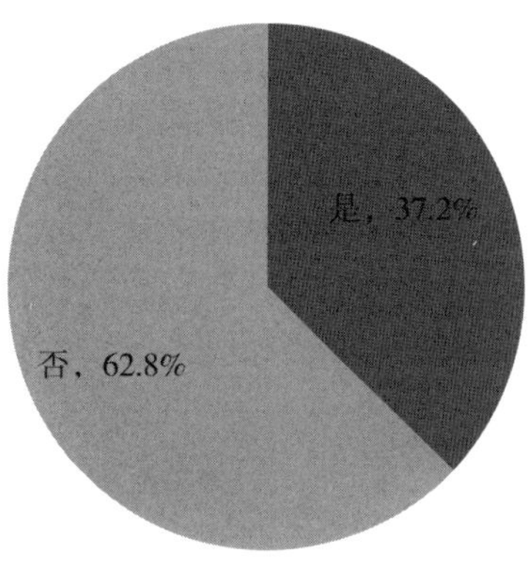

图 5　调查对象是否有孩子

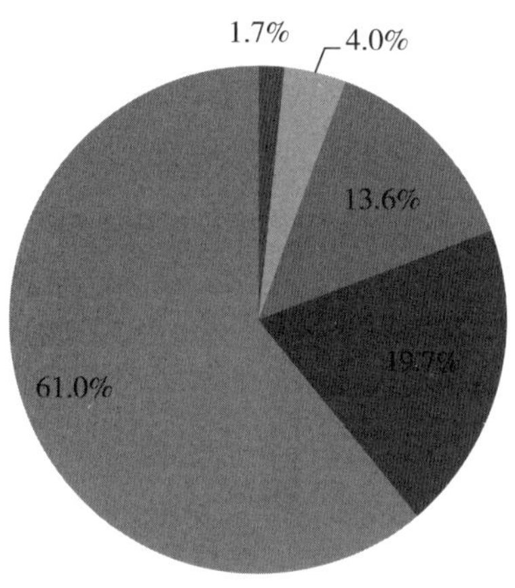

图 6　调查主要家庭角色分布

数据显示，月收入 2000 元以下的消费者占 30.8%，月收入在 2000～5000 元的占 25.8%，月收入在 5000～10000 元的占 21.3%，10000～20000 元的占 12.2%，有 9.9%的消费者月收入达 20000 元以上（见图 7）。

可以看到，参与本次的调查对象中，女性占多数，大学专科或本科以上的高学历人群占比较大，调查对象多为学生、白领和事业单位人员，调查对象多数没有小孩，调查对象的主要家庭角色为子女，调查对象的月收入水平大多在 2000～5000 元和 5000～10000 元。

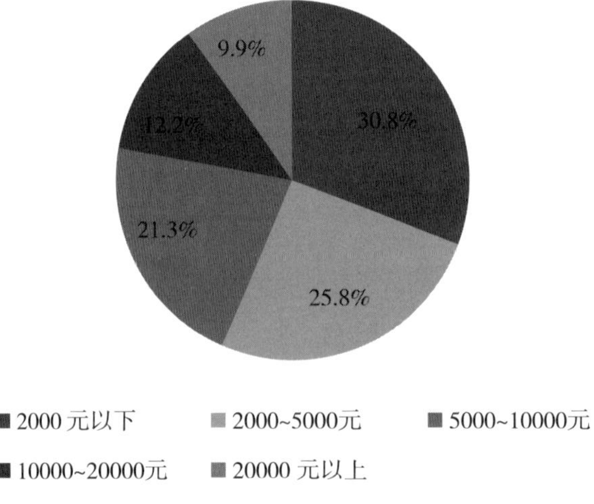

图 7 调查对象月收入情况

(三) 线下超市消费情况

课题组通过描述统计的方式对消费者线下超市的消费行为、消费倾向、健康消费情况进行了基本的分析。

1. 消费者倾向于在距离 1 公里左右的超市购物，一次花费多在 300 元以内

通过分析发现，消费者经常去线下超市购物，购物频率相对较高。有 8. 4%的消费者每天都去超市，40. 2%的消费者每周都去超市，42. 3%的消费者每月会去几次，6. 1%的消费者基本不去超市，2. 9%的消费者只有在特定的日期才会去超市（见图 8）。

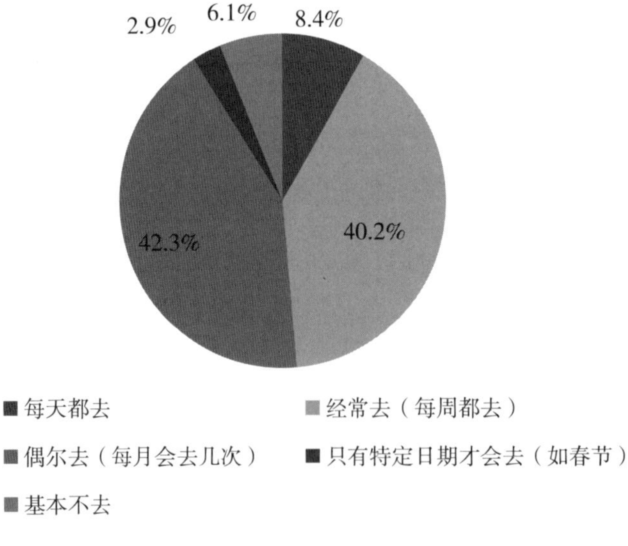

图 8 消费者线下超市购物频率

消费者最常去的线下超市为社区超市和便利店，其中有 34. 7%的消费者选择去社区

超市，21.7%的消费者选择去便利店，10.8%的消费者选择去生鲜超市，只有2.2%的消费者会选择去仓储超市（见图9）。

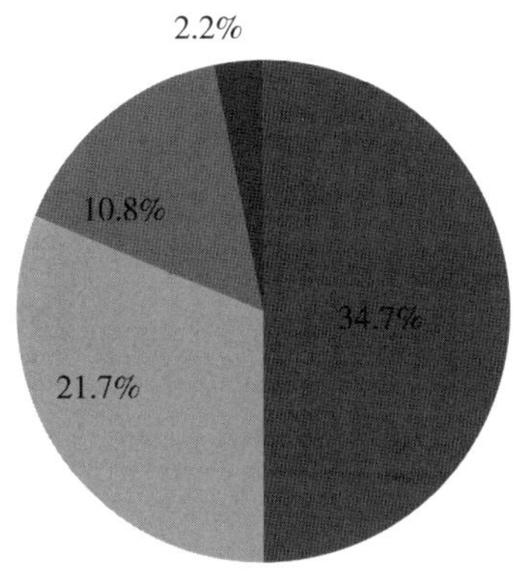

图9　消费者线下超市购物选择

在地理位置的选择上，超过半数（53.8%）的消费者会选择在1公里以内，距离较近的线下超市购物，25.7%的消费者选择在1~2公里的线下超市购物，11.4%的消费者选择在2~3公里的线下超市购物，2.2%的消费者选择在3公里以上的线下超市进行购物，还有6.9%的消费者不介意超市距离，多远的线下超市都可以接受（见图10）。

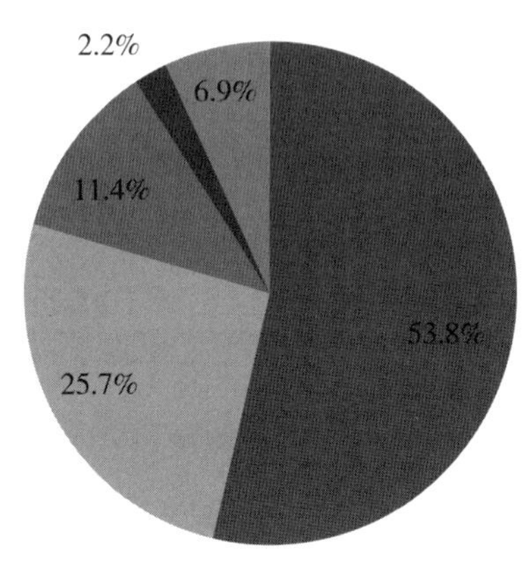

图10　消费者线下超市购物距离

在超市购物花费上，42.9%的消费者一次性购物的花费不高，在 100 元以内，42.2%的消费者一次性购物的花费在 100~300 元，300~500 元、500~1000 元、1000 元以上的消费较少，分别占比 10.5%、3.6%和 0.8%（见图 11）。

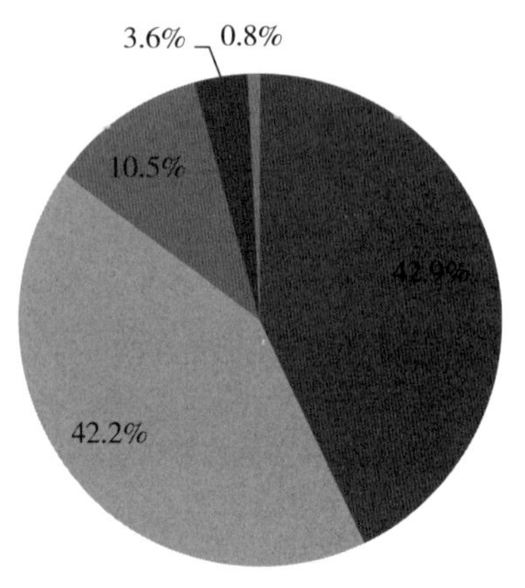

图 11 消费者线下超市一次购物花费

通过消费者对选择线下超市购物原因排序的数据可知，线下超市距离近、商品种类齐全、商品更新鲜、绿色、健康等是消费者青睐线下的主要原因。其中，“距离近，更方便”是消费者选择线下超市购物的首要原因，其均值为 6.12。其次，“商品种类齐全”“商品更新鲜、绿色、健康”也是消费者选择线下超市的主要考量，均值分别为 5.33 和 4.89（见图 12）。

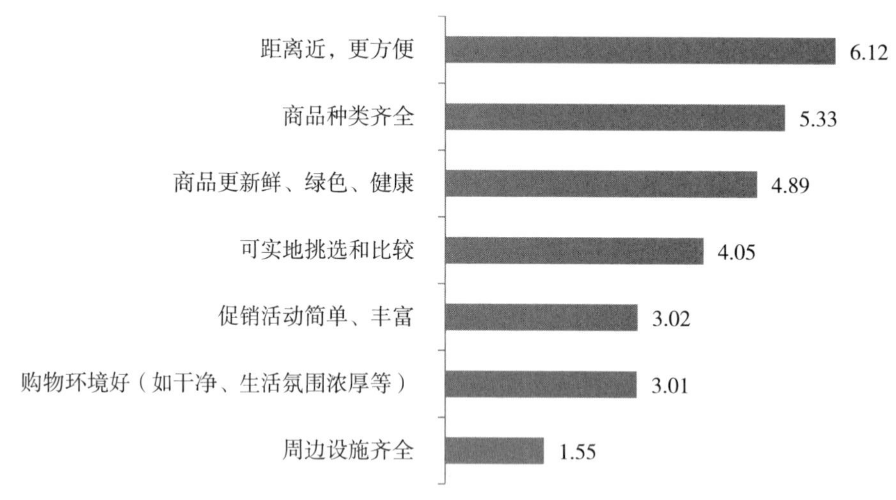

图 12 消费者线下超市购物原因

2. 消费者线下购买较多的食物是蔬果、休闲零食和乳制品

通过描述统计分析发现，消费者线下超市消费中主要购买水果蔬菜（22.0%）、休闲零食（19.4%）、乳制品（14.4%）、饮料酒水（13.8%）和肉类（12.7%）（见图13）。

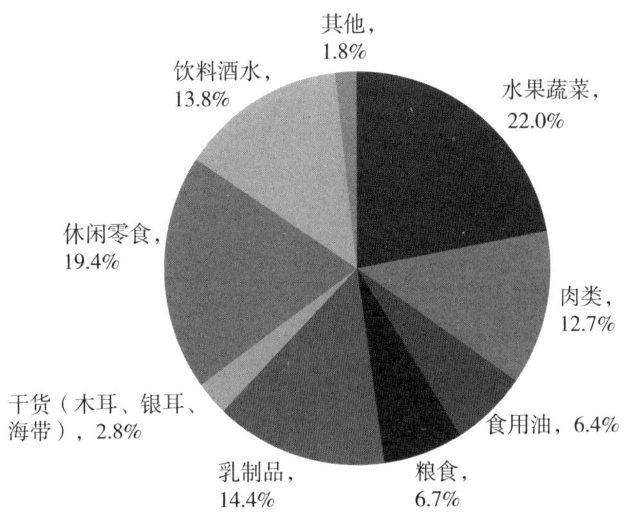

图13　消费者线下超市主要购买商品

蔬菜类主要购买西红柿（18.7%）、西蓝花（11.2%）、玉米（11.1%）、菠菜（10.8%）和菌菇（10.7%）（见图14）。

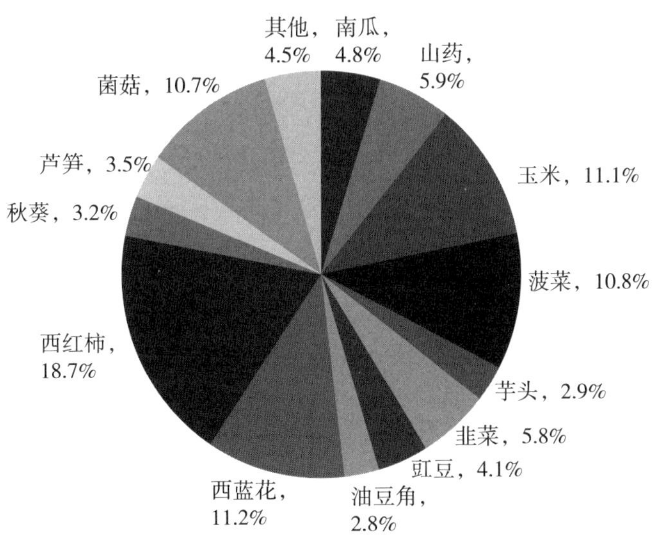

图14　消费者线下超市主要购买蔬菜

水果类主要购买西瓜（16.5%）、苹果（14.2%）、火龙果（10.4%）和橙子（10.0%）。（见图15）。

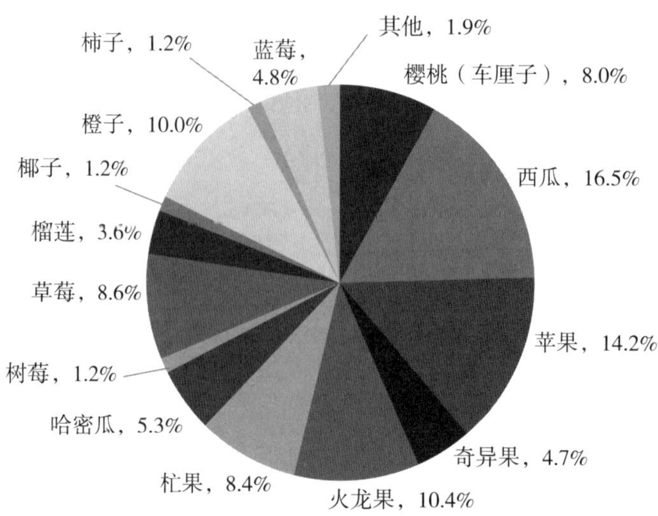

图 15　消费者线下超市主要购买水果

肉类主要购买猪肉（29%）、牛肉（22.3%）、鸡肉（19.8%）、鱼虾（17.2%）和羊肉（10.4%）（见图 16）。

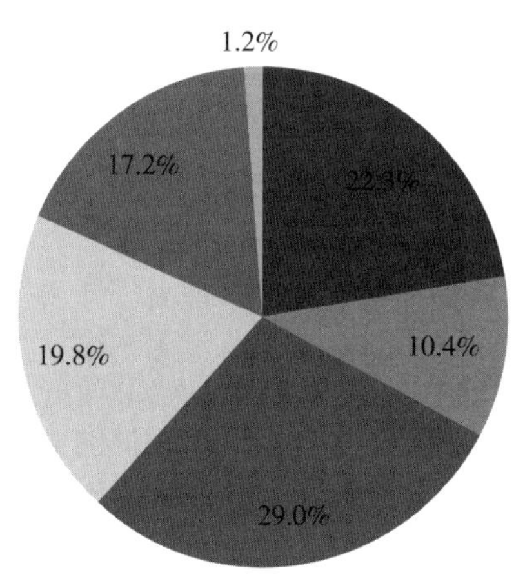

图 16　消费者线下超市主要购买肉类

食用油主要购买花生油（32.9%）、大豆油（21.8%）、橄榄油（19.4%）和菜籽油（15.8%）（见图 17）。

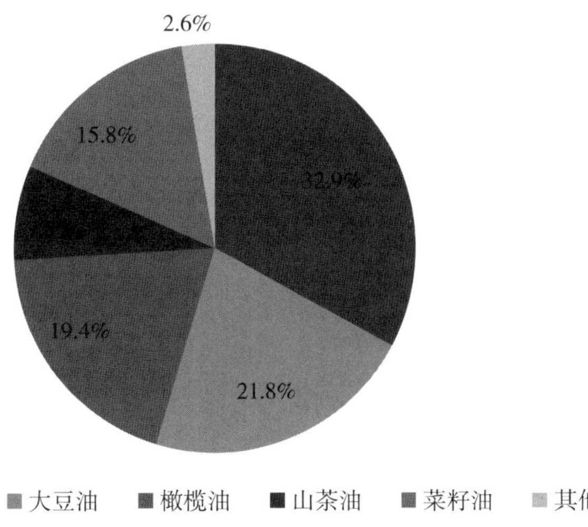

图 17　消费者线下超市主要购买食用油

粮食主要购买米（50.4%）、面（25.7%）和混装杂粮（11.3%）（见图 18）。

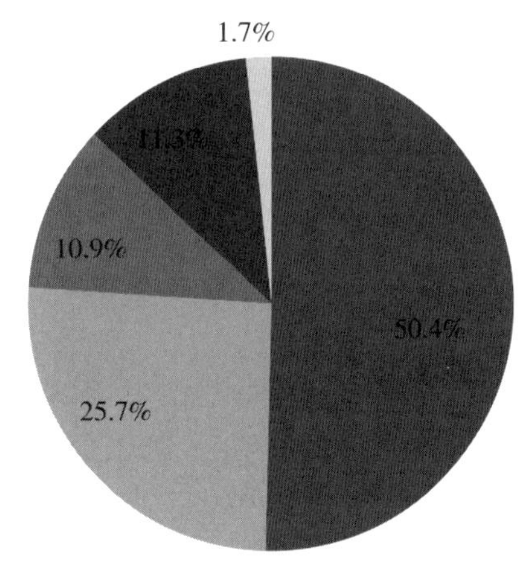

图 18　消费者线下超市主要购买粮食

消费者在购买乳制品时，对低温乳制品的需求较高。62.9%的消费者选择购买低温乳制品，37.1%的消费者选择购买常温乳制品（见图 19）。

图 19　消费者线下超市主要购买乳制品

3. 消费者较为看重食物的新鲜程度、价格和营养价值

消费者在购买蔬菜时更看重蔬菜的新鲜、价格、干净整洁和绿色有机，分别占 35.3%、19.9%、15.1%和 11.9%（见图 20）。

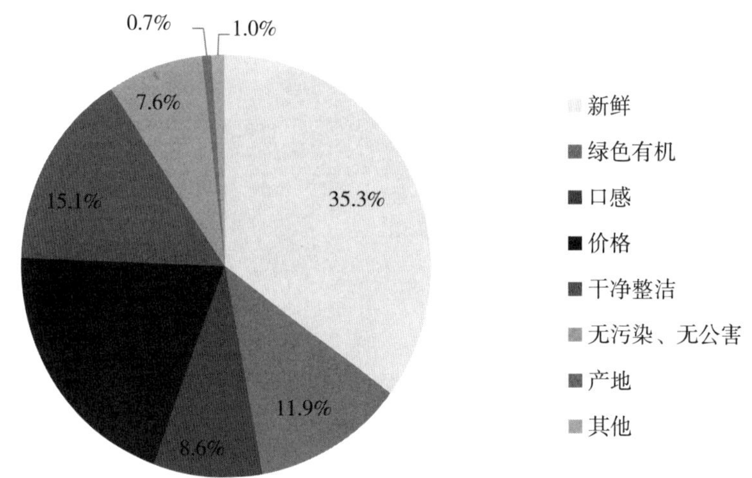

图 20　消费者线下超市购买蔬菜考虑因素

购买水果时更看重水果的新鲜、价格和口感，分别占 34.6%、22.1%和 19.8%（见图 21）。

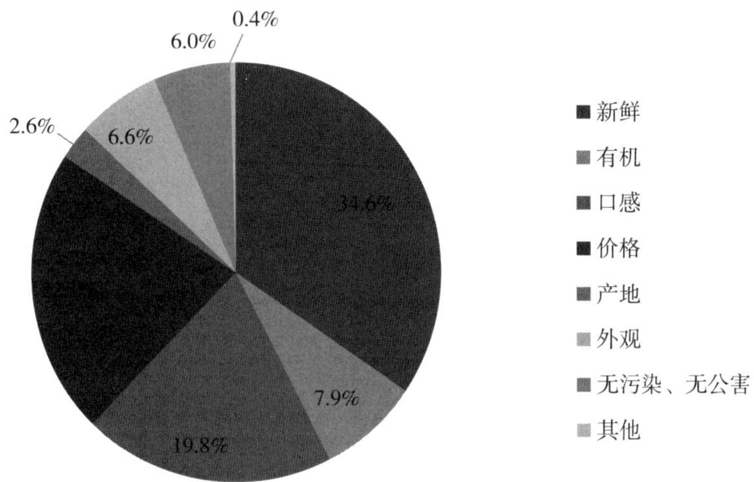

图 21　消费者线下超市购买水果考虑因素

购买肉类时更看重肉的新鲜、价格、营养价值和口感，分别占 35.7%、20.7%、15.9%和 15.2%（见图 1-22）。

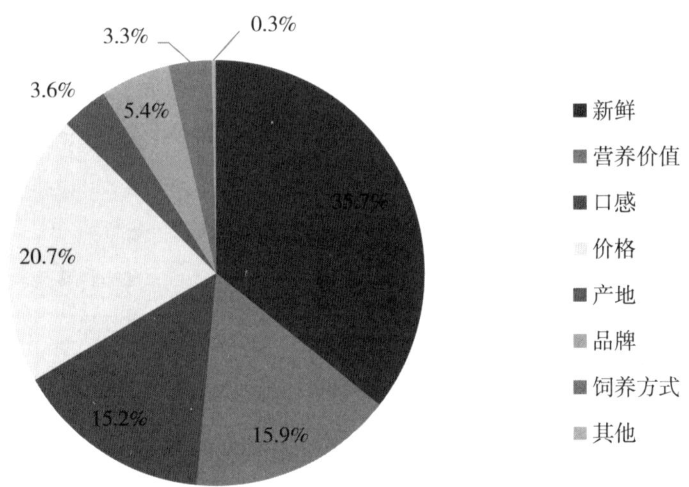

图 22　消费者线下超市购买肉类考虑因素

购买食用油时更看重油的品牌、价格、营养成分和非转基因，分别占 30.0%、26.0%、20.1%和 17.8%（见图 23）。

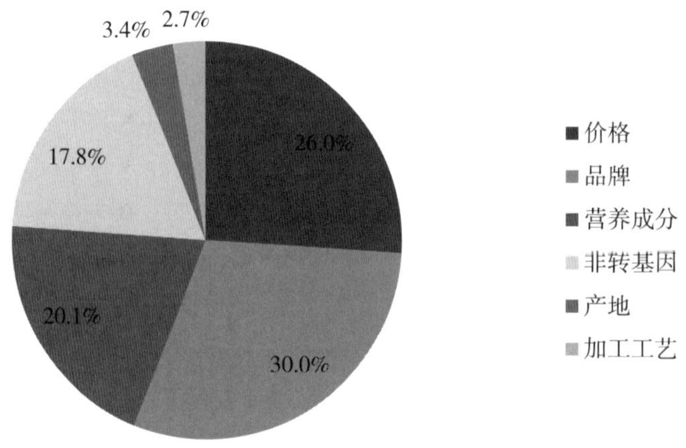

图 23　消费者线下超市购买食用油考虑因素

购买粮食时更看重粮食的价格、品牌、口感和营养成分，分别占 25.2%、24.5%、19.2%和 15.3%（见图 24）。

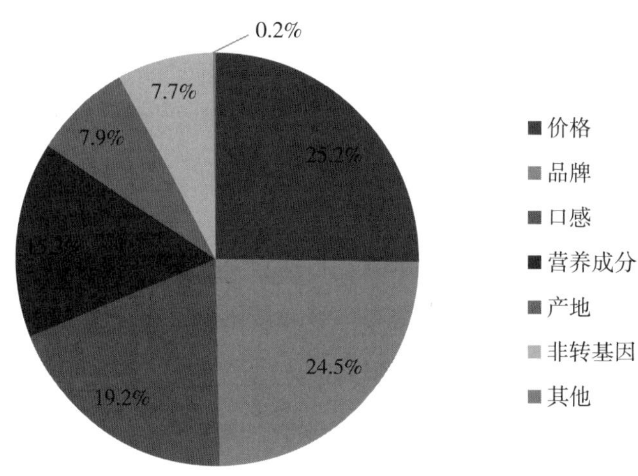

图 24　消费者线下超市购买粮食考虑因素

购买常温和低温乳制品时都更看重其生产日期、保质期、价格和口感，生产日期分别占 25.8%和 25.6%，保质期分别占 21.7%和 20.1%，价格分别占 15.8%和 13.7%，口感分别占 11.4%和 14%（见图 25、图 26）。

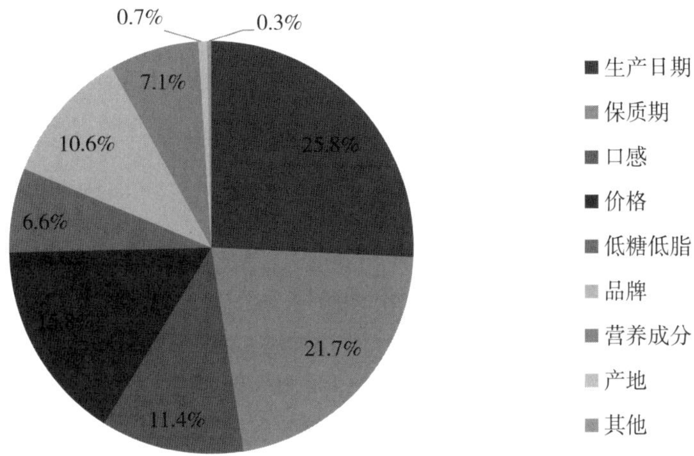

图 25　消费者线下超市购买常温乳制品考虑因素

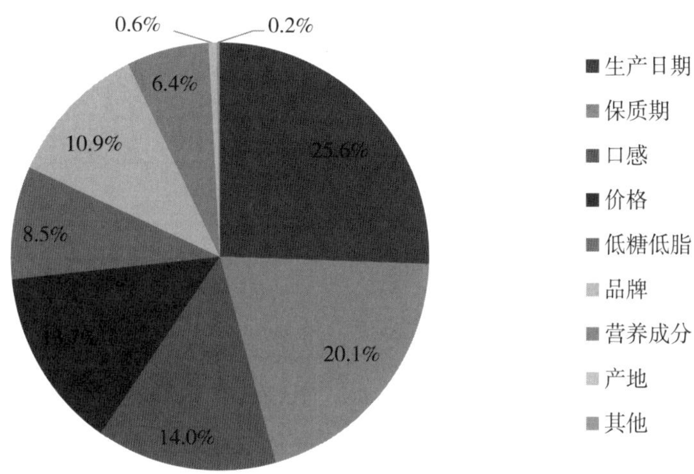

图 26　消费者线下超市购买低温乳制品考虑因素

可以看到，消费者在购买商品时，不论是蔬菜水果、肉类和食用油，还是粮食和乳制品，首要考虑的都是商品的新鲜、价格和营养价值。

4. 消费者很少咨询导购，咨询时主要询问商品位置

消费者在线下超市购物时，大多数消费者都不会选择向导购咨询（见图 27）。选择向导购咨询的消费者中，34. 2%的消费者希望导购能提供商品的具体位置，24. 7%的消费者希望导购能提供一些商品搭配指示方面的指导，21. 2%的消费者希望能知道商品的确切价格，16. 9%的消费者则希望能了解一些营养成分的介绍（见图 28）。

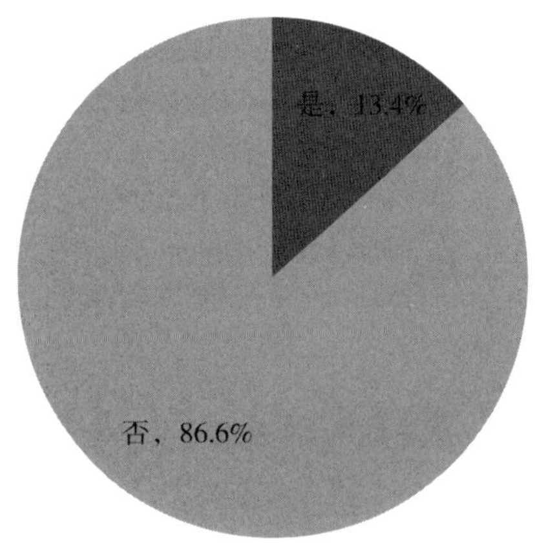

图 27　消费者线下超市购物咨询导购情况

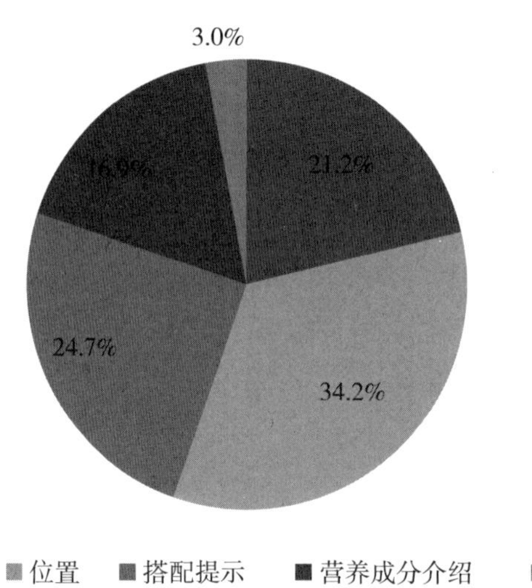

图 28　消费者线下超市购物咨询导购内容

5. 消费者线下购物时，主要考虑食物口感

消费者线下超市购物中，购买食品考虑因素均值最高的是“口感”，为 4. 16，这说明对消费者而言，购买食品时口感是首要考虑的因素；其次是“口碑”“营养成分提示”，均值分别是 3. 96 和 3. 90；再次是“价格”“品牌”“低糖、低脂、低卡”和“低碳环保”，相对而言不怎么考虑的因素是明星代言，均值只有 2. 13（见图 29）。

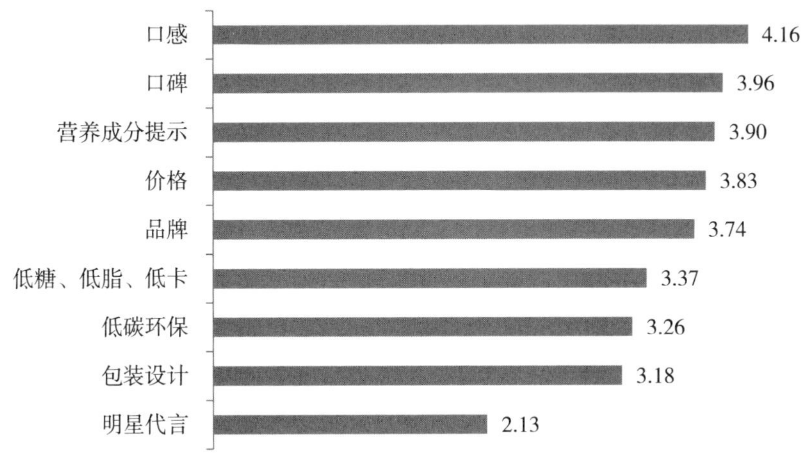

图 29　消费者线下超市购买食品考虑因素

6. 图文类型健康信息提示最受欢迎

消费者在线下超市购物时，大多数消费者会查看健康信息提示（见图 30）。

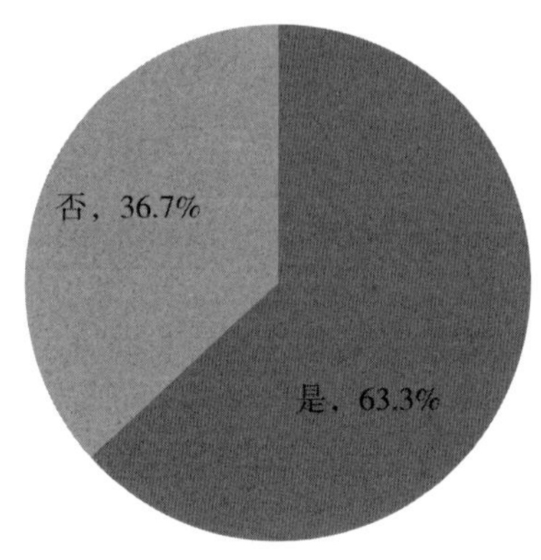

图 30　消费者线下超市查看健康提示情况

消费者在线下超市购物时，更倾向于图文类的健康信息提示，这类健康信息提示的均值最高，为 3.86，其次是健康专柜/货架、电子屏健康信息提示，均值分别为 3.71 和 3.43。主题讲座和导购人员的讲解/咨询不太受欢迎，均值分别为 2.60 和 2.74（见图 31）。

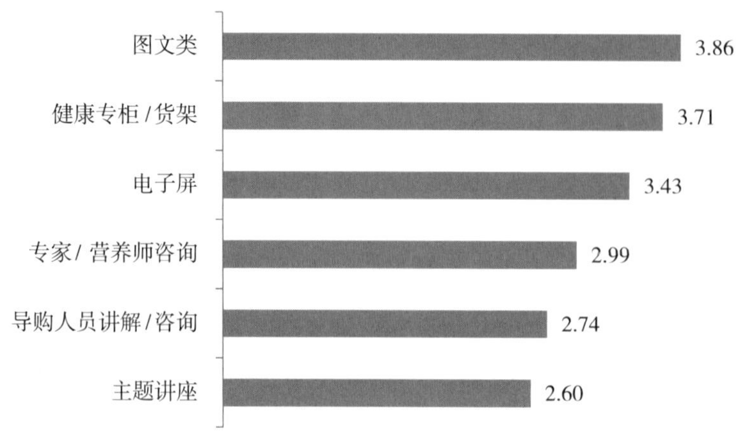

图 31 消费者线下超市查看健康提示展示偏好

通过对消费者查看食品健康信息提示的排序进行赋值计算发现，在线下超市购物中，营养成分类的健康信息提示内容均值最高，为 5. 37，消费者对这类健康信息提示内容最有兴趣；其次是低糖、低脂、低卡类和绿色有机类，均值分别为 4. 24 和 3. 92，消费者比较不关心的是低碳环保类和科普类的健康信息提示内容，平均值分别为 1. 50 和 2. 63，均值越低，代表着消费者对其的兴趣越小（见图 32）。

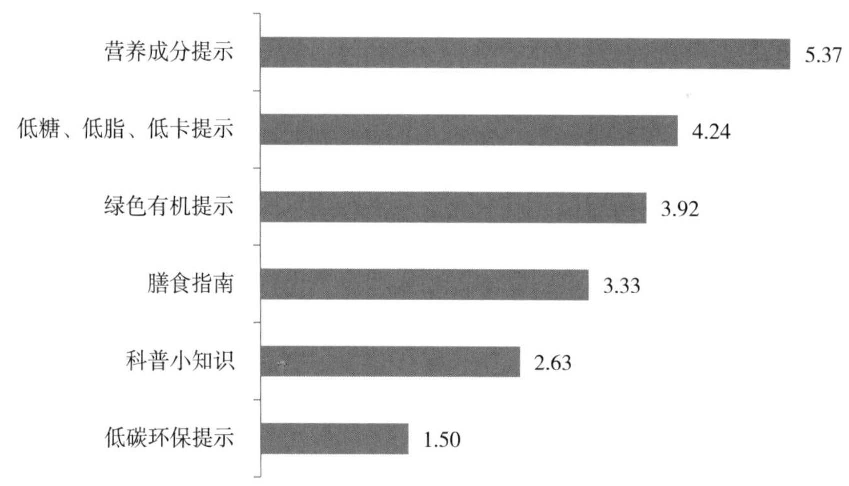

图 32 消费者线下超市查看健康提示内容偏好

消费者在线下超市购物时，认为蔬菜水果区、肉类区、水产区、熟食区和冷藏食品区更需要健康信息提示（见图 33）。

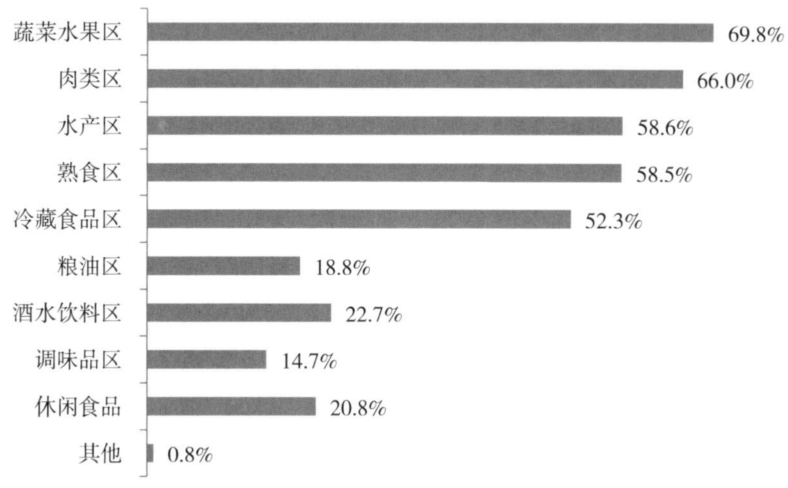

图 33 线下超市设置健康提示区域的消费者偏好

7. 大多数消费者认为有必要建立健康主题超市

消费者在线下超市购物时，多数认为有必要建立健康主题超市（见图 34）。

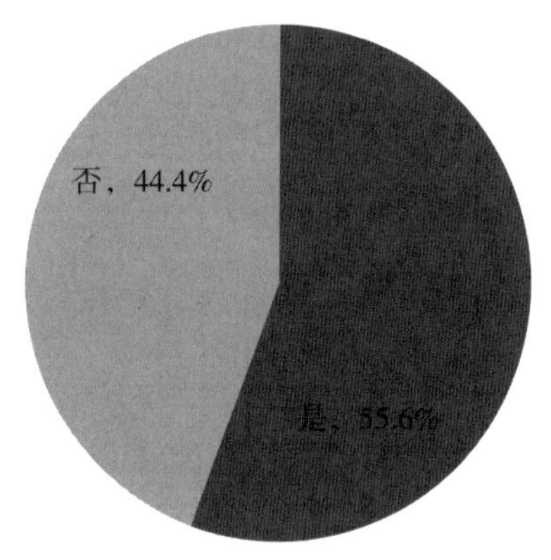

图 34 消费者对建立健康主题超市态度

使用 5 级李克特量表调研消费者对线下健康主题超市的期待发现，消费者对于“食品应该是绿色的、新鲜的、安全的”期待最高，均值为 4.51，这代表消费者最期待、最看重这一点。其次，消费者也比较期待“食品应该搭配健康信息提示”和“环境应该比其他超市更干净、整洁、卫生”这两点，均值分别为 4.45 和 4.43（如图 35）。

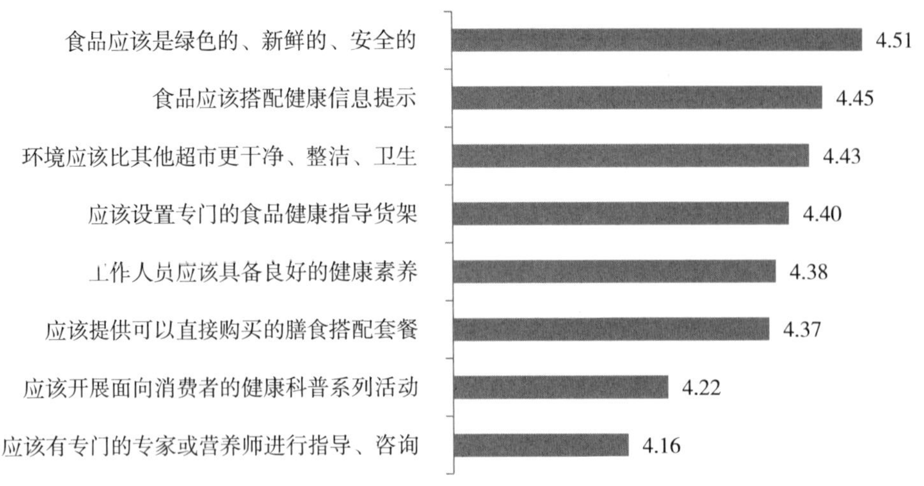

图 35 建立健康主题超市的消费者期待

(四) 小结

综上所述，在线下超市消费情况上，不同性别、职业、收入水平、角色的消费者在线下超市的购买行为、选购商品时的态度、偏好不同。消费者去线下超市购物的频率相对较高；选择线下超市的原因主要为线下超市距离近、商品种类齐全、商品更新鲜健康；多数消费者选择距离自己 1 公里左右的线下超市进行购物；在超市类型上，消费者多选择社区超市和便利店；在购物花费上，消费者一次性购物中的花费不算太高，消费者线下超市消费中主要购买水果蔬菜、休闲零食、乳制品、饮料酒水和肉类。

消费者线下超市健康消费情况上，大多数消费者会查看健康信息提示，少部分消费者不会查看健康信息提示；消费者最喜欢图文类消费提示，其次是健康专柜/货架消费、电子屏健康信息提示，主题讲座和导购人员的讲解/咨询比较不受欢迎；消费者认为最需要提示的健康信息为营养成分类，其次是低糖、低脂、低卡类和绿色有机类，消费者比较不关心低碳环保类和科普类的健康信息提示；多数消费者认为有必要建立健康主题的超市，健康主题的超市应该是绿色的、新鲜的、安全的，有专门的专家或者营养师进行指导和咨询，并且超市应设置健康货架，消费者通过健康主题超市可以购买到搭配好的膳食。

二、消费者健康信息的需求相关性分析

课题组利用 SPSS 23.0 软件对问卷数据进行分析，主要采用独立样本 T 检验、Anova 检验、卡方分析和 LSD 事后检验等，分析内容包括个人统计学等因素和是否关注健康信息、导购需求、健康超市期待等的相关性和显著性分析。主要结论如下。

(一) 年龄、月收入、职业、是否有小孩和家庭角色会影响消费者对健康信息提示的关注程度

数据显示，消费者的年龄、月收入、职业、是否有小孩和其家庭角色会影响其对健康

信息的关注（见表1）。

表1　　消费者对健康信息提示的关注及需求

描述	个人统计学 Sig						
	性别	年龄	月收入	学历	职业	小孩	家庭角色
是否关注健康信息提示	–	0.000	0.006	–	0.004	0.000	0.000

注：P>0.05 表示无显著性差异；0.01<P<0.05 表示显著性差异。

1. 中等收入群体更加关注健康信息提示

数据显示，不同月收入人群对健康信息提示都很关注，其中，月收入 2000～5000 元和 20000 元以上的消费者更关注健康信息提示，其次是月收入 5000～10000 元的消费者群体和 10000～20000 元以上的群体，相较之下，2000 元以下的群体关注健康信息提示较少（见图 36）。

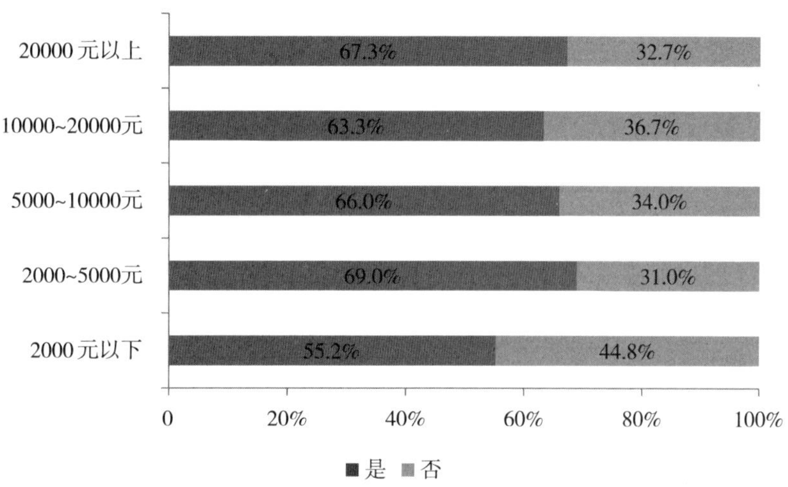

图36　月收入与健康信息提示相关性分析

2. 事业单位人员、已退休人员等群体更关注健康信息提示

数据显示，不同职业人群对健康信息提示都很关注，其中事业单位人员、个体经营户和已退休人员的消费者群体更关注健康信息提示，其次是家庭主妇和自由职业者消费者群体，再次是白领和学生消费者群体，相较之下，保姆消费者群体关注健康信息提示较少（见图 37）。

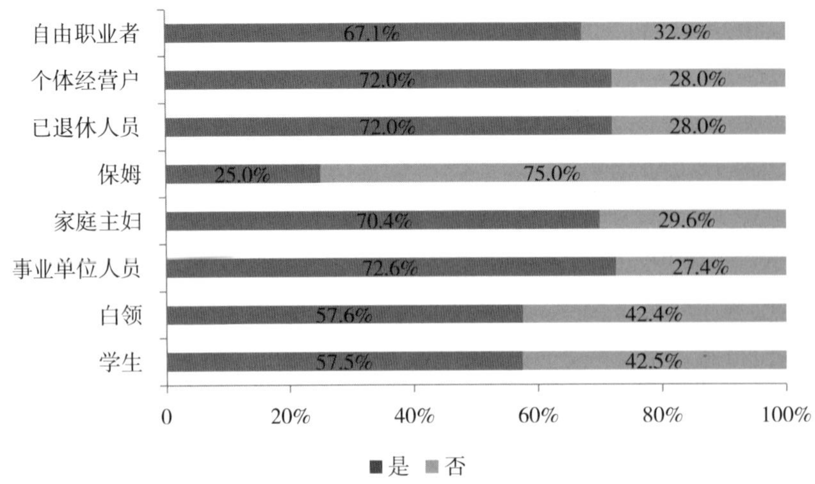

图 37 职业与健康信息提示相关性分析

3. 有小孩的消费者更关注健康信息提示

数据显示，有小孩与无小孩的消费者群体对健康信息提示都很关注，其中有小孩的消费者更关注健康信息提示，相较之下，无小孩的消费者群体关注健康信息提示较少（见图 38）。

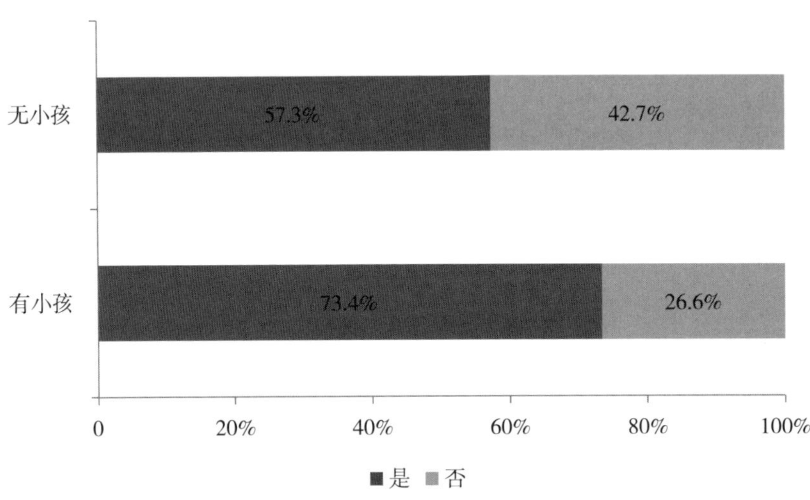

图 38 是否有小孩与健康信息提示相关性分析

4. 妈妈更关注健康信息提示

数据显示，不同家庭角色的消费者群体对健康信息提示都很关注，其中妈妈更关注健康信息提示，其次是爸爸和奶奶/姥姥，相较之下，儿女和爷爷/姥爷关注健康信息提示较少（见图 39）。

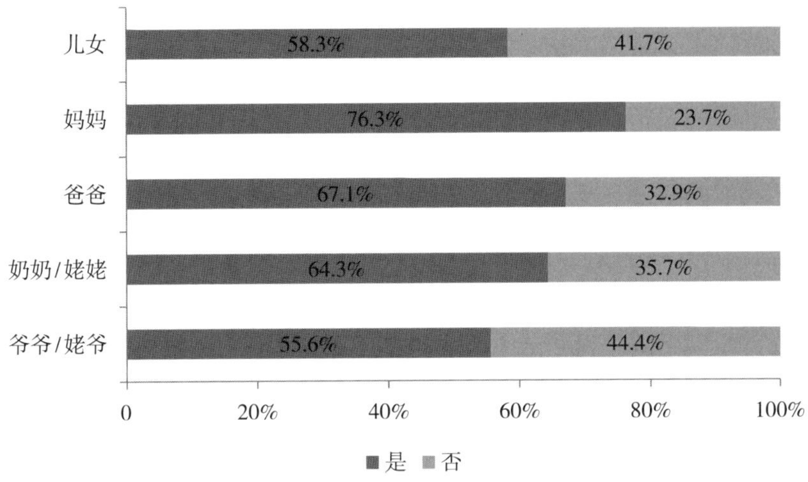

图 39　家庭角色与健康信息提示相关性分析

(二) 性别和月收入会影响消费者对健康主题超市的需求

数据显示，消费者的性别、月收入会影响其对健康主题超市的需求（见表 2）。

表 2　消费者对健康主题超市的需求

描述	个人统计学 Sig						
	性别	年龄	月收入	学历	职业	小孩	家庭角色
是否有必要建立一个健康主题超市	0. 007	—	0. 030	—	—	—	—

注：P>0. 05 表示无显著性差异；0. 01<P<0. 05 表示显著性差异。

1. 女性对健康主题超市的需求更大

数据显示，不同性别的消费者群体对健康主题超市都有需求，其中女性对健康主题超市的需求更显著，相较之下，男性对健康主题超市的需求较少（见图 40）。

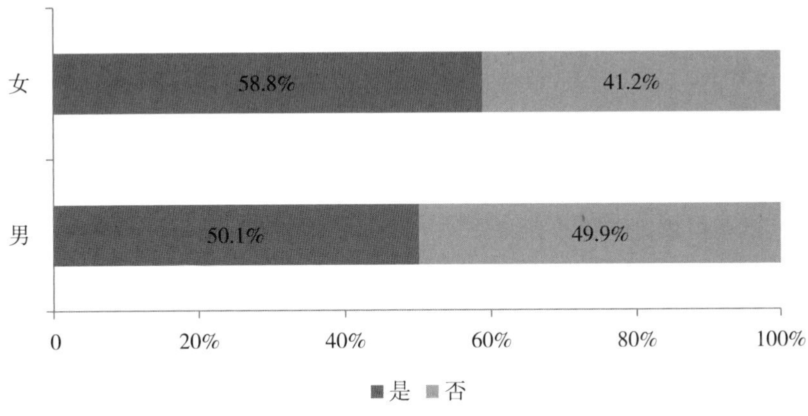

图 40　性别与健康主题超市需求相关性分析

2. 中等收入群体对健康主题超市的需求高

数据显示，不同月收入的消费者群体对健康主题超市都有需求，其中月收入 2000~5000 元和 5000~10000 元的人群对健康主题超市的需求更显著，其次是月收入 10000~20000 元的人群，相较之下，月收入 20000 元以上和 2000 元以下人群对健康主题超市的需求较少（见图 41）。

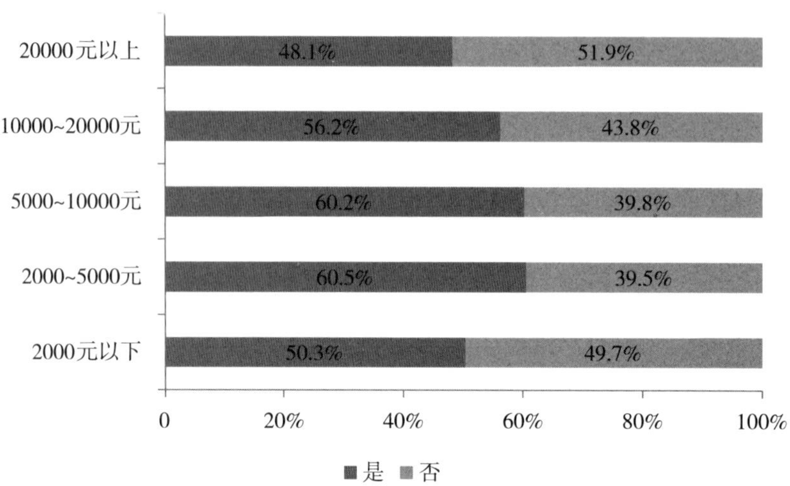

图 41　月收入与健康主题超市需求相关性分析

（三）年龄、月收入、学历、职业、是否有小孩和家庭角色会影响消费者对导购的需求

数据显示，消费者的年龄、月收入、学历、职业、是否有小孩和其家庭角色会影响其对导购的关注和需求（见表 3）。

表 3　　消费者对导购的关注及需求

描述	个人统计学 Sig						
	性别	年龄	月收入	学历	职业	小孩	家庭角色
是否需要导购指导	—	0.007	0.000	0.000	0.000	0.000	0.000

注：P>0.05 表示无显著性差异；0.01<P<0.05 表示显著性差异。

1. 中年、老年群体更需要导购指导

数据显示，不同年龄的消费者群体对导购指导的需求均不高，各年龄层需要导购的比例均不到 20%。相较之下，年龄 56 岁及以上、36~45 岁和 26~35 岁人群对导购指导的需求较其他年龄层次更高，年龄 18 岁以下和 46~55 岁的人群对导购指导的需求其次，而年龄 18~25 岁的人群对导购的需求较少（见图 42）。

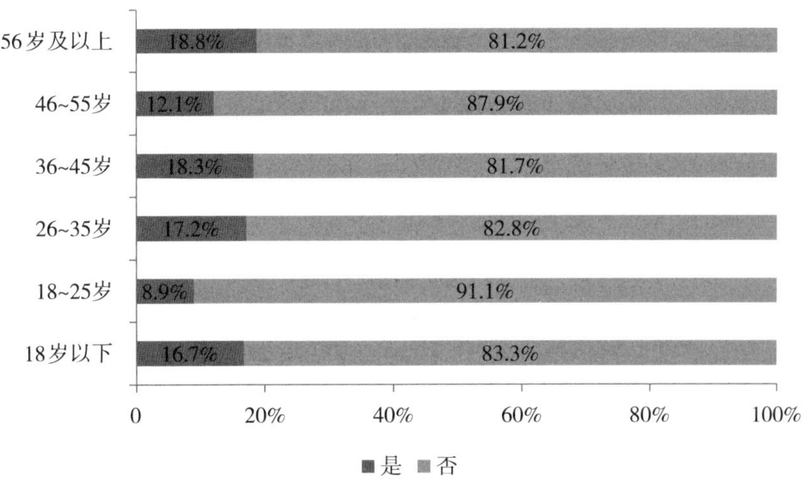

图 42　年龄与导购指导需求相关性分析

2. 低学历人群对导购指导的需求相对较高

数据显示，不同学历的消费者群体对导购指导的需求均不高，各学历人群需要导购的比例均不到50%。相较之下，学历为高中或中专和初中及以下的人群对导购指导的需求较其他学历人群更高，学历为大学专科或本科的人群对导购指导的需求其次，而学历为硕士及以上的人群对导购的需求较少（见图43）。

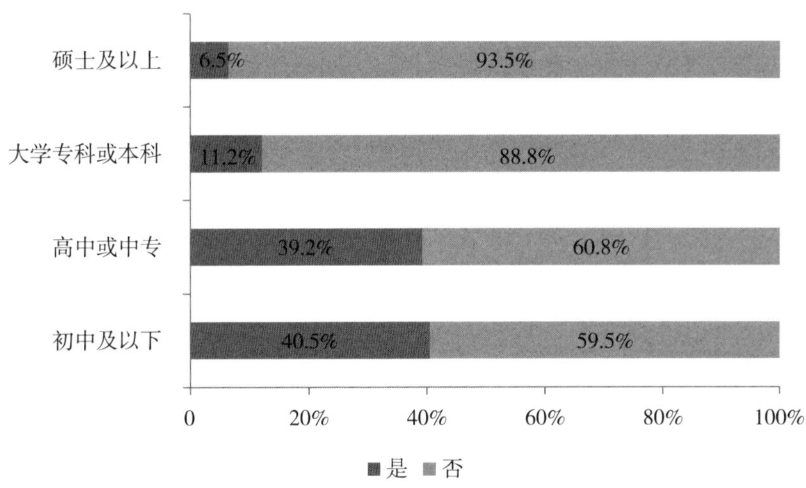

图 43　学历与导购指导需求相关性分析

3. 中等收入群体相比其他群体更需要导购指导

数据显示，不同月收入的消费者群体对导购指导的需求均不高，各月收入人群需要导购的比例均不到30%。相较之下，月收入2000~5000元的人群对导购指导的需求较其他月收入层次的人群更高，月收入5000~10000元的人群对导购指导的需求其次，而月收入20000元以上、10000~20000元和2000元以下的人群对导购的需求较少（见图44）。

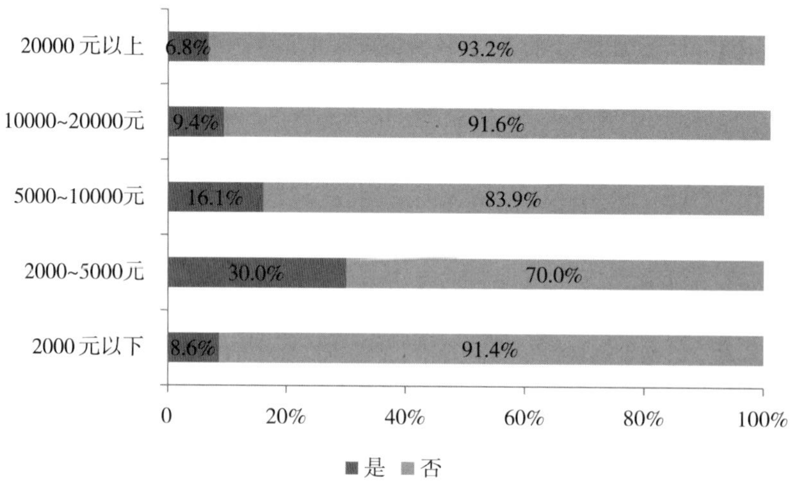

图 44　月收入与导购指导需求相关性分析

4. 保姆和家庭主妇对导购的需求相对较高

数据显示，不同职业的消费者群体对导购指导需求不同，其中职业为保姆的人群需要导购的比例超过 50%，而其他职业人群需要导购的比例均不到 50%。相较之下，保姆、家庭主妇和个体经营户对导购指导的需求较其他职业人群较高，自由职业者、已退休人员和事业单位人员对导购的需求其次，而白领、学生和职业为其他的人群对导购的需求较少（见图 45）。

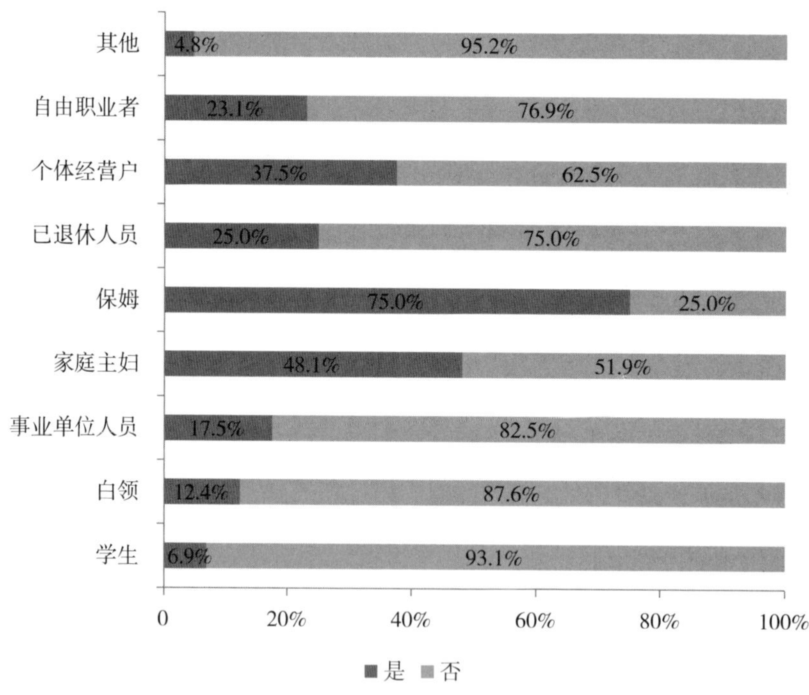

图 45　职业与导购指导需求相关性分析

5. 有小孩的消费者对导购的需求相对较高

数据显示，有小孩和无小孩的消费者群体对导购指导需求不一，相较之下，有小孩人群对导购指导的需求较无小孩人群对导购指导的需求更高，而无小孩人群对导购的需求较低（见图46）。

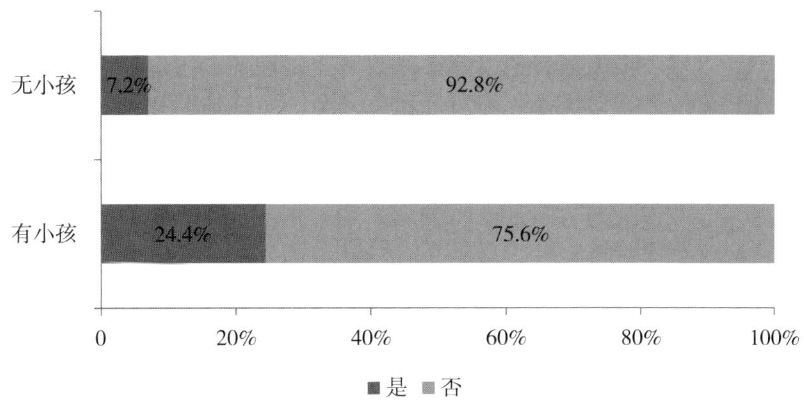

图 2-46　是否有小孩与导购指导需求相关性分析

6. 家庭中的奶奶/姥姥和爷爷/姥爷更需要导购指导

数据显示，不同家庭角色的消费者群体对导购指导需求差异较大，奶奶/姥姥和爷爷/姥爷需要导购的比例超过50%，较其他家庭角色更高。而妈妈、爸爸和儿女对导购的需求较少，均不到20%（见图47）。

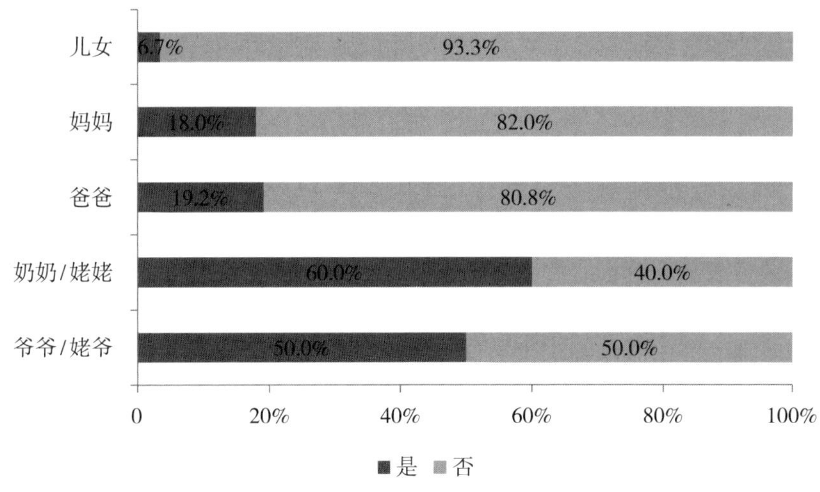

图 47　家庭角色与导购指导需求相关性分析

（四）年龄、月收入、职业和家庭角色会影响消费者对食物价格因素的考量

课题组采用独立样本 T 检验、Anova 检验、卡方分析和 LSD 事后检验等，对消费者个人统计学及其购买食品时的考量因素进行显著性和相关性分析。数据显示，价格因素主要受年龄、月收入、职业、是否有小孩和家庭角色影响；口感因素主要受性别、月收入、学历和家庭角色影响；营养成分主要受到年龄、月收入、职业、是否有小孩和家庭角色的影响；低糖、低卡、低脂主要受到性别、年龄、月收入、职业和家庭角色的影响；口碑主要受到月收入和学历的影响；品牌主要受到年龄、月收入、职业、是否有小孩和家庭角色的影响；包装设计主要受到小孩和家庭角色的影响；低碳环保主要受到年龄、月收入、学历、职业、是否有小孩和家庭角色的影响；明星代言主要受到月收入、职业、是否有小孩和家庭角色的影响（见表 4）。

表 4　选购食品时的考量因素

描述	个人统计学 Sig						
	性别	年龄	月收入	学历	职业	小孩	家庭角色
价格	–	0. 006	0. 000	–	0. 008	0. 014	0. 011
口感	0. 006	–	0. 023	0. 000	–	–	0. 000
营养成分	–	0. 000	0. 000	–	0. 001	0. 013	0. 003
低糖、低卡、低脂	0. 002	0. 000	0. 000	–	0. 003	–	0. 040
口碑	–	–	0. 003	0. 020	–	–	–
品牌	–	0. 000	0. 000	–	0. 000	0. 000	0. 000
包装设计	–	–	–	–	–	0. 026	0. 004
低碳环保	–	0. 001	0. 015	0. 002	0. 001	0. 005	0. 000
明星代言	–	–	0. 000	0. 000	0. 000	0. 002	0. 000

注：P>0. 05 表示无显著性差异；0. 01<P<0. 05 表示显著性差异；P<0. 01 表示极显著性差异。

（五）性别、年龄、月收入和职业会影响消费者喜欢的健康信息提示形式

课题组采用独立样本 T 检验、Anova 检验、卡方分析和 LSD 事后检验等，对消费者个人统计学及其喜欢的健康信息提示形式进行显著性和相关性分析。数据显示，图文形式主要受性别影响；健康货架形式主要受性别影响；电子屏形式主要受职业影响；导购形式主要受年龄、月收入、学历和职业的影响；专业营养师咨询形式主要受年龄、月收入和职业的影响；主题讲座形式主要受年龄、月收入、学历和职业的影响（见表 5）。

表 5　喜欢的健康信息提示形式

描述	个人统计学 Sig						
	性别	年龄	月收入	学历	职业	小孩	家庭角色
图文	0.009	–	–	–	–	–	–
健康货架	0.015	–	–	–	–	–	–
电子屏	–	–	–	–	0.035	–	–
导购	–	0.009	0.000	0.000	0.008	–	–
专家营养师咨询	–	0.034	0.011	–	0.005	–	–
主题讲座	–	0.001	0.000	0.000	0.000	–	–

注：P>0.05 表示无显著性差异；0.01<P<0.05 表示显著性差异；P<0.01 表示极显著性差异。

（六）性别、年龄、学历、职业、是否有小孩、家庭角色会影响消费者对健康主题超市的期待

课题组采用独立样本 T 检验、Anova 检验、卡方分析和 LSD 事后检验等，对消费者个人统计学及影响其对健康主题超市期待的因素进行显著性和相关性分析。数据显示，食品应该是绿色的、新鲜的、安全的主要受性别、年龄、学历、职业、是否有小孩、家庭角色影响；食品应该搭配健康信息提示主要受性别、年龄、学历、职业、是否有小孩、家庭角色影响；应该设置专门的食品健康指导货架主要受到性别、年龄、学历、是否有小孩、家庭角色影响；应该提供可以直接购买的膳食搭配套餐主要受到性别、年龄、学历、职业、是否有小孩、家庭角色影响；环境应该比其他超市更干净、整洁、卫生主要受到性别、年龄、学历、职业、是否有小孩、家庭角色影响；应该开展面向消费者的健康科普系列活动主要受到性别、年龄、学历、是否有小孩、家庭角色影响；工作人员应该具备良好的健康素养主要受到性别、年龄、学历、是否有小孩、家庭角色影响；应该有专门的专家或营养师进行指导、咨询主要受到性别、年龄、学历、是否有小孩影响（见表 6）。

表 6　影响消费者对健康主题超市期待的因素

描述	个人统计学 Sig					
	性别	年龄	学历	职业	小孩	家庭角色
健康主题超市的食品应该是绿色的、新鲜的、安全的	0.022	0.005	0.023	0.000	0.053	0.000
健康主题超市的食品应该搭配健康信息提示	0.007	0.024	0.000	0.001	0.005	0.000
健康主题超市应该设置专门的食品健康指导货架	0.006	0.078	0.006	–	0.242	0.002
健康主题超市应该提供可以直接购买的膳食搭配套餐	0.000	0.039	0.000	0.007	0.449	0.000

续表

描述	个人统计学 Sig					
	性别	年龄	学历	职业	小孩	家庭角色
健康主题超市的环境应该比其他超市更干净、整洁、卫生	0.019	0.021	0.022	0.042	0.225	0.001
健康主题超市应该开展面向消费者的健康科普系列活动	0.010	0.259	0.038	-	0.451	0.005
健康主题超市的工作人员应该具备良好的健康素养	0.002	0.173	0.022	-	0.193	0.002
健康主题超市应该有专门的专家或营养师进行指导、咨询	0.148	0.288	0.019	-	0.682	-

注：P>0.05 表示无显著性差异；0.01<P<0.05 表示显著性差异；P<0.01 表示极显著性差异。

1. 女性对健康主题超市的期待高于男性

在本次调研中，共 586 人回答了“心目中理想的健康主题超市”的问题，其中男性 196 名，女性 390 名。数据显示，女性对健康主题超市不同维度的期待都要高于男性。无论男性还是女性，对健康主题超市的最主要期待都是希望食品是绿色的、新鲜的、安全的，其次是希望食品应该搭配健康信息提示、环境比其他超市更干净、整洁、卫生（见图 48）。

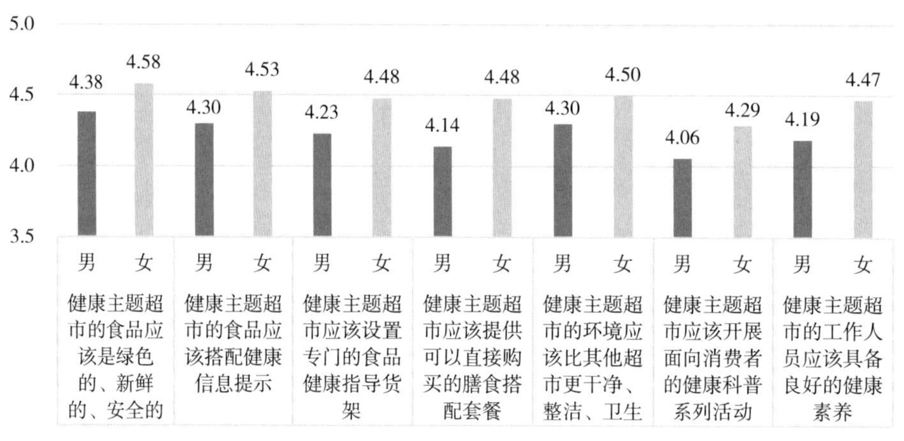

图 48　不同性别对健康主题超市的期待分析

2. 老年群体与其他群体对健康主题超市的期待存在差异

（1）老年群体对健康主题超市是否是绿色、新鲜的、安全的以及食品搭配健康提示的关注度较低。

数据显示，在对健康主题超市的期待方面，56 岁及以上人群和其他年龄段人群具有显著差异。具体来看，56 岁及以上的消费者在“食品应该是绿色的、新鲜的、安全的”方面的期待比其他年龄段的期待值更低（见表 7）。

表 7 年龄与健康主题超市食品质量期待

	18 岁及以下	18~25 岁	26~35 岁	36~45 岁	46~55 岁
56 岁及以上	-	-0.924 *	-0.956 *	-0.860 *	-0.822 *

*. 平均值差值的显著性水平为 0.05。

数据显示，在对健康主题超市的期待方面，56 岁及以上人群和其他年龄段人群具有显著差异。具体来看，56 岁及以上的消费者在“食品应该搭配健康信息提示”方面的期待比其他年龄段的期待值更低（见表 8）。

表 8 年龄与健康主题超市搭配健康信息提示期待

	18 岁及以下	18~25 岁	26~35 岁	36~45 岁	46~55 岁
56 岁及以上	-	-.784 *	-.847 *	-.701 *	-.738 *

*. 平均值差值的显著性水平为 0.05。

（2）中年群体对健康主题超市应该设置专门的食品健康指导货架期待较低。

数据显示，在对健康主题超市的期待方面，46~55 岁的人群和 18~25 岁、26~35 岁的人群具有显著差异。具体来看，46~55 岁的消费者在“应该设置专门的食品健康指导货架”方面的期待比 18~25 岁和 26~35 岁的人群的期待值更低（见表 9）。

表 9 年龄与健康主题超市食品货架期待

	18 岁及以下	18~25 岁	26~35 岁	36~45 岁	46~55 岁	56 岁及以上
18 岁及以下	-	-	-	-	-	-
18~25 岁	-	-	-	-	0.321 *	-
26~35 岁	-	-	-	-	0.438 *	-
36~45 岁	-	-	-	-	-	-
46~55 岁	-	-0.321 *	-0.438 *	-	-	-
56 岁及以上	-	-	-	-	-	-

*. 平均值差值的显著性水平为 0.05。

（3）老年群体对健康主题超市应该提供可直接购买的膳食搭配套餐以及环境应该比其他超市更干净、整洁、卫生期待较低。

数据显示，在对健康主题超市的期待方面，56 岁及以上人群和其他年龄段人群具有显著差异，46~55 岁和 26~35 岁人群具有显著差异。具体来看，56 岁及以上的消费者在“应该提供可以直接购买的膳食搭配套餐”方面的期待比其他年龄段的期待值更低，46~55 岁的消费者比 26~35 岁的消费者期待值更低（见表 10）。

表 10　　年龄与健康主题超市食品搭配期待

	18 岁及以下	18~25 岁	26~35 岁	36~45 岁	46~55 岁	56 岁及以上
18 岁及以下	–	–	–	–	–	–
18~25 岁	–	–	–	–	–	0. 643 *
26~35 岁	–	–	–	–	0. 337 *	0. 715 *
36~45 岁	–	–	–		–	0. 590 *
46~55 岁	–	–	-0. 337 *	–	–	0. 378 *
56 岁及以上	–	-0. 643 *	-0. 715 *	-0. 590 *	-0. 378 *	–

*. 平均值差值的显著性水平为 0. 05。

数据显示，在对健康主题超市的期待方面，56 岁及以上人群和其他年龄段人群具有显著差异。具体来看，56 岁及以上的消费者在“环境应该比其他超市更干净、整洁、卫生”方面的期待比其他年龄段人群的期待值更低（见表 11）。

表 11　　年龄与健康主题超市食品环境期待

	18 岁及以下	18~25 岁	26~35 岁	36~45 岁	46~55 岁	56 岁及以上
18 岁及以下	–	–	–	–	–	–
18~25 岁	–	–	–	–	–	0. 660 *
26~35 岁	–	–	–	–	–	0. 826 *
36~45 岁	–	–	–	–	–	0. 609 *
46~55 岁	–	–	–	–	–	0. 697 *
56 岁及以上	–	-0. 660 *	-0. 826 *	-0. 609 *	-0. 697 *	–

*. 平均值差值的显著性水平为 0. 05。

（4）老年群体对应该开展面向消费者的健康科普系列活动期待较低。

数据显示，在对健康主题超市的期待方面，56 岁及以上人群和 26~35 岁人群具有显著差异。具体来看，56 岁及以上的消费者在“应该开展面向消费者的健康科普系列活动”方面的期待比 26~35 岁人群的期待值更低（见表 12）。

表 12　　年龄与健康主题超市科普指导期待

	18 岁及以下	18~25 岁	26~35 岁	36~45 岁	46~55 岁	56 岁及以上
18 岁及以下	–	–	–	–	–	–
18~25 岁	–	–	–	–	–	–
26~35 岁	–	–	–	–	–	0. 558 *
36~45 岁	–	–	–	–	–	–
46~55 岁	–	–	–	–	–	–
56 岁及以上	–	–	-0. 558 *	–	–	–

*. 平均值差值的显著性水平为 0. 05。

（5）老年群体对工作人员具备良好的健康素养的期待较低。

数据显示，在对健康主题超市的期待方面，56 岁及以上人群和 18~25 岁、26~35 岁、36~45 岁人群具有显著差异。具体来看，56 岁及以上的消费者在“工作人员应该具备良好的健康素养”方面的期待比 18~25 岁、26~35 岁、36~45 岁人群的期待值更低（见表 13）。

表 13　　年龄与健康主题超市的工作人员期待

	18 岁及以下	18~25 岁	26~35 岁	36~45 岁	46~55 岁	56 岁及以上
18 岁及以下	-	-	-	-	-	-
18~25 岁	-	-	-	-	-	0.610 *
26~35 岁	-	-	-	-	-	0.624 *
36~45 岁	-	-	-	-	-	0.508 *
46~55 岁	-	-	-	-	-	-
56 岁及以上	-	-0.610 *	-0.624 *	-0.508 *	-	-

*. 平均值差值的显著性水平为 0.05。

（6）老年群体对应该有专门的专家或营养师进行指导、咨询的期待较低。

数据显示，在对健康主题超市的期待方面，56 岁及以上的人群和 18~25 岁人群具有显著差异。具体来看，56 岁及以上的消费者在“应该有专门的专家或营养师进行指导、咨询”方面的期待比 18~25 岁人群的期待值更低（见表 14）。

表 14　　年龄与健康主题超市专家、营养师指导期待

	18 岁及以下	18~25 岁	26~35 岁	36~45 岁	46~55 岁	56 岁及以上
18 岁及以下	-	-	-	-	-	-
18~25 岁	-	-	-	-	-	0.588 *
26~35 岁	-	-	-	-	-	-
36~45 岁	-	-	-	-	-	-
46~55 岁	-	-	-	-	-	-
56 岁及以上	-	-0.588 *	-	-	-	-

*. 平均值差值的显著性水平为 0.05。

3. 不同学历人群对健康主题超市的期待存在差异

（1）低学历人群对食品应该是绿色的、新鲜的、安全的期待较低。

数据显示，在对健康主题超市的期待方面，学历为初中及以下人群与大学专科或本科、硕士及以上人群具有显著差异。具体来看，初中及以下的消费者在“食品应该是绿色的、新鲜的、安全的”方面的期待比大学专科或本科、硕士及以上人群的期待值更低（见表 15）。

表 15　　学历与健康主题超市食品质量期待

	初中及以下	高中或中专	大学专科或本科	硕士及以上
初中及以下	–	–	-0.525 *	-0.498 *
高中或中专	–	–	–	–
大学专科或本科	0.525 *	–	–	–
硕士及以上	0.498 *	–	–	–

*. 平均值差值的显著性水平为 0.05。

（2）低学历人群对食品应该搭配健康信息提示的期待较低。

数据显示，在对健康主题超市的期待方面，学历为初中及以下人群与大学专科或本科、硕士及以上人群具有显著差异，学历为高中或中专和大学专科或本科、硕士及以上人群具有显著差异。具体来看，初中及以下的消费者在“食品应该搭配健康信息提示”方面的期待比大学专科或本科、硕士及以上人群的期待值更低，高中或中专的消费者的期待比大学专科或本科、硕士及以上人群的期待值更低（见表 16）。

表 16　　学历与健康主题超市搭配健康信息提示期待

	初中及以下	高中或中专	大学专科或本科	硕士及以上
初中及以下	–	–	-0.659 *	-0.680 *
高中或中专	–	–	-0.417 *	-0.438 *
大学专科或本科	0.659 *	0.417 *	–	–
硕士及以上	0.680 *	0.438 *	–	–

*. 平均值差值的显著性水平为 0.05。

（3）初中及以下学历的人群对应该设置专门的食品健康指导货架上期待较低。

数据显示，在对健康主题超市的期待方面，学历为初中及以下人群与其他学历人群具有显著差异。具体来看，初中及以下的消费者在“应该设置专门的食品健康指导货架”方面的期待比其他学历人群的期待值更低（见表 17）。

表 17　　学历与食品健康指导货架

	初中及以下	高中或中专	大学专科或本科	硕士及以上
初中及以下	–	-0.517 *	-0.653 *	-0.704 *
高中或中专	0.517 *	–	–	–
大学专科或本科	0.653 *	–	–	–
硕士及以上	0.704 *	–	–	–

*. 平均值差值的显著性水平为 0.05。

（4）初中及以下学历的人群对应该提供可以直接购买的膳食搭配套餐的期待更低。

数据显示，在对健康主题超市的期待方面，学历为初中及以下人群与其他学历人群具有显著差异，学历高中或中专人群与其他学历人群具有显著差异。具体来看，初中及以下的消费者在“应该提供可以直接购买的膳食搭配套餐”方面的期待比其他学历人群的期待值更低，高中或中专人群的期待值比初中及以下人群更高，比大学专科或本科和硕士及以上人群更低（见表18）。

表18　学历与健康主题超市膳食搭配套餐期待

	初中及以下	高中或中专	大学专科或本科	硕士及以上
初中及以下	-	-0.469*	-0.786*	-0.831*
高中或中专	0.469*	-	-0.317*	-0.362*
大学专科或本科	0.786*	0.317*	-	-
硕士及以上	0.831*	0.362/*	-	-

*. 平均值差值的显著性水平为0.05。

（5）高学历人群对健康主题超市的环境期待更高。

数据显示，在对健康主题超市的期待方面，学历高中或中专人群与大学专科或本科和硕士及以上人群具有显著差异。具体来看，高中或中专的消费者在“环境应该比其他超市更干净、整洁、卫生”方面的期待比大学专科或本科和硕士及以上人群的期待值更低（见表19）。

表19　学历与健康主题超市环境期待

	初中及以下	高中或中专	大学专科或本科	硕士及以上
初中及以下	-	-	-	-
高中或中专	-	-	-0.272*	-0.372*
大学专科或本科	-	0.272*	-	-
硕士及以上	-	0.372*	-	-

*. 平均值差值的显著性水平为0.05。

（6）初中及以下学历的人群对应该开展面向消费者的健康科普系列活动的期待较低。

数据显示，在对健康主题超市的期待方面，学历为初中及以下人群与大学专科或本科和硕士及以上人群具有显著差异。具体来看，初中及以下的消费者在“应该开展面向消费者的健康科普系列活动”方面的期待比大学专科或本科和硕士及以上人群的期待值更低（见表20）。

表 20　　学历与健康主题超市健康科普系列活动期待

	初中及以下	高中或中专	大学专科或本科	硕士及以上
初中及以下	–	–	−0. 538 *	−0. 633 *
高中或中专	–	–	–	–
大学专科或本科	0. 538 *	–	–	–
硕士及以上	0. 633 *	–	–	–

*. 平均值差值的显著性水平为 0. 05。

（7）高学历人群对健康主题超市的工作人员的健康素养的有更高的要求。

数据显示，在对健康主题超市的期待方面，学历为高中或中专人群与大学专科或本科和硕士及以上人群具有显著差异。具体来看，高中或中专的消费者在“工作人员应该具备良好的健康素养”方面的期待比大学专科或本科和硕士及以上人群的期待值更低（见表 21）。

表 21　　学历与健康主题超市工作人员期待

	初中及以下	高中或中专	大学专科或本科	硕士及以上
初中及以下	–	–	–	–
高中或中专	–	–	−0. 291 *	−0. 349 *
大学专科或本科	–	0. 291 *	–	–
硕士及以上	–	0. 349 *	–	–

（8）初中及以下学历人群对健康主题超市应该有专门的专家或营养师进行指导、咨询的期待低。

数据显示，在对健康主题超市的期待方面，学历为初中及以下人群与其他学历人群具有显著差异。具体来看，初中及以下的消费者在“应该有专门的专家或营养师进行指导、咨询”方面的期待比其他学历人群的期待值更低（见表 22）。

表 22　　学历与健康主题超市专家或营养师指导期待

	初中及以下	高中或中专	大学专科或本科	硕士及以上
初中及以下	–	−0. 539 *	−0. 692 *	−0. 728 *
高中或中专	0. 539 *	–	–	–
大学专科或本科	0. 692 *	–	–	–
硕士及以上	0. 728 *	–	–	–

*. 平均值差值的显著性水平为 0. 05。

4. 不同职业对健康主题超市的期待存在差异

（1）家庭主妇、保姆、已退休人员在健康主题超市的食品应该是绿色的、新鲜的、安全的的期待较低。

数据显示，在对健康主题超市的期待方面，家庭主妇与学生、白领、其他职业人群具有显著差异，保姆与学生、白领、事业单位人员、个体经营户、自由职业者、其他职业人群具有显著差异，已退休人员与学生、白领、事业单位人员、个体经营户、自由职业者、其他职业人群具有显著差异。具体来看，家庭主妇在“食品应该是绿色的、新鲜的、安全的”方面的期待比学生、白领、其他职业人群的期待值更低，保姆比学生、白领、事业单位人员、个体经营户、自由职业者、其他职业人群的期待值更低，已退休人员比学生、白领、事业单位人员、个体经营户、自由职业者、其他职业人群的期待值更低（见表23）。

表23　职业与健康主题超市食品质量期待

	学生	白领	事业单位人员	家庭主妇	保姆	已退休人员	个体经营户	自由职业者	其他
学生	–	–	–	0.478*	1.589*	1.055*	–	–	–
白领	–	–	–	0.485*	1.596*	1.063*	–	–	–
事业单位人员	–	–	–	–	1.488*	0.955*	–	–	–
家庭主妇	-0.478*	-0.485*	–	–	–	–	–	–	-0.546*
保姆	-1.589*	-1.596*	-1.488*	–	–	–	-1.444*	-1.372*	-1.658*
已退休人员	-1.055*	-1.063*	-0.955*	–	–	–	-0.911*	-0.839*	-1.124*
个体经营户	–	–	–	–	1.444*	0.911*	–	–	–
自由职业者	–	–	–	–	1.372*	0.839*	–	–	–
其他	–	–	–	0.546*	1.658*	1.124*	–	–	–

*. 平均值差值的显著性水平为0.05。

（2）保姆、家庭主妇、已退休人员在健康主题超市的食品应该搭配健康信息提示的期待较低。

数据显示，在对健康主题超市的期待方面，家庭主妇与学生具有显著差异，保姆与学生、白领、事业单位人员具有显著差异，已退休人员与学生、白领、事业单位人员、自由职业者具有显著差异，个体经营户与学生、其他职业人群具有显著差异。具体来看，家庭主妇在“食品应该搭配健康信息提示”方面的期待比学生期待值更低，保姆比学生、白领、事业单位人员的期待值更低，已退休人员比学生、白领、事业单位人员、自由职业者的期待值更低，个体经营户比学生、其他职业人群的期待值更低（见表24）。

表 24　　职业与健康主题超市食品搭配健康信息提示期待

	学生	白领	事业单位人员	家庭主妇	保姆	已退休人员	个体经营户	自由职业者	其他
学生	-	-	-	0.447 *	1.558 *	0.892 *	0.669 *	-	-
白领	-	-	-	-	1.481 *	0.814 *	-	-	-
事业单位人员	-	-	-	-	1.448 *	0.781 *	-	-	-
家庭主妇	-0.447 *	-	-	-	-	-	-	-	-
保姆	-1.558 *	-1.481 *	-1.448 *	-	-	-	-		
已退休人员	-0.892 *	-0.814 *	-0.781 *	-	-	-	-	-0.612 *	
个体经营户	-0.669 *	-	-	-	-	-	-	-	-0.686 *
自由职业者	-	-	-	-	-	0.612 *	-	-	-
其他	-	-	-	-	-	-	0.686 *	-	-

*. 平均值差值的显著性水平为 0.05。

(3) 保姆、已退休人员对健康主题超市应该提供可以直接购买的膳食搭配套餐期待较低。

数据显示，在对健康主题超市的期待方面，保姆与学生、白领、其他职业人群具有显著差异，已退休人员与学生、白领、事业单位人员、自由职业者、其他职业人群具有显著差异。具体来看，保姆在“应该提供可以直接购买的膳食搭配套餐”方面的期待比学生、白领、其他职业人群期待值更低，已退休人员比学生、白领、事业单位人员、自由职业者、其他职业人群的期待值更低（见表 25）。

表 25　　职业与健康主题超市膳食搭配套餐期待

	学生	白领	事业单位人员	家庭主妇	保姆	已退休人员	个体经营户	自由职业者	其他
学生	-	-	-	-	1.431 *	0.831 *	-	-	-
白领	-	-	-	-	1.510 *	0.910 *	-	-	-
事业单位人员	-	-	-	-	-	0.712 *	-	-	-
家庭主妇	-	-	-	-	-	-	-	-	-
保姆	-1.431 *	-1.510 *	-	-	-	-	-	-	-1.466 *
已退休人员	-0.831 *	-0.910 *	-0.712 *	-	-	-	-	-0.586 *	-0.866 *
个体经营户	-	-	-	-	-	-	-	-	-
自由职业者	-	-	-	-	-	0.586 *	-	-	-
其他	-	-	-	-	1.466 *	0.866 *	-	-	-

*. 平均值差值的显著性水平为 0.05。

（4）保姆、已退休人员对健康主题超市的环境应该比其他超市更干净、整洁、卫生的期待更低。

数据显示，在对健康主题超市的期待方面，保姆与学生、白领、事业单位人员、自由职业者、其他职业人群具有显著差异，已退休人员与学生、白领、事业单位人员、自由职业者、其他职业人群具有显著差异。具体来看，保姆在“环境应该比其他超市更干净、整洁、卫生”方面的期待比学生、白领、事业单位人员、自由职业者、其他职业人群的期待值更低，已退休人员比学生、白领、事业单位人员、自由职业者、其他职业人群的期待值更低（见表26）。

表 26　职业与健康主题超市环境期待

	学生	白领	事业单位人员	家庭主妇	保姆	已退休人员	个体经营户	自由职业者	其他
学生	–	–	–	–	1.482 *	0.749 *	–	–	–
白领	–	–	–	–	1.442 *	0.709 *	–	–	–
事业单位人员	–	–	–	–	1.440 *	0.707 *	–	–	–
家庭主妇	–	–	–	–	–	–	–	–	–
保姆	-1.482 *	-1.442 *	-1.440 *	–	–	–	–	-1.349 *	-1.562 *
已退休人员	-0.749 *	-0.709 *	-0.707 *	–	–	–	–	-0.616 *	-0.828 *
个体经营户	–	–	–	–	–	–	–	–	–
自由职业者	–	–	–	–	1.349 *	0.616 *	–	–	–
其他	–	–	–	–	1.562 *	0.828 *	–	–	–

*. 平均值差值的显著性水平为0.05。

5. 有小孩的消费者对健康主题超市的“食品应该是绿色的、新鲜的、安全的”的期待较低

数据显示，在对健康主题超市的期待方面，有小孩人群与无小孩人群具有显著差异。具体来看，有小孩的消费者在“食品应该是绿色的、新鲜的、安全的”方面的期待比无小孩的期待值更低（见表27、图49）。

表 27　是否有小孩与健康主题超市食品期待

	是否有小孩	个案数	平均值	标准差
健康主题超市的食品应该是绿色的、新鲜的、安全的	是	225	4.41	1.045
	否	361	4.57	0.844
健康主题超市的食品应该搭配健康信息提示	是	225	4.31	1.026
	否	361	4.54	0.853

*. 平均值差值的显著性水平为0.05。

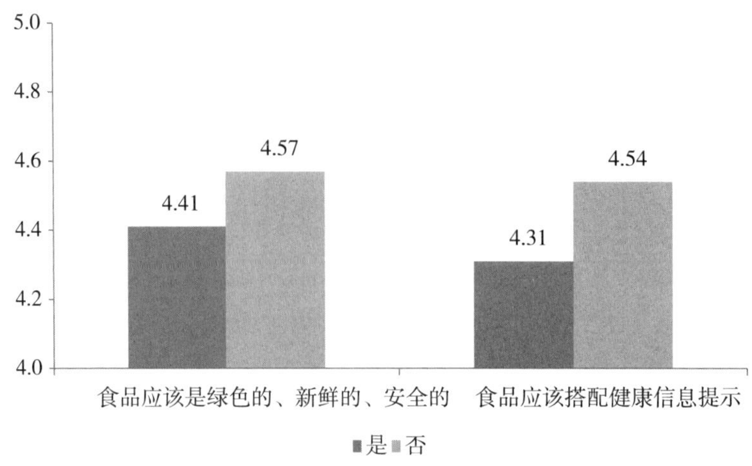

图 49 是否有小孩对健康超市食品期待差异

6. 不同的家庭角色对健康主题超市的期待存在差异

（1）奶奶/姥姥、爸爸对健康主题超市的食品应该是绿色的、新鲜的、安全的期待较低。

数据显示，在对健康主题超市的期待方面，奶奶/姥姥与妈妈、儿女有显著差异，爸爸与儿女具有显著差异。具体来看，奶奶/姥姥在“食品应该是绿色的、新鲜的、安全的”方面的期待比妈妈、儿女的期待值更低，爸爸比儿女的期待值更低（见表 28）。

表 28 家庭角色与健康主题超市食品质量期待

	爷爷/姥爷	奶奶/姥姥	爸爸	妈妈	儿女
爷爷/姥爷	–	–	–	–	–
奶奶/姥姥	–	–	–	-0. 589 *	-0. 756 *
爸爸	–	–	–	–	-0. 415 *
妈妈	–	0. 589 *	–	–	–
儿女	–	0. 756 *	0. 415 *	–	–

*. 平均值差值的显著性水平为 0. 05。

（2）奶奶/姥姥、爸爸对健康主题超市的食品应该搭配健康信息提示关注度较低。

数据显示，在对健康主题超市的期待方面，奶奶/姥姥与其他家庭角色有显著差异，爸爸与妈妈、儿女具有显著差异。具体来看，奶奶/姥姥在“食品应该搭配健康信息提示”方面的期待比其他家庭角色的期待值更低，爸爸比妈妈、儿女的期待值更低（见表 29）。

表 29 家庭角色与健康主题超市搭配健康信息提示期待

	爷爷/姥爷	奶奶/姥姥	爸爸	妈妈	儿女
爷爷/姥爷	-	0.765*	-	-	-
奶奶/姥姥	-0.765*	-	-0.728*	-1.093*	-1.242*
爸爸	-	0.728*	-	-0.365*	-0.514*
妈妈	-	1.093*	0.365*	-	-
儿女	-	1.242*	0.514*	-	-

*. 平均值差值的显著性水平为 0.05。

（3）奶奶/姥姥、爸爸对健康主题超市应该设置专门的食品健康指导货架的期待较低。

数据显示，在对健康主题超市的期待方面，奶奶/姥姥与儿女有显著差异，爸爸与妈妈、儿女具有显著差异。具体来看，奶奶/姥姥在“应该设置专门的食品健康指导货架”方面的期待比儿女的期待值更低，爸爸比妈妈、儿女的期待值更低（见表 30）。

表 30 家庭角色与健康主题超市食品健康指导货架

	爷爷/姥爷	奶奶/姥姥	爸爸	妈妈	儿女
爷爷/姥爷	-	-	-	-	-
奶奶/姥姥	-	-	-	-	-0.410*
爸爸	-	-	-	-0.326*	-0.402*
妈妈	-	-	0.326*	-	-
儿女	-	0.410*	0.402*	-	-

*. 平均值差值的显著性水平为 0.05。

（4）爷爷/姥爷、奶奶/姥姥对健康主题超市应该提供可以直接购买的膳食搭配套餐的期待较低。

数据显示，在对健康主题超市的期待方面，爷爷/姥爷与妈妈、儿女有显著差异，奶奶/姥姥与妈妈、儿女有显著差异，爸爸与妈妈、儿女具有显著差异。具体来看，爷爷/姥爷在“应该提供可以直接购买的膳食搭配套餐”方面的期待比妈妈、儿女的期待值更低，奶奶/姥姥比妈妈、儿女的期待值更低，爸爸比妈妈、儿女的期待值更低（见表 31）。

表 31 家庭角色与健康主题超市膳食搭配套餐期待

	爷爷/姥爷	奶奶/姥姥	爸爸	妈妈	儿女
爷爷/姥爷	-	-	-	-0.898*	-0.979*
奶奶/姥姥	-	-	-	-0.438*	-0.519*
爸爸	-	-	-	-0.428*	-0.508*

续表

	爷爷/姥爷	奶奶/姥姥	爸爸	妈妈	儿女
妈妈	0.898 *	0.438 *	0.428 *	–	–
儿女	0.979 *	0.519 *	0.508 *	–	–

*. 平均值差值的显著性水平为 0.05。

(5) 奶奶/姥姥、爸爸对健康主题超市的环境应该比其他超市更干净、整洁、卫生期待较低。

数据显示，在对健康主题超市的期待方面，奶奶/姥姥与爸爸、妈妈、儿女有显著差异，爸爸与儿女具有显著差异。具体来看，奶奶/姥姥在“环境应该比其他超市更干净、整洁、卫生”方面的期待比爸爸、妈妈、儿女的期待值更低，爸爸比儿女的期待值更低(见表 32)。

表 32　　家庭角色与健康主题超市环境期待

	爷爷/姥爷	奶奶/姥姥	爸爸	妈妈	儿女
爷爷/姥爷	–	–	–	–	–
奶奶/姥姥	–	–	-0.435 *	-0.645 *	-0.718 *
爸爸	–	0.435 *	–	–	-0.283 *
妈妈	–	0.645 *	–	–	
儿女	–	0.718 *	0.283 *	–	–

*. 平均值差值的显著性水平为 0.05。

(6) 奶奶/姥姥、爸爸对健康主题超市应该开展面向消费者的健康科普系列活动的期待较低。

数据显示，在对健康主题超市的期待方面，奶奶/姥姥与妈妈、儿女有显著差异，爸爸与妈妈儿女具有显著差异。具体来看，奶奶/姥姥在“应该开展面向消费者的健康科普系列活动”方面的期待比妈妈、儿女的期待值更低，爸爸比妈妈、儿女的期待值更低(见表 33)。

表 33　　家庭角色与健康主题超市健康科普活动期待

	爷爷/姥爷	奶奶/姥姥	爸爸	妈妈	儿女
爷爷/姥爷	–	–	–	–	–
奶奶/姥姥	–	–	–	-0.474 *	-0.545 *
爸爸	–	–	–	-0.367 *	-0.438 *
妈妈	–	0.474 *	0.367 *	–	–
儿女	–	0.545 *	0.438 *	–	–

*. 平均值差值的显著性水平为 0.05。

（7）奶奶/姥姥、爸爸对健康主题超市的工作人员应该具备良好的健康素养的期待较低。

数据显示，在对健康主题超市的期待方面，奶奶/姥姥与妈妈、儿女有显著差异，爸爸与妈妈、儿女具有显著差异。具体来看，奶奶/姥姥在“工作人员应该具备良好的健康素养”方面的期待比妈妈、儿女的期待值更低，爸爸比妈妈、儿女的期待值更低（见表34）。

表34　　家庭角色与健康主题超市工作人员期待

	爷爷/姥爷	奶奶/姥姥	爸爸	妈妈	儿女
爷爷/姥爷	–	–	–	–	–
奶奶/姥姥	–	–	–	-0.495*	-0.596*
爸爸	–	–	–	-0.287*	-0.388*
妈妈	–	0.495*	0.287*	–	–
儿女	–	0.596*	0.388*	–	–

*. 平均值差值的显著性水平为0.05。

三、“X世代”“Y世代”“Z世代”的人群画像

（一）“Z世代”的人群画像

1. “Z世代”选择超市时更倾向于能即刻满足需求的超市

“Z世代”的消费者在选择超市时，偏好选择社区超市（小区内或家门口的小型门店超市），其次为综合大卖场（家乐福、沃尔玛、物美等）（见图50）。“Z世代”在线下超市消费，更多倾向于能即刻满足日常需求超市，对一些存在一定购物门槛的线下超市消费的需求不高。

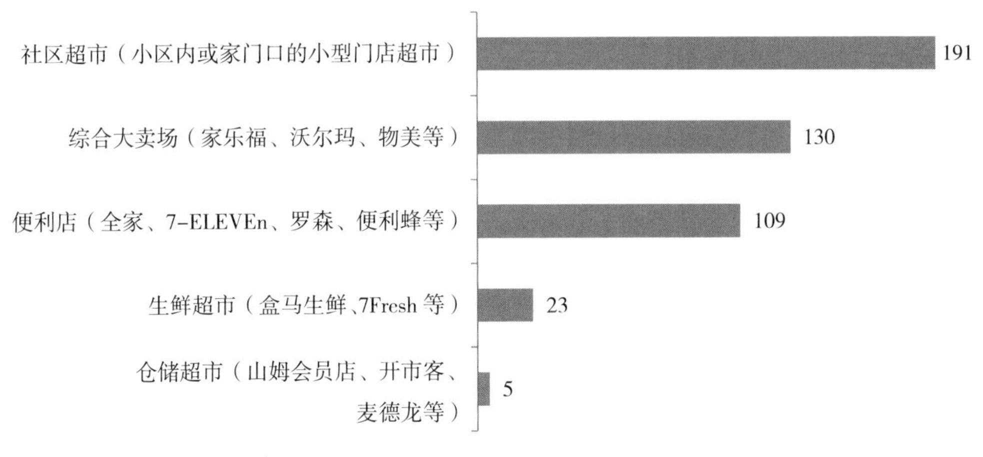

图50　“Z世代”线下超市选择偏好

2. "Z 世代"在线下超市的单次花费不高

"Z 世代"的消费者在购物花费上，较多在 100 元以内，其次为 100～300 元，"Z 世代"的消费者一次购物花费很少达到 300 元以上（见图 51）。"Z 世代"的线下超市的购物多为满足基本需求而非存储式、疯狂式购物。

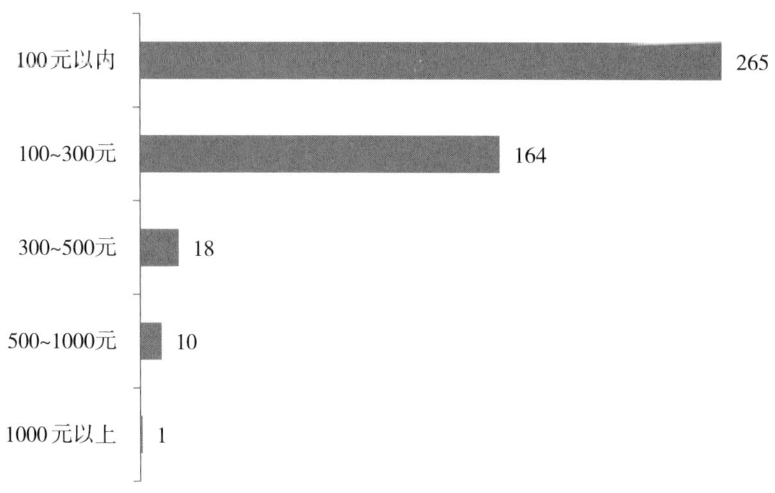

图 51 "Z 世代"线下超市一次性花费

3. "Z 世代"线下购买食品的首要考虑因素是口感

"Z 世代"的消费者在选购食品时最先考虑的因素是口感，其次是价格、口碑，较少考虑食品的营养成分、品牌（见图 52）。可以看到，"Z 世代"的消费者在购买食品时更多考虑自己的口感偏好。

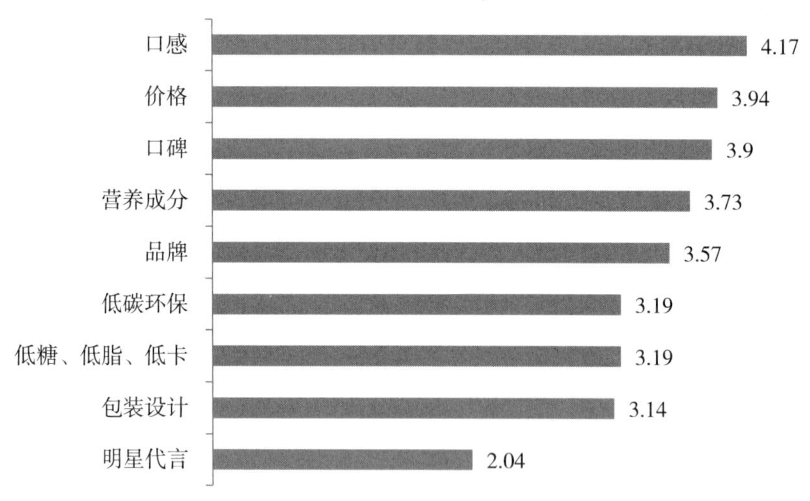

图 52 "Z 世代"选购食品时考虑的因素

4. “Z 世代” 对导购的指导需求简单

“Z 世代” 的消费者对导购提供的指导内容最多期待是商品位置，其次为价格，搭配提示、营养成分介绍方面的指导需求较少（见图 53）。“Z 世代” 的消费者在消费者进行购物时，需要导购提供指导需求是简单的、直接的。

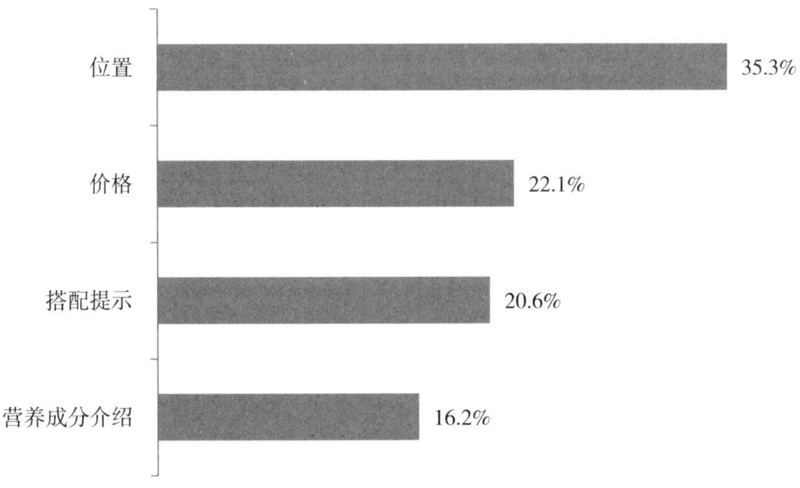

图 53　“Z 世代” 对导购的指导需求

5. “Z 世代” 更喜欢简单直接的健康信息提示

“Z 世代” 的消费者对健康信息提示的期待中，对健康专柜/货架的期待最高，其次为图文类、电子屏等，对专家/营养师咨询、导购人员讲解/咨询、主题讲座的期待不高（见图 54）。“Z 世代” 的消费者对简单的、直接展示健康信息的提示更喜欢。

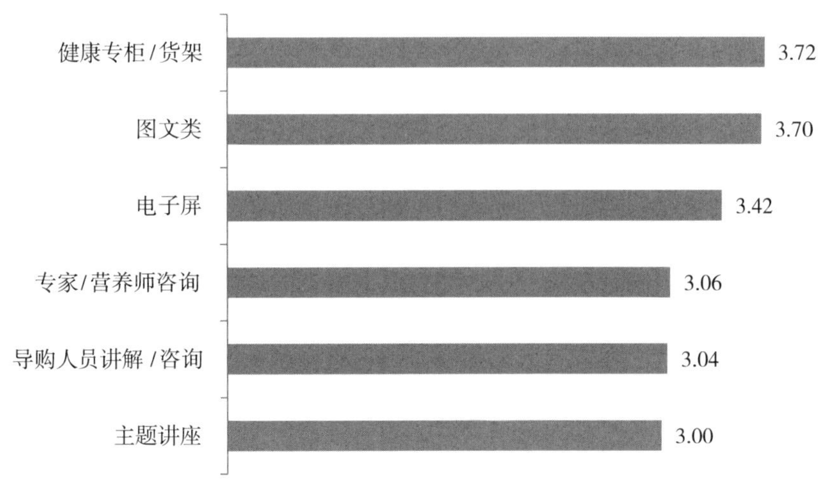

图 54　“Z 世代” 对健康信息提示的需求

6. “Z 世代”认为蔬菜水果区最需要健康信息提示

“Z 世代”的消费者认为蔬菜水果区最需要健康信息提示，其次为肉类区（见图 55）。“Z 世代”的消费者对保质期较短的食品的健康信息提示的需求较高。

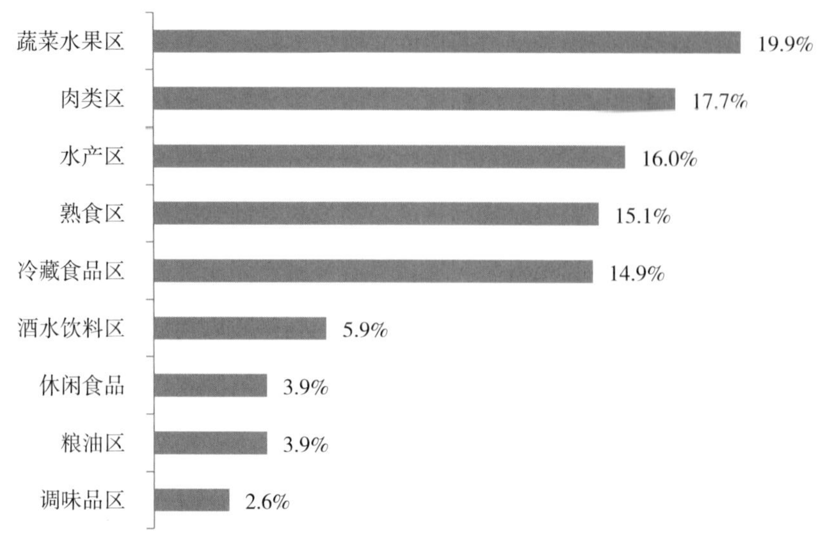

图 55　“Z 世代”最需要健康信息提示的区域

7. “Z 世代”对健康超市的首要期待是食品绿色、健康

“Z 世代”的消费者对健康主题超市的首要期待是“健康主题超市的食品应该是绿色的、新鲜的、安全的”，其次为“健康主题超市的食品应该搭配健康信息提示”“健康主题超市的工作人员应该具备良好的健康素养”（见图 56）。可以看到，“Z 世代”的消费者多对健康主题超市的食品卫生健康、环境、员工健康信息素养有较高的期待。

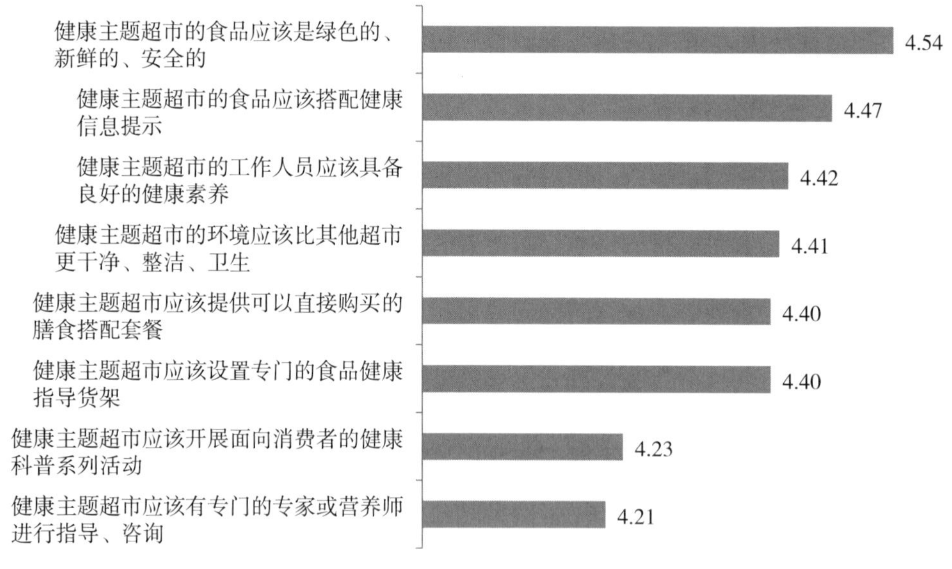

图 56　“Z 世代”对健康主题超市的期待

（二）“Y世代”的人群画像

1. “Y世代”购买食品的首要考量因素是口感

“Y世代”的消费者在选购食品时，最先考虑食品的口感，其次是口碑、营养成分、品牌，最后考虑食品的价格。可以看到，“Y世代”的消费者相对“Z世代”的消费者消费经验更丰富、经济实力更强，在选购食品时，对食品价格以外的口碑、营养成分等更关注（见图57）。

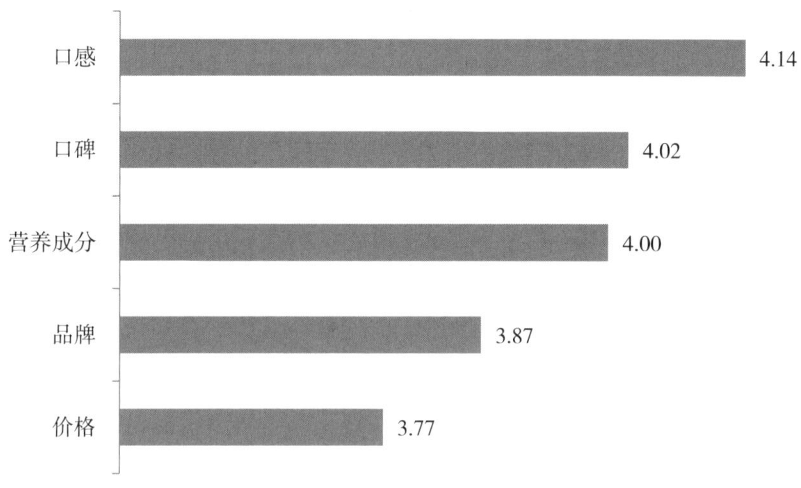

图57　“Y世代”线下超市选购食品的考虑因素

2. “Y世代”咨询导购的主要信息诉求是商品位置

“Y世代”的消费者在线下超市选购商品时，最期待导购提供的信息为商品位置，其次是搭配提示，再次为价格，最后为营养成分介绍。综合对比“X世代”和“Z世代”，商品位置和搭配提示是多数消费者咨询导购的主要信息诉求（见图58）。

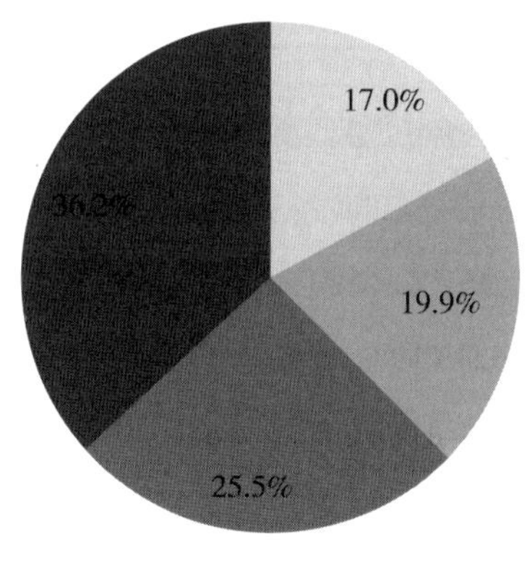

图58　“Y世代”咨询导购的信息诉求

3. “Y 世代”偏好图文类型的健康信息提示

“Y 世代”的消费者最倾向的健康信息提示为图文类，第二为健康专柜/货架，第三为电子屏，第四为专家/营养师咨询，第五为导购讲解/咨询，最后为主题讲座。图文形式的健康信息提示以其高效、简单和直观的优势收获“Y 世代”群体好评（见图 59）。

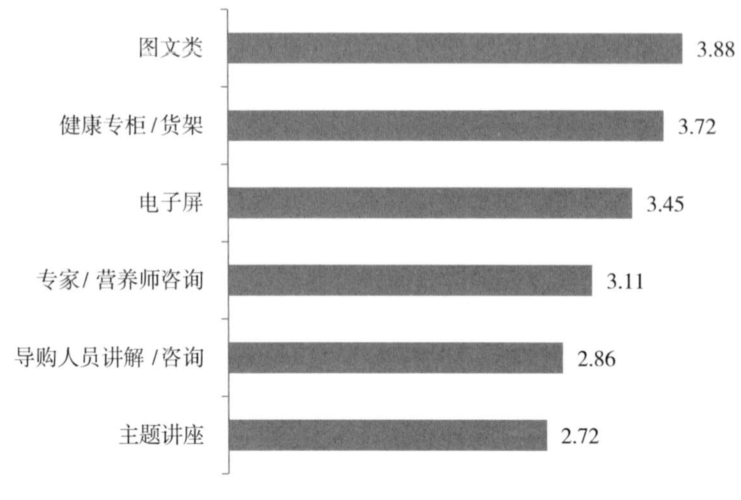

图 59　“Y 世代”对健康信息提示的偏好

4. “Y 世代”认为最需要健康信息提示的区域是肉类区

“Y 世代”的消费者认为线下超市的肉类区最需要健康信息提示，第二为蔬菜水果区，第三为水产区，第四为熟食区，第五为冷藏食品区，第六为休闲食品区，第七为酒水饮料区，第八为粮油区，最后为调味品区（见图 60）。观察 Top4 品类可以发现，“Y 世代”的消费者对保质期较短及缺乏明确健康信息的食品的健康信息提示需求较高。

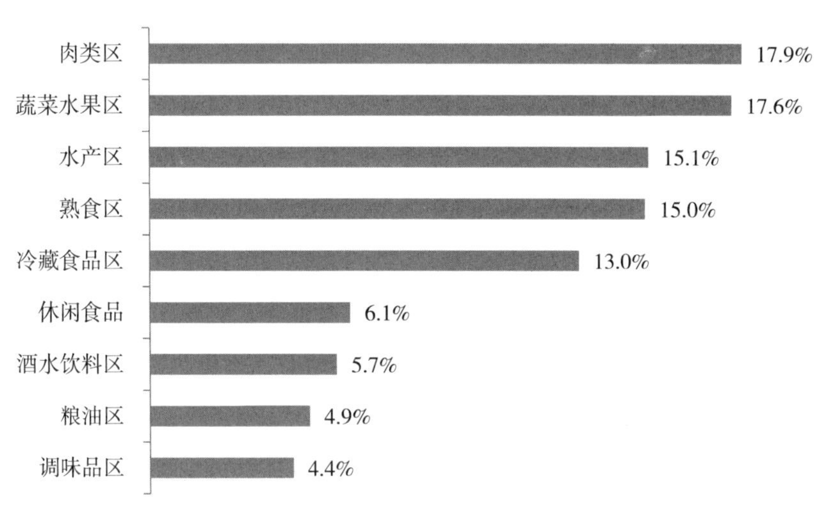

图 60　“Y 世代”认为需要健康信息提示的区域

5.“Y 世代”对于健康主题超市的首要期待是食品质量

“Y 世代”的消费者对健康主题超市的期待排在前三位的依次为“食品应该是绿色的、新鲜的、安全的”“环境应该比其他超市更干净、整洁、卫生”“食品应该搭配健康信息提示”。Y 世代的消费者认为，来自专家及营养师专业咨询指导并非健康主题超市的必要组成部分，其更加关注健康超市的食品安全卫生和整体环境打造（见图 61）。

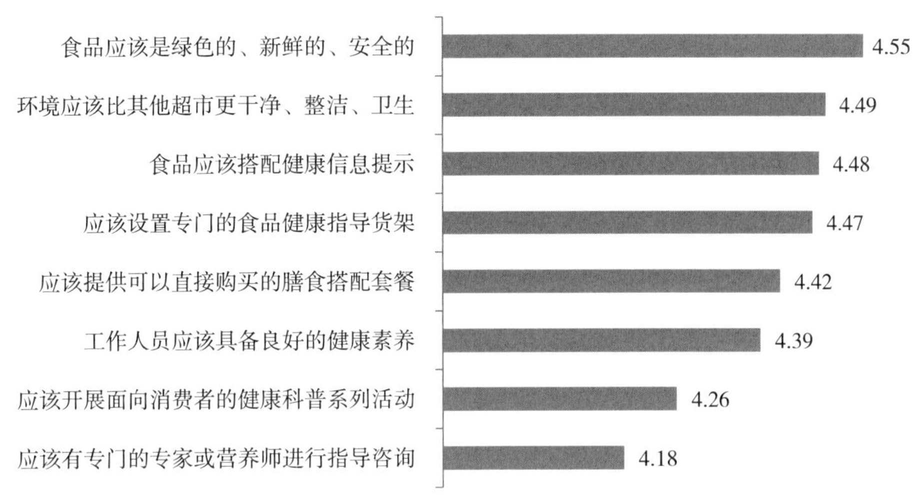

图 61　“Y 世代”对于健康主题超市的期待

（三）“X 世代”的人群画像

1.“X 世代”购买食品的首要考量因素是营养成分

“X 世代”的消费者在线下超市选购食品时，最优先考虑的是食品的营养成分，其次是口感，最后是口碑、品牌以及低糖、低脂、低卡。对比“Y 世代”和“Z 世代”，“X 世代”的人年龄较大，对饮食中营养成分、糖量、脂肪等的摄入会更加关注，在选购食品时，会最优先考虑食品的营养成分，然后才是食品的口感、口碑和品牌（见图 62）。

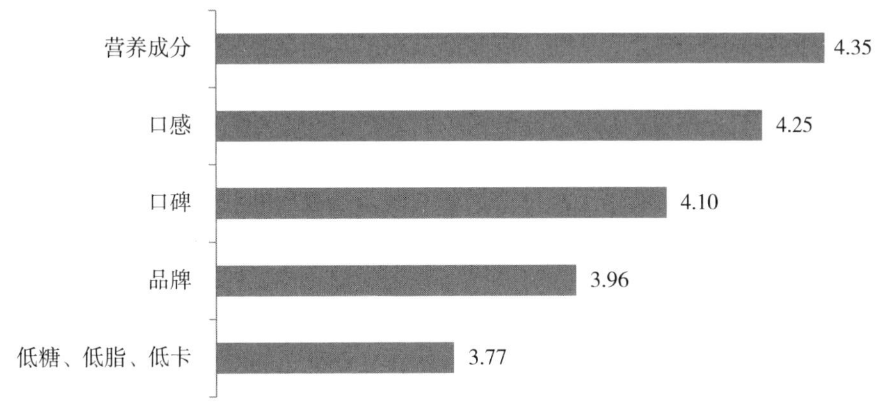

图 62　“X 世代”线下超市选购食品的考虑因素

2. “X 世代”咨询导购的主要信息诉求是食品搭配提示

“X 世代”的消费者最期待导购提供的指导内容是食品的搭配提示，第二为食商品的位置，第三为价格，第四为营养成分介绍，最后为其他。可以看到，在导购需求上，“X 世代”的消费者会关注导购关于食品搭配的指导性建议（见图 63）。

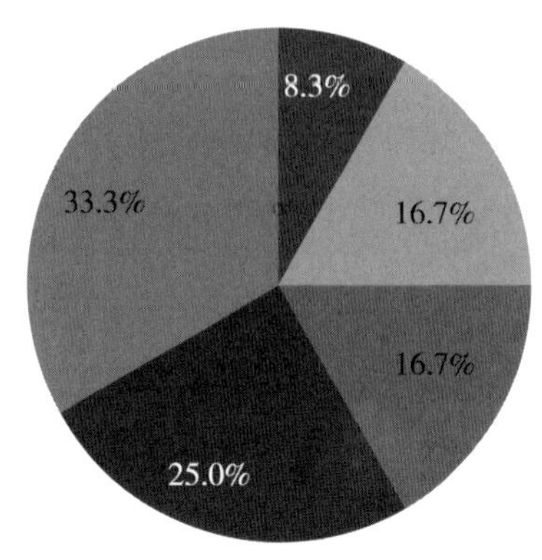

图 63 “X 世代”咨询导购的信息诉求

3. “X 世代”偏好图文类型的健康信息提示

“X 世代”的消费者最为偏好图文类型的健康信息提示，第二为健康专柜/货架，第三为电子屏，第四为专家/营养师咨询，第五为导购人员讲解/咨询，最后为主题讲座。综合对比“Z 世代”和“Y 世代”人群，可以发现图文类型的健康信息提示受到大多数消费者的喜爱（见图 64）。

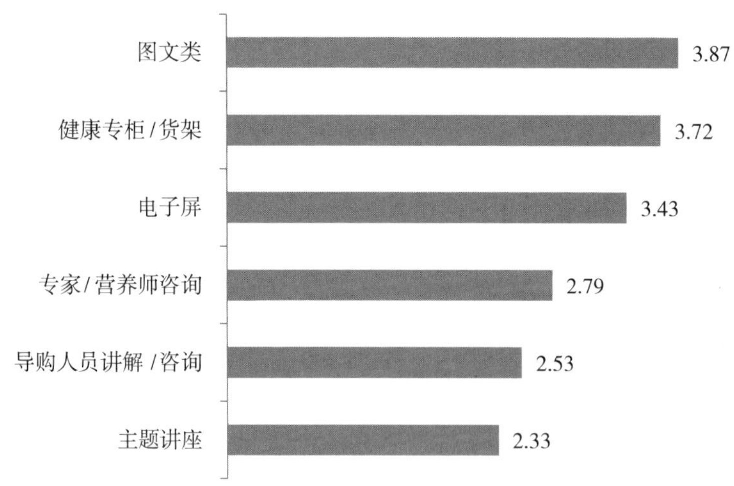

图 64 “X 世代”对健康信息提示的偏好

4. “X世代”认为最需要健康信息提示的区域是熟食区

熟食区是“X世代”消费者认为最需要健康信息提示的品类，第二为蔬菜水果区，第三为水产区，第四为肉类区，第五为冷藏食品区，第六为粮油区，第七为休闲区，第八为酒水饮料区，最后为调味品区。受年龄等因素的影响，熟食成为“X世代”购买食品的重要选择之一，其对于熟食的健康信息提示需求也随之增长（见图65）。

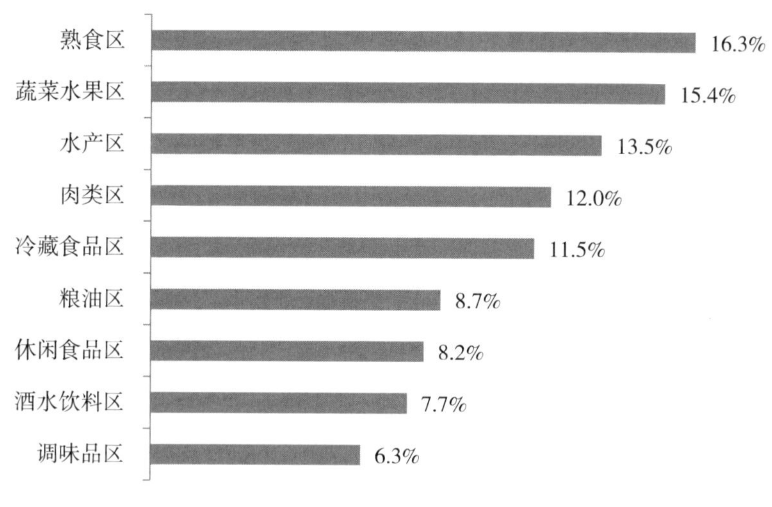

图65　“X世代”认为需要健康信息提示的区域

5. “X世代”认为健康主题超市的食品质量和环境打造需并重

“X世代”的消费者对健康主题超市的期待排在前三位的分别为“食品应该是绿色的、新鲜的、安全的”“环境应该比其他超市更干净、整洁、卫生”“食品应该搭配健康信息提示”。同“Y世代”消费者对健康主题超市的期待基本一致。此外，“X世代”的消费者对于健康主题超市的食品质量和环境的期待程度相当，认为二者均不可或缺（见图66）。

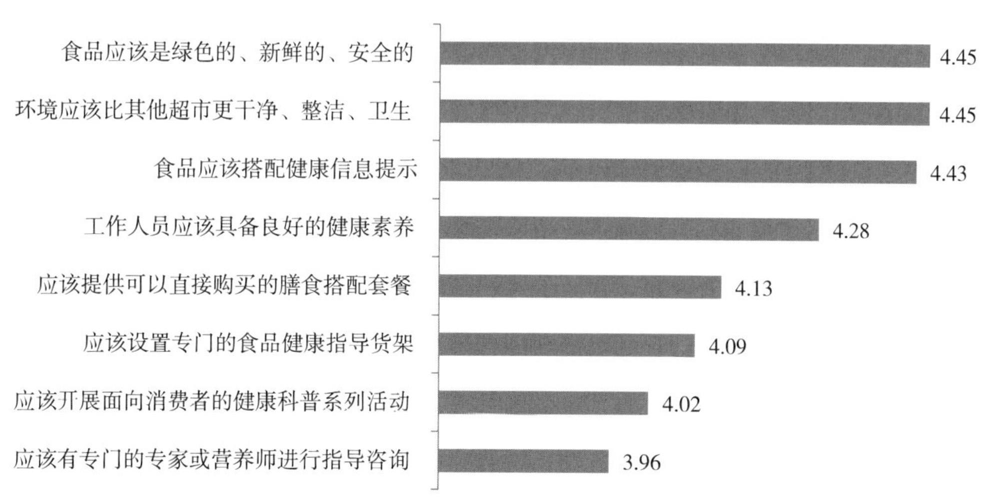

图66　“X世代”对于健康主题超市的期待

第三部分

法律法规篇

中华人民共和国反食品浪费法

（2021年4月29日第十三届全国人民代表大会常务委员会第二十八次会议通过）

第一条　为了防止食品浪费，保障国家粮食安全，弘扬中华民族传统美德，践行社会主义核心价值观，节约资源，保护环境，促进经济社会可持续发展，根据宪法，制定本法。

第二条　本法所称食品，是指《中华人民共和国食品安全法》规定的食品，包括各种供人食用或者饮用的食物。

本法所称食品浪费，是指对可安全食用或者饮用的食品未能按照其功能目的合理利用，包括废弃、因不合理利用导致食品数量减少或者质量下降等。

第三条　国家厉行节约，反对浪费。

国家坚持多措并举、精准施策、科学管理、社会共治的原则，采取技术上可行、经济上合理的措施防止和减少食品浪费。

国家倡导文明、健康、节约资源、保护环境的消费方式，提倡简约适度、绿色低碳的生活方式。

第四条　各级人民政府应当加强对反食品浪费工作的领导，确定反食品浪费目标任务，建立健全反食品浪费工作机制，组织对食品浪费情况进行监测、调查、分析和评估，加强监督管理，推进反食品浪费工作。

县级以上地方人民政府应当每年向社会公布反食品浪费情况，提出加强反食品浪费措施，持续推动全社会反食品浪费。

第五条　国务院发展改革部门应当加强对全国反食品浪费工作的组织协调；会同国务院有关部门每年分析评估食品浪费情况，整体部署反食品浪费工作，提出相关工作措施和意见，由各有关部门落实。

国务院商务主管部门应当加强对餐饮行业的管理，建立健全行业标准、服务规范；会同国务院市场监督管理部门等建立餐饮行业反食品浪费制度规范，采取措施鼓励餐饮服务经营者提供分餐服务、向社会公开其反食品浪费情况。

国务院市场监督管理部门应当加强对食品生产经营者反食品浪费情况的监督，督促食品生产经营者落实反食品浪费措施。

国家粮食和物资储备部门应当加强粮食仓储流通过程中的节粮减损管理，会同国务院有关部门组织实施粮食储存、运输、加工标准。

国务院有关部门依照本法和国务院规定的职责，采取措施开展反食品浪费工作。

第六条 机关、人民团体、国有企业事业单位应当按照国家有关规定，细化完善公务接待、会议、培训等公务活动用餐规范，加强管理，带头厉行节约，反对浪费。

公务活动需要安排用餐的，应当根据实际情况，节俭安排用餐数量、形式，不得超过规定的标准。

第七条 餐饮服务经营者应当采取下列措施，防止食品浪费：

（一）建立健全食品采购、储存、加工管理制度，加强服务人员职业培训，将珍惜粮食、反对浪费纳入培训内容；

（二）主动对消费者进行防止食品浪费提示提醒，在醒目位置张贴或者摆放反食品浪费标识，或者由服务人员提示说明，引导消费者按需适量点餐；

（三）提升餐饮供给质量，按照标准规范制作食品，合理确定数量、分量，提供小份餐等不同规格选择；

（四）提供团体用餐服务的，应当将防止食品浪费理念纳入菜单设计，按照用餐人数合理配置菜品、主食；

（五）提供自助餐服务的，应当主动告知消费规则和防止食品浪费要求，提供不同规格餐具，提醒消费者适量取餐。

餐饮服务经营者不得诱导、误导消费者超量点餐。

餐饮服务经营者可以通过在菜单上标注食品分量、规格、建议消费人数等方式充实菜单信息，为消费者提供点餐提示，根据消费者需要提供公勺公筷和打包服务。

餐饮服务经营者可以对参与“光盘行动”的消费者给予奖励；也可以对造成明显浪费的消费者收取处理厨余垃圾的相应费用，收费标准应当明示。

餐饮服务经营者可以运用信息化手段分析用餐需求，通过建设中央厨房、配送中心等措施，对食品采购、运输、储存、加工等进行科学管理。

第八条 设有食堂的单位应当建立健全食堂用餐管理制度，制定、实施防止食品浪费措施，加强宣传教育，增强反食品浪费意识。

单位食堂应当加强食品采购、储存、加工动态管理，根据用餐人数采购、做餐、配餐，提高原材料利用率和烹饪水平，按照健康、经济、规范的原则提供饮食，注重饮食平衡。

单位食堂应当改进供餐方式，在醒目位置张贴或者摆放反食品浪费标识，引导用餐人员适量点餐、取餐；对有浪费行为的，应当及时予以提醒、纠正。

第九条 学校应当对用餐人员数量、结构进行监测、分析和评估，加强学校食堂餐饮服务管理；选择校外供餐单位的，应当建立健全引进和退出机制，择优选择。

学校食堂、校外供餐单位应当加强精细化管理，按需供餐，改进供餐方式，科学营养配餐，丰富不同规格配餐和口味选择，定期听取用餐人员意见，保证菜品、主食质量。

第十条 餐饮外卖平台应当以显著方式提示消费者适量点餐。餐饮服务经营者通过餐饮外卖平台提供服务的，应当在平台页面上向消费者提供食品分量、规格或者建议消费人数等信息。

第十一条 旅游经营者应当引导旅游者文明、健康用餐。旅行社及导游应当合理安排团队用餐，提醒旅游者适量点餐、取餐。有关行业应当将旅游经营者反食品浪费工作情况纳入相关质量标准等级评定指标。

第十二条　超市、商场等食品经营者应当对其经营的食品加强日常检查，对临近保质期的食品分类管理，作特别标示或者集中陈列出售。

第十三条　各级人民政府及其有关部门应当采取措施，反对铺张浪费，鼓励和推动文明、节俭举办活动，形成浪费可耻、节约为荣的氛围。

婚丧嫁娶、朋友和家庭聚会、商务活动等需要用餐的，组织者、参加者应当适度备餐、点餐，文明、健康用餐。

第十四条　个人应当树立文明、健康、理性、绿色的消费理念，外出就餐时根据个人健康状况、饮食习惯和用餐需求合理点餐、取餐。

家庭及成员在家庭生活中，应当培养形成科学健康、物尽其用、防止浪费的良好习惯，按照日常生活实际需要采购、储存和制作食品。

第十五条　国家完善粮食和其他食用农产品的生产、储存、运输、加工标准，推广使用新技术、新工艺、新设备，引导适度加工和综合利用，降低损耗。

食品生产经营者应当采取措施，改善食品储存、运输、加工条件，防止食品变质，降低储存、运输中的损耗；提高食品加工利用率，避免过度加工和过量使用原材料。

第十六条　制定和修改有关国家标准、行业标准和地方标准，应当将防止食品浪费作为重要考虑因素，在保证食品安全的前提下，最大程度防止浪费。

食品保质期应当科学合理设置，显著标注，容易辨识。

第十七条　各级人民政府及其有关部门应当建立反食品浪费监督检查机制，对发现的食品浪费问题及时督促整改。

食品生产经营者在食品生产经营过程中严重浪费食品的，县级以上地方人民政府市场监督管理、商务等部门可以对其法定代表人或者主要负责人进行约谈。被约谈的食品生产经营者应当立即整改。

第十八条　机关事务管理部门会同有关部门建立机关食堂反食品浪费工作成效评估和通报制度，将反食品浪费纳入公共机构节约能源资源考核和节约型机关创建活动内容。

第十九条　食品、餐饮行业协会等应当加强行业自律，依法制定、实施反食品浪费等相关团体标准和行业自律规范，宣传、普及防止食品浪费知识，推广先进典型，引导会员自觉开展反食品浪费活动，对有浪费行为的会员采取必要的自律措施。

食品、餐饮行业协会等应当开展食品浪费监测，加强分析评估，每年向社会公布有关反食品浪费情况及监测评估结果，为国家机关制定法律、法规、政策、标准和开展有关问题研究提供支持，接受社会监督。

消费者协会和其他消费者组织应当对消费者加强饮食消费教育，引导形成自觉抵制浪费的消费习惯。

第二十条　机关、人民团体、社会组织、企业事业单位和基层群众性自治组织应当将厉行节约、反对浪费作为群众性精神文明创建活动内容，纳入相关创建测评体系和各地市民公约、村规民约、行业规范等，加强反食品浪费宣传教育和科学普及，推动开展“光盘行动”，倡导文明、健康、科学的饮食文化，增强公众反食品浪费意识。

县级以上人民政府及其有关部门应当持续组织开展反食品浪费宣传教育，并将反食品浪费作为全国粮食安全宣传周的重要内容。

第二十一条 教育行政部门应当指导、督促学校加强反食品浪费教育和管理。

学校应当按照规定开展国情教育，将厉行节约、反对浪费纳入教育教学内容，通过学习实践、体验劳动等形式，开展反食品浪费专题教育活动，培养学生形成勤俭节约、珍惜粮食的习惯。

学校应当建立防止食品浪费的监督检查机制，制定、实施相应的奖惩措施。

第二十二条 新闻媒体应当开展反食品浪费法律、法规以及相关标准和知识的公益宣传，报道先进典型，曝光浪费现象，引导公众树立正确饮食消费观念，对食品浪费行为进行舆论监督。有关反食品浪费的宣传报道应当真实、公正。

禁止制作、发布、传播宣扬量大多吃、暴饮暴食等浪费食品的节目或者音视频信息。

网络音视频服务提供者发现用户有违反前款规定行为的，应当立即停止传输相关信息；情节严重的，应当停止提供信息服务。

第二十三条 县级以上地方人民政府民政、市场监督管理部门等建立捐赠需求对接机制，引导食品生产经营者等在保证食品安全的前提下向有关社会组织、福利机构、救助机构等组织或者个人捐赠食品。有关组织根据需要，及时接收、分发食品。

国家鼓励社会力量参与食品捐赠活动。网络信息服务提供者可以搭建平台，为食品捐赠等提供服务。

第二十四条 产生厨余垃圾的单位、家庭和个人应当依法履行厨余垃圾源头减量义务。

第二十五条 国家组织开展营养状况监测、营养知识普及，引导公民形成科学的饮食习惯，减少不健康饮食引起的疾病风险。

第二十六条 县级以上人民政府应当采取措施，对防止食品浪费的科学研究、技术开发等活动予以支持。

政府采购有关商品和服务，应当有利于防止食品浪费。

国家实行有利于防止食品浪费的税收政策。

第二十七条 任何单位和个人发现食品生产经营者等有食品浪费行为的，有权向有关部门和机关举报。接到举报的部门和机关应当及时依法处理。

第二十八条 违反本法规定，餐饮服务经营者未主动对消费者进行防止食品浪费提示提醒的，由县级以上地方人民政府市场监督管理部门或者县级以上地方人民政府指定的部门责令改正，给予警告。

违反本法规定，餐饮服务经营者诱导、误导消费者超量点餐造成明显浪费的，由县级以上地方人民政府市场监督管理部门或者县级以上地方人民政府指定的部门责令改正，给予警告；拒不改正的，处一千元以上一万元以下罚款。

违反本法规定，食品生产经营者在食品生产经营过程中造成严重食品浪费的，由县级以上地方人民政府市场监督管理部门或者县级以上地方人民政府指定的部门责令改正，拒不改正的，处五千元以上五万元以下罚款。

第二十九条 违反本法规定，设有食堂的单位未制定或者未实施防止食品浪费措施的，由县级以上地方人民政府指定的部门责令改正，给予警告。

第三十条 违反本法规定，广播电台、电视台、网络音视频服务提供者制作、发布、传播宣扬量大多吃、暴饮暴食等浪费食品的节目或者音视频信息的，由广播电视、网信等部门按照各自职责责令改正，给予警告；拒不改正或者情节严重的，处一万元以上十万元以下罚款，并可以责令暂停相关业务、停业整顿，对直接负责的主管人员和其他直接责任人员依法追究法律责任。

第三十一条　省、自治区、直辖市或者设区的市、自治州根据具体情况和实际需要，制定本地方反食品浪费的具体办法。

第三十二条　本法自公布之日起施行。

中华人民共和国数据安全法

（2021 年 6 月 10 日第十三届全国人民代表大会常务委员会第二十九次会议通过）

目录

第一章　总则

第一条　为了规范数据处理活动，保障数据安全，促进数据开发利用，保护个人、组织的合法权益，维护国家主权、安全和发展利益，制定本法。

第二条　在中华人民共和国境内开展数据处理活动及其安全监管，适用本法。

在中华人民共和国境外开展数据处理活动，损害中华人民共和国国家安全、公共利益或者公民、组织合法权益的，依法追究法律责任。

第三条　本法所称数据，是指任何以电子或者其他方式对信息的记录。

数据处理，包括数据的收集、存储、使用、加工、传输、提供、公开等。

数据安全，是指通过采取必要措施，确保数据处于有效保护和合法利用的状态，以及具备保障持续安全状态的能力。

第四条　维护数据安全，应当坚持总体国家安全观，建立健全数据安全治理体系，提高数据安全保障能力。

第五条　中央国家安全领导机构负责国家数据安全工作的决策和议事协调，研究制定、指导实施国家数据安全战略和有关重大方针政策，统筹协调国家数据安全的重大事项和重要工作，建立国家数据安全工作协调机制。

第六条　各地区、各部门对本地区、本部门工作中收集和产生的数据及数据安全负责。

工业、电信、交通、金融、自然资源、卫生健康、教育、科技等主管部门承担本行业、本领域数据安全监管职责。

公安机关、国家安全机关等依照本法和有关法律、行政法规的规定，在各自职责范围内承担数据安全监管职责。

国家网信部门依照本法和有关法律、行政法规的规定，负责统筹协调网络数据安全和相关监管工作。

第七条　国家保护个人、组织与数据有关的权益，鼓励数据依法合理有效利用，保障数据依法有序自由流动，促进以数据为关键要素的数字经济发展。

第八条　开展数据处理活动，应当遵守法律、法规，尊重社会公德和伦理，遵守商业道德和职业道德，诚实守信，履行数据安全保护义务，承担社会责任，不得危害国家安全、公共利益，不得损害个人、组织的合法权益。

第九条　国家支持开展数据安全知识宣传普及，提高全社会的数据安全保护意识和水平，推动有关部门、行业组织、科研机构、企业、个人等共同参与数据安全保护工作，形成全社会共同维护数据安全和促进发展的良好环境。

第十条　相关行业组织按照章程，依法制定数据安全行为规范和团体标准，加强行业自律，指导会员加强数据安全保护，提高数据安全保护水平，促进行业健康发展。

第十一条　国家积极开展数据安全治理、数据开发利用等领域的国际交流与合作，参与数据安全相关国际规则和标准的制定，促进数据跨境安全、自由流动。

第十二条　任何个人、组织都有权对违反本法规定的行为向有关主管部门投诉、举报。收到投诉、举报的部门应当及时依法处理。

有关主管部门应当对投诉、举报人的相关信息予以保密，保护投诉、举报人的合法权益。

第二章　数据安全与发展

第十三条　国家统筹发展和安全，坚持以数据开发利用和产业发展促进数据安全，以数据安全保障数据开发利用和产业发展。

第十四条　国家实施大数据战略，推进数据基础设施建设，鼓励和支持数据在各行业、各领域的创新应用。

省级以上人民政府应当将数字经济发展纳入本级国民经济和社会发展规划，并根据需要制定数字经济发展规划。

第十五条　国家支持开发利用数据提升公共服务的智能化水平。提供智能化公共服务，应当充分考虑老年人、残疾人的需求，避免对老年人、残疾人的日常生活造成障碍。

第十六条　国家支持数据开发利用和数据安全技术研究，鼓励数据开发利用和数据安全等领域的技术推广和商业创新，培育、发展数据开发利用和数据安全产品、产业体系。

第十七条　国家推进数据开发利用技术和数据安全标准体系建设。国务院标准化行政主管部门和国务院有关部门根据各自的职责，组织制定并适时修订有关数据开发利用技术、产品和数据安全相关标准。国家支持企业、社会团体和教育、科研机构等参与标准制定。

第十八条 国家促进数据安全检测评估、认证等服务的发展，支持数据安全检测评估、认证等专业机构依法开展服务活动。

国家支持有关部门、行业组织、企业、教育和科研机构、有关专业机构等在数据安全风险评估、防范、处置等方面开展协作。

第十九条 国家建立健全数据交易管理制度，规范数据交易行为，培育数据交易市场。

第二十条 国家支持教育、科研机构和企业等开展数据开发利用技术和数据安全相关教育和培训，采取多种方式培养数据开发利用技术和数据安全专业人才，促进人才交流。

第三章 数据安全制度

第二十一条 国家建立数据分类分级保护制度，根据数据在经济社会发展中的重要程度，以及一旦遭到篡改、破坏、泄露或者非法获取、非法利用，对国家安全、公共利益或者个人、组织合法权益造成的危害程度，对数据实行分类分级保护。国家数据安全工作协调机制统筹协调有关部门制定重要数据目录，加强对重要数据的保护。

关系国家安全、国民经济命脉、重要民生、重大公共利益等数据属于国家核心数据，实行更加严格的管理制度。

各地区、各部门应当按照数据分类分级保护制度，确定本地区、本部门以及相关行业、领域的重要数据具体目录，对列入目录的数据进行重点保护。

第二十二条 国家建立集中统一、高效权威的数据安全风险评估、报告、信息共享、监测预警机制。国家数据安全工作协调机制统筹协调有关部门加强数据安全风险信息的获取、分析、研判、预警工作。

第二十三条 国家建立数据安全应急处置机制。发生数据安全事件，有关主管部门应当依法启动应急预案，采取相应的应急处置措施，防止危害扩大，消除安全隐患，并及时向社会发布与公众有关的警示信息。

第二十四条 国家建立数据安全审查制度，对影响或者可能影响国家安全的数据处理活动进行国家安全审查。

依法作出的安全审查决定为最终决定。

第二十五条 国家对与维护国家安全和利益、履行国际义务相关的属于管制物项的数据依法实施出口管制。

第二十六条 任何国家或者地区在与数据和数据开发利用技术等有关的投资、贸易等方面对中华人民共和国采取歧视性的禁止、限制或者其他类似措施的，中华人民共和国可以根据实际情况对该国家或者地区对等采取措施。

第四章 数据安全保护义务

第二十七条 开展数据处理活动应当依照法律、法规的规定，建立健全全流程数据安全管理制度，组织开展数据安全教育培训，采取相应的技术措施和其他必要措施，保障数据安全。利用互联网等信息网络开展数据处理活动，应当在网络安全等级保护制度的基础上，履行上述数据安全保护义务。

重要数据的处理者应当明确数据安全负责人和管理机构，落实数据安全保护责任。

第二十八条　开展数据处理活动以及研究开发数据新技术，应当有利于促进经济社会发展，增进人民福祉，符合社会公德和伦理。

第二十九条　开展数据处理活动应当加强风险监测，发现数据安全缺陷、漏洞等风险时，应当立即采取补救措施；发生数据安全事件时，应当立即采取处置措施，按照规定及时告知用户并向有关主管部门报告。

第三十条　重要数据的处理者应当按照规定对其数据处理活动定期开展风险评估，并向有关主管部门报送风险评估报告。

风险评估报告应当包括处理的重要数据的种类、数量，开展数据处理活动的情况，面临的数据安全风险及其应对措施等。

第三十一条　关键信息基础设施的运营者在中华人民共和国境内运营中收集和产生的重要数据的出境安全管理，适用《中华人民共和国网络安全法》的规定；其他数据处理者在中华人民共和国境内运营中收集和产生的重要数据的出境安全管理办法，由国家网信部门会同国务院有关部门制定。

第三十二条　任何组织、个人收集数据，应当采取合法、正当的方式，不得窃取或者以其他非法方式获取数据。

法律、行政法规对收集、使用数据的目的、范围有规定的，应当在法律、行政法规规定的目的和范围内收集、使用数据。

第三十三条　从事数据交易中介服务的机构提供服务，应当要求数据提供方说明数据来源，审核交易双方的身份，并留存审核、交易记录。

第三十四条　法律、行政法规规定提供数据处理相关服务应当取得行政许可的，服务提供者应当依法取得许可。

第三十五条　公安机关、国家安全机关因依法维护国家安全或者侦查犯罪的需要调取数据，应当按照国家有关规定，经过严格的批准手续，依法进行，有关组织、个人应当予以配合。

第三十六条　中华人民共和国主管机关根据有关法律和中华人民共和国缔结或者参加的国际条约、协定，或者按照平等互惠原则，处理外国司法或者执法机构关于提供数据的请求。非经中华人民共和国主管机关批准，境内的组织、个人不得向外国司法或者执法机构提供存储于中华人民共和国境内的数据。

第五章　政务数据安全与开放

第三十七条　国家大力推进电子政务建设，提高政务数据的科学性、准确性、时效性，提升运用数据服务经济社会发展的能力。

第三十八条　国家机关为履行法定职责的需要收集、使用数据，应当在其履行法定职责的范围内依照法律、行政法规规定的条件和程序进行；对在履行职责中知悉的个人隐私、个人信息、商业秘密、保密商务信息等数据应当依法予以保密，不得泄露或者非法向他人提供。

第三十九条　国家机关应当依照法律、行政法规的规定，建立健全数据安全管理制度，落实数据安全保护责任，保障政务数据安全。

第四十条 国家机关委托他人建设、维护电子政务系统，存储、加工政务数据，应当经过严格的批准程序，并应当监督受托方履行相应的数据安全保护义务。受托方应当依照法律、法规的规定和合同约定履行数据安全保护义务，不得擅自留存、使用、泄露或者向他人提供政务数据。

第四十一条 国家机关应当遵循公正、公平、便民的原则，按照规定及时、准确地公开政务数据。依法不予公开的除外。

第四十二条 国家制定政务数据开放目录，构建统一规范、互联互通、安全可控的政务数据开放平台，推动政务数据开放利用。

第四十三条 法律、法规授权的具有管理公共事务职能的组织为履行法定职责开展数据处理活动，适用本章规定。

第六章 法律责任

第四十四条 有关主管部门在履行数据安全监管职责中，发现数据处理活动存在较大安全风险的，可以按照规定的权限和程序对有关组织、个人进行约谈，并要求有关组织、个人采取措施进行整改，消除隐患。

第四十五条 开展数据处理活动的组织、个人不履行本法第二十七条、第二十九条、第三十条规定的数据安全保护义务的，由有关主管部门责令改正，给予警告，可以并处五万元以上五十万元以下罚款，对直接负责的主管人员和其他直接责任人员可以处一万元以上十万元以下罚款；拒不改正或者造成大量数据泄露等严重后果的，处五十万元以上二百万元以下罚款，并可以责令暂停相关业务、停业整顿、吊销相关业务许可证或者吊销营业执照，对直接负责的主管人员和其他直接责任人员处五万元以上二十万元以下罚款。

违反国家核心数据管理制度，危害国家主权、安全和发展利益的，由有关主管部门处二百万元以上一千万元以下罚款，并根据情况责令暂停相关业务、停业整顿、吊销相关业务许可证或者吊销营业执照；构成犯罪的，依法追究刑事责任。

第四十六条 违反本法第三十一条规定，向境外提供重要数据的，由有关主管部门责令改正，给予警告，可以并处十万元以上一百万元以下罚款，对直接负责的主管人员和其他直接责任人员可以处一万元以上十万元以下罚款；情节严重的，处一百万元以上一千万元以下罚款，并可以责令暂停相关业务、停业整顿、吊销相关业务许可证或者吊销营业执照，对直接负责的主管人员和其他直接责任人员处十万元以上一百万元以下罚款。

第四十七条 从事数据交易中介服务的机构未履行本法第三十三条规定的义务的，由有关主管部门责令改正，没收违法所得，处违法所得一倍以上十倍以下罚款，没有违法所得或者违法所得不足十万元的，处十万元以上一百万元以下罚款，并可以责令暂停相关业务、停业整顿、吊销相关业务许可证或者吊销营业执照；对直接负责的主管人员和其他直接责任人员处一万元以上十万元以下罚款。

第四十八条 违反本法第三十五条规定，拒不配合数据调取的，由有关主管部门责令改正，给予警告，并处五万元以上五十万元以下罚款，对直接负责的主管人员和其他直接责任人员处一万元以上十万元以下罚款。

违反本法第三十六条规定，未经主管机关批准向外国司法或者执法机构提供数据的，由有关主管部门给予警告，可以并处十万元以上一百万元以下罚款，对直接负责的主管人员和其他直接责任人员可以处一万元以上十万元以下罚款；造成严重后果的，处一百万元以上五百万元以下罚款，并可以责令暂停相关业务、停业整顿、吊销相关业务许可证或者吊销营业执照，对直接负责的主管人员和其他直接责任人员处五万元以上五十万元以下罚款。

第四十九条　国家机关不履行本法规定的数据安全保护义务的，对直接负责的主管人员和其他直接责任人员依法给予处分。

第五十条　履行数据安全监管职责的国家工作人员玩忽职守、滥用职权、徇私舞弊的，依法给予处分。

第五十一条　窃取或者以其他非法方式获取数据，开展数据处理活动排除、限制竞争，或者损害个人、组织合法权益的，依照有关法律、行政法规的规定处罚。

第五十二条　违反本法规定，给他人造成损害的，依法承担民事责任。

违反本法规定，构成违反治安管理行为的，依法给予治安管理处罚；构成犯罪的，依法追究刑事责任。

第七章　附则

第五十三条　开展涉及国家秘密的数据处理活动，适用《中华人民共和国保守国家秘密法》等法律、行政法规的规定。

在统计、档案工作中开展数据处理活动，开展涉及个人信息的数据处理活动，还应当遵守有关法律、行政法规的规定。

第五十四条　军事数据安全保护的办法，由中央军事委员会依据本法另行制定。

第五十五条　本法自 2021 年 9 月 1 日起施行。

中华人民共和国个人信息保护法

（2021 年 8 月 20 日第十三届全国人民代表大会常务委员会第三十次会议通过）

目录

第一章　总则

第一条　为了保护个人信息权益，规范个人信息处理活动，促进个人信息合理利用，根据宪法，制定本法。

第二条　自然人的个人信息受法律保护，任何组织、个人不得侵害自然人的个人信息权益。

第三条　在中华人民共和国境内处理自然人个人信息的活动，适用本法。

在中华人民共和国境外处理中华人民共和国境内自然人个人信息的活动，有下列情形之一的，也适用本法：

（一）以向境内自然人提供产品或者服务为目的；

（二）分析、评估境内自然人的行为；

（三）法律、行政法规规定的其他情形。

第四条　个人信息是以电子或者其他方式记录的与已识别或者可识别的自然人有关的

各种信息，不包括匿名化处理后的信息。

个人信息的处理包括个人信息的收集、存储、使用、加工、传输、提供、公开、删除等。

第五条　处理个人信息应当遵循合法、正当、必要和诚信原则，不得通过误导、欺诈、胁迫等方式处理个人信息。

第六条　处理个人信息应当具有明确、合理的目的，并应当与处理目的直接相关，采取对个人权益影响最小的方式。

收集个人信息，应当限于实现处理目的的最小范围，不得过度收集个人信息。

第七条　处理个人信息应当遵循公开、透明原则，公开个人信息处理规则，明示处理的目的、方式和范围。

第八条　处理个人信息应当保证个人信息的质量，避免因个人信息不准确、不完整对个人权益造成不利影响。

第九条　个人信息处理者应当对其个人信息处理活动负责，并采取必要措施保障所处理的个人信息的安全。

第十条　任何组织、个人不得非法收集、使用、加工、传输他人个人信息，不得非法买卖、提供或者公开他人个人信息；不得从事危害国家安全、公共利益的个人信息处理活动。

第十一条　国家建立健全个人信息保护制度，预防和惩治侵害个人信息权益的行为，加强个人信息保护宣传教育，推动形成政府、企业、相关社会组织、公众共同参与个人信息保护的良好环境。

第十二条　国家积极参与个人信息保护国际规则的制定，促进个人信息保护方面的国际交流与合作，推动与其他国家、地区、国际组织之间的个人信息保护规则、标准等互认。

第二章　个人信息处理规则

第一节　一般规定

第十三条　符合下列情形之一的，个人信息处理者方可处理个人信息：

（一）取得个人的同意；

（二）为订立、履行个人作为一方当事人的合同所必需，或者按照依法制定的劳动规章制度和依法签订的集体合同实施人力资源管理所必需；

（三）为履行法定职责或者法定义务所必需；

（四）为应对突发公共卫生事件，或者紧急情况下为保护自然人的生命健康和财产安全所必需；

（五）为公共利益实施新闻报道、舆论监督等行为，在合理的范围内处理个人信息；

（六）依照本法规定在合理的范围内处理个人自行公开或者其他已经合法公开的个人信息；

（七）法律、行政法规规定的其他情形。

依照本法其他有关规定，处理个人信息应当取得个人同意，但是有前款第二项至第七项规定情形的，不需取得个人同意。

第十四条 基于个人同意处理个人信息的，该同意应当由个人在充分知情的前提下自愿、明确作出。法律、行政法规规定处理个人信息应当取得个人单独同意或者书面同意的，从其规定。

个人信息的处理目的、处理方式和处理的个人信息种类发生变更的，应当重新取得个人同意。

第十五条 基于个人同意处理个人信息的，个人有权撤回其同意。个人信息处理者应当提供便捷的撤回同意的方式。

个人撤回同意，不影响撤回前基于个人同意已进行的个人信息处理活动的效力。

第十六条 个人信息处理者不得以个人不同意处理其个人信息或者撤回同意为由，拒绝提供产品或者服务；处理个人信息属于提供产品或者服务所必需的除外。

第十七条 个人信息处理者在处理个人信息前，应当以显著方式、清晰易懂的语言真实、准确、完整地向个人告知下列事项：

（一）个人信息处理者的名称或者姓名和联系方式；

（二）个人信息的处理目的、处理方式，处理的个人信息种类、保存期限；

（三）个人行使本法规定权利的方式和程序；

（四）法律、行政法规规定应当告知的其他事项。

前款规定事项发生变更的，应当将变更部分告知个人。

个人信息处理者通过制定个人信息处理规则的方式告知第一款规定事项的，处理规则应当公开，并且便于查阅和保存。

第十八条 个人信息处理者处理个人信息，有法律、行政法规规定应当保密或者不需要告知的情形的，可以不向个人告知前条第一款规定的事项。

紧急情况下为保护自然人的生命健康和财产安全无法及时向个人告知的，个人信息处理者应当在紧急情况消除后及时告知。

第十九条 除法律、行政法规另有规定外，个人信息的保存期限应当为实现处理目的所必要的最短时间。

第二十条 两个以上的个人信息处理者共同决定个人信息的处理目的和处理方式的，应当约定各自的权利和义务。但是，该约定不影响个人向其中任何一个个人信息处理者要求行使本法规定的权利。

个人信息处理者共同处理个人信息，侵害个人信息权益造成损害的，应当依法承担连带责任。

第二十一条 个人信息处理者委托处理个人信息的，应当与受托人约定委托处理的目的、期限、处理方式、个人信息的种类、保护措施以及双方的权利和义务等，并对受托人的个人信息处理活动进行监督。

受托人应当按照约定处理个人信息，不得超出约定的处理目的、处理方式等处理个人信息；委托合同不生效、无效、被撤销或者终止的，受托人应当将个人信息返还个人信息处理者或者予以删除，不得保留。

未经个人信息处理者同意，受托人不得转委托他人处理个人信息。

第二十二条 个人信息处理者因合并、分立、解散、被宣告破产等原因需要转移个人信息的，应当向个人告知接收方的名称或者姓名和联系方式。接收方应当继续履行个人信息处理者的义务。接收方变更原先的处理目的、处理方式的，应当依照本法规定重新取得个人同意。

第二十三条 个人信息处理者向其他个人信息处理者提供其处理的个人信息的，应当向个人告知接收方的名称或者姓名、联系方式、处理目的、处理方式和个人信息的种类，并取得个人的单独同意。接收方应当在上述处理目的、处理方式和个人信息的种类等范围内处理个人信息。接收方变更原先的处理目的、处理方式的，应当依照本法规定重新取得个人同意。

第二十四条 个人信息处理者利用个人信息进行自动化决策，应当保证决策的透明度和结果公平、公正，不得对个人在交易价格等交易条件上实行不合理的差别待遇。

通过自动化决策方式向个人进行信息推送、商业营销，应当同时提供不针对其个人特征的选项，或者向个人提供便捷的拒绝方式。

通过自动化决策方式作出对个人权益有重大影响的决定，个人有权要求个人信息处理者予以说明，并有权拒绝个人信息处理者仅通过自动化决策的方式作出决定。

第二十五条 个人信息处理者不得公开其处理的个人信息，取得个人单独同意的除外。

第二十六条 在公共场所安装图像采集、个人身份识别设备，应当为维护公共安全所必需，遵守国家有关规定，并设置显著的提示标识。所收集的个人图像、身份识别信息只能用于维护公共安全的目的，不得用于其他目的；取得个人单独同意的除外。

第二十七条 个人信息处理者可以在合理的范围内处理个人自行公开或者其他已经合法公开的个人信息；个人明确拒绝的除外。个人信息处理者处理已公开的个人信息，对个人权益有重大影响的，应当依照本法规定取得个人同意。

第二节 敏感个人信息的处理规则

第二十八条 敏感个人信息是一旦泄露或者非法使用，容易导致自然人的人格尊严受到侵害或者人身、财产安全受到危害的个人信息，包括生物识别、宗教信仰、特定身份、医疗健康、金融账户、行踪轨迹等信息，以及不满十四周岁未成年人的个人信息。

只有在具有特定的目的和充分的必要性，并采取严格保护措施的情形下，个人信息处理者方可处理敏感个人信息。

第二十九条 处理敏感个人信息应当取得个人的单独同意；法律、行政法规规定处理敏感个人信息应当取得书面同意的，从其规定。

第三十条 个人信息处理者处理敏感个人信息的，除本法第十七条第一款规定的事项外，还应当向个人告知处理敏感个人信息的必要性以及对个人权益的影响；依照本法规定可以不向个人告知的除外。

第三十一条 个人信息处理者处理不满十四周岁未成年人个人信息的，应当取得未成年人的父母或者其他监护人的同意。

个人信息处理者处理不满十四周岁未成年人个人信息的，应当制定专门的个人信息处理规则。

第三十二条 法律、行政法规对处理敏感个人信息规定应当取得相关行政许可或者作出其他限制的，从其规定。

第三节　国家机关处理个人信息的特别规定

第三十三条　国家机关处理个人信息的活动，适用本法；本节有特别规定的，适用本节规定。

第三十四条　国家机关为履行法定职责处理个人信息，应当依照法律、行政法规规定的权限、程序进行，不得超出履行法定职责所必需的范围和限度。

第三十五条　国家机关为履行法定职责处理个人信息，应当依照本法规定履行告知义务；有本法第十八条第一款规定的情形，或者告知将妨碍国家机关履行法定职责的除外。

第三十六条　国家机关处理的个人信息应当在中华人民共和国境内存储；确需向境外提供的，应当进行安全评估。安全评估可以要求有关部门提供支持与协助。

第三十七条　法律、法规授权的具有管理公共事务职能的组织为履行法定职责处理个人信息，适用本法关于国家机关处理个人信息的规定。

第三章　个人信息跨境提供的规则

第三十八条　个人信息处理者因业务等需要，确需向中华人民共和国境外提供个人信息的，应当具备下列条件之一：

（一）依照本法第四十条的规定通过国家网信部门组织的安全评估；

（二）按照国家网信部门的规定经专业机构进行个人信息保护认证；

（三）按照国家网信部门制定的标准合同与境外接收方订立合同，约定双方的权利和义务；

（四）法律、行政法规或者国家网信部门规定的其他条件。

中华人民共和国缔结或者参加的国际条约、协定对向中华人民共和国境外提供个人信息的条件等有规定的，可以按照其规定执行。

个人信息处理者应当采取必要措施，保障境外接收方处理个人信息的活动达到本法规定的个人信息保护标准。

第三十九条　个人信息处理者向中华人民共和国境外提供个人信息的，应当向个人告知境外接收方的名称或者姓名、联系方式、处理目的、处理方式、个人信息的种类以及个人向境外接收方行使本法规定权利的方式和程序等事项，并取得个人的单独同意。

第四十条　关键信息基础设施运营者和处理个人信息达到国家网信部门规定数量的个人信息处理者，应当将在中华人民共和国境内收集和产生的个人信息存储在境内。确需向境外提供的，应当通过国家网信部门组织的安全评估；法律、行政法规和国家网信部门规定可以不进行安全评估的，从其规定。

第四十一条　中华人民共和国主管机关根据有关法律和中华人民共和国缔结或者参加的国际条约、协定，或者按照平等互惠原则，处理外国司法或者执法机构关于提供存储于境内个人信息的请求。非经中华人民共和国主管机关批准，个人信息处理者不得向外国司法或者执法机构提供存储于中华人民共和国境内的个人信息。

第四十二条　境外的组织、个人从事侵害中华人民共和国公民的个人信息权益，或者危害中华人民共和国国家安全、公共利益的个人信息处理活动的，国家网信部门可以将其列入限制或者禁止个人信息提供清单，予以公告，并采取限制或者禁止向其提供个人信息等措施。

第四十三条　任何国家或者地区在个人信息保护方面对中华人民共和国采取歧视性的禁止、限制或者其他类似措施的，中华人民共和国可以根据实际情况对该国家或者地区对等采取措施。

第四章　个人在个人信息处理活动中的权利

第四十四条　个人对其个人信息的处理享有知情权、决定权，有权限制或者拒绝他人对其个人信息进行处理；法律、行政法规另有规定的除外。

第四十五条　个人有权向个人信息处理者查阅、复制其个人信息；有本法第十八条第一款、第三十五条规定情形的除外。

个人请求查阅、复制其个人信息的，个人信息处理者应当及时提供。

个人请求将个人信息转移至其指定的个人信息处理者，符合国家网信部门规定条件的，个人信息处理者应当提供转移的途径。

第四十六条　个人发现其个人信息不准确或者不完整的，有权请求个人信息处理者更正、补充。

个人请求更正、补充其个人信息的，个人信息处理者应当对其个人信息予以核实，并及时更正、补充。

第四十七条　有下列情形之一的，个人信息处理者应当主动删除个人信息；个人信息处理者未删除的，个人有权请求删除：

（一）处理目的已实现、无法实现或者为实现处理目的不再必要；

（二）个人信息处理者停止提供产品或者服务，或者保存期限已届满；

（三）个人撤回同意；

（四）个人信息处理者违反法律、行政法规或者违反约定处理个人信息；

（五）法律、行政法规规定的其他情形。

法律、行政法规规定的保存期限未届满，或者删除个人信息从技术上难以实现的，个人信息处理者应当停止除存储和采取必要的安全保护措施之外的处理。

第四十八条　个人有权要求个人信息处理者对其个人信息处理规则进行解释说明。

第四十九条　自然人死亡的，其近亲属为了自身的合法、正当利益，可以对死者的相关个人信息行使本章规定的查阅、复制、更正、删除等权利；死者生前另有安排的除外。

第五十条　个人信息处理者应当建立便捷的个人行使权利的申请受理和处理机制。拒绝个人行使权利的请求的，应当说明理由。

个人信息处理者拒绝个人行使权利的请求的，个人可以依法向人民法院提起诉讼。

第五章　个人信息处理者的义务

第五十一条　个人信息处理者应当根据个人信息的处理目的、处理方式、个人信息的种类以及对个人权益的影响、可能存在的安全风险等，采取下列措施确保个人信息处理活动符合法律、行政法规的规定，并防止未经授权的访问以及个人信息泄露、篡改、丢失：

（一）制定内部管理制度和操作规程；

（二）对个人信息实行分类管理；

（三）采取相应的加密、去标识化等安全技术措施；

（四）合理确定个人信息处理的操作权限，并定期对从业人员进行安全教育和培训；

（五）制定并组织实施个人信息安全事件应急预案；

（六）法律、行政法规规定的其他措施。

第五十二条 处理个人信息达到国家网信部门规定数量的个人信息处理者应当指定个人信息保护负责人，负责对个人信息处理活动以及采取的保护措施等进行监督。

个人信息处理者应当公开个人信息保护负责人的联系方式，并将个人信息保护负责人的姓名、联系方式等报送履行个人信息保护职责的部门。

第五十三条 本法第三条第二款规定的中华人民共和国境外的个人信息处理者，应当在中华人民共和国境内设立专门机构或者指定代表，负责处理个人信息保护相关事务，并将有关机构的名称或者代表的姓名、联系方式等报送履行个人信息保护职责的部门。

第五十四条 个人信息处理者应当定期对其处理个人信息遵守法律、行政法规的情况进行合规审计。

第五十五条 有下列情形之一的，个人信息处理者应当事前进行个人信息保护影响评估，并对处理情况进行记录：

（一）处理敏感个人信息；

（二）利用个人信息进行自动化决策；

（三）委托处理个人信息、向其他个人信息处理者提供个人信息、公开个人信息；

（四）向境外提供个人信息；

（五）其他对个人权益有重大影响的个人信息处理活动。

第五十六条 个人信息保护影响评估应当包括下列内容：

（一）个人信息的处理目的、处理方式等是否合法、正当、必要；

（二）对个人权益的影响及安全风险；

（三）所采取的保护措施是否合法、有效并与风险程度相适应。

个人信息保护影响评估报告和处理情况记录应当至少保存三年。

第五十七条 发生或者可能发生个人信息泄露、篡改、丢失的，个人信息处理者应当立即采取补救措施，并通知履行个人信息保护职责的部门和个人。通知应当包括下列事项：

（一）发生或者可能发生个人信息泄露、篡改、丢失的信息种类、原因和可能造成的危害；

（二）个人信息处理者采取的补救措施和个人可以采取的减轻危害的措施；

（三）个人信息处理者的联系方式。

个人信息处理者采取措施能够有效避免信息泄露、篡改、丢失造成危害的，个人信息处理者可以不通知个人；履行个人信息保护职责的部门认为可能造成危害的，有权要求个人信息处理者通知个人。

第五十八条 提供重要互联网平台服务、用户数量巨大、业务类型复杂的个人信息处理者，应当履行下列义务：

（一）按照国家规定建立健全个人信息保护合规制度体系，成立主要由外部成员组成的独立机构对个人信息保护情况进行监督；

（二）遵循公开、公平、公正的原则，制定平台规则，明确平台内产品或者服务提供者处理个人信息的规范和保护个人信息的义务；

（三）对严重违反法律、行政法规处理个人信息的平台内的产品或者服务提供者，停止提供服务；

（四）定期发布个人信息保护社会责任报告，接受社会监督。

第五十九条　接受委托处理个人信息的受托人，应当依照本法和有关法律、行政法规的规定，采取必要措施保障所处理的个人信息的安全，并协助个人信息处理者履行本法规定的义务。

第六章　履行个人信息保护职责的部门

第六十条　国家网信部门负责统筹协调个人信息保护工作和相关监督管理工作。国务院有关部门依照本法和有关法律、行政法规的规定，在各自职责范围内负责个人信息保护和监督管理工作。

县级以上地方人民政府有关部门的个人信息保护和监督管理职责，按照国家有关规定确定。

前两款规定的部门统称为履行个人信息保护职责的部门。

第六十一条　履行个人信息保护职责的部门履行下列个人信息保护职责：

（一）开展个人信息保护宣传教育，指导、监督个人信息处理者开展个人信息保护工作；

（二）接受、处理与个人信息保护有关的投诉、举报；

（三）组织对应用程序等个人信息保护情况进行测评，并公布测评结果；

（四）调查、处理违法个人信息处理活动；

（五）法律、行政法规规定的其他职责。

第六十二条　国家网信部门统筹协调有关部门依据本法推进下列个人信息保护工作：

（一）制定个人信息保护具体规则、标准；

（二）针对小型个人信息处理者、处理敏感个人信息以及人脸识别、人工智能等新技术、新应用，制定专门的个人信息保护规则、标准；

（三）支持研究开发和推广应用安全、方便的电子身份认证技术，推进网络身份认证公共服务建设；

（四）推进个人信息保护社会化服务体系建设，支持有关机构开展个人信息保护评估、认证服务；

（五）完善个人信息保护投诉、举报工作机制。

第六十三条　履行个人信息保护职责的部门履行个人信息保护职责，可以采取下列措施：

（一）询问有关当事人，调查与个人信息处理活动有关的情况；

（二）查阅、复制当事人与个人信息处理活动有关的合同、记录、账簿以及其他有关资料；

（三）实施现场检查，对涉嫌违法的个人信息处理活动进行调查；

（四）检查与个人信息处理活动有关的设备、物品；对有证据证明是用于违法个人信息处理活动的设备、物品，向本部门主要负责人书面报告并经批准，可以查封或者扣押。

履行个人信息保护职责的部门依法履行职责，当事人应当予以协助、配合，不得拒绝、阻挠。

第六十四条 履行个人信息保护职责的部门在履行职责中，发现个人信息处理活动存在较大风险或者发生个人信息安全事件的，可以按照规定的权限和程序对该个人信息处理者的法定代表人或者主要负责人进行约谈，或者要求个人信息处理者委托专业机构对其个人信息处理活动进行合规审计。个人信息处理者应当按照要求采取措施，进行整改，消除隐患。

履行个人信息保护职责的部门在履行职责中，发现违法处理个人信息涉嫌犯罪的，应当及时移送公安机关依法处理。

第六十五条 任何组织、个人有权对违法个人信息处理活动向履行个人信息保护职责的部门进行投诉、举报。收到投诉、举报的部门应当依法及时处理，并将处理结果告知投诉、举报人。

履行个人信息保护职责的部门应当公布接受投诉、举报的联系方式。

第七章 法律责任

第六十六条 违反本法规定处理个人信息，或者处理个人信息未履行本法规定的个人信息保护义务的，由履行个人信息保护职责的部门责令改正，给予警告，没收违法所得，对违法处理个人信息的应用程序，责令暂停或者终止提供服务；拒不改正的，并处一百万元以下罚款；对直接负责的主管人员和其他直接责任人员处一万元以上十万元以下罚款。

有前款规定的违法行为，情节严重的，由省级以上履行个人信息保护职责的部门责令改正，没收违法所得，并处五千万元以下或者上一年度营业额百分之五以下罚款，并可以责令暂停相关业务或者停业整顿、通报有关主管部门吊销相关业务许可或者吊销营业执照；对直接负责的主管人员和其他直接责任人员处十万元以上一百万元以下罚款，并可以决定禁止其在一定期限内担任相关企业的董事、监事、高级管理人员和个人信息保护负责人。

第六十七条 有本法规定的违法行为的，依照有关法律、行政法规的规定记入信用档案，并予以公示。

第六十八条 国家机关不履行本法规定的个人信息保护义务的，由其上级机关或者履行个人信息保护职责的部门责令改正；对直接负责的主管人员和其他直接责任人员依法给予处分。

履行个人信息保护职责的部门的工作人员玩忽职守、滥用职权、徇私舞弊，尚不构成犯罪的，依法给予处分。

第六十九条 处理个人信息侵害个人信息权益造成损害，个人信息处理者不能证明自己没有过错的，应当承担损害赔偿等侵权责任。

前款规定的损害赔偿责任按照个人因此受到的损失或者个人信息处理者因此获得的利益确定；个人因此受到的损失和个人信息处理者因此获得的利益难以确定的，根据实际情况确定赔偿数额。

第七十条　个人信息处理者违反本法规定处理个人信息，侵害众多个人的权益的，人民检察院、法律规定的消费者组织和由国家网信部门确定的组织可以依法向人民法院提起诉讼。

第七十一条　违反本法规定，构成违反治安管理行为的，依法给予治安管理处罚；构成犯罪的，依法追究刑事责任。

第八章　附则

第七十二条　自然人因个人或者家庭事务处理个人信息的，不适用本法。

法律对各级人民政府及其有关部门组织实施的统计、档案管理活动中的个人信息处理有规定的，适用其规定。

第七十三条　本法下列用语的含义：

（一）个人信息处理者，是指在个人信息处理活动中自主决定处理目的、处理方式的组织、个人。

（二）自动化决策，是指通过计算机程序自动分析、评估个人的行为习惯、兴趣爱好或者经济、健康、信用状况等，并进行决策的活动。

（三）去标识化，是指个人信息经过处理，使其在不借助额外信息的情况下无法识别特定自然人的过程。

（四）匿名化，是指个人信息经过处理无法识别特定自然人且不能复原的过程。

第七十四条　本法自 2021 年 11 月 1 日起施行。

国务院反垄断委员会关于平台经济领域的反垄断指南

国反垄发〔2021〕1号
（2021年2月7日国务院反垄断委员会印发）

第一章　总则

第一条　指南的目的和依据

为了预防和制止平台经济领域垄断行为，保护市场公平竞争，促进平台经济规范有序创新健康发展，维护消费者利益和社会公共利益，根据《中华人民共和国反垄断法》（以下简称《反垄断法》）等法律规定，制定本指南。

第二条　相关概念

（一）平台，本指南所称平台为互联网平台，是指通过网络信息技术，使相互依赖的双边或者多边主体在特定载体提供的规则下交互，以此共同创造价值的商业组织形态。

（二）平台经营者，是指向自然人、法人及其他市场主体提供经营场所、交易撮合、信息交流等互联网平台服务的经营者。

（三）平台内经营者，是指在互联网平台内提供商品或者服务（以下统称商品）的经营者。

平台经营者在运营平台的同时，也可能直接通过平台提供商品。

（四）平台经济领域经营者，包括平台经营者、平台内经营者以及其他参与平台经济的经营者。

第三条　基本原则

反垄断执法机构对平台经济领域开展反垄断监管应当坚持以下原则：

（一）保护市场公平竞争。坚持对市场主体一视同仁、平等对待，着力预防和制止垄断行为，完善平台企业垄断认定的法律规范，保护平台经济领域公平竞争，防止资本无序扩张，支持平台企业创新发展，增强国际竞争力。

（二）依法科学高效监管。《反垄断法》及有关配套法规、规章、指南确定的基本制度、规制原则和分析框架适用于平台经济领域所有市场主体。反垄断执法机构将根据平台经济的发展状况、发展规律和自身特点，结合案件具体情况，强化竞争分析和法律论证，不断加强和改进反垄断监管，增强反垄断执法的针对性和科学性。

（三）激发创新创造活力。营造竞争有序开放包容发展环境，降低市场进入壁垒，引导和激励平台经营者将更多资源用于技术革新、质量改进、服务提升和模式创新，防止和制止排除、限制竞争行为抑制平台经济创新发展和经济活力，有效激发全社会创新创造动力，构筑经济社会发展新优势和新动能。

（四）维护各方合法利益。平台经济发展涉及多方主体。反垄断监管在保护平台经济领域公平竞争，充分发挥平台经济推动资源配置优化、技术进步、效率提升的同时，着力维护平台内经营者、消费者和从业人员等各方主体的合法权益，加强反垄断执法与行业监管统筹协调，使全社会共享平台技术进步和经济发展成果，实现平台经济整体生态和谐共生和健康发展。

第四条　相关市场界定

平台经济业务类型复杂、竞争动态多变，界定平台经济领域相关商品市场和相关地域市场需要遵循《反垄断法》和《国务院反垄断委员会关于相关市场界定的指南》所确定的一般原则，同时考虑平台经济的特点，结合个案进行具体分析。

（一）相关商品市场

平台经济领域相关商品市场界定的基本方法是替代性分析。在个案中界定相关商品市场时，可以基于平台功能、商业模式、应用场景、用户群体、多边市场、线下交易等因素进行需求替代分析；当供给替代对经营者行为产生的竞争约束类似于需求替代时，可以基于市场进入、技术壁垒、网络效应、锁定效应、转移成本、跨界竞争等因素考虑供给替代分析。具体而言，可以根据平台一边的商品界定相关商品市场；也可以根据平台所涉及的多边商品，分别界定多个相关商品市场，并考虑各相关商品市场之间的相互关系和影响。当该平台存在的跨平台网络效应能够给平台经营者施加足够的竞争约束时，可以根据该平台整体界定相关商品市场。

（二）相关地域市场

平台经济领域相关地域市场界定同样采用需求替代和供给替代分析。在个案中界定相关地域市场时，可以综合评估考虑多数用户选择商品的实际区域、用户的语言偏好和消费习惯、相关法律法规的规定、不同区域竞争约束程度、线上线下融合等因素。

根据平台特点，相关地域市场通常界定为中国市场或者特定区域市场，根据个案情况也可以界定为全球市场。

（三）相关市场界定在各类垄断案件中的作用

坚持个案分析原则，不同类型垄断案件对于相关市场界定的实际需求不同。

调查平台经济领域垄断协议、滥用市场支配地位案件和开展经营者集中反垄断审查，通常需要界定相关市场。

第二章　垄断协议

《反垄断法》禁止经营者达成、实施垄断协议。认定平台经济领域的垄断协议，适用《反垄断法》第二章和《禁止垄断协议暂行规定》。对《反垄断法》第十三条、第十四条明确列举的垄断协议，依法予以禁止；对符合《反垄断法》第十五条规定条件的垄断协议，依法予以豁免。

根据《反垄断法》第十三条第（六）项和第十四条第（三）项认定相关行为是否构成垄断协议时，可以考虑平台相关市场竞争状况、平台经营者及平台内经营者的市场力量、对其他经营者进入相关市场的阻碍程度、对创新的影响等因素。

第五条　垄断协议的形式

平台经济领域垄断协议是指经营者排除、限制竞争的协议、决定或者其他协同行为。协议、决定可以是书面、口头等形式。其他协同行为是指经营者虽未明确订立协议或者决定，但通过数据、算法、平台规则或者其他方式实质上存在协调一致的行为，有关经营者基于独立意思表示所作出的价格跟随等平行行为除外。

第六条　横向垄断协议

具有竞争关系的平台经济领域经营者可能通过下列方式达成固定价格、分割市场、限制产（销）量、限制新技术（产品）、联合抵制交易等横向垄断协议：

（一）利用平台收集并且交换价格、销量、成本、客户等敏感信息；

（二）利用技术手段进行意思联络；

（三）利用数据、算法、平台规则等实现协调一致行为；

（四）其他有助于实现协同的方式。

本指南所称价格，包括但不限于商品价格以及经营者收取的佣金、手续费、会员费、推广费等服务收费。

第七条　纵向垄断协议

平台经济领域经营者与交易相对人可能通过下列方式达成固定转售价格、限定最低转售价格等纵向垄断协议：

（一）利用技术手段对价格进行自动化设定；

（二）利用平台规则对价格进行统一；

（三）利用数据和算法对价格进行直接或者间接限定；

（四）利用技术手段、平台规则、数据和算法等方式限定其他交易条件，排除、限制市场竞争。

平台经营者要求平台内经营者在商品价格、数量等方面向其提供等于或者优于其他竞争性平台的交易条件的行为可能构成垄断协议，也可能构成滥用市场支配地位行为。

分析上述行为是否构成《反垄断法》第十四条第（三）项规定的纵向垄断协议，可以综合考虑平台经营者的市场力量、相关市场竞争状况、对其他经营者进入相关市场的阻碍程度、对消费者利益和创新的影响等因素。

第八条　轴辐协议

具有竞争关系的平台内经营者可能借助与平台经营者之间的纵向关系，或者由平台经营者组织、协调，达成具有横向垄断协议效果的轴辐协议。分析该协议是否属于《反垄断法》第十三条、第十四条规制的垄断协议，可以考虑具有竞争关系的平台内经营者之间是否利用技术手段、平台规则、数据和算法等方式，达成、实施垄断协议，排除、限制相关市场竞争。

第九条　协同行为的认定

认定平台经济领域协同行为，可以通过直接证据判定是否存在协同行为的事实。如果直接证据较难获取，可以根据《禁止垄断协议暂行规定》第六条规定，按照逻辑一致的间接证据，认定经营者对相关信息的知悉状况，判定经营者之间是否存在协同行为。经营者可以提供相反证据证明其不存在协同行为。

第十条　宽大制度

反垄断执法机构鼓励参与横向垄断协议的平台经济领域经营者主动报告横向垄断协议有关情况并提供重要证据，同时停止涉嫌违法行为并配合调查。对符合宽大适用条件的经营者，反垄断执法机构可以减轻或者免除处罚。

经营者申请宽大的具体标准和程序等，适用《禁止垄断协议暂行规定》和《国务院反垄断委员会横向垄断协议案件宽大制度适用指南》。

第三章　滥用市场支配地位

《反垄断法》禁止具有市场支配地位的经营者从事滥用市场支配地位行为。认定平台经济领域的滥用市场支配地位行为，适用《反垄断法》第三章和《禁止滥用市场支配地位行为暂行规定》。通常情况下，首先界定相关市场，分析经营者在相关市场是否具有支配地位，再根据个案情况具体分析是否构成滥用市场支配地位行为。

第十一条　市场支配地位的认定

反垄断执法机构依据《反垄断法》第十八条、第十九条规定，认定或者推定经营者具有市场支配地位。结合平台经济的特点，可以具体考虑以下因素：

（一）经营者的市场份额以及相关市场竞争状况。确定平台经济领域经营者市场份额，可以考虑交易金额、交易数量、销售额、活跃用户数、点击量、使用时长或者其他指标在相关市场所占比重，同时考虑该市场份额持续的时间。

分析相关市场竞争状况，可以考虑相关平台市场的发展状况、现有竞争者数量和市场份额、平台竞争特点、平台差异程度、规模经济、潜在竞争者情况、创新和技术变化等。

（二）经营者控制市场的能力。可以考虑该经营者控制上下游市场或者其他关联市场的能力，阻碍、影响其他经营者进入相关市场的能力，相关平台经营模式、网络效应，以及影响或者决定价格、流量或者其他交易条件的能力等。

（三）经营者的财力和技术条件。可以考虑该经营者的投资者情况、资产规模、资本来源、盈利能力、融资能力、技术创新和应用能力、拥有的知识产权、掌握和处理相关数据的能力，以及该财力和技术条件能够以何种程度促进该经营者业务扩张或者巩固、维持市场地位等。

（四）其他经营者对该经营者在交易上的依赖程度。可以考虑其他经营者与该经营者的交易关系、交易量、交易持续时间，锁定效应、用户黏性，以及其他经营者转向其他平台的可能性及转换成本等。

（五）其他经营者进入相关市场的难易程度。可以考虑市场准入、平台规模效应、资金投入规模、技术壁垒、用户多栖性、用户转换成本、数据获取的难易程度、用户习惯等。

（六）其他因素。可以考虑基于平台经济特点认定经营者具有市场支配地位的其他因素。

第十二条　不公平价格行为

具有市场支配地位的平台经济领域经营者，可能滥用市场支配地位，以不公平的高价销售商品或者以不公平的低价购买商品。分析是否构成不公平价格行为，可以考虑以下因素：

（一）该价格是否明显高于或者明显低于其他同类业务经营者在相同或者相似市场条件下同种商品或者可比较商品的价格；

（二）该价格是否明显高于或者明显低于该平台经济领域经营者在其他相同或者相似市场条件下同种商品或者可比较商品的价格；

（三）在成本基本稳定的情况下，该平台经济领域经营者是否超过正常幅度提高销售价格或者降低购买价格；

（四）该平台经济领域经营者销售商品提价幅度是否明显高于成本增长幅度，或者采购商品降价幅度是否明显低于成本降低幅度。

认定市场条件相同或者相似，一般可以考虑平台类型、经营模式、交易环节、成本结构、交易具体情况等因素。

第十三条　低于成本销售

具有市场支配地位的平台经济领域经营者，可能滥用市场支配地位，没有正当理由，以低于成本的价格销售商品，排除、限制市场竞争。

分析是否构成低于成本销售，一般重点考虑平台经济领域经营者是否以低于成本的价格排挤具有竞争关系的其他经营者，以及是否可能在将其他经营者排挤出市场后，提高价格获取不当利益、损害市场公平竞争和消费者合法权益等情况。

在计算成本时，一般需要综合考虑平台涉及多边市场中各相关市场之间的成本关联情况。

平台经济领域经营者低于成本销售可能具有以下正当理由：

（一）在合理期限内为发展平台内其他业务；

（二）在合理期限内为促进新商品进入市场；

（三）在合理期限内为吸引新用户；

（四）在合理期限内开展促销活动；

（五）能够证明行为具有正当性的其他理由。

第十四条　拒绝交易

具有市场支配地位的平台经济领域经营者，可能滥用其市场支配地位，无正当理由拒绝与交易相对人进行交易，排除、限制市场竞争。分析是否构成拒绝交易，可以考虑以下因素：

（一）停止、拖延、中断与交易相对人的现有交易；

（二）拒绝与交易相对人开展新的交易；

（三）实质性削减与交易相对人的现有交易数量；

（四）在平台规则、算法、技术、流量分配等方面设置不合理的限制和障碍，使交易相对人难以开展交易；

（五）控制平台经济领域必需设施的经营者拒绝与交易相对人以合理条件进行交易。

认定相关平台是否构成必需设施，一般需要综合考虑该平台占有数据情况、其他平台的可替代性、是否存在潜在可用平台、发展竞争性平台的可行性、交易相对人对该平台的依赖程度、开放平台对该平台经营者可能造成的影响等因素。

平台经济领域经营者拒绝交易可能具有以下正当理由：

（一）因不可抗力等客观原因无法进行交易；

（二）因交易相对人原因，影响交易安全；

（三）与交易相对人交易将使平台经济领域经营者利益发生不当减损；

（四）交易相对人明确表示或者实际不遵守公平、合理、无歧视的平台规则；

（五）能够证明行为具有正当性的其他理由。

第十五条　限定交易

具有市场支配地位的平台经济领域经营者，可能滥用市场支配地位，无正当理由对交易相对人进行限定交易，排除、限制市场竞争。分析是否构成限定交易行为，可以考虑以下因素：

（一）要求平台内经营者在竞争性平台间进行“二选一”，或者限定交易相对人与其进行独家交易的其他行为；

（二）限定交易相对人只能与其指定的经营者进行交易，或者通过其指定渠道等限定方式进行交易；

（三）限定交易相对人不得与特定经营者进行交易。

上述限定可能通过书面协议的方式实现，也可能通过电话、口头方式与交易相对人商定的方式实现，还可能通过平台规则、数据、算法、技术等方面的实际设置限制或者障碍的方式实现。

分析是否构成限定交易，可以重点考虑以下两种情形：一是平台经营者通过屏蔽店铺、搜索降权、流量限制、技术障碍、扣取保证金等惩罚性措施实施的限制，因对市场竞争和消费者利益产生直接损害，一般可以认定构成限定交易行为。二是平台经营者通过补贴、折扣、优惠、流量资源支持等激励性方式实施的限制，可能对平台内经营者、消费者利益和社会整体福利具有一定积极效果，但如果有证据证明对市场竞争产生明显的排除、限制影响，也可能被认定构成限定交易行为。

平台经济领域经营者限定交易可能具有以下正当理由：

（一）为保护交易相对人和消费者利益所必需；

（二）为保护知识产权、商业机密或者数据安全所必需；

（三）为保护针对交易进行的特定资源投入所必需；

（四）为维护合理的经营模式所必需；

（五）能够证明行为具有正当性的其他理由。

第十六条　搭售或者附加不合理交易条件

具有市场支配地位的平台经济领域经营者，可能滥用市场支配地位，无正当理由实施搭售或者附加不合理交易条件，排除、限制市场竞争。分析是否构成搭售或者附加不合理交易条件，可以考虑以下因素：

（一）利用格式条款、弹窗、操作必经步骤等交易相对人无法选择、更改、拒绝的方式，将不同商品进行捆绑销售；

（二）以搜索降权、流量限制、技术障碍等惩罚性措施，强制交易相对人接受其他商品；

（三）对交易条件和方式、服务提供方式、付款方式和手段、售后保障等附加不合理限制；

（四）在交易价格之外额外收取不合理费用；

（五）强制收集非必要用户信息或者附加与交易标的无关的交易条件、交易流程、服务项目。

平台经济领域经营者实施搭售可能具有以下正当理由：

（一）符合正当的行业惯例和交易习惯；

（二）为保护交易相对人和消费者利益所必需；

（三）为提升商品使用价值或者效率所必需；

（四）能够证明行为具有正当性的其他理由。

第十七条　差别待遇

具有市场支配地位的平台经济领域经营者，可能滥用市场支配地位，无正当理由对交易条件相同的交易相对人实施差别待遇，排除、限制市场竞争。分析是否构成差别待遇，可以考虑以下因素：

（一）基于大数据和算法，根据交易相对人的支付能力、消费偏好、使用习惯等，实行差异性交易价格或者其他交易条件；

（二）实行差异性标准、规则、算法；

（三）实行差异性付款条件和交易方式。

条件相同是指交易相对人之间在交易安全、交易成本、信用状况、所处交易环节、交易持续时间等方面不存在实质性影响交易的差别。平台在交易中获取的交易相对人的隐私信息、交易历史、个体偏好、消费习惯等方面存在的差异不影响认定交易相对人条件相同。

平台经济领域经营者实施差别待遇行为可能具有以下正当理由：

（一）根据交易相对人实际需求且符合正当的交易习惯和行业惯例，实行不同交易条件；

（二）针对新用户在合理期限内开展的优惠活动；

（三）基于平台公平、合理、无歧视的规则实施的随机性交易；

（四）能够证明行为具有正当性的其他理由。

第四章　经营者集中

《反垄断法》禁止经营者实施具有或者可能具有排除、限制竞争效果的集中。国务院反垄断执法机构依据《反垄断法》《国务院关于经营者集中申报标准的规定》和《经营者集中审查暂行规定》，对平台经济领域的经营者集中进行审查，并对违法实施的经营者集中进行调查处理。

第十八条　申报标准

在平台经济领域，经营者的营业额包括其销售商品和提供服务所获得的收入。根据行业惯例、收费方式、商业模式、平台经营者的作用等不同，营业额的计算可能有所区别。对于仅提供信息匹配、收取佣金等服务费的平台经营者，可以按照平台所收取的服务费及平台其他收入计算营业额；平台经营者具体参与平台一侧市场竞争或者发挥主导作用的，还可以计算平台所涉交易金额。

经营者集中达到国务院规定的申报标准的，经营者应当事先向国务院反垄断执法机构申报，未申报的不得实施集中。涉及协议控制架构的经营者集中，属于经营者集中反垄断审查范围。

第十九条　国务院反垄断执法机构主动调查

根据《国务院关于经营者集中申报标准的规定》第四条，经营者集中未达到申报标准，但按照规定程序收集的事实和证据表明该经营者集中具有或者可能具有排除、限制竞争效果的，国务院反垄断执法机构应当依法进行调查。

经营者可以就未达到申报标准的经营者集中主动向国务院反垄断执法机构申报。

国务院反垄断执法机构高度关注参与集中的一方经营者为初创企业或者新兴平台、参与集中的经营者因采取免费或者低价模式导致营业额较低、相关市场集中度较高、参与竞争者数量较少等类型的平台经济领域的经营者集中，对未达到申报标准但具有或者可能具有排除、限制竞争效果的，国务院反垄断执法机构将依法进行调查处理。

第二十条　考量因素

国务院反垄断执法机构将依据《反垄断法》第二十七条和《经营者集中审查暂行规定》第三章有关规定，评估平台经济领域经营者集中的竞争影响。结合平台经济的特点，可以具体考虑以下因素：

（一）经营者在相关市场的市场份额。计算市场份额，除以营业额为指标外，还可以考虑采用交易金额、交易数量、活跃用户数、点击量、使用时长或者其他指标在相关市场所占比重，并可以视情况对较长时间段内的市场份额进行综合评估，判断其动态变化趋势。

（二）经营者对市场的控制力。可以考虑经营者是否对关键性、稀缺性资源拥有独占权利以及该独占权利持续时间，平台用户黏性、多栖性，经营者掌握和处理数据的能力，对数据接口的控制能力，向其他市场渗透或者扩展的能力，经营者的盈利能力及利润率水平，技术创新的频率和速度、商品的生命周期、是否存在或者可能出现颠覆性创新等。

（三）相关市场的集中度。可以考虑相关平台市场的发展状况、现有竞争者数量和市场份额等。

（四）经营者集中对市场进入的影响。可以考虑市场准入情况，经营者获得技术、知识产权、数据、渠道、用户等必要资源和必需设施的难度，进入相关市场需要的资金投入规模，用户在费用、数据迁移、谈判、学习、搜索等各方面的转换成本，并考虑进入的可能性、及时性和充分性。

（五）经营者集中对技术进步的影响。可以考虑现有市场竞争者在技术和商业模式等创新方面的竞争，对经营者创新动机和能力的影响，对初创企业、新兴平台的收购是否会影响创新。

（六）经营者集中对消费者的影响。可以考虑集中后经营者是否有能力和动机以提高商品价格、降低商品质量、减少商品多样性、损害消费者选择能力和范围、区别对待不同消费者群体、不恰当使用消费者数据等方式损害消费者利益。

（七）国务院反垄断执法机构认为应当考虑的影响市场竞争的其他因素。包括对其他经营者的影响、对国民经济发展的影响等。

对涉及双边或者多边平台的经营者集中，可能需要综合考虑平台的双边或者多边业务，以及经营者从事的其他业务，并对直接和间接网络外部性进行评估。

第二十一条　救济措施

对于具有或者可能具有排除、限制竞争效果的经营者集中，国务院反垄断执法机构应当根据《反垄断法》第二十八条规定作出决定。对不予禁止的经营者集中，国务院反垄断执法机构可以决定附加以下类型的限制性条件：

（一）剥离有形资产，剥离知识产权、技术、数据等无形资产或者剥离相关权益等结构性条件；

（二）开放网络、数据或者平台等基础设施、许可关键技术、终止排他性协议、修改平台规则或者算法、承诺兼容或者不降低互操作性水平等行为性条件；

（三）结构性条件和行为性条件相结合的综合性条件。

第五章　滥用行政权力排除、限制竞争

《反垄断法》禁止行政机关和法律、法规授权的具有管理公共事务职能的组织滥用行政权力排除、限制竞争。对于平台经济领域的滥用行政权力排除、限制竞争行为，反垄断执法机构依法进行调查，并提出处理建议。

第二十二条　滥用行政权力排除、限制竞争行为表现

行政机关和法律、法规授权的具有管理公共事务职能的组织从事下列行为，排除、限制平台经济领域市场竞争，可能构成滥用行政权力排除、限制竞争行为：

（一）限定或者变相限定单位或者个人经营、购买、使用其指定的平台经济领域经营者提供的商品，或者其他经营者提供的与平台服务相关的商品；

（二）对外地平台经济领域经营者设定歧视性标准、实行歧视性政策，采取专门针对外地平台经济领域经营者的行政许可、备案，或者通过软件、互联网设置屏蔽等手段，阻碍、限制外地平台经济领域经营者进入本地市场，妨碍商品在地区之间的自由流通；

（三）以设定歧视性资质要求、评标评审标准或者不依法发布信息等方式，排斥或者限制外地平台经济领域经营者参加本地的招标采购活动；

（四）对外地平台经济领域经营者实行歧视性待遇，排斥、限制或者强制外地经营者在本地投资或者设立分支机构；

（五）强制或者变相强制平台经济领域经营者从事《反垄断法》规定的垄断行为；

（六）行政机关以规定、办法、决定、公告、通知、意见、会议纪要等形式，制定、发布含有排除、限制竞争内容的市场准入、产业发展、招商引资、招标投标、政府采购、经营行为规范、资质标准等涉及平台经济领域市场主体经济活动的规章、规范性文件和其他政策性文件以及“一事一议”形式的具体政策措施。

第二十三条　公平竞争审查

行政机关和法律、法规授权的具有管理公共事务职能的组织制定涉及平台经济领域市场主体经济活动的规章、规范性文件、其他政策性文件以及“一事一议”形式的具体政策措施，应当按照国家有关规定进行公平竞争审查。

第六章　附则

第二十四条　指南的解释

本指南由国务院反垄断委员会解释，自发布之日起实施。

网络餐饮服务食品安全监督管理办法

（2017年11月6日国家食品药品监督管理总局令第36号公布自2018年1月1日起施行）

第一条　为加强网络餐饮服务食品安全监督管理，规范网络餐饮服务经营行为，保证餐饮食品安全，保障公众身体健康，根据《中华人民共和国食品安全法》等法律法规，制定本办法。

第二条　在中华人民共和国境内，网络餐饮服务第三方平台提供者、通过第三方平台和自建网站提供餐饮服务的餐饮服务提供者（以下简称入网餐饮服务提供者），利用互联网提供餐饮服务及其监督管理，适用本办法。

第三条　国家市场监督管理总局负责指导全国网络餐饮服务食品安全监督管理工作，并组织开展网络餐饮服务食品安全监测。

县级以上地方市场监督管理部门负责本行政区域内网络餐饮服务食品安全监督管理工作。

第四条　入网餐饮服务提供者应当具有实体经营门店并依法取得食品经营许可证，并按照食品经营许可证载明的主体业态、经营项目从事经营活动，不得超范围经营。

第五条　网络餐饮服务第三方平台提供者应当在通信主管部门批准后30个工作日内，向所在地省级市场监督管理部门备案。自建网站餐饮服务提供者应当在通信主管部门备案后30个工作日内，向所在地县级市场监督管理部门备案。备案内容包括域名、IP地址、电信业务经营许可证或者备案号、企业名称、地址、法定代表人或者负责人姓名等。

网络餐饮服务第三方平台提供者设立从事网络餐饮服务分支机构的，应当在设立后30个工作日内，向所在地县级市场监督管理部门备案。备案内容包括分支机构名称、地址、法定代表人或者负责人姓名等。

市场监督管理部门应当及时向社会公开相关备案信息。

第六条　网络餐饮服务第三方平台提供者应当建立并执行入网餐饮服务提供者审查登记、食品安全违法行为制止及报告、严重违法行为平台服务停止、食品安全事故处置等制度，并在网络平台上公开相关制度。

第七条　网络餐饮服务第三方平台提供者应当设置专门的食品安全管理机构，配备专职食品安全管理人员，每年对食品安全管理人员进行培训和考核。培训和考核记录保存期限不得少于2年。经考核不具备食品安全管理能力的，不得上岗。

第八条 网络餐饮服务第三方平台提供者应当对入网餐饮服务提供者的食品经营许可证进行审查，登记入网餐饮服务提供者的名称、地址、法定代表人或者负责人及联系方式等信息，保证入网餐饮服务提供者食品经营许可证载明的经营场所等许可信息真实。

网络餐饮服务第三方平台提供者应当与入网餐饮服务提供者签订食品安全协议，明确食品安全责任。

第九条 网络餐饮服务第三方平台提供者和入网餐饮服务提供者应当在餐饮服务经营活动主页面公示餐饮服务提供者的食品经营许可证。食品经营许可等信息发生变更的，应当及时更新。

第十条 网络餐饮服务第三方平台提供者和入网餐饮服务提供者应当在网上公示餐饮服务提供者的名称、地址、量化分级信息，公示的信息应当真实。

第十一条 入网餐饮服务提供者应当在网上公示菜品名称和主要原料名称，公示的信息应当真实。

第十二条 网络餐饮服务第三方平台提供者提供食品容器、餐具和包装材料的，所提供的食品容器、餐具和包装材料应当无毒、清洁。

鼓励网络餐饮服务第三方平台提供者提供可降解的食品容器、餐具和包装材料。

第十三条 网络餐饮服务第三方平台提供者和入网餐饮服务提供者应当加强对送餐人员的食品安全培训和管理。委托送餐单位送餐的，送餐单位应当加强对送餐人员的食品安全培训和管理。培训记录保存期限不得少于 2 年。

第十四条 送餐人员应当保持个人卫生，使用安全、无害的配送容器，保持容器清洁，并定期进行清洗消毒。送餐人员应当核对配送食品，保证配送过程食品不受污染。

第十五条 网络餐饮服务第三方平台提供者和自建网站餐饮服务提供者应当履行记录义务，如实记录网络订餐的订单信息，包括食品的名称、下单时间、送餐人员、送达时间以及收货地址，信息保存时间不得少于 6 个月。

第十六条 网络餐饮服务第三方平台提供者应当对入网餐饮服务提供者的经营行为进行抽查和监测。

网络餐饮服务第三方平台提供者发现入网餐饮服务提供者存在违法行为的，应当及时制止并立即报告入网餐饮服务提供者所在地县级市场监督管理部门；发现严重违法行为的，应当立即停止提供网络交易平台服务。

第十七条 网络餐饮服务第三方平台提供者应当建立投诉举报处理制度，公开投诉举报方式，对涉及消费者食品安全的投诉举报及时进行处理。

第十八条 入网餐饮服务提供者加工制作餐饮食品应当符合下列要求：

（一）制定并实施原料控制要求，选择资质合法、保证原料质量安全的供货商，或者从原料生产基地、超市采购原料，做好食品原料索证索票和进货查验记录，不得采购不符合食品安全标准的食品及原料；

（二）在加工过程中应当检查待加工的食品及原料，发现有腐败变质、油脂酸败、霉变生虫、污秽不洁、混有异物、掺假掺杂或者感官性状异常的，不得加工使用；

（三）定期维护食品贮存、加工、清洗消毒等设施、设备，定期清洗和校验保温、冷藏和冷冻等设施、设备，保证设施、设备运转正常；

（四）在自己的加工操作区内加工食品，不得将订单委托其他食品经营者加工制作；

（五）网络销售的餐饮食品应当与实体店销售的餐饮食品质量安全保持一致。

第十九条　入网餐饮服务提供者应当使用无毒、清洁的食品容器、餐具和包装材料，并对餐饮食品进行包装，避免送餐人员直接接触食品，确保送餐过程中食品不受污染。

第二十条　入网餐饮服务提供者配送有保鲜、保温、冷藏或者冷冻等特殊要求食品的，应当采取能保证食品安全的保存、配送措施。

第二十一条　国家市场监督管理总局组织监测发现网络餐饮服务第三方平台提供者和入网餐饮服务提供者存在违法行为的，通知有关省级市场监督管理部门依法组织查处。

第二十二条　县级以上地方市场监督管理部门接到网络餐饮服务第三方平台提供者报告入网餐饮服务提供者存在违法行为的，应当及时依法查处。

第二十三条　县级以上地方市场监督管理部门应当加强对网络餐饮服务食品安全的监督检查，发现网络餐饮服务第三方平台提供者和入网餐饮服务提供者存在违法行为的，依法进行查处。

第二十四条　县级以上地方市场监督管理部门对网络餐饮服务交易活动的技术监测记录资料，可以依法作为认定相关事实的依据。

第二十五条　县级以上地方市场监督管理部门对于消费者投诉举报反映的线索，应当及时进行核查，被投诉举报人涉嫌违法的，依法进行查处。

第二十六条　县级以上地方市场监督管理部门查处的入网餐饮服务提供者有严重违法行为的，应当通知网络餐饮服务第三方平台提供者，要求其立即停止对入网餐饮服务提供者提供网络交易平台服务。

第二十七条　违反本办法第四条规定，入网餐饮服务提供者不具备实体经营门店，未依法取得食品经营许可证的，由县级以上地方市场监督管理部门依照食品安全法第一百二十二条的规定处罚。

第二十八条　违反本办法第五条规定，网络餐饮服务第三方平台提供者以及分支机构或者自建网站餐饮服务提供者未履行相应备案义务的，由县级以上地方市场监督管理部门责令改正，给予警告；拒不改正的，处5000元以上3万元以下罚款。

第二十九条　违反本办法第六条规定，网络餐饮服务第三方平台提供者未按要求建立、执行并公开相关制度的，由县级以上地方市场监督管理部门责令改正，给予警告；拒不改正的，处5000元以上3万元以下罚款。

第三十条　违反本办法第七条规定，网络餐饮服务第三方平台提供者未设置专门的食品安全管理机构，配备专职食品安全管理人员，或者未按要求对食品安全管理人员进行培训、考核并保存记录的，由县级以上地方市场监督管理部门责令改正，给予警告；拒不改正的，处5000元以上3万元以下罚款。

第三十一条　违反本办法第八条第一款规定，网络餐饮服务第三方平台提供者未对入网餐饮服务提供者的食品经营许可证进行审查，未登记入网餐饮服务提供者的名称、地址、法定代表人或者负责人及联系方式等信息，或者入网餐饮服务提供者食品经营许可证载明的经营场所等许可信息不真实的，由县级以上地方市场监督管理部门依照食品安全法第一百三十一条的规定处罚。

违反本办法第八条第二款规定，网络餐饮服务第三方平台提供者未与入网餐饮服务提供者签订食品安全协议的，由县级以上地方市场监督管理部门责令改正，给予警告；拒不改正的，处 5000 元以上 3 万元以下罚款。

第三十二条 违反本办法第九条、第十条、第十一条规定，网络餐饮服务第三方平台提供者和入网餐饮服务提供者未按要求进行信息公示和更新的，由县级以上地方市场监督管理部门责令改正，给予警告；拒不改正的，处 5000 元以上 3 万元以下罚款。

第三十三条 违反本办法第十二条规定，网络餐饮服务第三方平台提供者提供的食品配送容器、餐具和包装材料不符合规定的，由县级以上地方市场监督管理部门按照食品安全法第一百三十二条的规定处罚。

第三十四条 违反本办法第十三条规定，网络餐饮服务第三方平台提供者和入网餐饮服务提供者未对送餐人员进行食品安全培训和管理，或者送餐单位未对送餐人员进行食品安全培训和管理，或者未按要求保存培训记录的，由县级以上地方市场监督管理部门责令改正，给予警告；拒不改正的，处 5000 元以上 3 万元以下罚款。

第三十五条 违反本办法第十四条规定，送餐人员未履行使用安全、无害的配送容器等义务的，由县级以上地方市场监督管理部门对送餐人员所在单位按照食品安全法第一百三十二条的规定处罚。

第三十六条 违反本办法第十五条规定，网络餐饮服务第三方平台提供者和自建网站餐饮服务提供者未按要求记录、保存网络订餐信息的，由县级以上地方市场监督管理部门责令改正，给予警告；拒不改正的，处 5000 元以上 3 万元以下罚款。

第三十七条 违反本办法第十六条第一款规定，网络餐饮服务第三方平台提供者未对入网餐饮服务提供者的经营行为进行抽查和监测的，由县级以上地方市场监督管理部门责令改正，给予警告；拒不改正的，处 5000 元以上 3 万元以下罚款。

违反本办法第十六条第二款规定，网络餐饮服务第三方平台提供者发现入网餐饮服务提供者存在违法行为，未及时制止并立即报告入网餐饮服务提供者所在地县级市场监督管理部门的，或者发现入网餐饮服务提供者存在严重违法行为，未立即停止提供网络交易平台服务的，由县级以上地方市场监督管理部门依照食品安全法第一百三十一条的规定处罚。

第三十八条 违反本办法第十七条规定，网络餐饮服务第三方平台提供者未按要求建立消费者投诉举报处理制度，公开投诉举报方式，或者未对涉及消费者食品安全的投诉举报及时进行处理的，由县级以上地方市场监督管理部门责令改正，给予警告；拒不改正的，处 5000 元以上 3 万元以下罚款。

第三十九条 违反本办法第十八条第（一）项规定，入网餐饮服务提供者未履行制定实施原料控制要求等义务的，由县级以上地方市场监督管理部门依照食品安全法第一百二十六条第一款的规定处罚。

违反本办法第十八条第（二）项规定，入网餐饮服务提供者使用腐败变质、油脂酸败、霉变生虫、污秽不洁、混有异物、掺假掺杂或者感官性状异常等原料加工食品的，由县级以上地方市场监督管理部门依照食品安全法第一百二十四条第一款的规定处罚。

违反本办法第十八条第（三）项规定，入网餐饮服务提供者未定期维护食品贮存、加工、清洗消毒等设施、设备，或者未定期清洗和校验保温、冷藏和冷冻等设施、设备的，由县级以上地方市场监督管理部门依照食品安全法第一百二十六条第一款的规定处罚。

违反本办法第十八条第（四）项、第（五）项规定，入网餐饮服务提供者将订单委托其他食品经营者加工制作，或者网络销售的餐饮食品未与实体店销售的餐饮食品质量安全保持一致的，由县级以上地方市场监督管理部门责令改正，给予警告；拒不改正的，处5000元以上3万元以下罚款。

第四十条　违反本办法第十九条规定，入网餐饮服务提供者未履行相应的包装义务的，由县级以上地方市场监督管理部门责令改正，给予警告；拒不改正的，处5000元以上3万元以下罚款。

第四十一条　违反本办法第二十条规定，入网餐饮服务提供者配送有保鲜、保温、冷藏或者冷冻等特殊要求食品，未采取能保证食品安全的保存、配送措施的，由县级以上地方市场监督管理部门依照食品安全法第一百三十二条的规定处罚。

第四十二条　县级以上地方市场监督管理部门应当自对网络餐饮服务第三方平台提供者和入网餐饮服务提供者违法行为作出处罚决定之日起20个工作日内在网上公开行政处罚决定书。

第四十三条　省、自治区、直辖市的地方性法规和政府规章对小餐饮网络经营作出规定的，按照其规定执行。

本办法对网络餐饮服务食品安全违法行为的查处未作规定的，按照《网络食品安全违法行为查处办法》执行。

第四十四条　网络餐饮服务第三方平台提供者和入网餐饮服务提供者违反食品安全法规定，构成犯罪的，依法追究刑事责任。

第四十五条　餐饮服务连锁公司总部建立网站为其门店提供网络交易服务的，参照本办法关于网络餐饮服务第三方平台提供者的规定执行。

第四十六条　本办法自2018年1月1日起施行。

商务部办公厅等 11 部门关于印发《城市一刻钟便民生活圈建设指南》的通知

【发布单位】流通发展司
【发布文号】商办流通函〔2021〕247 号
【发文日期】2021 年 7 月 20 日

各省、自治区、直辖市、计划单列市及新疆生产建设兵团商务、发展改革、民政、财政、人力资源社会保障、自然资源、住房和城乡建设、文化和旅游、市场监管、邮政管理部门，各银保监局：

为深入贯彻党的十九届五中全会和中央经济工作会议精神，坚定实施扩大内需战略，畅通国民经济循环，满足人民日益增长的美好生活需要，根据《商务部等 12 个部门关于推进城市一刻钟便民生活圈建设的意见》（商流通函〔2021〕176 号），为更好地指导各地开展工作，现将《城市一刻钟便民生活圈建设指南》印发你们，请结合便民生活圈建设试点工作，认真贯彻落实。

联系方式：商务部流通发展司

任宏伟 010-85093794，白松玉 010-85093777

商务部办公厅　发展改革委办公厅
民政部办公厅　财政部办公厅
人力资源社会保障部办公厅　自然资源部办公厅
住房和城乡建设部办公厅　文化和旅游部办公厅
市场监管总局办公厅　银保监会办公厅
邮政局办公室
2021 年 7 月 20 日

城市一刻钟便民生活圈建设指南

为更好指导各地开展城市一刻钟便民生活圈（以下简称便民生活圈）建设，提高便民生活圈服务便利化、标准化、智慧化、品质化水平，满足人民日益增长的美好生活需要，特制定本指南。

一、基本概念

（一）城市一刻钟便民生活圈。伴随社区商业发展而产生，是以社区居民为服务对象，服务半径为步行15分钟左右的范围内，以满足居民日常生活基本消费和品质消费为目标，以多业态集聚形成的社区商圈。

（二）基本保障类业态。满足社区居民一日三餐、生活必需品、家庭生活服务等基本消费需求的业态，主要包括便利店、综合超市、菜市场、生鲜超市（菜店）、早餐店、洗染店、美容美发店、照相文印店、家政服务点、维修点、药店、邮政快递综合服务点（快递公共取送点）、再生资源回收点、前置仓等。

（三）品质提升类业态。满足社区居民休闲、健康、社交、娱乐、购物等个性化、多样化、特色化的更高层次消费需求的业态，主要包括社区养老服务机构、特色餐饮店、蛋糕烘焙店、新式书店、运动健身房、幼儿托管点、培训教育点、旅游服务点、保健养生店、鲜花礼品店、茶艺咖啡馆、宠物服务站等。

（四）发展形态。便民生活圈的商业设施由于历史沿革、地理条件、发展基础等原因，呈现不同的发展形态，主要包括：

组团式或集聚式。以一个或多个商业综合体、购物中心、便民商业中心等综合性商业设施为核心，零散商业网点为补充，满足社区居民及部分流动消费者生活消费需求的商业发展形态。

街坊式或街区式。沿社区周边道路相对集中配置商业设施，以满足社区居民生活消费需求为主的商业发展形态。

分布式或分散式。受客观条件限制，利用分散的社区商业设施建设便民网点的商业发展形态。

（五）类公益性商业设施。对于涉及公共利益具有类公益性或市场失灵、微利薄利的业态，可由政府协调推动解决，明确具体支持政策，采取政府出资、国有控股或持股方式，提供满足居民基本生活需求的平价或微利商品和服务的流通基础设施，在保障基本生活、稳定市场价格、应急保供等方面发挥作用，例如：便利店、菜市场、生鲜超市（菜店）、维修点、邮政快递综合服务点（快递公共取送点）、养老或托育站点等。具体目录或清单由各地结合实际确定。

二、建设目标

到 2025 年，通过打造“百城千圈”，建设一批布局合理、业态齐全、功能完善、智慧便捷、规范有序、服务优质、商居和谐的城市便民生活圈，便利化、标准化、智慧化、品质化水平全面提升，在服务基本民生、促进消费升级、畅通城市经济微循环方面发挥更大作用，试点区域居民满意度达到 90%以上。

——便利化程度显著提升，商业网点布局更加合理，功能业态更加齐全，能够满足居民就近便捷消费的基本需要。

——标准化建设加快推进，商业设施配置和服务供给更加规范，管理运营更加专业精细。

——智慧化水平不断提高，新技术新业态新模式在便民生活圈应用场景更加广泛，线上线下深度融合，数字化转型进度加快。

——品质化生活稳步提升，品牌连锁和特色化建设不断增强，商品和服务供给更加丰富、优质、安全，设施环境持续改善，传统消费加快升级，服务和体验消费比重不断扩大。

三、建设原则

（一）政府引导、市场主导。充分发挥政府规划引导作用，完善政策体系，加大公共资源投入。全面发挥市场在资源配置中的决定性作用，鼓励各类社会主体参与投资建设运营，丰富便民生活圈商业服务功能，提高可持续发展能力。

（二）以人为本、保障基本。贯彻以人民为中心的发展思想，优先满足居民最关心最迫切最现实的生活需求，关注年轻人时尚消费的同时，兼顾社区老年人等群体的特殊需求，充分体现便民利民惠民的宗旨。

（三）集约建设、商居和谐。结合实施城市更新行动，盘活存量设施资源，集中建设新增设施，提高设施使用效率，在保证安全的前提下提倡“一点多用、一店多能”，避免大拆大建。营造商居和谐的消费环境，做到商业环境与居住环境相协调，业态发展和居民需求相匹配。

（四）创新驱动、多元发展。充分发挥各类资源和社会力量作用，推动商业业态创新、管理创新和服务创新，鼓励标准化、连锁化、特色化、智慧化、专业化发展，提供适合社区消费群体的多层次、个性化商品和服务。

四、规划布局要求

（一）加强顶层设计。摸清商业网点底数以及社区人口结构、收入水平、消费习惯、食品安全需求等，根据当地“十四五”发展规划，结合旧城改造和城市更新，制定便民生活圈建设专项规划和实施方案，明确工作目标、重点任务、实施步骤、保障措施等。做好便民生活圈与国土空间规划衔接，推动土地复合开发利用、用途合理转换。

（二）明确配置标准。参照相关国家标准和行业标准，结合本地发展实际和不同社区商业发展形态，因地制宜制定便民生活圈商业设施建设、运营、服务和管理地方标准，明确设置规模、功能要求、配置标准、业态组合等。严格落实国务院关于新建社区商业和综合服务设施面积占社区总建筑面积的比例不得低于10%的要求，科学配置商业设施，确保商业面积、商业业态、建筑规格等满足需求。统筹考虑当地电子商务、即时配送等在线商业发展水平，做到实体门店配置与在线商业发展相协调。

（三）分类建设布局。鼓励老旧小区统筹利用闲置厂房、仓库、公有物业划拨等存量资源，因地制宜补齐商业设施短板和提升现有设施水平。新建居住区应坚持相对集中原则，优先考虑发展集聚式商业形态，重点建设改造商业综合体、购物中心、便民商业中心、邻里中心、社区养老服务设施等，与住宅同步规划、同步建设、同步验收和同步交付。商业设施配备相对齐全的社区应重点优化调整业态组合，加强新业态、新服务引进，拓展商业功能，提升服务水平。

（四）就近科学选址。坚持便利居民的原则，优先选择地理位置优越、交通便利、人流相对集中的区域，可结合社区服务中心、卫生中心、文化中心等公共设施或交通枢纽，沿居住区主要道路布局设置，确保居民步行15分钟可到达。鼓励应用大数据、智能算法等现代信息技术，做好人流和需求分析，提高选址的科学性。鼓励临近居住区的商场向社区便民商业中心转型，满足居民在家门口的“一站式”消费需求。

（五）推动商居和谐。商业设施建设应充分考虑周边商业发展基础，实现优势互补、错位发展，兼顾社交、文化、休闲等功能，因地制宜形成不同的主题街区文化和地方特色文化。规划布局与社区风格、周边环境相协调，有条件的社区商业和住宅应相对分离，减少居民生活干扰，实现商业与居民生活和谐发展。

五、业态配置要求

（一）优先配齐基本保障类业态。基本保障业态在社区居民日常生活中必不可少，各地在便民生活圈建设过程中，应通过引进品牌企业、扩充现有网点功能等方式，优先配齐、配优、配强此类业态。鼓励各地结合发展实际，按照商业性、类公益性的分类，明确不同基本保障类业态的属性，建立商业网点设施目录或清单。推动将类公益性业态纳入城市公共服务设施目录或城镇老旧小区改造内容，已建居住区要按照“缺什么补什么”的原则优化网点配置，新建居住区必须统一规划和建设商业网点，并按规定配建养老服务设施。

（二）因地制宜发展品质提升类业态。根据社区发展基础和居民消费需求，引进知名品牌连锁企业，渐进式发展品质提升类业态。优先发展居民对生活品质提升最迫切需要的老年康护、特色餐饮、运动健身、新式书店、幼儿托管等业态。

（三）加快菜市场标准化改造升级。菜市场是便民生活圈商业设施的重要组成部分，是便民生活圈建设的关键着力点，各地要参照商务部印发的《标准化菜市场设置与管理规范》（商办建函〔2011〕866号），结合不同社区实际，分类制定高起点改造的地方标准，加快推进社区菜市场、生鲜店（菜店）标准化、智慧化建设，丰富商品品类、保障食品安全、维持价格稳定、提升管理水平、优化购物环境，鼓励开展配送上门等增值服务、便民服务，满足居民消费需求。

（四）重点发展品牌连锁店。提高品牌连锁化覆盖率，连锁店数量占便民生活圈商业网点总量的比重应在30%以上。鼓励提供闲置资源和优惠政策，支持品牌连锁企业（养老、托育、便利店、药店、家政服务店、美容美发店等）进社区，发展智能社区商店（无人值守便利店、自助售卖机等）。鼓励便利店、药店视情延长营业时间，有条件的可24小时营业。鼓励小商店、杂货店、副食店自愿向加盟连锁发展，提高商品质量和服务水平。鼓励连锁药店利用专业力量拓展老年康护、保健养生咨询或培训等项目，引入健身、养生、美容等功能和产品，开展高质量的便民服务。支持品牌连锁企业完善门店的前置仓和配送功能，推动线下线上融合、店配宅配融合、末端共同配送及店仓配一体化运营。

（五）构建多层次早餐供应体系。针对不同地区的社区居民消费习惯和消费需求，推动构建以社区早餐店为主体，以便利店、特色餐饮店、箱式移动餐饮售卖车等为补充的多层次早餐供应体系，丰富小菜、营养粥、豆制品、奶制品、主食等品种，保障居民吃得好、吃得营养卫生。

（六）积极发展可移动商业设施。充分发挥自助售卖机、蔬菜直通车、箱式移动餐饮售卖车等可移动商业零售设施灵活性优势，作为便民生活圈的有益补充，弥补空间不足的短板。

（七）鼓励“一店多能”。鼓励各类商业网点提供多样化便民服务，在安全、卫生的前提下适度搭载书报经营、打印复印、代扣代缴、代收代发、家政预约等项目，提高设施使用效率，增强微利业态经营可持续性。

六、管理运营要求

（一）建立多方共商共管机制。发挥多方协同作用，整合街道、社区、物业、商户等各方力量，完善管理制度，强化诚信经营和守法意识，通过共建共管加强环境整治和自律规范。对于公共设施规划、设施建设改造、促销活动、业态调整和引进等，要向居民了解需求、听取意见建议，实现服务规范、商户共赢、居民满意的良性循环。

（二）探索多种建设运营模式。鼓励社会力量在便民利民惠民的原则下参与便民生活圈投资建设和招商运营。类公益性商业设施的建设，要充分发挥政府引导、市场主导作用，探索“政府建设、企业运营”“企业投资、政府补贴”等市场化驱动模式。严格管理商业设施，不得随意改变便民商业设施的用途和性质。

（三）引导商户诚信经营。有条件的可建立商户信用等级评价机制，按照信用等级进行分类管理，实施优胜劣汰、奖优罚劣，引导商户提供规范优质的服务。督促超市、便利店等商户定期加强对其经营食品的自查，确保食品安全，对临近保质期的食品信息进行提前预警、分类管理，作特别标示或集中陈列出售，防止食品浪费。加强消费者合法权益保护，打击欺行霸市、强买强卖、消费欺诈等行为。加强知识产权保护，落实商品和服务的价格公示制度，创建诚信商店、诚信便民生活圈。

（四）加强环境保护。加强对污染排放、私搭乱建和占道经营等现象的管理，保持商业网点整洁有序。对产生农产品废弃物、餐厨废弃物、垃圾等的网点，应实行统一回收、统一运输、统一处置。对洗染、理发、沐浴等用水量较大的场所，提倡使用节水节能技术和设备。

（五）完善适老化服务。加快建设改造一批充分兼顾老年人及特殊群体生活便利需要的无障碍服务设施，依托社区养老服务设施做好助餐、采购等老年消费配供，及理疗养生、居家照顾、紧急援助、助洁助浴等服务。鼓励企业设立线上线下融合、为老年人服务的专柜和体验店，大力发展养老相关产业融合的新模式新业态。保留现金、银行卡等传统支付方式和面对面人工服务，探索简便易行、符合相关人群特点的服务方式，提高便民服务的“温度”。

（六）优化服务管理。以安全、美观为目标，规范户外广告、门店招牌、灯光景观等管理，强化安全、提升品质，推动社区环境更加整洁美观，同时注重因地制宜，突出区域特色，避免“千店一面”。鼓励举办形式多样的社区消费节等促销活动。鼓励加强社区法律援助服务，为商户涉法和居民消费纠纷提供服务。

七、服务创新要求

（一）探索平台化集成创新模式。推动便民生活圈各业态联动发展，构建线上与线下深度融合、虚拟与实体互相补充的商业综合服务体系。鼓励专业运营主体整合商户资源，通过小程序、APP、综合服务信息平台等，接入购物、餐饮、休闲、文化、养老、家政等线上功能，面向居民提供周边商品和服务搜索、信息查询、生活缴费、地理导航及线上发券、线下兑换等免费服务，打造商业集约式发展生态圈，打通智慧城市、智慧社区、智能管家，融合商业属性和社会属性。

（二）鼓励延展拓宽服务模式。鼓励商户提供网订店取、线上下单、配送到家、服务上门等多样化服务，促进商户与居民和谐互动。推广“中央厨房+冷链+餐厅”、“工厂+外卖”等模式，实行在线加工可视化，提高管理效能和商品服务质量。鼓励商户根据居民多样化、个性化消费需求，创新经营品类，延伸服务链条，提供定制化服务。鼓励探索净菜进城、社交客厅、亲子体验等新模式新业态。

（三）规范社区电商（社区团购）发展。推动平台企业为高质量发展和高品质生活服务，为社区商户提供营销、信息、流量、数字化工具等免费或让利服务，提供集采集配、统仓统配等供应链支撑，将实体店作为供应链合作的重要环节，实现线上线下融合、店配宅配融合。坚持发展与规范并重，明确规则、划清底线，加强监管、规范秩序，促进公平竞争，反对垄断，防止资本无序扩张。加强规范和监管，维护公众利益和社会稳定，督促平台企业承担商品质量、食品安全保障等责任，配置标准化冷库、冷链运输车辆、追溯技术、农药残留检测等设施设备，完善管理制度，落实社区团购“九不得”规定，维护线上线下公平竞争的市场环境。

（四）推动智能设施广泛应用。推广应用智能化技术和设施，鼓励加强智能信包箱（快件箱）、智能冷冻柜、自助售卖机等智能设施建设，推动智能设施设备进社区、进门店，提高便民生活圈智能化水平。鼓励数字化赋能，引导第三方技术服务商把大数据应用到开店布局、进销存管理、物流配送、商品追溯等各个环节，促进模式创新和市场要素精准配置。

商务部等 15 部门办公厅（室）关于印发《县域商业建设指南》的通知

各省、自治区、直辖市、新疆生产建设兵团商务、发展改革、工业和信息化、公安、财政、自然资源、交通运输、农业农村、文化和旅游、人民银行、市场监管、邮政管理部门，各银保监局、乡村振兴局、供销合作社：

为贯彻国务院常务会议有关部署，落实商务部等部门《关于加强县域商业体系建设促进农村消费的意见》（商流通发〔2021〕99 号，以下简称《意见》），指导和规范各地县域商业体系建设、促进农村消费工作，现将《县域商业建设指南（2021 版）》（以下简称《指南》）印发你们，请遵照执行，并将有关事项通知如下。

一、摸清工作底数

各省级商务主管部门要会同有关部门，对照《指南》确定的量化目标、建设标准等，组织各县（县级市、自治县、旗）对县域商业发展现状进行摸底，力求实事求是、客观准确。重点围绕县乡村三级商业网络、农村物流“三点一线”等约束性指标，摸清现有网点数量、建设规模、主要功能、设施设备等基本情况，形成“十四五”时期县域商业体系建设的工作底数。

二、制定实施方案

各省级商务主管部门要会同有关部门，对照《意见》《指南》确定的“十四五”时期县域商业体系建设目标任务，结合工作摸底情况，制定省级实施方案，确定到 2025 年县域商业体系建设的总体目标、年度目标、重点举措，明确时间表、路线图和责任分工。

三、健全考核机制

各省级党委农办、农业农村主管部门要把加强县域商业体系建设作为全面推进乡村振兴战略、加快农业农村现代化的重要任务，切实将县域商业体系建设纳入乡村振兴考核体系，指导各地各有关部门建立工作清单、台账、季报机制，加强工作指导和监督检查，确保政策落实落地。

四、加强总结推广

有关省级主管部门要建立健全县域商业体系建设工作协调机制，加强部门沟通协调，做好政策解读和宣传推广，营造良好工作氛围。各省级商务主管部门要会同有关部门及时总结各地好经验好做法，按时报送年度工作进展情况和下一年度工作计划。

各省级商务主管部门负责审核汇总本省（区、市）县域商业体系建设摸底情况，并登录 http：//www. mofcom. gov. cn/mofcom/typt. shtml 在线填报。各地应于 12 月底前完成摸底工作，并将 2021 年度工作总结报商务部（流通发展司）。有关省级实施方案经省级人民政府同意后，于 2022 年 2 月底前报商务部等有关部门备案。《指南》实施过程中遇到的问题，请及时反馈商务部。

联系方式：商务部流通发展司 010-85093700/3762

商务部办公厅　发展改革委办公厅工业和信息化部办公厅
公安部办公厅　财政部办公厅　自然资源部办公厅
交通运输部办公厅　农业农村部办公厅　文化和旅游部办公厅
人民银行办公厅　市场监管总局办公厅　银保监会办公厅
邮政局办公室　乡村振兴局综合司
中华全国供销合作总社办公厅
2021 年 12 月 2 日

附件：《县域商业建设指南（2021 版）》

附件：

县域商业建设指南

（2021 版）

2021 年 12 月

目　录

前 言

加强县域商业体系建设、促进农村消费，是实施乡村建设行动的重要内容，是培育完整内需体系的重要支撑，是提高人民生活品质的重要举措。近年来，我国县域商业建设取得显著成果，在脱贫攻坚和乡村振兴中发挥了积极作用。但总的看，县域商业发展仍然滞后，一些地方缺少专门性规划，工作要求不规范、建设标准不统一、网点布局不合理、设施功能不完善，不能很好满足城乡居民消费升级需求。

为贯彻落实党中央、国务院决策部署，加快推进县域商业体系建设，为乡村振兴和构建新发展格局提供有力支撑，经国务院批准，商务部会同有关部门和单位印发了《关于加强县域商业体系建设促进农村消费的意见》（商流通发〔2021〕99 号，以下简称《意见》），对县域商业体系建设的总体目标、重点任务、政策机制等作出部署。为做好《意见》目标任务的量化分解，指导和规范各地开展县域商业体系建设工作，商务部会同有关部门和单位组织编制了《县域商业建设指南（2021 版）》（以下简称《指南》），作为《意见》配套文件。

《指南》全文分为 10 个章节。第 1 章到第 3 章从适用范围、建设目标和基本原则 3 个角度，对县域商业体系建设进行总体介绍。第 4 章到第 9 章从县域商业网络体系、农村电商和物流、农产品流通、农村市场主体、农村市场监管、工作保障机制 6 个方面，对县域商业体系建设重点工作的主要功能、建设规模、设施设备等，以及地方工作保障机制等进行规范。第 10 章列出了参考标准和技术规范。

《指南》侧重于农村商贸流通领域，重点对县乡村三级商业网络体系、农村物流配送“三点一线”明确约束性规范，对农产品流通、农村市场主体培育等明确指导性规范。《指南》未能尽录农业、科技、资本、要素、环境等县域商业相关内容。各地可结合实际，在工作中进一步补充和完善。

《指南》关于县城综合商贸服务中心、乡镇商贸中心、村级便民商店等商业网点的面积、功能、设施设备等规范，参考了《零售业态分类》《便利店分类》等有关部门、行业协会发布的标准和技术规范。通过调研座谈方式，广泛征求地方、企业、协会、专家等意见建议，充分考虑城乡差异，选取具有一定代表性、合理范围内的数值。

目前，县域商业体系建设正处于探索实践阶段。《指南》对县域商业体系建设提出指导性、方向性要求，后续将继续总结各地实践经验，广泛征集意见和建议，适时组织修订。

一、适用范围

《指南》规定了“十四五”时期县域商业体系建设的基本框架、功能要求、实施路径和重点工作，旨在规范省级主管部门制定方案、指导建设、考核评估等工作以及有关县级行政区划（县、县级市、自治县、旗）项目建设、管理、验收等工作。《指南》非强制性标准，各地可结合实际，进一步细化和完善。

二、建设目标

围绕“到 2025 年，在具备条件的地区，基本实现县县有连锁商超和物流配送中心、乡镇有商贸中心、村村通快递”的目标，以县乡村商业网络体系和农村物流配送“三点一线”为重点，以渠道下沉和农产品上行为主线，加快推动县域商业网点设施、功能业态、市场主体、消费环境、安全水平等的改造升级。到 2025 年，建立以县城为中心、乡镇为重点、村为基础、分工合理、布局完善的一体化县域商业网络体系。

——网点布局合理。适应农村居民分层分类消费需求，推动县城综合商贸服务中心改造升级，建设改造一批乡镇商贸中心和村级便民商店，到 2025 年，基本实现县城有综合商贸服务中心、乡镇有商贸中心、村村有便民商店，高中低搭配、县乡村联动、衔接互补的县域商业网点布局。

——功能业态完备。顺应县域内城乡融合发展趋势，以县镇为重点，提升环境设施和服务功能，引导商旅文体业态集聚，带动县域消费升级。丰富乡村消费市场，保障农民基本生活服务和消费需求，吸引城市居民下乡消费。逐步实现农村商业功能与生产生活、生态功能协调发展。

——市场主体多元。支持农村商贸流通企业数字化、连锁化转型升级，向供应链服务企业转变，加强与生产商、供应商、新型农业经营主体等对接，提供物流、营销、信息、金融等集成服务。扩大农村电子商务覆盖面，培育农村新型商业带头人。到 2025 年，培育一批县域商贸流通骨干企业，在保供稳价、促进农村消费等方面发挥带头作用。

——双向物流畅通。将农村物流体系建设与农村电商、农村消费结合起来，加强物流资源整合，加快贯通县乡村电子商务体系和快递物流配送体系，提高乡村快递通达率，畅通工业品下乡和农产品进城，连接城乡生产与消费。到 2025 年，基本实现乡乡有快递服务网点、村村有寄递服务。

——消费安全便利。严把从农田到餐桌的每一道关，加强农村食品安全和农资市场监管。突出重点领域，围绕与农民生产生活密切相关的产品，加大侵权假冒行为打击力度。紧盯薄弱环节，加强农村流动经营场所秩序规范。到 2025 年，推动县域消费环境实现较大改观。

“十四五”时期县域商业体系建设工作目标					
序号	类型	重点工作	数量指标	主要功能	属性
1	县城商业网点	改造升级县城综合商贸服务中心	≥1 个	推动消费业态集聚，满足县域居民大件、高端消费	约束性
2	乡镇商业网点	建设改造乡镇商贸中心	具备条件的乡镇覆盖率达到 100%	满足乡镇居民实用消费和一般生活服务需求	约束性
3	村级商业网点	建设改造村级便民商店	具备条件的行政村覆盖率达到 100%	满足村民就近、便利消费	约束性
4	县域物流枢纽	建设改造县级物流配送中心	≥1 个	物流配送覆盖县城和主要乡镇村	约束性
5	乡村末端物流	乡村快递通达率	基本实现乡乡（镇）有网点、村村有服务	建设改造一批乡镇邮政、快递网点和村级寄递物流综合服务站，提供消费品下乡、农产品进城寄递服务	约束性
6	物流资源整合	引导县域邮政、供销、快递、交通运输、商贸物流等资源整合，发展共同配送★	全县具备条件的乡镇、村 30%以上的物流快递实现统一分拣、配送	主要快递企业等市场化合作，实现信息、配送等资源整合，开展共同配送。具备条件的县初步实现商贸物流、电商快递、农产品上行等同类物流标准商品的统仓共配	约束性
7	农村电子商务	扩大农村电子商务覆盖面	农村电商服务对具备条件的行政村 100%覆盖	1. 对有条件的村网购商品能够配送，农产品上行能力与效率显著提升 2. 统筹邮政、供销、电商、益农信息等基层网点，健全县乡村三级农产品网络销售服务体系	约束性
8	农产品流通	农产品冷链物流设施建设	1. 产地低温处理率提高到 30% 2. 每县至少建设改造一个农产品集配中心	在农产品集中的产地建立集初加工、冷藏保鲜仓储、集中采购和跨区域配送能力的农产品产地集配中心	预期性
9	农产品流通	农贸市场、集市标准化升级改造	主要乡镇至少改造 1 个农贸市场或集市		预期性
10	农产品流通	农产品市场公益性保障		进一步提升主要农产品市场公益性，增强保供稳价能力	预期性

续表

序号	类型	重点工作	数量指标	主要功能	属性
11	农村市场主体培育	1. 本地商贸流通企业转型升级 2. 培育农产品产业运营主体	1. 每县实现1个以上商贸流通龙头企业转型升级 2. 每县培育至少1个农产品产业化运营主体	1. 主要商贸流通企业完成数字化、连锁化改造，初步建立供应链体系，引领县域商业发展 2. 通过运营主体引导带动产业链上下游各类主体形成协同高效、利益共享的农产品供应链体系。根据需求及时调整生产和供给，合理制定销售计划	预期性
12	农村市场秩序	1. 农村食品安全监管 2. 加强农产品质量安全监管	1. 主要食品销售企业100%实现食品经营风险分级动态管理 2. 推进农产品质量安全追溯体系建设	支持运营主体通过部省追溯开展试点农产品质量安全全程追溯。加强对农产品供应链全链条的质量安全监管和检测	预期性
13	县域商业规划	编制县域商业网点专项规划，或纳入市级商业网点规划重要内容		与国土空间规划“一张图”叠加	预期性
14	县域消费统计	1. 加强县域消费统计体系建设 2. 建立农村地区农产品生产加工流通统计体系		1. 完善县域消费品零售额、网络零售额、规模以上商贸流通企业等统计监测 2. 建立大宗农产品流通、农产品网络零售等统计指标	预期性

注：★共同配送作为物流整合的一种创新模式，主要适用于行业集中度低、需求分散、末端物流不发达的中西部县域。偏远、人口稀少县域及东部发达县域可结合实际，探索适合本地的物流整合模式。

三、基本原则

（一）市场主导，政府引导。发挥市场对资源配置的决定性作用，充分激发农村市场主体活力和内生动力。政府加强基础性、普惠性基础设施建设，优化政策供给，统筹发展和安全，提升政府治理和公共服务水平，营造公平营商环境和放心消费环境。把握好顶层设计和基层创新的关系，尊重基层首创精神，最大限度调动各方积极性。鼓励结合自身实际，探索县域商业发展的新模式、新路径。

（二）聚焦短板，注重民生。加强资源整合，做好与万村千乡、电子商务进农村、城乡高效配送等工作衔接，充分利用现有商业设施，加快补齐短板、打通堵点，重点布局一批公益性和民生保障类商业设施，提升应急保供能力。加大对革命老区、民族地区、边境地区、脱贫地区的倾斜支持力度，做好巩固拓展脱贫攻坚成果和乡村振兴有效衔接。

（三）因地制宜，实事求是。综合考虑东中西差异、人口分布、市场需求、生态保护等因素，合理确定县域商业网点布局、功能业态、数量规模、辐射范围等建设改造内容。立足实际、适度超前、注重服务。规范县域大型商业综合体、商业地产等项目建设，不搞大拆大建，避免商业过剩和同质化竞争，适应乡村振兴要求。

（四）统筹推进，协调联动。各地要把县域商业体系建设作为乡村振兴的重要内容，纳入乡村振兴考核评估、主题培训、协调议事等机制，一体谋划推进。要建立党政统一领导、多部门参与的县域商业体系建设工作协调机制，加强组织协调，明确责任分工，完善土地、税收等配套政策，推动工作落地。

四、完善县域商业网络体系，提升农村市场供给能力

把县域作为统筹农村商业发展的重要切入点，引导和扶持有实力的流通企业下沉农村，加强县乡村三级商业网络建设，夯实农村商业发展基础，推动县乡村商业联动，弥补市场缺位和薄弱环节，贴近村庄、服务农民，满足农村居民分层分类消费需求。

（一）增强县城商业综合服务和辐射带动能力。

将县城打造成为县域消费升级的“排头兵”。鼓励大型商贸流通企业对县城购物中心、综合商贸中心、大型连锁商超等现有商业网点改造升级，推动商旅文体业态集聚，提升综合服务能力，向乡镇和村庄延伸服务，带动乡村商业发展，让县域内城乡居民不出县，就能满足绝大部分的消费需求。

重点工作 1：改造提升县城综合商贸服务中心

	类型	功能★	面积▲	适用范围	设施设备▲
县城综合商贸服务中心	基本型	1. 提供果蔬肉蛋奶、食品、日化、家居、小家电、小百货等商品零售，满足居民多元消费需求。 2. 提供餐饮、维修、美容美发等生活服务。 3. 对城区和一定范围的乡镇村提供批发、零售或配送服务。	经营面积一般在 10000 ~ 20000m^2 左右。 偏远、人口稀少的县可适度降低要求，下同。	西部人口较少、商业欠发达的县。	生鲜、日用百货、餐饮等分区经营，自营类商品实行统一结算。根据实际需要，设置仓储、停车场等设施，配备配送车辆、人员等。场地设施符合消防、卫生、安全生产、防淹排水等有关要求。
	增强型	除具备上述功能外，同时具备以下功能： 1. 提供家电、通信、服装等标准化程度较高的商品零售，满足居民大件消费需求。 2. 提供娱乐、休闲、亲子、健身、教育、物流、小额存取代理等服务，拓展空间载体，打造多功能、多业态、复合型的县域商业集聚区（微商圈）。 3. 提供本地特色商品体验，打造区域优势供应链品牌。	经营面积一般在 20000 ~ 30000m^2 左右。	中西部人口相对集中、商业较发达的县。	除配备上述设施设备外，根据实际需要，配备与娱乐、休闲、亲子功能等相适应的设施设备。

续表

县城综合商贸服务中心	类型	功能★	面积▲	适用范围	设施设备▲
	提升型	除具备上述两类功能外，同时具备以下功能： 1. 提供品牌服饰、大家电、家居建材等商品零售，满足县域居民高档、品牌消费需求。 2. 发展品牌直营连锁、直播网购、美容美妆、文化创意、中央厨房等新业态，增强可视化、数字化、智能化消费场景，建设县域商业新地标。	经营面积一般在 $30000m^2$ 以上。	东中部人口集中、商业发达的县。	除配备上述两类设施设备外，根据实际需要，配备自助收银、线上商城、手机智能导购，拓展线上线下消费场景，以及食品加工、冷链等设施设备。

注：★县城综合商贸服务中心及《指南》中其他所有县域商业、物流设施功能要求均为约束性规范，面积、设备等仅作为地方工作参考。各地应坚持市场化导向，由市场经营主体因地制宜确定县域商业设施建设改造的面积、设备等标准，不宜搞“一刀切”、行政指令。

（二）把乡镇建成服务周边的重要商业中心。

发挥乡镇承上启下、紧靠农村居民生活圈、服务农村常住人口的区域商业中心优势，引导连锁商贸流通企业采取自建、改造、股权合作等方式，对现有乡镇商业设施进行现代化改造，新建改造一批商贸中心、超市、餐饮等服务网点，改善乡镇集贸市场面貌，优化生活服务业供给，使乡镇基本能够满足周边居民的米面粮油、家居百货、农资，以及美容、美发、餐饮等一般性消费需求。

重点工作2：建设改造乡镇商贸中心

乡镇商贸中心	类型	功能	面积	适用范围	设施设备
	基本型	1. 提供包括果蔬肉蛋奶、食品、洗护用品、日用百货等商品零售，满足乡镇居民日常、实用型消费。 2. 提供餐饮、理发等基本生活服务。 3. 乡镇商贸中心具有业态显著集聚特点的商业形态，不包括步行街、商业地产形态★。	经营面积（单体商超形态，其他可根据实际确定）一般在500~$1000m^2$ 左右，偏远、人口稀少的乡镇可适度降低标准，下同。	人口低于10000人、商业欠发达的乡镇。	不同商品和服务类型分区经营，自营部分实行统一结算。根据实际需要，可配备电子收款机（POS机）、电脑、打印机等设备和信息系统。场地设施符合消防安全、防淹排水等有关要求。
	增强型	除具备上述功能外，同时具备以下功能： 1. 提供小家电、服装、鞋帽、家纺等商品销售。 2. 提供维修、洗衣、修鞋、快递收发、农产品收购等便民服务。	经营面积一般在1000~$1500m^2$ 左右。	人口在10000~30000人、商业基础较好的乡镇。	除配备上述设施设备外，可根据实际需要，配备休闲娱乐设施、临时停车位等。

续表

	类型	功能	面积	适用范围	设施设备
乡镇商贸中心	提升型	除具备上述两类功能外，同时具备以下功能： 1. 具备休闲、娱乐、亲子、健身、生活服务等功能。 2. 提供农业生产资料、农机农具等销售和基本技术服务。 3. 具备简易仓储配送功能，为一定范围内村级商店、农户等提供小批量商品配送服务。 4. 发布线上线下生活服务信息。	经营面积一般在 $1500m^2$ 以上。	人口在 30000 人以上、商业较发达的乡镇。	除配备上述两类设施设备外，可根据实际需要，配备基本分拣配送设施、线上线下购物等相关设备。建有固定停车场。

注：★乡镇商贸中心主要包括 3 种商业集聚形态：1. 单体商超形态，以商品批发、零售为主、兼具多种服务；2. 以单体商超为中心，集聚多种服务的商圈形态；3. 沿主要街道条状分布的农村特色商业街形态。不包括分散分布商业形态。

（三）积极推进村级商业的规范化建设。

把县域商业村级末端建设好，引导电商、物流、连锁商贸流通企业、益农信息社运营商通过特许加盟、联营联销、供应链赋能等方式，新建改造一批村级连锁商店，加强对夫妻店、小卖部等村级现有商业网点的标准化改造，为村民提供日用消费品、农资、电商、电信、金融、邮件快件代收代投、涉农信息服务等多样化服务，保障农村居民就近便利消费和基本生活服务。

重点工作 3：建设改造村级便民商店					
	类型	功能	面积	适用范围	设施设备
村级便民商店	基本型	1. 提供油盐酱醋、小食品、日杂用品等生活必需品零售，满足村民就近、便利消费。 2. 提供生活缴费、邮件快递代收代投等服务。 3. 可通过手机等移动终端设备帮助农民获取生产生活信息服务。	1. 经营面积一般不低于 $30m^2$，偏远、人口稀少的村庄可适度降低标准，下同。 2. 商品单品（SKU）不低于 100 种。	常住人口低于 500 人的行政村。	除特殊商品外，采取开架僖货方式。 悬挂醒目牌匾标识，店铺整洁，货物开架陈列。 商品明码标价，实行索证索票制度。 符合经营、住宿合用场所的消防安全要求。
	增强型	除上述功能，同时具备以下功能： 1. 提供水电、宽带、生活缴费、复印等服务。 2. 提供农产品需求、劳务、房屋等中介信息服务，以及农业生产、信息化等生产技能提升服务。 3. 提供简易农资农具等销售。	1. 经营面积一般在 $30\sim100m^2$ 左右。 2. 商品单品数量（SKU）不低于 300 种。 3. 主要商品统一采购率不低于 50%。	常住人口 500～1000 人的行政村。	除上述设施设备外，根据实际需要，配置生活缴费、复印机、农资存放等设备，接入互联网和相关涉农服务资源。

续表

	类型	功能	面积	适用范围	设施设备
村级便民商店	提升型	除具备上述两类功能外，同时具备以下功能： 1. 采取直营、加盟等连锁经营模式。 2. 提供小额存取代理等服务。 3. 提供小批量农产品、手工制品等的上行服务，包括包装、代销、快递代发等增值服务。	1. 经营面积一般在 100m^2 以上。 2. 商品单品（SKU）不低于 500 种。 3. 商品统一采购率不低于 70%。	常住人口 1000 人以上的行政村。	除上述两类设施设备外，根据实际需要，配置与连锁经营、小额存取等相适应的信息管理系统、ATM 机等设施设备。 提供农产品上行服务的村级便利商店，可配备真空包装机、冷柜、简易直播设备等。

（四）丰富农村消费市场。

1. 促进农村耐用消费品升级。加快农村道路、水、电、通信等基础设施建设，改善农村消费品使用环境。鼓励农村商业企业、零售网点与品牌生产厂商合作，加大汽车、大家电、家居等耐用消费品投放，加强售后维修网点建设，解决农民消费后顾之忧。

2. 吸引城市居民下乡消费。引导乡镇加强商旅文体等功能融合。发展乡村民宿、休闲旅游、自驾车旅游等，完善生活服务配套设施。举办特色节庆活动，发展会展经济，促进特色农产品销售。

3. 优化农村生活服务供给。依托乡镇商贸中心、集贸市场等场所，提供餐饮、亲子、洗浴、健身等服务。利用村民活动中心、夫妻店等场所，提供理发、维修、废旧物资回收、邮件快递暂存或配送等便民服务。

4. 提升农村信息消费水平。完善农村综合信息服务体系，加强涉农信息资源集聚，通过多样化培训，提升农民信息化应用能力，引导农民利用信息化手段发展生产、便利生活、增收致富。

（五）优化农资供应和服务，促进农业绿色高质量发展。

优化县域农资供应、使用结构，健全现代农资流通网络，加快乡镇为农服务中心建设，推广集约环保高效农业社会化服务，推动农资流通企业向现代农业综合服务商转型升级，促进农业农村绿色发展，有效防控农业面源污染。

1. 优化农资产品供应和使用结构。深入实施“绿色农资”行动，扩大有机肥、生物有机肥、水溶肥、缓控释肥等新型肥料，及低毒低残留高效农药的采购、供应，加强化肥农药减量增效技术推广，提高绿色农资供应量和覆盖面。鼓励农资企业和基层门店从主要供应化肥等单一品种，向供应农药、种子、农膜、农机等相关农资种类拓展延伸。支持农资龙头企业充分发挥现有网络优势，因地制宜开展农药集中配供、农药包装废弃物回收处理、废旧农膜回收利用等，有效防控农业面源污染。

2. 健全现代农资流通网络。鼓励有实力的农资流通龙头企业下沉销售渠道，深耕县域基层市场，扩大乡镇直供直销，与各类农资市场主体加强资源共建共享，发展连锁经营、统一配送等现代流通方式，拓展终端市场，巩固基层农资供应。鼓励县域农资流通企业加强与县级以上农资龙头企业的对接，通过股权、业务联结，共同开展农资业务，扩大终端网络覆盖面。支持供销合作社健全提升县域农资流通网络，建设县有农资公司或农资配送中心、乡镇有农资门店或区域服务中心、村有农资便利店的三级农资流通服务网络体系。探索推动"智慧农资"建设，引导农资经销商创新营销模式，推进线上线下融合发展，满足农业生产需要。鼓励品牌农资龙头企业、上市公司通过兼并、联合等方式进行资产和业务重组，开展跨区域横向联合和跨层级纵向整合，培育一批有核心竞争力的龙头企业。

3. 建设乡镇为农服务中心。支持农资龙头企业连接县域网络资源，采取升级改造或新建的方式，将原有配送中心、植保合作社、农机合作社、配肥站等打造成乡镇为农服务中心，围绕农业生产的耕、种、管、收、储、加、销等环节，提供农技培训、测土配方、统防统治、农机作业、土地托管、农产品销售等综合服务，夯实为农服务"最后一公里"。鼓励重点农资企业牵头，在粮食生产功能区、重要农产品生产保护区和特色农产品优势区，改造或新建一批乡镇为农服务中心，充分发挥引领示范作用，开展全程农业社会化服务和绿色高效集成技术推广，加强信息化建设，推动小农户和现代农业有机衔接，服务农业现代化发展。

五、促进农村电商和农村物流融合发展，打通城乡双向流通渠道

将农村电商、物流、交通运输与县域商业体系建设、促进农村消费结合起来，发挥邮政、供销基层优势，加强县域电商、快递、交通运输、商贸物流等资源整合，补齐末端物流短板，扩大农村电子商务覆盖面，创新协同发展模式，加快贯通县乡村电子商务体系和快递物流配送体系，畅通工业品下乡和农产品进城双向流通渠道，促进城乡生产和消费有效对接。

（一）推动农村电商快递物流网点共建共享。

鼓励县级物流配送中心、电商公共服务中心与现有商贸配送、公共仓储、邮政寄递等设施重组整合，实现优势互补、资源集聚，提升服务水平和运营效益。支持村邮站、电商服务站点、快递站点等站点共建、服务共享，实现多站合一、一点多能、一网多用，建设完善无障碍设施设备。鼓励农村超市、便利店、夫妻店等发展电子商务、邮件快件代收代投等便民服务，打通农村网购"最后一公里"。

<table>
<tr><th colspan="6">重点工作4：建设改造县级物流配送中心</th></tr>
<tr><td rowspan="4">县级物流配送中心</td><td>类型</td><td>功能</td><td>面积</td><td>适用范围</td><td>设施设备</td></tr>
<tr><td>基本型</td><td>1. 提供物流快递件的仓储、分拣、中转、配送等服务，配送至县城和主要乡镇村。
2. 对有条件的乡镇、村物流或快件吞吐总量占比20%以上。快递配送从县到村、从村到县不超过3日。
3. 物流配送中心提供开放、非排他服务。</td><td>占地面积一般在5000 ~ 10000m^{2}左右。
地广人稀、偏远县可适度降低标准，下同。</td><td>每平方公里人口密度低于100人的县，或西部交通不便、经济欠发达县。</td><td>合理划分功能区域，包括但不限于收货区、仓储区、拣选区、发货区等。
可根据实际需要，配备统一的货架、仓库、分拣、配送车辆等设施设备。实现部分基础设施和信息等资源的共享。
场地设施符合消防安全、防淹排水等有关要求。
可参照GB/T 28581和GB/T 21072标准要求，下同。</td></tr>
<tr><td>增强型</td><td>除上述功能外，同时具备以下功能：
1. 对有条件的乡镇、村物流或快件吞吐总量占比30%以上。
2. 快递配送从县到村、从村到县不超过2日。
3. 采取统仓共配等物流整合模式。在整合县域电商快递的基础上，搭载日用消费品、农资下乡和农产品进城双向配送服务。</td><td>占地面积一般在10000 ~ 30000m^{2}左右。</td><td>每平方公里人口密度达到100 ~ 400人的县，或中西部交通较为便利、经济基础较好的县。</td><td>除上述设施设备外，可根据实际需求，配备相应的冷藏冷冻设施及冷链物流车辆。
建立仓储物流管理信息系统或快递信息查询系统，实现与项目承办企业信息管理系统以及采购商、配送网点进销存信息的互联互通。</td></tr>
<tr><td>提升型</td><td>除上述两类功能外，同时具备以下功能：
1. 对有条件的乡镇、村物流或快件吞吐总量占比50%以上。
2. 信息化、自动化、标准化水平较高。
3. 提供平台交易、运输监控、支付结算、大数据分析等全链条服务。</td><td>占地面积一般在30000m^{2}以上。</td><td>东中部每平方公里人口密度在400人以上的县，或东部经济较为发达的县。</td><td>可根据实际需要，配备自动化包装、分拣、装卸设备，加强条形码、射频识别技术、车载卫星定位装置等终端信息建设。
鼓励农产品产区加强农产品产地预冷、多温区存储、低温加工等设施设备，推广应用冷藏保温车辆、低温物流箱等冷链设备，完善农产品冷链物流服务体系。</td></tr>
</table>

重点工作 5：建设改造农村快递物流末端网络
1. 加快农村邮政快递网点站点布局：鼓励农村邮政、供销、电商、快递、交通、商贸流通等下沉网络和服务，以村级便利店、夫妻店、村邮站、村内公共服务设施为载体，建设改造一批村级寄递物流综合服务站，开展日用生活消费品、农资以及快件接取送达服务。鼓励偏远地区建设改造具备客运和物流服务功能的农村运输服务站点，发挥邮政普遍服务优势，加快村邮站、邮政综合便民服务站、村级电商服务站等现有网点设施的改造升级，提高村级快递通达率。 2. 增强农村寄递物流综合服务站服务能力：鼓励“多站合一、一点多能、一网多用”，推动村邮站、快递站点、便利店等共建共享，丰富邮件快件代收代投、电商交易、电商培训、信息查询、便民缴费等功能，提升可持续运营水平。 3. 加强农村寄递物流服务监督管理：加强寄递物流服务监督管理，依法查处未按约定地址投递、违规收费等行为，促进公平竞争，保障群众合法权益。

（二）发展农村物流共同配送等新模式新业态。

支持连锁经营、物流配送、电子商务等现代流通方式相互融合，促进线上线下互动发展，创新批发、零售供应链管理，健全县乡村三级物流配送体系。鼓励农村邮政、供销、电商、快递、交通运输、商贸流通等各类主体开展市场化合作，在整合县域电商快递基础上，搭载日用消费品、农资下乡和农产品进城双向配送服务，推动统仓共配。鼓励依托云计算、大数据、物联网等技术，创新发展智慧物流、众包物流、客货邮快融合等多种物流模式，充分调动社会运力资源，提升物流配送能力。支持农产品产地发展“电商+产地仓+快递物流”仓配模式，提高农产品上行效率。宣传推广农村物流服务品牌。

<table>
<tr><th colspan="3">重点工作 6：发展农村物流共同配送</th></tr>
<tr><td colspan="3">基本概念：共同配送是指多个物流企业通过共享物流资源，对同一地区的客户开展统一配送服务，是一种现代物流管理模式。共同配送将零散的货物、快递集中起来，能够显著降低物流成本，提高配送效率，适用于行业集中度低、客户需求分散、末端物流不发达的农村地区。</td></tr>
<tr><td rowspan="3">合作模式</td><td>“1+N”模式</td><td>由一家邮政、快递、物流、龙头连锁流通企业等牵头，与多家物流企业结成联盟，利用自建物流系统广泛开展共同配送。</td></tr>
<tr><td>“N+1”模式</td><td>多家快递、物流企业签订协议，共同出资成立一家新企业，负责开展共同配送，并按比例分配利润。</td></tr>
<tr><td>第三方模式</td><td>多家快递、物流企业委托一家第三方企业，进行业务整合，开展共同配送服务。</td></tr>
<tr><td>工作要求</td><td colspan="2">市场化原则：鼓励邮政、供销、快递、物流和龙头连锁流通企业等合作，明确投入和收益分配比例，引导一家有实力的企业集中开展仓储、分拣、配送等服务。
加强政策协同：积极发挥引导作用，协调解决土地使用、费用分摊、利益分配、信息开放等问题，推动共同配送工作落地，促进企业之间利益共享、设施共建、信息互通。
“五统一”原则：按照“统一仓储、统一分拣、统一中转、统一配送、统一服务”，建设改造县乡村物流配送体系。对统一收储到县级物流配送中心的物流件，按照所在乡镇进行统一分拣，并统一中转至乡镇站点，再根据物流件所在村统一配送至村级站点。县城内物流配送包装、称重、价格、时效等，执行统一服务规范和标准。</td></tr>
</table>

续表

推进步骤	根据农村物流不同发展阶段，各地可按照“三步走”推进实现共同配送体系建设。 初级整合阶段：鼓励电商、物流、邮政、快递、连锁流通等企业市场化合作，初步实现县级物流配送中心、村级寄递物流综合服务站、车辆、人员、线路等资源整合，以及对电商快递包裹的统一配送。 统仓共配阶段：进一步将村级商店、合作社、农户等对象纳入共同配送服务范围，在整合县城电商快递的基础上，促进日用消费品、农资下乡和农产品进城等物流业务的集约整合，推动物流快递统仓共配。 充分整合阶段：加强共同配送的数字化、自动化、标准化建设，针对生鲜、工业消费品、农资等不同快递物流件制定统一作业标准和流程，发展自动化分拣、立体化存储、机械化搬运、一体化仓配，应用射频识别、智能标签、电子订货、数据交换、信息定位、单元化集装等技术，推广供应商管理库存（VMI）等模式，引导共同配送企业全程标准化管理。

（三）鼓励发展农村商贸物流。

支持县域龙头连锁流通企业发展共同配送，整合上下游供应商资源，建设改造县级物流配送中心，建设集配送、零售、便民服务等多功能于一体的物流配送终端，提高农村共同配送率和网点覆盖率。鼓励农村商贸流通企业依托自建物流系统发展第三方物流，为农村各类企业、商超、个体商户等提供家电、家居、建材、农业生产资料等大件物流服务。

（四）扩大农村电子商务覆盖面。

鼓励依托县级物流配送中心、农村快递物流站点等，完善农村电商公共服务体系，围绕工业品下乡和农产品进城，提供产品开发、品牌孵化、包装设计、数据分析、市场营销等服务，提高农村电商应用水平。已建成的县级电商公共服务中心、农村电商服务站点，应明确固定资产权属和承办企业长期运营要求，充分利用现有场地和设施，加强资源整合，统筹推进品牌、标准、金融、物流、培训等服务，在提升可持续运营水平上下功夫。

（五）规范农村电商快递物流发展环境。

简化农村快递网点备案手续，鼓励发展农村快递末端服务。加强寄递物流服务监管，依法查处未按约定地址投递、违规收费等行为，促进公平竞争，保障群众合法权益。压实物流、快递企业交通安全主体责任，教育引导从业人员安全守法文明配送，从源头防范超速、超载、逆行、闯红灯等交通违法行为。

六、提升农产品流通效率，推动县域商业助农增收

围绕“促进农民收入、农村消费双提升”工作定位，补齐农产品产地商品化处理设施短板，建立更紧密的产销衔接机制，增强农产品上行能力，保障农产品顺利进入城市市场；改造升级一批农产品产地市场、农贸市场、菜市场、集贸市场等，打通本地“微循环”，提高农产品流通效率，带动农民增收。

（一）加强农产品冷链物流设施建设。

1. 提高农产品产地商品化处理能力。在产地就近建设改造具有产后商品化处理和跨区域配送功能的产地集配中心、冷库、产地仓等设施，配备产后清洗、加工、预冷、烘干、质检、分级、包装、冷藏等设备，补齐农产品供应链“最初一公里”短板，提高农产品商品化处理和错峰销售能力。鼓励新型农业经营主体、农产品流通企业加强产地移动型、共享型商品化处理设施建设，提高商品化处理设施设备使用效率。其中，产地集配中心在《农产品产地集配中心建设规范》（SB/T 10870.1）基础上，根据电商发展需要，增加电商物流仓储功能。

<table>
<tr><th colspan="5">重点工作 7：建设县域农产品产地集配中心</th></tr>
<tr><td rowspan="4">县域农产品集配中心</td><td>类型</td><td>功能</td><td>适用范围</td><td>设施设备</td></tr>
<tr><td>基本型</td><td>1. 提供农产品产地清洗、初加工、质检、分级、包装、仓储（冷藏及通风储藏）、物流等功能。
2. 开展农产品统配统送及跨区配送，加强与县级物流配送中心的统筹衔接。</td><td>功能区域完备，包括但不限于初加工区、品控分拣区、包装区、仓储区、收发货区。实现农产品出入库信息数字化。</td><td>县域农产品商品化处理能力和低温处理率达20%以上。</td></tr>
<tr><td>增强型</td><td>除上述功能外，同时具备以下功能：
1. 具备预冷、烘干、冷藏保鲜仓储功能。
2. 具有一定自动化加工条件。
3. 具有一定电商营销能力。</td><td>除上述设施设备外，可根据实际需求，配备相应的冷藏保鲜仓储设施。建立仓储容量、物流信息管理系统，实现与运营主体的信息互联互通。</td><td>县域农产品商品化处理能力和低温处理率达30%以上。</td></tr>
<tr><td>提升型</td><td>除上述两类功能外，同时具备以下功能：
1. 具有较高的信息化、自动化、标准化加工流程，可实现农产品全过程冷链物流。
2. 提供面向运营主体的在线培训、运营等服务。</td><td>除上述设施设备外，可根据实际需求，采用定位技术、传感技术加强全流程信息监控，完善农产品全过程冷链物流服务体系。</td><td>县域农产品商品化处理能力和低温处理率达50%以上。</td></tr>
</table>

2. 推进农产品仓储保鲜冷链物流设施建设。加快补齐产地冷藏保鲜设施短板。支持县级以上示范家庭农场和农民合作社示范社、已登记的农村集体经济组织等主体建设规模适度的冷藏保鲜设施，引导生鲜电商、快递及超市等流通企业在产地建设具备冷藏设施的产地仓和集配中心。健全完善农副产品、商超配送、邮政快递等领域周转箱相关标准，鼓励引导交通运输、连锁商超、大型集贸市场、物流仓储、供销、电商及邮政快递等龙头骨干企业，推广使用标准化物流周转箱，提高物流周转箱循环共用的应用比例。

重点工作 8：农产品产地冷藏保鲜设施建设
1. 通风贮藏库：在马铃薯、甘薯、山药、大白菜、胡萝卜、生姜等耐贮型农产品主产区，充分利用自然冷源，因地制宜建设地下、半地下贮藏窖或地上通风贮藏库，采用自然通风和机械通风相结合的方式保持适宜贮藏温度。 2. 机械冷库：在果蔬及其他种植类农产品主产区，根据贮藏规模、自然气候和地质条件等，采用土建式或组装式建筑结构，配备机械制冷设备，新建保温隔热性能良好、低温环境适宜的冷库和果蔬速冻库；也可对闲置的房屋、厂房、窑洞等进行保温隔热改造，安装制冷设备，改建为机械冷库。 3. 气调贮藏库：在苹果、梨、桃、香蕉等呼吸跃变型农产品主产区，建设气密性较高、可调节气体浓度和组分的气调贮藏库，配备有关专用气调设备，对商品附加值较高的产品进行气调贮藏。 4. 预冷及配套设施设备：根据产品特性、市场发展和储运加工的实际需要，规模较大的设施，可配套建设强制通风预冷、差压预冷或真空预冷等预冷库或预冷设施，配备必要的称量、清洗、分级、检测、信息采集等设备以及新建贮藏设施专用的供配电设备。

（二）推进农产品产地市场建设。

1. 做好科学布局。统筹推进农产品产地市场体系和区域优势农业产业协同联动和深度融合，在农产品主产区和特色农产品优势区推动形成以田头市场为基础、区域性农产品产地市场为支撑、全国性农产品产地市场为引领的农产品产地市场体系。鼓励各地结合实际，将农产品产地市场纳入公益性公共基础设施，加大财政支持力度。

2. 推动升级改造。改造升级一批国家级、区域性的农产品产地专业批发市场，支持加快建设农产品田头市场，打造以农产品产地市场为核心的现代农产品供应链体系。根据经营农产品特点、运输距离、买方需求等因素，配备预冷库和清洗、分级、包装、烘干等商品化处理设施设备，提升市场交易和服务管理能力，减少农产品采后损失。

（三）推动农贸市场、菜市场标准化升级改造。

1. 升级设施设备。加强县城和乡镇农贸市场、菜市场水、电、暖、通讯、仓储、停车场等场地建设，明确功能分区和间隔距离，鼓励设立农民自产自销专区。完善交易设施、冷藏冷冻、加工配送、电子结算、检验检测、安全监控、消防设施等配套设施设备。做好清洗、消毒、公厕、污水杂物处理、防疫卫生等保障措施。

2. 改善经营环境。鼓励农贸市场、菜市场统一为经营户办理经营许可证。在条件许可的前提下，配套餐饮、理发、生活服务等业态，丰富市场经营种类。倡导明码标价、诚信经营。设立经营者信用档案，加大失信曝光力度，增强市场自我管理和自我约束，规范经营秩序。具体建设改造标准可参照《农贸市场管理技术规范》（GB/T 21720）执行。

（四）改善乡镇集贸市场面貌。

1. 加强规划布局。推动乡镇集贸市场建设与县域商业网点布局有机结合。新建集贸市场要综合考虑自然条件、交通运输、环境质量、建设投资、使用效益、入集人次和交易额等因素，采取政府引导、土地入股合建以及村集体、企业和个人投资等多元投资模式，进行合理布局。有条件的地方可将乡镇集贸市场纳入公益性公共基础设施，政府主导投资建设。创新农产品终端销售模式，鼓励在“固定场所、固定时段、固定货类”开展菜农直供直销、居民捎带采购的农产品采购模式，满足居民个性化、便利化消费需求。

2. 加强设施设备改造。加强乡镇集贸市场地面硬化、厅棚、水电、道路系统及消防设施、停车设施、服务设施改造升级，建设完善无障碍设施设备，加快清除马路市场，还路于民。对食品、服装、日用品、农资等销售合理分区。鼓励设立公益性农产品销售区，为农民自产农副产品交易提供便利。根据市场需求，引入小家电、小百货、餐饮、修理等业态，把乡镇集贸市场打造成为农村居民日常消费和社交重要场所。具体建设改造标准可按照《乡镇集贸市场规划设计标准》（CJJ/T 87）执行。

（五）完善农产品市场的公益性功能保障机制。

鼓励通过现代化升级改造等方式，增强现有农产品批发、零售市场的公益性，提升保供稳价和政府治理能力。对于新建农产品市场，可通过入股参股、公建配套等方式，实行委托经营，企业要按照政府要求发挥公益功能。对于具备条件的各类市场，可通过政府直接入股等方式，增强控制力，使其具备公益属性。对于暂不具备条件的各类市场，用于改造建设的各级财政资金要与经营主体签订协议，明确财政资金的用途和要求，待条件成熟后，将先期投入的财政资金转为参股入股，增强政府调控能力。加强信息追溯，有条件的农产品批发市场要率先建设信息化追溯系统，并按有关要求与当地市场和农业行政主管部门进行对接，不断提高监管服务能力。

（六）强化产销对接长效机制。

1. 开展形式多样的产销对接活动。结合县域旅游、文化、特色产业、展会等资源，举办对接会、洽谈会、展示会、采购会等形式多样的产销对接活动。鼓励标准化生产、供货稳定的龙头企业参与，为农民专业合作社、种养殖大户等拓宽销路。鼓励建立透明信息平台，公布产地种植大户、合作社、家庭农场、生产加工企业的联系方式，便于查询和对接。发展产业振兴带动作用，发挥带贫主体优势，做好对脱贫户农资、农技、融资、品牌、营销等跟踪服务，与了解市场需求的采购商建立长期联系。

2. 推广订单农业、产销一体等长期稳定对接模式。大力发展订单农业，吸引商贸流通企业、电商平台、农产品批发市场采取“农户+合作社+企业”等模式，签订长期农产品采购协议，增强特色农副产品持续供给能力。引导本地从事农产品批发、运销、经纪的经营主体，通过建立自建、合作生产基地等方式，向生产环节延伸产业链条；支持专业大户、家庭农场、农民合作社、农业产业化龙头企业等农业经营主体，通过直接设立销售门店或在批发市场、菜市场、超市等场所设立销售专档、专柜、专区等各种方式，向销售环节延伸产业链条，形成以利益联结关系为核心的产销合作关系。

七、发展现代供应链，培育农村新型市场主体

坚持本地化和引进来相结合，以数字化、连锁化改造和跨界融合为手段，以供应链建设为方向，培育壮大农村新型市场主体，促进农村商业领域生产、供给、销售、物流、服务等全流程高效协同，提升市场主体的竞争力和服务水平。

（一）支持本地商贸流通企业的供应链建设。

引导供销、邮政、传统商贸流通等企业运用大数据、云计算、移动互联网等现代信息技术，促进业务流程和组织结构优化重组，从传统商品批发、零售向上下游一体化供应链服务转变，实现线上线下融合发展，提升管理水平和流通效率，增强对县域商业发展的引领带动作用。

<table>
<tr><th colspan="3">重点工作 9：培育县域龙头商贸流通企业</th></tr>
<tr><td colspan="3">培育对象：在商品批发、零售、农资、生活服务等商业领域，支持农村邮政、供销、电商、物流、快递、商贸流通等企业数字化、连锁化转型升级，实现做大做优。每个县引导至少 1 家龙头商贸流通企业实现转型升级。</td></tr>
<tr><td rowspan="2">经营规模</td><td>东部地区</td><td>批发企业年销售额一般在 5000 万元以上，零售企业年销售额一般在 3000 万元以上，餐饮、住宿等服务企业营业收入一般在 2000 万元以上。</td></tr>
<tr><td>中西部地区</td><td>批发企业年销售额一般在 3000 万元以上，零售企业年销售额一般在 2000 万元以上，餐饮、住宿等服务企业营业收入一般在 1000 万元以上。欠发达地区可根据实际适度降低标准。</td></tr>
<tr><td>培育内容</td><td colspan="2">——鼓励传统零售企业运用互联网信息技术推进实体商业的数字化改造，增强场景化、智能化、立体化的展销功能，实现线上线下融合，实现全渠道营销。
——鼓励传统批发企业应用互联网信息技术，建设供应链协同平台，向生产、零售环节延伸，实现由商品批发向供应链管理的转变。
——支持连锁商贸流通企业从城市向县乡村下沉，从传统商贸业向现代服务业延伸，进一步拓展连锁经营网络体系和覆盖范围。引导连锁流通企业发展品牌联盟或建立联合采购平台，联通上游生产商、下游供应商和零售网点，集聚品牌资源，降低采购成本。
——鼓励餐饮、住宿、生活服务类企业发展电子商务和连锁经营，依托县乡村商业网点提供便民生活服务，创新订餐、订房、团购、外卖、配送等经营模式，推动县域生活服务业向专业化、精细化、品质化转变。</td></tr>
<tr><td>实现功能</td><td colspan="2">——鼓励龙头商贸流通企业下沉物流，利用自建物流配送系统，为本地生产、流通企业以及乡镇商贸中心、农村便利店、夫妻店等，提供消费品、农资和农产品双向配送服务，健全县乡村物流配送网络。
——鼓励龙头商贸流通企业下沉网点，通过直营、加盟、联营等形式，加快乡镇村商业网点布局，发展一批村级便利店，健全农村连锁化流通网络。
——鼓励龙头商贸流通企业下沉供应链，推广应用新型交易模式，为本地生产流通企业、农村商业网点等提供集中采购、统一配送、销售分析、品牌授权、店面设计、库存管理等多样化服务，增强农村实体店铺经营水平和抗风险能力。</td></tr>
</table>

（二）培育县域农产品产业化运营主体。

围绕县域内优质特色农产品，整合产业链上下游主体，因地制宜建立健全县级农产品产业化运营主体。以订单农业等方式有效对接和带动广大小农户，形成协同高效、利益共享的优质特色农产品供应链体系。

1. 鼓励农产品产业化运营主体通过互联网技术和市场化手段，引导带动产业链上下游各类主体，形成协同高效、利益共享的优质特色农产品供应链体系。

2. 鼓励农产品产业化运营主体建立健全利益联结机制，探索订单生产、参股分红等多重分配机制，把更多电商发展红利留给当地农民。

3. 支持针对农产品市场运行趋势和消费需求特点，及时调整优化生产结构和供给节奏，合理制定销售计划，精准安排生产经营，生产、开发适销对路的优质特色农产品及其加工品。

（三）引导大型企业开展供应链赋能。

鼓励大型电商、流通企业以县镇为重点，下沉供应链和新型交易模式，为中小企业、个体商户提供集中采购、统一配送、销售分析、店面设计、库存管理等服务，增强农村实体店铺的经营水平和抗风险能力，推动农村流通设施和业态融入现代流通体系。

（四）培育农村商业带头人。

依托县级电商公共服务中心、师资团队，开展品牌设计、市场营销、电商应用等培训。开展新型商业带头人培育计划，加强与电商、物流、商贸流通等企业实习实训合作，举办各类创新创业和技能大赛，挖掘培育一批农村商业带头人。

八、加强农村市场监管，改善县域消费环境

聚焦重点商品、重点区域、重点场所、重点时段，集中执法力量，严格制度约束，加强市场监管，解决农村商品和服务质量不高、标准要求不严、经营场所不规范等问题，改善县域消费环境，保障农村居民放心消费、安全消费、品质消费。

（一）加大农村市场监管力度。

1. 严厉打击消费品侵权假冒行为。围绕家用电器、建材、装饰材料等重点商品，深入开展消费品市场专项执法检查，检查其来源是否合法、标识是否齐全、质量是否合格、经营行为是否规范、售后服务义务是否得到切实履行，确保农村消费品市场规范有序。依法严厉查处无照经营、制售假冒伪劣商品以及仿冒知名商品特有的名称、包装、装潢和商标侵权、虚假广告、传销等各类违法犯罪行为。

2. 加强农村食品安全监督。落实“四个最严”要求，深入开展农村假冒伪劣食品整治行动，紧盯农村集市、食品生产加工小作坊、小摊贩、小餐饮等薄弱环节，加强餐饮、食用油、肉蛋奶、调味品、地方特色食品等安全监管。强化食用农产品质量安全监管，防止农兽药残留超标的农产品进入市场，严打私屠滥宰，屠宰、加工、销售病死畜禽违法行为，严查经销不合格食品和农产品，严厉打击制售假冒伪劣食品违法犯罪行为，切实保障农村食品市场安全。

3. 加强农业生产资料市场监管。结合春耕、夏种、秋播等重要农时季节，抓好种子、化肥、农药、农业机械及零配件、农用薄膜等重点农业生产资料的市场监管，加强对农业生产资料经营者进货台账和销售台账的监督检查，规范农业生产资料经营行为。

（二）规范农村市场经营秩序。

1. 加强农村市场准入管理。严格落实食品生产经营许可、备案制度，严查无证无照、

超范围经营等行为。法律法规规定需要前置许可的，要按照法定条件和程序，审验农村生产经营主体的前置许可证明文件，按照部门职能分工依法查处相关违法行为。

2. 健全农村经营制度。监督落实农村商业网点、个体经营户建立进货查验制度和进货台账制度，严格审验供货商经营资格，验明食品、商品合格证明和标识，如实记录商品名称、规格、数量、供货商及其联系方式、进货时间等内容，并保存相关进货凭证备查。监督落实农村食品经营企业依法建立食品进货查验记录制度，如实记录食品的名称、规格、数量、生产日期或者生产批号、保质期、进货日期以及供货商名称、地址、联系方式等内容，并保存相关凭证。积极引导农资经营者建立购销台账、质量追溯、质量承诺、重要农资备案、种子留样备查公告等自律制度。乡镇、农村自建房用作生产经营且人员住宿、工作超过 10 人的，乡镇政府和当地行业部门应将其纳入重点安全管理范围。

3. 完善农村消费维权机制。切实增强农村消费者的消费维权意识和维权能力，倡导利用基层远程教育网等社会资源，持续开展农村消费教育、食品安全消费教育、金融消费教育等工作，预防相关消费纠纷的发生以及帮助消费者了解遇到问题后如何处理、从何处获取支持。加强农村消费维权保障工作和维权供给，设立投诉服务窗口，健全农民消费者咨询、申诉、举报的受理、查办、反馈等工作制度，为农民消费者提供便捷的维权服务。

九、工作保障机制

（一）加强组织领导。

各省（自治区、直辖市）对本省县域商业体系建设工作负总责，要统筹抓好目标确定、项目安排、资金投入、组织动员、监督考核等工作。市（地、州、盟）要落实属地责任，做好承上启下、区域协调、监督检查等工作。县（县级市、自治县、旗）人民政府要承担主体责任，做好进度安排、项目落地、资金使用、人力调配、推进实施等工作。建立健全商务、党委农办、发展改革、财政、自然资源、农业农村、邮政、乡村振兴、供销合作等多部门参与的县域商业体系建设工作协调推进机制，明确任务分工，定期研究重大事项，形成政策合力，统筹推进县域商业建设行动。

（二）摸清工作底数。

各省（自治区、直辖市）要组织对县域商业体系建设情况进行摸底，进一步丰富和完善调研内容，摸清县乡村商业网络、物流配送、电子商务、生活服务业、农产品流通、农资流通等农村商业体系建设基本情况，经审核确认后，形成“十四五”时期农村商业建设工作底数。

（三）加强规划引领。

鼓励有条件的县依据国土空间总体规划编制商业网点布局专项规划，加强与国土空间规划“一张图”的对照核对，批复后纳入同级国土空间基础信息平台，叠加到国土空间规划“一张图”上。要立足实际，明确县乡村商业网点区位、功能、数量、规模、业态、服务定位、设施防灾抗灾能力和特色等，加强规划的指导性、针对性和可操作性。其他县应结合本地实际，制定切实可行的建设方案，从农村商业设施的基本类型、业态、功能及建设规模等方面，对县域商业体系建设作出全面细致部署。

（四）建立量化目标。

各省、市、县要按照“可量化、可考核”原则，在《指南》基础上，结合本地实际，制定“十四五”时期县域商业体系建设工作方案，包括总体目标、重点任务、年度目标和分解任务等，并确定数量、规模、功能、经济和社会效益等量化指标。目标和量化指标既要坚持实事求是，又要体现高质量、高标准要求。基础较差的地方，可在一定范围内适度降低标准。各省制定的方案和目标，须提交商务部备案，作为工作考核的重要依据。

（五）强化考核机制。

各地要将县域商业体系建设纳入省、市、县乡村振兴考核体系，鼓励有条件的地方将县域商业体系建设纳入经济社会发展考核体系，保障政策落地见效。探索建立“一对一”帮扶机制，鼓励区域内商业基础较好、工作具有典型性的县乡镇村，与商业基础欠发达的县乡镇村结对子，在规划编制、人员培训、项目共建、商品互换、市场共享等方面开展精准帮扶。

（六）加强总结推广。

鼓励有条件的县组织开展县域商业体系建设专题教育培训，每年组织县直机关、乡镇党委政府、相关企事业单位负责人以及驻村第一书记、创业带头人等至少参加 1 次培训。完善课程教材，加强师资建设，创新培训方法，采取实地教学、现场观摩、案例分析、典型交流等多种形式，提高培训的针对性、实效性，不断扩大县域商业体系建设的社会知名度和参与度。要强化典型激励机制，及时总结和宣传推广典型经验，加强相互交流与借鉴，增强示范引领带动作用。

十、参考标准和规范

1. GB/T 18106-2021 零售业态分类
2. GB/T 28829-2012 超市等级划分要求
3. SB/T 10400-2006 超市购物环境
4. SB/T 10599-2011 购物中心建设及管理技术规范
5. SB/T 10813-2012 购物中心业态组合规范
6. SB/T 10808-2012 便利店服务类别及运营规范
7. SB/T 11084-2014 便利店分类
8. GH/T 1060-2010 农村日用消费品连锁经营网络规范
9. GB/T 24358-2019 物流中心分类与规划基本要求
10. SB/T 10597-2011 农村日用消费品配送中心运营管理规范
11. SB/T 11132-2015 电子商务物流服务规范
12. SB/T 11155-2016 电子商务物流服务信息系统成熟度等级规范

13. SB/T 11198-2017 商贸物流园区建设与运营服务规范
14. YZ/T 0130-2012 快递服务与电子商务信息交换标准化指南
15. YZ/T 0137-2015 快递营业场所设计基本要求
16. YZ/T 0149-2015 快递安全生产操作规范
17. YZ/T 0161-2017 快件处理场所设计指南
18. GB/T 21720-2008 农贸市场管理技术规范
19. SB/T 10700-2012 小商品市场管理技术规范
20. CJJ/T 87-2020 乡镇集贸市场规划设计标准
21. LB/T 065-2017 旅游民宿基本要求与评价
22. YZ/T 0162-2017 冷链快递服务
23. WB/T 1054-2015 餐饮冷链物流服务规范
24. NY/T 2776-2015 蔬菜产地批发市场建设标准
25. SB/T 10870. 1-2012 农产品产地集配中心建设规范
26. SB/T 11066-2013 农产品市场交易行为规范
27. GH/T 1079-2012 农业生产资料连锁经营网络配送中心建设与管理规范
28. GH/T 1101-2015 农业生产资料供应商评价准则
29. GH/T 1069-2011 农村综合服务社规范
30. GB 50763-2012 无障碍设计规范

财政部 税务总局
关于扩大全额退还增值税留抵税额
政策行业范围的公告

财政部 税务总局公告 2022 年第 21 号

为进一步加大增值税留抵退税政策实施力度，着力稳市场主体稳就业，现将扩大全额退还增值税留抵税额政策行业范围有关政策公告如下：

一、扩大全额退还增值税留抵税额政策行业范围，将《财政部税务总局关于进一步加大增值税期末留抵退税政策实施力度的公告》（财政部税务总局公告 2022 年第 14 号，以下称 2022 年第 14 号公告）第二条规定的制造业等行业按月全额退还增值税增量留抵税额、一次性退还存量留抵税额的政策范围，扩大至“批发和零售业”、“农、林、牧、渔业”、“住宿和餐饮业”、“居民服务、修理和其他服务业”、“教育”、“卫生和社会工作”和“文化、体育和娱乐业”（以下称批发零售业等行业）企业（含个体工商户，下同）。

（一）符合条件的批发零售业等行业企业，可以自 2022 年 7 月纳税申报期起向主管税务机关申请退还增量留抵税额。

（二）符合条件的批发零售业等行业企业，可以自 2022 年 7 月纳税申报期起向主管税务机关申请一次性退还存量留抵税额。

二、2022 年第 14 号公告和本公告所称制造业、批发零售业等行业企业，是指从事《国民经济行业分类》中“批发和零售业”、“农、林、牧、渔业”、“住宿和餐饮业”、“居民服务、修理和其他服务业”、“教育”、“卫生和社会工作”、“文化、体育和娱乐业”、“制造业”、“科学研究和技术服务业”、“电力、热力、燃气及水生产和供应业”、“软件和信息技术服务业”、“生态保护和环境治理业”和“交通运输、仓储和邮政业”业务相应发生的增值税销售额占全部增值税销售额的比重超过 50% 的纳税人。

上述销售额比重根据纳税人申请退税前连续 12 个月的销售额计算确定；申请退税前经营期不满 12 个月但满 3 个月的，按照实际经营期的销售额计算确定。

三、按照 2022 年第 14 号公告第六条规定适用《中小企业划型标准规定》（工信部联企业〔2011〕300 号）和《金融业企业划型标准规定》（银发〔2015〕309 号）时，纳税人的行业归属，根据《国民经济行业分类》关于以主要经济活动确定行业归属的原则，以上一会计年度从事《国民经济行业分类》对应业务增值税销售额占全部增值税销售额比重最高的行业确定。

四、制造业、批发零售业等行业企业申请留抵退税的其他规定，继续按照 2022 年第 14 号公告等有关规定执行。

五、本公告第一条和第二条自 2022 年 7 月 1 日起执行；第三条自公告发布之日起执行。

各级财政和税务部门要坚决贯彻党中央、国务院决策部署，按照 2022 年第 14 号公告、《财政部 税务总局关于进一步加快增值税期末留抵退税政策实施进度的公告》（财政部税务总局公告 2022 年第 17 号）、《财政部 税务总局关于进一步持续加快增值税期末留抵退税政策实施进度的公告》（财政部 税务总局公告 2022 年第 19 号）和本公告有关要求，在纳税人自愿申请的基础上，狠抓落实，持续加快留抵退税进度。同时，严密防范退税风险，严厉打击骗税行为。

特此公告。

财政部 税务总局
2022 年 6 月 7 日

第四部分

附　录

中国连锁行业大事件

（2020年6月30日—2022年6月30日）

【股权交易、收购合并】

永辉超市成为永辉云创第一大股东

2020年7月31日，永辉超市发布公告称，永辉云创董事长张轩宁先生以380025000元的价格向公司转让永辉云创20%股权。本次交易完成后，张轩宁先生持有永辉云创股权由34.4%降至14.4%，成为永辉云创第三大股东，不再是永辉云创的实际控制人。永辉超市将持有永辉云创股权46.6%，为永辉云创第一大股东。永辉超市重新拥有永辉云创的管理权和经营权后，将成为永辉云创的控股股东。截至本公告披露日，张轩宁先生担任永辉超市董事，持有公司7.82%的股份。

京东全资控股五星电器

2020年8月12日，京东正式宣布全资控股五星电器，成立新公司“京东五星电器集团有限公司”，全面推进全渠道布局。据京东五星电器官网介绍，京东五星电器融合线上线下优势创立京东直营门店——京东电器，“一城一店”打造城市科技新地标。到2025年在直辖市及省会等一线城市开设20家单体面积5万~8万平方米的京东电器超级体验店，在全国300个地级市开设单体面积1万~2万平方米的京东电器城市旗舰店，并在中国县城及乡镇市场开设5000家万镇通门店。

京东入股见福便利店

2020年8月11日，京东集团宣布正式完成对厦门见福连锁管理有限公司（见福便利店）的战略投资。企查查信息显示，江苏京东邦能投资管理有限公司成为新增投资人，出资3125万元，持股比例为20%，位列第二大股东。此次增资之后，厦门见福连锁管理有限公司注册资本也由1.25亿元增加至约1.56亿元，增幅约为24.8%。企查查信息显示，江苏京东邦能投资管理有限公司隶属京东集团，刘强东持股45%、李娅云持股30%、刘强东助理张雱持股25%。

阿里巴巴 280 亿港元控股高鑫零售

2020 年 10 月 19 日，阿里巴巴和高鑫零售同时发布公告称，阿里旗下子公司淘宝中国投资总计约 280 亿港元（36 亿美元）收购吉鑫控股有限公司的合共 70.94%股权。吉鑫控股有限公司持有高鑫零售有限公司约 51%股权。本次交易完成后，阿里巴巴连同其关联方将持有高鑫零售约 72%的股权，成为绝对控股股东。根据公告，阿里巴巴会将高鑫综合入账至其财务报表中。

2021 年 5 月 12 日，阿里巴巴发布 2021 财年业绩报告。报告显示，上一财年，阿里巴巴营收 7173 亿元，同比增长 41%。剥离上年 10 月并表的高鑫零售，上一财年的营收为 6744 亿元，同比增长 32%。

江苏国资联合产业资本战投苏宁易购获其 16.96%股权

2021 年 7 月 29 日，苏宁易购发布公告称，新新零售创新基金二期（有限合伙人）持有公司 1578696146 股股份，占公司总股本比例为 16.96%。公司变更为无控股股东、无实际控制人。

在此之前，7 月 5 日，苏宁易购发布公告称，江苏省国资、南京市国资牵头成立江苏新新零售创新基金二期（有限合伙），总规模为 88.3 亿元人民币，邀请华泰证券、阿里、小米、海尔、美的、TCL 产业投资人参与。

公开信息显示，5 月 6 日，江苏省国资、南京市国资与苏宁易购签署了组建新零售发展基金的框架协议，由江苏省国资与南京市国资、苏宁、社会资本共同出资成立新零售发展基金，总规模 200 亿元。

王府井与首商按业态合并

2021 年 7 月 27 日，王府井集团发布《王府井集团股份有限公司换股吸收合并北京首商集团股份有限公司并募集配套资金暨关联交易报告书摘要》显示，本次换股吸收合并完成后王府井（以下简称“存续公司”）将在业务、资产、财务及日常管理体系、人员及机构等方面采取有效的整合协同措施。存续公司将对首商股份现有门店业务按照业态划分，归入存续公司各业态管理体系，最终实现并轨。

2021 年 8 月 5 日，王府井集团发布公告称，王府井集团于 2021 年 8 月 4 日收到中国证监会通知，证监会并购重组委将于近日召开工作会议，审核公司换股吸收合并北京首商集团股份有限公司并募集配套资金暨关联交易事项。

2021 年 12 月 10 日，王府井集团股份有限公司发布公告称，换股吸收合并北京首商集团股份有限公司并募集配套资金暨关联交易事项已获得中国证监会核准，首商股份已终止上市，王府井本次换股吸收合并新增发行股份登记已完成。

截至 2021 年 12 月 3 日，王府井非公开发行人民币普通股中参与申购的投资者的申购资金总额为 374307.92 万元。

罗森完成收购 WOWO 便利店

2021 年 12 月 1 日，据四川哦哦超市连锁管理有限公司官方微信公众号“WOWO 成都”透露，株式会社罗森收购四川哦哦超市连锁管理有限公司 100%股权，于 2021 年 11 月 19 日变更企业名称为成都罗森便利店管理有限公司。WOWO 的店铺将从 2022 年 12 月 1 日开始依次换成罗森的招牌。2022 年 12 月 1 日，成都罗森首批 8 家门店同开，其中，WOWO 的 7 家店铺换成罗森店铺，1 家新店开业。

T11 完成 1 亿美元 B 轮融资

2021 年 12 月 12 日，生鲜超市品牌 T11 宣布完成由阿里巴巴领投的 1 亿美元 B 轮融资，最新一轮融资完成后，T11 整体估值超过 30 亿元。此前，T11 已在北京、武汉、上海开出 6 家门店。

王府井 9. 27 亿元收购海南奥特莱斯旅业

2022 年 5 月 24 日，王府井集团宣布拟收购海南奥特莱斯旅业 100%股权，转让方为聚源信诚（天津）投资，股权转让价格约 1. 6 亿元，同时承担股东借款本息约 7. 77 亿元。据公告，海南旅业转让海南省万宁市莲花村万让 2009-52-4 号地块商业物业，即海南万宁首创奥特莱斯项目。王府井集团计划将该项目打造成海南地区规模最大、业态最丰富的奥特莱斯购物中心。

2022 年 7 月 1 日，王府井集团发布公告称，公司已与交易方聚源信诚（天津）投资管理有限公司签署了《产权交易合同》，完成了海南奥特莱斯旅业开发有限公司 100%股权的资产交割、产权变更及工商变更登记手续，并取得了海南省市场监督管理局核发的营业执照。原万宁首创奥特莱斯正式更名为王府井悦舞小镇。

李宁控股股东非凡中国收购国际品牌 Clarks

2022 年 6 月 15 日，李宁有限公司的控股股东非凡中国控股有限公司召开股东特别大会，审议通过收购英国百年鞋履品牌 Clarks（其乐），价格为 1 亿英镑（约合 8. 4 亿元人民币）。公开资料显示，Clarks 为全球性的非运动鞋履品牌，成立时间近 200 年，零售和批发业务遍及全球超过 47 个国家和地区，八成以上收入来自英国、爱尔兰及美国等地。

两家国资企业将向步步高注入 20 亿元流动资金支持

为推动中央及湖南省稳经济一揽子政策落地见效，支持和服务民营经济发展，2022 年 6 月 14 日下午，兴湘集团、湖南麓谷发展集团分别与步步高签订《意向协议》，将向步步高提供流动性资金支持 20 亿元。

【企业上市】

百胜（中国）回港二次上市

2020 年 9 月 10 日，百胜（中国）在港交所主板挂牌上市，IPO 发行价为 412 港元，收盘录得总市值 1635.4 港元，截至港股收盘，百胜（中国）股价报 390.2 港元。对募资用途，百胜（中国）表示主要用于扩大及深化餐厅网络、数字化及供应链建设投入、食品创新及价值定位提升、优质资产投资。招股书显示，2017—2019 年，百胜（中国）总收入分别为 77.69 亿美元、84.15 亿美元和 87.76 亿美元；2020 年上半年，百胜（中国）的总收入为 36.56 亿美元，较 2019 年同期下滑 17.4%。

名创优品需求双重上市

2020 年 10 月 15 日，居家生活用品零售商名创优品正式登陆纽交所。2022 年 6 月 27 日，据港交所披露，名创优品通过港交所上市聆讯，美银证券、海通国际及瑞银证券为联席保荐人。名创优品将寻求在港“双重主要上市”，可满足沪港通和深港通的接入条件，便于 A 股投资者借助港股通投资，活跃股票成交。招股书显示，名创优品 2019—2021 财年经调整后净利润分别为 8.4 亿元、9.3 亿元和 4.8 亿元，3 年累计净利润近 23 亿元，同期净利润率分别为 9.0%、10.4%和 5.3%。2022 财年前 3 季度净利润为 4.3 亿元。

蚂蚁集团上市暂缓

2020 年 11 月 3 日，上交所发布消息称，蚂蚁集团因发生公司实际控制人及董事长、总经理被有关部门联合进行监管约谈，且蚂蚁集团上报的所处的金融科技监管环境发生变化等重大事项。上交所决定暂缓蚂蚁集团原定 11 月 5 日在上海证券交易所科创板上市。11 月 4 日，蚂蚁集团在港交所发布公告称，暂缓 H 股上市及退回香港公开发售的申请股款。香港公开发售的申请股款将不计利息分两批退回。

泡泡玛特登陆香港联交所

2020 年 12 月 11 日，泡泡玛特正式在香港联合交易所主板挂牌上市，上市首日高开超 100%，报 77.1 港元/股，市值超 1000 亿港元。泡泡玛特发行价为 38.5 港元/股。招股书显示，2017—2019 年，泡泡玛特的营收从 1.58 亿元增长至 16.83 亿元。此外，其净利润分别为 156 万元、9952 万元和 4.51 亿元。截至 2020 年 6 月 30 日，泡泡玛特运营 93 个 IP，包括 12 个自有 IP 、25 个独家 IP 及 56 个非独家 IP ，并有 360 万名注册会员。截至 2021 年 12 月底，泡泡玛特线下直营门店达到 295 家，拥有超 1611 台机器人商店。

华润万象生活港交所上市

2021 年 12 月 9 日，华润万象生活有限公司在香港联合交易所有限公司主板独立上市。华润万象生活股份开盘报 30.80 港元，涨 38.12%，成交额 9.51 亿港元，总市值约 677.6 亿港元。华润万象生活的成功上市，为商管迈入资本市场注入了希望。2020 年上半年，华润万象生活的商业运营及管理服务毛利率达到 35.8%，强盈利能力的背后是“强运管+强品牌+产业链整合”。

奈雪的茶于港交所上市

2021 年 6 月 30 日，新茶饮品牌奈雪的茶于港交所正式上市。上市首日，奈雪的茶低开 4.75%，报价 18.86 港元，开盘总市值 323 亿港元。最新招股书显示，2018—2020 年，奈雪的茶分别实现收入 10.87 亿元、25.02 亿元和 30.57 亿元；净亏损 6972.9 万元、3968.0 万元、2.03 亿元。2020 年，奈雪的茶录得经调整净利润 1664.3 万元，扭亏为盈。

叮咚买菜登陆纽交所

2021 年 6 月 29 日晚，生鲜电商叮咚买菜正式登陆纽交所，股票代码为“DDL”。此次叮咚买菜上市的发行价为 23.5 美元/ADS。数据显示，叮咚买菜现计划通过这次 IPO 最高筹集 9440 万美元资金，本次筹资目标较此前缩减近 75%。招股书显示，2019—2020 年，叮咚买菜净亏损分别为 18.73 亿元、31.77 亿元。叮咚买菜 GMV（商品成交总额）从 2018 年的 7.4 亿元增至 2020 年的 130 亿元，总营收从 2019 年的 38 亿元增至 2020 年的 113 亿元。

每日优鲜在纳斯达克挂牌上市

2021 年 6 月 25 日，每日优鲜正式以“MF”为证券代码在纳斯达克挂牌上市。每日优鲜在本次 IPO 中总计发行 2100 万股（含绿鞋 2415 万股）美国存托股票（ADS），发行价为每股 ADS 13 美元。2018—2020 年，每日优鲜的营收从 35.47 亿元以 31.5%的年复合增长率增至 61.30 亿元；GMV 从 47.259 亿元以 26.9%的年复合增长率增至 76.147 亿元；毛利从 3.04 亿元增至 11.90 亿元；毛利率则从 8.6%增至 19.4%，毛利额年复合增长率为 98%。净亏损分别为 22.16 亿元、27.77 亿元、15.90 亿元，调整后净亏损率分别为 62.48%、46.27%、25.93%。

中骏商管于港交所上市

2021 年 7 月 2 日，中骏商管正式于港交所主板上市。截至午间收盘，港股物业股普跌，中骏商管逆势大涨 8.65%，收报 4.02 港元/股，总市值达 80.4 亿港元。中骏商管是一家综合物业管理服务提供商，管理中国的商业与住宅物业。截至 2020 年 12 月 31 日，中骏商管拥有 1040 个在管商业及住宅项目，在管总建筑面积约为 1620 万平方米、总签约建筑面积约为 3660 万平方米。

汇通达于港交所上市

2022 年 2 月 18 日，汇通达网络正式登陆港交所。股价小幅高开 1. 28%，报价 43. 55 港元，当前市值为 249. 04 亿港元。汇通达网络此前发布公告，全球发售 5160. 62 万股股份，发售股价以招股区间下限定价为 43 港元，每手为 100 股。

公开信息显示，汇通达成立于 2010 年，是立足于农村市场的产业互联网平台。截至 2021 年 9 月 30 日，汇通达已形成覆盖中国 21 个省份及逾 20000 个乡镇的零售生态系统，业务覆盖超过 160000 家会员零售门店、10000 家供应商及 20000 家渠道合作客户。

万达商管更新招股书，“轻资产”战略加速

2022 年 4 月 22 日，港交所消息显示，珠海万达商管集团股份有限公司（以下简称“万达商管”）更新了招股书资料，继续推进上市。新的招股书中，万达商管完整披露了 2021 年的财务数据。招股书显示，万达商管的收入于 2019 年、2020 年及 2021 年分别约为人民币 134. 37 亿元、171. 96 亿元及 234. 81 亿元，净利润分别约为人民币 12. 48 亿元、11. 12 亿元及 35. 12 亿元。截至 2021 年 12 月 31 日，万达商管在管商业广场中，独立第三方商业广场占 132 个，占在管商业广场总数的 31. 7%。

【业态布局、门店创新】

仓储会员店

盒马首家 X 会员店上海开业

2020 年 10 月 1 日，盒马首家 X 会员店在上海正式营业。门店采用仓储式货架，线上线下一体化运营，配送范围覆盖 20 公里，提供 30 分钟即时达服务。该店 SKU 数量达 1500 个，X 会员店自有商品占比超过 40%，并推出自有品牌“盒马 MAX”。

数据显示，盒马 X 会员首店开业 2 个月内便实现盈利，统计口径并不包括会员费。开业 3 个月后，盒马 X 会员首店客单价接近 1000 元，单日收入最高超过 1000 万元。

永辉超市仓储店全国首店低调开业

2021 年 5 月 1 日，永辉超市旗下首家仓储店开业。该门店位于福州市仓山区福湾斗门海峡奥体商业中心，由以前的永辉奥体店改造而来。永辉仓储店（奥体店）占地面积达 1. 1 万平方米，近 6000 个 SKU，主张“单价也是批发价”和“天天平价、始终如一”。

改造后，该店在2021年6月的销售额突破2000万元，相较此前的月销售额200万元，翻了10倍。

fudi仓储会员店首店在北京开业

2021年5月，fudi仓储会员店首家门店在北京开业，该店位于北京市朝阳区东三环南磨房路窑洼湖公园北侧，SKU数为4000个左右。目前，fudi会员分为两种：365元/年的福星会员和680元/年的福卡会员。

麦德龙PLUS会员店首次开业

2021年6月27日，物美旗下品牌麦德龙PLUS会员店在北京、成都两地同步开业。这是继2020年12月麦德龙全面推进PLUS付费会员制后，首次开设PLUS会员店。其中，北京首店的前身是物美草桥店，销售面积近4000平方米，店内SKU数量约2500个，进口商品、麦德龙独家与自有品牌占40%。

家乐福中国入局会员店

2021年10月23日，家乐福中国市场首家会员店在上海浦东的成山路正式开业。据悉，家乐福会员店SKU在4000个以下，预计5年后在会员店会有1500个自有品牌，销售占比约35%。家乐福会员店的会员费价格为258元/年。会员权益分为六类，分别为：免费停车、无忧退换、运费券、消费券、购物返利及其他。

山姆首家中国旗舰店在上海开业

2021年9月26日，山姆首家中国旗舰店在上海开业。该店位于上海自贸试验区外高桥新发展园区，是山姆在国内运营的最大独栋建筑，建筑总体量约7万平方米。是山姆在国内运营的最大独栋建筑，包含国内单层面积最大的山姆店，涵盖餐饮、娱乐、生活及教育等领域的服务区域。该店集结全球超过30个国家和地区的4000多种差异化商品，上架许多“新奇特”商品，升级了各式服务。

中国大陆第二家开市客（Costco）门店在苏州开业

2021年12月8日，Costco苏州店正式开业，这也是中国大陆第二家Costco门店。门店建筑面积约为5万平方米，与上海首店面积相当，其中，一层为卖场区域，面积约为1.6万平方米；二、三层及顶层为停车场，拥有1000余个停车位。苏州Costco拥有约4000个SKU。据悉，苏州Costco开业前会员数已达7万人，主要通过电子卡形式办理，这也是开市客在全球的首创。

家家悦首家会员制仓储式超市落户济南

2021年12月24日，家家悦全国首家会员制仓储式超市落户济南，进驻济南·弘阳广场。该店面积7000平方米，拥有9米高的货架、3米宽的购物通道，由400多位成员构成的专业采购团队，甄选30多个国家和地区的3000多款好物，优质优价。其会员卡分为两种，分别为198元的会员卡和588元的企业会员卡，可享受免费停车、无忧退还、积分活动、消费券、购物返利等 9 大权益。

折扣店

折扣店品牌好特卖完成 B 轮融资

2021 年 8 月，临期食品折扣店品牌好特卖（HotMaxx）完成了 B 轮融资，投资方有云九资本、金沙江创投等。在此之前，好特卖于 2020 年 6 月和 9 月完成了数千万元的 A 轮和 A+轮融资。好特卖（HotMaxx）成立于 2020 年 2 月，截至 2022 年 6 月，在全国拥有 250 家门店，覆盖 10 个城市，管理产品 30000 个，合作品牌 1000 个，有 100 多位职业买手。

硬折扣社区连锁店零售运营商比宜德获数亿元融资

2021 年 9 月，硬折扣社区连锁店零售运营商比宜德宣布完成数亿元成长期融资，由 Argan Capital 独家投资，BDA Partners 担任独家财务顾问。比宜德成立于 2017 年，总部位于上海。比宜德提供常规的杂货商品，精选约 600 个 SKU，其门店面积为 200~300 平方米。截至 2021 年 9 月 15 日，比宜德已建立覆盖上海市和江苏省的 160 多家自营社区门店网络。

家家悦全国首家折扣店及仓储店开业

2021 年 10 月 15 日，家家悦潍坊寿光万达广场店开业，这是家家悦全国首个折扣店及仓储店。门店经营总面积超 6000 平方米，引进超过 5000 种单品，包含日用百货、蔬菜水果、生鲜海鲜、家清个护、母婴用品等品类。据悉，此门店的产品整体价格比家家悦普通超市门店零售价低 10%~15%，属于超市品类的“折扣门店”。

硬折扣连锁品牌奥特乐完成近亿元 A 轮融资

2022 年 2 月 24 日，硬折扣连锁品牌奥特乐宣布完成由创新工场领投，无界资本跟投的近亿元人民币 A 轮融资。据悉，奥特乐 SKU 控制在 1000 个以内，并以美妆日化个护、休闲零食、酒水饮料等标品品类为主，三者的 SKU 占比分别为 40%、40%和 20%。

折扣连锁超市小象生活完成数千万元 A 轮融资

2022 年 6 月 7 日，折扣连锁超市小象生活宣布已完成数千万元 A 轮融资。据悉，小象生活初期是以 80~100 平方米“折扣超市”进行密度扩张，提供不到 1000 个 SKU、较全品类的“精选家庭基本商品”。经过两年多发展，小象生活现提供包括休闲食品、饮料、酒饮、乳品烘焙、冻品、水果、粮油米面、杂货日化等在内的家庭刚需全品类产品。截至 2022 年 6 月，已有 4000 余家供应商定期向小象生活出清尾货，直接合作的工厂也已达到数十家。

社区生鲜

大润发 mini 全国首店在南通开业

2020 年 7 月 15 日，大润发 mini 全国首店在南通正式开业。据悉，大润发 mini 店，取名“小润发 RT-mini”。定位为新零售社区型生鲜超市的大润发 mini 店，经营面积在 600 平方米左右，主要经营果蔬、鱼肉、面点、冷冻、休闲食品、酒水饮料等，以生鲜为主，生鲜占比 60%以上，靠近社区，但不做活海鲜。此外，大润发 mini 首店同步上线了社区团购业务，采取“预售+自提”模型，登录飞牛拼团小程序即可下单，由大润发配货到大润发 mini 门店，消费者次日到店提货。

盒马 mini 已实现整体盈利

2020 年 7 月 6 日，据盒马 mini 项目负责人透露，盒马 mini 已实现整体盈利。截至 2020 年 7 月，盒马 mini 已经在上海、北京落地 9 家门店。开业 3 个月的门店，每日销售额达 20 万元，线上占比超过五成，每平方米的业绩产出是普通小店的 6 倍以上。未来，盒马 mini 将与鲜生相互合作，增加核心城市的“盒区房”密度。

谊品生鲜获融资

2020 年 8 月初，谊品生鲜获得 C 轮融资，此轮融资金额在 25 亿元以上，由老股东腾讯和今日资本领投，钟鼎资本跟投。谊品生鲜成立于 2013 年，致力于为消费者提供蔬菜水果、肉禽水产、日用百货等商品，是离消费者很近的 24H 社区超市。据悉，谊品生鲜自 2018 年至 2020 年 7 月获得了包括今日资本、钟鼎资本、腾讯投资、美团龙珠在内的 2.4 亿元 A 轮、20 亿元 B 轮、25 亿元 C 轮和战略融资。

永旺全国首家生鲜便利店开业

2020 年 8 月 20 日，永旺在广州开出首家生鲜便利店，位于广州市海珠区江燕南路 6 号（江燕路店）。该生鲜便利店的经营面积约为 300 平方米。主要围绕社区居民的一日三餐和生活基础品，单品商品总数约为 4000 个，生鲜食品占比 40%，主打“好菜好肉不隔夜”。在线上业务方面，该店接入了永旺自有到家平台永旺 App 和京东到家平台所提供的线上到家业务。

T11 首个社区生鲜门店试运营

2020 年 9 月 23 日，T11 生鲜超市（国奥中心店）试运营，作为社区型的临街门店，围绕当地商圈社区居民一日三餐的家庭生活场景打造而成，4000 多个 SKU，面积不足 1000 平方米，强化 3 公里范围内的配送能力，提供半小时送达服务。

苏宁家乐福首家生鲜社区店落户上海

2020 年 9 月 30 日，苏宁家乐福首家社区生鲜店落户上海市普陀区。据悉，该店面积约为 430 平方米，经营品类以生鲜商品为主，包含生鲜果蔬、肉蛋鱼虾、米面粮油、饮料、早点等，SKU 数在 3000 个左右，满足周边 500 米社区顾客家庭所需，旨在打造“您身边的生鲜便利超市”。此外，该店也接入家乐福到家服务，消费者可以在苏宁易购 App 以及家乐福小程序下单，3 公里内 1 小时达、线上线下一体化，为消费者提供到家服务。

商超

大润发首家中型超市“大润发 Super”开业

2020 年 9 月 1 日，大润发首家中型超市“大润发 Super”在常州开业，这是大润发 2020 年开出的首家中型业态店。该店经营面积约为 3900 平方米，精选 15000 多个 SKU，经营品类齐全，涵盖蔬菜水果、肉蛋水产、乳品烘焙、低温冷藏、休闲零食、粮油调味、酒水饮料、熟食卤味、文创用品等。该项目目前仍将继续磨合精进，未来还将陆续拓店，打造出标杆店，覆盖到店及到家服务，满足顾客一日三餐及生活必需品的消费需求。

永辉上海松江万达店重装开业，为全国首家十大专项集成店

2020 年 12 月 24 日，永辉超市上海松江万达店重装开业。作为供应链升级的标杆店，松江万达店是永辉超市全国首家十大专项集成店，永辉旗下十大品类星球首次集中公开亮相，展示供应链改造升级与新品牌生态的成果，提供一站式购物新体验。本次呈现的永辉品牌生态矩阵中，除了此前已面世的酒类“咏悦汇”、母婴“优悦宝呗”、家电“电靓动力”、宠物“铃铛宠物”、文玩体“娱乐星球”之外，零食“食货乐园”、餐厨“佐餐诱厨”、家居“舒舍美家”、清扫卫浴“清扫新居”，以及大健康“颐养生活”也首次登场。

人人乐高端超市 R-one 首店开业

2021 年 9 月 17 日，人人乐高端超市 R-one 品牌首店落户深圳龙岗万达商业广场，新店经营面积 4000 平方米。这是继 2021 年 8 月会员折扣店开业后，人人乐推出的又一超市新业态。

R-one 品牌倡导“轻享生活+健康”的理念，聚焦年轻家庭的休闲生活方式，推崇新鲜、健康、高品质的购物体验。主打中高端品牌商品及网红国货商品，打造“新、奇、特、优、廉”的商品定位。强化到家服务，提高 3 公里内 1 小时送达等多重服务，并强化自媒体引流和直播带货等新营销模式，提升年轻顾客满意度。

MUJI 中国首家生鲜复合店亮相

2021 年 11 月 11 日，MUJI 中国首家生鲜复合店正式亮相，该店位于上海瑞虹天地太阳宫，门店占地面积 4130 平方米，包括店铺和生鲜超市两大部分。店铺部分由 MUJI 设计和运营，取消了床品和大型家具，扩大了食品和消耗品的规模与种类，还设置了冷冻食品区，提供冰激凌、冷冻比萨、汉堡等食品。

生鲜超市由 MUJI 提供设计，京东旗下的七鲜超市进行运营，打造“饮食提案型”超市。面积约 2000 平方米，设置了数十个不同区域，包括蔬果生鲜、熟食、烘焙、咖啡等

区域，涵盖食品、酒类、医疗器械、母婴用品等商品。

餐饮、咖啡

星巴克全球首家环保实验店“向绿工坊”落地上海

2021 年 9 月 30 日，星巴克全球首家环保实验店“向绿工坊”在上海前滩太古里正式开业，门店的吧台及后区采用了全新的模块化设计，整个吧台可以根据需求拆卸、组装。

据悉，向绿工坊是中国首家 100%回收再利用店内咖啡渣的星巴克门店，该店还首次打造了名为“循环绿·创意坊”的展览空间，邀请志同道合的设计师和艺术家，以咖啡渣等零售废弃物为主要材料，创作可持续发展主题的作品。

麦当劳中国总部旗舰餐厅亮相上海市徐汇区黄浦江西岸

2021 年 10 月 8 日，麦当劳中国新总部大楼“巨无霸魔方”正式启用，新总部大楼位于上海市徐汇区黄浦江西岸。同日，上海麦当劳龙腾大道餐厅暨麦当劳中国总部旗舰餐厅开业，餐厅位于麦当劳中国新总部大楼“巨无霸魔方”首层及二层，面积 700 多平方米，可同时容纳超过 200 名顾客用餐，是上海麦当劳目前营业面积最大的餐厅，也是华东地区首家采用 CUBE 风格设计的旗舰餐厅。餐厅与中信书店合作，首次推出咖啡、书店与迷你剧场结合的亲子空间。

肯德基宣布首批创绿先锋店落地北京、杭州

2022 年 4 月 24 日，百胜（中国）宣布旗下肯德基中国首批“创绿先锋店”在北京和杭州亮相。“创绿先锋店”意在通过纳入创新解决方案为未来百胜（中国）建造零碳餐厅奠定基础。据悉，该餐厅通过集成采用屋顶光伏、IOT 物联网等节能减碳技术，推动绿色环保科技在餐厅实际运营中应用，打造全方位绿色互动体验空间，进一步倡导环保的生活理念。

奈雪的茶开出全新产品“奈雪 PRO”

2020 年 11 月 25 日，奈雪的茶第四类门店“奈雪 PRO”在深圳双店同开，门店产品、环境、场景都有所升级。相比传统的奈雪的茶，奈雪 PRO 在保持原有经典产品的基础上，升级了咖啡、茶饮、轻烘焙、零食零售四大模块。咖啡是重点主打业务。奈雪 PRO 此次推出冰博克拿铁、美式咖啡、燕麦咖啡、摩卡咖啡等七款咖啡，定位日常精品咖啡，价格在 15~24 元，分大杯和小杯。此外，为了体现“轻”概念，奈雪 PRO 还为消费者提供了“咖啡+美食”的套餐服务，如“红酱脆肠佛卡夏+拿铁”。

百胜（中国）与 Lavazza 集团合作，将在中国开 1000 家咖啡店

2021 年 9 月 23 日，百胜（中国）公布，与意大利咖啡品牌 Lavazza 集团达成合作，双方将向合资公司注资 2 亿美元，加速扩展 Lavazza 在中国的咖啡店网络，目标至 2025 年开设 1000 家门店。截至 2021 年 8 月底，Lavazza 咖啡店于上海、杭州、北京和广州等地

共设有 22 家门店。目前，百胜（中国）和 Lavazza 集团分别持有合资公司 65%和 35%的股份。

中国内地首家蓝瓶咖啡（Blue Bottle coffee）于上海正式开业

2022 年 2 月 25 日，蓝瓶咖啡中国大陆首店上海裕通店正式开业，该店是蓝瓶咖啡在全球开设的第 102 家门店。线下门店开业的同时，蓝瓶咖啡微信官方商城也正式上线，商城内主要售卖咖啡豆和周边产品。

Tims（中国）加速布局，并与麦德龙（中国）合作

2021 年 11 月 29 日，Tims（中国）宣布成为麦德龙（中国）在国内的独家合作咖啡品牌。此次合作，Tims（中国）将持续在全国各地的麦德龙中国门店开设 Tims Go 捷枫店，Tims Go 捷枫店为 Tims 中国门店形态中的便捷门店模式。

2022 年 3 月，Tims（中国）和 Silver Crest 再获 1. 945 亿美元融资。Tims 咖啡自 2019 年 2 月进入中国市场，在 2022 年初就已达 410 家店，较 2021 年上半年，期内净增近 100 家店。Tims 咖啡主要聚焦一、二线城市和头部三线城市。

Manner Coffee 全国加速布局

2021 年 6 月 16 日，Manner Coffee 宣布完成新一轮融资，字节跳动成为新投资人。这是继美团龙珠资本投资之后 Manner Coffee 完成的又一轮融资，也是 Manner Coffee 在 6 个月内完成的第四次融资。

2022 年 3 月 1 日，国内精品咖啡品牌 Manner Coffee 发布公告，Manner Coffee 在上海、北京、武汉、成都、南宁、海口、深圳、苏州、杭州和重庆 10 个城市的 200 多家新店齐开。

M Stand 加速北上，全国门店超过 200 家

2021 年 7 月 23 日，M Stand 正式宣布完成 B 轮融资，据媒体报道，这一轮融资金额超 5 亿元人民币，预估投后估值约 40 亿元。

起家于上海的新锐咖啡连锁品牌 M Stand 加速北上。2022 年 8 月 15 日，M Stand 在北京同时开业两家门店，至此，北京门店达 10 家。M Stand 官方信息显示，自 2017 年 11 月在上海开出第一家门店以来，M Stand 全国门店在 2022 年已经突破 200 家（截至 2022 年 8 月 15 日），其中，上海门店数最多，达 81 家。M Stand 以“一店一设计”的概念，将 M Stand 快速地与“工业风”“高级感”挂钩而出圈，目前其全国门店均为直营，无加盟渠道。

专业专卖店

宜家中国首家城市店正式开业

2020 年 7 月 23 日，宜家中国首家城市店（宜家上海静安城市店）正式开业。与现有

的标准店、体验中心、小型店等门店类型相比，城市店更靠近市中心。据悉，该店整体营业区域共有三层，总面积约 3000 平方米。该店是宜家中国在上海开设的第 5 家店，也是宜家中国自 2019 年 8 月底发布“未来+”中国本土化发展战略后，在中国市场的又一标志性成果落地，未来计划在上海乃至全国开设更多城市店。

亚洲首家 ZARA 全球旗舰店落户王府井

2020 年 10 月 16 日，亚洲首家 ZARA 全球旗舰店在北京王府井大街开业，门店共有四层，总占地面积 3500 平方米，其中一至三层为女装服饰，四层为男装和童装。该店引入了多种新零售技术设备，设置了 8 个 LED 曲线屏幕，还设有“线上订购”专区。

全国首家京东 MALL 落地西安

2021 年 9 月 30 日，京东 MALL 全国首店在西安正式开业。该店共有 5 层楼，经营面积达 4.2 万平方米，涵盖 150 多个国内外著名电器、3C 品牌，约 20 万件可售商品。同时，京东 MALL 在京东电器超级体验店原有的经营品类基础上，拓展家居日用、家装建材、儿童娱乐、智能健康、汽车用品等产品。此外，该店还设有 11 大主题场景体验区和 29 大产品互动体验区。

迪卡侬 1600 平方米全新概念店亮相上海环球港

2021 年 12 月 25 日，迪卡侬上海环球港概念店正式开业。与以往门店不同的是，这家店立足全新品牌宣言“快乐任你选择”，主打好看、好逛，又好玩。店内划分了 20 个运动展示区，设有 22 块触摸屏，无论你身在哪个展区，都可以通过线上了解更多的运动产品细节，还可以进行店内导览、服务探索等，黑科技交互带来沉浸式购物体验。店内还首次配备 3D 足部扫描仪，通过扫描足型，为消费者定制化推荐商品。

安踏全球首家数字化智慧运动综合体 982 创动空间开放

2022 年 1 月 14 日，安踏全球首家数字化智慧运动综合体 982 创动空间正式开放，该空间位于福建晋江安踏大本营，面积 3000 平方米。除了有安踏集团多品牌矩阵的集结亮相购买区域，还包括滑雪、攀岩、篮球、跑步/鞋模和冷冻室等在内的沉浸式专业运动体验区域。据悉，该空间是未来几年安踏深化直面消费者 DTC 的新消费模型。

百货购物中心

王府井正式进军免税领域

2020 年 6 月 9 日晚，王府井集团发布公告称，收到其控股股东北京首都旅游集团有限责任公司转发的《财政部关于王府井集团股份有限公司免税品经营资质问题的通知》，财政部授予其免税品经营资质，允许其经营免税品零售业务。

2020 年 9 月 18 日，在王府井集团“65 周年媒体沟通会”上，王府井集团董事长表示，集团内部正在全力推动免税业务，业态发展也将以“有税+免税”的组合模式开展，这使得原本的百货、购物中心、奥特莱斯、超市四大有税业态，将逐渐向百货、购物中心、奥特莱斯、超市、免税五大业态和自营、电商等商业模式转型。

世茂全新商业品牌 SCC mall 亮相深圳

2021 年 4 月 22 日，深圳世茂深港国际中心商业部分——SCC mall 概念对外发布，这是世茂体系内全新的商业品牌。据悉，深圳世茂深港国际中心总建面约 136 万平方米，商业体量超 20 万平方米，可容纳 400 家店铺，汇聚时尚、美食、科技、娱乐、品质、健行、独创等七大核心商业内容，项目以“盒子商业 SCC mall+开放式深圳露台”的组合呈现。

日本海外首家 LaLaport 啦啦宝都在上海金桥开业

2021 年 4 月 28 日，日本海外首家 LaLaport 啦啦宝都在上海金桥正式开业。LaLaport 以传统“Origami”折纸造型为灵感的购物中心，拥有日本本土外的首个实物大高达立像。据悉，LaLaport 致力于打造时间消费型购物中心，集购物、餐饮、娱乐于一体，把消费者体验作为第一考虑因素，将传统的以消费商品为目的，转变为以消费时间为目的，利用服务、场景及 IP 活动，让消费者在购物中心主动延长停留时间。

K11 正式进军轻资产 K11 Select 首次引入上海

2022 年 3 月 16 日，K11 集团宣布，集团旗下全资子公司深圳新艺思成功投得上海金桥地铁上盖项目商业部分管理服务项目。K11 拟透过轻资产管理的合作模式，将旗下专为新世代打造的“文化沙盒”—— K11 Select 首次引入上海。此次中标项目标志着 K11 集团正式进军轻资产管理市场，预计 2023 年年底商业管理轻资产项目将增至 10 个。

京东新百货首批 4 家线下店开业

2022 年 5 月 20 日，京东新百货首批 4 家线下店正式开业，其中京东新百货 COSCIA 蔻莎店的成都悠方店、深圳益田假日广场店、银川建发现代城店同步开启。该系列门店由京东与意大利潮奢精品百货品牌 COSCIA 蔻莎合作打造，汇集覆盖重奢、设计师、轻奢和生活方式 4 大矩阵近 2000 件精品，覆盖箱包、服饰等 9 大品类。而位于西安京东 MALL 的京东新百货创新业态试点合作店，面积约 335 平方米，囊括美妆、家居日用、等 150 个细分品类，覆盖近 300 个品牌的优选商品。

【社区团购】

菜鸟驿站入局社区团购

2020 年 6 月 23 日，菜鸟网络总裁在 2020 全球智慧物流峰会上透露，将对菜鸟驿站进行升级，通过增加团购、洗衣、回收等服务，使其成为数字化的社区生活服务站。据悉，菜鸟驿站在全国有数万个，已在上海、南京、苏州、成都等 15 个城市开放社区团购，正逐步向全国推广。并且，菜鸟驿站团购与大润发、欧尚等全国连锁商超合作，让社区用户有了生鲜蔬果、日用百货等丰富的品类选择。

美团进军社区团购

2020 年 7 月 7 日，美团发布组织调整公告，宣布正式进军社区团购市场，成立“优选事业部”，瞄准下沉市场，以“预购+自提”的模式，满足家庭用户的日常所需。同时，原小象事业部更名为“买菜事业部”，继续加速发展美团买菜业务。升级后的美团优选业务首站选在了山东济南，在 7 月中旬正式上线。这是一个旨在为社区家庭用户精选高性价比的蔬果、肉禽蛋、乳制品、酒水饮料、家居厨卫等品类商品的团购业务。

京东集团战略投资兴盛优选

2020 年 12 月 11 日，京东集团发布公告称，将以 7 亿美元战略投资湖南兴盛优选电子商务有限公司（以下简称兴盛优选）。京东集团表示，通过投资兴盛优选，双方将在数据、技术、仓储和短链物流等领域开展紧密合作，更好地扎根于下沉市场，服务农村、振兴地方经济。

阿里社区电商品牌更名为“淘菜菜”

2021 年 9 月 14 日，阿里巴巴社区电商（MMC）宣布，已整合“盒马集市”与“淘宝买菜”，统一升级为新品牌“淘菜菜”。淘菜菜将联手社区小店，打通阿里体系资源。2020 年 10 月，盒马集市上线，归属于盒马事业群，重点布局下沉市场，与主打一、二线城市的盒马鲜生形成互补。2021 年 3 月，阿里巴巴社区电商（MMC）事业群成立，主要基于零售通和盒马集市两个业务整合而成。阿里财报数据显示，2021 年第二季度，包括淘宝买菜、盒马集市在内的社区商业平台实现季度 GMV 环比增长 200%。

【人事变动】

拼多多黄峥 2020 年卸任 CEO，2021 年辞任董事长

2020 年 7 月 1 日，拼多多宣布进行组织升级。公司创始人、董事长黄峥通过致全员信的方式宣布，经董事会批准公司原 CTO 陈磊将出任首席执行官。黄峥则继续担任董事长。

2021 年 3 月 17 日，拼多多创始人黄峥发布 2021 年度致股东信，宣布经董事会批准后将董事长职位交棒给现任 CEO 陈磊。在不再担任董事长和拼多多管理职位后，黄峥 1∶10 的超级投票权也将失效，其名下股份的投票权将委托拼多多董事会以投票的方式来进行决策。黄峥明确承诺，个人名下的股票在未来 3 年内继续锁定，不出售。黄峥表示，辞任之后想去做一些食品科学和生命科学领域的研究。

大润发黄明端功成身退，正式交班林小海

2020 年 12 月 2 日，在大润发年会上，时任大润发董事长黄明端宣布来自阿里集团的林小海正式接任大润发 CEO 的工作。此次年会播放的专题片专门为大润发 24 年发展的成就做了一个总结，专题片在结尾特别提到，为什么大润发在已经成功的线下零售时代，还要毅然投身线上零售？黄明端的回答是：未来属于互联网时代，必须跟上时代的脚步，提早转型新零售，才能减少被新的零售商业冲击。

麦德龙中国换帅，蔡天乐将接替康德

2021 年 3 月 22 日，麦德龙宣布，蔡天乐（Tino Zeiske）将自 2021 年 5 月 1 日起接替康德（Claude Sarrailh）出任麦德龙中国总裁，负责推动公司业务的发展，以及全力推动麦德龙中国数字化转型。康德将返回欧洲，出任麦德龙集团首席采购官兼董事会扩大委员会成员。

张一鸣卸任字节跳动 CEO，梁汝波接任

2021 年 5 月 20 日，字节跳动创始人张一鸣发布内部全员信，宣布卸任 CEO 一职。字节跳动联合创始人梁汝波将接任成为新的 CEO。张一鸣在信中表示，计划相对专注学习知识，系统思考，研究新事物，动手尝试和体验，以 10 年为期，为公司创造更多可能。张一鸣和梁汝波于 2021 年年底前完成字节跳动 CEO 职责的过渡交接。

黄明端任苏宁易购新董事长

2021 年 7 月 29 日，苏宁易购发布公告称，苏宁易购新一届董事会产生，由阿里提名的前大润发董事长黄明端任苏宁易购新董事长。

同日，苏宁易购公告称，选举黄明端、冼汉迪、曹群和张康阳为非独立董事。在当日董事会上，进一步明确了苏宁易购 聚焦零售的三大战略路径——做好零售服务商、做强供应链和做优经营质量。

李松峰任永辉 CEO

2021 年 8 月 5 日，永辉超市发布公告称，聘任李松峰为公司首席执行官，全面推进公司数字化转型。2021 年 9 月 8 日，永辉超市 CEO 李松峰首次面向公司全体员工发出内部信，宣布永辉的组织架构朝着更扁平化、年轻化的方向变革。李松峰在信中明确了永辉接下来的目标和战略定位：一个以生鲜为基础，以客户为中心的全渠道数字化零售平台。

王静瑛卸任星巴克中国 CEO

2021 年 8 月 26 日，星巴克咖啡宣布系列人事任命，原星巴克中国 CEO 王静瑛（Belinda Wong）将卸任 CEO，继续担任星巴克中国董事长，并管理星巴克中国 Siren Ventures 创投基金，推动星巴克在数字化领域的业务创新。原星巴克中国 COO 蔡德彝（Leo Tsoi）将升任星巴克全球执行副总裁兼星巴克中国 CEO。刘文娟（Molly Liu）将升任为星巴克中国高级副总裁及首席运营官。

徐雷出任京东集团 CEO

2021 年 9 月 6 日，京东集团宣布，京东零售 CEO 徐雷升任京东集团总裁，将负责各业务板块的日常运营和协同发展，向京东集团董事局主席兼 CEO 刘强东汇报。值得一提的是，这是京东首次设立集团总裁职位。

2022 年 4 月 4 日，京东集团宣布总裁徐雷将接替刘强东，担任京东集团首席执行官。而刘强东将继续担任董事会主席，致力于京东的长期战略设计、重大战略决策部署、年轻领军人才培养和乡村振兴事业。

张勇卸任淘宝公司董事长，戴珊接任

2022 年 4 月 24 日消息，企业信息变更记录显示，淘宝（中国）软件有限公司法定代表人、董事长兼总经理张勇卸任，由戴珊接任。此外，浙江天猫技术有限公司法定代表人、董事长兼总经理张勇卸任，戴珊接任法定代表人及董事长，未接任总经理职务。